LA FILIÈRE CANADIENNE

Couverture

- Illustration:
  JACK TREMBLAY

- Maquette:
  MICHEL BÉRARD

Maquette intérieure

- Conception graphique:
  MICHEL BÉRARD

DISTRIBUTEURS EXCLUSIFS:

- Pour le Canada
  AGENCE DE DISTRIBUTION POPULAIRE INC.,*
  955, rue Amherst, Montréal H2L 3K4, (514/523-1182)
  * Filiale du groupe Sogides Ltée

- Pour l'Europe (Belgique, France, Portugal, Suisse,
  Yougoslavie et pays de l'Est)
- OYEZ S.A. Muntstraat, 10 — 3000 Louvain, Belgique
  tél.: 016/220421 (3 lignes)

- Ventes aux libraires
  PARIS: 4, rue de Fleurus; tél.: 548 40 92
  BRUXELLES: 21, rue Defacqz; tél.: 538 69 73

- Pour tout autre pays
  DÉPARTEMENT INTERNATIONAL HACHETTE
  79, boul. Saint-Germain, Paris 6e, France; tél.: 325.22.11

JEAN-PIERRE CHARBONNEAU

LA FILIÈRE CANADIENNE

Préface du Juge Jean-L-Dutil

LES ÉDITIONS DE L'HOMME*

CANADA: 955, rue Amherst, Montréal 132
EUROPE: 21, rue Defacqz — 1050 Bruxelles, Belgique

* Filiale du groupe Sogides Ltée

A ma femme Carole dont l'amour et la patience m'ont permis d'entreprendre et d'achever cet ouvrage et à mes parents qui m'ont donné le meilleur d'eux-mêmes.

Préface

« S'il est difficile de se battre dans l'obscurité, il devient presque impossible de combattre des ennemis dont on ignore l'existence. »

En Amérique, au Canada et au Québec, le phénomène du crime organisé est accepté par la population comme un mal nécessaire. Elle se résigne à subir ce fléau, convaincue qu'elle est de l'impossibilité de le circonscrire. Pourtant nous souffrons tous des ravages commis par ces gens qui gagnent des sommes fabuleuses, en exploitant non seulement les biens nantis mais aussi les gagne-petit.

Des équipes de policiers ont été formées spécialement pour contrer les activités du monde interlope. Malgré ce travail, il semble bien que les résultats escomptés n'ont pas toujours été atteints. C'est sans doute que l'ennemi, dans certains cas, paraît insaisissable puisqu'il étend des tentacules invisibles, mais pourtant meurtrières sur tout ce qui l'entoure. Toutefois, l'ingéniosité et la persévérance de certains corps policiers ont souvent été récompensées et des trafiquants mis hors d'état de nuire, le volume de Jean-Pierre Charbonneau est là pour le montrer.

Il est cependant devenu nécessaire que le simple citoyen, l'homme de la rue, prête main-forte aux policiers. Pour bien combattre, il lui sera nécessaire de comprendre ce qu'est un truand et connaître le monde du crime. Le Sénateur Robert F. Kennedy écrivait à ce propos:

« L'individu évoluant à l'intérieur du crime organisé n'est pas celui qui est vêtu d'une chemise noire avec cravate blanche et qui porte ostensiblement une épingle à cravate ornée d'un diamant, celui dont les activités portent sur un monde inconnu du grand public. Il est vêtu du complet gris et son influence est aussi grande que celle d'un industriel important. Il passe souvent inaperçu. Le public peut ne pas le voir, mais c'est justement à cause de cela que son influence est si grande dans la société. N'ayant pas l'occasion de le rencontrer directement, le citoyen ne s'alarme pas. Il aurait pourtant toutes les raisons de le faire. Le coût des activités du crime organisé ne se limite pas aux énormes profits illicites tirés du jeu et des narcotiques. Lorsque des trafiquants pénètrent dans des affaires légitimes, le coût de celles-ci monte aussitôt et c'est le public qui le paie. Lorsqu'ils s'infiltrent dans les relations du travail, c'est encore le public qui paie des salaires et des prix plus élevés. Lorsqu'ils achètent des autorités et lorsqu'ils négocient le prix de leur immunité, violant impunément les lois, bien que les pertes ainsi encourues soient incalculables en valeur monétaire, c'est encore le public qui paie. En définitive, le crime organisé affecte la vie de chacun d'entre nous. Il ne peut être la préoccupation des autorités légales seulement. Il devient urgent qu'il devienne la préoccupation première de tout le monde. »

Nous sommes obligés de constater que le manque de connaissances et d'intérêt du public est l'une des causes profondes de la floraison du crime. C'est ainsi que l'honnête citoyen devient le complice involontaire du plus grand truand, voire même du trafiquant de drogue. Les efforts des policiers, des cours de justice et de toutes les organisations vouées à la lutte contre le crime seront vains si le public n'est pas au courant de l'amplitude du crime organisé et de ses méthodes. Une publicité bien dirigée et un exposé honnête des activités illégales sont certainement les plus sûrs moyens de tarir les sources de revenus de ces magnats du crime.

La Chambre de commerce des Etats-Unis expliquait ainsi les difficultés qu'on rencontre quand on veut contrôler les activités du crime organisé:

« Le problème fondamental auquel fait face à l'échelon national notre justice criminelle est le peu de préoccupation des citoyens pour ces questions. En effet, pourquoi ne pas laisser le problème de la criminalité aux professionnels qui sont rémunérés pour le combattre? Parce que les professionnels eux-mêmes reconnaissent clairement et admettent ouvertement que sans la coopération des citoyens, ils ne disposent pas suffi-

samment de moyens pour accomplir cette tâche monumentale que représente la lutte contre le crime. »

C'est justement à ce besoin d'information que répond un livre comme La Filière canadienne. *L'auteur est un journaliste chevronné. Il est de ceux qui se sont donné pour mission de renseigner les gens sur ce qui les entoure. En cette qualité, son livre est un rouage précieux dans la lutte contre le monde interlope et la pègre.*

Plus précisément, Jean-Pierre Charbonneau a choisi de s'attaquer à l'une des opérations les plus rentables de la pègre: le trafic des stupéfiants.

De nos jours, la drogue, que plusieurs qualifient de « mort vivante », est à l'origine d'un nombre incroyable de délits majeurs. A l'instar de Lucky Luciano et de ses semblables, on se sert de ce produit pour asservir tant notre jeunesse innocente que des hommes de main. Les familles ou les gangs qui en contrôlent le trafic et la distribuent dans les couches de la société se font une guerre sans merci. Des personnes qui n'avaient jamais voulu être mêlées au crime organisé paient de leur vie leur allégeance à la drogue.

On est à même, depuis quelque temps, de constater ce phénomène dans la région de Montréal. C'est par dizaine de millions de dollars que le trafic de la drogue nourrit annuellement les coffres des trafiquants. Cela leur permet amplement de financer leurs opérations dans d'autres domaines et de tisser, sur une plus grande surface, la toile de leurs activités criminelles.

Si l'ouvrage de Charbonneau réussit, si peu soit-il, à démasquer ces exploiteurs éhontés des adeptes de la drogue, il aura vraiment fait oeuvre utile.

Juge Jean-L. Dutil
Président de la Commission d'enquête
sur le crime organisé au Québec

Introduction

Personne n'ignore que depuis longtemps les grandes villes américaines, en particulier New York, constituent dans le monde le principal marché de consommation des drogues de tout genre, notamment l'héroïne, la plus redoutable et la plus chère. Depuis presqu'aussi longtemps, les métropoles canadiennes, Vancouver, Toronto et surtout Montréal, sont des relais de prédilection et des bases d'opération pour le trafic international des drogues. La proximité du marché américain et les affinités des gangsters canadiens avec ceux des autres pays impliqués dans la contrebande des drogues ont fait de la Filière canadienne l'un des maillons les plus actifs et les plus importants de ce commerce international.

Montréal est en effet depuis 50 ans une des principales portes d'entrée des drogues sur le continent nord-américain. Au Canada, c'est le centre d'importation de l'héroïne et de la plupart des autres drogues. C'est pour cela que ce livre, même s'il mentionne des groupes de contrebande de Vancouver, Toronto et Winnipeg, est avant tout centré sur les trafiquants montréalais, leurs entreprises, leurs succès et leurs déboires. Car la Filière canadienne, c'est avant tout la Filière montréalaise.

Dossier essentiellement historique, ce livre reconstitue dans les moindres détails toutes les enquêtes d'envergure qui ont été menées sur le trafic de l'héroïne par la section montréalaise de la Brigade des stupéfiants de la Gendarmerie royale du Canada. Il n'a donc pas la prétention d'être une explication du phénomène sociologique qu'est la criminalité organisée. L'auteur n'a pas voulu apporter de conclusions définitives sur le rôle de la pègre dans la société. Il a simplement et honnêtement essayé de présenter au public, dans une perspective canadienne, la compilation la plus complète possible des faits se rattachant au trafic international de la drogue.

Certains, surtout ceux qui, sans raison précise, n'ont pas de sympathie pour la Police, diront sans doute que cet exposé est incomplet et biaisé. Il l'est! . . . et il était impossible de faire autrement. Grâce à la collaboration exceptionnelle des autorités de la Gendarmerie royale, j'ai eu accès presque sans restriction aux archives de la Brigade des stupéfiants. C'est à l'aide de ces documents et des témoignages des policiers qui ont mené les enquêtes que la reconstitution historique s'est faite. Bien sûr, les dossiers de la police doivent être lus avec circonspection et même s'ils contiennent souvent les versions d'indicateurs et de témoins clés, ils ne donnent qu'un éclairage incomplet de ce qui se vit et se trame dans les milieux interlopes. En réalité, seuls les gens du Milieu sont en mesure de montrer le vrai visage de la pègre. Mais pour des raisons évidentes, ceux-ci acceptent rarement — pour ne pas dire jamais — de parler ouvertement et franchement. De toute façon, pour reconstituer l'histoire, de nombreux témoignages sont nécessaires et il aurait été impossible d'en recueillir suffisamment pour donner un tableau complet.

Mais en abordant le sujet de l'extérieur, c'est-à-dire du point de vue de la lutte aux trafiquants, il était possible de faire ressortir la continuité qui se dégage de pareille lutte. En effet, le récit de la lutte menée, pendant 50 ans, par des centaines d'enquêteurs, agents secrets et agents doubles, pour percer les secrets de la pègre locale et internationale, et démanteler les grands réseaux de trafiquants de drogue, est tout aussi passionnant que celui des exploits de tel ou tel caïd, et peut-être moins romancé! Tout comme les « parrains » et leurs suppôts, les policiers de la Brigade des stupéfiants et leurs confrères des autres pays ont écrit une partie de cette Histoire de la drogue qui n'est hélas pas terminée.

Beaucoup de mythes circulent sur cet univers de la pègre. A cause des simplifications de certains écrivains et journalistes en mal de sensation, beaucoup de gens croient qu'il s'agit d'une super-organisation clandestine, fortement hiérarchisée et contrôlée par des criminels d'ascendance sicilienne ou italienne. Pour le profane, le terme Mafia est souvent synonyme de pègre. La réalité est cependant beaucoup plus complexe et ce livre essaie de démêler mythes et réalités. La pègre n'est pas une organisation mais un milieu, le « Milieu » comme on l'appelle, celui des escrocs, des bandits, des truands, des trafiquants de tout acabit. Au sein du Milieu, il existe une multitude de groupes, de bandes, d'organisations, de gangs, certains puissants, hiérarchisés et stables, d'autres plus restreints,

14

travaillant d'une manière artisanale et provisoire. La Mafia n'est qu'un regroupement de gangs (ou de familles) et de caïds féodaux d'origine italienne unis par des liens culturels, familiaux, ethniques aussi bien que par des liens d'intérêt. Pour différentes raisons historiques et culturelles, les clans italiens, ceux de la Mafia, exercent depuis longtemps une influence prépondérante sur la pègre en Amérique du Nord. Cependant, ils sont loin d'avoir le monopole de la criminalité et, dans le trafic des stupéfiants, ils sont loin d'être les seuls intéressés, comme ce livre essaie de le démontrer.

Ce n'est pas d'hier qu'on essaie d'enrayer ce fléau de la drogue. La première législation canadienne contrôlant les drogues et la répression du commerce clandestin remonte à 1908: c'est cette année-là qu'était adoptée la loi prohibant l'importation, la fabrication et la vente de l'opium à toutes fins autres que la médecine. L'année précédente, l'usage de l'opium au Canada avait été découvert à la suite d'émeutes qui avaient eu lieu à Vancouver dans la colonie asiatique. Mackenzie King, alors ministre du Travail, avait été envoyé en Colombie-Britannique pour étudier les demandes d'indemnisation de la communauté chinoise. Deux d'entre elles émanaient de trafiquants d'opium qui avaient subi des préjudices au cours de ces émeutes. Cet incident poussa King à faire enquête sur le commerce de l'opium en même temps que sur les causes de l'agitation ouvrière. Dans son rapport sur « la nécessité de supprimer le trafic de l'opium au Canada », il signale que cette drogue se répand « dans la race blanche, non seulement parmi les hommes et les jeunes gens, mais aussi parmi les femmes et les jeunes filles », et il conseille l'adoption de mesures judiciaires rigoureuses. (1)

Dans la période qui va du début du siècle aux années 20, bien que l'opinion publique canadienne accordât peu d'attention aux drogues, le parlement fédéral légiféra à plusieurs reprises pour essayer d'accroître son contrôle sur le commerce de l'opium. La nouvelle Loi sur l'opium et les drogues narcotiques prohiba non seulement le lait de pavot mais également ses nouveaux dérivés: la morphine, l'héroïne et la cocaïne, produit des feuilles de coca. En 1922, Mme Emily Murphy, magistrat de police et juge d'un tribunal de jeunesse à Winnipeg, fit paraître dans le magazine *MacLeans* une série d'articles sur les dangers des drogues, qu'elle regroupe ensuite dans un livre intitulé *The Black Candle*. L'impact de ces écrits fut tel que l'année suivante la loi était à nouveau modifiée et englobait le cannabis.

---

1. *Rapport final de la Commission d'enquête Le Dain sur l'usage non médical des drogues au Canada*, Ottawa 1973.

En 1920, le gouvernement canadien se dota d'une police nationale en étendant la juridiction de la Royal North-West Mounted Police à tout le territoire de la fédération. La Gendarmerie royale du Canada (Royal Canadian Mounted Police) reçut donc le mandat de faire appliquer la législation sur les drogues et, pour ce faire, mit sur pied la Brigade des stupéfiants. Une première section d'enquêteurs fut ainsi créée à Vancouver, en janvier 1921, et une deuxième fut organisée à Montréal, en novembre de la même année. Bientôt, d'autres grandes villes comme Toronto et Winnipeg furent dotées d'escouades anti-drogue et la lutte contre les trafiquants nationaux et internationaux débuta. Avec des effectifs des plus limités au début puis, au cours des 10 dernières années, avec un personnel de plus en plus nombreux, la Brigade des stupéfiants de la G.R.C. pourchasse sans relâche financiers et contrebandiers de la drogue, tant canadiens qu'étrangers. Dès le début des années 30, son travail donna des résultats impressionnants, mais les agents fédéraux canadiens ont rarement obtenu à l'extérieur du pays le crédit de leur effort laborieux et ininterrompu. Ce livre essaie d'établir la juste part de leur travail et de leur mérite.

Il est évident qu'un ouvrage comme celui-ci n'est possible qu'avec la collaboration de nombreuses personnes, tant en ce qui concerne la recherche qu'au niveau de la révision et de la transcription du manuscrit.

Je tiens d'abord à remercier les membres de la Gendarmerie royale du Canada qui m'ont instruit sur le sujet avec compétence, désintéressement et sympathie. Grand responsable de l'aide obtenue, le commissaire adjoint Jean-Paul Drapeau, commandant de la division du Québec et ancien de la Brigade des stupéfiants a fait tout en son pouvoir pour que les renseignements demandés soient précis et complets. N'eût été son intervention, ce livre dans sa forme présente n'aurait pas été possible. Au sein de la Brigade des stupéfiants, commandée à Ottawa par l'inspecteur Gordon Tomalty et à Montréal par l'inspecteur Roger Perrier, deux policiers exceptionnels m'ont largement aidé dans mon entreprise. Ce sont le sergent d'état-major Gilles Poissant, chef enquêteur de la Brigade, et le sergent d'état-major Paul Sauvé, qui ont consacré pendant plus d'un an de nombreuses heures à m'initier au monde de la drogue et à me guider dans mes recherches. Leur dévouement, leur patience, leur compétence et leur expérience ont été des facteurs essentiels dans la réalisation de ce livre. Plusieurs autres agents fédéraux, membres actifs et anciens de la Brigade des stupéfiants, ont collaboré à cette oeuvre de façon remarquable. Je pense particulièrement au sergent d'état-major Léonard Massé, aux sergents John Leduc, Ernest Baqué, Réginald Beers, Gilbert Bishop, Renaud Lacroix, Guy David, aux caporaux Claude Savoie, Yvon Thibault, Walter Wafer, Richard Laperrière, Raymond Boisvert, John Philion et Conrad Plouffe. Deux autres anciens limiers de la Brigade des stupéfiants, qui ont aujourd'hui quitté la G.R.C., ont droit à mes remerciements sincères: le sergent d'état-major Guy Houde, jusqu'à tout récemment commandant de la Brigade de la contrefaçon, et le sergent d'état-major Gérard Barbeau, maintenant attaché à la Direction générale de la sécurité publique du ministère québécois de la Justice. C'est à ce dernier que je dois mes premiers contacts avec la Brigade des stupéfiants. Merci également à George Bessinger et Jack McCarthy, du bureau de Montréal du U.S. Drug Enforcement Administration.

Je tiens à signaler qu'aussi étonnant que cela puisse paraître à certains, la collaboration des agents fédéraux n'a été en aucun moment conditionnelle. Toutefois, j'ai accepté de taire certains renseignements ou de modifier — rarement — certains détails afin de respecter l'engagement des policiers vis-à-vis de leurs informateurs. Journaliste, je connais le sens du mot *confidentiel* et je sais qu'il est d'une importance primordiale dans la poursuite de la vérité.

Je veux remercier aussi Nicole Thomas qui s'est chargée avec soin de la dactylographie des textes, les journalistes Michel Auger et Gilles Provost qui m'ont fait part de leurs précieux commentaires, sans oublier la Direction du *Devoir* qui m'a consenti de nombreux congés sans solde pour me faciliter la rédaction de ce manuscrit.

Deux avocats de renom, Me Réjean Paul, ancien procureur de la Brigade des stupéfiants et procureur en chef de la Commission d'enquête sur le crime organisé au Québec, et Me Jacques Dagenais, procureur en chef adjoint à la Commission d'enquête sur le crime organisé, ont étudié le manuscrit et m'ont suggéré des modifications essentielles. Merci à tous ceux-là et aux autres camarades qui ne sont pas nommés ici.

JPC

Chapitre I
Charlie a trop parlé

Montréal, le 21 août 1934. Il est 17h10 quand Charlie Feigenbaum arrive chez sa belle-soeur, rue de l'Esplanade, pour la ramener au chalet familial de Val-Morin. Après quelques instants passés dans la maison, Charlie ressort pour placer les paquets dans la voiture. Son fils Jackie, 18 ans, est là pour l'aider. Ni l'un ni l'autre n'a remarqué les trois hommes assis dans une Hudson stationnée de l'autre côté de la rue. A ce moment, une demi-douzaine de voisins profitent de la fraîcheur du soir, confortablement assis sur leur balcon. Charlie achève de remettre les paquets à son fils quand l'un des occupants de la Hudson descend et traverse tranquillement la chaussée dans sa direction. Parvenu à proximité, l'inconnu sort soudainement un revolver et, nonchalamment, comme s'il allumait une cigarette, fait feu à six reprises. Atteint mortellement, Charlie Feigenbaum s'écroule sous les yeux horrifiés de son fils pendant que le tueur regagne calmement la Hudson et saute sur le marchepied au moment où elle démarre en trombe.

Racketteur, contrebandier, indicateur, Charlie Feigenbaum devait témoigner 20 jours plus tard au procès de Pincus Brecher, un millionnaire newyorkais accusé de trafic de narcotiques. Son témoignage avait déjà fait condamner à 14 ans de prison Harry Davis, l'un des barons de la pègre montréalaise.

Gros homme débraillé, très ambitieux, Charlie Feigenbaum avait tâté de tous les rackets. Il avait débuté dans l'industrie du vêtement et était devenu par la suite propriétaire d'un commerce de cuir repoussé *Knit Shoe Co*. Puis, il avait tenté sa chance dans l'exploitation de maisons de paris et de cercles de jeu. Devenu riche, il s'était intéressé au racket des gobe-sous et avait installé des centaines

MONTRÉAL, MERCREDI, 27 AOUT 1931

Un "tueur" professionnel aurait été embauché pour exécuter le malheureux Charles Feigenbaum

Inconnu de la victime, l'assassin put l'approcher sans éveiller ses soupçons. — L'indicateur de la police est abattu de six balles, à bout portant

SOUS LES YEUX DE SON FILS.

Feigenbaum s'était fait de nombreux ennemis en divers milieux du monde interlope. — Il devait témoigner aux prochaines Assises, au procès P. Brecher

taire à tous, pensait-il, venger ceux qu'il avait fait condamner par son témoignage devant les tribunaux, n'ont pas craint de le faire assassiner.

—Mais ces ennemis étaient si nombreux que la police en déconcertée et se demande lesquels sont allés jusqu'à cette mesure extrême.

—La police a appris que Feigenbaum s'est rendu à Toronto, récemment, relativement à un "hold-up" de $25,000 et qu'il élabora le plan de défense de l'un des accusés, John Valkoff, arrêté à Montréal, et remis à la police de la Ville-Marie. Aurait-il été prêt à en venir à un compromis avec la police torontoise pour sauver Valkoff. Voilà une hypothèse plausible admet la police.

—L'a-t-on abattu pour l'empêcher de témoigner au procès de Pincus Brecher, millionnaire new-yorkais, accusé de contrebande de narcotiques? Encore une autre hypothèse.

Six prévenus aux mains de la police

de ces machines dans les centres de villégiature des Laurentides, ce qui lui avait valu le surnom du « roi du nord ». Il s'était ensuite mêlé de contrebande, celle des soieries en particulier. C'est à ce moment, en mai 1930, que par l'entremise de différentes relations d'affaires, il avait fait la connaissance de Pincus Brecher, un riche commerçant newyorkais qui prétendait pouvoir lui faire gagner beaucoup d'argent.

Au début, Feigenbaum avait aidé Brecher à se venger d'un associé qui l'avait doublé dans une affaire de faillite frauduleuse. Par la suite, il avait réussi à lui faciliter l'obtention de faux passeports pour certains de ses amis, Jack Pollakowitz, Louis Adelman et les frères Sam et Jos Bernstein. A la fin de juillet 1930, au cours d'un séjour à Montréal, Brecher lui avait présenté Charles Haims, contrebandier de montres suisses. Ancien « bootlegger », Haims pouvait apparemment faire entrer sa marchandise aux Etats-Unis mais pas à Montréal. Aussi, Brecher avait-il demandé à Feigenbaum s'il pouvait arranger les choses avec la Douane. Charlie avait répondu qu'il connaissait un officier de la Douane prêt à faire entrer en douce quelques caisses de marchandises. Satisfait, Brecher lui avait alors expliqué qu'un autre de ses associés, Irving Stein, était en Europe et enverrait prochainement deux malles contenant des montres suisses et des parfums français. S'il s'acquittait de sa tâche avec succès, Feigenbaum aurait droit dans l'avenir à un pourcentage de toutes les affaires de Haims.

Quand la marchandise arriva à Montréal, le 15 août 1930, Pincus Brecher était installé à l'hôtel La Salle, en compagnie de Mme Pollakowitz, dont le mari était en Europe pour superviser l'expédition. Ce jour-là, Feigenbaum fit la connaissance de trois autres associés newyorkais de Brecher, Hyman Holtz, Charlie Grah et Louis Buchalter, dit Lepke, qui étaient à Montréal pour récupérer une partie de la marchandise.

Dans le Milieu, Buchalter était le plus connu et le plus craint des gangsters juifs de New York. Au faîte de sa carrière, il contrôlait plus ou moins l'industrie du cuir, de la maroquinerie, de la confection et de la chaussure, les taxis, la volaille, la blanchisserie, la boulangerie et les restaurants. Selon les estimations officielles, les commerçants honnêtes de New York lui versaient entre 5 et 10 millions de dollars annuellement pour qu'il les laisse travailler en paix. Associés avec quelques-uns des grands patrons de la pègre italienne qui commençait à imposer sa loi dans le Milieu, Lepke Buchalter était aussi connu comme un des dirigeants d'une bande de tueurs à gages: la Société anonyme de crime (Murder Inc.). (1) Il était également un des maîtres du trafic de la drogue en Amérique. Avec quelques autres caïds juifs, dont Meyer Lansky, Jacob Katzenberg, Jack Shapiro dit Gurrah, il dirigeait même, dit-on, une usine de fabrication d'héroïne à Brooklyn. (2)

Lors de sa rencontre avec Lepke, à Montréal, Charlie Feigenbaum ignorait encore qu'on s'intéressait surtout à lui afin de faciliter l'importation d'importantes quantités de drogue. Il savait toutefois que Pincus Brecher était aussi associé avec Harry Davis, le grand caïd montréalais de la drogue et un des rois du jeu et des paris

Harry Davis

Charlie Feigenbaum

clandestins. Feigenbaum connaissait bien Davis puisqu'il était le propriétaire de l'immeuble où était situé le *White House Inn* à Lachine, dans la banlieue sud-ouest de Montréal, et où avec Max Shapiro, Fred McBurney et Harry Baris, il détenait le plus gros

---

1. La « Murder Incorporated » n'était pas le nom d'une organisation spécifique, mais plutôt une appellation donnée par les journalistes américains à la suite de tueries exécutées par les hommes de main des caïds de Brooklyn, les plus redoutés du Milieu newyorkais.
2. Situé au 2919, Seymour Avenue, à Brooklyn, ce laboratoire fut détruit par un incendie le 25 février 1935.

cercle de jeu de la ville. (3) Propriétaires des *Frolics,* une boîte de nuit réputée. Davis avait déjà été condamné à deux reprises pour possession de drogue. Ces brefs séjours en prison n'avaient fait qu'augmenter son prestige dans le Milieu, où il avait réussi en peu de temps à faire oublier sa petite taille et sa mince stature.

Après la rencontre avec Brecher et Buchalter, Feigenbaum fit les démarches nécessaires auprès d'un courtier en douane, afin que les deux malles qui venaient d'arriver au nom de Irving Stein soient dédouanées sans inspection. Cependant, l'officier de service de la douane refusa de laisser aller les caisses sans les ouvrir. Suivant les conseils de Brecher et de Harry Davis, Feigenbaum s'arrangea alors avec Joe Lapalme, son copain de la douane. Prétextant que les malles devaient être expédiées à New York, Lapalme réussit à les transférer à son service, pour ensuite les faire livrer au domicile de Max Feigenbaum, le frère de Charlie.

Ensuite, Harry Davis alla chercher les deux malles, les vida de leur précieux contenu et les porta chez Max Feigenbaum, où les employés de Joe Lapalme les récupérèrent pour les expédier à New York.

Satisfaits du travail de Feigenbaum, Brecher, Buchalter et Davis lui proposèrent alors de se joindre à eux pour importer différentes marchandises d'Europe. Sa mission suivante fut de rejoindre Pollakowitz en France afin de l'aider à préparer de nouveaux envois selon la méthode choisie.

Le soir du 20 août, Feigenbaum et Brecher se rendirent ensemble à New York et, le lendemain, Feigenbaum s'embarqua à bord du *SS Bremen* pour Cherbourg. A Paris, il rencontra Pollokowitz et lui expliqua que les malles expédiées à Montréal devaient dorénavant être numérotées afin que le courtier en dédouanement puisse savoir laquelle soustraire à l'inspection réglementaire. Après cinq jours en France, il était de retour à New York, où Pincus Brecher l'attendait et avec lequel il revint dès le lendemain à Montréal. Harry Davis vint aussitôt les voir. Il fut alors question de la façon de faire parvenir rapidement $10 000 à Pollakowitz.

---

3. En 1934, Montréal était une ville ouverte. Tripots, bordels, rackets: l'offre dépassait même la demande. La corruption et la prévarication étaient répandues dans les administrations publiques, la police, les cours de justice. Dix ans plus tôt, le juge Louis Coderre déclarait à l'issue de la première enquête publique sur la Police municipale de Montréal « que le vice s'étalait dans la ville avec une laideur et une insolence qui paraissaient sûres de l'impunité. »

D'ailleurs, pendant le séjour de Feigenbaum à Paris, Brecher lui avait déjà câblé $10 000 par l'entremise de son gendre, un dentiste montréalais. Cette fois, ce fut le riche associé de Harry Davis, Max Shapiro, qui se chargea de faire parvenir les fonds à Pollakowitz par l'entremise de sa banque.

Le premier envoi de Pollakowitz arriva à Montréal le 15 septembre et il fut suivi de quatre autres, les 22 et 29 septembre, puis les 13 octobre et 11 novembre. A chaque fois, l'une des deux caisses expédiées fut récupérée par le courtier avec la complicité des officiers de la douane, et livrée chez l'un des frères de Charlie qui, finalement mis au courant de la combine, se chargea, avec Davis, de prendre possession de la marchandise. Le premier envoi était un test. La caisse illégalement introduite ne contenait que des bricoles sans valeur. Les quatre autres toutefois renfermaient des marchandises de prix. Près de 300 kilos (660 livres) de morphine, de cocaïne et d'héroïne furent ainsi importés.

La combine aurait pu durer encore plusieurs années, n'eût été l'arrestation de Charlie, quelques jours avant le dernier envoi. Pris de remords, le douanier Joe Lapalme avait révélé aux services des enquêtes de la douane les activités louches de Feigenbaum. En vérifiant soigneusement les registres, les enquêteurs fédéraux avaient découvert qu'avec quelques complices, dont l'ancien échevin Julius Levine, il avait importé illégalement pour plus de $100 000 de soieries. C'est pour cette offense qu'il fut inculpé, puis condamné à cinq ans et demi de pénitencier, au printemps 1951.

Charlie Feigenbaum passa aux aveux quelques semaines après sa condamnation, quand il apprit que ses amis — qui lui avaient promis toute l'aide nécessaire — profitaient plutôt de son absence pour l'écarter des rackets. Durant quatre jours, du 16 au 20 juin 1931, il raconta en détail son histoire à trois enquêteurs de la Brigade des stupéfiants de la Gendarmerie royale du Canada et du Bureau des enquêteurs des douanes américaines. Aussitôt, les policiers relièrent les révélations de Feigenbaum à trois saisies de morphine qui avaient été faites à New York et à Montréal.

En effet, le 17 février et le 4 mars 1930, les enquêteurs de la douane américaine avaient d'abord saisi deux valises pleines de morphine expédiées de France à bord des navires *SS Majestic* et *SS Ile-de-France*. On avait découvert ensuite que peu avant chaque saisie, un certain Jos Bernstein, en compagnie de deux douaniers, avait tenté de prendre livraison des valises en se présentant comme le secrétaire particulier de Sir Duncan Orr Lewis, un diplomate anglais qui venait d'arriver à New York. Le responsable de l'entrepôt n'était cependant pas tombé dans le piège et avait refusé de lui confier les valises sans une autorisation écrite du diplomate. L'autorisation n'ayant pas été fournie, les valises avaient été envoyées au Bureau des enquêteurs qui avait découvert le pot aux roses.

L'enquête avait démontré par la suite la responsabilité d'un gangster juif, John Bloom, qui avait été arrêté, puis condamné à huit ans et demi de prison. Joseph Bernstein, de son côté, avait disparu de New York. Les révélations de Feigenbaum établissaient qu'il s'était réfugié un temps à Montréal pour ensuite disparaître avec le faux passeport obtenu par son entremise.

Les propos de Feigenbaum confirmaient également les soupçons des enquêteurs américains concernant la participation de Jack Pollakowitz dans cette affaire. Deux jours après la deuxième saisie, on avait intercepté un télégramme que sa femme venait d'expédier en France. Il se lisait comme suit: « CHAUD ICI — PERSONNE DE MALADE — N'ARRETE PAS CHEZ BROOKS — SOIS PRUDENT — ... NE REPONDS PAS »

Le Brooks dont il était question dans ce télégramme était Nathan Brooks, un vieux compagnon d'armes de Pincus Brecher que Feigenbaum avait déjà rencontré à Montréal.

D'autre part, Charlie Feigenbaum indiqua à la G.R.C. qu'Harry Davis avait fourni le kilo (4) de morphine saisie lors de l'arrestation de deux revendeurs montréalais, Sam Arcadi et Harry Turcker, le 11 octobre· 1930. Les deux trafiquants avaient été arrêtés au moment où ils livraient leur marchandise à deux agents secrets de la Brigade des stupéfiants et du Bureau américain des narcotiques (B.A.N.). (5) Après leur arrestation, Harry Davis avait confié à Feigenbaum que c'était lui qui leur avait vendu la drogue. Feigenbaum avait même assisté à une discussion animée entre Davis et Brecher, au cours de laquelle le New-Yorkais avait reproché à son associé d'avoir mis en péril la sécurité du groupe.

Davis avait répliqué qu'il avait dû vendre cette morphine à Montréal parce que les cubes étaient plus gros que ceux qui étaient vendus sur le marché newyorkais.

En vérifant ces révélations, les policiers découvrirent que les cubes de morphine saisis à New York étaient effectivement plus petits que ceux qui étaient trafiqués par Arcadi et Tucker.

---

4. Un kilo = 2,2 livres.
5. Le U.S. Federal Bureau of Narcotics du département du Trésor a été fondé en 1930, afin de lutter efficacement contre les réseaux clandestins de vente de stupéfiants qui, depuis 1924, date de la prohibition de l'héroïne, s'étaient multipliés aux Etats-Unis.

Dans les mois qui suivirent les aveux de Feigenbaum, la Brigade des stupéfiants, les Douanes américaines, le Bureau des narcotiques et la Police française multiplièrent leurs efforts pour retracer tous les éléments de preuve pouvant corroborer et compléter la confession du contrebandier montréalais.

En juin 1932, Jack Pollakowitz fut arrêté à Paris pour possession illégale de drogues et condamné à 18 mois de prison. Il fut par la suite extradé aux Etats-Unis et condamné pour trafic de stupéfiants.

Le 9 avril, la G.R.C. arrêta à son tour Harry Davis et l'inculpa de trafic de 852 kilos (30 000 onces) d'opium, de morphine, d'héroïne, entre les 1er janvier et 31 décembre 1930. (6) Il fut également accusé de corruption de fonctionnaires. L'acte d'accusation mentionnait les noms de Pollakowitz et de Pincus Brecher qui furent inculpés à New York quelques semaines plus tard, en compagnie de Nathan Brooks, John Bell et de plusieurs autres membres de la bande.

Reportage de *La Presse* du samedi 7 octobre 1933

Le procès de Harry Davis débuta le 1er octobre 1933 et dura cinq jours. La Couronne assigna 56 témoins, mais n'en entendit que 17, dont Charlie Feigenbaum et Sam Arcadi. A l'issue du procès, le jury délibéra moins d'une heure avant de déclarer l'accusé coupable. Le 19 octobre, le juge en chef R.A.E. Greenshields, de la Cour du banc du Roi, condamna le caïd montréalais à 14 ans de prison et à 10 coups de fouet et il recommanda que des procédures en extradition soient intentées contre Pincus Brecher, lequel venait d'être libéré à New York puisque les offenses reprochées avaient surtout été commises à Montréal.

---

6. Les stupéfiants importés provenaient presque tous de la compagnie *Hoffmann et Labroche*, de Paris.

La condamnation de Davis donna un choc au Milieu. Jamais un caïd de son importance n'avait été inculpé et condamné à la prison pour une période aussi longue.

Moins de deux mois plus tard, Charlie Feigenbaum fut libéré sur parole. Au moment de son assassinat, le 21 août 1934, non seulement s'apprêtait-il à témoigner à nouveau, cette fois contre Brecher, mais en plus il avait repris ses activités comme si rien ne s'était produit, la rumeur lui prêtant même l'impudence de vouloir détrôner Harry Davis.

Malgré la disparition de Feigenbaum, le 28 septembre 1934, après 45 minutes de délibérations et un procès de cinq jours, un jury des Assises déclare Pincus Brecher, 57 ans, coupable de trafic illicite de narcotiques et de corruption de fonctionnaires. Conduit à la prison commune en attendant sa sentence, il déclare au directeur adjoint de l'institution qu'il a neuf chances sur dix de gagner en appel. Mais 10 minutes plus tard, il bouscule ses gardiens et se jette tête première, d'une galerie du deuxième étage, dans la cour de la prison. La mort est instantanée. Pour la Gendarmerie royale, ce dénouement inattendu et spectaculaire clôt le dossier.

Mais à New York l'enquête continue. Trois ans plus tard, en novembre 1937, un Grand Jury de New York inculpe Louis « Lepke » Buchalter et son associé Jacob Katzenberg, dit Yasha, de trafic d'héroïne. Le B.A.N. fournit la preuve que Lepke a importé de Shangaï et de Hong Kong six cargaisons d'héroïne d'une valeur totale de $10 millions. Encore une fois, la drogue a été introduite en Amérique grâce à la complicité de douaniers newyorkais. Ayant flairé la soupe chaude, les deux caïds ont pris la fuite

Lepke Bulchalter (en haut, à gauche) et ses amis et associés, Meyer Lansky (en bas, à gauche) et Albert Anastasia (en haut, à droite).(Photos *Playboy Press* et *Associated Press*)

quelques semaines auparavant. Katzenberg fut capturé plus tard en Grèce et Lepke réussit à faire éliminer sept témoins gênants avant de se livrer à la police le 4 août 1939. Ses amis du Milieu, en particulier Albert Anastasia et Meyer Lansky, le convainquirent qu'ils avaient conclu un accord avec le gouvernement. En réalité, il n'en était rien mais les grands patrons de la pègre considéraient que Lepke, devenu le criminel le plus recherché des Etats-Unis, nuisait à la bonne marche des affaires, à cause de l'agitation de la police depuis sa disparition.

Lepke fut condamné à 14 ans de pénitencier pour trafic de drogues et association de malfaiteurs. Cette première sentence à peine prononcée, il fut à nouveau condamné, cette fois à une peine de 30 ans, l'emprisonnement à vie, pour extorsion de fonds à l'endroit des boulangers newyorkais. Finalement, à la suite des dénonciations de l'un de ses anciens hommes de main, Abe Reles, il fut condamné à mort, le 4 mars 1944, pour le meurtre d'un confiseur de Brooklyn à la langue trop bien pendue. Il mourut sur la chaise électrique.

Quelques mois plus tard, les frères George et Elias Eliopoulos, deux Grecs surnommés les « barons de la drogue » en Europe, furent inculpés de trafic d'héroïne. Au cours des années 1929, 1930 et 1931, ils avaient virtuellement monopolisé le marché noir des narcotiques en Europe. Lors de son voyage à Paris, au mois d'août 1930, Charlie Feigenbaum avait entendu parler d'eux à l'occasion d'une conversation surprise entre Jack Pollakowitz et un autre trafiquant d'origine russe. Ignorant que Feigenbaum parlait lui aussi le russe, les deux hommes avaient discuté, en sa présence, du monopole qu'exerçait sur le marché un certain fournisseur grec. Ces précisions devaient permettre au Bureau des narcotiques de repérer les frères Eliopoulos puis de les inculper lorsqu'ils se réfugièrent aux Etats-Unis au début de la deuxième guerre mondiale. Malheureusement, faute de preuve, ils furent libérés le 31 octobre 1947.

Le démantèlement de la filière Davis-Brecher-Bulchalter marque une étape dans l'histoire du trafic international des drogues, soit la fin de l'hégémonie en Amérique du Nord des caïds juifs dans ce domaine. Rois et maîtres des bas-fonds de plusieurs grandes villes du continent depuis le début du siècle, les gangsters juifs ont les premiers su tirer parti de la vague de toxicomanie qui a déferlé sur l'Amérique après la première guerre mondiale. La mise au jour de plusieurs de leurs combines de drogues laisse la porte ouverte à leurs congénères d'origine italienne, qui ont mis fin à leur rivalité et sont maintenant regroupés au sein de clans familiaux formant une société secrète désignée, comme en Sicile, sous le nom de Mafia. En association avec les trafiquants juifs, puis seuls, les mafiosi d'Amérique se lancent dans le trafic des drogues en s'emparant d'abord progressivement des réseaux de distribution puis en se chargeant eux-mêmes de l'importation. Leurs affaires étaient déjà en pleine expansion quand la seconde guerre mondiale éclata et interrompit presque complètement la contrebande internationale à cause des difficultés d'approvisionnement provoquées par la mobilisation des transports maritimes et par le resserrement des contrôles douaniers.

Chapitre II

Un prêtre et son péché

Les années d'après-guerre en Amérique du Nord voient une recrudescence prononcée de la toxicomanie. Un grand nombre de blessés de guerre et d'anciens combattants ont contracté outre-mer l'habitude des stupéfiants et leur retour en masse relance avec vigueur le marché clandestin des drogues, en particulier celui de l'héroïne, devenue depuis une quinzaine d'années le produit le plus en demande.

A la Gendarmerie royale du Canada comme au Bureau américain des narcotiques, les informations recommencent peu à peu à affluer. Au début de 1949, la Brigade des stupéfiants de Montréal a déjà les noms de quelques-uns des nouveaux caïds de la drogue. L'un d'eux, Jean-Claude Laprès, dit Johnny, 31 ans, semble particulièrement actif. Depuis quelques mois, son nom revient constamment dans les rapports soumis par les informateurs du Milieu. Trafiquant d'or et faux monnayeur, on dit qu'il a accès à d'importantes quantités d'héroïne. Au mois de décembre précédent, l'un de ses agents, Roger Denizet, a été arrêté à Vancouver au moment où il livrait 32 onces (un kilo) d'héroïne d'une valeur marchande de près de $1 million. Peu avant, un autre de ses acolytes, Larry Petrov, avait négocié avec un des gros bonnets de la distribution à Montréal, Emile « Jack » Nadeau, la vente de deux kilos d'héroïne. (1)

Cependant, à part ces renseignements, on connaît peu de choses sur Jean-Claude Laprès. Est-il le patron d'une organisation impor-

---

1. Larry Petrov sera inculpé pour possession de drogue en 1957, mais en juillet de la même année, avant que son procès n'ait lieu, il sera assassiné pour avoir mal agi à la suite d'un gigantesque vol de plus d'un million de dollars dans une succursale de la Banque de Montréal.

Jean-Claude Laprès   Roger Denizet

tante? N'est-il lui-même que le représentant de caïds plus importants? D'où obtient-il sa marchandise? De qui? Comment lui parvient-elle?

La plupart de ces questions sont encore sans réponse, quand, le 31 mars 1949 dans la soirée, un nommé Gérard Gagnon téléphone à la Brigade des stupéfiants et déclare avoir des choses intéressantes à dire au sujet de Laprès. Il se rend au bureau de la Brigade et fait le récit suivant:

> J'ai rencontré Laprès il y a quelques mois par l'entremise du vicaire de la paroisse de Sainte-Madeleine d'Outremont, l'abbé Joseph-Arthur Taillefer, que j'ai connu, il y a quelques années, en militant dans des mouvements anti-communistes. Il m'a présenté Laprès comme un bon gars, pas trop scrupuleux, avec qui on pouvait transiger toutes sortes de bonnes affaires. Auparavant, l'abbé Taillefer m'avait également présenté un autre homme d'affaires, un Américain celui-là, Louis Ponzini, le propriétaire de la compagnie Mills Paper de New York. Comme je m'intéressais moi aussi à l'exploitation du papier, nous sommes devenus de bons amis. De fil en aiguille, il a lui aussi fait la connaissance de Laprès. Il y a quelque temps, je me suis rendu compte que Laprès et Ponzini étaient engagés dans des affaires illégales. Un jour, Laprès m'a dit qu'il avait 600 onces d'héroïne à vendre. Son prix variait entre $150 et $200 l'once, selon qu'il s'agissait de la brune ou de la blanche. (2) Il m'a demandé si je ne pouvais pas lui trouver des acheteurs sérieux. Il y a trois

---

2. Dans le milieu des trafiquants, ce qu'on appelle l'héroïne « blanche » est l'héroïne de fabrication française. C'est la plus pure. La brune est de moins bonne qualité; elle contient beaucoup d'impuretés, dont de la caféine. Elle est de fabrication mexicaine ou asiatique. Dans le cas dont nous parlons, il s'agit d'héroïne mexicaine. Peu appréciée, cette dernière est beaucoup moins chère.

semaines, à l'occasion d'une visite chez lui, l'abbé Taillefer m'a dit que Laprès lui avait confié des échantillons d'héroïne. Il m'a montré deux paquets qui selon lui contenaient 75 onces d'héroïne brune et 125 onces d'héroïne blanche. Peu après, j'ai rencontré à nouveau Laprès et l'abbé Taillefer et ils m'ont alors dit qu'ils avaient un alambic en opération à une quarantaine de milles de Montréal et que 8 000 gallons étaient prêts pour être vendus.

Laprès m'a dit que dans cette affaire il était protégé par deux policiers de la Gendarmerie Royale du Canada.

De plus, je sais que Laprès tente de vendre un important stock d'obligations volées. Il m'a dit qu'il en a pour $120 000 et qu'il est prêt à les vendre à 25% de leur valeur. Il m'a également montré des échantillons chez l'abbé Taillefer. Il m'a aussi approché pour que j'essaie d'obtenir du papier à monnaie. Il a demandé la même chose à Ponzini en disant que certaines personnes sont prêtes à lui payer $12 000 par 50 livres de papier.

Enfin, j'ai appris dernièrement que Laprès et Ponzini étaient en train de négocier avec un homme d'affaires de Vancouver au sujet de la vente de stocks de gazoline du Texas. Cet individu doit venir à Montréal dans les prochains jours et je pense qu'il s'intéresse aussi à l'héroïne. Si vous voulez, je peux présenter l'un de vos agents à Ponzini.

Naturellement, enthousiasmée par ces révélations inattendues et cette offre spontanée, la Brigade des stupéfiants mobilise aussitôt l'un de ses agents et quatre jours plus tard, une première rencontre a lieu avec Louis Ponzini. Au cours de l'entretien, l'Américain confirme en partie les renseignements obtenus de Gérard Gagnon en mentionnant que Jean-Claude Laprès a des relations avec un prêtre, ce qui lui permet d'opérer presque sans risque. Selon lui, ce prêtre sert d'intermédiaire entre Laprès et ses clients au moment de l'échange de la marchandise et de l'argent. Ponzini indique que l'héroïne de Laprès est de très bonne qualité mais que ça ne l'intéresse pas. (3)

Dans les jours qui suivent, l'agent secret rencontre à nouveau Ponzini mais celui-ci est devenu méfiant et il préfère retourner chez lui à New York. Devant la tournure des événements, les limiers fédéraux pensent que la meilleure façon de s'infiltrer dans l'organisation de Laprès est de présenter un agent secret à l'abbé Taillefer. Mais avant de risquer le coup, on fait d'abord un test. En présence des policiers, l'informateur Gagnon téléphone au prêtre et lui demande:

3. La G.R.C. établira plus tard que Ponzini avait été embarqué dans cette affaire par l'informateur Gagnon qui avait habilement réussi à lui soutirer $22 000. L'Américain fera une déclaration complète sur l'affaire et sera l'un des premiers témoins de la G.R.C.

« As-tu encore les obligations volées dont tu m'as parlé?

— Non, répond l'abbé, Laprès est venu les chercher, ainsi que l'héroïne.

— Connais-tu cependant un certain Labonté? demande Gagnon.

— Oui, c'est un ami et un associé de Laprès. »

Cette dernière réponse confirme les informations de la G.R.C. à savoir qu'Eddie Labonté, un riche caïd du Milieu, est étroitement lié à Jean-Claude Laprès et qu'il est peut-être son patron ou du moins son soutien financier.

Ce premier succès incite la Brigade des stupéfiants à tenter de convaincre Gagnon d'agir comme agent double auprès du prêtre en vue de lui présenter un agent secret. Malheureusement, le délateur décline l'offre en expliquant qu'il n'est plus en très bonne relation avec Laprès. Cependant, comme il ne veut pas donner l'impression de tout laisser tomber, il avance que l'un de ses assistants, Henri-Paul Papillon, (un voyageur de commerce de Québec) serait peut être intéressé à jouer le jeu, ayant déjà été présenté à l'abbé. Les démarches nécessaires sont faites et Papillon se montre disposé à collaborer.

Le 12 avril 1949, vers midi, le voyageur de commerce entreprend sa mission d'agent double en se présentant au presbytère de la paroisse de Sainte-Madeleine d'Outremont. L'abbé Taillefer, un homme entre deux âges, le reçoit chaleureusement; en parlant de choses et d'autres, il lui confie que Jean-Claude Laprès cherche à vendre depuis quelques jours un stock d'obligations volées, d'une valeur de $80 000, ainsi que 700 à 800 onces d'héroïne. Comme convenu, Papillon répond qu'il connaît quelqu'un qui serait peut-être intéressé. Cette personne se nomme Frank Martin: un gars des

Eddie Labonté

provinces de l'Ouest, assez riche, pas trop scrupuleux, avec lequel il a fait la contrefaçon de coupons de rationnement d'essence pendant la guerre. En réalité, il s'agit de l'agent Frank de Cheverry, une nouvelle recrue de la Brigade des stupéfiants. Le vicaire est intéressé et cherche immédiatement à joindre Laprès au téléphone. L'agent note au passage qu'il appelle entre autres chez Eddie Labonté. Après plusieurs essais, le vicaire réussit à parler à Laprès qui est prêt à rencontrer ledit Martin le soir même.

Le face à face a lieu dans la chambre de l'agent secret, au *Mont-Royal*. Après quelques palabres, le trafiquant aborde le vif du sujet:

« J'ai 120 livres d'héroïne de première qualité en stock. Si t'en veux, je suis prêt à conclure une première affaire immédiatement. T'as qu'à envoyer porter $300 à l'abbé en garantie et j'te fournis une once ce soir même.

— O.K.! Affaire conclue! » s'empresse de répondre l'agent.

Un peu trop rapidement peut-être! Quand Papillon se rend chez l'abbé Taillefer pour lui remettre l'argent, Laprès lui annonce que la transaction est reportée au lendemain. Méfiant, le trafiquant s'est soudain demandé si son nouveau client n'était pas un agent fédéral; il trouve que son allure n'est pas celle du truand conventionnel. Obsédé par l'idée de subir le même sort que son ami Denizet, il téléphone à de Cheverry et l'invite à une tournée des cabarets au cours de laquelle il pourrait lui présenter ses amis du Milieu. L'agent secret flaire le piège et décline poliment l'invitation.

Toutefois, comme il importe de convaincre Laprès que Frank Martin est un acheteur sérieux, capable de conclure de grosses affaires, les autorités de la G.R.C. consentent à faire déposer le lendemain une somme de $35 000 dans le coffret de sûreté d'une banque. Papillon reprend son rôle et communique avec l'abbé Taillefer pour lui faire part du mécontentement de son ami:

« Martin est pas trop content de ce qui est arrivé hier soir. Il pense que Laprès bluffe quand il prétend avoir 120 livres de stuff. C'est une grosse cargaison t'sais.

— T'en fais pas, j'vas lui parler, dit l'abbé.

— En tout cas, tu peux lui dire que mon ami aussi se méfie, mais il est quand même prêt à lui prouver sa bonne foi. Dis-lui de venir le voir cet après-midi; il le regrettera pas. »

Le vicaire s'acquitte bien de sa tâche et, en début d'après-midi, Laprès vient retrouver de Cheverry à son hôtel. Les deux hommes se rendent ensemble à la banque et l'agent secret exhibe les liasses d'argent mises à sa disposition.

« Tu vois, dit-il au trafiquant, j'ai de quoi te payer comptant. T'as pas à t'en faire. Il faut cependant que tu comprennes que si j'exhibe pas mes billets comme la majorité des gars du Milieu, c'est tout simplement parce que j'tiens pas à attirer l'attention. Oublie pas que j'suis pas chez moi ici. Pour toi, y a peut-être pas de problème, mais moi, j'tiens pas à me faire repérer. C'est pour ça que j'ai pas voulu t'accompagner hier soir. »

Malgré cela, Laprès continue d'être méfiant.

« J'aimerais quand même te présenter à mes copains, insiste-t-il.

— J'regrette mais c'est impossible; d'ailleurs j'dois partir en fin d'après-midi. »

Le policier juge préférable de se montrer indépendant et de retarder la transaction. Dans ce genre d'affaires, mieux vaut se faire respecter et gagner progressivement la confiance de l'autre partie, que de risquer de tout gâcher en paraissant trop pressé. Un peu plus tard dans la journée, Papillon parachève la démarche en téléphonant à l'abbé Taillefer.

« Martin vient de quitter la ville, lui dit-il. Il n'a pas aimé du tout l'attitude de Laprès qui n'a pas cessé de douter de lui. Mon ami n'est pas habitué à ces manières, t'sais, et il n'aime pas qu'on mette sa parole en doute. »

Le vicaire semble peiné de la tournure des événements et pour prouver sa bonne foi, il se dit prêt à continuer. Les limiers fédéraux en profitent: quelques jours plus tard, Papillon lui écrit pour lui annoncer que son ami Martin sera à nouveau à Montréal prochainement. Dans sa réponse écrite, l'abbé Taillefer déclare de son côté que Laprès est toujours disposé à rencontrer l'acheteur et à discuter affaires.

Fort bien! Le 19 avril, de Cheverry et Papillon se retrouvent au *Mont-Royal* et, dans la soirée, Laprès vient les rencontrer. La discussion s'engageant une fois de plus sur la question de confiance, l'agent secret propose au trafiquant de rencontrer son ami le prêtre et si celui-ci est satisfait de ses explications, peut-être pourrait-on s'en tenir à son jugement? Laprès est d'accord et, deux jours plus tard, de Cheverry rencontre pour la première fois l'abbé Taillefer. L'entretien se déroule sans anicroche et les résultats sont positifs. Satisfait du récit de l'agent secret, le vicaire rassure aussitôt son acolyte qui accepte alors de conclure la transaction le jour même. Celle-ci a lieu dans l'après-midi, non loin du domicile d'Eddie

Labonté. Comme convenu, Papillon agit comme intermédiaire et Laprès lui remet une once d'héroïne en échange de $300. Le tout terminé, l'abbé communique avec de Cheverry:

« Est-ce que la marchandise vous convient?

— Oui, tout est parfait, répond le policier. Vous pouvez dire à Jean-Claude que, quant à moi, j'suis maintenant prêt à acheter un stock de 50 onces. »

Les jours suivants, de nouveaux pourparlers s'engagent entre les intéressés mais, malgré le premier achat, Laprès est encore d'une méfiance excessive. Après de nombreuses palabres, de Cheverry croit qu'il est inutile de forcer la note; il préfère pour le moment laisser tomber toute transaction. Toutefois, comme la première fois, Papillon et Taillefer s'entendent pour rester en contact. Cette attitude de l'abbé permet d'espérer qu'éventuellement il sera possible de pousser plus loin l'infiltration du réseau.

En mai, cependant, un incident imprévu risque de compromettre sérieusement l'opération. Gérard Gagnon, l'informateur du début, se rend à l'archevêché de Montréal et raconte toute l'histoire à Mgr Joseph Charbonneau, le responsable du diocèse. Il a déjà dénoncé l'abbé Taillefer à la G.R.C. dans l'espoir de provoquer l'arrestation de l'Américain Ponzini qui menaçait de porter plainte contre lui pour escroquerie. Ayant échoué dans cette tentative et Ponzini ayant mis entre temps sa menace à exécution, il compte sur l'appui de l'archevêché pour se sortir du pétrin et, en échange, propose d'étouffer le scandale dans l'oeuf. L'évêque n'est cependant pas dupe de ses propos et il choisit de laisser les événements suivre leur cours.

Aux limiers de la Brigade des stupéfiants qui le convoquent pour avoir des explications sur sa démarche, Gagnon déclare qu'il a été voir l'évêque parce que l'abbé Taillefer refusait de lui payer une somme de $300 qui lui était due. Il jure cependant qu'il n'a rien dit à propos de l'opération policière en cours. Pour prouver sa bonne foi, il fournit d'autres renseignements.

« La dernière fois que j'ai vu l'abbé, raconte-t-il, j'ai appris qu'Eddie Labonté venait de vendre le dernier lot d'obligations volées à un certain Michel Sisco. Selon ce que j'ai appris, ce type est une des têtes dirigeantes de la bande. Il a deux frères, un à Rome et l'autre à Marseille, et, avec eux, il est impliqué dans différents trafics internationaux. Pour communiquer avec lui, on n'a qu'à téléphoner à un des deux numéros suivants, HARbour 5044 ou LANcaster 3174. »

Une rapide vérification indique que le numéro HA 7-5044 est inscrit au nom de Michel Sisco, agent commercial, 3515 rue Université, à Montréal et que numéro LA 6-3174 est celui d'une raison sociale ayant pour nom *Contact*, dont le siège se trouve au 328 est, rue Sainte-Catherine à Montréal, et dont le propriétaire inscrit est un certain John MacKay. A prime abord, ces détails ne correspondent à aucun renseignement déjà connu. Avant de pousser plus loin les recherches, il importe de savoir si l'abbé Taillefer et ses complices sont au courant des dénonciations de Gagnon, et si oui, quelle a été leur réaction.

Au début de juin, Henri-Paul Papillon téléphone donc à l'abbé qui lui apprend que Gagnon est venu lui rendre visite après sa libération sous cautionnement:

« Gagnon m'a dit que toi et Frank Martin, vous êtes des agents secrets de la Police fédérale. Il m'a dit aussi qu'avec $1 000, il serait possible de mettre fin à l'enquête en cours. Mais Gagnon n'est qu'un menteur et c'est aussi l'opinion d'Eddie Labonté et du patron Michel Sisco. Ceux-ci ont d'ailleurs eu à ce sujet un long entretien avec Laprès et ils ont conclu que toi et Martin vous êtes des gars très bien. Si ton ami Martin revient à Montréal, il sera sans doute possible de conclure de nouvelles affaires. »

Ces précisions rassurent la Brigade des stupéfiants qui peut maintenant songer à une nouvelle tentative de rapprochement avec les trafiquants. Cependant, afin d'assurer le succès de l'opération, on décide que dans la mesure du possible les négociations se feront dorénavant par l'entremise de l'abbé qui, depuis le début, s'est montré beaucoup moins méfiant que Laprès. Quelques jours à peine après sa conversation téléphonique avec Papillon, l'abbé contacte son interlocuteur afin d'obtenir l'adresse de Frank Martin. Dans l'échange de correspondance qui suit, le vicaire confirme l'intention de Laprès de rencontrer à nouveau Martin.

Le moment est donc venu pour l'agent de Cheverry de revenir en scène. Le 12 juillet, Henri-Paul Papillon rencontre d'abord l'abbé Taillefer pour l'informer que son ami est en ville et qu'il est disposé à discuter d'affaires. Après le départ de l'agent double, le prêtre communique lui-même avec l'agent secret:

« Je suis d'accord pour organiser une nouvelle transaction d'héroïne et cette fois, je serai le seul intermédiaire. De plus, tu n'as pas à t'inquiéter, Laprès ne se mêlera pas de l'affaire car je connais une autre personne avec laquelle il sera plus facile de s'entendre.

— J'pense que ça sera mieux comme ça, répond de Cheverry. Laprès faisait beaucoup trop de manières pour rien. »

Le lendemain, au cours d'une rencontre avec Taillefer, l'agent de la G.R.C. fixe ses conditions.

« Cette fois-ci, exige-t-il, l'opération devra se dérouler selon ma méthode: la marchandise sera déposée en consigne à la gare afin qu'il soit possible d'en vérifier la qualité; puis, avant d'en prendre définitivement livraison, on ira à la banque chercher la somme convenue. J'la remettrai en échange de la clé du casier. Si ces conditions sont acceptées, j'suis prêt à en acheter une trentaine d'onces. »

D'accord avec la proposition, l'abbé doit cependant consulter son mystérieux associé. Le tout se fait assez rapidement et moins d'une heure après cet entretien, Taillefer est de retour.

« Mon associé est inquiet au sujet de la remise de la clé, explique-t-il. Pour aucune considération, il ne veut avoir des contacts personnels.

— Bon, dans ce cas arrangez-vous pour que la clé soit déposée dans un endroit public où on pourra la prendre facilement. »

Cette fois, l'abbé croit que son ami sera d'accord et que sa réponse ne devrait pas tarder. Il se rend donc rencontrer une nouvelle fois son acolyte et, un peu plus tard dans l'après-midi, il revient voir le policier. Son associé est d'accord, mais pour un premier essai, il préfère ne vendre qu'une dizaine d'onces. L'agent secret accepte cette contre-proposition et l'entente est conclue. Il s'agit d'un achat de six onces à $250 l'unité et l'échange se fera le lendemain matin.

Vers 11 heures, le 14 juillet, Taillefer rejoint Martin à son hôtel et lui dit que la marchandise est dans un casier à la gare Centrale. Suivis discrètement par les agents de la Brigade des stupéfiants, qui depuis le début de l'enquête sont constamment témoins des allées et venues de leur confrère, les deux hommes se rendent à la cathédrale où, sous une pierre, ils trouvent la clé. A la gare, dans le casier 504, de Cheverry découvre six petites enveloppes. Il en prend une, puis en compagnie de l'abbé, visiblement excité, il se rend au siège social de la Banque royale, rue Saint-Jacques. Taillefer l'attend pendant qu'il va à la salle des coffrets de sûreté, où des confrères lui remettent $1 500 et vérifient la nature de la poudre blanche contenue dans la petite enveloppe. C'est bien de l'héroïne. Les deux hommes retournent ensuite à la gare Centrale où le policier prend possession des cinq autres petites enveloppes et remet l'argent à Taillefer.

Avant de le quitter, de Cheverry suggère à son compagnon qu'il devrait aviser son associé du résultat de l'opération. Taillefer est d'accord et entre dans une cabine téléphonique. Placé tout près, l'agent le voit composer le numéro HA-7-5044 et l'entend parler à un certain « Michel ».

Il ne fait aucun doute que l'associé de l'abbé Taillefer est ce Michel Sisco dont on a parlé au cours des dernières semaines. Cet individu est inconnu des services policiers et son identification devient une priorité.

De retour à son hôtel, l'agent de Cheverry remet les enveloppes d'héroïne à ses confrères qui occupent la chambre voisine et il téléphone à l'abbé pour lui dire sa satisfaction. Ce dernier semble aussi très content de la tournure des événements; il ajoute même qu'il sera dorénavant possible d'envisager une collaboration régulière. Le policier en profite pour lui dire qu'il aimerait bien rencontrer cet associé avec lequel il est si agréable de faire des affaires. Taillefer lui promet que cette rencontre sera possible très bientôt.

C'est pour précipiter cette rencontre que de Cheverry contacte l'abbé Taillefer, moins de deux semaines plus tard. Pendant deux jours, il tente en vain d'obtenir un rendez-vous avec ce mystérieux Michel Sisco. Ces entretiens avec l'abbé Taillefer ne sont toutefois pas inutiles. Ils raffermissent les liens de confiance et lorsque le policier dit qu'il doit partir bientôt, l'abbé lui répond qu'il faudra faire d'autres affaires sous peu. Mais la sagesse et la prudence commandent de ne pas trop brusquer les choses. Un mois s'écoule donc avant qu'un nouveau contact ne soit établi avec les trafiquants.

Ce répit permet à la Brigade des stupéfiants d'intensifier ses recherches quant à l'identité de ce Michel Sisco. Malheureusement, les pistes sont peu nombreuses. Une seule donne des résultats intéressants: l'un des deux numéros téléphoniques où il est possible de joindre Sisco est celui d'une raison sociale, le club *Contact*. Or, l'adresse de cet endroit est aussi celle d'une boîte de nuit, *Le Café de la Paix*. Familiers avec les méthodes du Milieu, les agents pensent que le premier établissement n'est peut-être qu'une façade pour une maison de jeu ou une entreprise de paris clandestins. Cette hypothèse est bientôt confirmée par une vérification à la compagnie d'électricité: cette raison sociale est enregistrée comme club sportif, au nom d'Emile Caron, dit Bébé, un tenancier de maisons de jeu bien connu. Dans les fichiers de police son nom est relié à celui d'Armand Courville, un autre tenancier de maisons de jeu et de paris, surtout connu pour le tandem qu'il forme avec l'un des nouveaux caïds du Milieu,

Vic Cotroni

Vincenzo Cotroni, le propriétaire de l'immeuble du *Café de la Paix* et du club *Contact.*

Fils aîné d'une famille d'immigrants calabrais arrivés à Montréal en 1924, Vincenzo Cotroni, qui est né en 1911, a débuté comme aide-menuisier au service de son père avant de se lancer dans la lutte professionnelle sous le nom de Vic Vincent. C'est Armand Courville, lutteur de renom qui enseignait au club *Saint-Paul,* de Ville-Emard, qui l'a initié à cet art. Leur amitié inébranlable remonte à cette époque. Cotroni a récolté, au cours des années 30, une dizaine d'inculpations diverses pour vols et recels, possession de fausse monnaie, vente illégale de boissons et coups et blessures, mais il a réussi à s'en tirer sans trop de problèmes et à limiter ses séjours en prison au strict minimum.

Trapu, réservé et flegmatique, Vic Cotroni a commencé à brasser de grosses affaires vers 1942. Il a alors acheté, avec Courville, *Le Café Royal,* une boîte de nuit située au coeur du Red Light, quartier du bas de la ville où sont concentrés les bars, les tripots et les bordels. La même année, il a loué un appartement rue Sainte-Catherine est, non loin du cabaret, et Courville y a organisé une prospère maison de jeu avec l'aide d'Emile Caron, d'Hildège Gervais et de Jos Tremblay. (4) Courville a également ouvert une maison de paris, avec ce même Tremblay, à l'intersection des rues Amherst et Sainte-Catherine.

---

4. Bras droit d'un des lieutenants de Harry Davis, Eddie Baker, dit the Kid.

En avril 1945, Cotroni dont l'influence, le prestige et la richesse n'ont cessé de croître, a fait l'acquisition d'un immeuble au 1410 de la rue de Bullion et l'endroit est rapidement devenu un des cercles de jeu clandestin les plus prospères de la ville. Un an plus tôt, avec Courville et deux Marseillais, les frères Edmond et Marius Martin (qui seront plus tard dénoncés comme tenanciers de maisons closes et trafiquants de drogue), il a acheté une boîte de nuit, *Le Café Val d'Or*. Au moment des vérifications de la Brigade des stupéfiants sur Michel Sisco, l'établissement a changé d'allure et est devenu, sous le nom de *Faisan Doré*, le cabaret le plus célèbre du pays. On accourt maintenant de partout pour entendre cc qu'aucune autre boîte n'a encore osé présenter: la chanson et l'humour français, comme à Paris. (5) La Main vit à l'heure de Saint-Germain-des-Prés. (6) Tous les soirs, à l'angle des rues Saint-Laurent et Sainte-Catherine, une longue file de gens huppés — médecins, hommes d'affaires, politiciens, juges, avocats — attend patiemment sur le trottoir, en face du *Faisan Doré*, parmi les prostituées, les robineux et les truands du Red Light. La majorité des spectateurs ignorent que ce moulin de la chanson québécoise, cette première boîte de nuit française d'Amérique, ce rendez-vous du Tout-Montréal, est l'un des hauts lieux de la pègre locale.

En plus des activités déjà énumérées, Cotroni a la réputation d'être un excellent organisateur politique. Courville aussi d'ailleurs, qui était même le chef de la police spéciale du Parti libéral et un très bon ami du directeur de la Police provinciale. En 1936, Cotroni a bénéficié de la clémence de la Cour à Sorel dans une accusation de lésions corporelles graves infligées à un électeur lors des élections provinciales. En 1947, il a été arrêté pour personnification lors d'une élection municipale, mais, une fois de plus, il s'en est tiré avec les honneurs de la guerre.

Avec tous ces renseignements, les limiers de la Brigade des stupéfiants ne manquent pas de s'interroger sur l'importance et la signification d'une éventuelle relation entre Michel Sisco et Vic Cotroni.

---

5. Parmi les grands noms qui se sont produits au *Faisan Doré*, citons ceux de Jacques Normand, Charles Aznavour, Pierre Roche, Bourvil, Luis Mariano, Tino Rossi, Charles Trenet, Georges Guétary, Aglaé, Jean Rafa, Michèle Sandry, Monique Leyrac, Guylaine Guy, Murielle Millard, Denise Filiatrault, Gilles Pellerin, Roger Beaulu, Fernand Gignac.

6. A cette époque, la rue Saint-Laurent qui délimite les secteurs est et ouest de Montréal est la rue la plus achalandée. Dans le quartier du Red Light, on l'appelle la Main, du terme anglais qui signifie (rue) principale.

Jugeant qu'il vaut la peine de pousser plus loin les recherches, ils effectuent un relevé des appels téléphoniques faits à partir du numéro du club *Contact*. Ils découvrent alors qu'au cours des mois d'avril et mai précédents, plusieurs appels ont été placés à New York, surtout chez un certain Benny Blanka. Des vérifications au Bureau des narcotiques révèlent que ce monsieur Blanka est en réalité Sébastiano Bellanca, dit Benny le Sicilien, membre important de la Mafia newyorkaise et trafiquant de drogue notoire qui a déjà été inculpé en 1939.

Mais il y a plus. En effectuant leurs relevés téléphoniques réguliers, les agents fédéraux constatent qu'au cours des mêmes mois d'avril et de mai, le frère cadet de Vic, Giuseppe, dit Pep, a lui aussi téléphoné à maintes reprises chez Benny Blanka. Moins influent et moins brillant que son aîné, Giuseppe Cotroni s'est surtout fait connaître jusqu'alors comme spécialiste de vols et de recels. Depuis 1937, il a été accusé à huit reprises pour ce genre de délit et il est même encore en appel pour une condamnation de prison pour recel d'obligations volées. La G.R.C. se demande si Michel Sisco et Giuseppe Cotroni ne seraient pas associés dans le trafic de l'héroïne. L'hypothèse mériterait bien qu'on s'y attarde, mais, pour le moment, les effectifs réduits de la Brigade ont d'autres priorités. L'heure est venue pour l'agent de Cheverry

Sebastiano Bellanca, dit Benny le Sicilien

Pep Cotroni

de reprendre contact avec l'abbé Taillefer et ses allées et venues doivent être surveillées pour qu'on puisse corroborer son témoignage éventuel devant le tribunal.

Le mardi 6 septembre, l'agent s'installe au *Laurentien* et téléphone à l'abbé Taillefer. Celui-ci semble soupçonneux... Le lendemain soir, au presbytère, le policier comprend pourquoi: arrêté le 19 juillet précédent, pour une affaire de fausse monnaie, Jean-Claude Laprès l'a reconnu au quartier général de la G.R.C. et, dès sa mise en liberté sous cautionnement, il s'est empressé d'aller raconter cet incident à ses comparses! (7)

Le policier ne perd pas son sang-froid:

« Ben ça alors! Laprès est rien qu'un menteur et j'ai aucune confiance en lui. Mais pour prouver que j'ai rien à me reprocher, j'suis prêt à être confronté avec lui, s'il le faut. En tout cas, j'suis pas venu à Montréal pour perdre mon temps et, t'sais, j'aimerais bien rencontrer ton nouvel associé car j'veux être certain que cette fois-ci Laprès sera pas dans le coup. »

Rassuré par la réaction spontanée et ferme de son interlocuteur, l'abbé Taillefer respire mieux.

« Je vais lui transmettre ta proposition sans délai. Je te donnerai des nouvelles bientôt. »

Le lendemain midi, le vicaire téléphone à l'agent secret et lui annonce que son ami accepte de le rencontrer et qu'en plus, il ne croit pas qu'une confrontation avec Laprès soit nécessaire. La rencontre a lieu le lendemain soir chez Taillefer, au presbytère. Dès le début de l'entrevue, de Cheverry prend les devants.

« Es-tu associé avec ce bon à rien de Laprès? demande-t-il à Sisco.

— J'le connais, répond le trafiquant, mais j'peux te dire que j'ai pas trop confiance en lui. D'ailleurs, j'fais même plus d'affaires avec lui. Cependant, c'est bien moi qui lui ai fourni l'héroïne de la première transaction et, à ma connaissance, la quantité était exacte. C'est moi aussi qui ai fourni le stuff la deuxième fois.

— Ça va, j'te crois mais j't'avertis, si Laprès revient mettre son nez dans le décor, moi je décroche. A part de ça, tu m'as l'air d'avoir

---

7. Le 7 avril 1947, la Gendarmerie royale avait saisi chez un récidiviste nommé Archie Black, 358 faux billets canadiens de $100. Commencée en 1945, cette enquête avait conduit à l'arrestation de Jean-Claude Laprès, Rosario Delisle et Maurice Leblanc pour conspiration en vue de fabriquer des faux billets pour un montant global de $100 000.

Michel Sisco

des ressources pas mal intéressantes. Penses-tu que tu pourrais me garantir un approvisionnement constant? Pour moi, c'est indispensable; il faut absolument que j'aie du stuff régulièrement sans quoi j'vas être obligé de chercher ailleurs. J'ai des clients et j'peux pas me permettre trop de facéties.

— Pour ça, enchaîne Sisco, t'as pas à t'en faire. A moins d'une nouvelle guerre mondiale, j'suis en mesure de répondre à n'importe quelle commande, quelle que soit la quantité.

— Si c'est comme ça, j'pense qu'on va pouvoir s'entendre, déclare l'agent secret, de plus en plus à l'aise dans son rôle. D'ici quelques jours, j'pourrais sans doute passer une commande, mais, avant, il faut que je contacte mes clients. Aussitôt que j'aurai des nouvelles, j'te laisserai savoir. »

L'entretien se termine ainsi et, le jour suivant, le samedi 10 septembre, l'agent téléphone à l'abbé Taillefer.

« J'ai parlé à mes clients, dit-il, et j'crois que lundi j'serai en mesure de conclure un achat d'au moins 10 onces. Fais le message à Sisco et dis-lui que j'rappellerai. »

Le lundi soir, de Cheverry rappelle l'abbé et lui dit être prêt à acheter 32 onces d'héroïne à $225 l'unité. Le prêtre contacte Sisco, puis fait savoir à l'agent secret, le soir même, qu'il n'y aura pas de problème. La transaction aura lieu deux jours plus tard selon la méthode du casier.

Le mercredi matin 14, vers 11 heures, Taillefer rejoint de Cheverry à son hôtel, puis les deux hommes se rendent à la cathédrale où, cette fois, Sisco est là pour les accueillir et remettre personnellement la clé. A la gare Centrale où il se rend immédiatement après, une surprise attend cependant le policier. Dans le casier no 505, il n'y a qu'un journal et du sucre. Les trafiquants ont-ils découvert le pot aux roses? Non! Sisco arrive rapidement et explique qu'il voulait voir la réaction de Martin pour être sûr de son identité. Immédiatement, le groupe se donne à nouveau rendez-vous à la cathédrale et, cette fois, Sisco remet à l'agent secret la clé du casier no 177 de la gare Windsor. Les 32 onces sont bien là. Une fois la marchandise récupérée, accompagné de Sisco et de Taillefer, de Cheverry se rend en taxi à la Banque royale. Sisco attend à l'extérieur pendant que l'abbé accompagne l'agent secret à la salle des coffrets de sûreté. Rapidement, de Cheverry lui remet les $7 200, tel que convenu. Taillefer vérifie le compte, prend congé de son client et se dirige vers la sortie. C'est alors que le rideau tombe. Simultanément, les autres agents de la Brigade des stupéfiants qui n'ont rien perdu des détails de la transaction, procèdent à son arrestation et à celle de Sisco. Dans les heures qui suivent, Laprès est mis sous arrêt à son tour, ainsi qu'un de ses hommes de main, Rosario Delisle, qui a participé accessoirement à la première transaction avec Henri-Paul Papillon et qui a également été inculpé dans l'affaire de fausse monnaie.

L'enquête préliminaire des quatre accusés débute le 5 octobre suivant. Premier appelé à la barre, l'abbé Joseph-Arthur Taillefer surprend tout le monde en reconnaissant sa culpabilité aux cinq accusations portées contre lui. Douze ans plus tard, dans un petit livre, il expliquera que tel était l'ordre de l'évêque de Montréal qui désirait éviter un scandale. (8) Le jour même, dira-t-il, un message lui est de plus parvenu:

> « Plaidez coupable — Pas un mot — $10 000 à votre sortie — Sisco. »

Déjà le trafiquant lui avait fait dire qu'une rafale de balles l'attendrait si quelque chose devait lui arriver. Le 28 octobre 1949, le vicaire de Sainte-Madeleine d'Outremont est condamné à deux ans de pénitencier et à $3 000 d'amende. (9) Pour leur part, par suite des témoignages de Henri-Paul Papillon et de l'agent Frank de Cheverry, Michel Sisco, Jean-Claude Laprès et Rosario Delisle sont envoyés à leur procès, fixé au 1er février 1950.

---

8. *Un prêtre et son péché*, Alain Stanké, Editions de l'Homme, Montréal, 1961.

9. L'abbé Taillefer fut détenu à la prison de Bordeaux, à Montréal. Après sa libération, marqué profondément par sa mésaventure, il fut contraint de retourner à la vie laïque. Cependant, n'ayant jamais abandonné la pratique religieuse, il lui arriva d'exercer ses responsabilités sacerdotales. Selon les personnes qui l'ont bien connu, la naïveté expliquerait en partie son comportement.

L'arrestation et l'inculpation des trafiquants ne met cependant pas un point final à l'enquête. Le mystère entoure encore le personnage de Michel Sisco et son rôle dans le milieu de la drogue. Il est encore trop tôt pour clore le dossier. Aux policiers qui l'interrogent, le trafiquant déclare au début être né à Michel, en Colombie-Britannique, d'une famille d'immigrants calabrais. Après la mort de sa mère, peu après sa naissance, son père l'aurait amené en Italie où il aurait vécu jusqu'en 1927. Il aurait passé quatre ans en France, après quoi il serait revenu en Italie. Durant la guerre, il aurait été emprisonné par les Allemands, mais, en décembre 1942, il aurait réussi à s'échapper et à se rendre à Casablanca où il aurait pu s'embarquer à bord d'un navire anglais qui l'aurait conduit à Halifax. Il serait entré au Canada comme réfugié.

Que penser de ce récit pour le moins rocambolesque? Trop vague et trop précis, se disent les agents fédéraux. Certains indices laissent d'ailleurs croire que cette biographie n'est peut-être qu'un tissu de mensonges. En perquisitionnant chez Sisco, on a arrêté sa compagne, Suzanne Filleau, une Parisienne. Au début, la jeune femme a prétendu s'appeler Nicole Laplante, mais elle s'est vite ravisée et a admis être entrée au Canada clandestinement. De plus, le trafiquant a présenté, peu avant son arrestation, une requête pour l'obtention d'un permis d'exploitation de restaurant à Montréal-Nord. Or, dans sa requête, il a déclaré être né en Italie. Dans ses effets personnels, on a également trouvé, inscrit sur une feuille de papier, le mot-à-mot de l'histoire qu'il a racontée à propos de sa famille.

Devant ces faits, la Brigade des stupéfiants décide d'entreprendre toutes les recherches qui s'imposent, tant au pays qu'à l'étranger, afin de vérifier l'identité exacte du trafiquant. Ses empreintes digitales sont ainsi transmises à différents pays par l'entremise de la Commission internationale de la Police criminelle (Interpol). (10) Par ailleurs, à Montréal, à la suite de certaines informations privilégiées, des recherches sont entreprises dans le but de localiser un dénommé Frank Sisco qui serait, dit-on, le frère du prévenu.

---

10. Créé en 1923, l'Interpol n'est pas, contrairement à la croyance populaire, un supercorps policier international. Ce n'est qu'une banque d'informations à la disposition des polices nationales du monde entier. Elle ne s'intéresse pas uniquement à la drogue et ne joue aucun rôle actif. En 1956, la C.I.P.C. deviendra l'Organisation internationale de la police criminelle (O.I.P.C.).

D'autre part, la G.R.C. a recueilli d'autres renseignements à la suite de l'arrestation de Michel Sisco. La perquisition effectuée à son domicile a révélé qu'il y exploitait un bordel. Outre sa compagne, deux autres femmes se trouvaient sur les lieux au moment de la descente. Or, l'une d'elles, une autre Française nommée Gisèle Denizet, était l'épouse de Roger Denizet, arrêté en décembre 1948 à Vancouver en possession d'un kilo d'héroïne. Né en Saskatchewan, Denizet avait séjourné longtemps en France où il s'était lié avec plusieurs personnages influents. A Montréal, on l'appelle Roger le Français.

Sisco avait également sur lui au moment de son arrestation une clé, celle du club *Contact,* appartenant à l'un des hommes de Vic Cotroni. Autre indice liant Sisco aux frères Cotroni: son restaurant de Montréal-Nord, *Le Chalet Blanc,* est la copropriété de Pep Cotroni et c'est Vic qui en a assuré le financement. Dans les papiers personnels de Sisco, on trouve aussi le nom et l'adresse de Sebastiano Bellanca, de New York, ainsi que le nom de la compagnie *Carol Paper Products Corporation* de Brooklyn. Selon le B.A.N., cette entreprise est la propriété des frères Carlo et Paolo Gambino, deux des principaux lieutenants des frères Philip et Vincent Mangano et d'Albert Anastasia, les patrons de l'une des cinq familles de la Mafia newyorkaise. (11)

Tous ces renseignements permettent de croire que Michel Sisco n'est qu'un des maillons d'une vaste chaîne.

Pendant que ses amis montréalais effectuent des collectes pour le cautionnement en argent qui lui a été accordé, la G.R.C. poursuit ses recherches sur son identité. Elle réussit ainsi à localiser son présumé frère, Frank Sisco, qui déclare lui aussi être né à Michel, en Colombie-Britannique, d'une famille d'immigrants calabrais comprenant deux autres fils, Louis et Michel, et une fille, Susy. Frank Sisco dit que très tôt la famille a été divisée et qu'il n'a à peu près pas connu ses frères et sa soeur. Il est revenu au Canada en septembre 1948, après avoir travaillé 18 ans dans une manufacture de conserves en Californie. Il a retrouvé Michel par hasard, au cours du mois de décembre 1948, alors qu'il se trouvait au *Faisan Doré...* En parlant avec lui, il s'est rendu compte qu'il

---

11. Les frères Mangano seront éliminés en 1951 par leur bras droit Albert Anastasia, un associé de Lepke Buchalter, qui sera à son tour assassiné en juin 1957 pour être remplacé par Carlo Gambino. Celui-ci deviendra par la suite le plus puissant chef de la Mafia américaine ou si l'on veut de la Cosa Nostra.

ne pouvait s'agir que de l'un de ses frères qu'il n'avait jamais connu.

Peu après cette seconde déclaration, la Brigade apprend qu'il est impossible de vérifier les origines de la famille Sisco, à Michel, en Colombie-Britannique, car tous les dossiers antérieurs à 1910 ont été détruits. Toutefois, après de longues et patientes recherches, on finit par localiser, au Manitoba, un parent de la famille Sisco. Celui-ci confirme les origines des Sisco mais déclare que la famille ne comprend que deux enfants, Louis et Susy.

En somme, les doutes du début se confirment. Michel Sisco n'est qu'un alias. Mais dans ce cas, qui est-il?

La réponse arrive finalement le 7 mars suivant. Grâce aux empreintes digitales et aux photos fournies par la G.R.C., la Sûreté nationale française a identifié Michel Sisco comme étant Antoine d'Agostino, l'un des caïds de la pègre française. Né le 18 décembre 1918 à Bône en Algérie, de parents napolitains, il est recherché depuis le 23 juillet 1948 par suite d'une condamnation par contumace à la peine de mort et à la dégradation nationale pour trahison. Son dossier judiciaire remonte à mars 1935 alors qu'il a été condamné à deux ans de prison en Algérie pour vol qualifié. En octobre 1938, il a été interdit de séjour à Marseille, à la suite d'une condamnation pour viol et proxénétisme. De 1941 à 1943, il a vécu à Paris avec la pègre de Montmartre. C'est à cette époque qu'il s'est lié avec Suzanne Filleau, une prostituée notoire qui a été auparavant l'épouse d'un autre malfaiteur international.

Durant l'occupation allemande, à l'instar de plusieurs autres truands, d'Agostino est devenu agent de la Gestapo; il en a profité pour commettre impunément de nombreuses attaques à main armée. A la Libération, on a perdu sa trace. Il a refait surface à Paris quelques mois plus tard et est devenu propriétaire du cabaret de *La Boule Blanche* et du restaurant *Le Chardon Bleu*, gérés par ses frères, Joseph et Albert. En novembre 1947, un mandat d'amener a été émis contre lui pour vol de titre de rationnement. Il a été condamné par contumace pour cette infraction à cinq ans, le 16 mars 1948. Réfugié à San Remo, en Italie, il a mis sur pied une affaire de fabrication de faux billets de banque français et américains qui a été démantelée le 15 août 1948. Ses complices ont tous été arrêtés, mais lui a réussi une fois de plus à prendre la fuite en utilisant le passeport de son frère Albert.

A Montréal, où il s'est réfugié, d'Agostino a retrouvé plusieurs connaissances de la pègre française comme les frères Edmond et Marius Martin, François Spirito et Joseph Orsini.

Avec son ami Paul Bonaventure Carbone, le grand maître de la pègre marseillaise et corse, François Spirito, Napolitain d'origine, avait organisé, avant la seconde guerre, la première grande filière internationale d'héroïne française: celle de l'Orient-Express. Il avait agi ainsi, poussé par certains clans de la Mafia américaine qui avait vu s'ouvrir un marché prometteur aux Etats-Unis après la guerre 14 - 18 et les succès des gangs juifs. Grâce à de solides relations en Indochine française, en Turquie, en Grèce et en Yougoslavie, il avait réussi à importer des tonnes d'opium et de morphine-base et à les transformer en héroïne dans des laboratoires clandestins installés dans la région parisienne (les premiers qui furent mis sur pied par des trafiquants de drogues). (12) Pendant

François Spirito   Paul Bonaventure Carbone

---

12. Les scientifiques ont découvert la façon de transformer la morphine-base en héroïne en 1874. Vers 1900, la firme allemande Bayer commercialisa l'héroïne comme sédatif contre la toux. Mais ce n'est que vers la fin des années 30 que l'héroïne commença, chez les toxicomanes, à supplanter l'opium, la morphine et surtout la cocaïne, alors très en vogue. Jusqu'à l'adoption de la Convention internationale sur les stupéfiants de 1931, la fabrication de la morphine, de l'héroïne et des dérivés de l'opium était pratiquement libre en Europe, ce qui n'était plus le cas aux Etats-Unis, depuis la promulgation de l'Harrisson Act, en 1914. Au début, les truands français et les autres comme Jack Pollakowitz, de la bande Davis-Brecher-Buchalter, achetaient leurs stupéfiants de différentes entreprises pharmaceutiques légitimes et organisaient leur passage aux Etats-Unis. Après 1931, ils ont utilisé leurs contacts dans ces entreprises pour recruter des chimistes et installer leurs laboratoires clandestins. C'est ainsi qu'avant la seconde guerre mondiale, l'un des hommes de Spirito et Carbone, Dominique Albertini, fut initié au secret de la fabrication de l'héroïne par un vieux savant déchu, habitué de Pigalle, grand amateur de films légers et de filles faciles. Les succès d'Albertini ont consacré l'« école française » des gangsters chimistes et ont fait de celle-ci, la plus réputée du monde des trafiquants internationaux.

la guerre, avec Carbone, il s'est rangé du côté de l'occupant et est devenu l'un des responsables marseillais du service de sécurité de la Gestapo. Après la mort de Carbone, en décembre 1943, pourchassé par la Résistance, il s'est refugié en Espagne, puis il a émigré vers l'Amérique où il a d'abord passé quelque temps à Montréal avant d'aller s'installer en permanence aux Etats-Unis.

Joseph Orsini était avant la guerre l'un des plus fidèles lieutenants de Carbone et Spirito. Comme eux, il s'est par la suite joint à la Gestapo, ce qui lui a valu d'être condamné à mort par contumace.

Réunis à Montréal lors de la réouverture des grandes voies maritimes, Spirito, Orsini et d'Agostino ont décidé de rebâtir leur fortune en relançant leur filière d'héroïne, avec la collaboration de leurs anciens acolytes demeurés en France et celle de leurs nouveaux amis en Amérique. La proximité du marché américain et les contacts que Spirito y avait avant la guerre permettaient d'espérer des profits considérables et constants. A Marseille, ils ont renoué avec Joseph Renucci, l'un des grands caïds corses du moment qui, entouré d'un groupe de jeunes truands ambitieux, s'était lancé dans le marché noir et la contrebande à travers toute la Méditerranée. Il avait entre autres établi d'importantes liaisons au Moyen-Orient, principalement au Liban, ancien protectorat français où le trafic de la morphine-base fait la fortune tant des trafiquants que des autorités officielles qui, les uns comme les autres, ont conservé des liens très étroits avec la France. Avec comme bases d'opérations Marseille, Tanger (Maroc) et Ajaccio (Corse), Renucci et ses hommes se sont associés, pour le trafic des **cigarettes américaines** et de la drogue, avec la Mafia et en particulier, dit-on, avec un puissant Italo-Américain déporté en Italie, **Salvatore Lucania**, dit Lucky Luciano.

Issu de la « Petite Italie » pauvre et sous-développée de New York, le Sicilien Luciano s'est d'abord hissé au sommet de la pègre américaine dans les années 20, en prenant le leadership de la pacification dans les bas-fonds, tout en facilitant aux différents clans de la pègre italo-américaine leur accession au contrôle des rackets les plus lucratifs en collaboration avec certains caïds juifs comme Meyer Lansky et Lepke Buchalter. C'est sous son impulsion, ou du moins celle de ses hommes, que la Mafia américaine, l'Unione Siciliana comme il l'appelait, s'est assurée, vers la fin des années 30, le contrôle des différents réseaux de distribution de drogue

Lucky Luciano

à travers l'Amérique, pour ensuite importer elle-même l'héroïne en collaboration avec les Français Spirito et Carbone. En 1936, en pleine apogée, sa carrière a été bouleversée par la mise au jour d'un gigantesque réseau de prostitution. Reconnu coupable de 62 délits de proxénétisme, il a été condamné à une peine de 30 à 50 ans de prison. En 1942, devant le danger d'une épidémie de sabotage dans le port de New York par les dockers et les commerçants d'origine italienne dont la loyauté envers les Etats-Unis était douteuse, les Services secrets de la Marine ont fait appel à son influence pour organiser la protection des quais.

Grâce à ces précieuses interventions auprès des dirigeants des syndicats des débardeurs, contrôlés par ses hommes, Luciano a obtenu une libération prématurée et, en février 1946, il a été déporté en Italie où il a alors retrouvé plusieurs anciens compagnons qui avaient été contraints eux aussi de quitter l'Amérique. Ce sont quelques-uns de ces mafiosi d'Amérique qui, les premiers, ont relancé le trafic de l'héroïne vers les Etats-Unis après la guerre. La fabrication de l'héroïne étant encore légale en Italie, ils se sont, entre autres, entendus avec les directeurs de certaines sociétés italiennes de produits pharmaceutiques, pour détourner vers le marché clandestin une partie importante de leur production légale. (13) Pour Renucci et ses partenaires, ce sont des collaborateurs de première importance.

A Marseille, Spirito, Orsini et d'Agostino ont également contacté un autre important trafiquant corse, Antoine Cordoliani qui, avec son jeune associé Edouard Giribone, a mis sur pied une importante filière d'héroïne avec des trafiquants siciliens. Cordoliani est, de plus, associé avec les frères Marius, Joseph et Georges Aranci qui, après avoir travaillé pour Spirito et Carbone avant la guerre, se sont maintenant alliés au puissant clan des frères Guérini, les nouveaux leaders du Milieu marseillais. (14)

---

13. Dans ses mémoires qu'il écrira en 1961 et qui seront publiés en 1974, Luciano affirmera qu'il n'a jamais voulu s'intéresser au trafic des stupéfiants, sauf une fois, en juin 1923, alors qu'il avait accepté de financer une cargaison d'héroïne sous l'instigation de l'un de ses lieutenants, le Napolitain Vito Genovese. Cela ne lui avait d'ailleurs pas porté chance, car il fut arrêté porteur de plusieurs sachets d'héroïne pure. Il s'en était tiré en permettant la saisie de toute la cargaison en échange de sa libération. C'est à partir de ce jour-là, prétendra-t-il, qu'on a commencé à le cataloguer comme un gros bonnet de la drogue. Précédemment, en juin 1916, il avait été arrêté à la porte d'une salle de billard en possession d'un flacon contenant un peu moins de deux grammes d'héroïne, ce qui lui avait valu un séjour de six mois en prison. Après la guerre, il a certes eu plusieurs contacts personnels avec des mafiosi trafiquants, mais cela n'aurait pas concerné la drogue. Il admettra bien avoir lui-même introduit l'un des gros caïds de la drogue, Joseph Biondo, auprès de l'un des propriétaires du laboratoire pharmaceutique *Saci* de Milan, Egidio Calascibetta, mais pour lui il s'agissait d'achats de produits chimiques. En 1953, Calascibetta et plusieurs autres directeurs et savants seront arrêtés et emprisonnés pour cette combine d'héroïne. Luciano, de son côté, inculpé à la demande du Bureau américain des narcotiques, échappera aux poursuites, les autorités italiennes estimant ne pas avoir de preuves contre lui pour justifier une accusation. Quoiqu'il en soit, cette affaire suscitera une vive réaction de la part de la Commission des stupéfiants des Nations-Unies et l'Italie finira par interdire toute production d'héroïne. A la fin, on estimera que grâce à la falsification de documents officiels, les amis de Luciano auront pu exporter au bénéfice de leurs associés de New York quelques 800 kilos d'héroïne, un butin global de près de un milliard de dollars. (Voir *Lucky Luciano, le Testament,* par Martin A. Gosh et Richard Hammer, Paris, Editions Stock, 1975).

14. Hommes de main eux aussi, jadis, du tandem Spirito-Carbone, les frères Guérini ont pour leur part choisi pendant la guerre de collaborer avec certains réseaux de la Résistance, ce qui leur a valu par la suite d'avantageuses contreparties. Très liés avec le Parti socialiste, ils ont aussi contribué après la guerre à limiter la puissance du Parti communiste dans le Sud-Est de la France, cela avec la collaboration de la Central Intelligence Agency (C.I.A.).

Antoine Guérini   Mémé Guérini (Photo Keystone)

A Paris, Spirito et ses compagnons se sont mis en rapport avec deux personnages de premier plan, Marius Ansaldi et Dominique Reissent, qui ont mis sur pied le plus important laboratoire clandestin d'après-guerre. A coup sûr, ce sont eux qui ont fabriqué l'héroïne achetée par l'agent secret de Cheverry.

Une fois la liaison bien établie avec la France, Spirito, Orsini et d'Agostino se sont partagé les tâches. Tandis que les deux premiers sont allés s'installer à New York avec quelques autres acolytes, pour s'occuper des relations avec les clients américains, d'Agostino est resté à Montréal pour recevoir les cargaisons expédiées de France. Il en a profité pour s'associer avec le Milieu montréalais.

Au début, les informations de l'Interpol ne font pas état des relations de d'Agostino avec Spirito et Orsini. Ce n'est que plus tard que la G.R.C., le B.A.N. et la police française reconstitueront l'histoire de cette association. Cependant, si les renseignements fournis confirment les soupçons des limiers fédéraux, ils arrivent toutefois quatre semaines trop tard. Depuis le 1er février 1950, Antoine d'Agostino est en effet à nouveau un fugitif, ayant négligé de se présenter à l'ouverture de son procès.

Il a été libéré provisoirement sous cautionnement, le 31 décembre précédent, après un dépôt de $10 000 effectué par un truand bien coté dans le Milieu, Armand Duhamel, un acolyte de Pep Cotroni et autres personnages d'envergure. (15) Après sa mise en liberté, il a d'abord tenté de négocier un traitement de faveur en promettant de fournir des informations concernant deux laboratoires clandestins en France. L'échec de ses négociations avec la G.R.C. l'a amené à choisir à nouveau la fuite à l'étranger.

A Montréal, l'épisode prend fin le 16 juin 1950, lorsqu'à l'issue d'un procès devant jury, le juge Wilfrid Lazure condamne Jean-Claude Laprès à trois ans de réclusion. Son homme de main Rosario Delisle s'en tire pour sa part avec trois mois de détention.

---

15. Coïncidence étrange, lorsque le 28 septembre 1949, le tribunal a fixé à $10 000 le cautionnement du trafiquant français, Vic Cotroni et l'un de ses proches amis, Angelo Bizanti, un propriétaire d'une chaîne de bordels, se sont rendus à New York le soir même. Au retour, interrogé sur les motifs de son voyage. Cotroni a déclaré qu'il était allé acheter des vêtements. Pour sa part, dès sa propre libération provisoire, Jean-Guy Laprès a entrepris une tournée des cabarets et des tripots du Milieu en vue de recueillir les fonds nécessaires pour la libération de d'Agostino. Parmi les endroits où les agents de la Brigade des stupéfiants remarquent sa présence, il y a le *Palmina Lunch,* rue Riverside, une boîte dirigée par Frank Puliafito et sa femme Palmina Cotroni, la soeur de Vic et Pep.

Chapitre III

Les caïds du Corso Pizzeria

Dans la lutte aux trafiquants de drogue, les enquêtes se bousculent à un rythme tel que la seule tactique possible est de voir au plus pressant. Aussi, il arrive fréquemment que des recherches fort prometteuses soient momentanément suspendues. C'est notamment ce qui est arrivé en avril 1949 quand la Gendarmerie royale s'est lancée sur la piste de Jean-Claude Laprès et de l'abbé Taillefer. A ce moment, les enquêteurs de la Brigade des stupéfiants avaient entrepris de coincer le plus important distributeur du Milieu montréalais, Johnny Young. Le 1er mars 1949, les agents fédéraux avaient arrêté à l'aéroport international de Dorval un narcomane de Vancouver qui retournait chez lui avec une once d'héroïne pure. L'enquête avait par la suite révélé que ce narcomane avait rencontré Young peu de temps avant son arrestation.

Habitué du Red Light, Johnny Young jouissait d'une solide réputation dans les bas-fonds de la métropole. En effet, depuis 1935, il avait été condamné 19 fois pour vols par effraction, recels et corruption. Spécialiste des élections, il avait connu une certaine popularité quelques années auparavant comme lutteur professionnel et était ensuite devenu garde du corps de Maurice Duplessis, alors Premier ministre du Québec. Par la suite, il avait fait l'acquisition de trois gymnases, dont le plus célèbre était celui du 1110 de la rue Clark. L'endroit était connu comme le rendez-vous des prostituées et des truands du quartier. Avant de se lancer sérieusement dans le trafic des drogues, il avait également travaillé au *Faisan Doré* pour Vic Cotroni et à l'*American Spaghetti House* pour Angelo Bizanti, le plus important propriétaire de maisons closes de la ville.

Pendant les mois de l'opération Laprès-Taillefer, les limiers de la G.R.C. ne pouvaient que vérifier périodiquement les allées et venues de Johnny Young et de ses principaux acolytes. Cependant, malgré le manque de continuité de l'enquête, on avait réussi à accumuler suffisamment de renseignements pour passer à l'action dès l'arrestation de Laprès, Taillefer et d'Agostino.

Ainsi, le 15 septembre 1940, le lendemain de l'arrestation de d'Agostino, les enquêteurs de la Brigade des stupéfiants, accompagnés de policiers municipaux, arrêtent deux amis de Young, William Lamy, dit Bill, et Frank Perreault, après avoir trouvé chez eux plusieurs capsules d'héroïne prêtes à être vendues. Quelques mois auparavant, Frank Perreault avait été inculpé de complicité après le fait pour avoir favorisé la fuite de son frère Douglas et d'un ami, tous deux recherchés pour le meurtre de deux policiers survenu au cours d'une attaque de banque. (1) Il avait alors été arrêté en compagnie de Young et d'un autre trafiquant notoire, Robert (Bob) Tremblay, originaire de la Colombie-Britannique. Ancien champion d'haltérophilie, ce dernier s'était fait de précieux contacts dans les milieux de la contrebande à la suite d'un séjour prolongé dans la marine marchande.

Les saisies d'héroïne chez Lamy et Perreault convainquent la G.R.C. qu'il est temps d'aller rendre visite à Johnny Young. Le lundi 26 septembre 1949, 12 jours à peine après l'arrestation de d'Agostino

---

1. Le 23 septembre 1948, vers 14 heures, trois repris de justice, Douglas Perreault, Donald Perreault (sans lien de parenté avec le premier) et Noël Cloutier attaquaient la succursale de la Banque canadienne nationale, à l'angle des rues Notre-Dame et Saint-Just, à Montréal. Pendant que Cloutier les attendait dans la voiture, les deux Perreault pénétraient à l'intérieur de l'établissement pour s'emparer de l'argent. Ils étaient encore à l'intérieur quand les agents Nelson Paquin et Paul Duranleau, de la Police municipale, alertés par un passant, se présentèrent à la porte de la banque. Aussitôt, la fusillade éclate et l'agent Paquin reçoit une première balle à la cuisse. Peu après, l'un des bandits sort de la banque et achève l'agent Paquin en lui tirant quatre balles en pleine poitrine. Puis constatant que Cloutier avait disparu, il prend la fuite à pied. Au même moment, son compagnon quitte lui aussi la banque en faisant feu sur l'agent Duranleau qui est alors atteint mortellement. Pendant ce temps, la voiture de Noël Cloutier était prise en chasse par les renforts appelés en toute hâte. La poursuite qui se déroule à plus de 80 milles à l'heure dans les rues de la ville, se termine quelques minutes plus tard par la capture du fugitif. Quant aux deux autres complices, une gigantesque chasse à l'homme est organisée dans tout le pays pour les retrouver. On les arrêta, une dizaine de jours plus tard, en Alberta, pour vol d'essence. Les trois compères finirent leurs jours sur l'échafaud.

et de ses acolytes, un groupe de limiers de la Brigade des stupéfiants fait irruption dans le repaire du trafiquant, au 1061, appartement un de la rue Saint-Denis. Dès l'arrivée des agents fédéraux, Young bondit à toute vitesse dans l'escalier. Aussitôt, Ross Andrews, frais émoulu de l'école d'entraînement, s'élance à sa poursuite et le rattrape rapidement grâce à un magistral placage de football. Le trafiquant en est quitte pour une blessure au genou, humiliante pour cet athlète.

Une formidable surprise attend les enquêteurs à l'intérieur de l'appartement. Une véritable usine d'emballage d'héroïne s'étale sous leurs yeux. Sucre de lait, capsules de gélatine, enveloppes caoutchoutées et héroïne, tout est encore sur la table de la cuisine, prêt à être mélangé et emballé! (2) Au total, 52 onces d'héroïne sont entreposées dans l'appartement, soit suffisamment, compte tenu de leur degré de pureté, pour fabriquer 26 000 capsules de drogue, qui, elles, se seraient vendues entre $3 et $5 à Montréal, et $8 à Vancouver. En somme, un butin de plus de $200 000! Mais ce n'est pas tout... En ouvrant un tiroir, les limiers trouvent un fichier de noms et d'adresses. Un rapide examen révèle qu'il s'agit là de la liste des clients de Young parmi lesquels on retrouve les noms des principaux revendeurs d'héroïne à travers tout le Québec, en plus de celui de Walter Sillanpaa, le narcomane de Vancouver arrêté le 1er mars précédent et dont la piste avait conduit à Young. Finalement, sous le lit, on découvre un véritable arsenal, comprenant revolvers, munitions, mitrailleuse et mitraillette.

Traduit en Cour criminelle, Johnny Young est d'abord trouvé coupable de complicité après le fait pour attaque de banque et meurtre des deux policiers. Il est condamné à quatre ans de prison. En février 1950, il est aussi trouvé coupable de possession et de trafic de narcotiques, ce qui lui vaut une peine de cinq ans de pénitencier et une amende de $500. Deux mois plus tard, il est condamné comme repris de justice et criminel d'habitude et, en conséquence, il est condamné à être détenu pour une période indéterminée. Au Canada, c'est la première fois qu'un tel jugement est prononcé. Quant à ses compères Lamy et Perreault, ils écopent tous deux de six mois d'emprisonnement.

---

2. L'héroïne qui arrive pure à Montréal n'est jamais revendue sous la même forme. L'intermédiaire la mélange avec de la poudre de lactose (sucre de lait) ou de la quinine, pour augmenter son volume, ce qui multiplie le profit. En fin de circuit, dans la rue, l'héroïne a facilement été coupée une dizaine de fois et sa pureté peut n'être que de 5%, surtout s'il y a pénurie.

Johnny Young au moment où il apparaît en Cour criminelle pour trafic d'héroïne. (Photo *La Presse)*

Bien que significatifs, ces résultats ne mettent cependant pas fin au trafic de l'héroïne à Montréal. (Il est très rare d'ailleurs que des arrestations mettent fin au trafic d'héroïne. Tout au plus les affaires ralentissent-elles pendant un certain temps, et quelqu'un d'autre prend la relève.) A la Brigade des stupéfiants, la nouvelle priorité est l'analyse détaillée du fichier de Johnny Young. Pendant des semaines, une dizaine d'enquêteurs de la Brigade vérifient les noms et les adresses que le trafiquant avait minutieusement compilés. On décide alors de passer à l'action et d'entreprendre une nouvelle fois d'infiltrer le Milieu. Toutefois, comme les derniers mois ont suffisamment exposé le personnel réduit de la Brigade montréalaise, on fait appel à la section torontoise pour procéder à l'opération. C'est ainsi que l'agent Hugh Walker est choisi pour prendre contact avec les trafiquants montréalais.

Il doit d'abord rencontrer Nick Shuba, un petit revendeur d'héroïne, dans l'espoir que celui-ci l'introduira à son fournisseur, Emile « Jack » Nadeau, un ancien souteneur converti au trafic des drogues. Les informations à son sujet indiquent en effet qu'il a remplacé Johnny Young à la tête des distributeurs montréalais d'héroïne.

Le 20 janvier 1950, l'agent Walker se rend au restaurant *Harmonie*, rue Sainte-Catherine, où il rencontre pour la première fois Nick Shuba. Celui-ci se laisse facilement aborder et, très rapidement, on vient au vif du sujet.

« Je pourrais t'avoir 100 capsules d'héroïne pour la somme de $200, propose-t-il à Walker.

— Ton offre est intéressante, répond l'agent. Mais, moi, ce qui m'intéresse, c'est les grosses affaires. Pourrais-tu me présenter à ton fournisseur?

— Ça pourrait s'arranger. Justement il est dans le restaurant, assis au fond. C'est un nommé Nadeau. Attends-moi, j'vas lui parler. »

Shuba va donc s'asseoir à la table de Nadeau et revient quelques minutes plus tard auprès de Walker.

« Le boss est d'accord pour travailler avec toi, mais, avant, on aurait besoin d'une petite avance de $50.

— J'ai aucune confiance en ce genre d'affaires, répond alors Walker qui, lui aussi, connaît le tabac et juge opportun de ne pas se montrer trop empressé. J'vas y penser et j't'en reparlerai. »

Dans les semaines qui suivent, Walker contacte à nouveau Shuba et d'autres revendeurs de Nadeau comme Cecil Chesson, un imposant narcomane de 200 livres surnommé Big Red, et Jack Duskin, un vieux trafiquant qui avait connu ses heures de gloire dans les années 20. Peu à peu, il réussit à faire croire aux truands qu'il s'occupe lui-même de distribution à Toronto. Pour faciliter sa « couverture », il retourne d'ailleurs souvent dans la Ville Reine pour y effectuer entre autres ses appels téléphoniques aux trafiquants montréalais. Ses efforts sont finalement couronnés de succès vers la mi-août et il réussit à décrocher un premier rendez-vous avec Jack Nadeau en personne.

Le jour convenu, le 17 août, il se rend à Montréal et retrouve d'abord Cecil Chesson au restaurant *Northeastern,* le quartier général de Nadeau. Chesson lui dit alors de se rendre dans une taverne avoisinante où l'attend son patron. Sur place, l'agent trouve le trafiquant en compagnie d'un autre truand, Red Burke, qui entreprend de l'interroger sur ses relations avec la pègre de Vancouver et de Winnipeg. Walker, qui a étudié à fond l'histoire des trafiquants nationaux, répond calmement et brillamment à toutes les questions. Satisfait des réponses obtenues, Nadeau engage à son tour la conversation sur le prix de l'héroïne, puis il demande à l'agent secret de le retrouver plus tard au *Northeastern*. Cecil Chesson vient retrouver Walker à cet endroit.

« Tout va bien, dit-il, la transaction se fera ce soir. »

L'heure venue, Walker rencontre Chesson dans une pharmacie du bas de la ville, d'où ils se rendent dans une taverne, près du cinéma Loew's. Là, l'homme de main va téléphoner. Après ce mystérieux coup de fil, il annonce que la transaction est retardée de quelques jours. Déçu, le policier retourne à son hôtel.

Le lendemain midi, Chesson lui téléphone pour lui dire de venir le rejoindre immédiatement. Cette fois, c'est le moment! Dès l'arrivée du policier, le truand lui dit que tout est prêt: le paquet est dans les toilettes d'un restaurant avoisinant. Aussitôt, Walker s'empresse de lui remettre les $1 400 convenus et d'aller prendre possession des quatre onces d'héroïne. La première manche est gagnée. Restent les suivantes . . .

Plusieurs semaines s'écoulent avant que l'agent Walker ne reprenne contact avec les trafiquants montréalais. Au début d'octobre, il revient à Montréal et rencontre à nouveau Jack Nadeau et Cecil Chesson. Cette fois, la rencontre a lieu au *Corso Pizzeria*, rue Sainte-Catherine est. Cet endroit est la propriété de deux acolytes des frères Cotroni: Diodato Mastracchio, dit Dulude et Vincenzo « Jimmy » Soccio. Surtout connus comme responsables de cercles de jeu clandestins, ils sont associés à Giuseppe Cocolicchio, dit Big Pep, cofondateur du *Corso Pizzeria* et gérant de deux maisons de jeu situées dans des immeubles appartenant à Vic Cotroni et Angelo Bizanti.

Depuis plusieurs mois, la rumeur circule que Mastracchio et Soccio sont les nouveaux patrons montréalais du trafic de l'héroïne. La G.R.C. sait encore peu de choses à ce sujet, mais avec les nouvelles pistes, on espère faire avancer le dossier.

Au *Corso Pizzeria*, l'agent Walker retrouve donc Nadeau et Chesson. Il commence par se plaindre de la qualité de la première livraison, puis il aborde la possibilité d'une nouvelle transaction. Il se dit maintenant disposé à acheter une demi-livre d'héroïne. Cette fois, en raison même de l'importance de l'affaire, les pourparlers se prolongent pendant plusieurs jours. Pendant cette période, l'agent secret retourne fréquemment à Toronto. Pour permettre à Nadeau de le contacter rapidement, il lui a donné le nom, l'adresse et le numéro de téléphone d'un garage où il peut être rejoint. Le commerce appartient à son frère qui a accepté de jouer le jeu. Tout a été prévu pour assurer la protection de l'agent secret. Tout, sauf le hasard . . .

Les patrons du *Corso Pizzeria,* Diodato Mastracchio (au centre) et Jimmy Soccio (à l'extrême droite), en compagnie d'un jeune personnage d'avenir, Nicola Di Iorio, dont il sera question plus tard.

Au cours du mois d'octobre, Nadeau décide de faire une petite surprise à son ami Walker et il se rend à Toronto, au garage dont celui-ci lui a parlé. Le propriétaire est absent et tous les employés ont été prévenus mais, ce jour-là, le comptable qui ne vient qu'une fois ou deux par mois vérifier les livres est là. Lui aussi connaît bien le frère du patron mais, contrairement aux autres, il ignore la mission spéciale qui lui a été confiée. Quand Nadeau s'adresse à lui pour avoir des nouvelles de son ami, il n'a aucune hésitation à répondre que Hugh va bien et qu'il est toujours dans la police fédérale!

Nadeau est alors bouleversé et ne sait que faire. Il a déjà vendu de l'héroïne au policier et, tôt ou tard, il sera arrêté. Une seule solution s'offre à lui. Il téléphone au bureau de la G.R.C. et demande à parler à l'agent Walker. En entendant la voix du trafiquant, celui-ci n'en croit pas ses oreilles. D'un seul coup, il voit tous ses efforts réduits à néant. Mais, rapidement, le truand le rassure: certes, il connaît son identité mais il n'a pas encore averti ses associés et ses relations du Milieu. Alors, pourquoi ne pas conclure un marché? En échange d'un traitement de faveur, il est prêt à présenter Walker à ses fournisseurs, Dulude Mastracchio et Jimmy Soccio. S'il est arrêté cependant, ceux-ci seront prévenus aussitôt, sa femme a reçu des ordres en ce sens.

Le policier ne peut promettre une immunité totale, les lois canadiennes ne le permettent pas. Mais, en considération des risques encourus et de l'importance des personnages en cause, une sentence adoucie peut constituer un marché honnête et réalisable. Walker soumet la proposition à ses supérieurs qui en arrivent à la même conclusion. L'opération d'infiltration peut donc se poursuivre.

De retour à Montréal, Nadeau met en contact l'agent secret et Mastracchio. Walker suit alors le plan prévu en déclarant au patron du *Corso Pizzeria* qu'il cherche à rencontrer un nommé Frank Sisco. A la Brigade des stupéfiants, on sait que cet individu, qui s'est fait passer pour le frère de Michel Sisco, de son vrai nom Antoine d'Agostino, (3) est lié de près à l'organisation Cotroni et qu'il est peut-être l'un des principaux maillons de cette filière française.

Toutefois, le caïd est prudent. Pendant les semaines au cours desquelles Walker s'efforce de gagner sa confiance, il reste discret quant à ses intentions. Aussi, quand le 9 décembre, le policier décide de tenter le grand coup, il ignore totalement quelle sera la réaction

----

3. Voir chapitre 2.

de son interlocuteur. Ce jour-là, il est à Toronto quand il téléphone à Mastracchio:

« J'dois venir à Montréal la semaine prochaine.

— Parfait! T'sais, j'connais bien Frank Sisco, mais j'ai pas eu de nouvelles de lui depuis trois ou quatre semaines. »

C'est la première fois que Mastracchio admet connaître Sisco. Le mardi suivant, lors de la rencontre prévue, les choses ont encore évolué.

« J'pense que Sisco sera à Montréal très bientôt, confie le caïd à Walker. J'vas lui faire ton message sans faute.

— Dans ce cas-là, j'vas revenir dans quelques semaines. »

L'affaire se continue le 26 janvier 1951. De retour à Montréal, Walker se rend au *Corso Pizzeria* pour s'enquérir des derniers développements. Jimmy Soccio est là pour l'accueillir et l'assurer qu'il va se renseigner.

Le lendemain midi, Soccio lui téléphone à son hôtel:

« J'ai pas encore vu Sisco, mais j'pense savoir pourquoi t'es à Montréal. Y s'pourrait bien que j'puisse t'aider. (4)

— Ce qui m'intéresse, répond Walker, ce sont des « boîtes d'allumettes », tu comprends. Si le prix me convient, j'suis prêt à en acheter quatre ou cinq.

— Viens me rejoindre au Corso, on pourra discuter plus à l'aise. »

Au Corso, la discussion s'engage sérieusement et bientôt une entente est conclue. Soccio déchire alors un paquet de cigarettes et en donne la moitié à Walker en lui disant d'apporter cette moitié avec lui à l'endroit qui lui sera désigné. Il pourra ainsi entrer en contact avec la personne qui complètera la transaction avec lui.

De retour à son hôtel, Walker met ses initiales sur sa moitié de boîte de cigarettes avec de l'encre invisible, puis il glisse $1 900 dans une enveloppe, le tout en présence de ses confrères de la Brigade qui, depuis le début de sa mission, ne l'ont pas perdu de vue. Il se rend ensuite au magasin Woolworth's, à l'angle des rues Saint-Laurent et Sainte-Catherine, où il remet l'enveloppe à Soccio. Puis, il regagne sa chambre sans délai.

---

4. Frank Sisco resta finalement en dehors de cette transaction et l'agent secret ne put entrer en contact avec lui. Un peu plus tard, il fut arrêté aux Etats-Unis, pour infraction aux règlements de l'immigration. Cette arrestation permit à la G.R.C. de faire des recherches qui lui furent utiles en 1955 lors d'une autre enquête.

En fin d'après-midi, le téléphone sonne. Un inconnu lui demande d'aller le rencontrer, avenue des Pins, une vingtaine de minutes plus tard, afin de comparer leurs moitiés de paquet de cigarettes. Le contact se fait sans problème et l'inconnu lui indique qu'il trouvera ses « boîtes d'allumettes » sous l'escalier du 3655 de la rue Saint-Urbain. En compagnie d'un confrère, Walker se rend aussitôt à l'endroit désigné où il trouve, enveloppée dans un paquet de papier brun, la quantité d'héroïne convenue.

Satisfaite du travail accompli jusqu'ici, la Brigade des stupéfiants désire néanmoins accumuler des preuves plus directes sur la participation de Diodato Mastracchio et Jimmy Soccio au trafic d'héroïne. Elle ne veut pas qu'un éventuel manque de preuves vienne détruire les efforts considérables déployés depuis des mois contre les trafiquants.

Aussi, le 1er mars, Walker se rend-il à nouveau au *Corso Pizzeria.* Après un bref entretien avec Mastracchio, il va retrouver Soccio à son nouvel établissement, le *Café Pionnier,* afin de discuter avec lui de nouvelles affaires et de se plaindre, comme tout bon trafiquant doit le faire, de la dernière transaction. Dans les semaines qui suivent, l'agent secret rencontre à quelques reprises Mastracchio. Cependant, ce n'est que le 30 mai qu'il a avec lui une conversation intéressante, alors qu'il lui demande s'il peut l'aider à conclure une transaction au cours de laquelle il ne se ferait pas jouer. Le trafiquant lui répond ainsi:

« J'vas t'avoir du stuff de très bonne qualité pour vendredi prochain. Mais j'peux pas t'donner de prix avant que la marchandise soit arrivée à Montréal. En ce moment, les affaires vont assez mal à New York et les prix montent avec chaque arrestation . . . »

Au cours de la semaine qui suit, Walker converse plusieurs fois avec Mastracchio et, le 6 juin, celui-ci lui déclare:

« J'ai pas été capable d'arranger la chose à Montréal. Le prix est trop élevé. J'vas essayer d'obtenir de meilleures conditions le plus tôt possible. »

L'agent secret doit cependant patienter jusqu'au milieu de l'été. Le 27 juillet, il est à Toronto quand Mastracchio lui annonce qu'il a passé la dernière semaine à New York avec Soccio et qu'il saura à quoi s'en tenir dans quelques jours. Cette fois, l'attente achève. Quatre jours plus tard, le truand rappelle:

« O.K., tout est correct. Tu peux descendre à Montréal. Y'a seulement le prix qui est un peu élevé, $650 l'once. A New York, ils ont des problèmes et les prix montent vite . . . »

Le 3 août, Walker est à Montréal. Suivi discrètement par ses confrères de la Brigade des stupéfiants, auxquels s'est joint un agent du Bureau des narcotiques, il se rend au *Corso Pizzeria* où il retrouve Mastracchio. Le caïd commence par lui expliquer que le marché est de plus en plus dur et qu'il est difficile de se procurer de la marchandise non seulement à Montréal mais aussi aux Etats-Unis où les prix montent constamment. N'ayant obtenu pour l'instant que 15 onces, Mastracchio déclare qu'il ne peut en céder que 5, car il a déjà promis les 10 autres à un vieux client de Vancouver qui paie le prix fort. Quant à la transaction, elle se fera le soir même par l'entremise de Soccio. Walker n'aime pas beaucoup cette idée, mais le trafiquant le rassure en se portant garant de la transaction, de la qualité de la marchandise et de l'attitude de son associé.

A 20h30, fidèle au rendez-vous, Walker entre au *Café Pionnier* où l'attend Soccio. Il lui remet immédiatement les $3 250, tel que convenu.

« Viens me rejoindre au coin de la rue dans quelques minutes, » lui dit alors Soccio.

Accompagné d'un confrère qu'il fait passer pour son homme de main, Walker retrouve donc le trafiquant qui aussitôt sorti du taxi à bord duquel il avait pris place, lance: « Le stuff est à l'intérieur. » Sans perdre de temps, Walker s'empare du paquet, tandis que son compagnon sort son revolver et arrête Soccio qui n'en croit pas ses yeux.

En fin de soirée, Mastracchio est arrêté à son tour ainsi que John Sullivan, le garçon de table du *Corso Pizzeria,* Jack Nadeau et ses acolytes, Cecil Chesson, Jack Dushin et Nick Shuba, lequel est d'ailleurs déjà en prison pour une affaire de vol.

Aux journalistes, un porte-parole de la Gendarmerie royale déclare le soir même que le réseau mis à jour fait partie d'une vaste chaîne dont l'un des principaux maillons est Lucky Luciano, à Naples. En fait, quelque temps auparavant, la Brigade des stupéfiants a appris que deux autres proches relations des frères Cotroni, Luigi Greco et Frank Petrula sont revenus d'un voyage en Italie où ils ont rencontré, dit-on, Luciano. Dans le Milieu, Greco et Petrula jouissent d'un très grand prestige. Respectivement fils d'immigrants italiens et ukrainiens, les deux truands ont été, quelques années plus tôt, les gardes du corps de Harry Davis, l'ancien roi de la drogue. Auparavant, ils s'étaient illustrés dans différentes affaires, allant du vol d'auto à l'attaque de banque. Après la mort de Davis, en 1946, ils

Luigi Greco (au centre) et Frank Petrula dans un cabaret de Paris, en 1951.
(Photo *Allô Police*)

se sont lancés à leur compte en reprenant une partie de ses rackets et depuis, on sait qu'ils sont liés aux hommes de la famille Cotroni. (5)

---

5. Libéré de prison vers 1945, après avoir purgé sa condamnation pour trafic de narcotiques, Harry Davis a été assassiné le 25 juillet 1946 par un truand de deuxième zone à qui il avait refusé l'autorisation d'ouvrir une maison de jeu. Son assassinat et l'attentat à la bombe qui l'avait précédé, 11 jours plus tôt, soulevèrent une vague de protestations de la part de divers organismes civiques, ce qui amena le limogeage de certains officiers de police corrompus et la nomination d'un avocat, Me Pacifique Plante, à la tête de l'Escouade de la moralité, de la Police municipale. Pendant 18 mois, Plante et ses hommes mènent une lutte sans merci contre les racketteurs de la ville, avant d'être à leur tour limogés.

Une autre raison explique également la relation faite entre l'arrestation de Mastracchio et Soccio et le réseau de Lucky Luciano. En effet, au même moment à New York, le Bureau des narcotiques démantèle la filière Spirito-Orsini avec laquelle collaborent depuis des années les hommes de Luciano. Au cours des mois de juillet et août, une quinzaine de trafiquants français et américains sont inculpés par un Grand Jury du district sud de New York. (6) La plupart sont reliés à la famille de Gaetano Lucchese, un vieil ami de Luciano et un ancien associé du Juif Lepke Buchalter, dont l'organisation a

Gaetano (Thomas) Lucchese
(Photo Associated Press)

été la première de la Mafia américaine à s'engager sur une grande échelle dans le trafic des narcotiques, vers la fin des années 30. (7)

Selon les dossiers de la Brigade des stupéfiants, il ne fait aucun doute que l'opération Mastracchio-Soccio est étroitement reliée à

6. En tête de liste, figurent les Corses François Spirito, Joseph Orsini, Angel Abadalejo, Vincent Bernardini, ainsi qu'Antoine d'Agostino, dont on a retrouvé la trace au cours de l'enquête, mais qui reste cependant introuvable au moment du coup de filet. Pendant les mois qui suivent, les Français Lucien Ignaro, Jean David, alias Jean Laget, François Paoleschi et Paul Praticci sont également inculpés. Du côté de la Mafia, les trafiquants impliqués sont Carmelo Sansone, Vincent Randazzo, Salvatore Mezzesalma, Eugenio Giannini, Salvatore Shillitani, Anthony Martello et Rosario Tornello.
Le 20 septembre 1952, Eugenio Giannini est assassiné à New York, à la demande de Lucky Luciano. En 1950, il était allé en Europe et avait rencontré Luciano à Naples. Arrêté par la police italienne pour contrebande de pénicilline et trafic de fausse monnaie, Giannini fut acquitté, faute de preuve. Quant il revint à New York, Luciano avait entre-temps découvert ses liens avec le B.A.N. et avait demandé à ses associés « qu'on s'occupe de lui ».

7. Il est à noter que Carlo Gambino, dont le nom a été associé à celui de d'Agostino, est très lié avec Lucchese. En effet, son fils aîné a épousé la fille de ce dernier.

celle du Bureau des narcotiques à New York. La présence d'Antoine d'Agostino dans l'entourage de Spirito, d'Orsini et de leurs associés mafiosi n'est d'ailleurs pas étrangère aux efforts de l'agent Walker pour entrer en contact avec Frank Sisco.

A New York, les efforts du B.A.N. aboutissent à plusieurs condamnations dont celles de François Spirito et Joseph Orsini. Le premier est condamné à deux ans de prison. En 1954, il retournera secrètement à Marseille, où il sera arrêté un peu plus tard, emprisonné, puis relâché malgré sa condamnation à mort par contumace pour trahison. Retiré à Sausset-les-Pins, son nom fera surface à plusieurs reprises jusqu'à sa mort, en octobre 1967. Pour sa part, Joseph Orsini est condamné à 10 ans de détention. Il reprendra ses activités à Marseille après son expulsion des Etats-Unis en 1958.

A Montréal, en avril 1952, Diodato Mastracchio et Jimmy Soccio reconnaissent leur culpabilité. Ils sont condamnés à 23 mois de prison chacun. A peine commencent-ils à purger leur sentence qu'à Paris, l'Office central des stupéfiants démantèle le laboratoire clandestin de Marius Ansaldi, le principal pourvoyeur de l'organisation

François Spirito à son procès à New York, en 1952. (Photo Agence France-Presse)

Spirito-Orsini-d'Agostino. En opération depuis la fin de la guerre, ce laboratoire, le plus important alors en activité, produisait un butin d'une valeur de près de $50 millions sur le marché noir américain. Après ce magistral coup de filet, la transformation de morphine-base en héroïne se fait à Marseille qui déjà se spécialise dans l'importation des matières premières du Moyen-Orient. Les trafiquants français trouvent plus logique de grouper l'ensemble des activités de production dans cette ville, haut-lieu de la prostitution et de la contrebande depuis plus d'un siècle. C'est à ce moment que Marseille devient la capitale mondiale de l'héroïne. Composé en grande partie de truands d'origine corse, le Milieu marseillais est beaucoup plus fermé que celui de Paris et ceux qui en font partie se considèrent plus ou moins comme des frères de sang, comme les membres d'une même famille, à l'image de la Mafia.

Chapitre IV

A la recherche des fugitifs

Après l'arrestation des propriétaires du *Corso Pizzeria,* le travail de la Brigade des stupéfiants de Montréal devient beaucoup plus ardu. En trois ans, plusieurs gros bonnets de l'après-guerre ont été démasqués et il semble maintenant que leurs successeurs aient compris la leçon. Il est devenu pratiquement impossible d'infiltrer le cercle des trafiquants et les limiers fédéraux doivent se contenter de compiler les bribes de renseignements qui, çà et là, proviennent de quelques indicateurs intéressés.

Il y a aussi Antoine d'Agostino dont on ne désespère pas de retrouver la trace. Depuis sa fuite, en janvier 1950, et l'arrestation de François Spirito et Joseph Orsini, en juillet 1951, il a été vu un peu partout à travers les deux Amériques et même en Europe. Cependant, jamais les informations n'ont été suffisamment précises pour permettre de pousser les recherches bien loin.

Le 23 novembre 1953, pourtant, un inconnu téléphone à la Brigade des stupéfiants et déclare sans ambages avoir rencontré le célèbre fugitif 10 jours plus tôt à Mexico. L'informateur, qui refuse de se nommer et de rencontrer qui que ce soit, précise que le trafiquant fréquente le restaurant français *Helena,* dans la capitale mexicaine, et qu'il habite avec une jeune femme à l'appartement no 8 du 276 ou 376 de la Place de la Reforma. Quant à son allure générale, elle n'a pas trop changé, si ce n'est que d'Agostino porte maintenant des moustaches et des lunettes foncées. Questionné sur les circonstances de sa rencontre avec le truand, l'inconnu répond qu'il n'a plus rien à dire et il raccroche.

Ces informations sont assez minces, mais, malgré tout, elles semblent suffisamment précises pour qu'il vaille la peine de les transmettre sans tarder au Federal Bureau of Investigation (F.B.I.) et au Bureau des narcotiques qui, tous deux, disposent à Mexico d'officiers de liaison en mesure d'effectuer des vérifications. Curieusement toutefois, c'est de New York que parvient peu de temps après une réponse intéressante: la section locale du B.A.N. a relié les renseignements à une importante enquête en cours.

Au mois d'avril précédent, une opération d'infiltration a permis au B.A.N. de New York d'arrêter l'un des principaux associés de Spirito et Orsini, Jean David, alias John Laget, dit Silver Fox. Né en 1898 à Arles, dans les Bouches-du-Rhône, David avait fui la France en 1939, après le meurtre d'un messager de banque. A New York, où il avait trouvé refuge, il était devenu un homme d'affaires respectable, bien en vue dans la colonie française. Copropriétaire du restaurant *Felice* de la 46e Rue, il était également l'un des patrons de la compagnie *Letourneur Sulky Wheels Inc.* Après son arrestation, le responsable de l'enquête, l'agent Angelo Zurlo, a appris que David recevait beaucoup de correspondance par l'intermédiaire d'un luxueux restaurant italien. Grâce à certains contacts, le policier a même réussi à entrer en possession d'une lettre d'un nommé Edwardo Gomez de Mexico, écrite en français et dans laquelle on précisait qu'une réponse devrait être adressée au restaurant *Helena,* 9 Cella de Terma, Mexico. Dans un des coins de la missive était inscrit le prénom « Paul ». Quant au texte, il se lisait ainsi:

> N'ayant pas eu de vos nouvelles, j'ai pris la liberté de vous écrire. Laissez-moi savoir le prix du tissu à New York. Pourquoi ne prendriez-vous pas des vacances et ne viendriez-vous pas à Mexico? C'est une très belle ville. Je vous prie de me donner une adresse où je pourrais vous rejoindre et laissez-moi savoir le prix du tissu. Si c'est dispendieux, je peux aller à New York.

Quelques mois plus tard, une autre lettre parvenait au restaurant italien fréquenté par David. Adressée celle-là à un « Monsieur Dumont », personnage qui était déjà venu au restaurant avec David, la missive venait de Marseille et était signée par « Charlot », un pseudonyme utilisé par l'un des acolytes du trafiquant. Cette seconde lettre était encore plus courte que la première:

> Les gens de Mexico veulent savoir pourquoi vous n'avez pas écrit. Je n'ai pas eu de chance dans mon entreprise mais je suis devenu un expert dans la fabrication des chemises. Si vous avez des amis, avec de l'argent, je suis intéressé à me rendre aux Etats-Unis.

Bien que d'apparence banale, ces lettres étaient de toute évidence des messages codés, reliés à coup sûr au trafic international des stupéfiants. Le problème était de savoir comment les utiliser avantageusement.

Ce sont finalement les renseignements de la G.R.C. concernant le refuge possible d'Antoine d'Agostino qui indiquent aux limiers newyorkais la voie à suivre. Le 7 décembre 1953, l'agent Zurlo adresse à Edwardo Gomez, au restaurant *Helena,* la lettre suivante:

> Je suis désolé, je n'ai pas pu écrire. J'ai reçu une lettre de Charlot qui m'a demandé de vous écrire. Le prix du tissu est très haut ici. Ne m'écrivez pas au bar. Utilisez l'adresse suivante et faites-le moi savoir.

L'agent signe la missive et donne comme adresse, celle d'un petit appartement qu'il occupe avec un confrère dans Brooklyn. Au B.A.N., personne n'espère vraiment une réponse; les chances de réussite sont minces, on peut dire une sur un million. Aussi, la surprise est-elle grande, le 12 décembre suivant, quand un grand bonhomme aux allures d'aristocrate se présente à l'appartement de Brooklyn pour rencontrer Zurlo. Celui-ci est absent, mais heureusement son confrère est là. D'origine française, l'inconnu déclare s'appeler Joe et arriver de Mexico. Il désire voir Monsieur Zurlo pour une affaire urgente et de grande importance. Le second policier réussit habilement à organiser un rendez-vous avec Zurlo le soir même, dans un restaurant du voisinage.

Au cours de la rencontre, l'agent Zurlo met à profit sa longue expérience de la pègre et, avec finesse, il utilise la référence de Monsieur Dumont pour gagner la confiance du visiteur, qui est en réalité Roger Coudert, 58 ans, un grand nom du Milieu parisien.

Roger Coudert

N'aimant guère les bavardages inutiles, le trafiquant aborde directement le sujet qui l'intéresse en demandant à l'agent secret s'il veut acheter de l'héroïne. Le policier se montre réceptif et assez vite, les deux hommes en viennent à un accord pour une transaction de 8 kilos. Soucieux de prouver son sérieux, le Parisien fournit même quelques grains de poudre blanche à titre d'échantillon.

Une seconde rencontre a lieu le lendemain et, comme des tests ont révélé que la marchandise est de très bonne qualité, Zurlo se déclare prêt à payer $8 500 le kilo. Aussitôt le trafiquant se met en colère: il vient à peine de livrer six kilos à un autre membre de son organisation qui lui a payé $6 500 le kilo; finalement, étant donné que l'agent secret se montre intéressé à acheter de grosses quantités, Coudert s'engage à organiser un approvisionnement régulier. Toutefois, il précise que cela ne sera possible que si le New-Yorkais accepte d'inscrire sur sa liste de clients « un ami de Montréal »: Lucien Rivard.

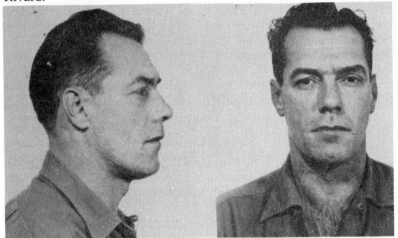

Lucien Rivard

A la Gendarmerie royale, ce nom n'est pas inconnu. Depuis un peu plus de deux ans, il figure au fichier des nouveaux caïds canadiens de la drogue. On connaît encore peu de chose de lui mais on sait que ce vieil ami de Johnny Young est en très bons termes avec plusieurs personnages de l'entourage des frères Cotroni, en particulier Angelo Bizanti, propriétaire de l'*American Spaghetti House* et ancien patron de Young. Au cours de 1951 et 1952, Rivard était associé avec un trafiquant nommé Rhéo Gauthier, qui s'est tué par la suite dans un accident d'automobile lors d'une

Rhéo Gauthier   Blackie Bisson

livraison de drogue à Windsor, en Ontario. Depuis la condamnation de Diodato Mastracchio et de Jimmy Soccio, il a acquis la réputation d'être le nouveau numéro un du trafic de l'héroïne à Montréal et à travers le Canada. Dans le Milieu, il est entouré d'un grand respect et est considéré comme un organisateur hors pair. Ses principaux lieutenants sont Bob Tremblay, ancien marin et compagnon d'armes de Johnny Young et Jean-Louis Bisson, dit Blackie.

En 1952, Tremblay était le principal grossiste en héroïne de Montréal. De son quartier-général, le *Dubé's Pool Room* de la rue Saint-Laurent, il approvisionnait une série de revendeurs de la rue par l'entremise de son homme de confiance, Walter Ward. Au printemps 1952, une perte au jeu l'a obligé à s'impliquer davantage et à s'occuper lui-même de la vente à ses clients. Il a poursuivi ses activités jusqu'à la fin de 1952, date à laquelle il est allé s'installer à Vancouver, son lieu d'origine. Approvisionné par Rivard, il a pris en mains la distribution de l'héroïne sur la Côte Ouest canadienne tandis que Bisson l'a remplacé sur le marché montréalais.

Au cours du mois de janvier 1953, les enquêteurs de la Brigade des stupéfiants ont appris qu'un Français de New York, surnommé Jacques, fournissait régulièrement à Rivard d'importantes quantités d'héroïne. D'après les informations, les deux trafiquants se rencontrent une fois par mois dans une taverne de Montréal *Le Sphinx*. Après cette rencontre, il y a en général une livraison de plusieurs kilos. Avant que Roger Coudert ne mentionne le nom de Rivard à l'agent Zurlo, il avait été impossible de localiser et d'identifier le mystérieux pourvoyeur français. Maintenant, grâce aux propos tenus à l'agent secret du B.A.N., l'énigme est peut-être résolue.

Le Parisien ne se contente d'ailleurs pas de mentionner le nom de Rivard, il interroge aussi Zurlo pour savoir s'il connaît lui-même « son ami de Montréal » et « son associé, un grand blond ». Informé des renseignements amassés par la G.R.C., l'agent secret n'hésite pas à dire qu'il a déjà entendu parler de Rivard et de son associé, Rhéo Gauthier. Le récit des circonstances de la mort de Gauthier, d'ailleurs, intéresse grandement Coudert et achève de le convaincre de la bonne foi de son nouveau client. Cela l'incite même à pousser plus loin les confidences et à affirmer que Rivard est à la fois un personnage très important dans le trafic international et un membre actif du réseau pour lequel il travaille. Dans le passé, raconte-t-il, Rivard l'a même accompagné lors d'un voyage en France, à l'issue duquel ils ont ramené en Amérique 15 kilos d'héroïne pure. Le Montréalais en a gardé six pour lui et le reste a été écoulé sur le marché newyorkais.

L'ensemble de la situation du trafic au Canada ne semble pas avoir de secret pour Roger Coudert qui discourt également sur l'importance du marché de l'Est et sur la rentabilité et les risques de celui de l'Ouest. Cela l'amène d'ailleurs à demander à Zurlo s'il connaît quelqu'un à Vancouver. Comme l'agent secret répond par la négative, le trafiquant lui fait une autre révélation d'importance.

« As-tu déjà entendu parler, de deux frères de Vancouver qui ont profité de leurs cautionnements pour fuir? Eh bien, ils sont avec nous maintenant. Ils sont membres de l'organisation. L'un d'eux a quitté Mexico, il y a un an et demi, avec cinq kilos. Il est venu s'installer ici, à New York. Il avait payé comptant trois kilos seulement et on lui avait laissé les deux autres à crédit. Il n'est pas revenu et comme il n'a pas remis l'argent qu'il devait, c'est son frère qui a dû payer la note. Dernièrement, j'ai appris que celui qui est à New York travaille maintenant avec un gars de Brooklyn. »

Au moment de cette conversation, Coudert ignore que la veille de sa première rencontre avec l'agent Zurlo, le B.A.N. a justement capturé à New York le fugitif canadien dont il parle, c'est-à-dire George Mallock. Avec son frère John, il avait arrêté une première fois, le 28 septembre 1950 à la suite d'une opération d'infiltration menée conjointement par le B.A.N. et la G.R.C. Les deux caïds avaient vendu une once d'héroïne à l'agent Henry L. Giordano, qui deviendra plus tard commissaire général du Bureau des narcotiques. Libérés ensuite sous des cautionnements de $20 000 chacun, ils ont tous deux négligé de se présenter à leur procès, le 21 janvier

 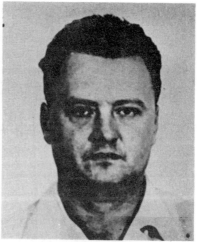

Les frères Mallock, George (à gauche) et John (à droite). (Photos *La Presse*)

1951, et, à partir de cette date, ils sont devenus, avec d'Agostino, les criminels les plus recherchés au Canada.

Longtemps actifs dans les bas-fonds de Winnipeg, au Manitoba, les frères Mallock avaient pris le contrôle du trafic de l'héroïne sur la Côte Ouest canadienne au cours de 1949. John se lance le premier dans des rackets lucratifs, comme le trafic des drogues et la contrefaçon, pendant que son frère purge une peine d'emprisonnement pour assaut grave et il commence en 1947 à vendre de l'héroïne. Au début, il achète à l'once et revend en capsules. Petit à petit, ses affaires prospèrent et, assez rapidement, il s'établit en force à Winnipeg, puis dans différentes villes des Prairies où il élimine la concurrence par la violence et le terrorisme. En juin 1949, quand George, libéré de prison, vient le retrouver, il est devenu un caïd de la drogue. Il a déjà commencé à envahir le marché de Vancouver grâce au travail de ses deux principaux représentants, Pete Jamaga, alias Joe Hall et Peter Noveselski, alias Pete Novis.

Le 25 mars 1950, un premier coup dur frappe leur organisation quand la Brigade des stupéfiants de la G.R.C. à Vancouver arrête John et Pete Novis alors qu'ils circulent en automobile avec 1 000 capsules d'héroïne. Novis ayant pris tout le blâme, John est libéré et retourne à Vancouver. Secondé par un redoutable malfrat nommé William Carter et par une petite armée de fiers-à-bras, George revient par la suite à Vancouver où il réussit à conquérir complètement le marché pendant que John organise de nouvelles livraisons avec la collaboration de Lucien Rivard. Solidement établis en terre canadienne, les Mallock se tournent bientôt vers les Etats-Unis. A la mi-juillet 1950, le B.A.N. de Seattle fut avisé de leur présence dans la région et c'est à la suite de cette information que l'agent Giordano fut dépêché à Vancouver; grâce à certaines relations dans le Milieu, il approcha d'abord William Carter puis les Mallock eux-mêmes.

En novembre 1951, 11 mois après leur disparition, la G.R.C. apprend qu'ils ont réussi à passer clandestinement aux Etats-Unis avec l'aide de Lucien Rivard, de Rhéo Gauthier et de Bob Tremblay. Ils s'étaient rendus à Winnipeg et de là, un de leurs hommes, Percy Greenwell, alias Melon, les avait conduits en automobile à Montréal. Avec de faux passeports, ils avaient finalement gagné le Mexique. En retour de ce service, les frères Mallock avaient présenté Percy Melon aux Montréalais qui l'utilisèrent un temps pour approvisionner le marché de Vancouver. Cependant, à cause de sa lenteur à honorer ses engagements financiers, Rivard cessa de transiger avec lui et confia plutôt la distribution sur la Côte Ouest à Bob Tremblay lequel s'adjoignit notamment les services de quelques anciens hommes des Mallock comme Pete Jamaga, par exemple.

Les nouvelles activités des frères Mallock dans le trafic des stupéfiants sont parvenues presque simultanément aux oreilles de la G.R.C. et du B.A.N. Peu après le mystérieux appel téléphonique au sujet du refuge d'Antoine d'Agostino au Mexique, les agents montréalais ont appris que, vers le mois de septembre 1953, George Mallock était venu rencontrer Lucien Rivard et qu'il avait profité de son séjour au Québec pour faire parvenir un kilo d'héroïne à l'un de ses anciens associés de Winnipeg, Peter Lahosky. (1) A Montréal, George Mallock était accompagné, a-t-on dit, de Frank Sisco.

A New York, la présence de George Mallock a été repérée par les limiers du B.A.N., lorsqu'à la fin de novembre l'un d'eux a rencontré un truand qui s'est dit en mesure de l'amener jusqu'au fugitif canadien. C'est ainsi que, le 8 décembre, le lendemain de l'envoi de la lettre de l'agent Zurlo à Mexico, l'agent Anthony

---

1. Peter Lahosky poursuivra impunément ses activités jusqu'au 26 janvier 1972 alors qu'il sera arrêté à Winnipeg au moment où il allait prendre livraison d'un stock d'héroïne transporté de Montréal par la femme de l'un des proches de Lucien Rivard, Emile Hogue, dit Pit Lépine.

Zirilli a eu une première rencontre avec George Mallock. L'entretien a permis de négocier une transaction de sept kilos d'héroïne provenant de France. C'est à l'occasion de la seconde rencontre, dans l'après-midi du 11 décembre, que le trafiquant a été arrêté après avoir été positivement identifié par un limier de la G.R.C. spécialement dépêché à New York pour la circonstance. On ignorait alors naturellement que, dès le lendemain, la lettre de l'agent Zurlo porterait fruit et que c'est un acolyte de Mallock qui y répondrait! Si on avait pu prévoir cette éventualité, sans doute aurait-on attendu avant de s'empresser de mettre la main au collet du fugitif.

A minuit, le 17 décembre, sous surveillance spéciale et constante, Coudert reçoit un appel téléphonique de Mexico qui le presse de quitter son hôtel sur-le-champ. Même s'il doit réaliser le lendemain sa première affaire avec Zurlo, le trafiquant n'hésite pas à se conformer aux instructions; moins de 15 minutes après l'appel, il quitte les lieux en emportant ses bagages. Une équipe de filature le suit jusqu'à la Grande Gare où il dépose en consigne deux mallettes en aluminium. Malheureusement, on le perd bientôt de vue dans la circulation. Au cours de la nuit, on parvient à retrouver le chauffeur de taxi qui l'a pris à son bord à l'aéroport de la Guardia. Cet incident est aussitôt relié à une information privilégiée voulant que, peu après l'arrestation de George Mallock, un avocat du Milieu newyorkais ait alerté son frère John, installé à l'hôtel *Maria Angelo* de Mexico situé juste à côté de l'*Helena*.

Les agents du B.A.N. sont convaincus qu'ils ne reverront pas de sitôt le trafiquant français mais, à leur grande surprise, le lendemain midi, celui-ci reprend contact avec Zurlo. Au cours d'une nouvelle rencontre, Coudert explique qu'il s'est rendu à Montréal afin de rencontrer son courrier, mais qu'à cause d'un problème de communication, le type est retourné à Mexico avec la marchandise au lieu d'attendre. Le Français confie à Zurlo que la drogue est transportée dans des compartiments secrets aménagés dans des malles ou des valises. L'héroïne est en premier lieu acheminée de Marseille à Montréal ou à Mexico par des courriers qui utilisent la voie aérienne. Les livraisons à New York se font ensuite via Montréal à cause de la surveillance trop stricte des envolées directes Mexico — New York. Tous les arrangements pour les approvisionnements ont déjà été faits de façon définitive afin de réduire au minimum les communications outre-mer: quand Coudert est prêt pour une transaction, il n'a qu'à expédier une somme d'argent dans un compte de banque en Suisse. Lorsque le transfert de fonds est effectué, le propriétaire du compte en est avisé et, selon le montant déposé, il sait quelle quantité d'héroïne expédier.

Ces explications données, Coudert indique qu'il a deux mallettes truquées à faire réparer. Les compartiments secrets ont été brisés lors de la dernière transaction de six kilos. Attentif au moindre détail, le policer voit immédiatement la possibilité qui s'ouvre à lui et déclare qu'il a un ami fiable qui pourrait se charger de cette réparation. Trop content de pouvoir régler son problème, le trafiquant ne flaire pas le danger. Il conduit Zurlo à la Grande Gare et lui remet les deux mallettes d'aluminium qu'il a mises en consigne la nuit précédente. L'agent secret s'empresse alors de ramener son butin au quartier général du B.A.N., où un examen minutieux permet de découvrir que l'une des parois des compartiments truqués est recouverte d'une mince couche de poudre blanche. La quantité n'est pas énorme mais elle est malgré tout suffisante: une analyse chimique confirme qu'il s'agit bien d'héroïne pure. Il n'est plus question maintenant de perdre le trafiquant de vue une seconde fois.

Laissé à lui-même mais suivi sans arrêt, Coudert se rend à l'hôtel *Saint-George,* dans Brooklyn. Dans la nuit qui suit, il reçoit un nouvel appel téléphonique de Mexico. L'interlocuteur anonyme annonce que le courrier Johnny a quitté Mexico et devrait arriver à New York dans trois ou quatre jours. Il n'apporte avec lui que trois kilos et demi; les autres suivront plus tard. Le 20 décembre, Zurlo a un nouvel entretien avec le Parisien, au terme duquel il déduit que le Johnny en question pourrait bien être John Mallock. Le lendemain soir, Coudert reçoit un autre appel de Mexico. Cette fois, on lui dit que Johnny a été blessé dans un accident d'automobile et on lui donne instruction de revenir sans perdre de temps car il est arrivé « quelque chose de pas correct ».

Cette fois, les enquêteurs sont convaincus que l'arrestation de George Mallock est parvenue aux oreilles des associés de Coudert et qu'il n'y a plus rien à espérer de l'opération d'infiltration. Le moment est donc venu d'arrêter le Français puisque de toute façon, on a déjà suffisamment de preuves contre lui. Et, tant qu'à y être, on arrête également deux mafiosi d'envergure qui ont été vus à plusieurs reprises en sa compagnie. Le premier est Antonio Farina qui, sous les apparences d'un petit manufacturier de chemises de Mexico, sert d'intermédiaire entre le groupe d'Agostino et certains acheteurs newyorkais. Son arrestation arrive à point puisque le lendemain, il devait justement retourner à Mexico.

Le second mafioso est Ugo Caneba, l'un des personnages clés de la filière mise sur pied par les amis de Luciano. Avec son frère aîné Salvatore, il était parvenu, à la fin de la guerre, à intercepter, à leur arrivée en Sicile, des centaines de caisses de médicaments destinés aux militaires américains. Certaines de ces caisses contenaient d'énormes quantités de stupéfiants à l'état brut. Neveux de Pasquale Ania, dit Don Pasquale, l'un des grands maîtres de la Mafia sicilienne et complices des instigateurs de la combine des laboratoires pharmaceutiques de Milan, les frères Caneba sont depuis longtemps associés à la pègre corse et clients de François Spirito et Joseph Orsini. Salvatore avait d'ailleurs connu ces derniers avant la guerre, en France où il avait séjourné plusieurs années avant d'en être expulsé en 1936. L'arrestation de Jean David, dit Silver Fox, faisait d'ailleurs suite à l'inculpation de Salvatore peu de temps après celle de Joseph Orsini, en juillet 1951. Après l'arrestation de Ugo, les deux frères furent déportés en Italie où ils reprirent aussitôt leurs activités jusqu'en novembre 1966, date à laquelle ils furent définitivement mis hors d'état de nuire.

Le 1er mars 1954, George Mallock est condamné à Vancouver à 21 ans de pénitencier et à une amende de $17 000. Un mois plus tard, à New York, Roger Coudert récolte 10 ans d'emprisonnement et une amende de $16 000. Antonio Farina, pour sa part, est envoyé au bagne pour cinq ans, et de plus contraint à payer une amende de $10 000. Ces condamnations s'ajoutent à celle de Jean David et à l'expulsion de son bras droit, Lucien Ignaro, et des frères Caneba.

Par ailleurs, au Mexique, la police localise l'autre frère Mallock, John, mais, une fois de plus, le trafiquant réussit à s'échapper. Il est finalement retracé, le 9 avril suivant, et on l'identifie comme l'une des victimes d'un grave accident de la route, à Queretaro, à environ 200 milles au nord de Mexico. Conduit à l'hôpital, il ne reprend pas conscience et meurt des suites de ses blessures, le 22 avril 1954.

Après cette mort et les coups de filets de New York, les efforts policiers tant au Canada, aux Etats-Unis qu'au Mexique, se portent sur Antoine d'Agostino et les autres membres de son réseau, dont quelques-uns commencent à peine à faire parler d'eux. C'est en particulier le cas de deux Corses, Jean-Baptiste Croce et Paul Mondolini, dont les noms ont fait surface peu après l'inculpation de Roger Coudert. Au printemps 1953, ils ont réussi à livrer à d'Agostino une importante quantité d'héroïne. Ils sont arrivés en Amérique en voyageant clandestinement à bord du paquebot *SS Cavelier de la Salle* qui était parti de Bordeaux, en France. En cours de route, le navire qui se dirigeait vers le Mexique reçut l'ordre de faire escale en Floride. Pris de panique, les deux compères s'emparèrent alors d'une chaloupe pour débarquer sur une plage isolée et finalement réussir à livrer la marchandise.

On sait aussi qu'ils sont bien cotés dans la pègre française et qu'ils ont déjà été arrêtés par la douane américaine et la police mexicaine. Mais le 14 août 1953, les douaniers de Corpus Christi, au Texas, interceptent deux Français, Paul-Marie Béjin et Jean Croce, qui tentaient de pénétrer illégalement sur le territoire américain. Les deux hommes, qui furent refoulés au Mexique six jours plus tard, furent par la suite identifiés, grâce à leurs empreintes digitales: il s'agissait de Paul Mondolini et de Jean-Baptiste Croce.

Le 18 février 1954, la Police mexicaine qui recherchait John Mallock, effectue une descente dans un appartement de Mexico. Le logis était occupé par une Marseillaise, Marcelle Senesi, et un Mexicain, Eduardo Dubian Chabolla, mais il avait été loué par un certain Jean-Baptiste Croce qui habitait alors l'hôtel Campastela. Conduits au commissariat de police, Croce et ses amis furent longuement interrogés, mais finalement relâchés. Les vérifications d'identité ont révélé plus tard que Chabolla était une fausse identité: il s'agissait en réalité de Paul Mondolini. La Marseillaise qui l'accompagnait était sa compagne.

Du côté de la Sûreté française, les deux hommes sont assez bien connus. En février 1953, peu avant leur départ clandestin pour le Mexique, la Brigade criminelle leur a demandé leurs papiers dans un bar parisien, *Le Laetitia*. Mondolini avait de faux papiers mais le nom de Croce a été relevé et transmis à Interpol.

Né en avril 1920, à Bastia, en Corse, Jean-Baptiste Croce, dit Bati a débuté comme simple matelot sur les lignes d'Extrême-Orient des *Messageries maritimes*. Il s'est alors livré à la contrebande de morphine-base en approvisionnant les laboratoires de François Spirito et Paul Carbone avant la guerre. Grâce à ses extraordinaires talents de trafiquant, il a ensuite été pris sous la protection du grand patron de Montmartre, Ansan Albert Bistoni, dont il est devenu inséparable. Corse également, Bistoni, dit Monsieur Albert, a débuté lui aussi comme matelot sur les lignes d'Indochine. Avant la guerre, il approvisionnait en opium les réseaux de Carbone et Spirito. Par la suite, il a renoué avec ce dernier tout en organisant la liaison avec certains groupes de la Mafia, en particulier celui de Francesco Pirico, de Milan, un ami de Lucky Luciano, des frères Coneba et l'un des instigateurs de la combine des laboratoires pharmaceutiques. Au moment des recherches sur les allées et venues de Croce, l'Office central des

Trois personnages clés de la filière française: Jean-Baptiste Croce (en haut, à gauche), Ansan Albert Bistoni (en haut, à droite) et Paul Mondolini (en bas).

stupéfiants de la Sûreté nationale française a réussi à l'inculper en rapport avec une saisie de quatre kilos d'héroïne à Paris, en décembre 1953. Fugitif, il fut condamné par contumace en 1956.

Corse lui aussi, Paul Mondolini, né en 1916, a séjourné plusieurs années en Indochine où il aurait même été chef de police à Saïgon! En août 1949, il est devenu célèbre en participant à une attaque à main armée contre la Bégum, la femme du prince ismaélique Aga Khan, qui séjournait sur la Riviera française. Avec des complices, il s'était emparé des bijoux royaux évalués à plus de 200 millions de francs. Ce vol, l'une des plus grandes affaires policières de l'après-guerre, lui valut d'être recherché par toutes les polices du monde et condamné en décembre 1953, par défaut, aux travaux forcés à perpétuité. L'affaire tomba dans l'oubli quand, à l'instigation de Méné Guérini, un des patrons du Milieu marseillais, les voleurs restituèrent leur butin à la police. Mondolini était également connu pour ses relations étroites avec un autre Corse, Dominique Nicoli, qui fut assassiné à Marseille et remplacé par Joseph Patrizzi, le patron d'un bar de Marseille, *L'Artistic* et d'un cabaret de Nice, le *Maxim's*. (2)

Malgré tous ces renseignements, les recherches pour retrouver les deux Corses et Antoine d'Agostino sont très laborieuses. Pendant des semaines, les agents du B.A.N. piétinent. Finalement, ce sont des vérifications dans les dossiers des services douaniers qui amènent une piste concrète. Les 14 et 18 janvier 1954, un certain Albert Blain et sa femme Madeleine sont entrés aux Etats-Unis au poste frontière de Laredo, au Texas, munis de passeports canadiens. Ils ont déclaré retourner à Montréal. Certaines informations, se recoupant, le B.A.N. a fini par conclure que le couple Blain était en réalité Antoine d'Agostino et sa femme Suzanne Filleau. Ces doutes sont confirmés quand la Brigade des stupéfiants de la G.R.C. apprend que les numéros des passeports du couple Blain sont faux.

Peu après cette découverte, le B.A.N. avance d'un autre pas en réussissant, cette fois, à dénicher un important informateur dans l'entourage des trafiquants français postés au Mexique. On apprend ainsi que d'Agostino se fait également appeler Alberto Dujardin ou Carlos Alberto Ferrara, et qu'il séjourne à Mexico dans un appartement de la Place de la Reforma, ce qui confirme les informations de la G.R.C.

Au mois de juin, le B.A.N. apprend que Paul Mondolini et Jean-Baptiste Croce ont quitté le Mexique le mois précédent. Après avoir livré un stock d'héroïne à New York, ils se sont rendus à Montréal pour y contacter un de leurs associés. Selon les renseignements obtenus par les agents américains, Mondolini serait resté à Montréal tandis que Croce serait retourné en France. Alertée, la G.R.C. tente en vain de retrouver Mondolini. Ses recherches se poursuivent toujours quand, à Mexico, le B.A.N. et la Police fédérale mexicaine perdent la trace de d'Agostino. Dans la soirée du 28 juillet, des policiers échouent dans une tentative d'appréhender Suzanne Filleau, au moment où deux membres de la bande, des Mexicains, allaient la

---

2. Joseph Patrizzi sera inculpé pour trafic d'héroïne en février 1975. Il sera alors arrêté avec Urbain Giaume, l'un des participants du vol de bijoux de la Bégum.

rejoindre. Alertés par cet échec, le trafiquant et ses acolytes disparaissent de la circulation. Cet échec amène alors le B.A.N. à redoubler de prudence dans une autre opération d'infiltration qui est sur le point d'aboutir à New York. Cette fois, un agent secret a réussi à prendre directement contact avec un autre membre important de l'organisation Luciano, Sebastiano Bellanca, dit Benny le Sicilien, soupçonné d'être l'un des plus actifs importateurs d'héroïne de la Côte Est américaine. Bellanca est connu des services policiers depuis 1949, grâce aux vérifications de la G.R.C. au sujet des appels téléphoniques de Michel Sisco, d'Antoine d'Agostino et de Giuseppe Cotroni. On avait appris que cette année-là, Bellanca était venu souvent à Montréal en compagnie d'un certain Gaetano Martino de Brooklyn, connu comme courrier personnel de Luciano et de Vincent Mangano, un des « Dons » de la Mafia newyorkaise. L'année précédente, à Genève, Antonio Bellanca, l'un de ses frères, avait été arrêté en possession de 15 kilos (33 livres) d'héroïne. Auparavant, les deux frères s'étaient occupé de trafic d'immigrants. Depuis 1950, le nom de Sebastiano Bellanca a été mentionné dans différentes enquêtes du Bureau des narcotiques. (3)

En fin d'après-midi, le 11 août 1954, les abords de la compagnie de transport *Hemingway Trucking Company* de Paramur au New Jersey, sont étroitement surveillés par les agents du B.A.N. Plus tôt dans la journée, Benny Bellanca a confié à l'agent secret qu'il lui vendrait un kilo d'héroïne le soir même. Déjà, une première transaction a eu lieu entre les deux hommes au mois d'avril. On espère cette fois pouvoir lui mettre la main au collet. Aussi, en début de soirée, quand il quitte les bureaux de la compagnie *Hemingway,* une imposante équipe de filature le prend en chasse. On le suit jusqu'à son arrivée à New York, à l'intersection de la 152e Rue et de l'avenue Morris. Là, il est rejoint par un acolyte, Pietro Beddia, qui vient s'entretenir avec lui quelques instants. (4) La discussion terminée,

---

3. Les mafiosi suivants: Jack Scarpulla, Frank Scalici, Settimo Accardo, Joe Pici, Peter Beddia et Albert Anastasia sont fichés au B.A.N. comme des associés de Sebastiano Bellanca.

4. Cinq jours auparavant, les agents américains ont intercepté une conversation téléphonique entre Pietro Beddia, de White Plains au New Jersey, et un inconnu prénommé Tony. Il était question alors d'un voyage que devait faire à Montréal, le lendemain, ce dénommé Tony. Celui-ci devait y rencontrer leurs amis et Beddia lui donnait les instructions quant au trajet à suivre. Convaincus que ce voyage concernait le trafic de l'héroïne, les agents ont surveillé différents postes de frontière et se sont même rendus

les deux hommes montent chacun dans leur véhicule et, à la file indienne, sans se quitter, ils se rendent jusqu'à la 156e Rue. A une centaine de pieds du coin de la rue, les deux véhicules viennent se placer côte à côte et Beddia lance un paquet dans l'auto de Bellanca. A ce moment, les policiers interviennent et encerclent les deux trafiquants. Bellanca se rend sans résistance tandis que Beddia tente de forcer le barrage policier. Quelques coups de feu dans son pare-brise mettent cependant vite fin à ses idées de fuite.

La fouille qui suit immédiatement permet de saisir non seulement le kilo d'héroïne que venait de livrer Beddia mais aussi des documents fort révélateurs. Bellanca a en sa possession un morceau de papier sur lequel est inscrit, d'un côté, le nom de Carlos Ferrara, un des alias d'Antoine d'Agostino, ainsi que le nom et l'adresse de l'*Helena,* à Mexico. De l'autre côté du papier est inscrit un numéro de téléphone de Montréal: HARbour 0459.

Une première vérification révèle que ce numéro est enregistré au nom de Jos Seminaro, 345 rue Emery, app. no 2, Montréal. A première vue, cet individu est inconnu des agents de la Brigade des stupéfiants, mais, après plusieurs semaines de recherches, on apprend qu'il s'agit du beau-père de Giuseppe Cotroni. Envoyé au bagne en 1949, pour recel d'obligations volées, ce dernier a été libéré du pénitencier de Saint-Vincent-de-Paul, en avril 1953, et depuis, il n'a pas trop fait parler de lui, si ce n'est qu'on a appris qu'il a retrouvé sa place aux côtés de son frère aîné, Vic. Avant la découverte de ce numéro de téléphone dans les goussets de Bellanca, la participation des Cotroni dans le trafic de l'héroïne avait cessé de préoccuper la G.R.C. Pour la police fédérale, le suspect numéro 1 dans le trafic international est devenu Lucien Rivard.

Or, note-t-on avec grand intérêt, lui aussi entretient d'étroites relations avec Benny Bellanca. Au cours de son enquête, le B.A.N.

Suite de la note 4, p. 87.

à Montréal pour y vérifier certaines adresses, dont le 1790 de la rue Saint-Timothée, où Joseph Bellanca, l'autre frère de Sébastiano, réside depuis quelques années. Le matin du 8 août, les agents chargés de la surveillance du poste-frontière de Champlain ont remarqué que la veille, une certaine Mildred Renda de White Plains s'était rendue au Canada. Les policiers se sont alors souvenus qu'un nommé Antonio Renda avait souvent été aperçu en compagnie de Pietro Beddia. En fin d'après-midi, le véhicule de Mildred Renda revenait à la frontière et la jeune femme était accompagnée de son mari Antonio dit Tony et de son fils. Ils revenaient d'un séjour à Montréal où, dirent-ils, ils avaient visité un parent. La fouille de leur véhicule, s'étant par la suite avérée négative, ils purent retourner aux Etats-Unis. Quelques mois auparavant, Benny Bellanca avait confié à l'agent secret du B.A.N. qu'il s'approvisionnait en héroïne à Montréal.

l'a aperçu à quelques reprises au bureau de la firme *Hemingway Trucking,* à Paramour, et au restaurant *Guy* de New York, propriété du neveu de Bellanca. L'arrestation de ce dernier vient apporter un élément de plus au dossier puisqu'on trouve le nom, l'adresse et le numéro de téléphone de Rivard chez sa compagne. Des vérifications ultérieures révèlent qu'à deux reprises, au mois de décembre 1953 et au mois de février 1954, le caïd montréalais a séjourné à l'hôtel *Taft* de New York et qu'il y a fait de nombreux appels téléphoniques au restaurant *Guy.*

La découverte des noms de Rivard et Pep Cotroni en compagnie d'un personnage de l'importance de Sebastiano Bellanca revêt une signification spéciale pour les limiers de la Brigade des stupéfiants. Depuis quelque temps, on dit que la Mafia montréalaise a décidé de reprendre sa place dans le trafic international de l'héroïne en s'associant avec Lucien Rivard. Les découvertes de cette dernière opération du B.A.N. semblent confirmer le fait. A cela, s'ajoutent bientôt d'autres indices significatifs.

Au mois d'octobre suivant, le Bureau des narcotiques effectue une perquisition chez un autre mafioso newyorkais, Tony Bianco, qui vient d'être libéré du pénitencier d'Atlanta, où il a passé plusieurs mois en compagnie de Roger Coudert. Dans ses effets personnels, on trouve la lettre suivante adressée à Lucien Rivard, à Montréal, aux soins du *Corso Pizzeria:*

Cher Lucien

Je viens juste de quitter Atlanta où j'ai rencontré un de nos très bons amis, Roger, un grand Français. Il en a pris pour 10 ans à cause, dit-il, de certaines personnes à Mexico. Actuellement, il a besoin d'argent pour aller en appel et il m'a demandé de l'aider à sortir de là. Il m'a dit de t'écrire au Corso Pizzeria pour te demander de me rencontrer lors de ton prochain voyage à New York. Si tu as du bon linge et que le prix est correct, j'ai un bon marché qui permettrait de faire un peu d'argent pour aider Roger pour son appel. Fais-moi savoir quand je pourrai te voir. Je suis convaincu que nous pourrons faire des affaires qui me permettront d'aider Roger. Ecris-moi.

Signé: Tony Bianco
au soin du restaurant Frank's
1140 2ième avenue, N.Y.

Aux yeux de la Gendarmerie royale, non seulement cette lettre est-elle une preuve de plus que Lucien Rivard transige directement avec l'organisation de d'Agostino, mais elle confirme aussi son association avec le clan Cotroni. Le fait que la missive soit adressée aux soins du *Corso Pizzeria* de Diodato Mastracchio et Jimmy Soccio n'est pas un indice négligeable.

Un autre élément renforce les rumeurs d'une nouvelle association Rivard-Cotroni dans le trafic des stupéfiants: il s'agit de la situation générale de la pègre montréalaise. Depuis un an et demi, les bas-fonds de la métropole sont en pleine effervescence. Fuyant la nouvelle taxe de 10% sur le jeu, votée par le Congrès à l'issue de l'enquête Kefauver sur la pègre, une centaine de truands américains se sont installés en ville avec la bénédiction des grands patrons du Milieu. Pour la plupart preneurs aux livres, les visiteurs ont choisi Montréal comme refuge parce que les caïds locaux, avec lesquels ils sont en affaires depuis des décennies, leur ont garanti l'immunité grâce au contrôle qu'ils exercent sur les politiciens et les policiers de la municipalité et de la province.

La présence massive de ces étrangers en ville n'a pas échappé aux limiers de la G.R.C., mais, leur autorité au Québec ne couvrant pas l'application des lois sur le jeu et les paris, ils ont dû jusqu'ici se contenter de recueillir passivement les informations en attendant qu'un changement d'administration leur permette d'offrir leur collaboration aux policiers municipaux.

Cette cueillette de renseignements n'a cependant pas été sans valeur. Attentive aux grands changements dans le Milieu, la Brigade des stupéfiants a particulièrement noté, à la fin de 1953, l'arrivée à Montréal d'un New-Yorkais aux allures de conquérant. Le nouveau venu, qui se fait appeler Monsieur Lillo, serait venu superviser l'activité des preneurs aux livres américains et assurer la perception du pourcentage des profits dû aux grands patrons de la Mafia.

Cependant, à peine quelques semaines après son arrivée, on a découvert que ses activités étaient loin de se limiter au simple rôle de superviseur. En fait, selon les indicateurs de police, Monsieur Lillo a pris le contrôle du Milieu montréalais pour le compte de la Mafia américaine et avec l'accord des dirigeants locaux! D'ailleurs, dès son arrivée, il s'est porté acquéreur avec eux d'un restaurant chic du boulevard Décarie, dans le secteur nord-ouest, *Le Bonfire,* qui est vite devenu le quartier général de l'Organisation. Avec ses associés officiels, Luigi Greco, Frank Petrula, Max Shapiro et Harry Ship, et avec Vic Cotroni dont le nom n'apparaîtra dans les livres qu'en 1966, il a fondé également une compagnie de finance, *Alpha Investment Corporation.* Secondé par Vic Cotroni et Louis Greco, il a imposé sa loi aux clubs de nuit, aux « blind-pigs » (débits clandestins de boisson), aux cercles de jeu, aux preneurs aux livres, aux prostituées, aux voleurs: tous doivent dorénavant payer tribut au Syndicat.

Boulevard Décarie, le *Bonfire* est, au milieu des années 50, le véritable quartier général de la pègre montréalaise.

Mais qui est ce Monsieur Lillo? La réponse du F.B.I. et du Bureau des narcotiques n'a pas tardé à venir. Fils d'immigrants siciliens, Carmine Galente, dit Lillo, est, à 44 ans, l'un des patrons de la pègre de Brooklyn. Dur, sévère, autoritaire, c'est un tueur incomparable. On lui attribue plus de 80 meurtres. Le plus célèbre est celui de Carlo Tresca, un journaliste anti-fasciste d'un hebdomadaire italien de New York, assassiné en janvier 1943. Ce meurtre avait été commandé par Vito Genovese, l'adjoint de Luciano, qui, après s'être réfugié en Italie en 1934 à la suite d'une affaire de meurtre, était devenu l'un des intimes du dictateur fasciste Mussolini. Spécialiste de la diplomatie interlope, Galente est aussi, et surtout, le second de Giuseppe Bonanno dit Jos-les-bananes, l'un des cinq parrains de la Mafia newyorkaise. A ce titre, il est en relation avec tous les grands noms de bas-fonds américains et italiens et, entre autres, avec Lucky Luciano. Les archives du Bureau des narcotiques indiquent d'ailleurs que les deux caïds se sont rencontrés en Italie en 1954.

A l'automne 1954, quand elle apprend que Giuseppe Cotroni et Lucien Rivard se seraient apparemment associés dans le trafic de l'héroïne, la Brigade des stupéfiants n'est pas longue à penser que Carmine Galente n'est pas étranger à l'affaire et qu'il en est peut-être même le principal instigateur. On sait en effet qu'il ne tolère pas que la direction des rackets échappe au contrôle de la Mafia. Sans doute a-t-il obligé Rivard à s'associer avec Cotroni en échange de plus grandes possibilités au niveau du marché américain.

Grâce à Carmine Galente, Jos Bonanno (en haut, à gauche) est, au milieu des années 50, le leader suprême du Syndicat du crime de Montréal. Frank Petrula (en haut, à droite) et Pep Cotroni (en bas) sont deux de ses principaux vassaux.

L'hypothèse du leadership de Galente dans le trafic de l'héroïne via Montréal se renforce à la fin d'octobre 1954, lorsque le Bureau des narcotiques avise la G.R.C. que l'un de ses associés montréalais, Frank Petrula, a rendu visite quelques semaines plus tôt à Luciano, en Italie, et qu'il a apparemment ramené avec lui un stock d'héroïne. Le 29 octobre, afin de vérifier la véracité de l'information, le sergent Maurice Nadon et les caporaux Jean-Paul Drapeau et Frank de Cheverry de la Brigade des stupéfiants effectuent une perquisition en règle dans la luxueuse résidence du gangster, à Beaconsfield, une banlieue cossue de Montréal. (5) Après une fouille de plusieurs heu-

---

5. Le sergent Nadon et le caporal Drapeau deviendront respectivement en 1973, commissaire général et commissaire adjoint de la Gendarmerie royale du Canada.

res, aucune trace de drogue n'est découverte. Malgré tout, les policiers ne repartent pas bredouilles.

Inquiète devant la façon dont les agents fédéraux manipulent ses tableaux, la femme de Petrula préfère leur révéler la cachette du coffre-fort de son mari. Dissimulé sous des carreaux amovibles dans la salle de bains du deuxième étage, ce coffre-fort renferme un magot de $18 000 en argent liquide ainsi que quelques feuillets de notes. Lors de la découverte, Petrula tente en vain de convaincre les policiers de lui laisser détruire ses notes en échange des $18 000, mais les enquêteurs choisissent plutôt de jeter un coup d'oeil attentif sur ces bouts de papiers si précieux. Ils constatent alors avec stupéfaction qu'ils ont entre leurs mains la liste des journalistes et des politiciens payés par le Syndicat du crime à l'occasion de la dernière campagne électorale municipale qui s'est terminée quatre jours plus tôt. Les chiffres inscrits sur les notes de Petrula indiquent que le Milieu a dépensé plus de $100 000 pour battre la Ligue d'Action Civique (L.A.C.) et son candidat-vedette, Jean Drapeau, qui vient de s'illustrer pendant quatre ans à titre d'assistant de Me Pacifique (Pax) Plante devant la Commission d'enquête sur le jeu et le vice commercialisé à Montréal.

Réclamée depuis le début des années 40, par différents groupes de citoyens, cette enquête avait finalement été accordée le 31 mai 1950, cinq jours après le début de l'enquête Kefauver aux Etats-Unis. Elle faisait suite plus particulièrement à une longue série d'articles de Pax Plante dans le quotidien *Le Devoir,* où l'ancien directeur

Me Pax Plante

adjoint de la police de Montréal dénonçait en détail la machine bien graissée du Syndicat du crime et de ses protections politiques et policières. Devant le juge François Caron de la Cour supérieure, Mes Pax Plante et Jean Drapeau avaient fait entendre quelque 373 policiers, politiciens et truands, parmi les plus importants de la ville. Convaincu du bien-fondé des dénonciations de Pax Plante, le magistrat avait par la suite habilement attendu au 8 octobre 1954, 20 jours avant l'élection municipale, pour rendre son jugement, lequel condamnait 20 gradés de la police, dont le directeur Albert Langlois et son prédécesseur Fernand Dufresne. Acquittés, faute de preuves, les politiciens avaient malgré tout été sérieusement ébranlés et les grands de la pègre avaient été mis sur la sellette de façon non équivoque: Vincent Cotroni, Luigi Greco, Max Shapiro, Harry Ship, Léo Bercovitch et Henry Manella, entre autres, avaient été explicitement dénoncés.

Le jugement, publié intégralement dans tous les grands journaux, avait provoqué un tel émoi dans la population que les dirigeants de la pègre avaient décidé de tout mettre en oeuvre pour contrer les effets néfastes qu'il risquait d'avoir aux élections. Le jour du scrutin, des dizaines de fiers-à-bras armés de bâtons, de matraques et de revolvers, avaient sillonné la ville, intimidant les électeurs et saccageant les bureaux de scrutin et les comités politiques.

A ce sujet, les notes de Petrula sont éloquentes: elles renferment la liste des équipes de choc, avec les budgets qui leur avaient été octroyés par les patrons du Milieu, (dont les noms d'ailleurs figurent aussi dans les papiers saisis). Sont ainsi nommés: Carmine Galente et son homme à tout faire, Mike Consolo, Luigi Greco et Vic Cotroni, Irving Ellis, le conseiller financier de l'Organisation, Harry Ship, le no 1 des paris clandestins, Dominic de Francesco, Jimmy Orlando, Peter Adamo et Jimmy Soccio, des hommes clés du clan Cotroni.

Cependant, malgré ses efforts, la pègre n'a pu empêcher la victoire de la L.A.C. et l'élection de Jean Drapeau à la mairie. Dans les trois années qui vont suivre, elle le regrettera amèrement. (6)

Rapidement réinstallé dans ses fonctions, Pax Plante ne tarde pas à reprendre la lutte aux différents rackets. Avec l'aide de la

---

6. L'offensive contre la pègre qui va suivre la victoire de la Ligue d'action civique se terminera brusquement en octobre 1957 quand le Ralliement du grand Montréal, dirigé par le sénateur Sarto Fournier et appuyé par les financiers du Milieu, délogera l'administration Drapeau et rétablira au niveau municipal la politique de tripotage qui existe toujours au niveau provincial.

LE DEVOIR

25c — EDITION SPECIALE — **25c**

Document complet sur
L'ENQUÊTE CARON

Pour libérer Montréal de la pègre

Un artiste a dessiné ce qu'il a vu pendant le jugement Caron

Un document complet

L'enquête sur la moralité à Montréal est une authentique victoire des citoyens. Depuis la fondation du Comité de moralité publique, en mars 1950, jusqu'au jugement, quatre ans plus tard, les événements ont été si nombreux. Ce document est un hommage au courage et à la ténacité des citoyens qui se sont attelés à la tâche de nettoyer la ville de Montréal.

LA PETITION

Minutieusement préparée, elle a été présentée au juge en chef de la Cour supérieure, le 11 mai 1950. A l'époque, bien peu de gens croyaient vraiment à l'enquête. Autour du Comité de moralité, on avait organisé une vaste conspiration du silence. Le juge Tyndale a ordonné l'enquête.

L'ENQUETE

Elle a commencé le 11 septembre 1950 devant le juge François Caron. De nombreux incidents ont marqué les procédures. On a tenté par tous les moyens légaux de bloquer ou de retarder la cause. Les avocats du Comité de moralité ont suivi leurs adversaires pas à pas. Ils ont gagné sur toute la ligne, devant toutes les juridictions civiles. L'enquête a fini le 2 avril 1953. Dix-sept mois plus tard, le juge Caron rendait jugement.

LE JUGEMENT

Vingt têtes sont tombées, des politiciens ont été montrés du doigt par le juge. Il a exposé avec clarté le système de protection qui s'était peu à peu installé à Montréal.
Voilà les choses dont il est question dans ce document. Il mérite d'être lu et d'être conservé.

Les responsables du nettoyage

PACIFIQUE PLANTE — JEAN DRAPEAU

Un homme courageux

Le juge CARON

Dans ce numéro :

- p. 2 - La requête.
- p. 3 - Les accusations
- p. 5 - La procédure
- p. 6 - Les parties en cause.
- p. 7 - La loi.
- p. 11 - Le serment.
- p. 13 - La prostitution.
- p. 27 - Le jeu et le pari.
- p. 27 - Les personnes
- p. 40 - Les conclusions.

G.R.C., ses hommes réussissent bientôt à chasser les bookies américains et à rendre la vie insupportable aux racketteurs locaux. Les uns après les autres, les cercles de jeu, les bordels, les blind-pigs, les boîtes de nuit reçoivent la visite de la police. Harcelé de toute part, le Syndicat est finalement obligé de transférer une partie de ses affaires dans les banlieues limitrophes. Même l'impôt fédéral, sous l'instigation de la G.R.C., se met de la partie, à tel point d'ailleurs qu'au printemps 1955, Carmine Galente lui-même doit rendre compte de ses revenus. Peu après, il est expulsé du pays ainsi que son représentant, Mike Consolo. Il conserve néanmoins la main haute sur les rackets montréalais.

Au chapitre du trafic des drogues, la Brigade des stupéfiants mène la vie dure aux distributeurs et revendeurs de la rue. Au mois d'avril 1955, à l'issue d'une enquête de plusieurs mois, elle réussit ainsi à inculper pour une seconde fois Jack Nadeau et ses principaux acolytes. Malheureusement, la mobilisation de ses effectifs réduits pour le trafic local l'empêche de consacrer suffisamment de temps et d'efforts au trafic international et surtout à l'organisation Cotroni-Rivard. (7) Aussi, les résultats dans ce dossier sont assez minces et l'on doit encore se contenter d'accumuler les indices.

Les derniers résultats obtenus remontent au mois de novembre 1954, époque à laquelle le Bureau des enquêtes de la douane américaine arrête à New York un ami de Rivard, Emile Hogue, dit Lépine. De retour d'un voyage en Europe, Hogue rapportait avec lui une automobile dans laquelle les douaniers anglais ont découvert un compartiment secret, vide toutefois. Longuement interrogé, Hogue a nié toute participation au trafic des drogues en affirmant ignorer la présence d'un compartiment secret dans sa voiture. Toutefois, et c'est sans doute ce qui est le plus important, il a admis connaître les trafiquants Michel Sisco (d'Agostino), Lucien Rivard, Rhéo Gauthier et les frères John et George Mallock. De plus, fait intéressant, son passeport indique plusieurs voyages au Mexique dont un en mars 1953. Libéré faute de preuves, Hogue est depuis l'objet d'une attention spéciale de la part de la G.R.C. Il en est également de même de William Munroe, dit Butch, un autre acolyte de Rivard qui a fait l'objet d'une demande de renseignements du B.A.N. Croupier au cercle de jeu du 1408 rue Sainte-Elizabeth, Monroe, Ecossais d'origine, possède un dossier criminel pour vols

---

7. A cette époque, la Brigade des stupéfiants ne compte qu'une dizaine d'enquêteurs réguliers.

et recels. Au cours de l'été 1954, il a séjourné plusieurs jours au chalet de Lucien Rivard, à Pointe-Calumet, un petit centre de villégiature situé à une trentaine de milles de Montréal et fort apprécié des truands de la grande ville. Précédemment, en janvier et février 54, il a accompagné Rivard pendant un voyage en Floride. Ce fait est connu grâce à une carte postale adressée à Blackie Bisson et trouvée à l'occasion d'une perquisition.

Si à Montréal, l'enquête piétine, à Mexico par contre, on a retrouvé la trace d'Antoine d'Agostino, ou plutôt de sa femme, Suzanne Filleau. Dans la soirée du 4 mars 1955, les enquêteurs de la Section des narcotiques de la police judiciaire mexicaine et quelques agents du B.A.N. suivent la jeune femme jusqu'à une boutique d'horloger sur la via Bartaloache. Peu après son arrivée, un homme sort de la maison et monte à bord d'une Chevrolet. Croyant qu'il s'agit d'Agostino, les policiers l'arrêtent. Ce n'est que le propriétaire de l'immeuble. On poursuit donc la surveillance et, un peu plus tard, deux autres hommes sortent de la boutique. Cette fois, on n'a aucun mal à reconnaître les suspects car il s'agit de deux trafiquants notoires, Albert Carter Cantu, repéré pour la première fois à New York lors de l'arrestation d'Antonio Farina, et Jorge Asaf y Bala, connu comme le Al Capone de la pègre mexicaine. (8)

Les deux truands restent à l'extérieur quelques instants puis ils rentrent dans la boutique. Leur présence sur les lieux avec la femme de d'Agostino n'est certes pas un hasard et, en conséquence, les policiers décident de tenter le coup. Sans perdre de temps, ils pénètrent à l'intérieur et se retrouvent face à face avec d'Agostino et un autre trafiquant corse, Alfred Michiluci, arrivé de France la veille et sur le point de repartir. Médusés par cette intervention inattendue, aucun des cinq occupants ne songe à offrir de résistance. Au cours de la perquisition d'usage qui suit, on découvre au sous-sol de la boutique un atelier perfectionné servant à la fabrication des bagages à double fond et des malles truquées dont avait parlé deux ans plus tôt Roger Coudert. Six valises du genre, prêtes à être utilisées, sont saisies, dont celles avec lesquelles le Corse Michiluci s'apprêtait à retourner à Marseille, le lendemain. Une seule ombre au tableau: on ne trouve trace d'héroïne.

---

8. Jorge Asaf y Bala sera arrêté par la police mexicaine le 11 novembre 1959, en compagnie d'un acolyte nommé Salvador Escabi. Son arrestation suivra la négociation d'une transaction de trois kilos d'héroïne pure avec deux agents secrets du B.A.N.

Quelques-unes des malles truquées trouvées dans le repaire d'Antoine d'Agostino, à Mexico.

Dans les jours qui suivent, la police mexicaine est donc obligée de relâcher tous les trafiquants à l'exception de d'Agostino. Recherché par la justice de trois pays, ce dernier est déporté sans formalité à San Antonio, au Texas où un tribunal fixe le montant de sa mise en liberté provisoire à $100 000. Informées de l'arrestation et de la déportation de l'important trafiquant français, les autorités canadiennes entreprennent sans délai les procédures pour réclamer son extradition. Les choses traînent cependant en longueur, la Justice américaine voulant d'abord inculper d'Agostino pour sa participation au réseau Spirito-Orsini. De son côté le trafiquant a entrepris des procédures pour contester sa déportation expéditive aux États-Unis. Il ne comparaîtra à New York qu'un an plus tard et après le procès, sera condamné à deux ans de pénitencier. Par la suite, le gouvernement canadien ayant obtenu gain de cause, il sera déporté à Montréal en juin 1958 où il écopera de trois autres années de réclusion. Finalement, en juin 1960, il sera expulsé en France où il est recherché pour plusieurs crimes. Il sera emprisonné au Havre le 31 octobre 1960. Aujourd'hui, s'il vit encore, on croit qu'il a sombré dans la folie. Peut-être tourmenté par la condamnation du malheureux abbé Taillefer, il était subitement devenu un fervent de la religion pendant sa détention au pénitencier de Saint-Vincent-de-Paul et il donnait des cours de lecture biblique à ses compagnons de cellule ...

L'arrestation et la déportation de d'Agostino obligent ses associés à fuir le Mexique et à chercher ailleurs un refuge pour relancer le trafic. Au cours du mois d'avril 1955, la Brigade des stupéfiants est informée que Paul Mondolini est à Montréal. De nouvelles vérifications sont faites et, cette fois, on apprend que le Corse occupe dans le quartier Rosemont, sous le nom de Jacques Desmarais, un appartement loué par un ami de la famille Cotroni, Jimmy Curio, (9) bien connu dans les milieux sportifs et artistiques.

Le trafiquant reste toutefois introuvable jusqu'au 8 juillet. Ce jour-là le caporal Jean-Paul Drapeau l'aperçoit au cours d'une tournée de routine, au moment où il entre chez Jos Seminaro, rue Emery, en compagnie de Jimmy Curio et du cadet de la famille Cotroni, Frank, âgé de 25 ans. (10) Déjà, depuis quelques semaines, la G.R.C. surveillait sans relâche la maison de Seminaro, qui sert de lieu de rencontre à son gendre Pep. Avec un intérêt grandissant, on a noté les allées et venues de Jimmy Curio, de Frank Cotroni ou de Butch Munroe. On a également appris que Jimmy Curio et Frank Cotroni ont eux aussi un chalet à Pointe-Calumet, tout près de celui de Rivard. Ce dernier a effectué un voyage à Paris et à Marseille, au cours du mois de mai précédent. On croit qu'il est allé réorganiser le réseau secoué par l'arrestation de d'Agostino.

L'accumulation de ces nouveaux indices incite la Brigade des stupéfiants à redoubler d'efforts, d'autant plus que le Bureau des narcotiques l'a informé que Sebastiano Bellanca a, lui aussi, profité de son cautionnement pour fuir. On dit qu'il pourrait être à Montréal, en compagnie de Mondolini. Le 22 juillet, pour retracer les deux trafiquants, la G.R.C. accompagne les hommes de Pax Plante

---

9. Pseudonyme.
10. La famille Cotroni comprend six enfants. Les quatre premiers, Vincenzo (l'aîné), Palmina, Marguerita et Guiseppe sont nés en Calabre, les deux plus jeunes, Frank et Michel, sont nés à Montréal.

et de l'inspecteur William Fitzpatrick dans une descente à l'*Auberge Durocher* de Piedmont, dans les Laurentides. Les policiers municipaux recherchent alors Frank Petrula pour le saccage de deux boîtes de nuit, deux jours plus tôt.(11) Propriété de Pep Cotroni, l'*Auberge Durocher* est un endroit idéal pour accueillir les fugitifs. Malheureusement, le descente s'avère infructueuse, tout comme celles qui seront faites par la suite aux domiciles de Rivard et Cotroni. Aussi, pendant des semaines, incapables d'infiltrer adéquatement le cercle fermé des amis de Rivard et de Cotroni, les hommes de la Brigade des stupéfiants doivent-ils se contenter de maigres résultats.

Toutefois, au même moment à Vancouver, la G.R.C. a plus de chance. Le 9 août, en compagnie de la Police municipale de l'endroit, les agents fédéraux procèdent à l'arrestation massive d'une trentaine de distributeurs et de revendeurs d'héroïne repérés grâce aux informations accumulées pendant cinq mois par deux agents secrets infiltrés dans la pègre. La razzia porte un dur coup aux nouvelles ambitions de Lucien Rivard sur la Côte Ouest. Parmi les trafiquants inculpés se trouvent en effet son vieil ami Bob Tremblay et plusieurs de ses hommes de main parmi lesquels Charles Talbot, Marcel Frenette, Lucien Mayer, James Malgren et Jean-Paul Chevrier.

Retourné à Montréal au printemps 1954, après la condamnation de Mallock, Tremblay était revenu à Vancouver à la fin d'avril 1955, dans l'intention bien arrêtée de s'emparer complètement du marché de l'héroïne sur la Côte Ouest. Dès son retour, les revendeurs et les grossistes du Milieu ont été contraints de se ranger de son côté ou d'abandonner les affaires. Ceux qui ont voulu résister l'ont payé cher. Jack Lenhardt Stone, un ancien distributeur des frères Mallock, a perdu une jambe dans le dynamitage de sa voiture; son partenaire, Silent Bill Semenick, a été tué, tout comme

---

11. Depuis le départ des bookmakers américains avec leurs millions et la victoire de la nouvelle administration municipale, l'humeur de Frank Petrula, déjà de nature pas trop calme, s'est aggravée et son étoile a commencé à pâlir dangereusement. Dans la soirée du 21 juillet, après s'être attaqué à Harry Smith, l'un des caïds du secteur ouest, il a saccagé le *El Morocco* puis le *Down Beat Café* et s'en est pris à un truand de seconde zone qui avait servi d'indicateur à Pax Plante. Dans le Milieu, on dit qu'il est tombé en disgrâce à cause de l'imprudence qu'il a démontrée au sujet des documents concernant la participation des caïds à la dernière élection municipale.

un revendeur nommé Danny Brent. Harry Tranto, un grossiste indépendant, a été assailli par une bande de fiers-à-bras tandis que Thomas Kinna, un narcomane, a été attiré dans un guet-apens et battu à coups de tiges de fer. Selon les moeurs des bas-fonds, ce dernier attentat était justifié puisque la victime et son frère avaient volé les stocks d'héroïne de certains revendeurs de la rue. Il n'a cependant pas porté chance à Tremblay car, quelques heures après, il était arrêté avec ses hommes et inculpé de tentative de meurtre. Au moment de la razzia du 9 août, des condamnations à 20 ans de pénitencier viennent tout juste d'être prononcées contre les accusés.

Chapitre V

Une première saisie
d'envergure: le Saint-Malo

Les indicateurs de police sont généralement mal vus du grand public. On oublie trop facilement leur rôle ingrat. Sans eux, la lutte aux trafiquants de drogues n'est pas possible. On a pu le constater en lisant les premiers chapitres de ce livre et on le verra encore souvent d'ici la fin.

Le 25 octobre 1955, un vieil ami de Paul Mondolini, Raphaël Saïnas, est arrêté à Milan en possession d'une valise contenant quatre kilos d'héroïne pure destinés au marché newyorkais. Un indicateur est à l'origine de ce coup de filet et, selon lui, une autre cargaison de 16 kilos est déjà en route pour Montréal. La drogue se trouve à bord d'un cargo français, le SS Saint-Malo, parti de Bordeaux, le 20 octobre, avec une cargaison d'automobiles européennes et de champagnes de grand cru. Un Corse de Marseille prénommé Roberto, âgé d'environ 30 ans, petit de taille, le teint foncé et portant une moustache, sert de courrier: il doit profiter de l'escale à Québec pour remettre l'héroïne à deux Italiens, les frères Peppe, des Calabrais bien connus des policiers canadiens, et à un Corse nommé Jean-Baptiste. Ceux-ci se chargeront de livrer la marchandise à un groupe non identifié, à New York. Sur le Saint-Malo, la précieuse poudre est dissimulée dans une trappe aménagée soit dans un tube d'air, soit dans la cabine d'un marin de race noire.

Ces renseignements parviennent à la Brigade des stupéfiants de la G.R.C. le 31 octobre suivant. Aussitôt, des vérifications sont entreprises. On apprend que le Saint-Malo fera un premier arrêt à Pointe-au-Père, à 400 milles de Québec, afin que les navigateurs de la voie maritime du Saint-Laurent prennent charge du navire.

Le *Saint-Malo* dans le port de Montréal, le 10 novembre 1955. (Photo *La Presse*)

Assistés de deux agents du B.A.N. qui connaissent très bien les trafiquants français et newyorkais, les enquêteurs de la G.R.C. décident d'aller accueillir le *Saint-Malo*. Mais auparavant, ils se rendent à Québec dans l'espoir de repérer certains personnages connus.

Le *Saint-Malo* jette l'ancre à Pointe-au-Père à 20h30, le 8 novembre. Déjà au rendez-vous, les enquêteurs montent immédiatement à bord et trouvent rapidement leur principal suspect, Robert-Thomas Bianchi-Maliverno, 30 ans, un marin qui répond à la description du courrier fournie par l'informateur du B.A.N. Quant au marin de race noire dont la cabine doit servir de cachette, il est également repéré. Une première fouille permet en effet de découvrir, dans la cabine de l'un des deux Noirs de l'équipage, 96 bouteilles de cognac non déclarées et 200 cigarettes de contrebande. Près de la salle des machines, une seconde cachette renfermant 188 autres bouteilles d'alcool est également mise au jour. Longuement interrogé, ce marin finit par admettre qu'il a trois complices et qu'effectivement l'un d'eux est Maliverno. Questionnés à leur tour, les deux premiers complices acceptent de parler tandis que Maliverno, pour sa part, refuse toute collaboration. A Québec, où le *Saint-Malo* arrive le lendemain, Maliverno et deux autres matelots sont traduits en Cour pour infraction à la loi de la douane. Ils sont condamnés sur-le-champ à un total de $450 d'amende, tandis que le bateau est taxé d'une amende additionnelle de $400.

Insatisfaits de ces résultats et de la facilité avec laquelle ils ont découvert les marchandises de contrebande, les policiers fédéraux décident de rester à bord et d'accompagner le cargo jusqu'à Montréal afin de pouvoir y effectuer une nouvelle fouille. Le *Saint-Malo* arrive à destination en début d'après-midi le 10 novembre et aussitôt une équipe de 44 policiers et douaniers se met à la tâche pour fouiller de fond en comble. Au bout de quelques heures, un agent de la G.R.C. remarque que la moulure de l'un des panneaux du plafond de la cabine de Maliverno semble avoir été enlevée récemment. En y regardant de plus près, il s'aperçoit qu'une couche de peinture fraîche recouvre le panneau. Intrigué, il le soulève, et découvre 14 petits sacs de poudre blanche pesant chacun un kilo: au total, 31 livres d'héroïne pure valant plus de $14 millions au détail. C'est la plus grosse saisie du genre jamais faite jusqu'alors en Amérique.

Le capitaine du *Saint-Malo* n'en croit pas ses yeux. C'est le second navire de la « French Line » qui, en l'espace de quelques semaines, est impliqué dans une affaire de trafic de drogue! Le mois précédent, le Bureau des narcotiques et la douane américaine ont saisi, dans le port de New York, 18 livres d'héroïne pure dissimulées à bord du *Saint-Lo*. Comme le *Saint-Malo*, il avait quitté Bordeaux peu de temps auparavant. Toutefois, dans ce premier cas, personne n'a pu être arrêté. Conduit au bureau de la Brigade des stupéfiants, Bianchi-Maliverno donne sa version de l'histoire. Lors de l'escale à Hambourg, où le cargo prit sa cargaison, un homme rencontré par hasard dans un bar lui a remis les paquets de poudre blanche, en lui disant qu'il s'agissait de parfum pour un ami, en Amérique. En échange, il a reçu quelques centaines de dollars. Cet individu, il ne connaît pas son nom; quant aux frères Peppe et au Corse Jean-Baptiste, il n'a jamais entendu parler d'eux. Naturellement, ces réponses ne convainquent personne.

Les policiers, eux, s'intéressent surtout à la provenance de la carte d'affaires d'une firme montréalaise trouvée dans les bagages du marin. Cette carte porte les noms d'Ernie Ramaglia et de la compagnie *Riviera of Canada Co.*, 7076 rue Saint-Hubert. Maliverno explique qu'elle lui a été remise par un marin qui était venu avant lui à Montréal. Il n'est guère plus loquace quand on lui demande des précisions au sujet de ses relations avec une certaine Georgette Parcouet. Selon les marins du *Saint-Malo*, cette jeune femme, une prostituée travaillant au *Trolley Bar*, au Havre, venait à la rencontre de Maliverno à chacune de ses escales dans les différents ports

Robert-Thomas Bianchi-Maliverno est conduit au Palais de Justice de Montréal par un membre de la G.R.C. (Photo *La Presse*)

européens. Pour le prévenu, il ne s'agit que d'une amie qui n'est d'aucune façon mêlée à cette affaire de drogue.

Devant l'impossibilité d'obtenir de plus amples renseignements, la Brigade des stupéfiants n'a d'autre choix que de traduire Maliverno en Cour criminelle et d'explorer à fond les maigres indices recueillis, soit les demi-noms ou les pseudonymes de ceux à qui était destinée l'héroïne, la prostituée du *Trolley Bar* du Havre, l'adresse du courrier corse et la carte d'affaires trouvée en sa possession. (1)

A propos de la première piste, les limiers de la G.R.C. et leurs confrères du B.A.N. s'entendent assez vite pour établir que le Corse Jean-Baptiste est probablement Jean-Baptiste Croce, le compagnon d'armes de d'Agostino et de Mondolini; mais, pour les frères Peppe, les opinions divergent. Au cours de leur séjour à Québec et à Montréal, les agents américains ont remarqué deux restaurants italiens portant le nom *Peppe's Restaurant* et ils sont convaincus que les propriétaires sont sans doute les suspects recherchés. De leur côté, les membres de la Brigade des stupéfiants pensent plutôt qu'il s'agit des frères Cotroni, des Calabrais dont les noms ont déjà été associés à ceux de d'Agostino, Croce et Mondolini. D'ailleurs, font remarquer les enquêteurs montréalais, Giuseppe Cotroni se fait justement appeler « Peppe ou Pep » dans le Milieu. Les policiers de la G.R.C. ont raison, mais il leur faut plusieurs semaines d'inutiles vérifications sur l'identité des propriétaires des restaurants Peppe avant de convaincre leurs confrères newyorkais.

Au sujet du *Trolley Bar* du Havre, l'enquête que mène la Sûreté nationale française à la demande de l'Interpol révèle assez rapidement que l'établissement appartient à un trafiquant international notoire, Guy Bégin, et qu'il est fréquenté régulièrement par Jean-Baptiste Croce. Le nom de Bégin n'est pas inconnu car il est déjà inscrit au dossier. Lors de son arrestation avec Croce, à Corpus Christi, au Texas, en avril 1953, Paul Mondolini s'était identifié sous le nom de Paul Bégin. Coïncidence peut-être, mais chaque détail a son importance. De plus, l'interrogatoire de deux marins révèle qu'en décembre 1954, ils ont transporté eux aussi au Canada, comme Maliverno, 14 kilos de poudre de « parfum ».

---

1. Dès sa comparution, le 14 novembre, Robert-Thomas Bianchi-Maliverno reconnaît sa culpabilité aux accusations portées contre lui. Deux jours plus tard, il est condamné à cinq ans de prison. Cependant, à la demande du Ministère public, la Cour d'appel du Québec révise cette sentence et impose à Maliverno cinq années supplémentaires de détention. Libéré sous condition le 23 décembre 1959, il est aussitôt expulsé en France où, à Marseille, il devient propriétaire du *Bar des Amis*. Impliqué dans une affaire de fausse monnaie en 1961, il est arrêté à nouveau en juin 1962 en rapport avec un hold-up au Comptoir national d'escompte. Les perquisitions effectuées chez lui révèlent qu'il est en relation avec plusieurs anciens compagnons de cellule québécois dont le trafiquant Jack Dushin à qui il avait même offert de transiger des affaires d'héroïne après sa libération.

Voyageant à bord du cargo *SS La Hague*, ils agissaient pour le compte de Guy Bégin et de son associé, Antoine Galliano. (2) Selon les recherches du B.A.N., ces deux individus sont des recruteurs de courriers pour différentes équipes de trafiquants internationaux, dont celle de Croce-Mondolini.

Au cours de son interrogatoire à Montréal, Maliverno a indiqué qu'il était domicilié au 17 Quai de Saône, Le Havre. Or, cette adresse est celle de Joseph Campocasso, suspect de longue date dans le trafic des stupéfiants et propriétaire de *L'étoile des Mariniers*, autre boîte de nuit du Havre. Interrogé par un juge d'instruction dans le cadre d'une Commission rogatoire, le tenancier déclare qu'il connaît à peine Maliverno et sa compagne et que le marin n'habitait pas chez lui; il utilisait son adresse pour recevoir de temps en temps des lettres de sa mère. Campocasso ne nie pas cependant entretenir des relations avec des trafiquants réputés comme Jean-Baptiste Croce et Albert Bistoni mais il prétend qu'il ne s'agit que de simples relations de bistrot. Cette affirmation est vite contestée. A New York, un autre marin français, arrêté celui-là en 1953 avec cinq kilos d'héroïne, a avoué qu'il avait déjà reçu un chargement de drogue en présence de Maliverno, de Campocasso et d'un puissant caïd marseillais, Dominique Albertini.

Dominique Albertini

---

2. On apprendra au cours de l'enquête que Galliano était l'un des principaux organisateurs de l'envoi du Saint-Malo avec Croce et Mondolini. Il sera finalement arrêté en avril 1961 par suite d'une opération d'infiltration menée par le B.A.N. et la police française.

Cette fois, l'affaire devient vraiment importante. Considéré comme l'une des têtes d'affiche du trafic international, Albertini est l'objet depuis plusieurs mois d'une enquête minutieuse. On a appris qu'il était très lié avec Antoine Galliano et que c'est lui qui avait fourni les quatre kilos d'héroïne trouvés dans la valise de Raphaël Saïnas à Milan. Reconnu comme le premier grand chimiste de la pègre française, Albertini a débuté comme préparateur en pharmacie; il a ensuite été initié à la recette secrète de l'héroïne par le vieux savant déchu dont nous avons déjà parlé (note 12, chap. II) avant la seconde guerre mondiale. Associés à plusieurs trafiquants célèbres comme Dominique Nicoli, Paul Carbone, François Spirito et les frères Guérin, il a mis sur pied un grand nombre de laboratoires clandestins, principalement dans la région de Marseille. En septembre 1952, il a voulu entrer illégalement aux Etats-Unis en tentant de corrompre un officier de la douane; sa tentative a échoué et il a été condamné à un an de prison. Auparavant, il avait été intercepté par l'immigration montréalaise en voulant passer la douane avec un faux passeport. Il se faisait alors appeler Antonio Trupino, un nom qu'on reverra plus tard dans une affaire de trafic international d'or. Aux Etats Unis, il faisait affaire à l'époque avec un influent Sicilien de Détroit, Joseph Catalanotto, dit Cockeyed Joe, par l'entremise de la Mafia de Montréal et d'un caïd de Riverside, en Ontario, Jimmy Renda.

Avec la présence d'Albertini dans l'entourage de Maliverno, l'affaire du *Saint-Malo* prend une importance considérable. Le portrait du gigantesque réseau international dont il est un maillon commence à se dessiner, surtout que, très tôt dans l'enquête, de nouveaux renseignements viennent garnir de façon appréciable le dossier. Le 28 novembre, moins de 20 jours après la saisie, une lettre anonyme adressée de Marseille parvient au commandant de la Brigade des stupéfiants, à Montréal:

> Monsieur,
> J'ai l'honneur de vous informer que les 14 kilos d'héroïne saisis à bord du Saint-Malo ont été expédiés par Dominique Venturi et son frère Jean à Montréal. Usez de discrétion. Merci.

A la G.R.C., on n'a encore jamais entendu parler des frères Venturi. On demande donc à la police française de faire des recherches. Les renseignements désirés parviennent à la Brigade des stupéfiants les 10 décembre 1955 et 3 mars 1956. L'Office central pour la répression du trafic illicite des stupéfiants de la Sûreté française a rassemblé des détails fort précieux sur les deux Venturi.

Nés respectivement en 1921 et en 1923 à Marseille, ils figurent tous deux au fichier du banditisme français. Ils ont débuté, ainsi que Croce et plusieurs autres, nous l'avons vu, comme navigateurs aux *Messageries maritimes*. Au début des années 50, ils faisaient partie d'un gang dirigé par Antoine Paoloni, dit Planche, membre très influent du Milieu corse de Marseille et complice de Joseph Renucci dans la contrebande de cigarettes américaines entre Tanger et la France. En octobre 1952, avec Paoloni et d'autres truands de renom, Dominique Venturi a participé à la célèbre attaque du cargo *Combinatie:* le navire a été arraisonné en pleine Méditerranée et dépouillé de sa cargaison, soit 2 700 caisses de cigarettes américaines, des « blondes », assurées pour $94 500. A l'issue d'une longue enquête, il est condamné à quatre mois de prison, en février 1956. En France, cette affaire est devenue célèbre surtout à cause de la série de règlements de compte qu'elle a déclenchée et qui s'est terminée, en novembre 1955, par l'assassinat d'Antoine Paoloni. Le tout a débuté par une dispute entre Paoloni et Jean Colonna, vieille figure du Milieu corse de Paris. De cette querelle, Colonna est sorti vainqueur grâce à l'appui des Venturi et des frères Francisci, l'aîné, Marcel, en tête. Les policiers français croient d'ailleurs que la lettre anonyme parvenue à la G.R.C. et dénonçant les frères Venturi pour l'affaire du *Saint-Malo* est reliée à cette guerre de gangs.

Les frères Venturi, Dominique (à gauche) et Jean (à droite).

 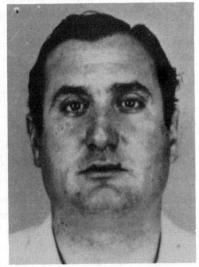

Après l'attaque du *Combinatie,* les Venturi et les Francisci (Marcel, Jean et Xavier) ont formé une nouvelle association avec des truands réputés, notamment Henri Codde, Jean Bozzo di Borgo et Jules Renucci. Selon les informations transmises à la G.R.C., leur bande se spécialise maintenant dans la contrebande d'opium et de morphine-base. Dominique « Nick » Venturi qui est devenu propriétaire du *Bar Atlantique* à Marseille, a même acheté un yacht qu'il a baptisé *Le Lion de Mer.* Il l'utilise pour le transport de la drogue. En règle générale, le chargement se fait à proximité des côtes grecques et la marchandise est déchargée sur la côte française entre Antibes et Marseille. Dans la bande, la responsabilité de l'approvisionnement est surtout assumée, dit-on, par Marcel Francisci, que ses déplacements à travers la Méditerranée ont conduit à plusieurs reprises au Liban où il a fondé plusieurs sociétés commerciales. Il serait l'un de ceux qui ont établi d'étroites relations avec Samil Khoury, considéré par le Bureau des narcotiques comme le plus important trafiquant de drogue entre le Moyen-Orient et l'Europe. Khoury est, entre autres, un ami de Dominique Albertini à qui il fournit d'importants stocks d'opium et de morphine-base. (3) Marié

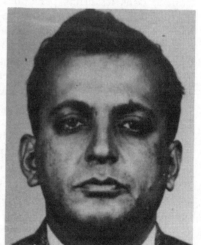

Marcel Francisci (Photo *Le Provençal,* Marseille)

Samil Khoury

---

3. Le 18 juin 1956, les douaniers libanais et le B.A.N. arrêtent un complice de Samil Khoury, Ali Ahmad Halawi, propriétaire d'un bar à Beyrouth, par suite de la saisie la veille de 100 kilos (220 livres) d'opium et de 23 kilos (50 livres) de morphine-base que le chef-steward du *SS Ronsard* s'apprêtait à livrer à Marseille. Peu après la saisie, on apprenait que la drogue était destinée à Dominique Albertini.

à une chanteuse française, cet Arabe manigance des affaires tant dans la drogue, le trafic d'armes que dans la fausse monnaie. Personnage influent, il jouit de solides appuis dans les milieux dirigeants de la police et de la politique et l'un de ses principaux lieutenants, Mounir Alaouie, est un ancien officier de la Section des stupéfiants de la police libanaise.

Dans le cadre de cette nouvelle association, la présence de Jean Venturi à Montréal prend une signification toute particulière. Les renseignements obtenus par l'Office central des stupéfiants indiquent en effet que l'aîné des frères Venturi est le représentant montréalais de la Société Francavin-Ricard, fabriquant du célèbre pastis français. Il a attiré l'attention des policiers français en janvier 1955, quand un indicateur a rapporté qu'il était sur le point de quitter à nouveau la France avec une voiture Ford immatriculée au Québec et dans laquelle il devait y avoir un stock d'héroïne. En France, cependant, les recherches pour trouver l'automobile ont été infructueuses. (4)

Au moment où le dossier des frères Venturi lui parvient, la Brigade des stupéfiants fouille sa dernière piste, celle de la carte d'affaires trouvée dans les effets personnels de Maliverno et portant le nom d'Ernie Ramaglia, propriétaire de la firme *Riviera of Canada Company*. Cette entreprise, une manufacture de vêtements pour hommes, a déclaré faillite quelques jours à peine avant la saisie du *Saint-Malo*. Convaincus que le nom de Ramaglia ne leur est pas inconnu, les enquêteurs ont passé en revue leurs différents dossiers et ont ainsi retrouvé leur homme dans une enquête sur Frank Sisco, en 1952. Ce dernier avait en effet trouvé refuge chez Ernest Ramaglia, rue Mont-Royal, et il s'était présenté comme un associé de son frère qui tenait une boutique de tailleur, rue Saint-Roch. Lors de l'arrestation du trafiquant aux Etats-Unis, pour infraction à la loi de l'immigration, la G.R.C. avait aussi interrogé les frères Ramaglia ainsi que la compagne de Sisco, Renée Galand. Celle-ci avait chez elle un petit laboratoire de produits de beauté qu'elle dirige en association avec un nommé Jacques Mari, un beau-frère des Ramaglia. Le nom de Mari et d'un autre beau-frère des Ramaglia, Roland Mestre, avaient auparavant été trouvés dans les effets personnels de Joseph Orsini, lors de son arrestation à New York, en juillet 1951.

A la fin du mois de mars 1955, devant tous ces liens, la Brigade des stupéfiants et le Bureau des narcotiques décident de perquisitionner chez toutes ces personnes. Une première visite est effectuée au

---

4. Après la saisie du *Saint-Malo,* le véhicule sera repéré à Montréal.

laboratoire de Renée Galand, *Galand Products of Canada Ltd.*, où, pense-t-on, les oeufs déshydratés avec lesquels la firme déclare fabriquer son shampooing pourraient peut-être servir à dissimuler de la poudre d'héroïne. Mais, sur place, rue de Lanaudière, la propriétaire avoue que sa publicité est fausse et qu'aucun oeuf n'est utilisé pour la fabrication de ses produits!

Le lendemain, 23 mars, les policiers se rendent chez Jean Venturi, boulevard Pie-IX. Là aussi, la perquisition est infructueuse, aucun indice significatif n'est relevé. Néanmoins, l'interrogatoire du Corse permet d'apprendre qu'il est arrivé à Montréal pour la première fois le 4 juin 1950 et qu'entre cette date et le 14 janvier 1955, il a fait quatre voyages en France et plusieurs autres à New York. Venturi admet aussi qu'il connaît très bien Jacques Mari avec lequel, dit-il, il a été marin durant la guerre.

Les fouilles chez les frères Ramaglia ne donnent pas plus de résultat. Cependant, au cours de l'interrogatoire, Ernest révèle que pendant l'été 1954, Maliverno est venu une première fois à Montréal voir son beau-frère, Jacques Mari. Celui-ci apparaît donc de plus en plus aux policiers comme l'un des personnages clés de la filière française à Montréal, où il est installé depuis la fin de la guerre. Agent d'une firme immobilière, la *Roma Gardens Real Estate Co.*, il est aussi propriétaire avec son beau-frère Roland Mestre d'une autre entreprise de produits de beauté, *Marly of Paris*. Chez lui, aucune trace de drogue n'est découverte mais, dans un coffret de bijoux vide, les limiers trouvent deux découpures de journaux traitant de la saisie du *Saint-Malo* ainsi qu'un bout de papier sur lequel sont inscrits les noms de Jean et Dominique Venturi ainsi que celui d'Achille Cecchini, un important malfrat marseillais membre du gang Venturi-Francisci. (5) Cette découverte confirme donc la responsabilité de cette bande dans l'affaire du *Saint-Malo*.

D'autre part, parallèlement à ces recherches, d'autres vérifications du Bureau des narcotiques laissent entrevoir la complexité de la filière française. Peu après la saisie du *Saint-Malo*, les agents américains ont en effet appris qu'un autre trafiquant français de renom, Jean Jehan, est, à Montréal, à la tête d'un circuit de drogue entre Le Havre et New York. Or, ce Jehan est connu comme un vieil associé de Jean David, dit Silver Fox, de New York, l'un des membres de l'organisation Spirito-Orsini-d'Agostino. Bien avant la der-

---

5. Achille Cecchini est arrêté par la police française pour trafic d'héroïne en mai 1966. Cette combine a d'ailleurs impliqué d'autres grands noms de la drogue, comme Paul Mondolini et Marcel Francisci.

nière guerre, il s'était occupé du trafic de l'héroïne sous le couvert d'un bar du Havre, *Le Pilote,* qu'il gérait sous le pseudonyme d'Auguste. A cette époque, en mars 1939, deux marins français avaient été arrêtés dans le port du Havre, en possession de 16 kilos (35 livres) d'héroïne, et avaient admis avoir déjà introduit à New York un total de 55 kilos (122 livres) de cette drogue. Ils l'avaient livrée à deux trafiquants.

Or, on apprit, 16 ans plus tard, peu après la saisie du *Saint-Malo,* que les deux trafiquants se nommaient Jean David et Jean Jehan. En 1953, l'un des deux marins français arrêtés à New York avec cinq kilos d'héroïne qui lui avaient été remis par Dominique Albertini, en présence de Bianchi-Maliverno, avait aussi en sa possession l'adresse de Jean David. Ces renseignements contenus dans les dossiers du B.A.N. laissent croire que le Jean Jehan, du Havre, pourrait aussi être relié à l'affaire du *Saint-Malo.*

Retrouver Jean Jehan à Montréal devient donc la nouvelle priorité de la Brigade des stupéfiants. Les renseignements sont minces. Le seul indice qu'on possède est qu'il se fait appeler Steve Martin. Pendant des mois, il est introuvable. Ce n'est qu'en 1959 qu'on réussit à le repérer dans un café, *La Cave,* rue Saint-Alexandre, propriété du Marseillais Marius Martin, l'un des anciens associés de Vic Cotroni au *Faisan Doré.*

La saisie du *Saint-Malo* marque une étape importante dans la lutte aux trafiquants internationaux. Elle pousse la G.R.C. à resserrer avec profit la surveillance de Lucien Rivard et de Pep Cotroni. Ainsi, une perquisition au domicile de Rivard révèle qu'au début de février 1956, Blackie Bisson, l'un de ses principaux acolytes, a séjourné quelques jours à Paris, à l'hôtel *Adriatic.* De même, quelques mois plus tôt, Rivard avait fait plusieurs voyages en France.

Le 27 juin 1956, la Brigade des stupéfiants apprend que Jean-Baptiste Croce et Ansan Bistoni sont à Montréal et qu'ils s'apprêtent à quitter le pays. Les agents fédéraux se précipitent à l'aéroport de Dorval et constatent, en vérifiant les registres, que les deux trafiquants français ont quitté la métropole deux jours plus tôt, en direction de Cuba. Une semaine plus tard, le B.A.N. révèle que le cargo français *SS Marquette,* qui a fait escale à Montréal pendant le séjour de Croce et Bistoni, transporte une nouvelle cargaison d'héroïne. Rejoint dans les Grands Lacs par un yacht de la G.R.C., le navire est fouillé de fond en comble, mais aucune trace de drogue n'est découverte. Néanmoins, le navire est escorté jusqu'à Détroit où les agents américains effectuent en vain une seconde fouille.

Peu après, d'autres renseignements parviennent à la G.R.C. Selon ceux-ci, Croce et Bistoni seraient venus à Montréal pour rencontrer Lucien Rivard et Pep Cotroni afin d'établir avec eux de nouvelles directives pour le commerce international. Depuis un certain temps déjà, les trafiquants français et corses se plaignaient de l'attitude déloyale d'un grand nombre de leurs clients américains. Lors de son arrestation à New York, Roger Coudert avait révélé que la Mafia (en particulier Sebastiano Bellanca et ses fournisseurs Frank Saverino et Frank Pirico de Milan) avait soulagé Antoine d'Agostino de $40 000:

« Les Italiens agissent toujours de mauvaise foi, avait dit Coudert. Ils sont toujours prêts à jouer les Français. Nous préférerions n'avoir rien à faire avec eux, mais ils contrôlent le marché américain. »

A cet égard, les Montréalais ont une meilleure « réputation » et s'acquittent bien de leurs responsabilités financières. C'est pourquoi ils sont souvent utilisés comme intermédiaires dans les transactions avec les Américains. D'ailleurs, pour les Français, les Montréalais sont un peu de la famille puisqu'ils parlent déjà leur langue. Dans les affaires et en particulier dans le commerce des drogues, la bonne compréhension entre partenaires est indispensable. Le bilinguisme des Montréalais facilite bien des choses!

Au sujet des pourparlers qui auraient eu lieu entre Croce, Bistoni, Rivard et Cotroni, les renseignements obtenus par la G.R.C. et le B.A.N. laisseraient entendre que dorénavant les Français effectueront la majorité de leurs transactions par l'entremise de Cotroni, lequel se chargera d'approvisionner le marché américain avec Carmine Galente. De son côté, Rivard ira rejoindre Croce, Bistoni et Mondolini à Cuba afin d'assurer la liaison franco-américaine et de veiller à la bonne marche des paiements des envois d'héroïne. Son éloignement de la scène montréalaise devrait aussi apaiser les fortes tensions qui existent depuis quelque temps entre lui et Pep Cotroni. Au cours de l'automne précédent, plusieurs indicateurs ont fait état d'une animosité qui s'est développée entre Rivard et les Italiens, devenus de plus en plus exigeants. On parle même d'une scission entre les deux caïds.

Lucien Rivard quitte donc Montréal et s'installe à Cuba, ce qui confirme l'entente conclue avec les Corses. Depuis le début des années 30, Cuba est un des repaires favoris des grands caïds de la Côte Est américaine. Sous l'impulsion de Meyer Lansky, le grand ami de Lucky Luciano et le conseiller financier des patrons du Milieu américain, Cuba est devenu un paradis des plaisirs défendus, au

Jean-Baptiste Croce, dit Bati   Paul Mondolini

grand bénéfice du dictateur Fulgencio Batista. A la Havane, où ils ont choisi de s'installer, Jean-Baptiste Croce et Ansan Bistoni ont ouvert trois boîtes de nuit: *Le Eve, Le Cupidon* et *Le Pigalle.* Mondolini s'est associé avec Santos Trafficante Jr, qui dirige *Le Sansoucy Club,* un riche casino de La Havane. pour le compte de son père, Santos Sr, le patron de la Mafia de Floride, et de Meyer Lansky.

Au début, Rivard est associé à Croce et Bistoni, mais bientôt un événement inattendu l'amène à jouer un rôle de premier plan. Au début du mois d'octobre 1956, sous les pressions des autorités américaines, le gouvernement français menace les autorités cubaines d'un scandale international si elles n'obligent pas les trafiquants corses à quitter Cuba. Croce et Bistoni sont donc obligés de retourner en France où ils sont arrêtés dès leur arrivée, le 9 octobre. Croce est relâché après interrogatoire, mais Bistoni, qui avait été jugé par contumace au mois de février précédent, est incarcéré. Il avait été condamné par défaut à trois ans de pénitencier, à 200 000 francs d'amende et à cinq ans d'interdiction de séjour à Paris. De son côté, Mondolini est arrêté à La Havane, le 14 décembre. Déporté en France le 1er février 1957 pour le vol de l'Aga Khan, il est condamné à deux ans de prison pour vol à main armée, le 10 mai suivant, par la Cour d'appel d'Aix-en-Provence. Il ne sera cependant incarcéré que quelques mois. Le 3 juillet, il est en effet libéré de la prison de Paris. (6)

Non visé par les ordres d'expulsion, Rivard se porte acquéreur des intérêts des Corses et devient l'unique propriétaire des cabarets déjà nommés. Ces boîtes de nuit vont lui servir de façade tant pour ses activités dans la drogue et le jeu que pour le trafic d'armes qu'il pratique sur une très grande échelle. Certains renseignements parvenus aux oreilles de la Gendarmerie royale laissent même entendre qu'il est le plus important trafiquant d'armes du Canada. Il fut un temps, dit-on, où ses achats de fusils à une haute échelle épuisèrent le marché au point où il devint impossible d'acheter un fusil à Montréal.

A Cuba, Rivard reçoit beaucoup. Des caïds d'un peu partout viennent lui rendre visite et discuter affaires. Parmi eux se retrouve Salvatore Giglio, dit Little Sal, un personnage de premier plan de la Mafia newyorkaise dont le nom a été mentionné à plusieurs reprises déjà lors des recherches du B.A.N. et de la G.R.C. Homme de confiance de Carmine Galente, Giglio est venu à Montréal au début du

Salvatore Giglio, dit Little Sal

---

6. Quelques années plus tard, on apprendra que, lors de sa détention à Cuba, il a bénéficié de l'aide de Lucien Rivard qui s'est même rendu à Paris pour y obtenir le soutien financier d'un important caïd du Milieu corse, Jean-Joseph Andréani, dit le Vieux Joseph. Aussi connu sous le pseudonyme de Pio, Andréani est un personnage important de l'entourage d'Antoine d'Agostino, d'Albert Bistoni, de Jean-Baptiste Croce, de Roger Coudert et de Paul Mondolini. Avant la deuxième guerre mondiale, il agissait comme intermédiaire entre les trafiquants français et américains.

mois d'octobre 1956 et, selon les vérifications de la Brigade des stupéfiants, il a contacté Vincent Cotroni, Jimmy Soccio, Blackie Bisson et Lucien Rivard. Depuis, les rumeurs qui circulent dans le Milieu indiquent qu'il a pris la tête des intérêts de Galente et qu'il tente de planifier le trafic de l'héroïne tant avec l'organisation Cotroni qu'avec Lucien Rivard, avec lequel il est devenu très lié. Le 22 mars 1957, Giglio est à Cuba pour célébrer son mariage avec Florence Anderson, une serveuse du *El Morocco,* boîte de nuit montréalaise administrée par Peter Adamo, un des lieutenants de Vic Cotroni. Rivard est là et lui sert de témoin. (7)

A Montréal, à peu près au même moment, Pep Cotroni part pour Paris. Informé à temps par la G.R.C., l'Office central des stupéfiants l'accueille discrètement à son arrivée à l'aéroport d'Orly, le 14 mars. Ses intentions sont vite décelées quand le lendemain, les agents affectés à sa surveillance remarquent la présence de Jean-Baptiste Croce au bar *Le Français,* situé à deux pas de l'hôtel *Claridge* où Cotroni est descendu. Attablé seul devant un verre et un journal, le trafiquant corse semble guetter la venue de quelqu'un. Soudain, son expression change: il vient de reconnaître un visage familier, celui d'un enquêteur de la Police judiciaire! Il ne lui en faut pas plus pour le convaincre de quitter précipitamment les lieux. Quelques instants plus tard, Pep pénètre à son tour dans le bar. Il scrute les lieux à la recherche de quelqu'un. Ne l'ayant pas aperçu, il s'installe à une table et attend. Les minutes passent sans que personne ne se présente. Finalement, sans doute convaincu que quelque chose d'anormal s'est produit, il se lève et retourne à son hôtel où il s'informe à la réception s'il y a un message pour lui. La réponse négative qu'il reçoit l'incite à regagner sa chambre.

Devant la tournure des événements, les agents de l'Office central croient qu'à tout perdre, il vaut mieux procéder immédiatement à l'interrogatoire des deux trafiquants. Cependant, ayant appris entre-temps que Croce doit rencontrer le lendemain soir un inconnu arrivant de Marseille, ils décident d'attendre un peu. Le rendez-vous est fixé à 23 heures à l'aéroport d'Orly.

L'homme qu'accueille Croce, à l'heure prévue, est un autre Corse, bien connu des policiers français, Joseph Mari, dit le Frisé. Propriétaire de plusieurs bars dans le Vieux Port, il jouit d'une solide

---

7. Au cours d'une perquisition ultérieure chez Rivard, les agents de la G.R.C. découvriront des photos de la cérémonie ainsi qu'une copie d'un journal faisant état du voyage de noces du couple Giglio à Summerside, à l'île du Prince-Edouard, la ville natale de Florence Anderson.

réputation dans les bas-fonds de Marseille et de Bastia. En 1949, il a été condamné à sept ans de prison et interdit de séjour en Corse pour meurtre. Pour le moment, il vient retrouver Croce afin de lui remettre trois millions de francs (environ $10 000). C'est la somme que contient sa valise quand, quelques minutes après son arrivée, il est arrêté en compagnie de Croce. Conduits au commissariat de la Police judiciaire, les deux Corses sont interrogés sans succès toute la nuit. Questionné sur ses relations avec Pep Cotroni, Croce nie catégoriquement le connaître même lorsqu'on lui présente certaines photos saisies chez son amie, le montrant en compagnie du mafioso, dans une boîte de nuit de Montréal.

Au matin, les agents se rendent à l'hôtel *Claridge* et arrêtent Cotroni alors qu'il s'apprête à prendre l'avion pour l'Italie. Incapable de préciser les raisons de sa présence en France, le Montréalais admet connaître Croce mais uniquement sous le surnom de Jean. Il soutient l'avoir connu plusieurs années auparavant dans un restaurant de Montréal. Au sujet de la moitié d'un billet de banque canadien trouvé en sa possession, il ne peut fournir non plus de réponse logique. (8) De toute évidence, il devait remettre cette moitié à Croce afin que plus tard, ses hommes puissent vérifier l'identité des courriers que le trafiquant corse lui enverrait. C'est un truc classique, toujours efficace.

Confronté d'autre part avec une inscription dans son passeport qui révèle qu'il a séjourné à La Havane le 26 août précédent, Cotroni déclare qu'il était à cette époque à Miami et qu'il n'a pu résister au désir de se rendre à Cuba jouer dans les casinos. Cette réponse ne convainc pas les agents français et leurs confrères de la G.R.C. et du B.A.N. qui savent que ce jour-là deux importants trafiquants internationaux, Jérôme Leca, un Corse de Paris, et Antoine Araman de Beyrouth, le bras droit de Samil Khoury, étaient arrivés à La Havane pour retrouver Croce et Bistoni. Pour les policiers, la présence de Cotroni à La Havane en même temps que ces personnages

---

8. Le 2 mai 1958, la G.R.C. recevra une lettre du directeur de la Police judiciaire française qui révélera qu'à l'occasion d'un déménagement de locaux, des officiers de l'Office central des stupéfiants ont découvert derrière un classeur un carnet de la Banque d'épargne de la cité et du district de Montréal. Vraisemblablement, écrira le directeur de la P.J., ce carnet qui ne porte aucun nom, appartenait à un suspect qui s'en est débarrassé avant que les policiers n'en prennent connaissance. Peut-être appartenait-il à Pep Cotroni, suggère-t-il? Cette hypothèse sera facilement confirmée quand la Brigade des stupéfiants recevra une photocopie du carnet.

n'est pas une coïncidence. Plusieurs faits indiquent que le tout avait été planifié.

D'abord, il y a la visite à Montréal, deux mois plus tôt, de Croce et Bistoni. Puis, il y a deux télégrammes envoyés à Leca au cours du même mois. Le premier a été expédié de Montréal, le 11 juin, et le second a été câblé quatre jours plus tard de Saint-Jérôme. Grâce à ces renseignements fournis aux policiers français par les facteurs chargés de la distribution des câblogrammes, la Brigade des stupéfiants de la G.R.C. a découvert que Leca a fait deux voyages à Montréal au cours de l'année 1956. Il a d'abord fait un premier séjour à la fin de janvier puis il est revenu le 8 juin pour repartir le 14, soit la veille de l'envoi du second télégramme.

Des vérifications à la *Western Union,* à Paris, ont d'autre part conduit à la découverte d'un télégramme en transit adressé à « Antoine Araman, Boîte postale 1017, Beyrouth » et expédié le 22 août 1956 d'Ottawa par un nommé Richard. Le document saisi par les limiers français est ainsi libellé: « AVEC PLAISIR — CABLEZ DATE RENCONTRE — PASSEZ VACANCES ENSEMBLE — SALUTATIONS. » Si l'on considère que cinq jours plus tard Pep Cotroni et Tony Araman se retrouvaient à Cuba, il y a tout lieu de croire que ce câble se rapportait aux activités des deux trafiquants.

Ces télégrammes et d'autres du même genre expédiés de La Havane par Croce, Bistoni et Leca à Joseph Boldrini de Marseille, l'un des correspondants corses de Samil Khoury, amènent l'Office central des stupéfiants à inculper formellement Pep Cotroni de conspiration pour trafic d'héroïne. Incarcéré, le caïd montréalais ne réussit à recouvrer sa liberté qu'un mois plus tard moyennant un cautionnement de 500 000 francs anciens ($1 120 environ) et la confiscation de son passeport. Durant sa détention, la G.R.C. transmet à la police française un résumé des principaux indices recueillis sur ses activités clandestines depuis sa sortie de prison en 1953. Les derniers renseignements contenus dans le dossier portent sur les résultats des recherches effectuées dans les archives de l'agence de voyage Universe Travel Service et du bureau montréalais d'Air France.

Ainsi, le 26 décembre 1956, Cotroni s'était rendu une première fois à Paris. Au début, deux réservations avaient été faites: l'une pour Joseph Cotroni (Pep) et l'autre pour Frank Cotroni. Or, à la dernière minute, celle de Frank a été annulée et une autre a été faite au nom de Lucien Ignaro, l'ancien bras droit de Jean David, dit Silver Fox, que nous avons déjà mentionné à une ou deux reprises. Au mois de février 1957, à la demande du B.A.N., la Brigade des stupéfiants a effectué des recherches au sujet de ce passage d'Ignaro à Montréal. Le rapport d'enquête indique qu'au mois de juillet 1956, sollicité par un populaire lutteur français établi à Montréal, un couple de la rue Barclay, dans le secteur Côte-des-Neiges, a loué une chambre à Ignaro. Le trafiquant corse est demeuré à cet endroit jusqu'à la fin du mois de décembre. Durant ces cinq mois, Ignaro s'est particulièrement fait remarquer par les nombreux appels téléphoniques qu'il a reçus d'un Monsieur Philibert dont le numéro de téléphone, Pontiac 6-8263, est enregistré au nom de la firme *Dominion Buffing Reg'd,* 3056 boulevard La Salle, Verdun. Or, depuis quelques mois, les enquêteurs de la G.R.C. savent que l'entreprise, une petite manufacture de recouvrement de chrome, est dirigée par nul autre que Jean Venturi.

De plus, durant son séjour rue Barclay, Ignaro a reçu à domicile de nombreuses visites d'un mafioso local, Charles Campo, un proche

Charley Campo au moment de son arrestation à New York.

de la famille Cotroni. D'origine sicilienne, ce dernier a été arrêté à New York le 10 février 1962 en compagnie de Matthew Cuomo, un membre de l'organisation de Frank Scalici du Bronx (l'ancien associé de Sebastiano Bellanca) et un ami du Montréalais Diodato Mastracchio, de Napoléon Colonna (un redoutable gangster corse) et de Giovanni Maugeri (un malfrat milanais fiché comme associé de Dominique Albertini et d'Antoine Galliano). Avant de procéder à leur arrestation, les agents du B.A.N. ont longuement observé Campo et ses acolytes en compagnie d'un marin du *SS Excambrion.* La fouille de ce cargo français et l'interrogatoire du matelot n'ont donné aucun résultat mais le 10 avril suivant, quand le bateau a refait escale à Marseille, le capitaine a trouvé dans la cargaison un paquet de 17 kilos (37 livres) d'héroïne pure. On a conclu alors que l'action policière précipitée à New York a incité le marin suspect à ramener la drogue en France pour qu'elle soit réexpédiée par d'autres bateaux. A New York, Campo a été condamné à deux ans de pénitencier pour infraction à la loi de l'immigration. Colonna et Maugeri ont récolté pour leur part six mois chacun. L'exécution des sentences a cependant été suspendue car les trafiquants ont accepté d'être déportés sans délai. D'autre part, la G.R.C. a également noté que le jour même où Pep Cotroni a pris l'avion pour Paris, au mois de mars, le B.A.N. l'informait qu'un ami de Campo, Antonio Silvano, quittait Rome lui aussi pour Paris. Coïncidence?

Tous ces détails intéressent au plus haut point l'Office central des stupéfiants et ses collaborateurs. Ils confirment l'importance de Giuseppe Cotroni dans le commerce international de l'héroïne. Mais, en ce qui concerne l'accusation précise de conspiration portée contre lui, ils sont malheureusement peu utiles. Au départ, les agents français croyaient avoir suffisamment de preuves pour faire condamner Cotroni à au moins deux ans de prison, mais bientôt, ils doivent reconnaître qu'ils ont agi précipitamment et qu'il n'y a pas suffisamment de preuves contre le caïd montréalais. Aussi sont-ils contraints de le libérer provisoirement ainsi que ses complices corses. (9)

Pep Cotroni est de retour à Montréal le 14 juillet 1957, juste à temps pour célébrer la libération d'un vieil ami, Peter Stepanoff, dit Peter the Russian, un dur à cuire qui vient de terminer une peine de 10 ans de pénitencier pour vol de banque. En son honneur, Pep organise une somptueuse réception à laquelle assiste l'élite du Milieu. Pour lui, le retour de Stepanoff arrive à point, car depuis des mois, il se cherchait un spécialiste pour superviser l'équipe de perceurs de coffres forts et de voleurs de banques qu'il a mise sur pied. Cette équipe a déjà fait parler d'elle au début de l'année 57, à l'occasion d'un spectaculaire vol à la succursale d'Outremont de la Banque de Montréal. A cette occasion, 37 coffrets de sûreté, marqués de rouge à lèvres par un employé complice, ont été minutieusement vidés de

---

9. Inculpé lui aussi dans cette affaire, Samil Khoury s'en tire comme les autres à bon compte. Il continuera presque impunément ses combines jusqu'en 1965 alors qu'il sera assassiné en compagnie de son ami Mounir Alaouie pour avoir doublé un trafiquant jordanien de haschish.

Les amis de Lucien Rivard et ceux de Pep Cotroni sont très près les uns des autres. Rhéo Gauthier (en haut, à gauche) et Bill Lamy (en bas, à gauche) en compagnie de Peter Stepanoff (en haut, à droite).

leur contenu. Au total, un butin de plus de $1 million en argent, en obligations et en bijoux, soit plus que le record du hold-up d'un camion de la Brinks à Boston, en 1950.

Au lendemain de sa libération, Stepanoff devient donc le nouveau bras droit de Pep Cotroni lequel, en plus d'en faire son associé dans son restaurant *L'Ontario Spaghetti House,* l'installe dans un luxueux appartement de la rue Ridgewood. Situé à peu de distance de ceux qu'occupent dans la même rue Peter Adamo et Salvatore Giglio, cet appartement va servir longtemps de lieu de rencontre entre Cotroni et des trafiquants étrangers.

Dans les dossiers de la Brigade des stupéfiants, à l'arrestation de Cotroni à Paris et à l'entrée en scène de Peter Stepanoff, s'ajoute, en 1957, le voyage en France d'un homme de main de Cotroni, Michel Di Paolo, dit le Pingouin, un employé du *Club Métropole,* le principal cercle de jeu de la Mafia montréalaise. (10) S'ajoutent également, au

---

10. En 1956, Cotroni avait envoyé en France un premier émissaire en la personne de Jack Croce, un autre employé du *Club Métropole,* dont le gérant est Giuseppe « Big Pep » Cocolicchio, l'un des associés de Jimmy Soccio et de Diodato Mastracchio. A Paris, Croce n'avait cependant pu s'acquitter à bien de sa mission ayant dépensé à boire tout l'argent qui lui avait été confié. En septembre 1954, Croce avait déjà été arrêté en compagnie de Pep Cotroni à la frontière canado-américaine. Les agents du B.A.N. avaient alors cru que le compagnon de Cotroni était le Corse Jean-Baptiste Croce. Les vérifications de la G.R.C. avaient par la suite établi la véritable identité de Jack Croce.

niveau international, des conférences au sommet réunissant en Italie et aux Etats-Unis quelques-uns des plus grands patrons du trafic de la drogue.

Ainsi, le 12 octobre 1957, alors qu'il fait une tournée de surveillance aux alentours de Palerme, en Sicile, un agent de la sécurité publique remarque un défilé inaccoutumé autour de l'auberge *Delle Palme*. Intrigué, il essaie de voir ce qui se passe. Caché derrière un buisson, il peut reconnaître, arrivant les uns après les autres, Santo Sorge, Carmine Galente, Joseph Bonanno, John Di Bella et Vito Vitale, tous connus pour leur appartenance à la Mafia américaine et leur participation au trafic de la drogue. D'importants mafiosi siciliens arrivent à leur tour. Le dernier est Genco Russo, le grand chef de la vieille Mafia sicilienne, l'ami de Lucky Luciano. La rencontre dure quatre jours, après quoi les participants se dispersent, sans avoir été inquiétés outre mesure par la police.

Un mois plus tard, le 14 novembre 1957, un détective du Bureau des enquêtes criminelles de la police de l'Etat de New York remarque la présence insolite de limousines noires stationnées sur le terrain de l'unique motel d'un petit hameau reculé, Apalachin. En vérifiant à la réception de l'établissement, le sergent Edgar D. Crosswell, apprend que ces voitures appartiennent toutes à des invités de Joe Barbara, le propriétaire d'un riche manoir de l'endroit. Intrigué par le fait qu'aucun des noms des visiteurs n'est inscrit dans le registre, le détective décide de faire le tour des hôtels et des motels de la région. Il découvre alors qu'à plusieurs de ces endroits, Barbara a fait des réservations et qu'aucun nom, autre que le sien, n'apparaît dans les registres.

De plus en plus intrigué, le sergent Crosswell s'informe à l'aéroport de Birghamton et apprend que les compagnies Moharok et T.W.A. ont enregistré au cours des derniers jours un afflux irrégulier de touristes venant d'aussi loin que la Californie, le Colorado, le Texas, la Floride, l'Illinois, New York et même Cuba. La majorité de ces « étrangers » ont été accueillis par des membres de la famille Barbara qui se sont chargés de les conduire à leurs hôtels respectifs. En étudiant attentivement les listes de passagers, Croswell s'aperçoit que tous ces visiteurs, au nombre d'une cinquantaine, se sont inscrits sous des noms d'emprunt.

Afin d'en savoir plus, le détective fait vérifier l'appartenance des luxueuses automobiles repérées un peu partout dans la région. Bientôt, les réponses arrivent et des noms plus familiers commencent à apparaître: Vito Genovese, Tony Anastasia, Joe Profaci, Big John Ormento, Johnny Dio. Il n'en faut pas plus pour décider le sergent

Crosswell à passer à l'action. Promptement, avec au début, trois hommes seulement pour l'aider, il établit discrètement deux barrages routiers aux limites du domaine de Barbara. Il veut voir ce que cela va donner. La réaction espérée ne se fait pas attendre. Alertés par un livreur de poissons qui a aperçu Crosswell et ses hommes, les invités de Barbara sont saisis de panique. Quelques-uns, parmi lesquels Vito Genovese, tentent audacieusement de se sauver en voiture. Ils sont rapidement interceptés et arrêtés. D'autres gagnent les bois dans leur fuite. A l'arrivée des renforts de la police d'Etat, plusieurs d'entre eux sont capturés. En tout, 60 caïds sont pris au filet. Cependant, beaucoup réussissent à s'échapper; au moins 50 selon les estimations du département de la Justice. Parmi eux, la totalité de la délégation montréalaise avec en tête, selon le Bureau des narcotiques et la Gendarmerie royale, Luigi Grego et Pep Cotroni (11). Comme plusieurs autres représentants des familles de la « Cosa Nostra », la Mafia américaine, ils sont venus à Apalachin pour discuter de mesures à prendre face à l'action du Bureau des narcotiques qui, à lui seul, a déjà fait emprisonner plus de membres de l'Organisation que toutes les polices du continent réunies.

Le trafic de la drogue n'était cependant pas le seul sujet à l'ordre du jour du sommet d'Apalachin. Convoquée par Vito Genovese, la réunion visait à régler différents problèmes de succession et à asseoir sur des bases solides, l'autorité du puissant successeur de Luciano aux Etats-Unis. La tournure inattendue des événements fut cependant un désastre national pour la « Cosa Nostra ». Jamais auparavant, un incident n'avait autant révélé jusqu'à quel point est vaste et organisé l'empire du crime en Amérique. Pour le public, et pour de nombreux dirigeants politiques, Apalachin est un choc. Même les services policiers n'en croient pas leurs yeux. En fait, seul le B.A.N., premier avisé du coup de filet du sergent Croswell, est satisfait. Depuis longtemps, ses agents infiltrés dans les bas-fonds et ses nombreux indicateurs faisaient état des liens étroits qui unissent les caïds du continent tout entier. Mais, jusque-là, la plupart avaient refusé d'y croire, y compris le F.B.I.

A Montréal, les semaines qui suivent l'échec d'Apalachin sont surtout marquées par une nouvelle visite de Lucien Rivard à son homme de confiance, Blackie Bisson, visite qui donne lieu d'ailleurs à leur arrestation pour possession illégale d'armes, et par un autre

---

11. La présence de Pep Cotroni au sommet d'Apalachin sera publiquement révélée pour la première fois en 1965 dans le livre de Renée Buse, *The deadly Silence,* publié par Doubleday and Company Inc., de New York.

spectaculaire hold-up de $1 800 00 à la Caisse nationale d'économie, portant lui aussi la signature de l'organisation Cotroni-Stepanoff. Cette arrestation de Rivard, le 8 janvier 1958, fait suite à une perquisition de la Brigade des stupéfiants au domicile de Blackie Bisson, 3282 place de Léry. En fouillant la chambre occupée par Rivard, les enquêteurs découvrent sous l'oreiller un revolver Smith & Wesson de calibre .38 et un pistolet automatique de calibre .25. Interrogé sur la présence de ces armes, Rivard en revendique d'abord la propriété mais, peu après, il change sa version et déclare que le pistolet automatique appartient à Bisson. Informé des propos de Rivard, celui-ci hésite quelques secondes, puis il admet que le pistolet est bien à lui. Conduits au quartier général de la police de Montréal, les deux compères sont incarcérés. Le lendemain matin, ils comparaissent en Cour criminelle pour possession d'armes non enregistrées. Aussitôt, Bisson plaide coupable et se voit condamné à $50 d'amende. Pour sa part, Rivard réussit à produire un certificat d'enregistrement pour le revolver et en conséquence, la plainte portée contre lui doit être retirée.

Le 30 janvier 1958, il retourne à Cuba, via Miami où séjournent depuis une semaine Vic Cotroni et son conseiller financier Irving Ellis. Entre-temps à Halifax, le 21 janvier, la G.R.C. et l'Immigration canadienne ont arrêté puis expulsé en France un autre trafiquant marseillais, René Bruchon, fiché comme un associé de Lucien Ignaro. Au printemps 1947, il avait été condamné à deux ans de prison à New York par suite de la saisie de 14 kilos (30 livres) d'héroïne à bord du *SS Saint-Tropez* sur lequel il travaillait. En février 1953, cette fois à Alger, il avait écopé d'une autre année de prison pour avoir été trouvé en possession de 270 grammes (0.6 livre) de co-

René Bruchon

caïne. Au moment de son arrestation à Halifax, il voyageait clandestinement à bord du SS *Arosa Sun* qui avait quitté Le Havre cinq
jours plus tôt et qui se rendait à Montréal (12). Refusant de dire
quoi que ce soit, Bruchon avait cependant en sa possession suffisamment d'argent pour se payer un billet d'avion Montréal-Paris. Peut-
être sa venue au Canada avait-elle un rapport avec le séjour de
Rivard à Montréal? Quoi qu'il en soit, le 26 janvier, il était déporté
en France.

La suite survient le 5 mars 1958 quand le Bureau des narcotiques
avise la G.R.C. que Jean-Baptiste Croce et Dominique Nicoli, un
important caïd marseillais, associé à Paul Mondolini séjournent à
Cuba depuis le 24 février. On croit qu'ils veulent réorganiser le
trafic, mal en point depuis l'incarcération d'Albert Bistoni. Il est
possible, pense-t-on également, qu'ils cherchent à négocier certaines
transactions. Le B.A.N. sait en effet qu'au même moment, un de
leurs complices, le chimiste Dominique Albertini, est à Beyrouth
pour négocier l'achat de morphine-base avec le groupe de Samil
Khoury. L'intention des agents du Trésor américain est donc de
laisser aller les trafiquants corses afin de voir qui ils contacteront.
Malheureusement, le chef de police de La Havane ne l'entend pas de
cette façon et, le 13 mars, Croce et Nicoli sont arrêtés et déportés
en France.

Après cet incident, c'est un événement inattendu qui, le 8 avril
suivant relance sur une nouvelle piste les limiers de la G.R.C. Ce
jour-là, Walter Zymowec, le gérant de l'immeuble de la rue Ridgewood où habite Peter Stepanoff, s'affaire à préparer l'appartement
303 pour un nouveau locataire. En allant au sous-sol vérifier la
salle de rangement du 303, il s'aperçoit que la porte est verrouillée
solidement par un cadenas. Sans doute, se dit-il, un autre locataire
s'est trompé d'entrepôt ou a décidé de se l'approprier étant donné
qu'il est vacant depuis des mois. Pour s'en assurer, Zymowec fait
une petite enquête auprès de quelques locataires. Personne ne reven-
diquant la propriété de l'entrepôt, il en conclut que l'ancien locataire
du 303 a sans doute négligé d'enlever son cadenas et que l'entrepôt

---

12. C'est aussi à bord de l'*Arosa Sun* qu'en mai 1956, Giovanni Maugeri, le
complice de Charley Campo, était entré clandestinement en Amérique.
Il avait alors bénéficié de la complicité d'un marin nommé Herbert Blaschevitsch, alias Herbert Suares, qui était en réalité un des courriers
d'Antoine Galliano, du Havre, lui-même l'un des responsables de l'envoi
du *Saint-Malo*. Blaschevitsch avait profité de ce voyage avec Maugeri
pour transporter à Montréal 2 kilos (4 livres et demie) d'héroïne qu'il
avait livré dans la cuisine du restaurant Riverside, propriété de Palmina
Cotroni.

ne contient probablement plus que des effets sans valeur. Il décide donc de faire sauter le cadenas afin de pouvoir nettoyer l'endroit.

A peine la porte est-elle ouverte qu'il aperçoit trois revolvers. Effrayé par cette découverte, il n'ose aller plus loin et s'empresse de téléphoner à la police. Quelques instants plus tard, deux agents d'une auto-patrouille de la police municipale sont sur les lieux. Une rapide fouille leur permet de découvrir que l'entrepôt dissimule un véritable butin: un lot d'obligations volées d'une valeur totale de $75 000 et quatre petits sacs renfermant chacun un demi-kilo d'héroïne s'ajoutent aux trois revolvers. Chargée de l'enquête, l'Escouade des vols à mains armées de la Sûreté montréalaise alerte aussitôt la Brigade des stupéfiants. Conduit au quartier-général de la G.R.C., Zymowec est confronté avec une série de photos de voleurs de banque de grande classe parmi lesquelles il identifie rapidement Paul Mann, de son vrai nom Peter Stepanoff, le locataire de l'appartement 104 de son immeuble. Connaissant les liens qui unissent Stepanoff à Pep Cotroni, les policiers décident qu'une petite visite de l'appartement 104 pourrait peut-être se révéler fort intéressante. Tel n'est cependant pas l'opinion de Stepanoff qui, alors en compagnie d'une jeune femme, n'apprécie guère l'arrivée impromptue des policiers. Après une fouille minutieuse des lieux, ceux-ci doivent d'ailleurs repartir bredouilles. Aucun indice ne permet d'établir légalement que le bras droit de Cotroni connaissait le contenu de l'entrepôt de l'appartement 303. Pourtant, dans l'esprit des agents fédéraux, il ne fait aucun doute que le butin saisi lui appartient. Quelques jours plus tôt, on a appris que depuis le début de l'année, il cherche à prendre le contrôle du marché de Vancouver pour le compte de Cotroni et Rivard. Ce marché est libre depuis l'échec de Bob Tremblay en 1955.

Après cette visite, les agents fédéraux se rendent chez Pep Cotroni mais, là non plus, aucun indice précis n'est découvert. Toutefois, malgré cela, le mois d'avril réserve d'autres surprises . . .

Peu avant la fin du mois, la Brigade des stupéfiants apprend par l'Interpol que deux trafiquants marseillais, Gabriel Graziani et Marius Cau, ont été appréhendés par la police suisse. Au moment de leur arrestation, ils tentaient de négocier dans une banque de Genève un lot d'obligations volées à Montréal, à la Caisse nationale d'économie. Devant ce fait, des représentants de la G.R.C. se rendent en Europe où ils apprennent bientôt que Gabriel Graziani est un membre du Milieu corse étroitement lié avec Jean-Baptiste Croce et Dominique Nicoli. Certaines informations ajoutent qu'il est également associé avec un autre Marseillais d'origine franco-américaine, Antranik Paroutian, et qu'il partage avec lui non seulement un com-

Gabriel Graziani   Antranik Paroutian

merce d'épicerie à Marseille mais aussi un appartement à New York. C'est à ce dernier endroit qu'avant son retour en Europe, Graziani aurait vendu 6 kilos (15 livres) d'héroïne à Peter Stepanoff en présence de Paroutian. D'autres informations précisent également que Graziani et Paroutian obtiennent l'argent des trafiquants nord-américains par l'entremise d'une banque de change et que, par la suite, ils déposent leur butin dans des banques suisses.

Alerté à son tour, le Bureau des narcotiques entre en scène et découvre que l'appartement newyorkais occupé par Graziani et Paroutian renferme une trappe secrète dans laquelle se trouve encore un peu d'héroïne. Graziani a fait installer cette trappe après que certains clients, dont Peter Stepanoff, eurent essayé de voler ses provisions de drogue. (13) Grâce à cette découverte, les agents américains décident d'inculper formellement Graziani et Paroutian mais, auparavant, ils entreprennent des démarches auprès des autorités suisses afin d'avoir accès aux comptes secrets des deux trafiquants. Après bien des efforts, ils réussissent à obtenir les documents désirés. Ceux-ci établissent que sur une période de 18 mois commençant à la fin de 1956, les deux Marseillais ont déposé dans différents comptes au moins un demi-million de dollars.

---

13. C'est par suite de ce vol que Larry Petrov, l'ancien complice de J.-C. Laprès a été assassiné. Il a disparu de la circulation le 2 juillet 1957, et, 2 jours plus tard, on a retrouvé une de ses jambes dans un lac des Laurentides.

Selon les recherches effectuées en France par l'Office central des stupéfiants, Paroutian faisait des versements à un compte appartenant au trafiquant libanais Antoine Araman que Pep Cotroni a rencontré à La Havane au mois d'août 1956. Lancé à son propre compte après s'être dissocié de son patron Samil Khoury, Araman est arrêté à Beyrouth, le 27 janvier 1959, en compagnie de son nouvel associé, Antoine Harrouk, l'ancien garde du corps de Khoury, et d'un trafiquant parisien d'origine arménienne, Agop Kevorkian. Ces arrestations font suite à l'envoi d'une grosse cargaison de morphine-base en France, en avril 1958.

Des vérifications subséquentes sur les allées et venues de Kevorkian établissent d'autre part qu'il a effectué des séjours prolongés à Montréal, à la fin de 1956 et au cours de l'été 1958, et qu'à chaque fois, il a obtenu des visas pour se rendre aux Etats-Unis. On présume que ces voyages avaient pour but de rapatrier les paiements des livraisons d'héroïne, car on découvre qu'il se rendait aussi en Suisse pour effectuer des virements de fonds au profit d'Antoine Araman. L'étude des transactions de Kevorkian permet également de repérer une

Agop Kevorkian

autre importante bande de trafiquants français d'héroïne utilisant Montréal comme base d'opération. (14)

Ajoutés aux traces d'héroïne trouvées dans l'appartement new-yorkais de Paroutian et de Graziani, les documents des comptes secrets suisses amènent l'inculpation formelle des deux trafiquants par un Grand Jury du district est de New York. Mais, au moment de cette procédure, ceux-ci sont retournés en France où leur extradition est impossible. Graziani a été libéré par la police suisse parce que les autorités canadiennes ont décidé de ne pas réclamer son extradition, jugeant qu'elles pourraient difficilement obtenir une inculpa-

---

14. Dans le carnet de notes qu'on saisit sur Kevorkian, on note l'indication suivante: « Société de Banque Suisse CR 91 972 ». La police suisse fait savoir que cette inscription correspond au compte no 91 972 ouvert à la Société de banque suisse, le 17 février 1959, par Antoine Araman de Beyrouth. Les registres bancaires révèlent que ce compte a été alimenté jusqu'à concurrence de $140 000, en grande partie par des virements de fonds provenant d'un autre compte, ouvert celui-là à la Banque privée de Genève, par un importateur-exportateur des Basses-Pyrénées qui utilisait le pseudonyme de Pachy Edward. Interrogé par les policiers, cet individu avouera avoir autorisé avec l'agrément de la banque, une de ses relations d'affaires, Emile Michel, à se servir de son compte sous l'appellation de Pachy 2.

Copropriétaire d'un important fonds de commerce de traiteur en pâtisserie, mais consacrant la majeure partie de son temps à des transactions boursières clandestines et à la fréquentation des truands, Emile Michel reconnaît avoir autorisé son ami Agop Kevorkian à se servir du compte pour recevoir des crédits ou effectuer des débits. C'est ainsi qu'agissant pour le compte de Kevorkian, Michel a fait créditer à plusieurs reprises le compte d'Antoine Araman après avoir lui-même été crédité par Kevorkian de sommes correspondantes, soit par des versements en espèces effectués au guichet soit surtout par des virements bancaires en provenance d'Amérique.

A ce sujet, l'enquête révèle qu'entre le 31 juillet 1958 et le 3 avril 1959, Emile Michel a reçu $127 092 provenant presque totalement de cinq virements de fonds faits à partir des comptes bancaires ouvert à la Banque royale du Canada de Montréal et à la Merchants Bank de Boston par un important trafiquant corse du nom de Gilbert Coscia. Les recherches de la G.R.C. indiquent que Coscia a séjourné en permanence à Montréal plus d'un an. Du 20 avril 1959 au 15 mai 1960, il occupe un logis au 3255, rue Saint-Zotique et est en contact fréquent avec Jean Venturi. Durant cette période, il effectue une quinzaine d'allers-retours aux Etats-Unis à titre de représentant de deux caïds corses de Paris, Antoine Marignani, dit Lolo ou l'Oncle, et Jean-Baptiste Jiacobetti, dit Jeannot, des associés de la puissante famille Guérini de Marseille. Avec des types comme René Bruchon (arrêté à Halifax le 2 janvier 1958) et Agop Kevorkian, le rôle de Coscia consistera à assurer la liaison d'importantes quantités d'héroïne acheminées à Montréal ou à New York par l'entremise de diplomates.

tion contre lui à Montréal. De retour à Marseille, il a retrouvé Dominique Venturi dont il est l'un des principaux lieutenants.

Quant à Paroutian, il continue impunément ses activités. Il ne sera arrêté que le 28 mars 1960, à Beyrouth, en rapport avec la saisie de deux cargaisons de morphine-base qu'il avait achetées. Les transporteurs appréhendés avoueront alors que la drogue devait être embarquée sur un cargo à destination de Marseille. Les recherches du B.A.N. révéleront qu'auparavant, le trafiquant français s'était lui-même rendu en Turquie pour y négocier l'achat d'une grosse quantité d'opium. Ce n'est cependant pas au Liban mais aux Etats-Unis qu'il sera finalement jugé et condamné car, à Beyrouth, les témoins à charge changeront leur version pour le disculper. Déporté aux Etats-Unis en juin 1960, il sera condamné en septembre 1962, à l'issue de deux procès, à 20 ans de détention et à $40 000 d'amende.

Il importe de souligner ici que l'arrestation de Paroutian à Beyrouth permet d'éclaircir certains indices contenus dans le dossier Cotroni-Rivard. Son passeport indique en effet qu'à deux reprises, en 1957 et 1958, il a séjourné à Montréal. Il est entré une première fois au Canada venant des Etats-Unis, le 23 décembre 1957, et il est demeuré à Montréal jusqu'au 27 février 1958, date à laquelle il a pris l'avion pour Cuba. De La Havane, il est revenu à Montréal le 9 mars suivant et il est reparti pour Cuba 13 jours plus tard. Il a regagné la France peu après, via les Etats-Unis.

Si l'on y regarde de près, ces renseignements indiquent donc que lors du séjour de Lucien Rivard à Montréal, au début de 1958, Paroutian était au Canada. Il s'est ensuite rendu à Cuba, trois jours exactement après l'arrivée de Jean-Baptiste Croce et Dominique Nicoli à La Havane (où, entre-temps, Rivard était retourné) et il est revenu à Montréal peu avant que les deux Corses soient arrêtés et déportés en France. Il ne fait aucun doute que Paroutian agissait alors comme intermédiaire entre les Corses et leurs clients montréalais, surtout si l'on tient compte que c'est peu après ces voyages que son partenaire Graziani s'est fait arrêter à Genève avec des obligations volées par les hommes de Pep Cotroni.

A la fin du mois d'avril 1958, les recherches sur les activités de Graziani et Paroutian ne font que débuter lorsque la Brigade des stupéfiants apprend que Salvatore Giglio qui gère depuis plusieurs mois les intérêts de Carmine Galente et de la famille Bonanno à Montréal, a contacté récemment Lucien Rivard. Comme les informations concernant le mafioso newyorkais sont assez limitées, les agents fédéraux jugent opportun d'effectuer des perquisitions à son domicile, rue Ridgewood, ainsi qu'au local de la firme *Adams Theatrical Enterprises,* rue Bishop, une agence artistique dirigée par son ami et voisin Peter Adamo et surtout utilisée comme lieu de rencontre par les patrons de la Mafia.

Les perquisitions ont lieu le 7 mai. On ne découvre rien de notable chez Adamo mais, dans l'appartement de Giglio, on trouve plusieurs choses intéressantes. D'abord il y a un schéma indiquant en détail le trajet à suivre pour se rendre au chalet d'été de Lucien Rivard. Confronté avec le document, Giglio déclare ignorer de quoi il s'agit. En second lieu, on trouve dans l'une des chambres à coucher de l'appartement un manteau dont le revers est marqué au nom de « R. Mancuso ». Giglio explique qu'il ne connaît pas de Mancuso mais qu'à quelques reprises un ami nommé Paul de Cocco est venu lui rendre visite. Cette explication est vraie mais incomplète: un peu plus tard, on apprend que de Cocco, un restaurateur de Schenectady, dans l'Etat de New York, a bien séjourné à Montréal, mais en compagnie de Rosario Mancuso, lequel est reconnu comme un personnage influent de la Mafia d'Utica. Au B.A.N., celui-ci est fiché comme l'un des propriétaires du restaurant *Italian Village* de Plattsburg, un endroit très fréquenté par les caïds de la Mafia montréalaise et newyorkaise, et comme l'un des responsables ouvriers impliqués dans la construction de la base militaire du Strategic Air Command, à Plattsburgh.

Finalement, les agents fédéraux trouvent 240 cigares cubains et 880 cigarettes américaines qui n'ont pas été déclarés à la douane. En soi l'infraction n'est pas grave, mais elle suffit pour faire traduire le mafioso en Cour criminelle le jour même. Désireux de ne pas attirer l'attention sur lui, Giglio reconnaît sa culpabilité sur-le-champ et il est condamné à une amende de $50. Il est ensuite conduit devant les officiers de l'Immigration qui le jugent indésirable et inapte à demeurer plus longtemps au Canada. En conséquence, il est sommé de quitter le pays dans les 48 heures.

Le lendemain midi, Giglio prend l'avion pour New York. A son arrivée à l'aéroport Idlewild, il est fouillé par les agents de la Douane américaine qui découvrent sur lui deux listes de noms. La première concerne les 21 preneurs aux livres montréalais qui paient tribut à la Mafia et la seconde contient les noms de huit autres qui refusent de payer la cotisation hebdomadaire.

Une semaine après le départ forcé du New-Yorkais, Vincent Cotroni et Luigi Greco se rendent à New York, sans doute pour discuter du départ précipité du représentant de Galente et de son remplacement éventuel. Le 2 décembre suivant, Cotroni veut retourner à New York, en compagnie de son conseiller Irving Ellis, mais il se heurte cette fois à l'interdiction des autorités américaines.

L'année 1958 s'achève avec l'expulsion de Salvatore Giglio et l'enquête qui se poursuit sur Gabriel Graziani et Antranik Paroutian, mais rien encore ne permet d'espérer le démantèlement prochain de la filière montréalaise. Pourtant, au cours des dernières années, les limiers de la Brigade des stupéfiants n'ont pas chômé et ils connaissent maintenant assez bien la composition et le fonctionnement du complexe réseau international dans lequel Lucien Rivard et ses partenaires de la Mafia sont impliqués. En fait, il ne reste qu'un problème à résoudre ... mais quel problème! Il faut arriver à percer le cercle fermé des trafiquants, soit en mettant la main sur un complice prêt à parler et surtout à témoigner, soit en ayant recours à un agent secret qui pourrait tendre le piège décisif. Aucune des deux solutions n'est facile, mais le temps est venu de passer à l'action.

Chapitre VI
Pep pris au piège

Aux petites heures du matin, le samedi 6 décembre 1958, Giuseppe Cotroni arrive comme à l'accoutumée à son chalet de Sainte-Adèle pour y passer la fin de semaine. Luigi Greco, son associé, et quelques employés du *Bonfire* l'accompagnent. (1) En arrivant, Cotroni remarque qu'une fenêtre latérale a été forcée mais il ne s'en soucie pas car rien n'a été volé. Pendant que ses amis préparent le café et nettoient l'entrée enneigée, Pep se rend à l'épicerie du village. Il y rencontre un hôtelier du Lac Millette, Gaston Savard, le propriétaire du *Manoir du Lac* et d'une entreprise de construction qui lui a fourni du matériel au cours de l'été. Affable, aimant la compagnie, Cotroni invite Savard à venir prendre un verre à son chalet. Ce dernier accepte, d'autant plus que son compte n'a pas été entièrement payé.

Vers midi, les deux hommes bavardent toujours. Deux autres visiteurs s'amènent: l'associé de Savard, Herbert Husson, et Ernest Costello, gérant de la *Gatineau Power* de Sainte-Adèle. Ce dernier a également un compte en souffrance avec Cotroni.

Homme du monde, Cotroni reçoit ses visiteurs avec amabilité et leur offre un verre avant de parler affaires. Costello, qui est irlandais, ne peut rester longtemps car il a un rendez-vous important avec sa femme. Au bout d'une demi-heure, il prend donc congé de son hôte en promettant toutefois de revenir dans l'après-midi. Pendant

---

1. Pep Cotroni a acquis des intérêts dans le *Bonfire* après la disparition mystérieuse de Frank Petrula, à la fin de 1957, au moment où l'impôt fédéral lui réclamait plus de $400 000. Selon les rumeurs du Milieu, Petrula a été exécuté sur l'ordre de ses anciens partenaires qui craignaient qu'il ne se mette à table. On ne lui avait pas pardonné non plus son carnet de notes des élections municipales de 1954.

son absence, Cotroni, Savard et Husson continuent à bavarder et à boire. Vers 17 heures, Costello est de retour. Toujours aussi pressé, il ne prend même pas le temps cette fois de s'asseoir. Naturellement, Cotroni lui offre un verre, mais il refuse en disant qu'il vient de manger. Il accepte cependant un digestif. Cotroni sort une bouteille d'anisette et remplit tous les verres, sauf celui de Husson qui n'a pas terminé son rye. Pressé de partir, Costello vide son verre d'un trait, mais la liqueur est amère et il réclame un verre d'eau avant de quitter les lieux.

Au volant de son auto, Costello se sent soudain des convulsions aux jambes. Au premier garage, il s'arrête. Il a de plus en plus mal aux jambes. A sa demande, le gérant de l'établissement accepte de le conduire chez le médecin qui aussitôt entreprend de le soigner pour un empoisonnement par la nourriture.

Au même instant, Cotroni et Savard commencent eux aussi, au chalet, à ressentir des malaises dans les jambes. Voyant l'état de ses compagnons, Husson, qui se sent bien, décide d'aller chercher le médecin car le téléphone du chalet ne fonctionne pas à cette époque de l'année. A son arrivée, il trouve Costello sous une tente d'oxygène et le médecin qui téléphone à une ambulance. Sans hésiter, il commande alors une autre ambulance pour son associé Savard et Cotroni qui semblent souffrir du même mal. De retour au chalet, il s'aperçoit que l'état des deux hommes a empiré. Ils ont mal au coeur, leurs bras et leurs jambes sont paralysés, la bouche est raide et leurs yeux sont lourds. Jugeant qu'il n'y a plus un instant à perdre, Husson décide de ne pas attendre l'ambulance et de les conduire lui-même à l'hôpital de Saint-Jérôme. Il y arrive presque en même temps que Costello qui meurt quelques instants plus tard, avant même l'arrivée d'un médecin. Traités sans délai, Cotroni et Savard ont la vie sauve.

Alerté par Husson, Luigi Greco arrive à l'hôpital peu après. Il revient au chalet vers 20h30 et annonce aux autres la mort de Costello. La fête est finie! On retourne tous à Montréal.

Selon les analyses, l'anisette bue par Cotroni et ses deux invités contenait de la strychnine, un poison mortel. Si Costello est mort, c'est parce qu'il a absorbé plus de poison que les deux autres. Il a bu tout son verre alors que Cotroni et Savard n'ont bu qu'une gorgée. Heureusement pour eux, car il y avait assez de poison dans une demi-once d'anisette pour tuer plusieurs hommes.

Bien entendu, l'affaire ne tarde pas à s'ébruiter et les détectives de la Police provinciale se chargent de l'enquête. Questionné sur son lit d'hôpital, Cotroni affirme qu'il n'a aucun ennemi et qu'il ne

Le chalet de Cotroni à Sainte-Adèle. On peut voir sur le gros plan de la fenêtre forcée les marques d'effraction. A gauche, la bouteille d'anisette qui contenait le poison mortel. (Photos *Allô Police*)

ALLO 10¢ **POLICE**

Vol. VI — Montréal, 21 décembre 1958 — No 44

C'EST LUI ▶
QUE VISAIT
LE POISON...
C'EST LUI ▼ QUI EST MORT

En déposant de la strychnine dans une bouteille d'anisette, au camp d'été de Giuseppe "Pep" Cotroni, une personne inconnue poursuivait incontestablement le but de supprimer le propriétaire du restaurant montréalais "Bonfire". Cotroni (sur la photo du haut de la page) a eu la vie sauve, n'ayant pris qu'une gorgée dans son verre, tandis qu'un visiteur d'occasion, M. Ernest Costello, 39 ans, (sur la photo du bas) a trouvé la mort pour avoir bu une demi-once de boisson. (Lire en page 3).

(Photos "Allô Police", par Cambronne)

Luigi Greco (à gauche) et Pep Cotroni (à droite) pendant l'enquête du coroner sur l'attentat à la strychnine. (Photos *Allô Police*)

soupçonne personne. Luigi Greco répète la même chose. Officiellement le coroner n'a pas d'autre choix que d'attribuer le blâme à un ou plusieurs inconnus.

A la Brigade des stupéfiants, on se demande qui cet attentat visait? Dans le Milieu, plusieurs rumeurs commencent à circuler. Certains croient que l'attentat était dirigé contre Greco devenu trop puissant, tandis que d'autres pensent que c'est le résultat d'une vieille querelle entre Pep Cotroni et Lucien Rivard. Cette seconde hypothèse est renforcée, le 23 avril 1959, quand René Robert, un ex-garçon de table qui est devenu l'homme à tout faire de Cotroni, est blessé de deux balles de revolver par un ami de Rivard, Gérard Turcot, qui revient justement de Cuba. Toutefois, peu avant l'attentat, Robert et Turcot s'étaient querellés dans un bar, ce qui écarte vraisemblablement l'idée d'un règlement de comptes préparé de longue date.

Une autre hypothèse est que l'attentat à la strychnine serait l'oeuvre des patrons de la Mafia newyorkaise qui, depuis quelques mois, ont ordonné à leurs hommes de se retirer du trafic des narcotiques sous peine de mort. Au cours de 1958, le Bureau des narcotiques a frappé dur. En janvier, à la suite de la saisie de 17 kilos (37 livres) d'héroïne et de 25 kilos (55 livres) d'opium, une quinzaine de trafiquants ont été arrêtés à New York et à Philadelphie. (2)

Au cours de l'été, le B.A.N. a récidivé en inculpant cette fois une quarantaine de trafiquants parmi lesquels quelques-uns des plus grands noms des bas-fonds du continent dont, en tête de liste, Vito Genovese, le successeur de Luciano, Carmine Galente, le second de Jos Bonanno et le grand patron montréalais, John Ormento, l'un des principaux lieutenants de Thomas Lucchese, Rocco Mazzie, de l'état-major de Carlo Gambino, Natale Evola, un protégé de Genovese et un des délégués d'Apalachin qui remplacera plus tard Bonanno, enfin, Benjamin Levine, un ancien compagnon d'armes de Lepke Buchalter, le financier de la drogue des années 30. Accusés du trafic de plus de 160 kilos (350 livres) d'héroïne à travers tous les Etats-Unis depuis 1954, ils ont tous été inculpés grâce aux aveux d'un petit trafiquant portoricain, Nelson Silva Cantellops, qui avait préféré, semble-t-il, se mettre à table plutôt que d'être condamné à une lourde sentence d'emprisonnement. (3) Patiemment, pendant un an, les agents du B.A.N. avaient vérifié les moindres détails de sa déposition avant de présenter le tout devant un Grand Jury newyorkais. La suite amena l'arrestation de la majorité des accusés, à l'exception de Carmine Galente et Big John Ormento, soudainement disparus de la circulation. On les recherche toujours au moment de l'attentat contre Pep Cotroni.

---

2. Parmi les plus importants figuraient Vincent Todaro, un caïd newyorkais, George Nobile, un homme de Vito Genovese, James Santora et Peter Casella, des lieutenants de Marco Reginelli de Philadelphie, Joseph Lo Piccolo, un ami de Santos Trafficante de Floride (l'associé de Lucien Rivard) et Charles Jérôme Leca, un Corse de l'organisation Croce que Pep Cotroni a rencontré à Cuba au mois d'août 1956.

3. Néanmoins, il sera détenu longtemps pour sa propre protection. Sur sa demande, on le relâchera et, en 1965, il sera assassiné mystérieusement dans une rixe de bar. Dans ses mémoires, écrites en collaboration avec le producteur Martin A. Gosch et l'écrivain Richard Hammer, Lucky Luciano donne une autre version des faits: il révèle qu'il était le responsable des aveux de Cantellops. Obsédé par l'échec du sommet d'Apalachin qui avait tourné en dérision l'Organisation qu'il avait bâtie, Luciano avait fomenté le projet de se venger de Vito Genovese mais toutefois sans commettre un meurtre spectaculaire. Il avait préparé le plan avec Frank Costello, Meyer Lansky et Carlo Gambino. Une lettre anonyme prévenant le B.A.N. que le Portoricain était prêt à conclure le marché aurait amorcé l'affaire et en échange Cantellops aurait encaissé $100 000 à sa libération de Sing Sing.

Vito Genovese (en haut, à droite) et deux de ses coïnculpés, Big John Ormento (en haut, à gauche) et Carmine Galente (en bas).

Indice intéressant, la veille de cet attentat, le B.A.N. de New York a transmis à la Gendarmerie royale un rapport dans lequel il rappelait que le délai de six mois, donné aux trafiquants de la Mafia pour achever d'écouler leur stock, est expiré et que Carmine Galente est l'un des patrons qui a interdit la drogue à ses hommes. Le rapport indique également que l'une des sources d'approvisionnement de Vincent Todaro et compagnie était Cotroni à Montréal et que ce dernier fournissait également plusieurs groupes de New York et du New Jersey, associés de près ou de loin à Galente, Ormento et Genovese. Au moment où elles sont transmises, ces informations obtenues des indicateurs du Milieu sont importantes car elles confirment le bien-fondé de la nouvelle opération entreprise depuis peu contre la filière montréalo-newyorkaise.

Joseph Vecchio (au centre) en compagnie de deux des quatre frères Cotroni, Frank (à gauche) et Michel (à droite).

Au début de l'automne 1958, des agents du B.A.N. ont contacté un trafiquant de second plan, Angelo Sonessa, de Nutley au New Jersey, qui, dans le passé, leur avait transmis de précieuses informations. Quelques mois auparavant, Sonessa travaillait comme courrier de drogue et, deux fois par semaine, il se rendait à Montréal prendre livraison de stocks d'héroïne qu'il acheminait ensuite à New York. Afin de ne pas être importuné, il a référé cette fois les agents fédéraux à un autre trafiquant, Joseph Vecchio, qui à son avis connaissait mieux que lui l'opération montréalaise. Soldat de la famille Genovese, Vecchio est un ancien associé de Peter Stepanoff dans une compagnie d'importation de cravates américaines. Cependant, il est surtout connu comme partenaire de Settimo Accardo, dit Big Sam, qui a fui en Italie en 1955, à la faveur d'un cautionnement de $75 000 qui lui avait été accordé dans une affaire de trafic d'héroïne. (4) Egalement membre du clan Genovese, Accardo est étroitement lié à Lucky Luciano et à l'un de ses représentants, Cristoforo Rubino, un soldat de la famille de Joseph Profaci. (5) Il a été un important client de Pep Cotroni.

---

4. En 1963, Accardo est extradé aux Etats-Unis où il est jugé et condamné pour l'affaire de 1955.

5. Cristoforo Rubino a été assassiné à New York le 18 juillet 1958.

A la fin d'octobre, l'agent Stephen Giorgio, du B.A.N., s'est présenté chez Vecchio en déclarant arriver de Sicile et être envoyé par Accardo. Rapidement, il a gagné la confiance du truand qui, dès sa première rencontre, lui a offert de l'accompagner lors de son prochain voyage à Montréal où il devait acheter un stock « d'arbres de Noël ». L'agent secret a cependant habilement décliné l'offre, prétextant d'autres occupations, car on lui interdisait d'aller plus loin pour le moment. L'enquête en est à ce stade quand Pep Cotroni avale l'anisette empoisonnée, cet après-midi du 6 décembre.

Le matin même de l'attentat, la Police de l'Etat de New York et le B.A.N. ont intercepté deux hommes de Cotroni: Nicholas Elacqua et Joseph De Paolo. Leur automobile ne contenait aucune trace d'héroïne, mais, sous la banquette arrière, on a trouvé une cachette fort révélatrice. Sans doute, les deux hommes allaient-ils rejoindre René Robert qui depuis quelques jours séjournait à l'hôtel *Edison* de New York. (6) Le 10 juillet précédent, Elacqua et Robert avaient accompagné Pep Cotroni à l'hôtel *Lexington* de New York. Leur voyage avait peut-être un rapport avec la visite à Montréal, une semaine plus tôt, de Rocco Sancinella, l'associé d'un important distributeur d'héroïne de Brooklyn, Angelo Loiacano, et un collaborateur de Vincent Todaro. Quoi qu'il en soit, les agents de la G.R.C. croient que l'interception prématurée de De Paolo et d'Elacqua a sans doute changé les plans prévus au départ.

Au B.A.N., on ne s'inquiète pas outre mesure. On considère d'ailleurs que l'heure est venue de rétablir le contact avec Joseph Vecchio. Ainsi, quatre jours à peine après l'attentat de Sainte-Adèle, l'agent Giorgio renoue avec Vecchio et lui parle pour la première fois de drogue, lui déclarant qu'il est à la recherche d'un fournisseur. Le trafiquant réagit alors violemment en mettant en garde son interlocuteur contre les dangers de ce commerce:

« Si c'est pas les fédéraux, ce sera le Syndicat qui t'aura, » dit-il.

Sur le moment, l'agent secret n'insiste pas, mais quelques jours plus tard, il revient à la charge. Finalement, deux jours avant Noël, Vecchio qui refuse toujours de s'impliquer personnellement, confie à l'agent secret qu'il connaît un type:

« Deux fois par semaine, ce gars fait la navette Montréal-New York. Peut-être accepterait-il de te piloter à Montréal, si tu lui demandais. »

---

6. Au cours du mois d'octobre, Frank Cotroni et plusieurs hommes de main dont Yvon Duquette, Michel Delisle, Michel Di Paolo, Jack Croce et Robert Rocheleau ont séjourné quelques jours à l'hôtel *Edison*.

A titre de renseignement, Vecchio précise que l'individu passe la frontière toujours au même endroit, au poste du pont Tappan Zee. Il voyage à bord d'une Lincoln noire au toit blanc et à la moquette rose et noire, immatriculée au Québec. Il se nomme Eddie Smith. L'agent Giorgio remercie Vecchio. (7) Sa mission est terminée. D'autres confrères vont repérer et contacter Smith.

Cette autre phase de l'opération est entreprise au mois de février 1959, peu après l'arrestation surprise de Peter Stepanoff par la police de Montréal. Au début du mois, des inconnus ont perpétré un cambriolage spectaculaire en dévalisant, au cours d'une fin de semaine, les coffres de la firme *Premier Trust Co.* de Saint-Catharines, en Ontario. L'opération a rapporté un butin de $900 000 en argent et en titres. Cinq jours plus tard, le 7 février, deux détectives montréalais repèrent par hasard Stepanoff au moment où il pénètre en compagnie d'un autre malfrat, Henri Samson, dans une mercerie de la rue Ontario. (8)

Curieux des allées et venues du bras droit de Pep Cotroni, les deux détectives ont décidé de voir de plus près ce que mijotait Stepanoff. Postés à proximité, ils l'ont intercepté à sa sortie quelques instants plus tard, alors qu'il regardait nerveusement de tous les côtés. Accompagnés de confrères de la G.R.C., les détectives municipaux ont par la suite perquisitionné le magasin de Yacknin pour y trouver 35 certificats d'actions totalisant $9 600, dérobés lors du cambriolage de la *Premier Trust Company*. (9)

Pep Cotroni n'est pas encore remis de l'arrestation de son homme de confiance quand les agents John Dolce et Patrick Biase, du B.A.N. interceptent au pont frontière Tappan Zee la Lincoln suspecte d'Eddie Smith. Toutefois, l'homme au volant du véhicule ne correspond pas à la description donnée par Joseph Vecchio. S'identifiant comme bijoutier, l'individu déclare que le véhicule appartient à son futur gendre, un dénommé Smith, lequel est justement en visite chez sa

---

7. Joseph Vecchio ne survivra pas longtemps à cette erreur. Quelques semaines plus tard, il sera assassiné à l'occasion d'un accident d'automobile simulé sur le pont George Washington.

8. Ce commerce appartient au preneur aux livres Moe Yacknin, le nouvel associé de Jimmy Soccio et de Roméo Bucci dans une boîte de nuit de la rue Sainte-Catherine est, le *Café Roméo*.

9. Trouvé coupable, le 26 mai 1959, de recel d'obligations volées, Stepanoff sera condamné à huit ans de pénitencier.

fille en ce moment, à New York. Afin de ne pas éveiller de soupçons inutiles, les agents disent avoir appris que cette automobile a été utilisée au cours d'un vol et qu'en conséquence, ils doivent effectuer certaines vérifications.

La fouille du véhicule n'ayant donné aucun résultat, les agents décident d'accompagner le bijoutier chez sa fille, histoire de poser certaines questions au propriétaire de la voiture. En route, des détectives de la Brigade des vols à main armée de la police municipale de New York se joignent à eux pour donner plus de vraisemblance à leur ruse. A leur arrivée chez la fille du bijoutier, Smith n'est pas encore rentré. Mais, assure-t-on, il ne devrait pas tarder. On décide donc de l'attendre ... Mais le truand se fait désirer et ce n'est que vers deux heures du matin qu'il rentre. Pour ne pas l'effaroucher, l'agent Biase prend les devants et lui explique la présence des policiers. Tout en admettant que les fouilles effectuées dans son automobile et dans l'appartement n'ont donné aucun résultat, il lui demande de s'identifier et de vider ses poches. Ses papiers indiquent qu'il se nomme Edward Lawton Smith, qu'il a 39 ans et qu'il est né au Nouveau-Brunswick. Depuis quelque temps, il habite New York et il a demandé la citoyenneté américaine. Au premier abord, son carnet d'adresses ne contient rien d'intéressant mais, par précaution, il est recopié.

La vérification terminée, les agents croient préférable de ne pas aller plus loin pour le moment. Ils quittent donc rapidement les lieux en s'excusant de leur méprise.

Dans les jours qui suivent, on vérifie le contenu du carnet d'adresses de Smith qui, de toute évidence, est un Don Juan hors pair. Parmi les noms de ses nombreuses conquêtes, les agents du B.A.N. retiennent surtout celui d'un mannequin fort connu. Deux semaines plus tard, lorsqu'ils décident de le rencontrer à nouveau, c'est chez elle qu'ils se rendent. Cette fois, ils n'ont pas à attendre longtemps. L'homme se présente peu après leur arrivée. Sans lui laisser le temps de placer un mot, l'agent Biase le prend à part et lui annonce qu'il est cuit et qu'on a déjà suffisamment de preuves sur ses activités tant à New York qu'à Montréal. Naturellement, c'est un bluff. Tout ce qu'on a contre lui se résume aux propos de Vecchio, mais Smith est visiblement ébranlé. L'agent décide alors de jouer le tout pour le tout:

« Pourquoi ne pas être raisonnable et tenter de t'aider toi-même? On sait tout sur toi et sur Cotroni. Alors! »

Coincé, Smith n'est pas long à réagir. Conduit au quartier général du Bureau des narcotiques, il accepte de discuter des moyens de s'en sortir. En échange d'une immunité totale et d'une protection complète, on lui propose de devenir agent double et d'amener un agent secret jusqu'à Cotroni et ses associés. Les risques sont grands mais, tout compte fait, reconnaît Smith, ils sont peut-être préférables à un troisième séjour prolongé en prison. Aussi accepte-t-il sur-le-champ la proposition, à la condition qu'on le laisse choisir son compagnon d'aventure. Ce sera l'agent Patrick Biase. Agé d'à peine 30 ans, le policier l'a impressionné et il préfère mettre toutes les chances de son côté. S'infiltrer dans la pègre n'est pas une mission de tout repos et il importe de connaître très bien son rôle. Aussi, pendant les semaines qui suivent, les deux hommes s'initient mutuellement aux secrets de leur métier. Smith apprend à devenir un agent secret et à tenir compte des exigences d'une preuve judiciaire, tandis que de son côté, Biase se familiarise peu à peu avec le fonctionnement et la composition de la filière Cotroni. Pour cela, Smith est un professeur chevronné. Il a débuté dans l'Organisation vers le mois d'avril 1957. A cette époque, un ami de New York, Frank Mancino, dit Chow, un trafiquant de Brooklyn, membre de la famille Bonanno, l'avait amené dans un appartement de l'avenue Ridgewood, à Montréal. (10) Là, il avait rencontré pour la première fois Pep Cotroni, ses frères Vincent et Frank, Peter Stepanoff et Carmine Galente. A cette occasion, Mancino avait pris livraison d'un stock d'héroïne et Galente avait conseillé à Smith la plus grande prudence pour le retour.

Au début, la tâche de Smith consistait à veiller sur le courrier et la marchandise lors des voyages entre Montréal et New York. Pour cela, il fut d'abord payé $300 par voyage, puis on augmenta sa prime à $500. Quand ils arrivaient à New York, Smith conduisait Mancino aux différents endroits où il allait effectuer des livraisons. Ayant fait le trajet des dizaines de fois, il est donc en mesure de dresser une liste complète des clients de l'organisation Cotroni.

En général, l'itinéraire débutait par une halte dans un casse-croûte de Manhattan situé au coin des rues Orchard et Houston, pour se poursuivre au *Jay's Bar,* rue Houston et au *Marconi's Restaurant,* rue Mulberry. Suivaient deux boîtes de Greenwich Village, le *Squeeze-*

---

10. Le 11 février 1956, Frank Mancino avait été arrêté par la G.R.C. à Montréal en rapport avec l'inculpation à New York de Settimo Accardo et Cristoforo Rubino. Il avait alors sur lui les numéros de téléphone de Lucien Rivard et de Pep Cotroni.

Inn Bar de la 4e Rue, dirigé par Carmine Polizzano, un lieutenant de Genovese et Salvatore Sciremammano, et le *1717 Club* de la 86e Rue géré par les frères Carmine et Salvatore Panico. Par la suite, on se rendait au *Vivere Bar* de la Deuxième Avenue, quartier général de Carlie « Charley » Di Pietro et Frank Mari, deux hommes du clan Bonanno-Galente, et on poursuivait au *Chickie Jame's Stable* de la 56e Rue, le repaire de Tony Mirra. Il y avait encore un appartement dans la 53e Rue, puis le *Johnny's Keyboard Café* de la 56e Rue et le restaurant *Marino* de l'avenue Lexington, sans compter le refuge de Rocco Sancinella et d'Angelo Loiacano dans Brooklyn ainsi qu'un hôtel dans Coney Island. Lorsque les grands patrons comme Ormento, Galente ou Genovese étaient personnellement impliqués dans une transaction, les livraisons avaient lieu dans des endroits publics comme les hôtels *Edison, Park Sheraton, Forest* ou *Lombardy*.

Dans les débuts, Smith ne faisait que conduire Mancino et attendre son retour. Puis il a été admis dans les cercles restreints, ce qui lui a permis de connaître personnellement les grands trafiquants newyorkais et leurs principaux clients. Doté d'une grande mémoire, Smith fournit à Biase et au B.A.N. une multitude de détails qui, bien qu'impossibles à corroborer légalement, serviront de matériel de base pour de nombreuses enquêtes. Ces informations permettent entre autres d'établir clairement la chaîne de responsabilités de la filière Cotroni et son volume d'affaires. Ainsi, chaque mois, Cotroni achemine à Ormento, Galente et Genovese une cinquantaine de kilos d'héroïne pure à un prix variant entre $6 000 et $10 000 le kilo. Lui-même les a payés aux Corses $3 000 l'unité. Disposant chacun d'une solide équipe de livraison et de collection, les grands patrons newyorkais approvisionnent une série de clients réguliers qui peuvent compter en général sur un stock hebdomadaire de trois à cinq kilos. Ces intermédiaires sont des mafiosi comme les frères Marcantonio et Philip Orlandino, Angelo Loiacano, les frères Panico qui, à leur tour, approvisionnent des distributeurs indépendants comme le Juif Sam Monastersky et son associé, l'Irlandais Richard McGovern. (11) Ces

---

11. Au cours du mois de janvier 1959, des agents secrets du B.A.N. réussissent à acheter deux kilos et demi (5 livres et demie) d'héroïne pure du tandem Monastersky-McGovern. L'enquête révèle par la suite qu'ils se sont procuré la drogue des frères Orlandino. Le 14 février, des agents du B.A.N. et de la police de New York arrêtent Monastersky, McGovern, les frères Orlandino et deux de leurs hommes de main, William Struzzieri et William Bentvena. Les documents saisis chez Marcantonio indiquent que les 11 kilos (24 livres) d'héroïne saisis ce soir-là provenaient de l'organisation Cotroni.

derniers vendent leur marchandise à différents trafiquants qui se spécialisent dans la vente au détail aux revendeurs et aux drogués.

La période d'apprentissage est aussi l'occasion pour l'agent Biase de rencontrer quelques-uns des principaux responsables du trafic de l'héroïne à New York, ce qui lui permet notamment de mettre au point sa nouvelle identité, celle de Dave Costa, le nouvel associé d'Eddie Smith. Au milieu d'avril 1959, les tests effectués dans les bas-fonds newyorkais étant rassurants, le duo Smith-Biase est prêt pour tenter le grand coup auprès de Cotroni. En conséquence, le Bureau des narcotiques informe la G.R.C. de ses intentions et un plan d'action minutieux est mis au point conjointement, afin d'assurer la sécurité des deux agents spéciaux et la réussite du projet. C'est le sergent d'état-major Gérard Houle de la Brigade des stupéfiants qui est à la tête des opérations.

En fin d'après-midi, le 28 avril 1959, conformément aux instructions, Patrick Biase et Eddie Smith s'envolent pour Montréal. Ils arrivent à l'aéroport international de Dorval vers 18h45 et, sans tarder, après s'être inscrits dans un motel de la banlieue, ils entreprennent une tournée des boîtes de nuit de la métropole à la recherche de Cotroni. Vers 3 heures du matin, ils rencontrent, au *Café Roméo,* Giuseppe Cocolicchio, dit Big Pep. (12) Smith, qui le con-

Big Pep Cocolicchio

---

12. Ce dernier est le gérant du club *Métropole,* le cercle de jeu le plus prospère de la ville.

naît, lui explique que son ami est à Montréal par affaires et qu'il voudrait communiquer avec Pep lui-même. Bon prince, Cocolicchio accepte de lui faire le message. Satisfaits, Biase et son compagnon vont se coucher. Au début de l'après-midi, ils dorment encore quand Cocolicchio téléphone pour leur annoncer l'arrivée imminente de Cotroni. Quinze minutes plus tard, le grand caïd s'amène sur les lieux en compagnie d'Arthur David, un de ses hommes de main. Smith présente son ami et aussitôt, autour d'une table copieuse, la conversation s'engage sur les antécédents de l'agent secret. Cotroni veut d'abord savoir à qui il a affaire. D'un ton sévère, il demande:

« Qui es-tu? Comment tu t'appelles? D'où tu viens? Qui connais-tu de l'aut'bord? Qui sont tes amis?

— J'm'appelle Dave Costa. Comme te l'a dit Smitty, mes amis me surnomment Pat. J'suis Italien comme toi. Pour ce qui est de mes associés, j'ai pas l'intention d'en parler pour le moment. J'veux pas connaître tes affaires et j'apprécierais que tu m'interroges pas sur les miennes. J'viens de Harlem. C'est tout ce que j'ai à dire pour le moment. »

Le jeune homme plaît à Cotroni. Il est Italien, c'est un bon point en sa faveur et, de plus, ses réponses sont franches.

« Mais, tu veux quoi exactement?

— J'm'occupe de distribution sur la rue, mais j'voudrais changer un peu et me lancer dans le commerce en gros. J'ai besoin d'un fournisseur, quelqu'un sur qui j'peux compter. J'ai pas un gros capital mais j'ai quelqu'un qui est prêt à me financer et quelques bons clients. Smitty m'a dit que t'es important dans le business et que t'es le meilleur homme à voir.

— J'peux fournir n'importe quelle quantité de marchandise de première qualité, de l'héroïne et de l'opium brut. J'la reçois de l'aut'côté, d'outre-mer, et sa pureté varie entre 227 et 234 degrés centigrades. En général, j'ai de la 227, mais des fois j'obtiens de la 234. J'vérifie tout et c'est pourquoi tous mes paquets sont percés. Faut pas que tu t'offusques de ça. J'suis dans le commerce depuis pas mal longtemps et j'en ai appris un peu. T'es jeune encore et tu commences: J'vas te donner quelques conseils. Les affaires se font toujours comptant. Ainsi, quand t'as un bon client et qu'il paie bien, t'es pas inquiet. Prends Orlandino qui a été arrêté à Hicksville, y a pas longtemps, il me devait encore de l'argent. Mais, j'sais que je serai payé.

Au fait, combien es-tu **prêt à en acheter?**

— Pour commencer, j'en voudrais deux kilos.

— C'est une bien petite vente. J'ai l'habitude de vendre par cinq kilos seulement. Mais, pour la première fois, j'suis prêt à faire une exception. Cependant, ça sera $7 000 le kilo au lieu de $6 500 ou même $6 000, car actuellement le marché est bon et les approvisionnements rentrent régulièrement. »

La conversation se poursuit et le caïd explique aux deux agents secrets comment devront se faire la livraison et les contacts préalables.

« J'serai prêt pour une transaction vers la mi-mai. Le 15, j'téléphonerai chez Smitty et vous m'donnerez le numéro d'un téléphone public en vous servant du code suivant: chaque chiffre, à l'exception des zéros et des uns, devra être gonflé de un. (13)

« J'vous rappellerai au bon numéro 10 minutes après et j'vous donnerai alors les instructions finales. »

« La transaction se fera à Montréal et vous devrez venir avec une Chevrolet décapotable. On utilise ce modèle particulier parce que l'on peut enlever l'appui-bras et y dissimuler le stuff sans éveiller de soupçons. En arrivant, téléphonez-moi et j'vous indiquerai le meilleur chemin pour atteindre la frontière et le meilleur moment pour la traverser.

« Si vous suivez mes instructions à la lettre, vous n'aurez pas de problème et moi non plus. Icitte, la police a jamais pu arrêter un de mes gars. On peut pas en dire autant pour New York. Bootsie et Angie, (14) deux de mes meilleurs clients l'ont échappé belle dernièrement quand leur gars de Hicksville a été arrêté avec une livraison. »

L'entretien s'achève ainsi et Cotroni prend congé de ses nouveaux clients en leur rappelant qu'il téléphonera vers le 15 mai. Nantis de cet engagement, Biase et Smith, après avoir fait rapport au sergent Houle, regagnent New York le soir même. Fait à noter, pendant l'entretien, deux détectives de la Police municipale étaient au même motel et ont remarqué la présence de deux inconnus à la table de Pep Cotroni et d'Arthur David. Plus tard, ils témoigneront dans ce sens.

---

13. Par exemple, le numéro 4-5368 est en réalité le 3-4257.

14. Il s'agit d'Anthony Di Pasqua et d'Angelo Tuminaro, deux hommes de la famille Lucchese pour qui travaillaient les frères Orlandino.

Le 15 mai, tel que promis, Cotroni téléphone chez Smith qui lui donne le numéro voulu. Quelques minutes plus tard, il rappelle:

« Seras-tu prêt la semaine prochaine?

— J'serai prêt, répond l'agent double.

— Viens jeudi matin et téléphone-moi au numéro convenu. »

Biase et son compagnon quittent New York le 21 mai à bord d'une Chevrolet décapotable de l'année et atteignent Montréal vers 13h30. A la suggestion de Cotroni, ils s'inscrivent au motel *Cadillac*, rue Sherbrooke est, où est déjà en poste une équipe de surveillance de la Brigade des stupéfiants. Ils téléphonent ensuite au numéro Victor 9-0260, le cercle de jeu *Métropole*, et demandent à Big Pep Cocolicchio de prévenir Cotroni de leur arrivée.

Il est environ 16 heures quand ce dernier arrive au motel *Cadillac*. Il est accompagné de son homme à tout faire, René Robert, qui reste dans l'automobile pendant que son patron va rejoindre les deux agents secrets. Au cours de l'entretien qui suit, Pep explique à Biase qu'il pourrait obtenir $7 500 le kilo mais que, malgré tout, il laissera partir la marchandise pour $7 000 comptant, soit le prix convenu. Après avoir constaté que ses futurs clients disposent d'une Chevrolet comme il l'a demandé, Cotroni déclare que quelqu'un viendra chercher l'auto pour y cacher le stuff. La livraison se fera le lendemain soir vers 21 heures.

« Mais, j'vous conseille de pas repartir avant deux heures du matin. A cette heure-là, aux douanes, la surveillance est plus relâchée et les douaniers sont moins zélés. Attendez ce moment-là, vous aurez pas de trouble. »

Avant de repartir, Pep invite Biase et Smith à déménager au motel *Jacques-Cartier*, plus à l'est sur la rue Sherbrooke et appartenant à un de ses amis. (15) En quittant les lieux et en fixant la prochaine rencontre au lendemain soir, il ajoute:

« Ce motel-ci est trop « hot ». Il y a toujours des gars de la Moralité autour à cause des putains. »

Dès le lendemain matin, Biase et Smith s'exécutent et déménagent au motel *Jacques-Cartier*. A 18 heures, Cotroni et Robert arrivent et on prend le souper à quatre. Puis, on se rend dans la chambre pour discuter affaires. Cotroni révèle alors aux deux agents qu'il ne

---

15. Le propriétaire du motel *Jacques-Cartier* est alors Fernand Pierre Lefebvre, vieil ami et associé de la famille Cotroni. Plus tard, il deviendra l'un des propriétaires du *Casa Loma*, une populaire boîte de nuit appartenant aux membres du clan Cotroni, entre autres, Jos Di Maulo.

veut plus transiger avec eux parce qu'il a eu un appel téléphonique de New York faisant état des négociations en cours.

« J'n'aime pas ça, dit-il. Y peut pas y avoir de marché si certains gars de là-bas s'objectent. Ces gens-là aiment pas qu'on vienne jouer dans leurs plates-bandes. Avez-vous dit à quelqu'un que vous veniez ici? »

Déçu, Biase s'emporte quelque peu et déclare qu'il a déjà perdu deux jours, qu'il en est à son deuxième voyage et que les choses s'enlisent. Il ajoute:

« Le seul gars que j'connaisse, c'est Chow Mancino. Smitty lui a simplement dit que nous avions un contact ici et que nous venions chercher de la marchandise. Sans doute a-t-il déduit que t'es notre source puisqu'il sait que Smitty te connaît. »

Songeur, Cotroni finit par admettre que l'explication est sans doute vraie et que c'est probablement Mancino qui a informé Angie Tuminaro qu'il négociait avec un nouveau client. En conséquence, il demande à Biase d'attendre jusqu'au lundi suivant, le 25 mai. A ce moment-là, il aura obtenu des informations supplémentaires et une décision pourra être prise. Entre-temps, il suggère aux New-yorkais d'aller s'amuser un peu en ville. Tout compte fait, n'ayant pas le choix, Biase accepte la solution proposée.

Durant les trois jours qui suivent, Biase et Smith visitent différents tripots de la ville. Partout, ils sont reçus avec faste et respect et le représentant du Bureau des narcotiques a beaucoup de difficultés à retenir son bouillant compagnon qui est incapable de résister aux avances des nombreuses filles mises à sa disposition. Malgré cela, ces trois jours sont l'occasion pour l'agent Biase de se familiariser avec certains personnages influents des bas-fonds montréalais. Jack Lutherman, entre autres, l'associé de Solomon Schnapps, dit Solly Silvers, le patron du cabaret *Chez Paree,* retient particulièrement son attention quand il lui affirme être en mesure de le mettre en contact avec un important trafiquant de Hamilton. Cependant, le contexte ne s'y prêtant pas, l'agent secret ne fait aucun effort pour donner suite à cette proposition.

Samedi, René Robert téléphone à Biase pour le rassurer et lui dire que tout va s'arranger. Le lendemain, à 14 heures, Robert téléphone à nouveau. Cette fois, il lui annonce que dans une heure Cotroni viendra les chercher, lui et Smith, pour une randonnée. Inquiet, Biase alerte aussitôt la Brigade des stupéfiants qui, rapidement, mobilise quelques équipes de filature. Les limiers de la G.R.C. sont à leur poste quand Cotroni et Robert arrivent au motel à bord de leur Oldsmobile et quand, quelques minutes plus tard, ils repartent, en compagnie de Biase et Smith, en direction des Laurentides.

En route, Biase se rend vite compte qu'une fois de plus Cotroni veut le tester. La conversation entre les deux hommes, bien que dans l'ensemble banale, est truffée çà et là de questions-pièges qui obligent l'agent secret à être continuellement sur ses gardes. Conduit par René Robert, le groupe se rend à Sainte-Adèle, au chalet de Cotroni. Il explique à ses compagnons qu'il a organisé une soirée à laquelle il a convié d'importants personnages des Etats-Unis qu'il voudrait présenter à Biase.

Vigilant, ce dernier flaire un danger et, poliment, décline l'invitation en prétextant un rendez-vous galant avec une jolie Montréalaise. Coureur de jupons de nature, Biase n'a su trouver meilleure excuse. Peu originale, l'explication est malgré tout acceptée par Cotroni qui ordonne le retour à Montréal. Toutefois, revenu au motel, le mafioso insiste pour qu'au moins Smith assiste à sa soirée. Depuis le début de l'opération, c'est la première fois que l'extrafiquant est laissé à lui-même.

Avant d'accompagner Cotroni et Robert à Sainte-Adèle, celui-ci se rend avec eux au *Bonfire,* où il rencontre Carmine Galente qui est recherché depuis plus d'un an. Sans doute était-ce l'un des éminents visiteurs américains que Cotroni voulait présenter à Biase. D'autres truands participent à la soirée. Smith fraternise avec eux.

Comme prévu, Smith est de retour le lendemain, un peu avant midi. Cotroni dit alors à Biase qu'il n'a reçu aucune nouvelle de New York et que cela doit vouloir dire que tout est normal.

« On va avoir besoin de quelques heures pour cacher le stuff comme il faut, dit Cotroni. En attendant, vous pouvez prendre mon char, mais faites attention, vous en servez pas à Montréal. La police le connaît et si elle le repère pendant que vous êtes au volant, vous risquez d'avoir des ennuis, d'être accusés de vol. Ça serait pas drôle. Mieux vaut éviter les troubles. »

A ce moment, Robert explique pourquoi il faut absolument une Chevrolet 1959 pour le transport de la drogue.

« Avec cette marque-là, c'est plus facile qu'avec les autres. On a juste à dévisser les appuis-coudes du siège arrière et on trouve une cavité où on peut cacher le stuff. C'est simple, mais c'est efficace. »

Avant de partir avec la Chevrolet, Cotroni affirme à ses nouveaux clients que la livraison aura lieu le soir même, vers 20 heures. Il leur promet de leur donner également une carte routière détaillée pour leur permettre de franchir la frontière sans difficulté.

Aussitôt que les deux trafiquants sont partis, Biase et Smith se rendent chez un serrurier pour faire copier les clés de l'Oldsmobile. Puis, ils retournent au motel *Jacques-Cartier* où on doit leur apporter leur précieuse livraison.

Ponctuels, Cotroni et son compagnon sont là à l'heure. Immédiatement, Pep explique à Biase qu'il lui est impossible de continuer la transaction parce que ses clients réguliers viennent de lui rappeler qu'ils ont avec lui un contrat d'exclusivité. A ce moment, Smith se joint au groupe et Cotroni demande à Biase de le suivre sur la galerie extérieure.

« Smitty est un bon gars, dit-il. Il m'a rendu une couple de services, des grands services. Il m'a jamais trahi. J'ai confiance en Robert aussi. Mais j'aime pas parler devant une troisième personne. Entre deux, un mot est aussi bon qu'un autre. Un troisième est un risque inutile pour les deux, tu comprends. Il y a cinq gars aux Etats-Unis qui contrôlent le marché et le prix du stuff. L'un d'eux m'a téléphoné pour me dire que je ne dois pas accepter de nouveaux clients parce que ça couperait les affaires et qu'il serait impossible de contrôler les prix. Si je te fournis du stuff, tu te feras entre $150 000 et $200 000 la première année. Eux, ils sont pas prêts à absorber une telle perte. A mon avis, nos problèmes viennent du fait que Chow a averti ses amis que vous étiez à Montréal pour acheter du stuff. Mancino est utile parce qu'il connaît beaucoup de gens, mais, à cause de lui, j'ai été refait de $100 000. Ce que vous allez faire, vous allez retourner à New York et vous allez rencontrer Mancino. Salissez-moi à ses yeux, dites ce que vous voudrez de moi. Si vous réussissez à lui faire croire que j'suis un salaud, un gars avec qui vous pouvez pas faire des affaires, revenez et nous bâclerons la transaction. J'saurai, moi, si vous avez parlé avec Manciano et si vous avez réussi à le convaincre de votre dégoût envers moi. »

Cotroni termine en demandant à Biase s'il connaît ses amis « Bootsie » et « Angie » du Lower East Side.

« Non, répond Biase, assez mécontent de la tournure des événements. Et je voudrais savoir pourquoi Robert m'a dit samedi que tout allait s'arranger. Ça fait cinq jours que nous perdons à vous attendre.

— J'sais, dit Pep, mais j'dois tenir compte de l'opinion de mes clients. Ils sont puissants. Ils peuvent me faire ou me casser. »

A ce moment, les deux hommes reviennent dans l'appartement et Biase a alors recours au truc classique: celui de l'argent. Soulevant le matelas de son lit, il exhibe les $14 000 que les autorités du B.A.N. lui ont confiés. Robert sent alors le besoin d'intervenir et, pour rassurer les New-Yorkais, tout en exhibant un petit sac d'outils, il lance:

« Nous voulions faire affaire avec vous autres avant l'appel. Nous avions même les outils qu'il vous faut pour dévisser les appuis-coudes de votre Chevrolet. Faut pas penser qu'on vous faisait marcher. »

Une fois de plus, Cotroni conseille le retour à New York et une entrevue avec Mancino. Il dit à Biase de le rappeler dès le vendredi matin, au numéro Victor 2-0067, et il termine:

« Si vous revenez pour notre affaire, apportez du papier goudronné. Après avoir caché le stuff dans le creux de l'accoudoir, vous recouvrez le trou avec ce papier afin de dépister les douaniers qui, à l'aide de leurs lampes de poche, soulèveraient les cendriers pour voir s'y a rien de caché sous les accoudoirs. »

Enfin, pour montrer sa bonne volonté, Cotroni indique à ses deux clients que lors de leur prochain voyage, si tout va bien, ils auront un appartement et un garage à leur disposition. Ce sera moins dangereux et plus pratique.

Déçus, Biase et Smith regagnent New York le soir même et, dès le lendemain, vont voir Mancino à son appartement de Brooklyn. A leur arrivée, l'homme est à nourrir ses pigeons sur le toit. Ils suivent fidèlement les instructions de Cotroni qu'ils noircissent à qui mieux mieux, tout en déclarant qu'ils vont se rendre en Floride pour tenter d'y trouver un autre contact. Mancino leur promet de leur présenter quelqu'un à leur retour de Floride.

Le vendredi 29 mai, d'une boîte publique à New York, Biase téléphone à Cotroni à Montréal. Le mafioso lui dit de rappeler le lendemain car il est très occupé.

Le samedi 30 mai, Biase, de chez lui, retéléphone à Montréal. Il parle tout d'abord avec un inconnu, puis avec Robert, mais impossible de parler à Cotroni. Le lendemain, nouvel appel de Biase. Cette fois, c'est Jos Seminaro, le beau-père de Pep, qui répond et qui déclare que son gendre est en ce moment occupé avec les élections municipales de Ville Saint-Laurent, une banlieue du nord-ouest de Montréal.

Finalement, le lundi matin, Eddie Smith reçoit un appel de Cotroni qui lui annonce que tout est réglé et que la transaction devra se faire le jour même. Biase et son compagnon quittent le quartier général du B.A.N. vers 13 heures et arrivent au motel *Jacques-Cartier* à 22h15. A peine sont-ils entrés dans leur chambre que le téléphone sonne. C'est Cotroni qui les prévient qu'il arrive. Moins d'une heure après, le groupe est réuni.

Dans la chambre, Biase raconte d'abord son entrevue avec Mancino. Cotroni jubile puis il demande à son client s'il s'est exercé à dévisser l'appui-coude de la Chevrolet. Il ajoute:

« Quand vous recevrez le stuff, vous pourrez faire cette opération ici même dans la cour. Je connais le propriétaire. »

Cotroni ordonne alors à Robert d'aller chercher la marchandise. L'homme à tout faire s'éclipse pour revenir quelques instants plus tard avec deux paquets enveloppés de papier brun. Pep assure alors qu'il a lui-même vérifié la qualité du produit qui atteint 227 degrés de pureté. Il s'agit de deux kilos dont la valeur, déterminée préalablement, est de $14 000. Biase sort son argent dont les numéros ont été notés au B.A.N., et le remet à Cotroni qui le passe à Robert. Celui-ci fait le compte et repasse l'argent à Pep qui le compte à son tour. Puis dans un geste de grand seigneur et d'excuse, Cotroni demande aux deux New-Yorkais combien leur ont coûté leurs voyages jusqu'à maintenant.

« Quatre cents dollars », dit Biase.

Le caïd remet $200 à Biase, en lui disant:

« Nous allons partager. Dorénavant, quand tu voudras communiquer avec moi, téléphone à VIctor 2-0067, à 21 heures. Si j'suis pas là, laisse le message que Pat aimerait qu'on l'rappelle. Il pourra s'écouler jusqu'à trois jours avant que j'rappelle, mais attendez-moi. »

A 23h30, le 2 juin, la première transaction est conclue. Et aussitôt, on songe à la prochaine. Cotroni indique en effet à Biase qu'il reçoit en général sa marchandise entre le quatorzième et le seizième jour de chaque mois et que, pour la prochaine fois, il est encore prêt à faire une exception et à ne vendre que deux kilos, tout en réservant cependant les trois autres. L'agent secret prend bonne note de cette offre puis les deux trafiquants quittent les lieux après avoir demandé aux New-Yorkais de rappeler dans deux ou trois jours pour dire si tout a bien marché. A peine sont-ils partis que Biase et Smith communiquent avec la Brigade des stupéfiants et un rendez-vous est organisé pour le transfert de l'héroïne. A minuit et demi, le 3 juin, dans une petite rue tranquille de Repentigny, en banlieue est, les agents secrets remettent les deux kilos de drogue au sergent Houle et à l'agent Charles Ward, du Bureau des narcotiques. Ils retournent ensuite à New York où on leur annonce que **Carmine Galente** a été repéré et arrêté au New Jersey. (16) Deux jours plus tard, ils préviennent Cotroni que leur voyage de retour s'est parfaitement bien passé.

La suite a lieu le samedi 13 juin. Ce jour-là, Cotroni téléphone à Smith pour savoir pourquoi il n'a pas eu d'autres nouvelles. L'agent double répond qu'on comptait communiquer avec lui le 15 juin. Apparemment satisfait, Cotroni dit qu'il téléphonera à nouveau au début de la semaine afin de savoir quand ils reviendront à Montréal. Quand il rappelle vers 11 heures du matin, le mercredi 17 juin, Biase et Smith sont prêts à partir. On leur a déjà remis les $14 000 nécessaires. Ils informent le trafiquant qu'ils seront au motel *Jacques-Cartier* en fin de soirée.

En fait, les deux agents arrivent à Montréal beaucoup plus tôt. Cependant, tel que convenu, ils se rendent d'abord au motel *Lucerne,* situé plus près du centre-ville, et, dans la chambre no 67, ils retrouvent le sergent Houle et l'agent Ward. Ceux-ci procèdent aussitôt à une fouille de leurs effets afin de pouvoir prouver plus tard quel montant d'argent ils avaient sur eux. Ils notent également pour la seconde fois les numéros des 13 billets de $1 000 et des 10 billets de $100 qui ont été fournis par le Trésor américain et ils avisent les deux agents du système de surveillance mis en place par les limiers de la G.R.C.

A 21h40, Biase et Smith sont prêts à reprendre leur rôle. Une fois de plus, ils vont s'enregistrer au motel *Jacques-Cartier.* Comme la première fois, on leur donne la chambre no 72. Heureusement, puisqu'un agent de la Brigade des stupéfiants a déjà réservé le no 71. Cotroni et Robert s'amènent environ une heure plus tard et une nouvelle discussion s'engage. Encore une fois, Biase prétend ne pouvoir acheter que deux kilos. Il explique que l'un de ses clients à Détroit lui en a commandé un autre mais qu'il a refusé de lui avancer l'argent nécessaire. Il n'a donc avec lui que $14 000. Cotroni est prêt à fournir un kilo supplémentaire à condition toutefois d'être payé immédiatement. Biase hésite, mais finit par lui remettre l'argent. Le trafiquant quitte aussitôt les lieux en promettant de revenir dans peu de temps.

Il n'est pas encore une heure du matin quand le mafioso et son acolyte reviennent. Ils expliquent à Biase que la transaction ne se fera pas avant six heures parce qu'il faut d'abord aller chercher le stuff

---

16. Il recouvrera sa liberté peu après, moyennant un cautionnement en argent.

à la cache et que celui qui en a la garde n'est pas un gars qu'on peut brusquer. Pour prouver leur bonne foi, ils devront attendre eux aussi.

Au cours des heures qui suivent, pendant que Smith et Robert s'absentent pour aller manger, Cotroni et Biase bavardent. Cotroni trouve l'agent secret tellement sympathique — peut-être parce qu'il est Italien — qu'il offre de lui vendre à crédit deux kilos supplémentaires s'il est prêt à rembourser dans les 10 jours et à placer une nouvelle commande. Naturellement, Biase accepte cette offre et dit qu'à la mi-juillet il pourrait sans doute acheter une dizaine et peut-être même une quinzaine de kilos. Satisfait, Cotroni confie qu'il doit se rendre à New York dans une semaine et qu'à cette occasion, il a l'intention de lui présenter quelques-uns de ses meilleurs clients dont « Rocky » (Rocco Sancinella), « Bootsie » (Anthony Di Pasqua) et « Angie » (Angelo Tuminaro):

« C'est des gens qu'il est utile de connaître. Peut-être un jour, t'auras un besoin urgent de stuff et tu pourras pas venir ici rapidement. Ces gars-là pourraient t'aider. Mais s'ils ont eux aussi un besoin urgent, tu devras être en mesure d'les aider. C'est une question de bon voisinage. »

Au milieu de la nuit, Robert, qui est revenu du restaurant avec Smith, reçoit l'ordre d'aller chercher le stuff. Vers 6h15, il est de retour et la transaction est rapidement conclue. A sept heures du matin, le 18 juin 1959, Biase et Smith sont de retour au motel *Lucerne* où ils remettent au commandant de la Brigade des stupéfiants les quatre kilos d'héroïne pure à 100%. Le jour même, ils regagnent la métropole américaine.

Une semaine plus tard, Cotroni se rend à New York. René Robert l'accompagne ainsi qu'un autre ami, Conrad Bouchard, un ex-chanteur, recherché en rapport avec un des vols de banque manigancés par Peter Stepanoff. Dès son arrivée, Pep se met en contact avec Smith qui lui fait croire que son associé est à Détroit pour affaires. En fait, Biase ne veut pas courir le risque d'être présenté aux clients de Pep. Ce dernier est contrarié et en profite pour réclamer une avance de $1 000 sur les $14 000 dus. Ses derniers investissements et un coup bas de l'un de ses clients, explique-t-il à Smith, l'ont mis à court d'argent. Smith appelle immédiatement le B.A.N. qui charge un de ses enquêteurs de se faire passer pour l'associé de Biase. En compagnie de Smith, celui-ci rencontre Cotroni et lui remet les $1 000 exigés. Cela se passe l'après-midi du 23 juin.

Avant de retourner à Montréal, Pep, qui a l'impression que Smith n'est pas en très bons termes avec son nouvel associé, lui offre de devenir courtier auprès de certains de ses clients newyorkais, notamment Sancinella, Di Pasqua, Tuminaro, Mancino et Tony Bender (Anthony Strollo), le bras droit de Vito Genovese. (17) Le trafiquant propose même à l'agent double de revenir avec lui afin qu'il puisse prendre charge de la livraison d'une douzaine de kilos. Smith promet d'y réfléchir.

Le 29 juin, conformément au voeu de Cotroni, Biase et Smith sont de retour à Montréal. Toute la journée, ils tentent en vain de rejoindre le caïd. N'y réussissant pas, Biase décide de rentrer immédiatement à New York et de laisser Smith prendre contact seul avec Cotroni, dans l'espoir qu'éventuellement celui-ci le conduira à l'endroit où il entrepose son héroïne.

Le lendemain midi, Biase est reparti et Smith retrouve Cotroni, Robert et Bouchard. Ensemble, les quatre hommes se rendent au *Bonfire* où les attend Luigi Greco. C'est la première fois que Smith rencontre l'associé de Carmine Galente et du frère aîné de Pep, Vincent, qui séjourne au même moment à New York. (18) Comme c'est la coutume lors de telle rencontre, Greco interroge Smith sur son passé et ses relations. Bientôt, il apparaît à l'agent double que Greco est l'un des principaux soutiens financiers de Pep Cotroni et qu'il est son supérieur hiérarchique. Leader naturel, très autoritaire, Greco ne s'en laisse imposer par personne. Ses décisions ont force de loi dans le Milieu. Une fois l'entretien terminé, Smith accompagne Cotroni et ses amis à Sainte-Adèle, et il constate qu'on se méfie encore de Biase, qu'on s'interroge même sur ses relations dans le Milieu et qu'on espère qu'il s'acquittera de sa dette prochainement. Après cette visite, Smith est content de retourner à New York pour informer son compagnon et le B.A.N.

Pat Biase est chez lui à Long Island lorsque, vers 22h30, le 5 juillet, Cotroni lui téléphone. Le trafiquant veut savoir quand ses nouveaux clients ont l'intention de revenir à Montréal. L'agent secret répond qu'il avait prévu s'y rendre dans deux jours avec Smitty.

---

17. Anthony Strollo, alias Tony Bender, est assassiné peu de temps après sur l'ordre de Genovese.

18. Vincent Cotroni est entré aux Etats-Unis le 27 juin 1959 en compagnie de John Rao, propriétaire d'un salon de barbier, et de son garde du corps, Michel Listorti, qui se dit employé d'une boutique de tailleur appartenant à Jimmy Curio (peusodonyme), mais qui est également gérant du *Café Roméo*. Le 5 mai précédent, Vic Cotroni, son jeune frère Frank et Jos De Francesco s'étaient rendus à New York, à l'hôtel *Edison*.

Cela satisfait Pep qui lui fixe rendez-vous comme à l'accoutumée, au motel *Jacques-Cartier*.

Arrivés à Montréal en début de soirée le 7 juillet, Biase et son compagnon font d'abord une halte au motel *Lucerne* où, comme la dernière fois, en compagnie de leurs confrères du B.A.N. et de la G.R.C., ils mettent au point les derniers détails de l'opération. Il est un peu plus de 21 heures quand ils pénètrent dans la salle à manger du motel *Jacques-Cartier*. Cotroni et Robert, qui sont là déjà depuis un bon moment, les accueillent poliment. A peine quelques banalités ont-elles été échangées, que Cotroni dit à Biase qu'il veut s'entretenir avec lui seul. Après le repas, l'agent secret et son hôte quittent donc leurs compagnons et vont s'installer, à la suggestion du mafioso, dans son automobile stationnée devant l'établissement.

« J'aime pas trop ça parler dans la chambre. Ça pourrait être buggé. Avant de discuter affaires, j'voudrais d'abord t'parler de Smitty. J'ai pas trop aimé son attitude quand y est venu à mon party, au chalet, le soir que t'as pas pu venir. Y a une grande gueule et y parle trop. Quand j'suis descendu à New York la dernière fois, quand t'étais à Détroit, j'y ai dit à un moment donné qu'on était suivi. Mais y a passé son temps à m'dire de pas m'en faire, que j'me faisais des idées. Tu devrais le laisser tomber, Pat. Je le truste plus. »

Biase se rend compte que Cotroni a choisi Smith, un non-Italien, comme bouc émissaire et a transféré sur lui ses soupçons:

« T'en fais pas pour lui, Pep. C'est mon associé et j'me charge de l'éloigner. Il est payé régulièrement, mais il veut pas être impliqué dans les deals.

— En tout cas, moi j'veux faire affaire qu'avec toi. J'peux t'faire faire entre trente et quarante mille de plus par mois si tu veux. Mais avant, y faudrait que tu m'donnes quelques noms, des références, des gens qui pourraient te recommander. J'suis prêt à t'livrer du stuff mais j'veux des garanties. J'ai 15 kilos de prêts pour Angie et Bootsie parce que j'sais que j'peux me fier à eux. Tu comprends, y faut que j'sois sûr de mon coup.

— J'comprends, mais tu trouves pas que les deux derniers deals prouvent que j'suis régulier? Si ça peut t'rassurer, tu peux appeler Smashy, Tony Bianca et Ralph Fagilone. A Philadelphie, ils sont très bien connus là-bas et respectés. Ils me connaissent depuis longtemps. C'est les meilleures références que j'peux t'donner. »

En disant cela, l'agent du B.A.N. remet à Cotroni le nom et le numéro de téléphone d'une firme d'autos usagées où il est possible de rejoindre ces gens. Bien entendu, il néglige de lui dire que

Smashy est un truand « converti » comme Smith, que Tony Bianca est le nom d'emprunt d'un agent officiel du B.A.N. infiltré dans le Milieu, et que Fagilone est un caïd que les deux premiers ont embobiné. Le trafiquant semble rassuré:

« O.K. Pat. J'savais que t'étais un bon gars. Si tout est correct, j'ai quelque chose d'intéressant pour toi. Qu'est-ce que tu dirais d'avoir huit kilos à crédit, sans avoir à débourser une seule cenne? Si t'étais prêt à t'charger d'une livraison de 15 kilos pour moi, ça pourrait s'arranger. De toute façon, penses-y. J'te rappellerai demain. »

L'entretien est terminé. Robert rejoint son patron et ils s'en vont. Le lendemain midi, les quatre hommes se retrouvent une fois de plus dans la salle à manger du motel *Jacques-Cartier.* Plus détendu que la veille, Cotroni reprend sa proposition sur la livraison d'un stock d'héroïne à New York en indiquant cette fois à Biase que, dans la soirée, il serait prêt à lui fournir 6 kilos (13 livres). Le repas terminé, il suggère une petite promenade en ville, histoire de bavarder un peu.

« As-tu apporté l'argent que tu m'dois? En as-tu un peu pour les six kilos? demande le caïd, aussitôt installé dans l'auto.

— On n'avait pas convenu, répond Biase, que j'te rembourserais les $13 000 vers le 15 juillet et que les six kilos seraient à crédit?

— Oui, oui, j'sais, mais tu pourrais pas m'en donner un peu tout de suite?

— T'es pas mal exigeant, mais de toute façon, j'ai $40 000 chez moi. Arrête à un téléphone, j'vais appeler à New York pour voir ce que j'peux faire. »

Robert stoppe le véhicule devant une cabine publique et l'agent secret téléphone à sa femme qui avait été prévenue dans ce cas d'avertir « Frank », le collègue du B.A.N. qui avait déjà joué le rôle de son associé. De retour à l'auto, Biase déclare:

« Mon homme arrivera ce soir à 10 heures avec l'argent. Ça fait-tu ton affaire?

— Parfait, mais oublie pas, j'fais affaire qu'avec toi. J'veux voir personne d'autre. Arrange-toi pour pas amener ton gars au motel. »

Sur le chemin du retour, le trafiquant assure Biase que, s'il peut vérifier ses références, tout sera prêt pour 22 heures: les six kilos et les 15 autres (13 et 33 livres, respectivement) destinés à Tuminaro et Di Pasqua. A 14 heures, ils sont tous de retour au motel *Jacques-*

Cartier. Les Montréalais prennent congé de leurs clients tandis que ceux-ci, après une demi-heure d'attente, retournent au motel *Lucerne* pour faire rapport des derniers développements. Personne n'est très heureux de la situation. La question d'argent préoccupe beaucoup les policiers, car cette fois, ni le Trésor américain, ni la Gendarmerie royale n'ont l'intention d'investir d'importantes sommes d'argent, à moins d'être certains de pouvoir recouvrer l'argent et la drogue. Or, on se méfie de Cotroni. Certes, il n'a pas exigé le paiement à l'avance, mais rien n'assure qu'il ne le fera pas au dernier moment, d'autant plus que les rapports provenant de Philadelphie indiquent qu'il n'a pas encore communiqué avec les amis de Biase. Après discussion, on décide de procéder sans délai aux arrestations, dès que Cotroni se montrera trop exigeant. D'autre part, afin de parer à toute éventualité, un agent se rendra à l'aéroport de Dorval afin de se mêler aux passagers arrivant de New York. Ainsi, si jamais Cotroni décidait d'envoyer quelqu'un épier l'arrivée de l'associé de Biase, il ne serait pas déçu.

En fin d'après-midi, Biase et Smith sont de retour au motel *Jacques-Cartier.* Comme convenu, à 20h20, Smith se rend en taxi à Dorval afin d'accueillir le faux associé. Il est parti depuis déjà un bon moment quand soudain Biase se rend compte qu'il a emporté avec lui les clés de leur automobile. Or, Cotroni doit justement venir chercher le véhicule pour y dissimuler l'héroïne. Furieux, Biase se rend dans la toilette et frappe contre le mur pour avertir le confrère de la Brigade des stupéfiants, habilement posté dans la chambre voisine, de se pencher à sa fenêtre. Faisant de même, Biase lui explique la situation et lui demande de prévenir qui de droit pour qu'on envoie quelqu'un de toute urgence à Dorval pour ramener les clés. Le message est transmis et un agent est chargé de la mission. Malheureusement, Cotroni arrive plus tôt que prévu. A 22 heures, il fait son entrée dans la chambre de Biase.

« Salut Pat! Ton stuff est prêt mais j'ai pas encore eu de nouvelles pour l'autre livraison. Mes gens de New York sont pas encore prêts avec leur argent. As-tu tes clés qu'on s'occupe de ton affaire? »

Embarrassé et mal à l'aise, l'agent secret feint de les chercher partout puis, sur un ton rageur, il lance:

« Smitty, ce bâtard de cave, y est tellement excité qu'y est parti avec les clés. Maudite affaire! Ça prend-tu un cave pour faire ça! »

Visiblement ennuyé, Cotroni décide d'aller rejoindre René Robert dans son automobile et d'y attendre Smith. Biase n'a pas le choix et l'accompagne.

« Décidément, Smitty n'est pas fait pour ce genre de business, déclare Cotroni, y parle trop, ses manières sont trop rudes et y est trop fanfaron. La dernière fois à New York, j't'l'ai dit, y voulait pas me croire quand j'lui disais qu'on était suivi. Eh bien, le gérant de l'hôtel Edison m'a dit lui-même que les fédéraux nous surveillaient. C'est pour ça qu'on est parti deux jours avant le temps. »

A ce moment, René Robert intervient à son tour:

« Une chance qu'on est partis avant, on a appris après qu'ils nous cherchaient pour nous amener à Chicago pour les bons volés. (19)

— Dans ce genre de business, reprend Cotroni, tu dois être très calme et ne laisser savoir à personne ce que tu fais.

— Moi qui pensais, dit Biase, que tu m'aimais pas, justement parce que je voulais rien dire.

— Non, et c'est pour ça que j'ai décidé de faire des affaires avec toi.

— Je pense, Pep, que mon associé qui arrive de New York ne voudra probablement pas remettre l'argent à Smith qu'il ne connaît pas trop, trop. Il va sans doute exiger un mot de moi. »

_____

19. Le 30 juin précédent, à l'issue d'une enquête du F.B.I., un Grand Jury fédéral de Chicago a en effet inculpé formellement Cotroni, Robert et trois Américains en rapport avec des recels d'obligations volées à la *Brockville Trust and Savings Company,* en mai 1958. Les trois complices américains, Salvatore « Sam » Mannarino (l'un des patrons de la Mafia de Pittsburgh avec son frère Gabriel, un délégué d'Apalachin, et un associé de Santos Trafficante dans le *Sansoucy Club* de La Havane), William W. Rabin (un consultant financier de Chicago et un ex-partenaire commercial de Mannarino) et Norman Rothman (un trafiquant d'armes et de drogues et un financier du jeu à Cuba où il était très lié avec le dictateur Batista et les trafiquants corses et montréalais), ont été arrêtés par le F.B.I. le 2 juillet.

Dans cette affaire, l'enquête a démontré qu'en octobre 1958, William Rabin, de la *Central Trust Corporation,* a obtenu un important prêt de la *Central Bank* en donnant en garantie quelque $98 000 d'obligations provenant du vol de Brockville perpétré par l'organisation Cotroni. En complicité avec un avocat international de Washington, George E. Rosden, Rabin a mis sur pied la *Central Trust* quatre jours avant la demande de prêt. En janvier 1959, Rabin s'est rendu en Suisse en compagnie de Rosden qui lui a présenté un banquier. Celui-ci a introduit les deux escrocs au *Crédit Suisse* qui prêta ensuite à Rabin $87 500 sur les obligations de Brockville valant $140 000. Dans ces opérations, Mannarino et Rothman sont les bailleurs de fonds qui ont présenté Rabin à Cotroni, lequel a fourni les stocks d'obligations volées.

A ce moment, un employé du motel s'approche du véhicule et informe Biase qu'il y a un appel téléphonique pour lui.

« C'est sans doute Smitty qui veut savoir quoi faire! » commente Biase en quittant l'auto.

Effectivement, il s'agit de Smith. Biase lui indique donc de venir le retrouver afin qu'il lui remette un mot et il lui recommande de ne pas oublier les clés de l'auto. Puis, il rejoint Cotroni et Robert et leur fait part de sa conversation.

« Qu'as-tu l'intention de faire, Pep? demande ensuite l'agent.

— Aussitôt que nous aurons les clés, Bob et moi, on va prendre l'auto et on va aller y dissimuler le stuff. Quand on aura fini, on va stationner l'auto quelque part et on viendra vous chercher pour vous conduire. J'pense bien que vendredi, tout sera prêt pour que tu puisses livrer les 15 kilos à New York. Les gens que tu vas pouvoir rencontrer sont les meilleurs.

— De qui parles-tu, Pep?

— Je t'l'ai dit, ce sont Angie et Bootsie. »

En disant cela, Cotroni remet un bout de papier à Robert en lui demandant d'aller téléphoner pour savoir si tout va bien. Ce dernier se rend dans la cabine téléphonique située devant le motel et quelques instants plus tard, il revient pour demander à Pep de venir au téléphone. Quand celui-ci regagne l'automobile peu après, il déclare à Biase:

« Tout est en ordre. Mes amis de New York vont venir vendredi avec $90 000. J't'appellerai et tu viendras chercher le stuff pour leur livrer. Mais tu devras faire ça seul. Smitty ne doit pas être mêlé à ça. »

Sur ces entrefaites, Smith arrive en taxi. En toute hâte, Biase va à sa rencontre et prend les clés qu'il remet aussitôt à Cotroni. Puis il se dirige à la réception du motel où, sur un bout de papier qu'on lui donne, il écrit à Smith le mot suivant: « Donne tout à Eddy. Patty. » Et pendant que Smith prend le billet et repart en taxi, il rejoint les deux trafiquants.

« Ecoute Pat, lui dit Cotroni, tu devrais me donner un numéro de téléphone où je pourrais te rejoindre facilement à New York.

— On n'a rien pour écrire ici. Viens avec moi dans ma chambre, j'ai ce qu'il faut. »

Dans la chambre, Biase écrit son numéro et Cotroni le retranscrit selon son code personnel. L'agent en profite donc pour amener le trafiquant à répéter sa méthode de livraison afin de s'assurer que tout sera prêt au retour de Smith. Le tout ne dure que quelques minutes, après quoi les deux hommes rejoignent Robert.

« Nous serons de retour d'ici une heure, » lance ce dernier pendant que son patron prend place à ses côtés.

Biase se tient près du véhicule qui commence à rouler lentement. A peine l'automobile a-t-elle fait quelques pieds que, soudain, elle s'immobilise. Convaincu que quelque chose ne tourne pas rond, l'agent secret s'approche pour savoir ce qui se passe.

« J'pense que ça serait plus sûr si nous attendions que Smitty revienne avec l'argent, dit Cotroni pendant que Robert se penche vers lui pour lui dire quelques mots.

— Qu'est-ce qu'il a dit? demande Biase.

— Bob vient de me rappeler que l'endroit où on voulait aller est un garage en réparation et que l'accès en est interdit. Aurais-tu objection à ce que l'on mette le stuff dans l'auto sans le dissimuler dans les appuis-coudes?

— D'accord, j'm'en occuperai ici mais dépêchez-vous, Smitty va arriver bientôt.

— J'pense qu'on serait peut-être mieux d'attendre pareil son retour, insiste Cotroni. »

Biase ne sait que faire. S'il refuse la demande du trafiquant, celui-ci laissera tout tomber et quittera les lieux. D'autre part, les instructions sont claires: pas d'avance! Il n'a donc pas le choix. Rapidement, il sort de l'une de ses poches un mouchoir blanc qu'il agite au-dessus de sa tête en secouant celle-ci. C'est le signal! En quelques secondes, des dizaines d'agents de la G.R.C. et du B.A.N., qui depuis le début travaillent dans l'ombre, entourent le véhicule des trafiquants, rendant impossible toute idée de fuite. Pourtant, malgré cela, René Robert tente sa chance, mais à peine a-t-il fait quelques pas, qu'il est vigoureusement maîtrisé par un limier de la Brigade des stupéfiants. De son côté, Cotroni a compris. Il se contente de dire:

« Ça y est. Merde alors! »

Quelques instants plus tard, se retrouvant face à face avec Biase, en qui il avait mis toute sa confiance, il ajoute cependant rageusement:

« Nous savons comment traiter les gars de ton espèce.

— Tu te trompes, Pep, lui répond Biase, qui se rend compte que le trafiquant le prend pour un informateur et un traître. Je suis pas un

« stool », comme tu penses. Je suis un agent fédéral du Bureau des narcotiques des Etats-Unis. »

Stupéfait, le caïd montréalais ne dit plus rien. Conduit au quartier général de la G.R.C., il conservera son mutisme jusqu'au procès.

Au cours de la nuit, les agents de la Brigade des stupéfiants ne chôment pas. Des dizaines de perquisitions sont effectuées. Le chalet de Sainte-Adèle est fouillé, l'appartement de la rue Ridgewood, la maison de Pep, celles de ses frères également. Tous les endroits susceptibles de renfermer des indices sont visités et un grand nombre de truands et d'amis de Cotroni sont arrêtés pour interrogatoire. Parmi eux, Peter Stepanoff, déjà condamné pour recel d'obligations volées, et Conrad Bouchard qui est remis entre les mains de la Police provinciale qui le recherche déjà depuis un certain temps.

Les représentants du B.A.N., eux non plus, ne demeurent pas inactifs. Responsables des deux témoins à charge, ils organisent rapidement un système de protection inattaquable. Smith, qui des deux a le plus à craindre les représailles du Milieu, est conduit sous bonne garde dans un chalet isolé, aux Etats-Unis. Durant des mois, il sera protégé jour et nuit et, afin d'assurer sa sécurité, la justice canadienne se rendra même à New York pour recueillir son témoignage.

La première comparution de Cotroni et de son comparse en Cour criminelle a lieu dès le lendemain. Accusés de trafic et de conspiration pour avoir vendu plus de $8 millions d'héroïne, les deux truands n'obtiennent pas de cautionnement et le juge Marc-André Blain fixe l'enquête préliminaire au 16 juillet. A cette date, une autre accusation est portée contre Cotroni, soit d'avoir recélé des obligations volées à la *Brockville Trust and Savings Company.*

Le principal témoin dans cette affaire est un immigrant italien, Luigi Mariani, un ingénieur diplômé de l'université de Zurich. A son arrivée au Canada, comme il ne pouvait travailler dans sa profession, il a été embauché par Cotroni comme gérant de sa taverne, rue Ontario est. Quand par la suite, Cotroni entreprit la rénovation de l'établissement, il lui confia la responsabilité des travaux. Pour payer l'achat des matériaux et les salaires des ouvriers, le mafioso lui remit une somme de $9 700 sous forme d'obligations diverses. Il les déposa à la Banque canadienne nationale qui les lui crédita à son livret de banque pour s'apercevoir plus tard qu'il s'agissait d'obligations volées.

Le magistrat chargé de l'affaire de trafic d'héroïne est le juge Wilfrid Lazure de la Cour du Banc de la Reine, le même qui, en 1949, a eu le dossier de d'Agostino. C'est devant lui que débute, le 19

Pep Cotroni et René Robert après leur arrestation alors qu'ils sont conduits au Palais de Justice où ils comparaîtront pour trafic d'héroïne. (Photos *Allô Police*)

octobre suivant, le procès de Cotroni. Le premier témoin appelé à la barre est Patrick Biase. Interrogé par le procureur de la Couronne, Me Jean-Paul Sainte-Marie, qui deviendra plus tard l'avocat personnel du grand patron Vincent Cotroni, (20) l'agent du B.A.N. raconte pendant des heures les moindres détails de sa mission. Précise, sa déposition est au fur et à mesure corroborée par les enquêteurs de la Brigade des stupéfiants qui, durant toute l'opération, ont discrètement surveillé les allées et venues des trafiquants. (21) Au milieu de la troisième journée, son récit n'est pas encore terminé quand soudain Cotroni demande la parole.

« Votre Honneur, dit-il d'une voix à peine audible, je plaide coupable. »

Quelques instants auparavant, ses derniers espoirs s'étaient écroulés quand l'agent Biase avait abattu sa carte maîtresse. Cet atout, c'était un petit émetteur transistor Schmidt que l'agent secret avait porté sur lui durant toutes ses entrevues avec Cotroni. Toutes les conversations supposément secrètes, toutes les tractations entre Biase, Smith et les deux trafiquants avaient été captées, notées, datées au jour, à l'heure et à la minute par les techniciens de la Gendarmerie royale.

Après l'aveu surprise de son patron, René Robert n'a plus le choix. Hospitalisé pour avoir mystérieusement absorbé des barbituriques, il est informé de la tournure des événements et à son tour, il plaide coupable.

Le prononcé des sentences a lieu au mois de novembre 1959. Le 9, pour s'être livré au trafic de l'héroïne, Giuseppe Cotroni, 39 ans, est condamné à purger une peine de 10 ans de pénitencier et à payer une amende de $88 000, dont $28 800 serviront à rembour-

---

20. Me Sainte-Marie a expliqué depuis que son client Vincent Cotroni avait décidé de recourir à ses services, parce que, de l'avis de ce dernier (Cotroni), il (Me Sainte-Marie) était sans doute le seul avocat à savoir qu'il n'était pas le caïd du Milieu qu'on disait.

21. Le procès et les nombreux témoignages incriminants nuisent considérablement à la façade de respectabilité qu'a toujours tenté de se donner la famille Cotroni. Au sein de la colonie italienne de Montréal où la Mafia est omniprésente et crainte de tous, les propriétaires du journal *Cittadino Canadese*, Nick Ciamara et Emile Putalivo, sont l'objet de menaces visant à empêcher que l'on parle de l'affaire Cotroni. Alfred Gagliardi, le propriétaire du *Corriere Italiano*, le second journal de langue italienne de Montréal, n'est pour sa part aucunement inquiété. Conseiller municipal et grand ami de la famille Cotroni, Gagliardi ne publie aucun texte sur la cause.

René Robert

ser le Trésor américain et la Gendarmerie royale pour les dépenses encourues. (22) De son côté, René Robert, 31 ans, est condamné, le 20 novembre, à huit ans de prison.

Reste le recel des obligations de Brockville. Trouvé coupable à l'issue d'un autre procès, Cotroni est finalement condamné, le 18 mai 1960, à une peine additionnelle de sept ans de réclusion, qu'il doit purger consécutivement à la première. Coïncidence, cette dernière condamnation survient quelques jours à peine après qu'un Grand Jury fédéral du district sud de New York l'ait formellement inculpé de trafic d'héroïne, lui, Carmine Galente, Big John Ormento, Salvatore Giglio et beaucoup de ceux qui, de près ou de loin, ont transigé avec eux. Au total, 29 trafiquants montréalais et newyorkais sont accusés par le Grand Jury qui chiffre à 600 kilos (1 320 livres) la quantité d'héroïne qu'ils ont mise sur le marché depuis le mois de mai 1957, soit le joli butin de $633 660 000. (23)

---

22. Peu avant le prononcé de cette sentence, des proches de Pep Cotroni avaient contacté la Brigade des stupéfiants dans l'espoir d'obtenir une faible condamnation en échange de la cache d'héroïne du trafiquant. Pour prouver leurs intentions, les individus en cause avaient même fait parvenir deux kilos (un peu plus de 4 livres) d'héroïne aux agents fédéraux.

23. Parmi les trafiquants, non seulement accusés mais dénoncés par le Grand Jury, figurent les Montréalais Giuseppe Cotroni, Luigi Greco, Peter Stepanoff, René Robert, Conrad Bouchard, Jack Lutherman et Solomon Schnapp, le Corse Gabriel Graziani et les Américains Carmine Galente, John Ormento, Salvatore Giglio, Angelo Tuminaro, Anthony Di Pasqua, Carlie Di Pietro, Frank Mari, Frank Mancino, Joseph Vecchio, Rocco Sancinella, Carmine Polizzano, Salvatore et Carmine Panico, Philip et Marcantonio Orlandino, David Petillo, Salvatore Sciremammano, Angelo Loiacano, William Bentvena, William Struzzieri, Charles Gagliadatto, Benjamin Indiviglio, Anthony Mirra, Joseph Fernandez, Richard McGovern, Jack Gellman et Samuel Monastersky.

Cette dernière condamnation de Pep Cotroni survient trois mois après que le Bureau des narcotiques ait arrêté à Miami son frère aîné Vincent, soupçonné d'être l'un de ses principaux soutiens financiers. Au moment de son arrestation, le 7 février 1960, Vic revenait de Cuba en compagnie d'une amie et de Fernand Pierre Lefebvre, le propriétaire du motel *Jacques-Cartier*. Deux autres Montréalais ont également été arrêtés à Miami. Irving Ellis et Solomon Schnapp, deux caïds juifs, étaient venus apporter à Cotroni l'argent nécessaire pour sa mise en liberté sous caution. Cité dans

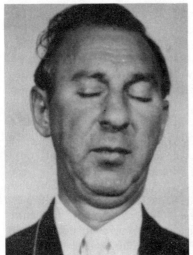

Solly Schapp   Irving Ellis

l'acte d'accusation du Grand Jury à New York, Solly Schnapp a été détenu quelque temps comme Vic Cotroni, pour complicité pour infraction à la loi fédérale des stupéfiants des Etats-Unis. Faute de preuve, les deux caïds bénéficieront cependant, quelques mois plus tard, d'un abandon des procédures.

A New York, le procès de Galente et des autres trafiquants américains est beaucoup plus long et beaucoup plus agité que celui de Pep Cotroni et René Robert. En fait, il y en a même deux, le premier devant être annulé à cause de l'abandon de plusieurs jurés dont le président, blessé grièvement dans un mystérieux accident. L'un des incidents qui marque le plus les 19 mois de débats judiciaires est la défection publique de l'un des principaux témoins à charge, Suzanne Cadieux, la compagne de René Robert.

Ayant jugé que les complices de son homme n'ont rien fait pour lui venir en aide efficacement, Mlle Cadieux a offert à la Brigade des stupéfiants et au Bureau des narcotiques de témoigner contre Carmine Galente et quelques autres trafiquants qu'elle a personnellement connus. Elle dépose effectivement contre eux au cours du premier procès. Mais pour le second, elle fait marche arrière. Selon les renseignements confidentiels recueillis par la G.R.C., c'est Luigi Greco qui a orchestré cette volte-face. Il a notamment envoyé l'un de ses protégés, Conrad Bouchard, accompagné d'un criminaliste de renom, rencontrer René Robert au pénitencier. Le résultat ne s'est pas fait attendre car, peu après, le 17 janvier 1962, Suzanne Cadieux convoque une conférence de presse à l'hôtel *Mont-Royal*. Assistée par deux autres avocats, Mes Léo-René Maranda et Jean Salois, défenseurs de plusieurs membres du clan Cotroni, elle a déclaré avoir fait un faux témoignage sous la pression de promesses pécuniaires et morales, notamment la libération conditionnelle rapide de son amant. (24) Malgré ce changement d'attitude, elle est malgré tout contrainte de témoigner à Montréal devant une Commission rogatoire américaine. Bien que l'ensemble de ses réponses soient jugées insatisfaisantes, elle admet néanmoins avoir aidé la G.R.C. dans plusieurs causes de narcotiques.

Le second procès contre les Américains prend fin en juillet 1962, 20 jours après le début des procédures. Treize des inculpés sont alors déclarés coupables et condamnés à de lourdes sentences. Carmine Galente est condamné à 20 ans de réclusion et à une amende de $20 000, tandis que Big John Ormento récolte, outre une amende identique, 40 ans de détention. Au total, les 13 sentences se chiffrent à 266 ans de pénitencier. Cinq trafiquants sont toutefois épargnés; l'un d'eux, Frank Mari, est acquitté et les quatre autres, Salvatore Giglio, Angelo Tuminaro, Anthony Di Pasqua et Benjamin Indiviglio, ont profité de leur cautionnement pour disparaître de la circulation. (25)

Deux mois plus tard, en septembre 1962, le Marseillais Antranik Paroutian est condamné à son tour à New York à 20 ans de prison. Il était, on le sait, l'un des principaux fournisseurs de Pep Cotroni et l'associé du Corse Gabriel Graziani, l'un des coconspirateurs inculpés par le Grand Jury. (26)

---

24. L'avocat qui a accompagné Conrad Bouchard lors de la visite à René Robert n'est pas l'un des deux conseillers juridiques de Mlle Cadieux.

25. Salvatore Giglio, que plusieurs croyaient mort, sera retrouvé en 1972 à Los Angeles. Arrêté à cause des accusations portées contre lui en 1960, il est condamné à l'emprisonnement.

26. Après sa libération dans les années 70, Antranik Paroutian retourne à Marseille où, au printemps 1975, il est kidnappé par des inconnus. On n'a plus entendu parler de lui depuis.

Chapitre VII

Rivard et la "French Connection"

Peu avant l'arrestation et la condamnation de Pep Cotroni, Lucien Rivard revient à Montréal. A Cuba, où il était installé depuis l'été 1956, les affaires ne sont plus possibles. Depuis le début de janvier 1959, Fidel Castro et Che Guevara sont à la tête du gouvernement cubain. Avec leurs guérilleros, ils ont renversé le régime corrompu du dictateur Fulgencio Batista et ont lancé une vaste entreprise d'épuration. Dès les premiers jours, forts de la reconnaissance diplomatique des grandes puissances, y compris celle des Etats-Unis, ils ont créé un ministère de l'épuration et organisé la chasse aux dénonciateurs et autres collaborateurs du régime Batista.

Habilement, ils se sont d'abord attaqué à l'élite autochtone et aux adversaires politiques et ils ont laissé aux étrangers, en particulier aux gangsters, la liberté de vaquer à leurs occupations et de rouvrir leurs casinos, leurs tripots et leurs boîtes de nuit. C'était en quelque sorte un dédommagement pour l'aide financière et matérielle (surtout des armes) que les caïds de la pègre avaient fournies aux guérilleros. Cette attitude conciliante à l'égard des pégriots ne s'est cependant pas éternisée et, moins de six mois après la prise du pouvoir, Castro a lancé une grande offensive contre le banditisme et la mainmise étrangère sur les établissements de jeu cubains. A la mi-mai, la majorité des truands étrangers se trouvant encore à Cuba furent emprisonnés. Parmi eux, de nombreux Américains dont plusieurs hommes de Meyer Lansky, y compris l'un des principaux lieutenants, son frère Jack et quelques Canadiens, dont Lucien Rivard et ses amis Gerry Turenne et Bill Lamy. Ce dernier, on se rappellera, a été condamné à six mois de prison en mars 1950 pour trafic d'héroïne. Depuis, son nom a souvent été associé à celui de Rivard. Turenne est un ancien lutteur montréalais bien connu dans le monde des cabarets. Il agit comme garde de corps du caïd.

Pour plusieurs, le séjour dans les cachots de La Havane n'a été que de courte durée, soit le temps nécessaire pour procéder à leur déportation. Arrêté le 6 mai, Bill Lamy, par exemple, a été relâché cinq jours plus tard quand il a été établi qu'il n'avait rien à voir avec la gérance des maisons de jeu. Expulsé aux Etats-Unis, il a cependant été arrêté à nouveau à son arrivée à Miami où les enquêteurs de la douane l'ont interrogé sur sa participation au trafic international de l'héroïne. Faute de preuves, il a toutefois été relâché dès le lendemain.

Dans le cas de Rivard, cela s'est passé différemment. Propriétaire de boîtes de nuit transformées en paradis de machines à sous, trafiquant d'armes et de drogues, associé aux hommes de la Mafia, il était devenu un personnage dans l'île. Comme tous les caïds étrangers, il avait soutenu financièrement Batista qui percevait un tribut sur tous les rackets. Certaines informations parvenues aux oreilles de la Brigade des stupéfiants à Montréal veulent même qu'il ait payé hebdomadairement plus de $20 000 de redevances au régime dictatorial. Quoi qu'il en soit, pour les révolutionnaires, malgré ses livraisons d'armes, Rivard était un exploiteur et un collaborateur et, à ce titre, il méritait la mort. On songeait donc à le fusiller quand, au mois de juin, l'avocat montréalais Raymond Daoust entra en scène. Après avoir écrit au ministère des Affaires extérieures, à Ottawa, pour qu'on intercède en faveur de Rivard auprès des autorités cubaines, Me Daoust se rendit à La Havane pour plaider sa cause. Quels arguments fit-il valoir? On l'ignore. Mais le 19 juin 1959, le décret ministériel numéro 1514 ordonnait l'expulsion de Lucien Rivard pour complicité dans le trafic de cocaïne. Cinq jours plus tard, le trafiquant était de retour à Montréal. A un agent de la G. R.C., il confiera un jour que s'il avait pu rester à Cuba encore deux ans, il serait devenu multimillionnaire.

Avec l'arrestation de Pep Cotroni, Rivard est maintenant en mesure de reprendre, pour son propre compte, le leadership de l'importation de l'héroïne au Canada. A moins que son ancien associé ne réussisse à faire présenter un des siens à ses fournisseurs, il est maintenant le seul à pouvoir compter sur l'approvisionnement des trafiquants français. La Brigade des stupéfiants le sait et c'est pourquoi une surveillance discrète entoure ses déplacements depuis son retour. Mais le caïd est prudent et n'ignore pas que les agents fédéraux s'intéressent à lui. D'ailleurs, il lui arrive parfois de repérer leurs filatures et alors, au lieu de multiplier les acrobaties pour les semer, il préfère s'arrêter net et leur demander ce qu'ils veulent, sans jamais se départir de son sourire narquois.

En septembre 1959, après l'arrestation de Cotroni, Rivard prend des vacances et séjourne quelques mois dans la région d'Oka, au nord-ouest de Montréal. Il loge au chalet d'été de Bill Lamy qui ferait tout pour lui, et il fréquente régulièrement l'hôtel *Saint-Placide*, dans la municipalité du même nom. L'établissement appartient à l'un de ses vieux amis, Lou Grégoire, qui est connu de la Brigade des stupéfiants depuis le début des années 50. En 1957, Rivard lui avait demandé de gérer l'une de ses boîtes de nuit cubaines, le club *Las Vegas*, de La Havane, et c'est ce qu'il a fait jusqu'au printemps 1958, alors qu'il est revenu au Québec et a acheté son hôtel. Au cours de cette période de tranquillité, Rivard est aussi en contact constant avec quelques-uns de ses amis les plus dévoués, comme Blackie Bisson, Butch Munroe, Larry Buckszar, Thomas Pythel et Joseph-Raymond Perreault. Certains d'entre eux feront parler d'eux plus tard, comme nous le verrons.

On peut croire que Rivard a abandonné ses activités dans la contrebande de l'héroïne, mais bientôt de nouveaux faits indiquent qu'il n'en est rien. Au début du mois d'avril 1960, les limiers de la G.R.C. sont informés que le caïd séjourne depuis quelques semaines à Acapulco et qu'au même moment, quatre trafiquants internationaux de renom sont de passage au Mexique. Il s'agit selon les agents du département du Trésor américain, de Paul Mondolini (associé de longue date de Rivard, dont nous avons parlé), de Marius Cau (le Marseillais en compagnie duquel Gabriel Graziani a été arrêté en avril 1958, en Suisse, en possession d'obligations volées par la bande Cotroni-Stepanoff) et de deux mafiosi de Palerme, Pietro Davi et Rosario Mancino (fichés pour leur association avec Lucky Luciano, les frères Ugo et Salvatore Caneba et les contrebandiers corses). (1)

Le 8 avril, alertée par les enquêteurs de la douane américaine, la police fédérale mexicaine arrête Paul Mondolini à l'aéroport de Mexico au moment où il va s'embarquer à bord d'un avion en partance pour l'Europe via Cuba. Interrogé, le trafiquant corse prétend qu'il est venu au Mexique en vacances. N'ayant rien de précis à lui reprocher, si ce n'est la possession illégale de dix pesos en or d'une valeur de $50 chacun, les autorités mexicaines ne peuvent faire autre chose que de le déporter en France.

---

1. Ne pas confondre Rosario Mancino avec Frank Mancino, dit Chow, l'un des clients de Pep Cotroni dont il a déjà été question dans le chapitre précédent.

Le 14 avril, c'est au tour de la Gendarmerie royale de passer à l'action et d'intercepter, à leur arrivée à l'aéroport international de Dorval, Pietro Davi et Rosario Mancino. La veille, les deux mafiosi qui arrivaient de Mexico ont été interrogés plusieurs heures par les douaniers newyorkais. A Montréal, les formalités durent huit heures, au terme desquelles les deux voyageurs décident qu'il est préférable de rentrer sans tarder en Italie. Heureusement pour eux, car les agents fédéraux avaient décidé de leur laisser quelques jours de liberté en terre canadienne, histoire de voir s'ils prendraient contact avec certains membres de la Mafia ontarienne. Des informations voulaient en effet qu'ils soient en rapport avec les frères Alberto et Vito Agueci, de Toronto, et Johnny Papalia, de Hamilton, qui ont mis sur pied une importante filière d'héroïne. (2)

Le 19 avril, une fois de plus, la G.R.C. intervient. Cette fois, c'est Marius Cau qui est arrêté à sa descente d'avion à Dorval.

2. Au printemps 1961, les frères Agueci, Papalia (qui a déjà travaillé à Montréal pour le compte de Luigi Greco et Carmine Galente) et un de leurs courriers, Rocco Scopelletti, seront arrêtés et inculpés à New York pour trafic international d'héroïne. Avec l'accord de Stefano Magaddino, de Buffalo, dont l'autorité s'étend jusqu'en Ontario, ils se sont associés avec un groupe newyorkais de la famille Genovese, dirigé par Anthony Strollo, alias Tony Bender, l'un de clients de Pep Cotroni. Originaires de la ville de Salemi, dans la province de Trapani, en Sicile, les frères Agueci sont en affaires depuis le début des années 50 avec les dirigeants de la Mafia de l'endroit, Salvatore Zizzo, Francesco Paolo Feliccia, Salvatore Valenti, Vincenzo Ditrapani, Cologaro Robino, Giuseppe Palmeri, Leonardo Crimi et les frères Giuseppe et Serafino Mancuso. Approvisionnée en héroïne par les Corses Antoine Cordiliani, un ancien collaborateur de François Spirito, et Joseph Césari, le demi-frère de Dominique Albertini, la Mafia de Salemi expédie la drogue à l'organisation torontoise dans des valises à double fond que transportent des immigrants italiens, souvent sans le savoir.

Libéré sous cautionnement au cours de l'été 1961, Alberto Agueci sera assassiné au mois de novembre suivant pour avoir menacé Magaddino qui avait négligé de lui venir en aide après son arrestation. Son corps affreusement mutilé et carbonisé sera découvert le 23 novembre 1961 en bordure d'une route, près de Rochester, dans l'Etat de New York. Son frère et Papalia seront pour leur part condamnés à 15 et 10 ans de pénitencier, en mars 1963. A sa sortie de prison, Papalia prendra le leadership de la Mafia ontarienne avec ses associés de l'organisation Cotroni, à Montréal.

Notons enfin que lorsqu'il immigra au Canada, en 1950, après avoir été refusé aux Etats-Unis, Alberto Agueci présenta une lettre de recommandation à un agent de voyage de Windsor, signée par nul autre que Rosario Mancino. Peu après, il deviendra copropriétaire de la boulangerie *Queen* de Toronto, en association avec Benedetto Zizzo, le frère du patron de Salemi dont le nom refera surface plus tard dans les années 70.

Alberto Agueci

Johnny Papalia

Comme Davi et Mancino, il arrive de Mexico après une escale à New York où il a été interrogé. Aux policiers, il déclare qu'il a quitté la France pour le Mexique en juillet 1959 et que son passage à Montréal n'est qu'une escale avant son retour en Europe. Ancien patron du *Bar des Rout ers,* à Marseille, il est maintenant propriétaire d'un magasin de poissons à Varanges, petite localité située à une quarantaine de milles de Marseille. Interrogé sur ses voyages antérieurs, il admet être venu à Montréal de New York au cours du mois de décembre 1957, au moment même où Antranik Paroutian faisait le même trajet. Pourtant, confronté avec la photo de celui-ci ainsi qu'avec celles de Graziani et Mondolini, il refuse de les indentifier et affirme n'avoir aucun contact avec des criminels connus. Jugé indésirable au Canada, Marius Cau est déporté le jour même vers l'Europe.

Au cours des mois qui suivent, la Gendarmerie royale et le Bureau des narcotiques ne réussissent pas à accumuler beaucoup d'informations sur les activités de Rivard, de plus en plus prudent et discret. A la fin de l'été et au cours de l'automne 1960, on apprend, entre autres, qu'il approvisionnerait un ancien courrier de Pep Cotroni qui s'est lancé dans la distribution de l'héroïne sur le marché de Vancouver. On le soupçonne également d'approvisionner quelques trafiquants torontois par l'entremise de certains comparses à Montréal. A la fin de janvier 1961, il se rend en Floride où il est rejoint par trois amis, Gilles Brochu, Richard Foley et Georges Griffith qui s'intéressent à la course automobile. A leur retour au Québec un mois plus tard, ces trois individus sont interceptés par les douaniers de Blackpool, mais la fouille de leur automobile ne révèle rien et ils nient catégoriquement toute participation au trafic de l'héroïne. Rivard revient à Montréal à la fin du mois de mars.

Au mois d'octobre, la G.R.C. apprend qu'il s'est lancé en affaires légitimes. Avec Gerry Turenne, il a acheté un vaste centre de villégiature estivale à Auteuil, petite localité située à une quinzaine de milles au nord-est de Montréal. Enregistré sous le nom de « Domaine Ideal », l'endroit comprend une marina, une piste de danse, une piscine, un restaurant, un bar, des chalets et une plage. Le tout est évalué à plus de $200 000. Rivard agit comme régisseur, c'est lui qui supervise la restauration du centre. Bricoleur habile et infatigable, il passe des heures à réparer et à améliorer cette propriété. Les agents chargés de sa surveillance constatent qu'il consacre la majorité de son temps à sa nouvelle affaire et qu'en apparence, il a abandonné la drogue. Les informations provenant du Milieu confirment bientôt ces observations. Rivard, dit-on, a pris sa retraite et abandonné le trafic d'héroïne.

A la Brigade des stupéfiants, on reste sceptique. On a raison d'ailleurs car au moment même où Rivard semble se désintéresser des narcotiques, deux enquêtes d'envergure débutent à Montréal et à New York et dans les deux cas son nom sortira parmi ceux des suspects.

D'abord à New York. Tard dans la nuit du 7 octobre 1961, deux détectives de la Section des narcotiques de la police municipale remarquent, dans un luxueux cabaret de Manhattan, une tablée de gangsters réunis autour d'un homme d'une trentaine d'années faisant irrésistiblement penser à un chef de gang du temps de la prohibition. Intéressés par les allures de riche seigneur de cet individu auquel une série de personnages à la mine patibulaire viennent faire leurs amitiés, les deux policiers décident de le prendre en filature lorsqu'il quitte la boîte de nuit. Au cours des deux heures qui suivent, l'automobile de ce personnage s'arrête successivement dans Mott Street, au coeur de la « Petite Italie », le fief de la Mafia, puis dans Hester Street, Canal Street et Delancey Street. A chaque arrêt, les agents remarquent avec intérêt que le processus est le même: quand l'homme descend de sa voiture, un autre personnage surgit de l'ombre d'un porche et discute quelques minutes avec lui, puis l'homme reprend sa route sans se presser. La femme qui l'accompagne, une jolie blonde, reste toujours dans la voiture.

Vers 5 heures du matin, le mystérieux inconnu s'arrête dans Meker Avenue, dans Brooklyn, et le couple change de véhicule et repart. Quelques minutes plus tard, le suspect s'arrête à nouveau. Cette fois, le couple descend et pénètre dans un petit snack, le *Barbara's,* situé juste en face de l'hôpital Sainte-Catherine. Les deux détectives continuent patiemment leur surveillance jusqu'au milieu de l'après-midi, alors que leur homme, en apparence le tenancier du snack, quitte les lieux, toujours avec la jolie blonde. Le couple se rend au coin de la 67e Rue et de la Deuxième Avenue, où il pénètre à l'intérieur d'un immeuble portant le numéro 1124.

Le lendemain matin, après quelques heures de repos, les deux détectives sont à nouveau au travail. Des vérifications auprès du Bureau des narcotiques leur donnent rapidement ce qu'ils cherchent. Leur mystérieux tenancier de snack aux poches pleines d'argent est bien un gars du Milieu. Il se nomme Pasquale Fuca, dit Patsy. Il est soupçonné d'avoir participé à un vol à main armée au *Tiffany's,* dans la Cinquième Avenue, et on sait qu'il a liquidé en décembre

1958, pour le compte de la Mafia, un trafiquant de drogue nommé Joseph De Marco, un membre de la famille Lucchese. Plus important encore, sa fiche note qu'il est l'un des neveux du puissant Angelo Tuminaro, dit Little Angie, qui est l'un des meilleurs clients de Pep Cotroni et un patron de la drogue en Amérique. Inculpé avec Cotroni, Carmine Galente, Big John Ormento et tous les autres, Tuminaro est toujours recherché en rapport avec cette affaire. En apprenant cela, les deux détectives newyorkais sont emballés. Ils sont convaincus qu'en s'intéressant de plus près à Fuca, on pourrait trouver une piste qui permettrait de mettre la main au collet du fugitif.

Avec l'aide d'agents fédéraux du B.A.N., les policiers municipaux entreprennent donc de surveiller sans relâche les allées et venues de Patsy Fuca et de sa femme Barbara, la jolie blonde. Bientôt, ils sont renseignés sur les Fuca et leur famille. Le père de Barbara, entre autres, est un vieux truand qui s'est illustré à l'époque de la prohibition en attaquant les convois d'alcool des bootleggers; depuis, il a pris sa retraite et travaille occasionnellement au snack-bar de son gendre. C'est à lui qu'appartient la vieille Dodge que Patsy utilise à l'occasion. Tony, le frère de Patsy, qui travaille lui aussi au snack, est un ancien marin qui a bourlingué dans la marine marchande. Il a des relations utiles un peu partout. Leur père, Giuseppe, est connu des policiers depuis sa jeunesse, époque à laquelle il a participé à une série impressionnante de hold-up. Les seuls amis réguliers de Patsy et Barbara sont un docker nommé Nick Travato et sa femme. A plusieurs reprises, les policiers ont suivi Travato qui prenait Patsy chez lui et lui faisait faire un petit tour dans Brooklyn, où il effectuait une rapide tournée de quelques bars.

Dans leur effort pour se rapprocher de Fuca, les enquêteurs se sont mis à fréquenter le *Barbara's* et ils en sont vite devenus des habitués. Un dimanche, au début de novembre, alors qu'ils sirotent un café, ils voient deux distributeurs d'héroïne de Harlem venus rencontrer Patsy dans l'arrière-boutique pour lui remettre une somme d'argent indéterminée. C'est la première visite qui relie Patsy au trafic de l'héroïne; il est grossiste pour les distributeurs de drogues. L'espoir de se servir de lui pour remonter jusqu'à Tuminaro augmente.

A la même période, les indicateurs du B.A.N. constatent que la panique commence à se faire sentir à nouveau dans le monde de la drogue; les stocks d'héroïne diminuent d'une façon alarmante et l'on attend d'un moment à l'autre un important arrivage de came. Persuadés que si la marchandise est livrée à bon port, Patsy Fuca sera forcément dans le coup, les policiers redoublent de vigilance.

Le 18 novembre, en fin de soirée, les agents sont à leur poste quand une Buick bleue s'arrête devant le *Barbara's* et klaxonne. Peu après, Patsy sort et monte à bord du véhicule dans lequel se trouvent deux inconnues. La Buick démarre, se rend dans la 7e Rue et s'arrête en face du numéro 245, le domicile des parents de Fuca. Le trio descend, pénètre dans l'appartement et ressort 20 minutes plus tard. Cette fois, les policiers reconnaissent les compagnes de Patsy. C'est Barbara avec une nouvelle perruque et une amie, une rousse, qui a souvent été aperçue en sa compagnie. La Buick bleue repart et se dirige dans East Broadway où soudain elle s'arrête. Fuca sort alors de la voiture et s'éloigne rapidement. Sans perdre de temps, un des policiers descend à son tour et file le trafiquant qui ne fait que quelques pas pour aussitôt monter à bord d'une grosse conduite intérieure, une Buick Invicta beige, immatriculée à l'étranger et stationnée contre le trottoir. En moins de temps qu'il n'en faut pour le dire, Patsy démarre, fait demi-tour et part à fond de train dans East Broadway Avenue, suivi à toute allure par la Buick bleue à bord de laquelle se trouvent toujours sa femme et la rousse. La filature qui s'ensuit est infernale. A un moment donné, comme il fallait s'y attendre, les poursuivants perdent un des véhicules, la Buick beige. Convaincus que le mafioso a dû embusquer le véhicule quelque part dans le secteur parcouru, deux des détectives se mettent à la recherche de la grosse conduite intérieure. Au bout de quelques minutes, ils l'ont retrouvée. Comme prévu, Fuca l'a abandonnée et a rejoint les deux femmes. Les agents notent le numéro d'immatriculation « 45-477 »: ce sont des plaques de la province de Québec.

Afin de voir si quelques truands, genre mafiosi, ne viendraient pas prendre possession de cette mystérieuse voiture, peut-être bourrée d'héroïne, les agents newyorkais et leur confrères du B.A.N. décident de rester sur place et de surveiller l'endroit discrètement. Au milieu de la nuit, une automobile surgit de l'ombre et s'arrête près de la Buick. Quatre hommes en descendent, entourent la luxueuse voiture et tentent d'ouvrir les portières. Aussitôt, les policiers bondissent hors de leur cachette et les arrêtent. Mais les suspects n'ont rien des trafiquants attendus, ce sont des voyous qui voulaient s'approprier le puissant véhicule. Devant la tournure des événements, il est inutile de poursuivre la surveillance. On préfère procéder immédiatement à la fouille de la Buick. Peine perdue, la bagnole ne contient rien d'intéressant. Découragés et rompus de fatigue, les enquêteurs décident d'aller se coucher et d'envoyer des collègues surveiller la voiture. Ils ne tardent cependant pas à le regretter. A peine entrés chez eux, leurs remplaçants les rejoignent en effet pour leur annoncer que la Buick beige a disparu.

De retour au bureau, quelques heures plus tard, une bonne nouvelle les attend et leur redonne espoir. Contactée, la Brigade des stupéfiants de la G.R.C. à Montréal a vérifé l'immatriculation de l'automobile. Elle appartient au Marseillais Marius Martin. Ancien associé de Vic Cotroni au *Faisan Doré*, Martin est propriétaire d'un petit café, *La Cave*, rue Saint-Alexandre dans le secteur ouest de la métropole. Deux ans auparavant, le nom de cette boîte de nuit a été mentionné peu après l'arrestation de Pep Cotroni, alors que la G.R.C. a recueilli des informations voulant qu'un nommé « François », qui fréquentait cet établissement, ait été le fournisseur d'héroïne du mafioso montréalais. En enquêtant sur ce bar, les agents fédéraux ont appris que Marius Martin n'est pas seul dans l'établissement et qu'il a deux associés. Le premier est un ancien champion de catch européen, Roger Mollet, dit Roger le Lutteur, l'époux d'une ancienne vedette du *Faisan Doré*, la chanteuse française Michèle Sandry. A la Sûreté nationale française, sa fiche indique qu'il a accidentellement tué un homme en 1943 au cours d'une bataille de rue. Le second associé a longtemps été connu sous le nom d'Auguste Calmes, mais dernièrement, il a été identifié comme étant le fameux Jean Jehan, alias Auguste, alias Steve Martin. On se rappelle qu'à la fin de 1955, la G.R.C. avait été prévenue que cet individu, un ancien partenaire de Jean David dans la bande de François Spirito et d'Antoine d'Agostino, dirigeait à Montréal un groupe de trafiquants d'héroïne qui travaillait à partir du Havre, en France. Des recherches intensives n'avaient pas permis alors de localiser Jehan.

Toutes ces précisions convainquent les policiers américains que la présence dans les rues de New York de la voiture de Marius Martin a un rapport avec le trafic des stupéfiants. Cette conviction est confirmée quand, à peine quelques heures plus tard, des informateurs du Milieu assurent qu'une importante cargaison d'héroïne est arrivée sur le marché il y a moins de 24 heures. Le lendemain, ces indicateurs ajoutent que la panique provoquée par la pénurie a pris fin et que la drogue recommence à abonder. La Buick a bien fait son travail.

Si importante soit-elle, une livraison d'héroïne s'épuise rapidement, surtout à New York. Au début de décembre, de nouveaux renseignements affluent. Les grossistes sont à court de stock et ont du mal à renouveler leurs provisions. Le bruit court qu'une nouvelle cargaison, encore plus importante que celle de novembre, est sur le point d'arriver. Le 16 décembre, deux agents attablés au *Barbara's* interceptent quelques mots d'une conversation entre Patsy Fuca et un inconnu:

« Oncle Harry voudrait qu'tu passes une nouvelle commande de cigarettes.

— Quand arrivent-elles? demande Patsy.

— ... la semaine prochaine.

— O.K. Dis-lui que j'serai prêt. »

A ce nouvel indice, fort significatif pour des enquêteurs expérimentés, s'ajoutent, une semaine plus tard, de nouvelles informations sur la pénurie de plus en plus dramatique pour les drogués newyorkais. Le B.A.N. se demande même si la panique n'est pas provoquée artificiellement par la Mafia pour entraîner une hausse des prix.

Rien d'important ne se produit avant le début de janvier alors que les indicateurs font état de l'arrivée imminent de 50 kilos (110 livres) d'héroïne de bonne qualité. Depuis quelque temps déjà, les détectives ont remarqué un va-et-vient inhabituel au *Barbara's;* des revendeurs notoires viennent rendre visite à Fuca et lui remettent des liasses de billets. Dans l'après-midi du 9 janvier, un autre bout de conversation est intercepté. Cette fois, Patsy déclare à un interlocuteur anonyme au téléphone:

« O.K. J'te verrai à ce moment-là. »

Puis, raccrochant, il lance à son beau-père:

« Viens de bonne heure demain, papa, j'serai absent toute la journée. »

Persuadés que le grand coup est pour bientôt, le B.A.N. et la Police municipale décident de mettre le paquet. Deux cents enquêteurs municipaux et 100 agents fédéraux sont mobilisés pour l'opération. 50 voitures-radio fantômes sont mises à la disposition de cette petite armée prête à toute éventualité.

Le mercredi 10 janvier, peu après midi, l'équipe de filature affectée à la surveillance de Fuca suit le trafiquant à l'hôtel *Roosevelt* où il rencontre un élégant personnage d'une soixantaine d'années aux allures d'aristocrate. Après les salutations d'usage, Patsy et l'inconnu sortent dans la rue et ont une discussion animée. Puis, ils montent dans la Buick bleue de Fuca et se rendent en face de l'hôtel *Edison,* quatre rues plus loin, où l'inconnu quitte le véhicule et entre seul dans l'hôtel pendant que le mafioso reprend la route. Suivi par un détective, le distingué personnage ne reste pas à l'*Edison.* Il traverse le hall et sort dans l'autre rue pour ensuite se rendre à pied à l'hôtel *Victoria,* où il rencontre un autre inconnu, plus jeune et plus petit que lui. Les deux hommes échangent quelques mots, sortent de l'hôtel et se rendent dans un petit restaurant avoisinant. Ils y restent jusqu'à la fin de l'après-midi, après quoi ils regagnent chacun leur hôtel, le plus vieux à l'hôtel *Edison* et l'autre au *Victoria.*

A peine ont-ils gagné leur chambre que leurs « couvreurs » s'attaquent aux registres des hôtels. Le locataire de la chambre 909 de l'hôtel *Edison* est nul autre que Jean Jehan. Il s'est enregistré sous son vrai nom et a donné son adresse à Montréal, 6085, 21e Avenue, appartement 7, Rosemont. Son compagnon qui occupe la chambre 1128 de l'hôtel *Victoria* a donné le nom de François Barbier et a déclaré habiter Paris. Dans son cas, il s'agit d'un nom d'emprunt.

Jean Jehan

On apprendra plus tard sa véritable identité: François Scaglia, 34 ans, d'origine corse. Propriétaire d'un repaire de trafiquants, le bar *Les trois Canards,* rue de La Rochefoucauld, à Paris, auteur de plusieurs kidnappings de riches personnages depuis 1956. L'une de ses victimes a été Eugène Messina, de Londres, sans doute le plus célèbre proxénète du continent européen. Dans le Milieu français, Scaglia est également réputé pour les nombreux règlements de comptes qui lui ont été confiés et pour le brio avec lequel il a mené différentes affaires de traite des blanches.

La présence de Jean Jehan à New York et ses rencontres avec Fuca et Scaglia sont capitales. Elles signifient sans aucun doute qu'une importante transaction d'héroïne est sur le point d'avoir lieu. Les responsables de l'opération en sont convaincus et ils conseillent donc à leurs hommes de redoubler de vigilance car il ne faut absolument pas perdre de vue Fuca et les Français. Mais, dans le centre-ville de New York, cela est plus facile à dire qu'à faire! Les policiers s'en rendent vite compte, dans la soirée et les jours qui suivent, alors qu'ils doivent filer les multiples déplacements des trois trafiquants et d'un quatrième, un autre étranger, un Français croit-on, qui se joint à eux dès le lendemain. Celui-ci s'est enregistré à l'*Hôtel de l'Abbaye* sous le nom de J. Mouren, domicilié au 3585 rue Saint-Zotique, à Montréal.

Pendant les deux premiers jours, les enquêteurs se débrouillent assez bien et réussissent à garder à vue les quatre suspects et à observer plusieurs de leurs rencontres. Les choses se gâtent cependant le troisième jour, le samedi 13 janvier, alors qu'on perd d'abord la trace, tôt le matin, de Scaglia et Mouren. Puis, en fin d'après-midi, celle de Jean Jehan qui fausse compagnie à ses poursuivants après avoir repéré l'un d'eux dans le métro. Les policiers tentent vainement de retrouver leur piste, mais aucun d'eux ne rentre à son hôtel. Le lendemain, tous trois font parvenir des mandats-poste pour régler leurs notes de frais et font savoir qu'ils n'ont pas l'intention de revenir. Ils demandent qu'on garde leurs bagages en consigne.

Découragés, les policiers ne comprennent pas ce qui c'est passé. Ils se demandent si la transaction n'a pas déjà eu lieu, en totalité ou en partie, si elle a été annulée, ou encore simplement repoussée à une date ultérieure. Toutes ces hypothèses sont vraisemblables. Maintenant, le seul espoir d'en savoir plus est de ne pas lâcher Patsy Fuca. Les Français peuvent reprendre contact avec lui, surtout s'ils n'ont pas été payés, ou il peut conduire à d'autres trafiquants new-yorkais, peut-être même à son oncle Tuminaro.

Patsy passe la majeure partie de la journée de dimanche à son snack-bar. Les agents chargés de la surveillance ne remarquent rien d'intéressant. Dans la soirée, toutefois, l'opérateur de la table d'é-coute installée au restaurant sursaute. Un homme qui pourrait être Jehan téléphone à Patsy et lui fait part de son inquiétude devant les agissements de la police. Habilement, le mafioso réussit cependant à apaiser les craintes de son interlocuteur qui accepte finalement de poursuivre les négociations. Il n'en faut pas plus pour ranimer l'ardeur des enquêteurs.

La journée de lundi n'apporte rien de neuf si ce n'est que dans la soirée, Nisk Travato vient chercher Patsy pour l'amener faire un tour d'auto. C'est la première fois que le neveu de Tuminaro quitte Brooklyn depuis trois jours. Le lendemain matin, Patsy se rend dans un garage de l'East End Avenue appartenant à Sol Feinberg, soup-çonné d'être mêlé au trafic des stupéfiants. Toute la journée, les agents maintiennent inutilement un poste d'observation en face de l'établissement. Ils ne se rendent compte que 12 heures après, quand le trafiquant revient au garage avant de rentrer ensuite chez lui, que, toute la journée, il a été ailleurs, à l'abri des regards indiscrets de la police.

Le mercredi, Patsy sort de chez lui vers 8h30, et, après avoir fait des emplettes, se rend à son snack où il travaille jusqu'au début de l'après-midi. Vers 14 heures, il sort, se rend en voiture dans le Bronx et s'arrête devant un autre garage, situé celui-là sur l'East Broadway. Tout à coup, les détectives se souviennent: c'est en face de cet endroit, l'*Anthony's Garage*, qu'au mois de novembre précédent, Fuca avait pris livraison de la Buick de Marius Martin. Sans doute ce garage a-t-il un rôle à jouer dans les activités du trafiquant. Celui-ci ne leur laisse pas le temps d'y réfléchir trop longtemps. Au bout de 20 minutes, il sort et retourne au *Barbara's* où l'attend son frère Tony avec lequel il repart aussitôt. La poursuite cesse brusquement quelques instants plus tard quand la voiture des Fuca réussit à disparaître dans la circulation.

Pendant les heures qui suivent, les équipes de filature parcourent les secteurs habituellement fréquentés par Patsy dans l'espoir de retrouver sa piste. Peu avant 21 heures, suivant une heureuse intuition, des détectives décident d'aller faire un tour au garage *Anthony's*. L'idée est bonne car, devant l'établissement, ils remarquent la Cadillac de Nick Travato. A peine ont-ils le temps de stationner leur véhicule à proximité, qu'ils voient surgir à côté d'eux une autre voiture à bord de laquelle se trouvent Patsy et deux autres types. Les policiers tentent bien de se cacher, mais c'est inutile... les truands les ont vus! La poursuite qui suit ne dure pas longtemps et à nouveau le neveu de Tuminaro réussit à se dérober.

Ce nouvel échec est grave car, maintenant qu'il se sait suivi, Fuca multipliera sans doute les précautions. Il est même possible qu'il décide de ralentir ses activités et qu'on ne puisse le repérer avant longtemps. De retour au quartier général de l'opération, les policiers envisagent le pire mais, en fin de soirée, un coup de téléphone leur redonne confiance. Un informateur a surpris un ami de Patsy dans un bar alors qu'il rigolait de la malchance des policiers. Plus important encore, le truand a ajouté que le lendemain matin à 9 heures, Patsy et les autres allaient conclure l'affaire.

A 8h30, le jeudi 18 janvier, tous les policiers sont à leur poste. Quinze minutes plus tard, Patsy quitte son domicile et se dirige au premier garage repéré, celui de l'East End Avenue. Arrivés à proximité, les policiers n'en croient pas leurs yeux: deux des Français, Scaglia et Mouren, sont là devant le garage à faire les cent pas. Quand ils aperçoivent Fuca, l'un d'eux, Mouren, entre dans le garage et en ressort presque aussitôt avec une valise bleue, identique à celle que Jean Jehan avait quelques jours plus tôt, lors de sa rencontre avec Fuca. Les deux Français ne s'attardent pas et montent rapidement à bord de l'automobile de Patsy qui repart aussitôt. Quelques rues plus loin, la voiture du trafiquant s'arrête à nouveau. Un quatrième individu monte: c'est Jehan!

Cependant, les minutes qui suivent sont dramatiques. A cause de difficultés techniques dans les communications-radio, une seule équipe de surveillance de deux policiers se retrouve à la poursuite des trafiquants qui bientôt, un à un, descendent et se séparent. Jehan est le dernier à quitter Fuca. Il a une sacoche noire qui contient sans aucun doute l'argent de la Mafia, puisque deux jours auparavant Patsy a été vu en portant une semblable sous le bras. Avec le départ de Jehan, il ne reste plus qu'une chose à faire: suivre Fuca car la valise bleue, probablement pleine d'héroïne, est toujours en sa possession.

Bien que coupés des autres équipes, les deux agents réussissent malgré tout à ne pas perdre de vue leur homme. Ils songent déjà à l'arrêter quand, tout à coup, le micro se remet miraculeusement à fonctionner pour transmettre un appel à l'aide de deux confrères qui disent avoir arrêté deux des suspects. Abandonnant à contrecoeur Fuca, les deux policiers rejoignent leurs compagnons et les trouvent en compagnie de Scaglia et d'un inconnu vite identifié comme étant Jacques Angelvin, populaire animateur de la télévision française. Les deux hommes avaient quitté, quelques instants auparavant, le garage de l'East End Avenue à bord d'une Buick noire immatriculée en France et en tout point identique à celle de Marius Martin. Ils étaient en route pour Montréal quand ils ont été interceptés.

La fouille du véhicule ne donne rien, mais néanmoins, les deux Français sont conduits au poste de police. Pendant ce temps, sans beaucoup d'espoir, on se remet à la recherche de Fuca. On n'a cependant pas compté sur la chance. Quelques minutes plus tard, le mafioso est aperçu en face d'un bar qu'il fréquente régulièrement, au moment même où il quitte l'endroit pour se rendre d'abord chez lui, puis ensuite avec sa femme chez ses parents. Vers midi et demi, les policiers sont déjà postés à proximité du logis de Giuseppe Fuca depuis 20 minutes. Soudain, ils voient Patsy sortir et aller prendre la valise bleue qui était restée dans l'automobile. Cette fois, ça y est, le moment est venu d'intervenir! En hâte, les limiers se précipitent dans la maison au moment où Patsy et son père achèvent de dissimuler l'héroïne dans une cavité du plafond de la cave. Il y en a 11 kilos (24 livres), sans compter tout un arsenal d'armes et de munitions.

En fin de journée, les policiers font le point: Patsy Fuca et les siens, sa femme, son frère Tony, son père et Nick Travato sont sous les verrous; Jean Jehan et Mouren ont réussi à s'échapper avec l'argent; rien de substantiel ne peut encore être imputé à Scaglia et surtout à Angelvin; Tuminaro reste introuvable. Quant à la drogue, la prise est importante certes, mais on est loin du stock d'une cinquantaine de kilos prévus par les indicateurs. Au surplus, on ignore toujours comment elle a été introduite; une nouvelle fouille de la Buick d'Angelvin n'a donné aucun résultat.

Le lundi 22 janvier, après un week-end de repos, l'un des enquêteurs se plonge dans l'étude des papiers saisis dans la chambre d'hôtel d'Angelvin. Parmi les documents, il remarque une correspondance avec la compagnie *United State Lines* au sujet du transport de la Buick noire. A son arrivée à New York, la voiture et les bagages pesaient au total 2 343 kilos. Or, pour le voyage de retour, l'animateur de télévision a fait parvenir à la compagnie une note l'avisant qu'il avait fait une erreur de calcul en évaluant le poids total de son automobile et de ses bagages personnels. En fait, le total n'atteignait que 2 287 kilos, soit 56 de moins que ce qu'il avait calculé au départ. Pourquoi cette différence?

A bien y penser, le policier ne voit qu'une seule explication. Ces 56 kilos ne représentent-ils pas à peu près la quantité d'héroïne annoncée par les informateurs? Pour le vérifier, une seule façon: démonter entièrement la Buick. Menée avec l'aide des mécaniciens

Les quatre principaux accusés de la « French Connection ». De gauche à droite: Patsy Fuca, Jacques Angelvin, Anthony Fuca et François Scaglia.

de la *General Motors*, l'opération donne les résultats escomptés et on découvre sous le châssis de la luxueuse voiture une série de caches vides, suffisamment grandes pour renfermer 56 kilos d'héroïne en sachets d'une livre. Un examen en laboratoire de la poussière qu'on y a trouvée confirme la découverte. Peu après, le propriétaire du garage *Anthony's*, Tony Feola, avoue que Patsy Fuca a utilisé à plusieurs reprises son établissement pour procéder personnellement à la récupération de stocks d'héroïne dissimulés dans des voitures. Il confirme que la Buick beige de Marius Martin a servi également au transport de quelque 20 kilos (44 livres) d'héroïne pure dissimulés eux aussi dans des compartiments secrets aménagés sous le châssis du véhicule. Dans tous les cas, Feola avait été chargé de remettre l'automobile en condition.

Avec la découverte du moyen de transport de la drogue, tout n'est cependant pas terminé. Onze kilos seulement ont été saisis. Il en reste donc encore plus d'une quarantaine, susceptibles de se retrouver d'un moment à l'autre entre les mains des revendeurs de la rue. Mais, que faire pour les récupérer, s'il n'est pas déjà trop tard? Une conversation téléphonique entre Patsy et son oncle Harry revient à la mémoire des enquêteurs. La nuit précédant les arrestations, l'oncle, qu'on soupçonne être Tuminaro lui-même, avait conseillé à son neveu « de ne mettre qu'un seul costume à la fois et de laisser les autres dans la penderie. » Peut-être ces « costumes » sont-ils en réalité l'héroïne recherchée? Le premier désignerait alors la quantité saisie chez Jos Fuca. Mais, reste encore à trouver la penderie . . .

Convaincus que l'hypothèse vaut d'être vérifiée, les limiers du B.A.N. et de la police newyorkaise décident de perquisitionner de fond en comble l'immeuble où habite Tony Fuca, le seul qui n'a pas encore été fouillé. Le 29 janvier, après une heure de fouille intensive, ils trouvent finalement ce qu'ils cherchent: dans le sous-sol, un vieux coffre de marin contient deux valises renfermant chacune 22 kilos d'héroïne pure, un butin de près de $50 millions au marché noir. (3)

---

3. Ironie du sort, le même jour, à Naples, Salvatore « Lucky » Luciano, âgé de 65 ans, meurt d'une crise cardiaque au moment où il accueille, à l'aéroport Capodichino, un producteur de Hollywood qui veut transposer sa vie au cinéma. Quand la nouvelle tombe sur le téléscripteur du Bureau des narcotiques, à peine 30 minutes plus tard, le commissaire général Henry L. Giordano révèle que ses hommes, en collaboration avec les autorités italiennes, étaient sur le point d'arrêter le puissant mafioso pour avoir introduit l'équivalent de $150 millions d'héroïne sur le territoire américain au cours des 10 dernières années.

Avec les 11 kilos déjà confisqués, ces 44 kilos constituent la plus grosse quantité d'héroïne jamais saisie en Amérique. C'est plus que le double de la prise du *Saint-Malo*.

La drogue n'est toutefois pas récupérée immédiatement. On la laisse sur place afin de faciliter la capture de celui ou de ceux qui viendront la chercher. Dans la soirée du 24 février, Tony Fuca, libéré depuis peu sous cautionnement, tente le coup... et est pris la main dans le sac!

Depuis la première saisie de 11 kilos, à Montréal, la G.R.C. essaie de capturer — si c'est encore possible — Jean Jehan et J. Mouren. Au 3585 de la rue Saint-Zotique, aucune trace de Mouren. D'ailleurs, personne de ce nom n'a habité là, ce qui n'est guère surprenant. Dans aucun des gigantesques dossiers de la G.R.C., du B.A.N., de l'Office central des stupéfiants et de l'Interpol, il n'existe de trafiquant portant ce nom. Pendant des semaines, les limiers montréalais tenteront en vain de retrouver sa trace. En fin de compte, ils arriveront à la conclusion que J. Mouren était un alias utilisé par l'un des patrons du café *La Cave*. Jamais, ils ne pourront percer définitivement ce mystère.

Dans le cas de Jean Jehan, domicilié au 6805 de la 21e Avenue, dans le quartier Rosemont, l'enquête révèle qu'il s'est installé à cette adresse au mois d'avril 1960. Le 28 janvier 1962, 10 jours après l'arrestation de ses complices, il signifie au propriétaire de l'immeuble qu'il ne renouvellera pas son bail au mois de mai, car il retourne en France. Ce jour-là, des témoins le voient quitter son logis avec une petite sacoche. Ils ne devaient plus jamais le revoir. Au cours de la semaine qui suit, les agents de la G.R.C. aperçoivent à plusieurs reprises Marius Martin au volant de l'automobile de Jehan, une Monarch 1960. Par la suite, l'automobile disparaît de la circulation. Un mois plus tard, Martin porte plainte à la police en disant que sa Buick beige a été volée. Il l'avait laissée, prétend-il, dans le terrain de stationnement d'un centre commercial de la rue Sherbrooke. Jamais le véhicule ne sera retrouvé, ce qui empêchera la G.R.C. d'établir qu'il possédait une série de caches suspectes comme la Buick d'Angelvin.

Le 15 février, à deux reprises, Martin se rend à l'appartement de Jehan pour aller chercher une partie de ses effets personnels. Les recherches subséquentes révèlent que, durant son séjour à Montréal, Jehan a dirigé une affaire d'importation de poissons ayant son siège à Nîmes en France, sous la marque de commerce *La Brandade de morue authentique*. En juin 61, il a reçu ainsi 20 caisses de « poissons » pesant chacune 45 livres. Peut-être était-ce là une de ses méthodes pour importer l'héroïne? C'est du moins ce que croit la Brigade des stupéfiants.

A la fin du mois d'août 1962, un nouvel élément vient s'ajouter au dossier. Des vérifications au Bureau des véhicules automobiles du Québec confirment certaines observations voulant que la Monarch de Jehan soit devenue la propriété de Lucien Rivard. Pour la G.R.C., cette découverte est très importante car, tout en établissant une nouvelle relation entre le caïd montréalais et les trafiquants français, elle indique que Rivard n'a peut-être pas vraiment abandonné le trafic des stupéfiants. Trois ans plus tard, d'autres détails confirment l'association Rivard-Jehan. On apprend alors que Rivard a fait la connaissance de Jehan à Montréal en 1955, alors que ce dernier était, avec Jean Venturi, le correspondant permanent de la filière d'Agostino. C'est Pep Cotroni qui aurait présenté Rivard à Jehan, lequel l'aurait par la suite fait connaître à Jean-Baptiste Croce et Paul Mondolini. Après l'arrestation de Patsy Fuca et de ses complices, Marius Martin aurait contacté Rivard pour qu'il aide Jehan et Venturi à quitter l'Amérique. Moyennant $500, Rivard leur aurait fourni des faux passeports obtenus d'Armand Duhamel. Ce dernier, on se le rappelle, est l'un de ceux qui ont aidé Antoine d'Agostino à fuir aux Etats-Unis, en janvier 1950. Après le départ de Jehan et Venturi, Marius présente à Rivard leur remplaçant, l'ancien propriétaire du restaurant français *Le 400* et d'un bordel situé au 312 est, de la rue Ontario. Impliqué dans le trafic international depuis 20 ans, son nom n'est apparu qu'en 1965, alors qu'on apprend que, tout comme Rivard, il était en relation avec Salvatore Giglio, pour le compte du groupe Jehan-Venturi.

A New York, l'affaire Fuca se termine par la condamnation de tous les accusés à de lourdes peines d'emprisonnement. Au début de l'été 1962, Angelo Tuminaro se livre lui-même à la police. Certaines sources veulent que ses déboires aient particulièrement mécontenté ses associés de la famille Lucchese qui avaient beaucoup investi dans ces transactions d'héroïne. Toutefois, cela n'empêche pas son frère cadet, Frank, de prendre sa succession, sans plus de succès d'ailleurs, car, en février 1965, il est à son tour arrêté par le B.A.N., en compagnie de 17 autres trafiquants.

Quant à Jean Jehan, il est finalement repéré et arrêté à Paris, en mai 1967. Mais à cause de son âge avancé, les autorités françaises rejettent la requête en extradition du Bureau américain des narcotiques.

Un an plus tard, en avril 1968, toute l'affaire est recréée sous la plume de l'écrivain américain Robin Moore qui écrit *The French Connection*. (4) Le succès du livre est tel qu'il est porté à l'écran. Fortement romancé, le film gagne le prix du meilleur film de l'année, en 1971.

Cette grande victoire est malheureusement compromise quelques années plus tard. En effet, en décembre 1972, toute l'héroïne, saisie dix ans plus tôt, disparaît des voûtes de la police newyorkaise. D'anciens agents de la Section des stupéfiants ont été tenus responsables de ce crime.

---

4. *The French Connection*, Robin Moore, New York, Bantam Books, 1969.

Chapitre VIII
L'agent Biase récidive

La deuxième enquête d'envergure à faire apparaître le nom de Lucien Rivard débute à Montréal au milieu de l'été 1961. A cette époque, des indicateurs avisent la Brigade des stupéfiants que deux trafiquants de la famille Lucchese, associés à Big John Ormento, Vincent Pacelli et Michel Rinucci, dit Biff, sont depuis quelque temps en affaires avec une bande de Montréalais dirigée par un certain Paul. Ce dernier, selon les renseignements fournis, est en très bons termes avec Bill Lamy et Blackie Bisson, deux des principaux acolytes de Rivard, comme nous l'avons vu précédemment.

Pour les limiers de la Gendarmerie royale, ces informations suffisent pour identifier l'homme. Il s'agit de Jean-Paul Tremblay, 47 ans, un trafiquant notoire à l'échelle nationale, qui a été aperçu peu de temps auparavant au *Café Rialto,* (1) rue Saint-Laurent, en compagnie de Bisson et Lamy. Au cours des 10 dernières années, Tremblay, qui est un très bon ami de Rivard, a séjourné à Toronto où il s'est occupé de différents rackets, y compris la distribution de l'héroïne. (2) En 1949, il a été arrêté pour possession de stupéfiants et condamné à neuf mois d'emprisonnement. A maintes reprises, il a fourni des cautionnements pour des individus accusés de possession ou de trafic de narcotiques. Au début de 1959, il a été interrogé en rapport avec l'assassinat de l'ancien amant de sa compagne, Della Burns, alias Della Stonehouse, fichée elle aussi comme distributrice de stupéfiants. La victime, Lorne Gibson, un narcomane, venait de sortir de prison et s'en était pris à la jeune femme qu'il accusait de l'avoir dénoncé à la police. Pour la venger, Tremblay et un complice avaient attiré Gibson dans une ruelle et l'avaient abattu de trois balles de revolver dans le dos.

---

1. Cabaret mal famé du centre-ville.
2. Ne pas confondre Jean-Paul Tremblay et Bob Tremblay, un autre ami de Rivard arrêté, on s'en souvient, à Vancouver en 1955.

Après avoir été libéré faute de preuves, Tremblay a quitté Toronto et est venu s'installer à Montréal où il a acheté une boîte de nuit, le *Zanzibar*, rue Christophe-Colomb, près de la rue Sainte-Catherine. Au mois de juillet 1960, il est retourné à Toronto pour établir des contacts pour sa nouvelle affaire, le commerce interprovincial de l'héroïne et, depuis, il se rend fréquemment dans la capitale ontarienne. Il a également fait des démarches pour approvisionner le marché de la Côte Ouest, mais l'émissaire qu'il a envoyé, Clovis Chapdelaine, a été arrêté à Vancouver le jour même de sa première livraison. (3)

Le 3 juillet 1961, peu après l'obtention des renseignements au sujet de Tremblay, le Bureau des narcotiques avise la G.R.C. que des membres de l'organisation Pacelli-Rinucci doivent se rendre le jour même à Montréal, à bord d'une vieille Chevrolet immatriculée dans l'Etat de New York, et qu'ils s'installeront probablement à l'hôtel *La Salle*. Les informations obtenues par les agents américains indiquent de plus que les trafiquants newyorkais ont téléphoné à Montréal au numéro UN 6-2137.

Une rapide vérification révèle que ce numéro est inscrit au nom de R. Laurier, 1274, rue Saint-Dominique, et qu'il s'agit d'un employé du *Café Rialto*. Une surveillance de l'appartement de la rue Saint-Dominique permet ensuite d'apprendre, grâce à l'immatriculation de la station-wagon stationnée en face, que R. Laurier est en réalité Roger Laviolette, 44 ans, l'homme de confiance de Jean-Paul Tremblay. Cela confirme les renseignements obtenus par la Brigade des stupéfiants, deux jours avant l'appel du B.A.N., selon lesquels des Américains viendraient prochainement à Montréal rencontrer Jean-Paul Tremblay.

Le lendemain matin, 4 juillet, au moment où quatre agents du B.A.N. arrivent à l'aéroport de Dorval pour aider les enquêteurs montréalais, une équipe de surveillance de la Brigade des stupéfiants repère dans le terrain de stationnement de l'hôtel *La Salle* une Chevrolet bleue, modèle 1953, immatriculée dans l'Etat de New York. L'automobile est enregistrée au nom de Rocco Sparage, domicilié au 441 est de la 117e Rue, à New York. De toute évidence, il s'agit de la même vieille Chevrolet. Aussi, toute la journée est-elle gardée sous observation.

---

3. Condamné à cette occasion à quelques années de pénitencier, Chapdelaine est de nouveau arrêté pour trafic d'héroïne, en septembre 1969, à Terrace, en Colombie britannique. Cette fois, il est condamné à 10 ans de réclusion.

En fin de soirée, les limiers fédéraux sont toujours à leur poste quand un Italo-Américain d'une trentaine d'années vient prendre possession du véhicule pour ensuite se diriger vers le nord de la ville. Sa conduite dans les rues de la ville est étrange et, bientôt, les agents s'aperçoivent qu'il suit une Ford Thunderbird immatriculée en Ontario et conduite par nul autre que . . . Jean-Paul Tremblay. Son automobile est celle de Della Burns. Les deux suspects se rendent ainsi, à la file indienne, sur la Deuxième Avenue au coin de la rue Laurier. L'Américain gare sa voiture et rejoint Tremblay dans la sienne qui reprend aussitôt la route vers le bas de la ville. Intrigués, les policiers se partagent la tâche. Un groupe poursuit la filature du duo, ce qui le conduit à l'hôtel *La Salle,* où l'inconnu descend, et au domicile de Tremblay que celui-ci ne quitte plus.

Pendant ce temps, une autre équipe de surveillance est à l'affût, non loin de la Chevrolet. Vers 1h30 du matin, on observe l'arrivée de la station-wagon de Roger Laviolette, à bord de laquelle se trouvent deux hommes, impossibles à identifier dans la nuit. Arrivée à la hauteur de la Chevrolet, la station-wagon s'immobilise. L'un des deux occupants descend, monte dans la vieille voiture et démarre en trombe, suivi à toute vitesse par la station-wagon de son compagnon. Durant quelques minutes, l'automobile des agents fédéraux tente bien de suivre les deux véhicules mais, quand ceux-ci se séparent et prennent des directions opposées, les policiers n'ont pas d'autre choix que d'abandonner la poursuite. Ils retrouveront néanmoins la trace de la station-wagon de Laviolette vers six heures du matin près de la résidence de Tremblay, rue Basile-Patenaude. Quant à la vieille Chevrolet, elle demeure introuvable, tout comme l'Italo-Américain qui l'a conduite et qui s'est inscrit à l'hôtel *La Salle* sous le nom de T. Controne.

Après cette nuit mouvementée, au cours de laquelle Tremblay et ses comparses ont probablement réussi une nouvelle livraison de drogue, il faut attendre un mois avant que ne surviennent de nouveaux développements. Le 1er août, dans l'après-midi, le B.A.N. informe la Brigade des stupéfiants que des indicateurs ont déclaré que, dans les 12 prochaines heures, Tremblay se rendrait quelque part dans l'Etat de New York afin de livrer un stock d'héroïne à un membre de l'organisation Pacelli. Il n'en faut pas plus pour qu'une trentaine de policiers fédéraux soient mobilisés et affectés à la surveillance de tous les postes frontières, les ponts et les endroits susceptibles d'être fréquentés par Tremblay et son entourage. Des patrouilles tentent de localiser le trafiquant et ses hommes mais ils restent introuvables. Personne en ville ne les voit de la journée.

Vers 3h30 le lendemain matin, après une surveillance de plus de 12 heures, les agents postés à la frontière de Blackpool signalent l'entrée de Tremblay au Canada au volant de sa Ford Thunderbird. Il semble suivre une autre automobile, une Pontiac rouge et blanche conduite par un inconnu. Discrètement, les deux voitures sont prises en filature jusqu'à Montréal. Une fois en ville, l'affaire se complique et les agents doivent multiplier les prouesses pour éviter d'être repérés ou de perdre la trace des suspects. Les trafiquants sont de toute évidence méfiants et, à plusieurs reprises, ils brûlent les feux rouges et font demi-tour à des vitesses folles. Néanmoins malgré tous ces efforts, ils n'arrivent pas à semer leurs poursuivants qui, à aucun instant, ne les perdent de vue.

Après une demi-heure de course folle dans les rues de la métropole, on arrive finalement rue Basile-Patenaude, à proximité de la demeure de Tremblay, où les deux suspects s'arrêtent. Le trafiquant descend le premier et se dirige chez lui; l'inconnu, de son côté, reste dans l'automobile et commence à dissimuler des choses dans un grand sac en papier. Les policiers croient que le moment est venu d'intervenir.

Très rapidement, ils abordent les deux hommes et découvrent que le chauffeur de la Pontiac est Maurice Laviolette, le frère de Roger, et qu'il transporte dans son sac la jolie somme de $30 000 en devises américaines, soit environ le prix de quatre kilos d'héroïne pure, à $7 000 l'unité.

Comme on pouvait s'en douter, la fouille des automobiles ne donne aucun résultat. La marchandise a été livrée. La perquisition chez Tremblay permet toutefois de recueillir des indices non négligeables. Les agents trouvent son passeport, émis le 17 mai précédent, au nom de Georges Arnauld Tremblay. Des vérifications auprès des compagnies aériennes et l'examen du passeport révèlent que, depuis le mois de mai, Tremblay s'est rendu trois fois en France, la première fois le 21 mai pour revenir une semaine plus tard. Il est retourné au début de juin et est rentré le 12. Ce jour-là, il n'est revenu à Montréal que pour quelques heures et il est ensuite reparti pour Paris où il est resté jusqu'au 1er juillet.

Ces découvertes amènent naturellement les enquêteurs à vérifier si, de leur côté, les frères Laviolette ne se seraient pas payés eux aussi quelques petits séjours en Europe au cours de la même période. On découvre ainsi que le 20 juin Maurice a quitté Montréal à bord d'un avion d'Air France et que huit jours plus tard, il s'est embarqué au Havre sur le *R.M.S. Ivernia* qui est arrivé à Québec le 4 juillet. Roger, pour sa part, s'est envolé pour Paris le 7 juillet et il est revenu à Québec le 25 du même mois à bord, lui aussi, du *R.M.S. Ivernia* qui était parti du Havre le 19. On apprend un peu plus tard qu'il a effectué ce voyage en compagnie de la soeur d'un autre truand montréalais, Gérard Généreux, qui habite la Deuxième Avenue dans le quartier Rosemont. Ce dernier n'est pas un inconnu des agents fédéraux puisque c'est presque devant chez lui que, le 4 juillet, le New-Yorkais Controne a abandonné sa vieille Chevrolet qui a ensuite été récupérée par les deux hommes venus à bord de la station-wagon de Roger Laviolette.

Tous ces voyages en France de Tremblay et des Laviolette ont eu pour but, de toute évidence, d'effectuer des achats d'héroïne. Mais auprès de qui? Pour le savoir, la G.R.C. communique un résumé de l'enquête à la Sûreté nationale française et lui demande de se tenir prête car, dans un avenir sans doute rapproché, l'un ou l'autre membre de la bande retournera probablement en France pour renouveler les approvisionnements. Dans sa lettre du 1er septembre 1961 au directeur de la Police judiciaire et au secrétaire général de l'Interpol, la G.R.C. souligne l'amitié qui lie Lucien Rivard et Jean-Paul Tremblay et émet l'opinion que c'est probablement par l'entremise de Rivard que Tremblay a réussi à obtenir un fournisseur d'héroïne en France.

Au moment où cette lettre parvient à destination, l'enquête progresse. Le 29 août, le B.A.N. apprend que deux jours plus tard Tremblay doit se rendre à New York pour mettre au point certaines ententes avec le groupe Pacelli. Le 1er septembre, la G.R.C. est informée à son tour que Tremblay s'est effectivement rendu la veille dans la métropole américaine et qu'il s'est déclaré prêt à effectuer une nouvelle livraison d'héroïne le mercredi 6 septembre. Se fiant à la méthode utilisée jusqu'ici pour l'acheminement de la drogue à l'organisation Tremblay, les limiers de la Brigade des stupéfiants vérifient le calendrier des prochaines arrivées maritimes. Ils constatent alors que, le 5 septembre, le *R.M.S. Ivernia* doit à nouveau faire escale à Québec. Des arrangements sont aussitôt pris pour fouiller tous les passagers qui débarqueront dans la vieille capitale et pour tenter de repérer les membres de l'organisation Tremblay qui se porteraient à la rencontre d'un éventuel courrier.

A 14 heures, le 5 septembre, le navire arrive à destination et 50 des 950 passagers débarquent. Mais aucun d'eux ne transporte de drogue et aucun trafiquant n'est vu dans les parages. A 18 heures, l'*Ivernia* reprend sa route en direction de Montréal où il arrive à 7 heures, le lendemain matin. Encore une fois, les policiers et les douaniers procèdent à des vérifications minutieuses mais sans plus de résultat. Ni Tremblay ni ses acolytes ne viennent à la rencontre de qui que ce soit. Pourtant, moins de deux heures après le débarquement, le B.A.N. avise la Brigade des stupéfiants que Tremblay a prévenu ses clients que la livraison aura lieu le jour même, à 17 heures, à Lake George, dans l'Etat de New York. Croyant que la drogue a été acheminée autrement, les responsables de l'enquête s'empressent de vérifier tous les ponts et postes frontières ainsi que tous les endroits « chauds » de Montréal.

En fin d'après-midi, pas un seul trafiquant n'a encore passé la frontière. On s'inquiète. Tremblay aurait-il une fois de plus passé entre les mailles du filet? Pourtant les rapports provenant de Lake George indiquent qu'aucun suspect n'a encore été aperçu. A 20 heures, un nouveau message du B.A.N. parvient à la G.R.C.: Tremblay vient de communiquer avec l'organisation Pacelli pour prévenir qu'il ne pourra pas compléter la transaction aujourd'hui car sa cargaison n'est toujours pas arrivée. Il prévoit toutefois qu'il sera en mesure de livrer la marchandise dans une dizaine de jours.

A peine quelques minutes plus tard, un autre message arrive au bureau de la Brigade des stupéfiants: une équipe de filature vient de repérer le trafiquant à Montréal. L'information du B.A.N. est donc confirmée et il est inutile de maintenir plus longtemps la surveillance.

Durant les trois jours qui suivent, rien d'important ne se passe dans les déplacements de Tremblay et de ses associés. Le dimanche 10 septembre cependant, un nouvel appel est capté par le B.A.N. Roger Laviolette avise un ami de Pacelli que la livraison pourra probablement se faire le vendredi qui vient. De toute façon, Tremblay ou lui rappellera pour confirmer le rendez-vous. Informés des intentions des trafiquants, la Brigade des stupéfiants effectue de nouvelles vérifications auprès des compagnies maritimes et apprend qu'un autre paquebot français, le *M.V. Saxonia*, a quitté le Havre et est en route pour Québec.

A son arrivée, en début d'après-midi le 12 septembre, un « comité de réception » accueille les 25 passagers qui débarquent à Québec. Personne ne transporte d'héroïne, mais sur le navire, deux agents repèrent un voyageur français qui, à leur avis, pourrait très bien être le courrier attendu. Questionné par les officiers de l'immigration, l'homme, qui est âgé de 39 ans, déclare avoir effectué plusieurs voyages à Montréal depuis le mois de juillet 1960 afin de résoudre certains problèmes familiaux. Il explique qu'il doit se rendre cette fois encore dans la métropole pour rencontrer un ami. Intéressés par ce personnage, les policiers décident de le garder à vue et de ne pas le lâcher d'une semelle. Le *Saxonia* arrive à Montréal peu après midi, le lendemain, et le suspect se rend immédiatement à l'hôtel *Taft*.

Après avoir loué une chambre, l'homme va souper dans un restaurant du Red Light puis il revient à son hôtel où il se prépare pour la nuit. Afin d'épier tous ses gestes, la Brigade des stupéfiants a loué une des pièces adjacentes. A 23h30, le suspect quitte sa chambre et se rend à la réception où il demande au gérant d'entreposer son argent, un montant de $1 000, dans le coffre-fort de l'établissement. Il retourne ensuite se coucher. Le lendemain matin, à 7h30, il quitte les lieux et se rend au bureau d'Air France où il réserve un siège pour un retour à Paris le soir même. Tout le reste de la journée, il le passe à l'aéroport international.

Très intrigués par les allures du personnage et par le fait que depuis son arrivée il n'a rencontré personne, les enquêteurs envoient un des leurs s'asseoir à côté de lui. Presque aussitôt, l'individu engage la conversation sur sa vie et ses problèmes familiaux. Son monologue est convaincant et après quelques minutes, le policier en vient à la conclusion que son interlocuteur souffre de dépression nerveuse. Mais rien ne prouve qu'il ne s'agit pas là d'un habile simulacre. La surveillance est en conséquence maintenue jusqu'à son départ; par la suite, une demande de vérification est adressée à l'Office central des stupéfiants à Paris.

La réponse de la police française parvient à la Brigade des stupéfiants moins d'une semaine plus tard. Le voyageur solitaire est un cultivateur du Jura qui n'a aucun lien avec la pègre. Son comportement bizarre peut très bien s'expliquer par de graves conflits familiaux et ses séjours à Montréal feraient suite à des propositions pour diriger une grosse exploitation agricole au Canada. En somme, les limiers de la G.R.C. ont perdu deux jours à suivre une fausse piste. L'erreur n'est heureusement pas désastreuse, car les indicateurs newyorkais ont fait savoir qu'une fois de plus Tremblay a dû ajourner sa livraison, n'ayant pas encore reçu sa marchandise.

Le 22 septembre, cette dernière information est confirmée par une découverte des enquêteurs parisiens. Au cours de leurs recherches pour recueillir des preuves des voyages antérieurs des trafiquants montréalais, ceux-ci ont appris que Jean-Paul Tremblay et un autre Canadien nommé Anatole Ethier séjournaient à l'*Hôtel de la Gare du Nord*. (4) Les deux hommes sont arrivés à Paris le

---

4. Anatole Ethier, dit Tony, avait déjà été repéré par la G.R.C. lors du séjour prolongé de Tremblay à Toronto.

16 septembre et ils ont déclaré au gérant de l'hôtel qu'ils comptaient repartir le 21. En fait, ils sont retournés à Montréal le 20 et malheureusement la G.R.C. n'a pas été avisée à temps pour pouvoir les accueillir comme il se devait. Sans doute les deux acolytes ont-ils utilisé la même tactique qu'à Montréal en se présentant à l'aéroport quelques minutes avant le départ de l'avion et en profitant des annulations normales pour acheter leurs billets.

Ce séjour en France est suivi le 5 octobre d'un nouveau voyage de Tremblay à New York. Informé à temps par la Brigade des stupéfiants, le B.A.N. couvre plusieurs rencontres entre le trafiquant montréalais et des membres du groupe Pacelli. Au cours des discussions, Tremblay se montre assez réticent à continuer de transiger surtout à cause de l'intervention de la G.R.C. lors de la dernière transaction. Il se demande si la police n'est pas sur la piste de ses clients. Les pourparlers durent trois jours à l'issue desquels le Montréalais promet de relancer les affaires dès que ses problèmes d'approvisionnement seront réglés.

Les jours suivants, les déplacements de Tremblay à Montréal convainquent les limiers qui le suivent qu'il est toujours très actif dans la distribution de l'héroïne aux grossistes canadiens. Toutefois, les enquêteurs sont persuadés que les quantités en cause ne sont pas comparables à celles vendues aux New-Yorkais. Selon eux, ces rencontres avec les trafiquants canadiens confirment que Tremblay ne dispose pas pour le moment de stocks importants.

Durant la semaine du 16 octobre, la Brigade des stupéfiants apprend qu'un Français est arrivé à Montréal pour rencontrer Tremblay. On ignore l'identité du visiteur, mais on a néanmoins réussi à obtenir une description sommaire: l'homme est âgé d'une cinquantaine d'années, peut-être plus, il est grand, plus de six pieds, et il pèse sûrement 190 livres; cheveux grisonnants, vêtu avec élégance, il porte continuellement des verres fumés.

Pendant plusieurs jours, les limiers fédéraux tentent d'établir l'identité véritable de ce Français qui, croit-on, est l'un des fournisseurs de Tremblay. Les précautions prises par les trafiquants rendent malheureusement impossibles des surveillances prolongées. Les truands se réunissent généralement au *Café Rialto,* où un non-initié ne peut espérer rester très longtemps sans être repéré. Les déplacements en automobile sont également des corvées impossibles et très souvent les policiers doivent abandonner la filature plutôt que d'être repérés et d'anéantir ainsi les efforts faits depuis des mois.

Malgré tout, certaines informations supplémentaires parviennent aux oreilles des enquêteurs. On apprend, entre autres, qu'à l'invitation de son visiteur, Tremblay se rendra prochainement en France en compagnie d'une certaine Hélène. La date du voyage n'est pas encore déterminée mais il est possible qu'il ait lieu au cours du mois de novembre ou dans la période de Noël. En prévision de ce voyage, la G.R.C. obtient une fois de plus la collaboration des officiers des compagnies aériennes. Mais, connaissant la tactique généralement utilisée par Tremblay de s'embarquer à la dernière minute pendant que les employés sont débordés de travail, des agents sont spécialement chargés de vérifier les registres de tous les départs et arrivées d'outre-mer.

C'est ainsi que le 13 novembre, on apprend qu'un certain J. Tremblay, sans adresse connue, a pris l'avion pour Paris trois jours plus tôt. Rien ne prouve alors qu'il s'agit du trafiquant montréalais; mais deux jours plus tard, celui-ci est identifié parmi les passagers arrivant de Paris. La fouille de ses bagages par les douaniers ne donne aucun résultat, pas plus que la filature qui conduit directement chez lui. Tenant compte cependant du modus operandi adopté dans le passé, la Brigade des stupéfiants vérifie une fois de plus le calendrier des traversées maritimes en provenance du Havre. Celui-ci indique que le paquebot *Ivernia* qui a déjà été utilisé par les frères Laviolette doit venir une dernière fois au Québec avant l'hiver, vers le 26 novembre.

En prévision de son arrivée, un message est envoyé à l'Office central des stupéfiants afin qu'il vérifie si Jean-Paul Tremblay, lors de son voyage à Paris, était accompagné de l'un de ses complices ou d'une personne inconnue qui pourrait être encore en France et servir de courrier lors de son retour au Canada. La réponse de la P.J., pas plus, par la suite, que la fouille des passagers de l'*Ivernia,* ne donne les résultats attendus.

La déception qui envahit alors les enquêteurs montréalais est vite dissipée. Quelques jours plus tard, des informations confidentielles permettent en effet d'établir que le mystérieux Français qui est venu rencontrer Tremblay au mois d'octobre, est nul autre que Roger Coudert, l'une des vieilles relations de Lucien Rivard. Arrêté à New York en 1954 et condamné à 10 ans de prison, Coudert a été libéré du pénitencier fédéral d'Atlanta le 21 septembre 1960 et, par la suite, il a été expulsé en France. Sa nouvelle association avec Tremblay renforce donc l'hypothèse que Lucien Rivard ne serait pas étranger à la mise sur pied de cette filière internationale, surtout si l'on tient compte d'autres informations voulant que Paul Mondolini, l'un des associés de Coudert et de Rivard, ait également séjourné à Montréal.

Au cours des deux mois qui suivent, la surveillance laborieuse des déplacements de Tremblay apporte peu d'éléments nouveaux. Au début de décembre, le trafiquant est d'abord victime d'un cambriolage qui lui fait perdre $13 000 en argent et en bijoux. Peu après, il déménage dans un logement de la rue Fleury ouest, toujours dans le nord de la ville, et il fréquente régulièrement un vieux compagnon de Toronto, Bernard Vallée, ainsi qu'Anatole Ethier, lequel est en contact étroit avec un autre trafiquant torontois, Dominique Baccari, dit Nick the Greek, une étroite relation du frère d'Anatole, Victor Ethier. Grâce à certaines sources d'information privilégiées, la Brigade des stupéfiants apprend également que Tremblay est à la recherche de deux hommes de confiance qui pourraient se charger de livrer quotidiennement 150 capsules d'héroïne à ses amis de Toronto.

Dans la nuit du 13 février 1962, les responsables du dossier sont éveillés par des membres de l'Escouade des homicides de la Police de Montréal. Un appel de la nouvelle compagne de Tremblay a amené les détectives municipaux au domicile du trafiquant où ils ont trouvé son corps affreusement mutilé gisant sans vie sur le tapis du salon, un sofa renversé sur lui. Le sang, répandu un peu partout, indique qu'il s'est déroulé une lutte terrible. Tous les tiroirs ont été fouillés.

L'enquête établit que le vol a été le mobile de ce meurtre. Truand sans classe, Tremblay avait la stupide habitude de se vanter de ses succès financiers et d'exhiber son argent dans les cabarets minables de la Main. Il a été tué par deux des copains avec lesquels il avait fait la fête au cours des heures précédentes. Les deux malfrats l'ont assassiné à coups de marteau, de morceaux de bois et de couteau pour ensuite mettre le logis sens dessus dessous dans l'espoir de trouver le butin de ses dernières combines. Ils ont cependant échoué dans leur tentative et ce sont finalement les policiers qui ont découvert le magot en fouillant le plafond de la cave du cottage de deux étages. Officiellement, Tremblay avait caché $7 000 en argent et deux chèques de $1 000 qu'il avait endossés. Mais en réalité, certains témoignages recueillis laissent entendre que la cachette dissimulait quelques dizaines de milliers de dollars qui auraient été empochés par des détectives peu scrupuleux.

Après la mort de Tremblay, la Brigade des stupéfiants concentre ses efforts en vue de savoir au plus tôt qui, des frères Laviolette, d'Anatole Ethier ou de Bernard Vallée, prendra la succession des affaires. La réponse arrive finalement de New York, le 25 mai suivant. Ce jour-là, un indicateur du Bureau des narcotiques fait savoir que George Farraco, l'intermédiaire entre Tremblay et le groupe Pacelli, a téléphoné à Roger Laviolette qui lui a dit de se tenir prêt

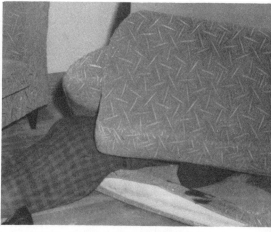

Jean-Paul Tremblay

Le cadavre du trafiquant tel qu'il fut découvert par les policiers dans la nuit du 13 février 1962. (Photos *Allô Police)*

dans deux semaines pour une livraison. Farraco est un truand accompli. Depuis 1939, il a été arrêté pour une multitude d'offenses. En octobre 1953, il a été condamné à 10 ans de détention pour avoir transporté des stocks d'héroïne entre New York et Détroit. Incarcéré au pénitencier fédéral d'Atlanta, il s'est lié d'amitié avec Roger Coudert qui, à sa sortie de prison, l'a référé à ses amis montréalais pour l'approvisionnement en héroïne.

Dans la soirée du sixième jour après son appel téléphonique à Laviolette, Farraco quitte son domicile pour aller acheter un journal. Depuis, plus personne ne l'a revu. Dans le Milieu, depuis quelque temps, on le soupçonnait d'être à la solde des agents fédéraux. On lui attribuait, entre autres, la responsabilité d'un certain nombre de perquisitions effectuées aux domiciles de plusieurs trafiquants du Bronx.

Ignorant sans doute sa disparition, dans la semaine du 11 juin, pendant cinq soirées consécutives, un inconnu de race blanche, de langue française, âgé d'environ 45 ans, se présente chez George Farraco et demande à lui parler. Ces démarches parviennent rapidement aux oreilles des agents du B.A.N. qui établissent que l'inconnu est Roger Laviolette. Or, si le Montréalais a pris la peine de venir personnellement à New York pour rencontrer Farraco, se disent alors les policiers, c'est sûrement qu'il est disposé à conclure de nouvelles affaires. Aussi, pourquoi ne pas lui donner l'occasion de faire ses preuves?

Le 22 juin, un agent secret du B.A.N. déjà bien familier avec Montréal, Patrick Biase, téléphone à Roger Laviolette en se présentant comme Jack Farraco, le frère de George. (5)   Le trafiquant réagit favorablement à cet appel et invite son interlocuteur à venir le rencontrer quelques jours plus tard.

Le 27 juin, l'agent du B.A.N. arrive à Montréal et s'installe à l'hôtel *Mont-Royal* où avait l'habitude de descendre George Farraco. Après une rencontre avec les représentants de la Brigade des stupéfiants pour planifier les derniers détails de l'opération, il téléphone au repaire de Laviolette, un garage de la rue Papineau. Le trafiquant est absent. Son associé, Roger Lapierre, un individu jusqu'alors inconnu de la police, prend l'appel et demande de rappeler plus tard, ce que fait en vain à plusieurs reprises l'agent secret.

Le lendemain, après plusieurs autres appels infructueux, Biase se fâche:

---

5. L'agent Biase a déjà fait parler de lui, on s'en souvient, dans l'affaire Pep Cotroni. Voir Chapitre VI.

« J'suis dégoûté de la façon dont se comporte Laviolette. Pourquoi est-il pas encore là? S'y veut plus transiger avec nous, qu'il le dise tout de suite.

— Ecoute Jack, j'suis désolé, tu devrais patienter encore et attendre Roger.

— J'ai assez attendu. J'retourne à New York.

— Attends, j'vais faire quelque chose. Rends-toi ce soir au bar de l'aéroport pour neuf heures moins quart, j'y serai. On pourra discuter un peu.

— D'accord, à ce soir. Salut! »

A l'heure convenue, Biase rencontre Lapierre au *Caribou Lounge* de l'aéroport de Dorval.

« Mon frère George, raconte l'agent secret, avait $75 000 sur lui quand y est disparu. J'suis convaincu qu'y a été tué pour cet argent. De toute façon, j'sais qu'y faisait affaire avec Laviolette et j'ai pensé que peut-être y serait intéressé à continuer avec moi. Il l'a jamais su, mais j'ai toujours été avec mon frère. C'est lui qui était en avant, mais moi j'étais toujours avec lui en arrière. La preuve, j'sais que ses « pneus» sont bons et je sais aussi que mon frère connaissait un vieux Français qui porte le même prénom que toi. (6) Si Laviolette voulait venir discuter avec moi, on pourrait sans doute trouver facilement un terrain d'entente. Y verrait que j'suis correct.

— Es-tu prêt à reprendre rapidement les affaires?

— Certainement. Pourquoi penses-tu que je suis ici?

— Dans ce cas, j'pense que tout ira bien avec Laviolette. De toute façon, rappelle dans quatre jours, à midi, y sera là pour te répondre.

La conversation s'achève ainsi et Lapierre escorte l'Américain jusqu'à son avion, sous le regard discret des enquêteurs de la Brigade des stupéfiants.

La semaine suivante, Biase communique comme convenu avec Laviolette. Celui-ci déclare que les affaires sont dures en France et qu'il va falloir attendre quelques semaines. Biase patiente donc jusqu'au 20 août alors que Laviolette lui demande de venir à Montréal pour discuter en tête-à-tête. Le lendemain après-midi, après avoir parlé avec les enquêteurs de la G.R.C., l'agent secret se rend au

---

6. En parlant de la qualité des pneus, Biase parle de la qualité de l'héroïne que l'organisation Tremblay-Laviolette dissimulait dans les roues de secours de leurs automobiles.

garage de la rue Papineau pour une première rencontre avec le successeur de Jean-Paul Tremblay. L'entretien porte sans tarder sur les capacités de Laviolette de fournir de l'héroïne en quantité suffisante.

« Pour le moment, explique le trafiquant, j'ai aucun stock. Mon gars en France a certains problèmes et personne à Montréal ne dispose actuellement de réserves. J'peux donc pas t'fournir pour le moment mais dès que j'obtiendrai une nouvelle cargaison, j'te garantis que tu seras avisé. Entre-temps, serais-tu intéressé à acheter de la codéine? Y a eu un vol récemment et moins de deux heures après on m'a demandé si j'en voulais. (7)

— Personnellement, ça m'intéresse pas mais peut-être qu'un de mes amis à New York serait intéressé. J'vais lui en parler et j't'en donnerai des nouvelles.

---

7. Le 3 août 1962, quatre bandits masqués ont fait main basse sur un stock de 100 livres de codéine à la *F.E. Cornell Company Ltd.* du 370 Place Royale, à Montréal. Le vol a été organisé par un truand nommé Maurice Cloutier, une relation de Lucien Rivard qui, depuis le début de 1961, s'est lancé dans le trafic des drogues. Après s'être occupé de distribution sur le marché montréalais, Cloutier a tenté d'approvisionner certains grossistes de Toronto. Mais la mort de Tremblay et l'arrestation de plusieurs trafiquants aux Etats-Unis et au Canada, ont provoqué une baisse considérable des affaires, à cause des difficultés d'approvisionnement qui ont suivi. Ce sont ces difficultés qui ont amené Cloutier à organiser un hold-up à la compagnie pharmaceutique *Cornell*, et Laviolette à retarder ses transactions avec l'agent Biase.
Après le vol chez *Cornell*, Cloutier et ses acolytes distribueront en capsules aux drogués de Montréal une partie de la codéine. Mais les résultats seront néfastes et tous ceux qui absorberont de ce produit auront à souffrir de malaises aux jambes. Voyant cela, Cloutier voudra trouver un autre produit pour mélanger à la codéine afin qu'elle devienne acceptable aux narcomanes. Malheureusement, il n'aura pas le temps de mettre son projet à exécution car il sera abattu en pleine rue, le 28 octobre 1962. L'enquête révélera que sa mort faisait suite à une querelle avec un autre personnage du Milieu, Pierre Ménard, le gérant de l'*Hôtel moderne*. Celui-ci avait réussi à lui enlever sa compagne et un immeuble à logements qu'il avait mis à son nom. A deux reprises, Cloutier avait tenté en vain d'abattre Ménard avec des charges de dynamite. Finalement, c'est lui qui perdra la partie. Ménard et un acolyte, Louis Côté, un copain de Conrad Bouchard, seront arrêtés pour le meurtre, mais, faute de preuves, ils seront libérés par le coroner. Par ailleurs, le 28 novembre 1962, en effectuant une série de raids dans différents endroits à Montréal, les enquêteurs de la Brigade de la contrefaçon de la G.R.C. retrouveront dans un entrepôt la majeure partie de la codéine volée à la compagnie *Cornell*.

— J'peux également t'obtenir de la cocaïne. J'ai un copain à Toronto qui a une connexion. (8) Selon ce qu'y m'a dit, le stuff viendrait d'Argentine. Si t'en veux, j'peux l'appeler.

— J'te l'ai dit, ce qui m'intéresse, moi, c'est l'héroïne. Le reste, j'peux toujours voir ce que j'peux faire à New York. J'ai besoin d'héroïne et s'il le faut, j'irai voir le Vieux Roger en France.

— Ecoute, t'as pas besoin d'aller à Paris. (9) J'te l'ai dit, aussitôt que j'aurai du stuff, tu seras le premier averti. De ce temps-ci, Roger a des troubles avec la police. Les choses vont pas très bien là-bas. Mais, si tu veux absolument y aller, ce que j'peux faire, c'est te donner une lettre de référence.

— J'te remercie mais j'suis pas encore décidé. Si jamais j'y vas, par exemple, j'viendrai chercher ta lettre.

— T'sais, si Tremblay avait pas été tué, on aurait eu un stock de 100 kilos. Tout était prêt. Roger était d'accord mais après, y a changé d'idée. Depuis ce temps-là qu'on attend. En tout cas, quand j'aurai reçu le stuff, on pourra se rencontrer à mon chalet d'été. Il est situé au lac Saint-François, près de la frontière ontarienne. En face, l'autre bord du fleuve, c'est l'Etat de New York. Si jamais c'était nécessaire, on pourrait même utiliser mon hors-bord pour transporter le stuff. On pourrait passer par le lac Ontario. »

La conversation se poursuit ainsi, portant sur différents projets d'avenir, après quoi, Laviolette reconduit Biase à son hôtel et lui demande une fois de plus d'être patient.

L'agent secret devra l'être car la prochaine rencontre avec le trafiquant n'aura lieu que sept mois plus tard, au cours desquels Biase communique à plusieurs reprises avec le truand; mais celui-ci remet continuellement la transaction promise. Pour justifier ce long délai, Laviolette prétexte les difficultés de renouer avec le fournisseur de Tremblay, mais surtout des problèmes avec les policiers

---

8. L'enquête menée par la Brigade des stupéfiants à l'occasion de l'assassinat de Jean-Paul Tremblay a révélé que Roger Denizet, dit Roger Le Français, dont nous avons parlé déjà à quelques reprises, a quitté Montréal pour aller s'installer à Toronto. Déjà arrêté à Vancouver en 1949, Denizet est connu comme un vieil ami d'Antoine d'Agostino et de Roger Coudert. Après l'arrestation de Pep Cotroni, on a retrouvé sa trace au café *La Cave*, la base d'opération des trafiquants Marius Martin et Jean Jehan, les amis de Lucien Rivard. En août 1963, on trouvera son nom dans les papiers d'Anatole Ethier.

9. Comme tous les truands, Laviolette tient à garder pour lui ses précieux contacts d'outre-mer.

municipaux qui, un soir de septembre, l'ayant accosté à sa sortie du *Café Rialto*, ont trouvé dans son automobile un revolver volé et l'ont accusé de recel et de port d'armes illégal. Le 26 février 1963, à l'occasion de l'un des appels de Biase, Laviolette déclare qu'après le 20 mars les accusations portées contre lui seront réglées et qu'il sera alors possible de conclure une première transaction.

En fait, l'enquête reprend sérieusement le 5 avril 1963. Ce jour-là, au cours d'un conversation téléphonique, Laviolette se dit maintenant prêt à parler affaires et invite Biase à venir le rencontrer. Cinq jours plus tard, l'agent secret retrouve donc le trafiquant à Montréal, au *Café Palermo*, rue Iberville. L'endroit est discret et à l'abri, croit Laviolette, des regards des agents fédéraux!

« Ici, on pourra parler tranquille! Comme j'te l'ai dit au téléphone, j'suis prêt maintenant pour un « deal ». Mes causes sont finies et j'ai déjà commencé à faire des arrangements avec le Vieux Roger. J'dois aller le voir à Paris le 1er mai pour acheter 10 kilos. Mon courrier est déjà là et attend mes instructions. Si tu veux, j'pourrais t'en vendre huit. Je dois m'en garder deux pour d'autres clients. J'devrais avoir le stock à Montréal vers le 15 mai et on pourra alors s'organiser pour la livraison. A part de ça, c'est ben possible que ça soit Lapierre qui s'occupe de te remettre la marchandise. On est associé dans tout et ce qui est bien c'est qu'il n'est pas connu de la police. Y a jamais été arrêté.

— Ça va ça, mais combien tu demandes?

— Entre $7 000 et $7 500 le kilo. C'est pas cher, mais y a une affaire par exemple, j'ai besoin de $3 000 d'avance pour payer les dépenses de mon voyage et mon courrier. Tout mon argent est investi dans le garage. J'ai pas une cenne pour aller d'l'autre bord.

— Ouais, en principe ça pourrait peut-êt' aller. J'sais que mon frère George marchait comme ça avec Tremblay. Mais j'aimerais mieux y penser pareil avant. J't'en donnerai une réponse dans quelques jours.

— O.K., comme tu veux, mais l'plus tôt possible. Il faudrait absolument que tu r'viennes avec l'argent au plus tard le 29. De toute façon, t'as pas besoin de t'inquiéter, ça sera déduit du paiement final. A part de ça, si ça marche, faudra aussi que tu t'arranges pour aller dans un autre hôtel. Tu pourras aller au *Reine Elisabeth* ou à l'hôtel *La Salle*.

— Pour ça, y aura pas de problème. Mais j't'le dis tout de suite, j'aime pas trop trop les rencontres en public. Tu viendras dans ma chambre et là, on discutera tranquille.

— Quand t'arriveras, tu m'appelleras, pis tu m'donneras le numéro. J'irai te voir. »

L'entretien terminé, Biase retourne à New York et des arrangements sont faits avec les autorités du B.A.N. et de la G.R.C. pour obtenir l'argent exigé par le trafiquant.

Le 29 avril, l'agent secret est de retour à Montréal où il s'inscrit sans tarder au *Reine-Elizabeth*. Sa chambre a été réservée par des agents de la Brigade des stupéfiants qui, de leur côté, ont loué la chambre adjacente afin d'y installer leurs équipements d'écoute électronique. Laviolette rejoint Biase en fin d'après-midi et pendant près d'une heure ils discutent:

« As-tu l'argent? demande d'abord le trafiquant.

— Oui, le v'là! Tu vas me dire une chose cependant. Pourquoi demandez-vous toujours de l'argent à l'avance? J'ai pas trop compris ton explication l'aut' jour.

— C'est ben simple. Depuis une coup' d'années, y a beaucoup de fausse monnaie en circulation. On veut seulement avoir le temps de vérifier si on nous passe pas des faux. Quand on dealait avec ton frère et les autres on a toujours marché comme ça. T'as pas à t'inquiéter. Même que pour te montrer notre bonne volonté, on est prêt à t'en vendre deux kilos de plus.

— Ah? Tu devais pas les garder pour toi?

— Oui, mais j'veux te prouver qu'on est bien content de faire affaire avec toi. T'sais, si tu m'avais pas contacté après la mort de Tremblay, on aurait dû contacter un autre gars de Pacelli pour reprendre les affaires... A part de ça, j'vas t'en raconter une bonne. Au mois d'août, y a deux ans, on avait été à Lake George pour livrer 10 kilos. En revenant à Montréal, Tremblay et mon frère ont été arrêtés par les fédéraux qui ont trouvé les $30 000 qu'ils ramenaient avec eux. Moi pis Lapierre, on l'a échappé belle. On ramenait nous autres six kilos qu'on avait pas vendus parce que les gars avaient pas assez d'argent. Une chance qu'on est revenus un peu plus tard qu'eux, parce qu'on était faits comme des rats.

T'sais, travailler avec Lapierre c'est plaisant. C'est un gars intelligent et fiable. Y parle pas beaucoup et pis c'qui est important, y fait jamais passer le plaisir avant les affaires. Y est pas comme Tremblay qui buvait trop et qui était jamais capable de se concentrer sur la job.

— Tout ça c'est bien intéressant, mais à propos de ton voyage à Paris, qu'est-ce qui arrive? Es-tu prêt à partir?

— Oui, oui, mais j'suis pas encore décidé si je devrais y aller moi-même. De toute façon, de la manière dont ça s'arrange, j'aurai peut-être même pas besoin d'y aller. »

Pendant l'entretien, Laviolette fait plusieurs appels téléphoniques à son frère Maurice et à son associé Lapierre. Il tente également de communiquer avec un certain Frank the Greek avec qui il doit apparemment parler avant de fixer une date pour la livraison. N'ayant pas réussi à le joindre, il dit à Biase qu'il le rappellera à 18 heures pour lui donner la date à laquelle il devra revenir à Montréal pour régler la transaction.

En fin d'après-midi, à l'heure convenue, Laviolette téléphone à Biase:

« Ecoute, j'serai prêt entre le 22 et le 25 mai. De toute façon, rappelle-moi le 22 et j'te donnerai la date exacte.

— Pis, l'argent que j't'ai donné, tout est correct?

— Oui, pas de problème. Tout va bien, l'argent est bon. »

Le 22 mai, Biase téléphone donc à Laviolette. Celui-ci lui demande alors de le rappeler le 10 juin car il doit se rendre à Paris trois jours plus tard. La conversation est brève, mais néanmoins l'agent secret en profite pour demander au trafiquant si son prix est toujours le même.

« Ça dépendra comment ça va aller là-bas », lui répond Laviolette.

A ce moment-là, les autorités du B.A.N. et de la G.R.C. se sont déjà entendues pour constituer à part égale un fond de $70 000 que l'agent Biase pourrait utiliser pour impressionner les trafiquants au moment des discussions finales. Le plan d'action, mis au point avec les responsables de la Brigade des stupéfiants, prévoit que la transaction se fera au *Reine Elisabeth* et qu'un autre policier armé jouera le rôle du courrier newyorkais chargé de transporter et surveiller la monnaie pour le compte de Jack Farraco. Ce second agent secret n'occupera pas la même chambre que Biase et tout comme ce dernier, il sera entouré d'un rigoureux dispositif de sécurité, tant électronique qu'humain. En fait, la Brigade des stupéfiants louera six chambres, dont quatre seront occupées par les enquêteurs chargés de couvrir et de protéger les deux agents secrets. Finalement, Biase ne montrera l'argent à Laviolette que lorsqu'il sera assuré que le trafiquant a la drogue entre les mains et qu'il est prêt à procéder à l'échange.

Après l'élaboration de ce plan, la Brigade des stupéfiants concentre ses efforts pour savoir le plus vite possible quand Laviolette partira en France et quel est ou quels sont les courriers qui sont déjà sur place. Des agents sont postés en permanence à l'aéroport de Dorval et d'autres sont chargés d'éplucher les registres des arrivées maritimes en provenance du Havre et de Marseille.

Malgré ce qu'il a déclaré à Biase, Roger Laviolette ne quitte pas Montréal le 25 mai, mais plutôt le 29, à bord d'un avion d'Air France et il revient le 3 juin. Son séjour à Paris n'a été épié par personne afin de ne pas éveiller le moindre soupçon et de ne pas provoquer d'actions inutiles et précipitées. Le 10 juin, comme prévu, Biase, toujours à New York, téléphone à Montréal. Laviolette n'est pas là et c'est Lapierre qui répond et qui explique que son associé est allé passer le week-end à son chalet d'été sur le bord du lac Saint-François. Le lendemain midi, Biase rappelle. Cette fois, Laviolette est là et lui demande de venir le rencontrer immédiatement. Le trafiquant ne précise pas s'il a en sa possession la marchandise désirée, mais l'agent secret croit que son interlocuteur désire renégocier le prix.

Biase arrive à Montréal au cours de la soirée, et, après s'être enregistré à l'hôtel Laurentien, communique sans tarder avec Laviolette. Celui-ci, apparemment sous l'effet de l'alcool, refuse de discuter de quoi que ce soit au téléphone et demande à son client de le rappeler le lendemain midi, ce que fait naturellement Biase.

La nouvelle rencontre entre l'agent secret et Laviolette a d'abord lieu dans l'automobile du trafiquant à l'extérieur de sa station-service, puis dans l'établissement même où sont également présents Lapierre et Maurice Laviolette. Si l'on en croit le rapport de l'agent Biase et celui du sergent d'état-major Maurice Poitras, le responsable de la Brigade des stupéfiants, au moment de l'enquête, voici comment c'est déroulé le dialogue entre Roger Laviolette et l'agent secret:

« J'ai vu le Vieux Roger à Paris, dit Laviolette, mais j'ai eu de la misère. Y a fallu que j'aille à Nice et à Marseille avant. Ç'a pas été un cadeau. Quand j'l'ai rencontré, y m'a dit qu'y était bien content de me voir mais qu'y voulait plus transiger de la même façon qu'il l'avait fait avec Tremblay. A son dernier voyage en France, y lui avait fait un crédit de $16 000 et jamais Tremblay l'a remboursé. A cause de ça, Roger exige maintenant d'être payé comptant et y veut plus jamais vendre moins de cinq kilos. Y m'a d'ailleurs montré une cache qu'y s'est fait construire dans un mur. C'est extraordinaire! Y avait pas moins de 100 kilos d'héroïne là-dedans. De toute façon, comme j'savais pas ce que t'en penserais, je lui ai dit que j'allais attendre un peu et que j'en parlerais à mon client. Toi, es-tu prêt à avancer l'argent pour payer les 10 kilos? Il faudrait encore $27 000.

— J'sais pas. Ça change pas mal l'affaire ça. Je pense pas que les gars qui me financent vont accepter. Y vont sûrement dire qu'on serait peut-être ben mieux de marcher directement nous autres mêmes avec le Vieux Roger.

— Ecoute, réplique le trafiquant qui ne tient absolument pas à perdre son premier client important, j'ai une autre proposition à te faire. Roger m'a donné deux dates pour pouvoir le rencontrer à nouveau, soit entre le 12 et le 15 juin ou le 29 et le 30 juin. Qu'est-ce que tu dirais si on se rencontrait tous les deux à Paris, à l'*Hôtel de la Gare du Nord,* le 30. Je pourrais à ce moment-là te présenter le Vieux Roger. Une condition cependant: faudrait pas que tu discutes de prix avec lui et que t'essaies de m'écarter de l'affaire. J'tiens à rester le contact, oublie pas ça.

— Enerve-toi pas! T'as pas besoin de t'inquiéter de ce côté-là.

— O.K., mais y faudrait aussi que t'aies l'argent avec toi ou que tu puisses garantir qu'il est en France. Le paiement ne se ferait que lorsque la marchandise serait arrivée à Montréal et que vous auriez pu la vérifier. Moi, en tout cas, j'suis convaincu que de cette façon Roger accepterait de marcher.

— Ton idée est intéressante mais moi, y faut que j'en parle avant avec mes associés. J'peux sûrement pas t'donner une réponse tout de suite, comme ça. J'ai besoin d'un peu de temps.

— J'comprends. Qu'est-ce que tu dirais si on se rencontrait le 19, à deux heures de l'après-midi à l'hôtel *Montcalm* à Lake George?

— Ça pourrait aller ça. J'aurais le temps de rencontrer mes gars.

A ce moment, Laviolette se lève et conduit Biase dans une autre pièce où il lui montre une petite malle.

« Vois-tu cette malle? Elle a fait plusieurs voyages à Paris et à chaque fois elle est revenue pleine de stuff. Quand c'est moins que cinq kilos, on se sert de l'avion mais pour plus, on envoie ça par bateau. »

Le trafiquant remet alors à l'agent secret un bout de carton sur lequel il a inscrit le nom et l'adresse de l'hôtel où ils se rencontreront le 30 juin à Paris. Au début de la rencontre, il avait donné à Biase la somme de $1 600, soit la partie des $3 000 qu'il n'avait pas utilisée lors de son dernier voyage en France.

Vers 17h10, les agents de la Brigade des stupéfiants, qui ont installé depuis quelques semaines un poste d'observation permanent dans un logis situé en face de la station-service de la rue Papineau, aperçoivent Biase sortant de l'établissement en compagnie de Roger

Laviolette. Ce dernier va reconduire son client au *Laurentien.* L'agent du B.A.N. retourne ensuite à New York.

Le 19 juin, tel que convenu, Biase et Laviolette se retrouvent dans le terrain de stationnement de l'hôtel *Montcalm,* à Lake George, dans l'Etat de New York. Le trafiquant est accompagné de son associé, Lapierre, et d'un autre individu inconnu jusqu'alors. Il est identifié un peu plus tard: il s'agit d'Alain Phaneuf, 30 ans, représentant de commerce et ami de Roger Lapierre.

La présence de ce nouveau personnage intrigue l'enquêteur du B.A.N. et il demande à Laviolette:

« Qui est ce gars-là qui est dans l'auto avec Lapierre?

— C'est mon courrier. J'voulais qu'y te voit comme y faut pour qu'y puisse te reconnaître sans problème plus tard. T'sais, y était là la dernière fois que t'es venu au garage, mais tu l'as pas remarqué parce qu'y était déguisé en mécanicien. »

Arrivés au *Garden Café,* les deux hommes s'assoient à une table et poursuivent la conversation sous le regard discret d'un agent de la G.R.C. qui s'est installé à proximité.

« Qu'est-ce que tes gars ont décidé de faire? demande d'abord Laviolette.

— Ils refusent d'engager quelque somme d'argent que ce soit à moins d'être en mesure de voir le stuff en premier.

— Ouais, c'est pas trop bon. J'ai déjà fait tous les arrangements avec le Vieux et je dois partir pour Paris le 29 pour aller chercher cinq kilos pour moi.

— Pourquoi me donnerais-tu pas tes cinq paquets si le Vieux Roger veut pas t'donner les 10 kilos sans le reste de l'argent? Si tu fais ça, avec l'argent que j'te donnerais, tu pourrais acheter le reste.

— L'idée est pas mauvaise. J'ai l'impression pourtant que toi et tes amis vous avez pas confiance en moi.

— C'est pas la question, mais avec tout l'argent qu'on met dans ça, nous autres, on veut être sûrs de notre affaire.

— O.K., disons qu'on se rencontrera à Paris le 30 juin et que t'auras une garantie que vous avez les $70 000 nécessaires, O.K.?

— C'est correct ça. J'aurai aussi quelqu'un qui prendra livraison des cinq premiers kilos et après on s'arrangera ensemble pour la livraison du reste.

— Parfait, si tes associés sont d'accord, viens me rencontrer ici dans deux jours. Si, demain après-midi, j'ai pas eu de nouvelles de toi, ça voudra dire que tu viendras au rendez-vous. O.K.?

— Ça va! »

Laviolette rejoint ses compagnons et retourne à Montréal. Le lendemain, il ne reçoit aucun appel. Il rencontre donc à nouveau Biase au même endroit, à 16 heures, le 21 juin. Cette fois, il est accompagné de son frère Maurice. L'entretien est assez bref. Les deux interlocuteurs repassent une dernière fois leur plan d'action. Le New-Yorkais informe le Montréalais du consentement de ses associés et l'assure qu'il aura à sa disposition les $70 000 quand ils se rencontreront à Paris. Le trafiquant, pour sa part, avise l'agent secret que le voyage aura lieu au début de juillet plutôt que le 30 juin.

Les jours suivants, les autorités du B.A.N. font le nécessaire pour procurer à leur agent un document bancaire établissant qu'il est en possession d'une somme de $100 000. Le samedi 29 juin, Laviolette téléphone à Biase et lui demande de lui avancer $1 500 pour défrayer les dépenses de son voyage. Le policier répond qu'il doit en parler à ses associés et qu'il pourra donner une réponse le lendemain. Le dimanche suivant, Biase rappelle le trafiquant à son chalet d'été et ce dernier lui demande de venir le rencontrer le plus tôt possible.

L'agent du B.A.N. se rend donc une fois de plus à Montréal, le 2 juillet. La nouvelle rencontre a lieu mercredi midi, dans la chambre de Biase, au *Laurentien*. Comme à l'accoutumée, la chambre adjacente est occupée par des agents de la Brigade des stupéfiants qui, grâce à leur système d'écoute électronique, ne perdent rien des propos échangés.

« J'ai pensé qu'on pourrait se rendre à Paris ensemble lundi prochain, dit Laviolette.

— J'pensais qu'on devait y aller avant. J'avais planifié mes affaires pour ces jours-ci.

— Ça pourrait peut-être s'arranger, mais y faudrait qu'on règle avant la question de l'argent. Pour le Vieux Roger, tout est correct à condition que je puisse être sûr que t'as l'argent pour payer les 10 kilos ou encore que tu me donnes la moitié de la somme pour acheter les cinq premiers kilos.

— Je t'l'ai déjà dit, y est pas question qu'on paie une partie à l'avance sans avoir vu le stuff. »

La conversation traîne pendant une vingtaine de minutes après quoi Biase se décide à montrer au trafiquant la lettre de crédit qu'il a obtenue de la succursale parisienne de la *First National City Bank*.

« Ça devrait suffire, dit-il à Laviolette, pour te prouver qu'on est sérieux et qu'on est prêt à faire des grosses affaires. »

Après avoir pris connaissance du document, le trafiquant ne cache pas sa très grande satisfaction et, aussitôt, il fait quelques appels téléphoniques auprès de différentes compagnies d'aviation pour obtenir des renseignements sur les horaires des vols vers Paris.

« Ecoute, dit-il ensuite à Biase, comme t'as l'argent, c'est plus nécessaire que tu viennes à Paris. J'vas m'arranger avec le Vieux Roger et t'auras qu'à venir prendre livraison du stuff à Montréal.

— J'te remercie, mais maintenant tous mes arrangements sont faits. Mon courrier est déjà à Paris et attend mon arrivée.

— Bon, d'accord. Mais, t'sais, on aurait jamais eu tous ces problèmes si j'avais eu l'argent liquide dès le départ. J'me serais occupé de tout et ça aurait été bien plus simple.

— J'sais, mais parlons-en plus. Maintenant, faudrait savoir quand on va partir et comment on va s'organiser pour les dépenses.

— Mon courrier à moi va partir ce soir et j'vas m'occuper de payer ses dépenses. Nous autres on partira demain soir et tu t'occuperas de payer les billets d'avion pour l'aller. A Paris, tu descendras à *l'Ambassadeur* et moi j'm'installerai à *l'Hôtel de la gare du Nord*. Ça te convient?

— Oui, ça ira.

— Parfait. J'vas y aller et dans une heure j'te rappelle pour te donner des nouvelles. »

Laviolette retourne à son garage. Vers 15h30, comme il n'a toujours pas rappelé et qu'il est parti depuis deux heures déjà, Biase lui téléphone.

« J'viens juste de réussir à trouver l'argent pour payer les dépenses de mon gars, explique Laviolette. J'vas faire les réservations d'avion maintenant. J'te rappelle tantôt. »

A 17h20, le trafiquant téléphone à son tour à l'agent secret:

« J'ai un problème. Y me manque $400. Peux-tu m'avancer la somme tout de suite, j'enverrais quelqu'un la chercher?

— Bon, d'accord! » répond Biase exaspéré, mais qui n'a pas le choix.

Une demi-heure plus tard, Alain Phaneuf se présente à la chambre du représentant du B.A.N. Biase lui remet d'abord $300 puis il l'accompagne dans le hall de l'hôtel où, après avoir téléphoné une nouvelle fois à Laviolette, il lui remet un autre $100. Ces derniers gestes se font sous les regards attentifs de quelques membres de la Brigade des stupéfiants habilement dissimulés. A 18h10 Laviolette téléphone une dernière fois à Biase:

« Tout est correct, mon gars est revenu. J'te verrai demain après-midi entre trois et quatre heures. »

Dans la soirée, les limiers de la G.R.C. assistent au départ de Phaneuf pour Paris. Il transporte avec lui une petite valise blanche identique à celle que Laviolette avait lors de son dernier voyage en France. Ce dernier est d'ailleurs présent à l'aéroport où il a attendu l'avion en compagnie de son courrier. Dès son arrivée à Paris, Phaneuf est pris en filature par les limiers de l'Office central des stupéfiants et les agents de liaison du B.A.N., postés dans la capitale française.

Le lendemain, en fin d'après-midi, après avoir fait quelques appels téléphoniques, Laviolette est conduit à l'aéroport par Lapierre. A 19h10, il rencontre Biase qui lui remet son billet d'avion. L'agent secret quitte Montréal le premier, à 19h30, à bord d'un avion d'Air France. Laviolette, qui, lui aussi, transporte une valise blanche, s'envole pour Paris dix minutes plus tard, à bord d'un avion d'Air Canada.

A 8h30, le 5 juillet 1963, Biase et Laviolette se retrouvent à Paris, au terminus des Invalides. Le trafiquant recommande alors à l'Américain de se rendre à son hôtel et d'attendre son appel, le lendemain, ce que fait l'agent, mais il ne redonne signe de vie que deux jours plus tard. Il donne alors un premier rendez-vous à l'agent secret en face du *Bristol,* dans le faubourg Saint-Honoré.

Le dimanche 7 juillet, en fin d'après-midi, Patrick Biase rencontre Roger Laviolette et Alain Phaneuf à l'endroit indiqué puis le trio se rend dans un café, *Le Roulis.*

« J'ai parlé au Vieux Roger, explique alors Laviolette, mais on pourra pas rien faire avant mercredi parce qu'on n'est pas venu aux dates prévues. Demain matin, à 11 heures, j'vas rencontrer Jack en face de la *First National City Bank,* avenue des Champs-Elysées. On vérifiera si tout est correct pour l'argent. »

A l'heure convenue, le lendemain, Biase rencontre Laviolette en face de la succursale de la banque newyorkaise.

« C'est pas nécessaire de rentrer, déclare le trafiquant. J'suis convaincu que t'as l'argent qu'y faut. Viens, on va plutôt aller prendre un verre en face, au *Longchamps.* Alain est là et nous attend. »

Sur place, Laviolette fait allusion à ses anciennes transactions avec Roger Coudert. Biase retient surtout ces phrases:

« Le Vieux Roger a une grosse réserve à Marseille. D'après ce que j'ai pu comprendre, il obtiendrait son stuff en arrière du rideau de fer. Il a un courrier qui fait la navette entre Marseille et Paris pour aller le chercher . . . »

À l'issue de l'entretien, Laviolette demande à Biase de venir le rencontrer à nouveau au même endroit, au début de l'après-midi.

Le 9 juillet, vers 13 heures, le trio se retrouve une fois de plus au *Longchamps*. La rencontre est brève et Laviolette réclame à Biase un $100 additionnel qui, naturellement, sera déduit du prix du premier kilo d'héroïne. L'agent secret n'a pas suffisamment d'argent sur lui et propose à Laviolette de le retrouver plus tard, en fin d'après-midi. A ce moment-là, le trafiquant explique au policier comment se fera la livraison.

« Le courrier du Vieux Roger va venir me porter une mallette. Celles qu'il utilise mesurent ordinairement trois pieds sur quatre et sont munies d'un double fond pratiquement impossible à détecter. Quand j'aurai la malle, je la remettrai à mon gars qui ira te la porter. De ton côté, tu t'occuperas ensuite d'aller chercher ton argent à la banque. Je dois rencontrer le Vieux Roger demain matin à 10 heures.

— Parfait, j'attendrai ton appel. »

A midi le lendemain, Biase retrouve Laviolette au *Colisée,* un café situé sur les Champs-Elysées.

« J'ai rencontré le Vieux et tout est correct. La livraison aura lieu dans trois jours. Si tu veux, tu pourrais cependant avoir le stuff plus vite même demain, à condition d'accepter qu'y soit pas dissimulé dans une mallette.

— C'est pas grave ça. De toute façon, j'ai l'intention de vérifier la marchandise et va falloir que j'brise le double-fond. Aussi bien alors pas perdre de temps à cacher le stuff pour rien.

— J'dois revoir le Vieux Roger demain, je lui dirai de nous livrer la marchandise comme ça. »

Le 11 juillet, l'agent Biase ne rencontre pas Laviolette, mais lui parle trois fois au téléphone. Le premier appel est très court: le trafiquant veut vérifier si son acheteur est disponible. Le second a lieu pendant que Laviolette discute avec Coudert:

« Le Vieux Roger veut pas laisser aller le stuff tant que t'auras pas sorti l'argent. Y veut être payé dès qu'y aura remis la marchandise. En plus, nous devrons la prendre dans la mallette et attendre trois jours.

— Ça marche pas ça. Comment ça se fait que tous les plans sont changés?

— Qu'est-ce que tu veux que j'dise, c'est comme ça qu'y veut marcher lui.

— J'voudrais ben le rencontrer moi. Essaie donc d'arranger ça, j'pourrais essayer de le convaincre.

— J'vas voir ce que j'peux faire. J'te rappellerai. »

Peu après, Biase reçoit le troisième appel.

« Le Vieux Roger veut pas te voir. Tout est à l'eau. J'te rappellerai quand on retournera aux Etats. »

L'agent du B.A.N. n'en croit pas ses oreilles: la transaction annulée si près de la fin! Pourquoi? Il se perd en conjectures et se demande si ses interlocuteurs n'auraient pas deviné son identité. Décidé à en avoir le coeur net, il part à la recherche du Vieux Roger. Il se rend rue Lafayette, au *Café de Paris,* qui appartenait auparavant au trafiquant parisien. Le nouveau patron a acheté l'endroit au mois de février précédent et ne sait absolument pas comment rejoindre les anciens propriétaires. Partout ailleurs, il n'est pas chanceux. Déçu, Biase retourne à New York le lendemain, tandis que, de leur côté, Laviolette et Phaneuf, qui n'ont pas repris contact avec lui, rentrent bredouilles à Montréal.

Durant les jours qui suivent, les limiers de la Brigade des stupéfiants multiplient leurs efforts pour observer les déplacements des trafiquants, à Montréal, et Biase tente sans succès de rencontrer Laviolette. Le 1er août, le B.A.N. avise la G.R.C. que ses agents de liaison à Paris ont aperçu Roger Laviolette. Aussitôt, des enquêteurs de la Brigade des stupéfiants se rendent à l'aéroport de Dorval pour vérifier les registres. Ils apprennent que le trafiquant a quitté Montréal à 8 heures la veille et qu'une demi-heure plus tôt, son courrier Alain Phaneuf a pris lui aussi l'avion pour la Ville Lumière. Le B.A.N. est informé et des équipes de la G.R.C. sont chargées d'effectuer une surveillance de tous les instants à l'aéroport de Dorval et aux ports de Montréal et Québec.

Pour essayer d'en savoir un peu plus sur ce qui se prépare, l'agent Biase téléphone au garage de la rue Papineau. C'est Roger Lapierre qui répond.

« Salut Roger! Laviolette est-il là? J'aurais affaire à lui. Ça fait plusieurs fois que j'essaie de le rejoindre.

— J'suis désolé, y est pas ici. Y est parti en voyage, assez loin du pays. Y devrait être de retour la semaine prochaine, aux alentours du 9 ou du 10. Tu devrais pas t'inquiéter, j'ai l'impression qu'il va avoir des bonnes nouvelles pour toi.

— Ah oui? Comment loin du pays?

— Y est parti avec Alain dans le pays que t'as visité récemment.

— Ça va, j'comprends. J'vas attendre dans ce cas-là. »

Le 3 août, à 22h15, les agents postés à Dorval remarquent l'arrivée d'un personnage connu, Anatole Ethier, l'ancien associé de Jean-Paul Tremblay, maintenant propriétaire d'un petit hôtel à Rockland, près d'Ottawa. L'homme est seul et se rend dans le terrain de stationnement d'où, à bord d'une Oldsmobile immatriculée en Ontario, il file directement chez lui. La fouille de ses bagages par les douaniers n'a donné aucun résultat, mais une nouvelle vérification des registres aériens révèle qu'il avait pris deux jours plus tôt, le même avion que Laviolette. Cet indice amène les limiers fédéraux à se demander si Laviolette n'aurait pas obtenu d'Ethier qu'il finance sa première transaction avec Coudert.

Le 7 août, la G.R.C. est avisée que Laviolette et Phaneuf ont fait des réservations pour rentrer à Montréal le lendemain. Laviolette devrait arriver à 13h05 et Phaneuf à 16h10.

A 13h15, le 8 août, la Brigade des stupéfiants reçoit un appel du B.A.N. à New York. On vient juste d'apprendre que la police française a arrêté les deux trafiquants montréalais au moment où ils prenaient leur avion respectif. Alain Phaneuf transportait dans une valise à double fond quatre kilos d'héroïne pure.

Interrogés séparément, les deux hommes ne tardent pas par la suite à se mettre à table. Laviolette déclare que c'est Anatole Ethier qui a financé son dernier voyage et l'achat de la drogue. C'est même lui qui a remis l'argent, $20 000, à Coudert à l'occasion d'une rencontre à trois au restaurant du terminus. Le profit de la transaction devait d'ailleurs être partagé en parts égales entre Laviolette et Ethier. De son côté, Phaneuf, qui n'a rien d'un truand endurci, est très coopératif; il raconte toute son histoire en expliquant qu'il a été amené dans le groupe par Roger Lapierre. A la suite de ces aveux, l'Office central des stupéfiants procède à l'arrestation de Roger Coudert et à une fouille de sa luxueuse villa de Lamorlaye, en banlieue de Paris, où on retrouve la petite mallette qu'avait transportée Phaneuf ainsi qu'un document établissant qu'il venait de faire convertir les $20 000 reçus en devises françaises. Confronté avec cette preuve, le vieux trafiquant s'avoue vaincu et passe à son tour aux aveux.

A Montréal, les 9 et 10 août, la Brigade des stupéfiants effectue une série de perquisitions et procède à l'arrestation de Roger Lapierre et d'Anatole Ethier qui sont formellement inculpés de conspiration pour importation d'héroïne au Canada et de trafic de stupéfiants. Une Commission rogatoire est par la suite constituée et se

Roger Laviolette (en haut, à gauche) et ses acolytes: Roger Lapierre (en haut, à droite), Alain Phaneuf (en bas, à droite) et Roger Coudert (en bas, à gauche).

rend à Paris pour recueillir les témoignages et les preuves nécessaires. Malheureusement, la procédure n'a pas le succès attendu et le 29 novembre 1963, à l'issue de l'enquête préliminaire, la G.R.C. est contrainte de retirer sa plainte contre Ethier. Lapierre cependant, grâce au témoignage spectaculaire de l'agent Patrick Biase, est envoyé à son procès. Acquitté plus tard de l'accusation de conspiration, il se reconnaît finalement coupable de trafic d'héroïne, le 26 octobre 1964, et est condamné à un an de prison et à $1 000 d'amende.

A cette dernière occasion, le tribunal parisien établit que lorsqu'il a rencontré Jean-Paul Tremblay et Roger Laviolette à Montréal, le 14 octobre 1961, Coudert était également en mission pour le compte des Corses Antoine Marignani et Jean-Baptiste Jiacobetti et de leur bras droit Gilbert Coscia. Après sa rencontre avec Tremblay et Laviolette, Coudert s'était rendu à Nice, où Gilbert Coscia lui

Les deux diplomates-trafiquants, Juan Aritzi (à gauche) et Salvador Pardo-Bolland (à droite).

avait présenté Mme Salvador Pardo-Bolland, la femme d'un diplomate mexicain qui avait été en poste à Ottawa entre 1954 et 1960, et qui avait agi comme courrier pour le compte des fournisseurs de Pep Cotroni. Après son voyage à Nice, Coudert était revenu à Montréal où Mme Pardo-Bolland lui avait remis deux valises remplies d'héroïne. (10)

10. L'organisation Marignani-Jiacobetti-Coscia était distincte de celle de Croce, Bistoni, Modolini et elle s'était spécialisée dans l'utilisation de courriers diplomatiques. Au début du mois d'octobre 1960, le B.A.N. saisit à New York 52 kilos d'héroïne que venait de transporter Mauricio Rosal, l'ambassadeur du Guatemala en Belgique et en Hollande. Le diplomate avait remis la marchandise à un Corse nommé Etienne Tarditi qui agissait pour le compte de deux Parisiens, Robert Le Coat et Félix Barnier, lesquels étaient au même titre que Gilbert Coscia, les représentants de Marignani et Jiacobetti. La drogue devait être remise comme à l'accoutumée à Charles Bourbonnais, un contrôleur de la *Trans World Airlines,* qui se chargeait de faire faire la livraison à deux trafiquants newyorkais, Joe Cahill et Nick Calamaras. Ceux-ci, de leur côté, étaient des associés des frères Steve et Joseph Armore et de Joseph Biondo, tous des hommes de confiance du puissant Carlo Gambino, l'un des cinq patrons de la Mafia newyorkaise.

Au mois de février 1964, le B.A.N. arrête à New York Pardo-Bolland et un confrère, Juan Aritzi, alors qu'ils remettaient quatre valises d'héroïne à un autre trafiquant bien connu, René Bruchon, dont on a déjà parlé dans le chapitre V notamment à propos de son arrestation à Halifax. Bruchon agissait pour le compte de Gilbert Coscia qui avait remis la drogue aux deux diplomates. Avant de se rendre à New York, Aritzi qui transportait la marchandise à l'occasion de ce voyage, avait fait escale à Montréal durant trois jours, ce qui avait permis aux agents de la Brigade des stupéfiants de subtiliser la presque totalité des quelque 60 kilos (132 livres) contenus dans les valises diplomatiques. Ce sont les aveux de Pardo-Bolland qui ont permis la condamnation en France, en juillet 1966 de Roger Coudert, Gilbert Coscia, Antoine Marignani et quelques autres, dont Agop Kevorkian. (Voir note 15, chapitre V.)

Chapitre IX

L'affaire Rivard

Il est presque 8 heures du matin le 10 octobre 1963 et Michel Caron, 33 ans, accompagné de sa femme, Marie-Ida, 30 ans, tous deux de Montréal, arrivent au poste frontière de Laredo, au Texas. Aux trois officiers de la douane américaine qui les accueillent, ils déclarent arriver de Monterey, au Mexique, et n'avoir pour tout bagage que des effets personnels et quelques souvenirs. Tout semble bien normal mais, pourtant, les douaniers sont méfiants. La semaine précédente, des agents du Service des enquêtes ont repéré à Laredo la présence d'un important trafiquant de drogues de calibre international, Antonio Farina, agent de liaison pour les mafiosi newyorkais et siciliens. En décembre 1953, on se rappelle, il avait été arrêté à New York avec Rogert Coudert et les frères Salvatore et Ugo Caneba. (1) Associé avec Antoine d'Agostino, Jean-Baptiste Croce, Paul Mondolini et les autres, il avait été condamné à cinq ans de pénitencier et à $10 000 d'amende, en avril 1954. Depuis sa libération, en 1959, il avait disparu et on avait de bonnes raisons de croire qu'il s'était installé au Canada, en Amérique du Sud ou au Mexique. En 1961, certaines informations avaient une fois de plus relié son nom à Roger Coudert, alors associé de Jean-Paul Tremblay et de Roger Laviolette. (2)

---

1. Voir chapitre IV.
2. Voir chapitre précédent.

Les douaniers de Laredo exhibant fièrement leur prise. (Photo *Allô Police)*

A cause de sa présence dans les parages, les douaniers de Laredo ont instruction de vérifier plutôt deux fois qu'une. Aussi lorsque les Caron se présentent à la barrière à bord de leur Chevrolet Impala immatriculée au Québec, leur demande-t-on de se ranger près d'une table d'inspection et d'y déposer leurs bagages. La fouille est minutieuse: deux douaniers s'affairent à la table tandis qu'un troisième entreprend d'examiner le véhicule. L'agent James E. Pagsdale du ministère de l'Agriculture, qui exécute cette tâche, vérifie d'abord le contenu de quelques poteries placées sur le siège arrière. Rien de bien spécial dans ces souvenirs mais pourtant le douanier sent que quelque chose n'est pas normal. Il place un genou sur la banquette et il remarque que celle-ci est étrangement rigide. Pensant que des boissons alcooliques peuvent avoir été cachées sous le siège, il demande à Caron s'il a bien déclaré tout l'alcool qu'il a acheté. Le Montréalais répond qu'il n'a pas d'alcool en sa possession. L'officier lui ordonne alors de libérer la banquette et en soulève un coin. Il constate alors qu'elle est beaucoup plus lourde qu'elle ne devrait normalement l'être. De plus, en tâtant sous le siège, il remarque un recouvrement inhabituel. Intrigué, le douanier appelle ses confrères et, avec eux, il sort la banquette et la dépose sur la table d'inspection.

Une toile de plastique noir recouvre le fond du siège; elle est rapidement enlevée et apparaissent alors 27 sacs de plastique transparent dissimulés entre les ressorts. La poudre blanche qu'ils contiennent est de l'héroïne pure. Atterrés, les Caron ne disent pas un mot. Ils se laissent conduire sans problème à l'intérieur du poste tandis que l'on entreprend la fouille du reste de leur véhicule. Quelques minutes plus tard, l'agent Pagsdale vient les rejoindre: on a trouvé 39 autres sacs de plastique bourrés d'héroïne à l'intérieur des portes de la voiture. Au total, 76 livres (34.5 kilos) de drogue, d'une valeur de $35 millions sur le marché noir, viennent d'être découvertes.

Bien entendu, les autorités sont prévenues immédiatement et, avant la fin de la matinée, le commandant de la Brigade des stupéfiants de la G.R.C. à Montréal, le sergent Walter Kelly, est informé du coup de filet des douaniers de Laredo, le deuxième en importance de ce genre qui ait été réalisé aux Etats-Unis. Pour lui et ses hommes, le couple Caron est inconnu. Le mari, Michel, a toutefois eu des démêlés à quelques reprises avec la police municipale à Montréal et, au moment de son arrestation, il est en liberté sous cautionnement pour une affaire de vol et recel, qui remonte au mois de mars précédent. A cette occasion, il s'était montré coopératif avec les détectives. Cette fois cependant, il refuse de dire quoi que ce soit, si ce n'est que sa femme ignorait tout et que s'il parle, il risque sa vie, celle de sa femme et de leurs quatre enfants.

Cette attitude ne surprend guère le responsable de la Brigade des stupéfiants qui comprend bien l'état d'esprit dans lequel doit se trouver ce Montréalais pris au piège si loin des siens. C'est pourquoi, l'après-midi même, les arrangements sont faits pour que deux enquêteurs de la G.R.C. se rendent au Texas interroger les prévenus. Le sergent Ronald Crevier et le constable Gilles Poissant sont chargés de cette mission. (3) Ils arrivent au Texas deux jours plus tard et, le 14 octobre, ont leur première entrevue avec Michel Caron. La rencontre dure quatre heures, mais le prévenu refuse de parler de ses relations dans le milieu des trafiquants, de son patron, de l'origine de la drogue qu'il transportait, de sa destination. Tout ce qu'il consent à dire, c'est que son avocat texan lui a été envoyé à la suite d'un appel qu'il a fait dans une taverne de Montréal, le lendemain

---

3. Depuis ce temps, le constable Poissant est devenu sergent d'état-major et responsable des opérations de la Brigade des stupéfiants à Montréal.

de son arrestation, et qu'une famille italienne célèbre à Montréal serait derrière cette affaire.

Le lendemain, le sergent Crevier et le constable Poissant ont un nouvel entretien avec Caron. Plus conciliant que la veille, le prévenu refuse néanmoins de donner des noms, d'identifier des photographies ou de fournir des détails précis.

Le 16 octobre, une troisième rencontre a lieu à la prison du comté de Webb. Au début, Caron refuse catégoriquement de parler, estimant qu'il en a déjà trop dit, au péril de sa vie. Il a reçu, peu avant, un appel téléphonique de Me Claude Danis de Montréal, lequel lui a conseillé de ne rien dire et lui a promis l'argent nécessaire pour le cautionnement de sa femme, fixé, comme le sien, à $250 000. Pour ne pas effaroucher inutilement leur homme, les deux limiers lancent la conversation sur des banalités et, habilement, peu à peu, ils l'amènent à prendre conscience des effets dramatiques de l'héroïne, de la brutalité du milieu des trafiquants et des efforts énormes déployés pour lutter contre ces exploiteurs de la misère humaine. L'atmosphère est très tendue et les arguments des policiers atteignent leur cible. Finalement Caron éclate en sanglots et accepte de se mettre à table: durant six jours, il raconte son histoire aux enquêteurs de la Brigade des stupéfiants puis aux représentants de la justice américaine. Voici le texte de ses propos:

« Tout ce que je vous ai dit jusqu'ici est faux. Mais maintenant je vais vous dire la vérité. Le gars qui est en arrière de tout ça, c'est Lucien Rivard.

« Il y a deux ans, j'ai rencontré à l'île Sainte-Hélène un nommé Julien Gagnon. Il se fait appeler aussi Jerry Massey. On s'est parlé plusieurs fois de toutes sortes d'affaires. On se rencontrait dans des tavernes ou des clubs dans l'Est. L'hiver passé, au mois de mars, il m'a présenté François Groleau, le bras droit de Rivard dans le trafic de la drogue. C'est un gars qui est supposé de pas avoir de dossier et d'avoir des bons contacts à Montréal et à Chicago. Sa job consiste surtout à recruter des courriers et à s'occuper des relations avec eux. C'est lui par exemple qui achète les billets d'avion ou de bateau, qui fait les réservations, qui donne les instructions aux courriers, qui s'occupe de l'endroit et des dates de livraisons, qui paie les gars pour leurs dépenses et leurs services. Il s'occupe aussi de faire la surveillance pour certaines transactions.

« Quand je l'ai rencontré, Groleau m'a dit que j'étais le gars dont il avait besoin pour aller en France chercher du stuff. Comme je suis un voleur et que Gagnon me connaissait, il avait confiance en moi. Il m'a dit qu'il faudrait que je change mon char parce que celui que j'avais était trop vieux et qu'il en faudrait un plus neuf pour faire les livraisons aux Etats-Unis. Il m'a dit que Rivard pourrait m'avancer l'argent nécessaire et que je pourrais le rembourser avec l'argent que je ferais en travaillant comme courrier. Au début,

moi je voulais pas changer mon char; il marchait bien et à part de
ça, je lui ai dit que ce qui m'intéressait, c'était de faire de l'argent.
Si Rivard avait besoin, j'étais bien prêt à l'aider. Je savais à ce moment-là qu'il était le « top man » dans la drogue à Montréal et que
j'pouvais pas l'approcher tout seul pour lui offrir mes services.

« Finalement, j'ai accepté leur proposition et j'ai commencé à
travailler pour Rivard. La première fois que je l'ai rencontré, ç'a
été au mois de juin. J'étais avec Gagnon et on s'était rendu à
Saint-Eustache, dans le terrain de stationnement d'un hôtel. Après
ça, Rivard a envoyé Gagnon en France pour aller chercher du stuff
avec son automobile. J'étais avec lui quand il est parti. Si je me
rappelle bien, c'était le 28 ou le 29 juin. Un samedi matin en tout
cas. Il a pris un bateau grec qui s'appelait... ah ça je m'en souvient, *Arkadia*. Il avait fait monter à bord sa Pontiac Grand Prix.
Je pense qu'il est resté en Europe environ six semaines.

« Une semaine après son départ, j'ai appris que Rivard avait
envoyé un autre courrier en France. Le gars s'appelle Raymond
Jones. Y en a qui le surnomme Johnny et d'autres le Grand Jaune.
Je l'connaissais assez bien car il était souvent là quand je rencontrais
Groleau et Gagnon. D'ailleurs c'est moi qui l'avais présenté à Gagnon. Jones est pareil comme Groleau, il n'a pas de dossier judiciaire. J'sais aussi que sa blonde travaille dans un club dans l'Est.

« Quand Gagnon est revenu, à la fin de juillet, j'suis allé avec
Groleau le chercher au port. Groleau m'avait dit que son char devait
contenir 35 ou 40 kilos (4) d'héroïne. On a d'abord checké pour
être sûr que tout était safe pis après on a dit à Gagnon de nous
suivre avec son char. On s'est rendus près de Saint-Eustache dans
le terrain de stationnement d'un hôtel. Je crois que c'était à Laval-
Ouest, l'hôtel *Chez Maurice*. Là, Groleau nous a dit de laisser
l'auto de Gagnon là et de revenir vers 6 heures du soir. J'suis parti
avec Gagnon et on a été mangé, dans une plage, pas loin de là. A
6 heures, on est retournés à l'hôtel, on a vérifié le char et on s'est
aperçu que le stuff était encore dedans. On l'a laissé là et on est
revenus à 9 heures. Là, le char était vide. On a ensuite rencontré
Rivard à l'hôtel. Moi, j'lui ai pas parlé mais Gagnon lui, il a reçu
$1 500 pour la job et $2 000 pour ses dépenses. Après, il m'a raconté
qu'il avait visité la Belgique et qu'il avait été à Paris, à Nice et à
Marseille. C'est à Nice qu'il est supposé avoir rencontré les associés
de Rivard, des Corses à ce qui paraît, mais c'est à Marseille qu'il a
reçu le stuff. Pendant les deux jours qu'ils se sont occupés de bour-
rer son char, il est resté entre les mains des Marseillais.

« C'est pas longtemps après le retour de Gagnon, qu'on m'a
confié ma première mission. Au cours de la première semaine du
mois d'août, Rivard m'a téléphoné et m'a dit de venir le rejoindre à
l'appartement de Jones, rue Sagard. Là, il m'a expliqué que j'irais
livré le stuff aux Etats-Unis. Y en avait 35 kilos à peu près. Il m'a
donné $1 000 et il m'a dit d'aller stationner mon auto au coin des
rues Bélanger et Saint-André et de laisser une porte ouverte et les
clés dedans. J'suis parti et j'ai fait ce qu'il m'a dit. Environ 6
heures plus tard, Groleau m'a téléphoné et il m'a dit que mon char
était prêt et qu'il était stationné sur ma rue, pas loin de chez moi.

4. Entre 77 et 88 livres.

Les quatre Montréalais dénoncés par Michel Caron: Lucien Rivard (en haut, à gauche), François Groleau (en haut, à droite), Julien Gagnon (en bas, à gauche) et Joseph-Raymond Jones (en bas, à droite).

« J'suis parti une couple de jours après. Je pense que c'était le 20 août. J'ai emmené avec moi ma femme et deux de mes enfants et on s'est rendu à Plattsburg par la route 9. Aux douanes, j'suis débarqué quelques minutes pour mettre mon gilet dans le coffre arrière et là j'ai examiné un char qui avait l'air de me suivre depuis un bon bout de temps. Arrivé à Plattsburg, comme convenu, j'ai téléphoné à Rivard au numéro NA 5-9080, et j'lui ai raconté ça. Il m'a dit alors qu'on l'avait averti que je conduisais trop vite. Il m'a conseillé de prendre mon temps et de pas prendre le risque d'être arrêté par une patrouille de police.

« Je me suis rendu après à Bridgeport, dans le Connecticut. On est descendus au motel *Bridgeport Motor Inn* et je me suis enregistré

sous le nom de Roberts comme me l'avait recommandé Rivard.
Après ça, toujours selon les instructions qu'on m'avait données, j'ai
écrit le numéro de ma chambre sur un bout de papier de cigarette
et j'ai placé le papier sur le « dash » de mon char, pour qu'on puisse
voir le numéro à travers la vitre. J'ai attendu ensuite 2 heures, après
quoi j'ai reçu un appel téléphonique d'un inconnu. Aujourd'hui je
sais que c'est un Italien. Rivard m'a dit après qu'il s'appelle Frank
ou Frankie et qu'il est coiffeur. J'lui avais fait la remarque qu'il
avait de très beaux cheveux.

« De toute façon, le gars m'a dit au téléphone qu'il me rencontrerait dans le stationnement dans 20 minutes. Je l'ai donc rencontré
et je lui ai remis mes clés et les enregistrements du char. Il est parti
avec et moi j'suis resté au motel. Dans la soirée, il est revenu frapper
à ma porte de chambre pour me remettre mes clés et mes papiers.
Naturellement, le stuff avait été enlevé. J'suis retourné à Montréal
le soir même avec, vous me croirez peut-être pas, deux draps de
lit appartenant au motel. J'pouvais pas m'empêcher de voler. C'était
devenu une habitude.

« Pour ce premier voyage, j'ai reçu $780. Quelques jours plus
tard, probablement le 6 septembre, Jones est revenu à Montréal avec
sa femme. J'ai appris que lorsqu'ils étaient à Paris, ils avaient rencontré Gagnon. Comme lui d'ailleurs, Jones avait transporté son
automobile. C'était une Ford Galaxie 500 qu'un nommé Jerry Bourget lui avait prêtée et elle aussi contenait une quarantaine de
kilos d'héroïne. Gagnon et moi on a rencontré Jones au port. Avant,
on s'était rendus à Saint-Eustache pour être sûrs qu'on n'était pas suivis par la police. C'est Rivard et Groleau qui nous avaient dit de faire
un premier voyage d'essai. Par la suite, au port, quand l'auto de
Jones a été débarquée, on l'a escortée en ville.

« Mais à ce moment-là, on a eu des problèmes. Je peux dire
qu'on a eu chaud en maudit. Arrivé au coin de Sainte-Catherine
et Pie IX, le char de Jones est tombé en panne et s'est mis à flamber.
Il a fallu appeler les pompiers pour éteindre le feu. J'ai aussi appelé
Groleau, chez lui, pour lui raconter ce qui s'était passé et pour lui
demander ce qu'on ferait. Apparemment, il a appelé Rivard parce
que pas longtemps après, ils sont arrivés tous les deux sur les lieux.
Rivard a vu que le stuff était intact et il s'est occupé de faire remor-
quer l'auto dans un garage qu'il connaissait. Je peux pas vous dire
lequel, j'le connais pas. J'ai appris par la suite que Jones avait reçu
$1 000 pour la job et $2 000 pour ses dépenses. Je peux vous dire
qu'il était furieux. En France, son maudit char était tombé en panne
une première fois et les gars qui l'ont réparé lui ont chargé entre $740
et $780. Il m'a dit que les Français l'avaient escroqué comme il faut.

« Une semaine après le retour de Jones, Rivard m'a contacté
pour que j'aille faire une autre livraison à Bridgeport. Je l'ai rencontré au restaurant *Laval Curb Service*, à Vimont, pas loin de la
Plage Idéale. Il m'a dit de faire comme la première fois et de laisser
mon auto pas loin de chez moi. Vers 4 heures de l'après-midi,
Rivard m'a rappelé pour me dire de me rendre au coin de Sherbrooke et des Érables. Je me suis rendu là et j'ai vu Rivard qui
m'attendait lui-même dans mon char. On a parlé encore un peu
et il m'a remis $1 000 pour le travail et les frais. Avant de partir,
Rivard m'a dit que Groleau l'avait vu dans mon auto, près des rues

Bélanger et de Lorimier. Quand il est parti, un autre gars de la gang est venu le rencontrer.

« Je suis retourné au *Bridgeport Motor Inn* le 21 septembre. C'est ma femme qui a loué la chambre, sous le nom de Madame Welliston. C'est son nom de fille. Je voulais pas le faire moi-même car j'avais peur qu'on me reconnaisse à cause des deux draps que j'avais volés. La livraison s'est faite comme la première fois. Mais cette fois, Frankie était avec un autre gars que je connais pas. Quand il est revenu me porter mes clés et mes papiers, il m'a dit de dire à Rivard que deux voyages à Bridgeport c'était assez. La prochaine fois, il faudrait choisir une autre ville. Il a suggéré Flint, au Michigan, ou une autre place près de la frontière canadienne.

« De retour à Montréal, j'ai rencontré Rivard au *Laval Curb Service*. Il était très satisfait et il m'a promis un boni de $100. Deux ou trois jours plus tard, je l'ai rencontré à nouveau à la *Plage Idéale*. Quand je suis arrivé, il était avec un groupe de personnes que je connais pas. Aussitôt qu'il m'a vu, il est venu me rejoindre et il m'a remis le $100 qu'il m'avait promis. Puis, il m'a demandé si j'étais prêt à aller en Europe ou au Mexique pour aller chercher un stock d'environ 35 kilos. Je lui ai dit que j'étais d'accord et que je préférerais aller au Mexique car j'avais toujours promis à ma femme que je l'emmènerais là-bas. A ce moment-là, j'avais appris qu'entre le 15 et le 30 septembre, Rivard devait envoyer un autre courrier en France et qu'à son retour, Gagnon ou Jones se chargerait de la livraison aux Etats.

« Il faut que je vous dise aussi qu'au cours du mois de juillet, Groleau m'avait remis $50 pour que j'aille chercher des passeports pour ma femme et moi. Comme il me l'avait dit, je me suis rendu chez un certain Bergeron, un juge de paix de Montréal qui demeure sur la rue Ontario. Quand je l'ai vu, le gars avait l'air pas mal saoul. Je lui ai donné $10 et il m'a signé une formule d'application jurant qu'il me connaissait depuis six ans. Avec ça, je n'ai pas eu de troubles à avoir mes passeports. Je sais que Jones et Gagnon ont eu les leurs de la même façon.

« Une autre fois, Rivard a donné $300 à un de ses gars, Gérard Turcot, dit La Ploune, pour que je fasse mettre mon auto en condition. Trucot m'a donné $150 et a gardé le reste.

« Le 26 septembre, Rivard m'a contacté et je l'ai rencontré au *Laval Curb Service* à midi. Il m'a d'abord remis des outils que j'aurais de besoin pour démonter le siège avant de mon auto où il fallait que je cache le stuff que j'obtiendrais au Mexique. Il m'a ensuite donné un bout de papier sur lequel il avait écrit le nom de Georges et un numéro de téléphone à Mexico et il m'a remis $1 200 en cinquante dollars américains. Il m'a dit que c'était pour mes dépenses et que, lorsque je serais de retour à Montréal avec les 80 livres qu'on me remettrait, il me donnerait $1 750. Avant de partir, il m'a dit qu'il faudrait que je sois au Mexique au début d'octobre et que jà je recevrais d'autres instructions. Il m'a aussi confié que Gagnon et Jones feraient eux aussi des voyages au Mexique pour ramener des chargements aussi gros. Gagnon partirait probablement durant la première semaine de janvier. Selon ce que j'ai pu comprendre, il est possible aussi que Rivard aille au Mexique au mois de décembre.

« Après ce meeting-là, j'suis retourné chez nous et j'ai commencé à préparer mes bagages. J'suis parti avec ma femme tout de suite le lendemain. Ça lui tentait pas de venir, mais Gagnon lui avait dit qu'il pourrait lui arriver quelque chose ainsi qu'aux enfants si elle suivait pas. Rivard, lui, m'avait dit qu'il me donnerait un boni de $200 si je l'emmenais. On est passé par Cornwall puis Prescott en Ontario et on a traversé aux Etats à Ogdensburg. On s'est rendu ensuite à Buffalo puis à Columbus, en Ohio, et on a arrêté pour la nuit à Shepherdsville, dans le Kentucky. On a couché au *Blue Grass Lodge*. On est arrivé à San Antonio, au Texas, le 30 septembre et on est descendu au *Robert Lee*. Le lendemain, on s'est rendu à Laredo et là, j'ai acheté une police d'assurance-automobile pour le voyage au Mexique. Rivard me l'avait conseillé. C'était la compagnie *Carazos Insurance Agency*. Dans l'après-midi, on a traversé la frontière, à Falcon Dam Port. On est arrivé à Mexico le 2 octobre et on s'est installé à l'hôtel *El Diplomatico,* sous nos vrais noms.

« Aussitôt rendu dans notre chambre, j'ai téléphoné au numéro que Rivard m'avait donné pour essayer de parler au dénommé Georges. J'ai fait deux appels. Au deuxième, c'est une femme qui a répondu et elle m'a dit que Georges était à Acapulco. Quand j'ai demandé à la téléphoniste de l'hôtel le numéro, elle m'a demandé comment cela se faisait que je connaissais Georges. Je lui ai dit que c'était un ami. Elle m'a dit alors que c'était aussi un de ses bons amis.

« Le lendemain, j'ai téléphoné une autre fois et j'ai finalement réussi à parler à Georges. Il m'a fixé rendez-vous dans un parc, près de l'hôtel. Quand on s'est rencontré, il m'a recommandé de changer d'hôtel et d'aller m'enregistrer au *Beverly* sous un faux nom. Je l'ai fait le lendemain sous le nom de Bob Wesson. Dans la soirée, vers 10 heures, j'ai téléphoné encore à Georges et on s'est rencontré dans le parc situé à côté. On a parlé un peu, mais il m'a emmené en automobile dans une maison, pas trop loin de l'hôtel, où il m'a présenté à un autre type, un Français, probablement un Marseillais si j'en crois son accent. Georges, lui, c'est un Mexicain. Il m'a parlé en anglais mais avec le Français, il parlait espagnol.

« Quand on est arrivé dans cette maison, le Français était au téléphone avec Rivard. Il m'a passé l'appareil et j'ai parlé à Rivard moi aussi, jusqu'à ce qu'il soit certain que c'était moi. Après, le Français a repris le téléphone et Rivard lui a assuré que j'étais son courrier. L'appel terminé, le Français m'a dit que je devrais attendre quelques jours parce que l'héroïne était pas encore disponible. Après la rencontre qui n'a pas duré longtemps, Georges est venu me reconduire à l'hôtel.

« Durant les deux jours qui ont suivi, rien ne s'est produit. Le matin et l'après-midi, j'allais visiter la ville avec ma femme et chaque soir je téléphonais à Georges et je le rencontrais près de l'hôtel. Dans la soirée du troisième jour, le 7 octobre, vers 10 heures et demie, le Français est venu me chercher en face de l'hôtel et m'a emmené chez lui. Il avait une Chevrolet grise, un modèle Biscayne 1962. A la maison, il m'a montré un morceau de papier sur lequel le nom d'Adolfo était écrit. Il m'a dit que Adolfo était le chauffeur de la gang. Il a déchiré le papier en deux et m'a donné un des morceaux. Il m'a dit qu'un type viendrait me voir dans la soirée et que, s'il avait avec lui l'autre morceau du papier, je devrais lui remettre mes clés, mon permis de conduire et mes enregistrements d'automobile. Le Français est venu me reconduire à l'hôtel et pas longtemps après, un gars est venu avec le morceau de papier. Il est reparti avec mon char.

« Le lendemain matin, j'ai reçu un appel téléphonique pour me dire que mon auto était stationnée à trois rues de l'hôtel. J'suis descendu dans le hall et Adolfo m'a remis mes clés et mes papiers. Un peu après, le Français m'a téléphoné pour me dire de ne pas quitter Mexico immédiatement, car il y avait deux gars qui voulaient me voir. Dans l'après-midi, Georges est venu me chercher et m'a emmené chez le Français. Il y avait deux étrangers qui étaient là. J'ai eu l'impression qu'ils arrivaient de Montréal car l'un d'eux, un nommé Antonio, a donné au Français une bouteille de boisson en disant: « C'est un cadeau de Montréal. » Les deux types parlaient français et espagnol.

« J'ai demandé au Français où le stuff était caché dans mon auto. Il m'a dit qu'il y en avait une partie dans les portes, entre les panneaux, et une autre entre les ressorts, sous le siège arrière. Là, j'étais pas content et j'lui ai dit que c'était pas supposé d'être là et que Rivard m'avait donné instruction de cacher ça sous le siège avant. En plus, j'lui ai dit qu'au départ on m'avait dit que je ferais affaire avec *une* personne et là j'étais rendu avec cinq.

« Là, ils se sont réunis ensemble et ils ont discuté quelques minutes en espagnol. Puis le Français est venu me voir et il m'a dit que j'étais un bon gars et il m'a donné $500 en cinquante dollars et en vingt dollars américains. Il m'a dit de dire à Rivard de pas déduire ça sur ma paie. J'étais assez content et j'me suis calmé. Le Français m'a ensuite offert un revolver et des balles. C'était un Luger allemand. J'lui ai dit que je n'avais pas besoin de ça. Il m'a dit après qu'ils avaient travaillé sept heures pour bien cacher le stuff et qu'il était en sûreté là où il était.

« Avant de partir, celui qui se nomme Antonio m'a remis un bout de papier vert sur lequel il y avait un message en code que Rivard aurait lui-même écrit. Les instructions étaient que je me rende à Stratford, au Connecticut, pour le 14 octobre et que j'téléphone à Rivard à 9 heures du soir au numéro NA 5-9080. Le Français m'a lui aussi donné un message écrit pour que j'téléphone à un certain Pancho à Mexico aussitôt que j'aurais traversé la frontière américaine. Quand j'ai été arrêté, les douaniers ont saisi ces papiers-là. En terminant, le Français m'a dit que j'pouvais traverser aux Etats-Unis où je voulais. Il y a cinq places différentes et il m'a simplement recommandé de ne pas passer par Falcon Dam car le trafic routier n'est pas assez affluent et que les douaniers ont plus de temps pour fouiller les étrangers. Il m'a conseillé de passer la frontière entre 7 heures et 9 heures du soir car ce sont les heures les plus achalandées.

« On a quitté Mexico le 9 octobre vers 11 heures du matin. On devait entrer aux Etats le 12, le jour de la fête de Christophe-Colomb, afin de profiter de l'affluence des touristes pour passer inaperçus. Finalement, on est arrivé à la frontière jeudi matin et j'ai pas voulu attendre. J'aurais dû, on n'aurait peut-être pas été arrêtés.

« Le lendemain de mon arrestation, j'ai pu téléphoner à Montréal, à la taverne *Grenier,* rue Sainte-Catherine est. J'ai parlé à Marcel Choquette et j'lui ai dit d'avertir Gagnon ou Gérard Turcot, La Ploune, pour qu'ils contactent Rivard pour m'obtenir un avocat. Pas longtemps après, Me Horace Hall de Laredo s'est présenté à la prison pour me dire que Me Claude Danis de Montréal l'avait chargé de s'occuper de moi. Son prix était de $7 000 plus les frais. Le 19 octobre, dans l'après-midi, Me Danis lui-même est venu me voir. Il m'a dit que tout irait bien tant que j'fermerais ma gueule et que j'parlerais pas à personne. Si jamais j'parlais dans l'espoir d'avoir une faible sentence, il m'a dit que la gang s'occuperait de moi où que je sois et que ma femme et mes enfants pourraient se faire tuer. J'lui ai dit que j'avais pas parlé et que j'avais détourné les soupçons sur les Italiens. Il m'a dit que j'avais bien fait et que j'devrais continuer de la fermer. Mon procès devrait avoir lieu au mois de février et on s'occuperait de m'obtenir une petite sentence. D'ici là, il m'a dit que le cautionnement de ma femme serait réduit dans quelques jours et que l'organisation paierait la note.

« J'vous ai tout dit. Maintenant, si vous êtes capables de protéger ma femme et mes enfants, j'suis prêt à témoigner en cour contre Rivard et les autres. »

Michel Caron termine sa confession en identifiant les photos de la plupart de ses complices, en particulier les associés de Rivard au Mexique. On apprend ainsi que le Français n'est nul autre que le Corse Paul Mondolini, que Georges est en réalité Jorge Edouardo Moreno Chauvet, le plus important trafiquant mexicain du moment, qu'Antonio est Tony Farina, et que son compagnon est Frank Giovani Scalici, membre de l'organisation Gambino de New York. Seuls

Les fournisseurs de Rivard: Paul Mondolini (à gauche) et Jorge Edouardo Moreno Chauvet (à droite).

demeurent non identifiés, Frankie le coiffeur, à qui Caron a livré à deux reprises des stocks d'héroïne à Bridgeport, et Adolfo le chauffeur qui a pris charge de l'automobile du Montréalais à Mexico. Grâce au numéro de téléphone fourni par Mondolini, même Pancho est démasqué: il s'agit de Fulgentio Cruz Bonet, un Cubain réfugié au Mexique et impliqué dans différents rackets y compris le trafic des stupéfiants.

Au moment où Caron signe ses aveux et offre sa collaboration à la Justice américaine, les analyses des 76 livres d'héroïne saisies révèlent que la qualité est identique à celle des 22 livres saisies à Houston, au Texas, le 7 novembre 1962. Dans cette autre affaire, les enquêteurs du Service de la douane américaine ont inculpé quatre individus: Milton Abramson, Vincent Ferrara, Joe Stassi et Anthony Granza. Ces deux derniers sont fichés comme des membres actifs et influents du clan Gambino, Stassi en particulier est considéré comme un personnage aussi important que Salvatore Giglio dans le trafic de l'héroïne en Amérique du Nord. Il est en étroite relation avec Mondolini et Chauvet qui sont soupçonnés d'être les fournisseurs des 22 livres saisies. L'analyse de l'héroïne destinée à Lucien Rivard et l'empaquetage similaire dans les deux cas confirment ce soupçon et pire encore. La qualité et l'origine de cette héroïne trafiquée par Mondolini est en effet identique à celle saisie dans trois importantes causes antérieures, celle du *Saint-Malo*, en novembre 1955, de Giuseppe Cotroni, en juillet 1959, et enfin celle de Roger Laviolette, à Paris, en août 1963, deux mois à peine avant l'arrestation des Caron au Texas.

La filière française est donc loin d'être démantelée et c'est pourquoi le témoignage de Michel Caron est essentiel. Tous les efforts sont déployés pour assurer sa protection, celle de sa femme et de leurs quatre enfants. Le 30 octobre, le procureur général des Etats-Unis, Robert Kennedy, téléphone à son homologue canadien pour lui dire qu'un représentant de son ministère, Me Arnold Stone, de la Division des rackets, se rendra à Montréal pour conduire les jeunes enfants du couple Caron en lieu sûr aux Etats-Unis. Depuis les menaces transmises par Me Danis, les autorités de la G.R.C. ont pris les mesures pour assurer une protection constante aux enfants. Le 1er novembre, Me Stone arrive à Montréal et, dès le lendemain matin, les enfants sont amenés dans un endroit secret, sous la protection des agents du Trésor américain.

De leur côté, les hommes de la Brigade des stupéfiants ont déjà entrepris les recherches nécessaires pour confirmer et corroborer les affirmations de Michel Caron. Tout est mis en oeuvre pour accumuler les éléments de preuve le plus rapidement possible. Des équipes de filature sont constituées pour repérer Rivard et ses acolytes et suivre tous leurs déplacements. Certaines informations en provenance de Laredo veulent que Mondolini, Farina et Scalici se rendent bientôt à Montréal pour venir discuter des effets de la saisie avec Rivard. Des observateurs permanents sont donc postés à l'aéroport international, d'autres sont chargés d'assister les douaniers des ports de Québec et Montréal lors de l'arrivée de bateaux en provenance de France.

Les indicateurs sont également mis à contribution. Un mois avant l'arrestation des Caron, certains avaient avisé la Brigade des stupéfiants que Rivard avait repris ses activités dans le trafic des stupéfiants et qu'il avait reçu récemment un stock d'une quarantaine de kilos (près de 90 livres) destiné en grande partie au marché américain. Une semaine plus tôt, l'héroïne en capsules était réapparue sur le marché local alors que depuis quatre mois elle était introuvable. Les dernières indications remontaient à la fin du mois d'avril, alors qu'un distributeur local, Paul Lambert, s'approvisionnait à l'once auprès de Roger Laviolette.

Cette fois les informations du Milieu, corroborées par la surveillance des agents fédéraux, précisent que Lambert est en étroit contact avec Emile Hogue, dit Pit Lépine, l'un des plus fidèles compagnons de Lucien Rivard. Le nom de Hogue a surgi dans cette affaire dès le lendemain de l'arrestation des Caron quand les enquêteurs de la Brigade des stupéfiants ont vérifié leurs numéros de passeport, transmis par les agents américains. C'est à ce moment également que le nom du juge de paix Jean-Paul Bergeron est apparu dans le dossier pour la première fois. On avait alors pensé l'interviewer sans délai, mais on s'est rendu compte qu'il habitait en face de chez Emile Hogue. Les policiers ont jugé préférable de remettre à plus tard l'entretien.

A la fin d'octobre, d'autres informations indiquent que Caron a désobéi aux instructions de Rivard en plaçant l'héroïne sous le siège arrière au lieu de le mettre sous la banquette avant comme il devait le faire. Néanmoins, son arrestation a semé la panique dans le clan de Rivard et l'on songe à le faire libérer sous cautionnement pour ensuite l'éliminer. On dit également que Rivard serait associé avec quatre autres personnes à Montréal, dont l'un des dirigeants de la Mafia locale (5). Le groupe aurait investi $50 000 pour le premier

---

5. Plus tard, en 1965, la Brigade des stupéfiants apprend qu'au cours de cette période, Rivard est en affaires avec le Français qui a succédé à Jean Jehan et Jean Venturi.

versement de l'achat des 76 livres à Mexico. Le reste devait être payé après la livraison à Montréal. Un nouveau chargement est attendu prochainement à Montréal, encore une fois via le Mexique où un autre courrier est censé aller en prendre livraison.

Les agents ont également noté avec intérêt que Rivard et sa femme ont séjourné deux mois au Mexique au cours de l'hiver précédent. Il est vrai que le caïd déteste le froid, mais c'est peut-être au cours de cette période qu'il a renoué ses liens avec Paul Mondolini et ses associés. Quoi qu'il en soit, une surveillance ininterrompue entoure maintenant ses allées et venues. Le 11 novembre, par exemple, il rencontre Julien Gagnon alias Massey au cabaret *Champ de lys*. Deux jours plus tard, les deux hommes se retrouvent à nouveau, cette fois au *Laval Curb Service* dont Michel Caron a parlé à quelques reprises. L'endroit est la propriété d'un grand ami de Rivard, Gilles Brochu, dont il a déjà été question précédemment à l'occasion d'une fouille des douaniers de Blackpool, en mars 1961. (6)

Le 15 novembre, la filature de Gagnon et de Raymond Jones amène, au début de l'après-midi, les limiers fédéraux à parcourir le secteur est de la métropole. A un moment donné, un troisième truand, Fernand Lacoste, se joint aux deux autres. Malheureusement, peu de temps après, les policiers se retrouvent coincés dans la circulation entre d'énormes camions-remorques. Lorsqu'ils réussissent à se dégager de l'embouteillage, le véhicule des suspects a disparu. Un peu plus tard dans l'après-midi, ils apprennent que, vers 14h50, deux individus dont le signalement correspond à celui de Jones et Lacoste, ont attaqué le bureau administratif de la compagnie *Saucisse Dionne Inc.*, rue Sicard, près du port. L'automobile des voleurs est celle qu'avaient repérée les agents de la G.R.C. et elle appartient à un policier municipal qui vient de la signaler volée.

Dans la soirée, les équipes de surveillance de la police fédérale patrouillent dans le voisinage des tavernes et des bars du secteur est où se réunissent souvent les comparses de Lucien Rivard. Vers 21 heures, Jones, Lacoste et Gagnon sont repérés dans une taverne de la rue Sainte-Catherine est. L'information est transmise sur-le-champ aux détectives municipaux qui effectuent l'arrestation des trois malfaiteurs. Les limiers fédéraux ne participent pas à l'opération afin de ne pas éveiller les soupçons des courriers de Rivard qui ignorent encore l'intérêt que leur porte depuis peu la Brigade des stupéfiants. Les perquisitions aux domiciles de Jones et Gagnon permettent de

---

6. Voir chapitre VII.

trouver de nouvelles preuves quant aux voyages qu'ils ont effectués en France pour le compte de Rivard.

Après l'arrestation et l'inculpation de Gagnon et Jones, la Brigade des stupéfiants concentre sa surveillance sur Rivard et sur François Groleau, de son véritable prénom Charles-Emile. Au cours des deux derniers mois de 1963 et au début de janvier 1964, les deux hommes sont aperçus ensemble à plusieurs reprises, notamment dans les locaux d'un magasin de meubles de la rue Mont-Royal, *Les Immeubles le Plateau*, propriété d'Eddy Lechasseur, un récidiviste avec lequel Rivard ira passer quelques jours au Japon à la mi-janvier. (7) Le caïd est aperçu également en compagnie de ses vieux amis Emile Hogue, Bill Lamy et Wilfrid Leclerc.

Le 11 janvier, la G.R.C. apprend qu'un autre acolyte de Rivard, Paul Delaney, prépare un voyage au Mexique pour la fin du mois. Aussitôt, le Bureau des narcotiques et la Douane américaine sont avisés. Delaney est surtout connu des policiers comme le propriétaire du *Key Bar*, un débit clandestin de boissons de la rue Dezery fréquenté principalement par des récidivistes. Le 24 janvier, des détails additionnels parviennent à la Brigade des stupéfiants: 11 jours plus tôt, Delaney s'est rendu au garage *East-End Auto Body*, rue Aird, propriété de Gaston Ethier, et il a fait installer un compartiment secret dans son automobile. (8) Le 24 janvier toujours, Bill Lamy est aperçu dans ce garage. Deux jours plus tard, Rivard est suivi jusqu'à l'aéroport de Dorval. Après avoir demandé au comptoir de la compagnie Sabena si un certain Dusseault était à bord du dernier avion en provenance du Mexique, il place un appel téléphonique à Mexico. Un des agents qui le suivent réussit, sans se faire remarquer, à occuper la cabine téléphonique adjacente et il entend le trafiquant déclarer en français:

« Le gars était pas dans l'avion. J'viens de vérifier. Réserve le même appartement qu'on a utilisé pendant un mois. J'pense bien que les boys devraient être là dimanche prochain. »

---

7. Le 4 mars 1963, Lechasseur avait ouvert *Les Immeubles le Plateau* dans l'intention de préparer une faillite frauduleuse, ce qu'il fit au mois de décembre suivant. Quelques mois plus tard, il fut inculpé non seulement pour cette affaire, mais aussi pour sa participation dans une autre faillite frauduleuse de $300 000 dans laquelle le juge Adrien Meunier, ancien député fédéral libéral de la circonscription de Montréal-Papineau, fut impliqué.

8. Il n'y a aucun lien de parenté entre Gaston Ethier et les frères Anatole et Victor Ethier, les comparses de Jean-Paul Tremblay et Roger Laviolette.

Le 27 janvier, Rivard retourne à Dorval pour accueillir un de ses amis qui arrive du Mexique, Gaston Clermont, homme d'affaires de l'Ile-Jésus et organisateur politique réputé du Parti libéral. Quand Rivard et sa femme sont revenus du Mexique l'année précédente, ils ont été accueillis à leur arrivée par Clermont qui avait d'ailleurs passé quelques jours avec eux à Acapulco. Clermont reste environ 1 heure 45 minutes à l'aéroport où il fait notamment de nouvelles réservations pour le Mexique. Le jour même, accompagné de trois amis, Delaney part en voiture pour le Mexique.

Le lendemain, tôt le matin, Gaston Clermont prend l'avion pour Mexico. Est-il porteur d'un message de Rivard? Personne ne le sait. Dans la soirée, Charles-Emile Groleau, qui n'a pas été vu depuis quelques jours, se rend chez Rivard et y passe quelques heures. Delaney et ses amis, de leur côté, arrivent à Mexico trois jours plus tard. On croit qu'ils vont se rendre à Acapulco le dimanche suivant, 2 février. Le 4 février, les agents du B.A N. surveillent une rencontre entre Delaney, l'un de ses amis, et des inconnus. Le 7, la Brigade des stupéfiants prend note d'une rencontre au *Reine-Elizabeth* entre Rivard, Frank Cotroni et trois inconnus. Tout ce que les limiers réussissent à savoir, c'est qu'une partie de l'entretien s'est déroulé dans le bain turc et qu'il a été question à un moment donné d'une somme de $200 000. En fin d'après-midi, Gaston Ethier s'envole à son tour pour Mexico avec sa compagne. Dans la soirée, Clermont et deux amis quittent Acapulco et se rendent à Las Vegas.

Quelques-uns des amis de Rivard: ci-dessus, Gilles Brochu (à gauche), et Gerry Turenne (à droite) et, sur la page ci-contre, de gauche à droite et de haut en bas, Gaston Clermont, Robert Gignac, Paul Delaney, Gérard Turcot, Paul Lambert et Eddy Lechasseur.

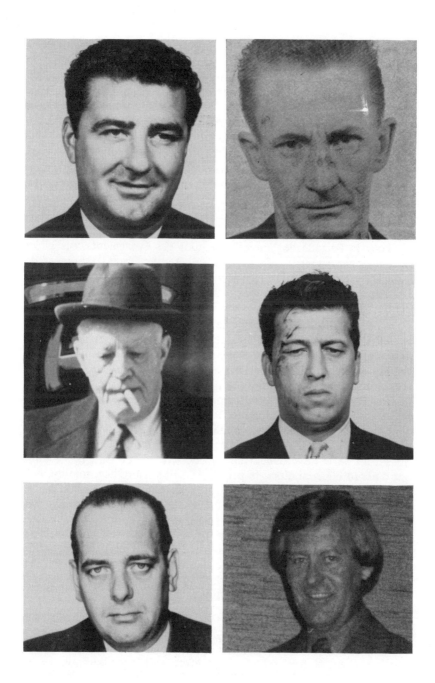

Vers le 15 février, le B.A.N. apprend que le Mexicain Jorge Moreno Chauvet est en France avec une somme de $160 000. On pense qu'il est là pour arranger avec Mondolini une livraison d'héroïne destinée à Rivard. Après l'arrestation du couple Caron, l'Office central des stupéfiants a établi que Chauvet a séjourné à l'hôtel *Georges* de Paris, du 28 au 31 octobre, en compagnie d'un jeune Mexicain de 23 ans, Alfonso Bonilla. Mondolini, pour sa part, a occupé une chambre à l'*Hôtel 25*, du 29 octobre au 4 novembre.

Le 23 février, Gaston Ethier, sa compagne, deux des compagnons de Delaney et un autre couple reviennent par avion à Montréal. La fouille de leurs bagages ne révèle rien de particulier, mais, quelques jours plus tard, on apprend que Delaney reviendra à Montréal à la mi-mars.

Pour la Brigade des stupéfiants, tous ces événements, ces allées et venues paraissent bizarres et peu cohérents. S'agit-il vraiment de voyages reliés aux activités de Rivard dans le trafic des stupéfiants? Les déplacements de tous ceux qui se sont rendus au Mexique ces derniers jours sont-ils reliés les uns aux autres?

Le 7 mars, les détectives de la Police provinciale (P.P.) avisent la G.R.C. qu'ils viennent d'incarcérer Lucien Rivard et deux autres individus: Gilles Brochu et Roger Beauchemin! Les trois hommes ont été arrêtés la veille par les policiers municipaux de Chomedey, à la suite d'une plainte d'un entrepreneur en électricité de l'endroit, Gaétan Raymond, qui déclare avoir été volé et battu par Rivard et ses deux complices. Sa femme aussi a été molestée. Un total de $7 200 en argent et en bijoux a été dérobé, mais les policiers croient que le vol n'a été qu'un prétexte pour infliger cette raclée à Raymond qui aurait parlé ouvertement en mal de Rivard. Le caïd et ses amis ont d'abord été conduits à la prison de Sainte-Dorothée, une municipalité de l'Ile-Jésus, puis les policiers de Chomedey sont allés les remettre entre les mains de la P.P., ce qui ne s'est cependant pas fait sans heurt. Quand les policiers sont sortis avec leurs prisonniers, cinq fiers-à-bras, conduits par un truand de seconde zone nommé Réjean Lavoie, ont foncé sur Rivard et lui ont administré une solide raclée pour le compte, croit-on. de l'entrepreneur Raymond. (9) Les policiers n'ont pu empêcher l'incident et n'eût été la force de Rivard, les choses auraient pu se terminer très mal.

---

9. Un mois plus tard, Lavoie est arrêté à son tour pour vol et viol. Incarcéré à la prison de Bordeaux à Montréal, il est attaqué un soir et battu par un inconnu. Le 24 février 1965, il est libéré sous condition mais, quatre jours plus tard, il est abattu d'une balle dans la tête, à Chomedey...

Rivard, Brochu et Beauchemin comparaissent en Cour criminelle le 7 mars et tout cautionnement leur est refusé. Leur enquête préliminaire est fixée au 13. Dans la soirée du 9 mars, le prévenu Roger Beauchemin qui travaille comme commis pour Gaston Clermont, demande à rencontrer des officiers de la G.R.C. Il a des choses intéressantes à leur révéler au sujet de Lucien Rivard. La Brigade les stupéfiants est alertée et les deux responsables de l'enquête, le sergent Ronald Crevier et le constable Gilles Poissant, se rendent le soir même rencontrer Beauchemin. Celui-ci leur fait alors le récit suivant:

« Durant l'année 1962, je demeurais à Trois-Rivières et j'travaillais comme officier de personnel pour la compagnie *Wabasso Cotton Ltd.* A ce moment-là, je vivais avec une femme, Jeannette Bergeron, dont le frère Gérard est l'associé de Gaston Clermont dans la compagnie *B.C. Asphalt Ltd.* Au début de 1963, Jeannette et moi on s'est rendu en auto au Mexique avec un ami, un Chinois qui est copropriétaire d'un restaurant à Trois-Rivières. On a été à Acapulco où on a retrouvé le frère de Jeannette et Gaston Clermont. A ce moment-là, j'ai rencontré Lucien Rivard pour la première fois. Il était à Acapulco lui aussi et Clermont me l'a présenté.

« Au mois de juin, deux mois après mon retour à Trois-Rivières, j'ai décidé de venir m'installer à Montréal. En fait, j'me suis installé à Chomedey, en face de la maison de Clermont, sur la rue Saint-Antonio. Avant que j'puisse avoir mon appartement, j'ai même resté quelques semaines chez Clermont dans son sous-sol. Dès mon arrivée, j'ai commencé à travailler au pic et à la pelle pour Clermont et Bergeron. Quelque temps après, ils m'ont engagé comme commis pour *B.C. Asphalt,* à $75 par semaine.

« Lucien Rivard venait souvent au bureau. Je savais qu'il était le propriétaire de la *Plage Idéale* avec Gerry Turenne. Comme dans ce temps-là j'avais beaucoup de dettes, un jour j'ai demandé à Clermont s'il pourrait pas m'obtenir une job de waiter pour les fins de semaine au Domaine Idéal. Il m'a dit qu'il arrangerait ça avec Rivard et que ça serait pas long. Une semaine après, il m'a dit de m'habiller comme un waiter, de mettre une boucle, une chemise blanche et un complet noir, et de me rendre au Domaine Idéal. J'ai travaillé là une couple de fins de semaine.

« Naturellement, je rencontrais Rivard souvent. A un moment donné, je me suis décidé et j'lui ai demandé s'il pourrait pas m'aider à payer mes dettes rapidement. J'avais déjà remarqué qu'il s'était produit plusieurs choses de bizarre et j'avais décidé de tenter ma chance. Rivard a répondu qu'il allait y penser et qu'il m'en reparlerait en temps et lieu car il avait actuellement quelque chose en marche. Une couple de semaines plus tard, au début du mois d'août, il m'a pris à part et m'a demandé si j'étais intéressé à aller au Mexique. J'lui ai dit oui. Il m'a demandé ensuite si j'avais un passeport. J'en avais un. Alors il m'a dit: « Nous allons te payer toutes tes dépenses, $1 000 et quand tu reviendras, je te donnerai $1 750. » J'lui ai demandé quelle sorte de gammick c'était. Il m'a répondu d'y penser et de pas lui poser de question et si j'étais intéressé, de le lui faire savoir.

« J'en ai parlé à Jeannette en lui disant que ça nous aiderait à payer nos dettes. J'pensais, à ce moment-là, qu'il pouvait s'agir de ramener un peu d'or. De toute façon, j'étais décidé. J'suis retourné voir Rivard et j'lui ai dit que j'acceptais son offre. Il m'a dit que c'était correct et que, le moment venu, il m'avertirait. Quelques jours après, il est venu me voir au bureau de la *B.C. Asphalt*, sur le boulevard des Terrasses, à Ville d'Auteuil, et il m'a demandé si mon auto était en bonne condition. J'lui ai dit que mes pneus n'étaient plus très bons. Il m'a dit de lui laisser l'auto car il connaissait un garage qui s'occuperait d'arranger tout ça. J'lui ai remis mes clés et il est parti avec. C'était une Pontiac Laurentienne 1960, quatre portes. Une semaine après, un Noir avec un gros cigare a ramené l'auto chez moi. Ma blonde l'a vu et elle m'a dit que le gars était reparti avec Rivard après. L'auto avait été remise en condition et on avait installé quatre pneus neufs. Au cours de ces jours-là, j'ai demandé à Clermont si j'pouvais m'absenter trois semaines, un mois, pour un travail pour Rivard. Le lendemain, il m'a dit que tout était correct. J'lui ai confié que j'allais au Mexique, toutes dépenses payées par Rivard.

« Vers le 8 août, Rivard m'a demandé si j'étais prêt à partir. J'ai dit oui. Il m'a alors remis la moitié d'un billet de banque américain. C'était un $10 ou un $100. Il m'a dit de me rendre à l'hôtel *El Diplomatico* à Mexico et de m'enregistrer sous un faux nom. Là, quelqu'un viendrait me rencontrer mais, avant de lui parler, je devais vérifier la moitié du billet de banque qu'il me remettrait. Je devais être à l'hôtel dans six jours, à 9 heures du soir précises. Je suis parti avec Jeannette, le 10 août à 4 heures de l'après-midi. Juste avant le départ, Rivard est venu me voir et m'a remis $900 en billets canadiens et américains. Il m'a recommandé de ne pas l'appeler avant que j'sois prêt à revenir et de pas envoyer de cartes postales à personne pour aucune considération.

« On s'est rendu au Mexique en passant par Toronto, Windsor, Détroit, Dallas et différentes villes. Avant d'arriver à la frontière américaine, j'ai même dû aller faire réparer mes freins dans un garage. Ça m'a coûté $20. On est arrivé à Mexico vers 8 heures du soir, le 15, 16 ou 17 août, j'me souviens pas exactement de la date. J'me suis enregistré sous le nom que Rivard m'avait donné et 20 minutes plus tard, quelqu'un est venu frapper à la porte de notre chambre. J'ai ouvert et le type qui était là m'a salué en utilisant mon nom d'emprunt. Il parlait un mauvais anglais et il m'a dit qu'il était désolé que j'aie pas été là à 7 heures. Il m'a ensuite remis la moitié d'un billet de banque. Je l'ai pris et j'suis allé dans les toilettes pour vérifier si les numéros de série correspondaient avec ceux de ma moitié. Tout correspondait. Le type s'est présenté à moi sous le nom de Georges. Si j'regarde les photos que vous me montrez, il s'agit de Jorge Edouardo Moreno Chauvet.

« Après la vérification du billet de banque, Georges est reparti. Il est revenu le soir même vers 10 heures. On est descendu ensemble dans le hall d'entrée et il m'a demandé si on pouvait utiliser mon auto. On ne devait pas aller loin, m'a-t-il dit. En fait, on s'est rendu quelques rues plus loin rejoindre une autre automobile dans laquelle nous attendaient deux autres gars, des Français à mon avis. L'un d'eux, celui qui était assis en avant, du côté droit, c'est Paul Mondolini, selon les photos que vous me montrez. C'est lui qui semblait être le chef du groupe. Georges et moi, on s'est assis dans l'auto avec eux et on a parlé de mon voyage, de Rivard, de ses affaires, de la Plage Idéale. A la fin, Mondolini m'a dit qu'il me rencontrerait le lendemain après-midi vers 2 heures. Jeannette pourrait même m'accompagner et il nous ferait visiter Mexico.

«Le lendemain, à l'heure convenue, j'me suis rendu avec ma blonde au même endroit où j'avais rencontré les gars la veille. C'était près d'un parc et leur auto, une Chrysler, était là. Georges était au volant et Mondolini était assis à côté de lui. Jeannette et moi on s'est assis en arrière. Ils nous ont fait visiter la ville. On n'a pas discuté d'affaires. En fin d'après-midi, ils sont venus nous reconduire à notre hôtel et en nous quittant, ils m'ont dit que le lendemain midi, ils nous emmèneraient dîner dans un endroit chic.

«Le lendemain midi, un troisième individu, un Français du Sud, est venu nous rencontrer et il nous a amenés dîner. Il m'a dit qu'il remplaçait Georges et qu'il s'appelait Pierre. On a encore visité la ville puis on est rentré à notre hôtel.

« Vers 11 heures, le lendemain matin, Georges m'a téléphoné et m'a dit de laisser mes clés dans mon automobile. Naturellement c'est ce que j'ai fait et, au début de l'après-midi, j'me suis aperçu que mon auto n'était plus là. Elle m'a été rendue en fin de soirée, le même jour. Il y avait à l'intérieur 78 sacs de plastique contenant de la poudre blanche. Par la suite, Georges ou Mondolini m'a averti d'utiliser l'auto que pour mon voyage de retour.

«Le jour suivant, ils m'ont fait savoir que tout était correct pour qu'on puisse retourner à Montréal. Pierre est venu me rejoindre dans notre chambre d'hôtel et il nous a aidés à faire nos bagages. Puis, il est venu avec nous et il nous a aidés à quitter la ville rapidement. Quand il nous a laissés, une vingtaine de minutes plus tard, il m'a remis un bout de papier sur lequel il y avait un numéro de téléphone. Il m'a dit d'appeler quand on serait rendu aux Etats-Unis. Ça nous a pris trois jours pour se rendre à San Antonio au Texas. C'est de là que j'ai téléphoné à Mexico pour avertir Pierre que tout se passait bien et que j'avais traversé la frontière.

« On est revenu à Montréal en suivant le même trajet que pour l'aller. On est arrivé le 30 août. En rentrant à Montréal, j'ai téléphoné à Rivard et il m'a dit de venir le rencontrer au *Laval Curb Service*. Je me suis rendu là directement et j'ai remis mes clés à Rivard. Il m'a dit de l'attendre. Une demi-heure plus tard, il est revenu me porter mes clés et avant de repartir, il m'a remis $1 100 ou $1 200.

« Une dizaine de jours plus tard, j'ai rencontré à nouveau Rivard. Il m'a remis un autre $200. Il m'avait déduit de l'argent qu'il m'a remis, le montant des réparations de mon automobile. Par la suite, il ne m'a plus demandé de faire de voyage pour lui. Toutefois, à une occasion, Rivard m'a demandé d'aller accueillir à l'aéroport de Dorval, Pierre, le Français que j'avais rencontré à Mexico. »

Le Domaine Idéal (en haut) et le *Laval Curb Service* (en bas). (Photos *La Presse)*

Cette déclaration est la première faite par Roger Beauchemin. Un peu plus tard, il la compléta en déclarant qu'avant de revenir au Canada, il s'était rendu, sur les instructions de Rivard, à Flint au Michigan, où, dans un motel, il avait remis, à un certain Frank, 69 des 78 sacs de poudre blanche que Chauvet et Mondolini lui avaient confiés. Les neuf autres sacs, il les avait rapportés à Rivard qui en avait pris livraison lors de la rencontre au *Laval Curb Service*. Beauchemin identifia Frank comme étant le même individu à qui Michel Caron a remis deux chargements d'héroïne à Bridgeport et qui avait été identifié depuis comme étant Frank Jones Coppola, alias James Miller, de Milford au Connecticut. Selon le B.A.N., il s'agit d'un associé du mafioso David Iacovetti avec lequel il est d'ailleurs propriétaire de plusieurs sociétés commerciales. Il est aussi le patron des *Princess Beauty Salons* de Milford et d'Orange ainsi que des firmes *Midas Realty Corp., Dolphie Realty Corp.* et *Princess Academy of Hair Dressing*.

Le 13 mars, trois jours après sa première déclaration, Beauchemin comparaît en compagnie de Rivard et Brochu devant le juge A. Cloutier pour l'enquête préliminaire au sujet du vol et de l'assaut. Beauchemin admet avoir fourni aux deux autres la clé de la résidence de l'entrepreneur Raymond, mais ce dernier prétend ne plus reconnaître son principal agresseur, Lucien Rivard. La G.R.C. apprend peu après que l'entrepreneur et sa femme ont été l'objet de menaces de mort. A l'issue de l'enquête préliminaire, le caïd de la drogue est libéré faute de preuves. Seuls Brochu et Beauchemin sont cités au procès.

Ce verdict ne déçoit pas trop les limiers de la Brigade des stupéfiants qui savent que les jours de gloire de Rivard sont comptés. Depuis le 17 janvier, sans le savoir, le caïd est sous le coup d'une inculpation formelle de trafic international d'héroïne signée par un Grand Jury fédéral du district Sud du Texas, à la suite du témoignage de Michel Caron. Avec la confession de Roger Beauchemin qui est prêt lui aussi à déposer sous serment devant le Grand Jury, il est maintenant possible d'envisager l'arrestation prochaine du numéro 1 de la drogue au Canada.

Entre-temps, à Mexico, le B.A.N. n'est pas inactif. En collaboration avec la Police fédérale mexicaine, les agents américains ont démantelé l'organisation Chauvet et saisi au moins 23 kilos (40 livres) d'héroïne prête à être livrée. Les 9, 10 et 12 mars, 10 trafiquants mexicains sont arrêtés et 10 autres sont recherchés. Jorge Edouardo Moreno Chauvet est placé sous les verrous tout comme le jeune Alfonso Bonilla qui l'avait accompagné à Paris à la fin du mois d'octobre. Trois autres courriers sont aussi inculpés. Au total, ils avoueront avoir transporté de France 100 kilos d'héroïne pure dont seulement 23 ont pu être saisis (220 livres et 40 livres respectivement).

Le 14 mars, la police mexicaine effectue d'autres arrestations. Cette fois, ce sont les amis de Rivard: Paul Delaney, sa compagne, Roger Roy, un autre employé du Domaine Idéal, et Lou Grégoire, le propriétaire de l'hôtel *Saint-Placide*, dont on a déjà parlé. Ils sont arrêtés à Acapulco et conduits incommunicado à Mexico. (10) Delaney est interrogé sur ses relations avec Gaston Clermont, Lucien Rivard et quelques autres individus. La fouille de ses bagages ne révèle rien de particulier, sinon la moitié d'un billet de $2 canadien. Il prétend qu'il s'agit d'une gageure faite avec une fille, mais les policiers savent très bien qu'il s'agit là d'une méthode très utilisée par les trafiquants internationaux pour leur permettre de se reconnaître. Quoi qu'il en soit, le 19 mars, Delaney et sa compagne sont déportés à Laredo, au Texas, tandis que les deux autres sont libérés. A Dallas, Delaney est à nouveau arrêté et interrogé par les services spéciaux de la police locale. Durant tout son séjour aux Etats-Unis, il est sous la surveillance constante du B.A.N.

A Montréal, la Brigade des stupéfiants multiplie les efforts pour rassembler rapidement tous les éléments de preuve pouvant confirmer les faits nouveaux apportés à sa connaissance. A la mi-mai, tout est prêt et le 20, Roger Beauchemin dépose devant le Grand Jury de Houston. Son témoignage confirme celui qui avait été fait cinq mois plus tôt par Michel Caron lequel, depuis, a été condamné à 10 ans de pénitencier. Quelques jours plus tard, le procureur général des Etats-Unis, Robert Kennedy, donne l'ordre d'entreprendre, avec les autorités canadiennes, les procédures en extradition contre Lucien Rivard, Raymond Jones, Julien Gagnon et Charles-Emile Groleau.

Le 17 juin 1964, Me Pierre Lamontagne, jeune procureur du ministère fédéral de la Justice, entreprend à Montréal, au nom du gouvernement américain, les procédures en extradition. Dès le lendemain, le consul général des Etats-Unis à Montréal, Jerome T. Gaspard, se présente en Cour supérieure et signe devant le juge Roger

---

10. Grâce à la déposition de Roger Beauchemin, la G.R.C. peut établir que c'est à Roger Roy que Lucien Rivard a téléphoné à l'aéroport de Dorval, le 26 janvier. Rivard demandait à Roy qui séjournait à Mexico avec un autre employé du Domaine Idéal, Maurice Lévesque, de réserver des appartements pour Delaney et son groupe. Au moment de cet appel, Rivard était en compagnie d'un inconnu. Beauchemin a révélé qu'il était cet inconnu.

La première comparution de Lucien Rivard et de ses trois coaccusés. (Photo *Allô Police)*

Ouimet la dénonciation retenue par le Grand Jury texan. Rivard et ses complices sont finalement mis sous arrêts, par la Brigade des stupéfiants, le 19 juin, au moment même où le Bureau des narcotiques procède de son côté à l'arrestation de Frank Coppola à Milford, au Connecticut. Représentés par une batterie d'avocats réputés, les prévenus comparaissent le même jour devant le juge Claude Prévost de la Cour supérieure, qui agit à titre de commissaire à l'extradition. Ce dernier enregistre leur intention de combattre avec acharnement la requête du gouvernement américain et de forcer ce dernier à prouver, au moins succinctement, le bien-fondé de son accusation. Entretemps, tout cautionnement leur est refusé. Les débats judiciaires se poursuivent jusqu'au 25 septembre, date à laquelle le juge Prévost ordonne l'extradition des quatre hommes. Cependant, des requêtes en habeas corpus viennent aussitôt empêcher l'exécution immédiate du jugement.

Le 23 novembre, ces requêtes sont toujours en délibéré devant la Cour du banc de la Reine, quand éclate à la Chambre des Communes à Ottawa un scandale national au coeur duquel se trouve impliqué Lucien Rivard. Ce jour-là, le chef du Nouveau parti démocratique, T.C. Douglas, et le député du Yukon, Eric Nielsen, accusent deux hauts fonctionnaires gouvernementaux, Me Raymond Denis, ex-directeur de cabinet du ministre de l'Immigration et ancien adjoint du ministre de la Justice, et Me Guy Lord, ex-adjoint spécial du

LE DEVOIR
FAIS CE QUE DOIS

MONTRÉAL, MERCREDI 25 NOVEMBRE 1964

10¢

CHICAGO LUMBER CO. LTD.
MONTREAL

F. PILON INC.

Convaincu que son nom apparaît dans un rapport de la Gendarmerie

Guy Rouleau démissionne de son poste
de secrétaire parlementaire de Pearson

DOUGLAS :
Denis a-t-il

Le cabinet institue une enquête judiciaire
sur les accusations portées par M. Nielsen

Rivard est en prison à M...

LE DEVOIR
FAIS CE QUE DOIS

VOL. LV — NO 279

MONTRÉAL, JEUDI 26 NOVEMBRE 1964

10¢

MÉTÉOROLOGIE
CHICAGO LUMBER CO. LTD.
MONTREAL

FÊTE DU JOUR
Saint-Léonard de
Port-Maurice

F. PILON INC.

Le gouvernement confie l'enquête au juge Frédéric Dorion ma...
Nielsen réclame des "aveux complets"
sur toute cette affaire de corruptio...

...e décret créant la commission

Tandis que le NPD menace le gouvernement de lui retirer son appui

Le chef de cabinet de M. Favreau est mêlé à l'affaire
Dief suggère à Favre... ...Tremblay de démissionner

...Pearson rentre à

LE DE...

VOL. LV — NO 280

LE DEVOIR
FAISES QUE DOIS

VOL. LV — NO 281

MONTREAL, SAMEDI 28 NOVEMBRE 1964

10¢

MÉTÉOROLOGIE
CHICAGO LUMBER CO. LTD.
MONTREAL

Harcelé, le gouvernement cède à l'opposition dans l'affaire Rivard

La crise est conjurée
La Chambre rejette la motion de censure dirigée contre M. Favreau

OTTAWA — Les Communes ont défait hier par 115 voix contre 90 une motion de censure conservatrice contre le ministre de la justice, M. Guy Favreau. La motion...

Pearson : suspendons tout
jugement pour ...

LE DEVOIR
FAIS CE QUE DOIS

VOL. LV NO 282

MONTRÉAL, LUNDI 30 NOVEMBRE 1964

Pearson : toute la vérité sera faite
Dief : il fallait désavouer Favreau

Rechercher la perfecti...
dans la moralité publi...
demande Pearson à Win...

Un député conservateur accuse deux
ex-fonctionnaires
de tentative
de corruption

OTTAWA — Un ancien fonctionnaire du ministère de l'immigration aurait offert un pot-de-vin de $20,000 à un avocat pour que ce dernier ne s'oppose pas à une demande de cautionnement formulée par un homme accusé d'importer des narcotiques aux États-Unis. Le député conservateur Erik Nielsen a accusé aux Communes M. Raymond Denis d'avoir offert la somme à Me Pierre Lamontagne, procureur du gouvernement américain. C'est en juillet dernier que l'accusé, Léo Rivard, a formulé sa demande de cautionnement.

Toujours selon M. Nielsen, Me Lamontagne aurait refusé...

M. Favreau a nié qu'il ait quelque chose à cacher. Il a précisé avoir convenu avec le...

Pickersgill : Favreau a commis une erreur de jugement

ministre de la Justice, d'avoir tenté de corrompre Me Pierre Lamontagne, procureur du gouvernement américain, pour l'obtention de la mise en liberté sous cautionnement de Lucien Rivard. Très bien documenté, le député Nielsen ajoute en Chambre qu'un acte criminel a, hors de tout doute, été commis, mais que le ministre de la Justice et le commissaire général de la Gendarmerie royale du Canada ont conclu qu'il n'y avait pas de preuves suffisantes pour justifier des poursuites. S'interrogeant sur les véritables motifs qui ont incité les autorités politiques à ne pas donner suite à l'enquête menée par la police fédérale, le chef du N.P.D. réclame une enquête judiciaire pour tirer l'affaire au clair.

Ces accusations ont l'effet d'une bombe au Parlement et dans tout le pays. Le choc est si grand qu'à peine deux jours plus tard, le Premier ministre suppléant, Paul Martin, dépose en Chambre un arrêté ministériel créant une Commission d'enquête publique spéciale sous la présidence du juge en chef de la Cour supérieure du Québec, Frédéric Dorion. Le mandat confié au magistrat indique qu'il doit faire enquête sur « les allégations relatives à des incitations irrégulières et à des pressions abusives auxquelles on aurait eu recours en vue d'influencer l'avocat qui s'occupe de la requête en extradition contre Lucien Rivard. » Le juge doit aussi enquêter sur « les circonstances pertinentes à cette affaire et sur la façon dont la Gendarmerie royale du Canada, tout membre de celle-ci, le ministère

Le juge Frédéric Dorion

LE DEVOIR

FAIS CE QUE DOIS

VOL. LVI — NO 151   MONTRÉAL, MERCREDI 30 JUIN 1965   10¢

M. Guy Favreau démissionne
Le rapport Dorion met en doute le jugement du ministre de la justice

par Jean-Pierre FOURNIER

OTTAWA — M. le juge Frédéric Dorion, qui avait été chargé de reconsidérer des accusations de trafic d'influence portées contre l'administration, a livré son rapport hier soir au gouvernement et à l'administration dont la conduite faisait l'objet de l'enquête, soit M. Guy Favreau, ancien ministre de la justice.

MONTRÉAL

Papeteries - Dactylographes
Accessoires de bureau

...mais il consent à rester dans le cabinet

OTTAWA — Le ministre de la justice, M. Guy Favreau a remis sa démission à la suite de la publication du rapport Dorion.

DI 6 JUILLET 1965

...uant de violents reproches de l'opposition
Le juge Dorion donne raison à Favreau et modifie son rapport
L'ancien ministre de la justice n'a pas parlé de Rouleau à Pearson le 2 septembre

QUEBEC — Le juge-en-chef Frédéric Dorion ...
rieure du Québec, a accepté ...
suite d'une lettre du premier ...
de l'ex-ministre de la justice ...

Selon la correction, M...
sa conversation du 2 septembre ...
M. Guy Rouleau, qui était ...
ministre, mais bien celui ...
citoyenneté et de l'immigration ...

Une trentaine de journa...
et cinéastes s'étaient massés ...
du juge Dorion, au palais de ...

Après plus de vingt min...
phes se sont vus refuser l'ac...
journalistes se sont rendus ...
de leur remettre copie d'un c...

La décision du juge Dorion soulève de vives critiques

Diefenbaker établit une comparaison avec Profumo

LE DEVOIR

FAIS CE QUE DOIS

VOL. LVI — NO 152   MONTRÉAL, VENDREDI 2 JUILLET 1965   10¢

Craignant pour son intégrité, M. Pearson demande au juge Dorion de corriger une "erreur" dans son rapport
mais le commissaire répond: "Je n'y changerai pas un iota"

M. Favreau contredit le rapport

LE DEVOIR

FAIS CE QUE DOIS

VOL. LVI — NO 150   MONTRÉAL, SAMEDI 10 JUILLET 1965   10¢

Des poursuites judiciaires seront prises contre les personnes incriminées dans le rapport Dorion
Des accusations seraient portées dès lundi

de la Justice et le ministre lui-même ont agi à l'égard des allégations lorsqu'elles ont été signalées à leur intention. »

Le juge Dorion siège en public tout l'hiver 1964-65 et une partie du printemps suivant. Il remet son rapport au gouvernement au mois de juin 1965. Selon ce rapport, Lucien Rivard jouissait d'importants appuis dans le Parti libéral et ses contacts firent de grands efforts pour obtenir sa libération sous cautionnement et empêcher son extradition aux Etats-Unis.

En bref, l'enquête démontre que Mme Rivard et deux amis de son mari, Eddy Lechasseur dont on a déjà parlé, et Robert-Emilien Gignac, un entrepreneur général sans scrupule, ont comploté pour obtenir par la corruption et les influences politiques la libération du trafiquant de drogue. Pour ce faire, le groupe a d'abord utilisé les services de Guy Masson, représentant commercial, un important organisateur politique du Parti libéral. En plus de s'être occupé de différentes élections fédérales, municipales et scolaires et d'avoir été président de l'Association libérale du comté de Chambly, sur la rive sud de Montréal, Masson s'était associé avec Gignac. C'est ce dernier qui, le premier, dès le lendemain de l'arrestation de Rivard, a songé à utiliser des influences politiques.

Le 22 juin, Gignac a rencontré son ami Masson et lui a présenté Mme Rivard et Eddy Lechasseur. Une somme de $1 000 a été remise à l'organisateur politique qui, le soir même, s'est rendu à Ottawa pour rencontrer l'un de ses amis, Me Raymond Denis. Celui-ci était depuis peu chef de cabinet du ministre fédéral de l'Immigration, après avoir été adjoint spécial du ministre de la Justice. Il connaissait Masson depuis 1959 alors qu'il avait travaillé avec lui dans des organisations politiques. Sachant qu'une somme de $50 000 à $60 000 pourrait être versée à la caisse électorale du Parti, Me Denis accepta d'intervenir pour aider Rivard. Le 14 juillet 1964, il demanda à Me Pierre Lamontagne, avec lequel il était très lié, de venir le rencontrer le jour même à Ottawa pour discuter d'une affaire très urgente. Lors de cette rencontre, il lui offrit une somme de $20 000 s'il consentait à ce que Rivard soit libéré sous cautionnement. Me Denis déclara que Rivard était un bon ami du Parti, qu'il y avait rumeur d'élections prochaines, qu'on aurait besoin de son aide dans l'avenir et qu'il serait avantageux pour le Parti d'obtenir un cautionnement. Me Lamontagne refusa catégoriquement l'offre de son ami, mais, justement à cause des liens qui les unissaient, il négligea de porter immédiatement plainte.

Toutefois, six jours plus tard, le 20 juillet, alors qu'il était en vacances chez ses parents, Me Lamontagne reçut un appel téléphonique de Me Raymond Daoust, l'un des avocats de Rivard. Me Daoust lui demanda à quelle date il devait faire une demande pour le cautionnement de Rivard, parce qu'il avait compris que tout était arrangé à Ottawa. Au cours de la même soirée, Me Lamontagne reçut un deuxième appel de Daoust ainsi que deux appels de menaces de Gignac. Dans les jours qui suivirent, le jeune procureur de 29 ans demanda à Me Denis de dire à ses amis de le laisser tranquille; il avisa ensuite le sergent Ronald Crevier de la Brigade des stupéfiants qui était alors en vacances et qui lui recommanda d'appeler l'inspecteur J.-Raoul Carrières si quelque chose l'inquiétait; enfin, il rencontra Me Daoust à quelques reprises.

A l'occasion de l'une de ces rencontres, l'avocat de Rivard indiqua à Me Lamontagne que, selon certaines informations, il avait accepté de ne pas s'opposer au cautionnement de son client en échange d'une somme de $20 000 dont $10 000 avait déjà été payés. A ce moment, la rumeur circulait tant dans les milieux de la police, au Palais de justice que dans les cercles politiques, que Me Lamontagne avait accepté de l'argent pour consentir à la mise en liberté provisoire du caïd. Evidemment, cela était faux. A la suite de ses entretiens avec Me Lamontagne, Me Daoust fit savoir qu'il ne présenterait pas de demande de cautionnement. Mais, le 4 août, une requête en cautionnement signée par Me Daoust et son collègue Jos Cohen fut signifiée à Me Lamontagne. Le même jour, un autre personnage politique entre en scène: Me Guy Lord, adjoint exécutif du ministre de la Justice, téléphone à Me Lamontagne pour s'enquérir des possibilités de cautionnement pour Rivard.

Une semaine plus tard, le 11 août, André Letendre, chef de cabinet du ministre de la Justice, téléphona à son tour à Me Lamontagne pour l'inciter à consentir au cautionnement. Letendre déclara à son interlocuteur que s'il acceptait, un plus grand nombre de causes du gouvernement fédéral lui seraient confiées et qu'il en bénéficierait grandement. Le même jour, Me Guy Rouleau, député libéral du comté de Dollard et secrétaire parlementaire du Premier ministre du Canada, Lester B. Pearson, appela lui aussi Me Lamontagne pour les mêmes raisons.

Selon le rapport du juge Dorion, c'est à l'instigation du député Rouleau que MM. Lord et Letendre sont intervenus auprès du procureur du gouvernement américain. Le député avait été lui-même approché par son frère Raymond, qui était un ami de Rivard depuis une dizaine d'années et qui avait été sollicité par la femme du trafiquant et Eddy Lechasseur. Un autre ami de Rivard, Gaston Clermont, avait été l'organisateur en chef du député Rouleau aux dernières élections fédérales. En 1961, les frères Rouleau avaient eu l'occasion d'aider Rivard en lui facilitant l'obtention d'un permis de vente de bière pour la Plage Idéale. De plus, le 17 juin 1964, deux jours à peine avant son arrestation, Rivard s'était rendu à Ottawa en compagnie de Raymond Rouleau, pour rencontrer son frère, le député, afin d'obtenir son aide pour la libération conditionnelle ou le transfert au pénitencier de Saint-Vincent-de-Paul de son ami Robert « Bob » Tremblay, emprisonné depuis 1955 à Vancouver. Déjà, l'année précédente, le député Rouleau avait fait des démarches pour Tremblay en produisant notamment une lettre de Gaston Clermont qui se disait prêt à lui offrir un emploi.

Toutes ces pressions incitèrent finalement Me Lamontagne à solliciter l'aide des autorités de la G.R.C. Le 11 août, il fit une première déclaration à l'inspecteur Carrières, lequel soumit sans délai un rapport à son supérieur, le surintendant J.-Adrien Thivierge, responsable des enquêtes criminelles. Le 14 août, le commissaire général de la police fédérale, George B. McClellan, et son adjoint, J.-Rodolphe Lemieux, rencontrèrent le ministre de la Justice, Me Guy Favreau, qui ordonna alors la tenue d'une enquête. Celle-ci fut confiée à l'inspecteur Jean-Paul Drapeau, ancien membre de la Brigade des stupéfiants, et elle se prolongea jusqu'au 18 septembre. Dans son rapport, le juge Dorion déclare que l'enquête aurait pu être conduite avec plus de célérité et de sûreté, n'eut été l'obligation imposée à l'inspecteur Drapeau de faire des rapports à chaque étape de l'enquête et d'attendre des instructions pour continuer son travail. L'inspecteur était un enquêteur compétent, mais on ne lui avait pas donné la latitude nécessaire pour mener son enquête à bien.

Par la suite, le commissaire McClellan et le commissaire adjoint Lemieux rencontrèrent le ministre de la Justice et son collègue de l'Immigration, René Tremblay, lequel avait déjà suspendu Raymond Denis de ses fonctions. Selon le juge Dorion, au cours de cette réunion du 18 septembre, les autorités de la G.R.C. ne conseillèrent pas judicieusement le ministre de la Justice, ce qui amena celui-ci à conclure erronément qu'il n'y avait pas de preuves judiciaires suffisantes pour porter quelque accusation criminelle que ce soit. Le rapport de l'enquête conclura pour sa part « qu'il n'y avait aucun doute que Mme Rivard, Eddy Lechasseur, Robert Gignac et Guy Masson s'étaient concertés pour entraver le cours de la Justice. Il n'y avait, non plus, aucun doute que Me Denis avait offert à Me Lamontagne une somme de $20 000 pour pareillement entraver le cours de la Justice. » A l'issue de l'enquête, Me Denis sera d'ailleurs traduit devant la Cour criminelle et condamné à deux ans de prison, le 15 décembre 1967.

L'enquête Dorion a provoqué aussi des accusations de parjure contre Lechasseur et Gignac mais tous deux ont été acquittés faute de preuves. Gignac fut également acquitté plus tard du meurtre de Rocky Brunette, petit truand sans envergure qui avait été chargé, dit-on, de remettre le pot-de-vin de $20 000 que Me Denis avait offert à Me Lamontagne. Au lieu de remettre la somme à un autre intermédiaire, Brunette l'aurait tout simplement gardée pour lui ou partagée avec un complice, et c'est pour cela qu'on l'aurait abattu, le 17 septembre 1964. Gignac fut accusé de ce meurtre avec deux autres amis de Rivard, Maurice Poirier et Robert Collins mais, comme lui, ceux-ci furent libérés faute de preuves.

Au niveau politique, l'enquête Dorion provoqua les démissions du ministre de la Justice, Guy Favreau, du député Guy Rouleau et des hauts fonctionnaires Guy Lord et André Letendre. Elle fut l'une des pages les plus sombres du gouvernement libéral de Lester B. Pearson.

Pour Lucien Rivard, ce scandale éclate au mauvais moment et diminue ses chances d'empêcher son extradition. Le 25 janvier suivant, le juge François Caron de la Cour supérieure rejette d'ailleurs sa requête en habeas corpus. Le 19 février, Me Raymond Daoust porte la cause en Cour d'appel, mais Rivard sait qu'il n'a plus rien à attendre de ces procédures judiciaires. Tout au plus, peut-il espérer retarder son extradition de quelques semaines. Dans ces circonstances, il ne reste qu'une seule solution.

Le 2 mars 1965, à 18h20, le souper s'achève à la prison de Bordeaux. Rivard et un codétenu, André Durocher, demandent la permission d'aller chercher les boyaux à la chaufferie pour arroser la patinoire extérieure. Cette requête n'a rien d'extraordinaire en soi et l'officier qui leur donne l'autorisation ne pense pas du tout à ce moment-là qu'il fait une température exceptionnellement douce à l'extérieur, soit 4 degrés C (11). Tout arrosage est donc inutile et même dérisoire. Il ne pense pas non plus à obtenir l'autorisation de ses deux supérieurs immédiats, sachant que Durocher arrose la patinoire de la prison depuis le début de l'hiver.

Rivard et Durocher, escortés par un garde, se rendent à la chaufferie pour y prendre les boyaux. Ils n'ont aucune difficulté à se faire ouvrir la porte par un des préposés au chauffage. Le garde

---

11. 40° F.

se dirige vers le coin où sont les boyaux et allume la lumière. Durocher monte dans l'escalier pour décrocher deux boyaux. Rivard en prend un et va vers la sortie. Durocher descend et, en arrivant à 20 pieds de l'escalier, braque un pistolet vers le garde. A la vue de l'arme, celui-ci veut bondir, mais Durocher l'avise:

« Fais pas de farces, c'est sérieux! »

Le garde lève les mains. Le truand maîtrise ensuite le jeune chauffeur de fournaise. Pendant qu'il fait coucher les deux hommes à plat ventre et qu'il leur attache les mains et les pieds avec du ruban gommé, Rivard, de son côté, va chercher l'autre chauffeur et le couche près des deux autres. Une fois ce dernier attaché, les détenus forcent le trio à sautiller jusqu'à la pièce située à côté de la salle de tir. Pendant ce temps, Rivard va chercher un fil électrique avec lequel il ligote les trois hommes sur un banc. Le caïd s'empare ensuite du képi du garde et, avec Durocher, défonce la porte de la salle de tir. Les deux malfrats se retrouvent dans la cour.

Sur le mur ouest de la prison, une sentinelle armée est de garde. La passerelle du petit mur intérieur lui permet de surveiller tous les côtés. Vers 19h15, elle voit un garde venir dans sa direction... C'est Rivard qui porte le képi qu'il a dérobé. Arrivé à proximité, le trafiquant pointe un revolver, un faux, une imitation en bois recouverte de cirage à chaussure. Au même moment, Durocher arrive par en arrière et assaille la sentinelle. Les deux comparses la jettent sur la passerelle et la ligotent avec du ruban adhésif et des fils électriques.

A l'aide d'une échelle qu'ils ont pris à la chaufferie, ils passent sans peine du petit mur intérieur au grand mur extérieur. Ils apportent avec eux la carabine du garde, un fusil de calibre .12 et les boyaux d'arrosage avec lesquels ils descendent ensuite le grand mur. De là, ils traversent en courant les champs entourant la prison et quelques minutes plus tard, ils arrivent à la rue Poincarré, où ils abandonnent la carabine sur le parterre d'une maison privée; ils marchent jusqu'à la rue Edouard-Valois. A cet endroit, une automobile effectue un arrêt réglementaire. Sans perdre de temps, les deux évadés ouvrent la portière et obligent le conducteur, un comptable, à les laisser monter. Rivard s'empare du volant et se dirige à vive allure jusqu'au boulevard Saint-Michel, à quelques milles plus loin. Là, après lui avoir demandé son numéro de téléphone et lui avoir remis un $2 pour qu'il puisse prendre un taxi, les deux fugitifs font descendre leur otage et poursuivent leur route seuls. Une demi-heure plus tard, suave comme toujours, Rivard téléphone au comptable et lui indique l'endroit où sa voiture a été abandonnée.

LE DEVOIR
FAIS CE QUE DOIS

VOL. LVI — No 51

MONTRÉAL, MERCREDI 3 MARS 1965

10c

Rivard s'est évadé de Bordeaux

LE DEVOIR

VOL. LVI — No 52

MONTRÉAL (SUD) 4 MARS 1965

Lucien Rivard est introuvable
le gouverneur adjoint de Bordeaux et six gardiens sont suspendus
Wagner relate l'évasion — Un long débat d'urgence aux Communes

Rivard se cache à Montréal, dit un ex-policier

Wagner dit comment Rivard s'est évadé
par Marcel Thivierge

Comment on sort de Bordeaux

LE DEVOIR
FAIS CE QUE DOIS

VOL. LVI — No 53

MONTRÉAL, VENDREDI 5 MARS 1965

10c

F. PILON INC.

Rivard a provoqué un débat d'urgence

Chasse à l'homme sans précédent
Jamais, de mémoire d'homme, autant de policiers n'ont recherché aussi fébrilement un évadé qui semble se rire de ce déploiement

Comme Arsène Lupin, Rivard s'excuse dans une lettre des ennuis causés à Bordeaux

La police effectue une quarantaine de
dont une à la prison de Chomedey
mais sans trouver Lucien Rivard

LE DEVOIR
FAIS CE QUE DOIS

VOL. LVI — No 60

MONTRÉAL, SAMEDI 13 MARS 1965

10c

Wagner: la nouvelle lettre de Rivard à sa femme est une manoeuvre de diversion
Wagner confirme: Rivard bénéficiait d'un statut particulier à Bordeaux
par Marcel Thivierge

A la prison, cinq minutes à peine après la fuite des deux hommes, les gardes réussissent à se libérer et donnent l'alerte. Moins d'une demi-heure plus tard, la plus célèbre chasse à l'homme de l'histoire de la police canadienne commence. Dès l'annonce de l'évasion, les autorités de la Gendarmerie royale, de la Police provinciale et de la Police de Montréal mobilisent tous leurs effectifs disponibles et mettent sur pied un service de coordination. Au milieu de la soirée, trois ministres fédéraux donnent une conférence de presse à Ottawa pour annoncer que l'impossible sera tenté pour capturer Lucien Rivard, le personnage principal de l'enquête Dorion. Le ministre de la Justice, Guy Favreau, et ses collègues du Transport et de l'Immigration font savoir que des avertissements ont été lancés aux Etats-Unis, aux compagnies ferroviaires et aériennes canadiennes, à tous les corps policiers du pays, à tous les services d'immigration et postes frontaliers. Tous les aéroports du pays sont surveillés et les principales routes du Québec sont bloquées. Des mesures spéciales sont prises pour retracer Me Pierre Lamontagne et assurer sa protection.

A Québec, le procureur général, Me Claude Wagner, nouveau venu en politique, ordonne sur-le-champ la tenue d'une enquête sur les circonstances ayant entouré l'évasion. Il charge un de ses adjoints, Me Jacques Ducros, de l'interrogatoire de tous les gardiens de l'institution, en compagnie d'officiers de la G.R.C. et de la P.P. L'enquête se poursuit toute la nuit et, dès le lendemain après-midi, à l'Assemblée législative, Me Wagner relate dans les menus détails l'évasion, poussant le souci du réalisme jusqu'à exhiber en pleine Chambre le revolver en bois, recouvert de cirage noir. Stupéfaits et estomaqués par l'audace de Rivard, les députés ne peuvent cependant retenir leurs rires devant les aspects cocasses de toute l'affaire. Ils n'en croient pas leurs oreilles. Le procureur général annonce également à cette occasion la suspension, jusqu'à la fin de l'enquête, de l'assistant-gouverneur de la prison et de six gardiens, mais il attribue surtout l'évasion au surpeuplement de la prison. Aux Communes, les députés fédéraux étudient eux aussi l'affaire. L'Opposition réussit à faire ajourner les travaux et à obtenir un débat d'urgence, au cours duquel des accusations sévères, mais peu fondées, sont portées contre le ministre de la Justice, déjà mis sur la sellette par l'enquête Dorion.

A travers tout le pays, mais particulièrement au Québec, l'affaire Rivard prend vite une ampleur considérable. Le 4 mars, la coupe déborde quand le procureur général Wagner révèle en Chambre que Rivard a écrit au gouverneur de la prison de Bordeaux, Albert Tanguay, pour s'excuser des ennuis qu'il lui cause! Voici le texte de sa lettre:

Cher Monsieur,

Quelques mots pour vous dire qu'il est faux que André Durocher et moi-même ayons volé une somme de $25 à l'un de vos gardes. Je n'ai jamais pris un sou à un plus pauvre que moi. J'avais accumulé $460 durant mes huit mois et demi de détention et mon copain Durocher en avait autant. Il nous aurait fait plaisir de leur filer $25 car ces pauvres diables ont un salaire de famine. Il est aussi faux que nous ayons usé de violences envers eux, leur allumant même des cigarettes avant notre départ tout en vérifiant que leurs liens n'étaient pas trop serrés.

Vous avez toujours été très bon pour tout le monde à Bordeaux. Nous regrettons amèrement tout le trouble que nous donnons à tout le monde. Vous ne le méritez certes pas, mais je n'y voyais pas d'autre solution. Je vois que je ne puis avoir de justice ici. Je suis innocent. Je n'ai jamais vu ou connu ce fameux Michel Caron, détenu au Texas. M. Tanguay, il n'y a jamais eu d'officiers ou de gardes qui ont de près ou de loin aidé notre évasion. C'est regrettable, mais je n'ai jamais eu confiance en aucun d'eux, car il est connu qu'ils passent leur temps à se vendre entre eux pour une meilleure position ou un meilleur salaire.

Pour résumer, ne punissez pas vos hommes par rapport à nous. Ils ont peut-être manqué par négligence, mais sûrement pas en nous aidant à nous évader. Le 12 (fusil), j'espère qu'on vous l'a remis, car nous l'avons laissé tomber dans un parterre, rue Poincarré et Valois, pour nous emparer de la voiture de M. Bourgeois, que nous n'avons pas molesté non plus. Si je suis chanceux, je serai loin lorsque vous recevrez cette lettre. Cette évasion s'est décidée soudainement vers quatre heures p.m. hier, le 2 mars, sans aucune aide de l'extérieur et de l'intérieur. Espérant que vous me croyez et que cette lettre va vous aider à éclaircir. Encore une fois, excusez-nous.

Vos tout dévoués,
A. Durocher, L. Rivard
Signé: Lucien Rivard.

La lecture de cette lettre en Chambre fait bien rire les députés et amuse le pays tout entier. Mais les autorités policières, elles, sentent la moutarde leur monter au nez. Depuis l'annonce de l'évasion, des centaines de personnes téléphonent dans les postes de police pour dire qu'ils ont aperçu ici ou là les évadés. On les a vus sur la côte du Pacifique, on les a vus en Floride, on les a vus dans un hôtel de Montréal, puis dans un autre à Trois-Rivières, dans une île de la Rivière-des-Prairies, à l'abbaye de Saint-Benoît-du-Lac, aux Iles Saint-Pierre-et-Miquelon, au Mexique, au Pérou, en Espagne, au Nouveau-Brunswick... en somme partout! Chaque fois qu'elles sont plausibles, ces informations sont vérifiées. Le F.B.I., le Bureau des narcotiques, la Douane américaine, le bureau central de l'Inter-

L'avis de recherche émis par le F.B.I. américain après l'évasion spectaculaire de Lucien Rivard (en haut) et la prison de Bordeaux où il était détenu (en bas). (Photos *Allô Police*)

Le revolver en bois qui a servi à l'évasion (en haut) et la lettre que le célèbre trafiquant a fait parvenir à sa femme via l'Espagne (en bas). (Photos *La Presse)*

pol ont été mis à contribution dès les premières heures qui suivent l'évasion. Malgré cela, les fugitifs sont introuvables. A la G.R.C., pas moins de 72 hommes de toutes les brigades montréalaises ont été momentanément écartés de leur travail régulier et affectés à la recherche de Rivard. Dix-huit d'entre eux ont spécialement été chargés de la surveillance constante et ininterrompue des allées et venues de l'épouse du trafiquant.

Dans ce gigantesque travail de recherches, les membres de la Brigade des stupéfiants jouent naturellement un rôle clé. Ce sont eux par exemple qui, le 5 mars, planifient avec les représentants de la Police provinciale et de la Sûreté municipale la quarantaine de descentes simultanées qui ont lieu le lendemain matin chez les amis et les connaissances du caïd de la drogue. A cette occasion, une force spéciale de 120 policiers rend visite à des personnages comme Vic Cotroni, son frère cadet Frank, Emile Hogue, William Lamy, Blackie Bisson, Butch Munroe, Lou Grégoire, Gaston Clermont, Larry Buckszar, Gérard Turcot, Paul Delaney, Gaston Ethier, Gerry Turenne, Eddy Lechasseur et plusieurs autres. Même la résidence du maire de Ville d'Auteuil, Adrien Dussault, unu proche de Rivard et de Gaston Clermont, et les cellules de la prison de Chomedey sont fouillées. L'objectif premier de l'opération est de créer un climat de tension chez les proches de Rivard, ce qui pourrait éventuellement amener certains d'entre eux à communiquer des informations importantes.

A l'issue des raids, six personnes sont détenues pour interrogatoire, en particulier Bill Lamy qui est trouvé en possession de faux enregistrements d'automobile et de coupons d'obligations du Canada de provenance douteuse. Recherché depuis la mi-février en rapport avec un vol de cigarettes au montant de $340 000, Lamy a déjà admis devant la Commission Dorion avoir donné $17 000 des $60 000 ramassés l'été précédent pour le cautionnement de Rivard.

Au cours de la semaine qui suit, une vingtaine de descentes supplémentaires sont effectuées et, cette fois, c'est au tour d'Eddy Lechasseur d'être conduit aux cellules de la Police provinciale. Après avait été vu à plusieurs reprises avec Mme Rivard, Lechasseur est accusé de possession d'armes, soit une garcette, dissimulée dans un tiroir de son appartement. L'offense est mineure, mais elle donne l'occasion d'interroger une fois de plus un comparse du fugitif. Celui-ci ne se fait d'ailleurs pas oublier. Le jeudi 12 mars, le *Toronto Telegram* publie en exclusivité une nouvelle lettre du trafiquant, adressée celle-là à sa femme Marie et envoyée de Vancouver. La missive ne renferme rien de particulier si ce n'est que le fugitif déclare qu'il change de refuge et qu'il écrira à nouveau dans 15 jours. Pour cette lettre, le journal torontois a donné $3 000 à Mme Rivard, laquelle a d'ailleurs déclaré qu'elle allait demander de se faire payer pour chaque entrevue qu'elle accorderait dorénavant aux journalistes. Le 9 mars, on l'avait payée $500 pour une conférence de presse à l'hôtel *Reine-Elizabeth*.

Deux jours avant la publication de cette seconde lettre, le gouvernement fédéral a mis la tête de Rivard à prix. Une récompense de $15 000 a été offerte à qui permettrait à la police d'arrêter le célèbre fugitif. Le ministre de la Justice précise que le gouvernement offrait cette récompense parce qu'il voulait honorer l'engagement d'extradition qu'il avait pris envers les Etats-Unis. La veille, le juge Pierre Badeaux de la Cour d'appel avait rejeté la seconde requête d'habeas corpus du trafiquant pour cause d'absence. Au Parlement québécois, les débats se poursuivent encore quelques jours, notamment autour d'une motion de blâme présentée par l'opposition unioniste qui s'était vu refuser auparavant un débat d'urgence. Puis, progressivement, le calme revient. Jusqu'à la mi-avril, rien d'important ne se produit dans l'enquête policière. Les informations, anonymes ou signées, continuent d'affluer, mais aucune d'elles n'est valable.

Le 13 avril, Marie Rivard fait à nouveau parler d'elle et déclare avoir reçu une autre lettre de Lucien, celle-là en provenance de Barcelone, en Espagne. La G.R.C. constate l'authenticité du document et note que Rivard semble bien au courant de ce qui s'écrit à son sujet à Montréal. Dans sa lettre, il note qu'on le désigne maintenant comme le «Petit Arsène». Or, cette expression a été utilisée auparavant par quelques journaux francophones de Montréal, ce qui laisse croire qu'il n'est peut-être pas en Espagne mais encore au Québec. Comme pour la lettre envoyée de Vancouver, quelqu'un aurait très bien pu se charger d'expédier pour lui ses missives, histoire de semer les policiers. Cette troisième lettre du caïd est en réalité sa quatrième. Le 30 mars, il a envoyé une carte postale au Premier ministre du pays, Lester B. Pearson, dans laquelle il déclarait être en route pour Vancouver.

> Montréal, le 30 mars 1965
>
> Honorable Lester B. Pearson,
> Je quitte ce soir Windsor pour Vancouver. J'espère que le chemin est libre maintenant pour moi. Je présume avec regret que je donne beaucoup de troubles à tout le monde. La vie est courte vous savez. Je n'ai pas l'intention de vivre en prison presque tout le reste de ma vie. Voudriez-vous offrir mes meilleures salutations à mon bon ami le député Guy Rouleau.
>
> Sincèrement vôtre,
> Lucien Rivard

Au moment où la G.R.C. s'intéresse aux nouvelles lettres du fugitif, les enquêteurs de la Douane américaine rencontrent Michel Caron. Celui-ci fournit plusieurs noms d'amis de Rivard et d'André Durocher, avec lequel, a-t-il déjà admis à la Brigade des stupéfiants, il a commis plusieurs vols. A une occasion, Rivard lui aurait confié qu'il connaissait quelqu'un dans la région de Marseille qui venait en aide aux fugitifs du Milieu en les cachant dans un château. L'information est transmise à l'Office central des stupéfiants via Interpol. Un peu plus tard, d'autres renseignements provenant du Milieu indiquent que Rivard aurait déjà dit que s'il avait un jour de sérieux problèmes, il irait trouver refuge dans une des îles au large du Portugal où son ami, l'ex-dictateur cubain Batista, est installé. Encore une fois, l'Interpol est avisé.

Au début du mois de mai, un ex-ami de Rivard, Georges Lemay, est arrêté à bord d'un yatch, à Fort Lauderdale, en Floride. Depuis plusieurs mois, il était recherché pour un vol de $560 000 perpétré dans une succursale de la Banque de la Nouvelle-Ecosse, à Montréal en 1961. Après cette capture, les rumeurs veulent que Rivard ait trouvé refuge non loin du repaire de Lemay. Certaines personnes déclarent même au F.B.I. l'avoir aperçu dans les parages en compagnie de Durocher. Cependant, ces informations sont contredites une ou deux semaines plus tard. En effet, la Brigade des stupéfiants apprend qu'Emile Hogue a rencontré Rivard dans la région montréalaise. Cette fois, l'information est sérieuse et les équipes de surveillance chargées d'épier les déplacements des amis de Rivard sont avisées de redoubler de prudence.

Le 28 mai, un acolyte de Hogue est aperçu au domicile du fugitif. Intercepté par les policiers, l'homme explique que Hogue lui a demandé d'aller porter une petite fournaise à Mme Rivard. Sept jours plus tard, une information confidentielle parvient à l'Escouade de la moralité de la police de Montréal. André Durocher se trouverait à l'appartement numéro 2 du 5855 de la rue Christophe-Colomb. En hâte, les policiers municipaux se rendent sur les lieux. Vers 17h30, ils font irruption dans l'appartement suspect et y surprennent effectivement le compagnon d'évasion de Rivard. L'homme est avec sa femme et il a en sa possession deux revolvers chargés et trois bombes de fabrication artisanale. Il n'a cependant pas le temps de s'en servir. Conduit au quartier général de la police municipale, Durocher raconte d'abord aux détectives présents et à deux agents de la Brigade des stupéfiants qu'après l'évasion, Rivard et lui se sont rendus en Espagne, puis en Floride où ils avaient trouvé refuge non loin de chez Georges Lemay...

André Durocher après sa capture. (Photo *Allô Police*)

Toutefois, après plusieurs heures d'interrogatoire, Durocher rectifie son histoire et reconnaît qu'il a menti. Il déclare cette fois que Rivard est encore dans la région montréalaise et qu'il lui avait recommandé, advenant une arrestation, de dire qu'ils s'étaient quittés deux semaines plus tôt en Espagne. Durocher raconte qu'après l'évasion réalisée avec l'aide d'Eddy Lechasseur, ils ont d'abord trouvé refuge dans l'Ouest canadien où ils se sont rendus en avion privé. Ils sont descendus à Winnipeg et de là, se sont rendus en automobile à Vancouver où Rivard a chargé un ami de poster une lettre. Il a également demandé à un copain qui se rendait en Espagne d'expédier une autre missive à sa femme. Tout ça, reconnaît Durocher, avait pour but de créer la confusion. Par la suite, les deux compères sont revenus au Québec et ont trouvé refuge dans un chalet des

Laurentides, au lac L'Achigan. Vers la fin du mois de mai, Rivard a quitté cet endroit et est allé se cacher ailleurs, où il se trouve toujours.

Durocher ajoute que dans les Laurentides, un type nommé Vincent Blais, alias Paul Leboeuf, aide Rivard. C'est lui qui est chargé de faire le contact avec la femme du caïd. Il s'occupe également de l'approvisionnement avec un autre gars, Fred Cadieux, qui serait actuellement avec Rivard. A la fin de mai, Cadieux a acheté une Jeep station-wagon qu'il a payée $500, somme que lui a donnée Rivard. Durocher précise enfin que lorsqu'ils étaient dans les Laurentides, à chaque fin de semaine, Rivard recevait la visite de Murielle Beauchamp, dite Mimi, la secrétaire de l'un de ses avocats.

Les policiers sont perplexes. Ils n'ont cependant pas le choix, toutes les assertions de Durocher doivent être vérifiées. Dans la soirée du 2 juin, une équipe spéciale de 80 policiers de la G.R.C. et de la Police provinciale se rendent d'abord au lac L'Achigan pour inspecter l'endroit désigné par le truand. Le chalet est occupé, mais malheureusement pas par Rivard et ses complices. On surprend plutôt quelques jeunes gens, frais diplômés de la Faculté de droit, qui profitent des vacances dans le chalet du père de l'un d'eux. Les agents sont confus et fâchés d'avoir été aussi bêtement trompés. Confronté avec l'incident, Durocher maintient malgré tout ses propos. Il ne veut ni expliquer les contradictions apparentes de son récit ni fournir de détails additionnels. Malgré cela, les vérifications se poursuivent. Vincent Blais a été localisé et une filature constante entoure ses déplacements, mais Mimi Beauchamp et Fred Cadieux sont introuvables. Durant le mois suivant, rien de particulier ne s'ajoute au dossier si ce n'est quelques entrevues avec des indicateurs du Milieu.

Au début de juillet, les limiers de la Brigade des stupéfiants décident de rencontrer à nouveau Durocher. Ils communiquent donc avec leurs confrères municipaux du Bureau des enquêtes criminelles qui en ont la garde. Ceux-ci cependant répondent qu'ils préfèrent pour le moment qu'il n'y ait pas d'entrevue avec leur prisonnier. Intrigués, les limiers fédéraux délèguent un des leurs, le constable J.D. Farrell, à la Police de Montréal. On apprend alors que Durocher a fait de nouvelles confidences, particulièrement au sujet du vol de $1 million d'un camion postal survenu le 31 mai 1964, à Montréal. Les détectives municipaux espèrent obtenir d'autres précisions et pour cela ils ne veulent pas indisposer leur homme. Celui-ci leur a confié qu'il n'a pas apprécié la façon dont les agents fédéraux ont traité les informations qu'il leur avait transmises. Durocher a expliqué qu'il avait volontairement menti au sujet du chalet du lac L'Achigan afin de voir comment réagiraient les policiers. Ils sont tombés dans le piège et ont immédiatement effectué un raid. Si Rivard avait été capturé, il aurait sûrement déduit que son compagnon d'évasion s'était mis à table.

Un autre facteur incite les policiers municipaux à la prudence. Un informateur digne de foi leur a déclaré que Durocher a assassiné André Paquette, le chef de la bande qui a perpétré le vol du camion postal, et sa compagne Alice Rioux. Durocher aurait caché le corps de sa victime dans l'un de ses repaires dans la région Saint-Sauveur — Morin Heights dans les Laurentides. Pour l'instant, le truand ignore que les policiers sont au courant de son crime et ceux-ci, avant de le confronter avec ce qu'ils savent, désirent obtenir d'autres informations.

La situation est donc délicate, mais, néanmoins, les policiers municipaux sont prêts à collaborer encore plus étroitement avec la Brigade des stupéfiants. Dans l'après-midi du 7 juillet, une nouvelle rencontre a lieu entre les détectives et les représentants de la G.R.C., le constable Farrel et le caporal Gilles Poissant qui a appris lui aussi la veille, par une source confidentielle, le meurtre d'André Paquette. Cette deuxième rencontre révèle que dans l'ensemble Durocher aurait dit la vérité sur ses allées et venues et celles de Rivard après leur évasion. Aux policiers municipaux, il a clairement localisé trois autres chalets d'été situés dans la région de Piedmont et utilisés par Rivard et André Paquette. L'un de ces chalets a été loué par un nommé Roland Phoenix, 40 ans, le frère d'Alice Rioux, et devait être utilisé uniquement en cas de coup dur.

L'enquête des détectives du Bureau des enquêtes criminelles a également permis d'identifier le principal contact de Rivard à Montréal. Il s'agit de Sébastien Boucher, 41 ans, un bon ami de Fred Cadieux. Les deux hommes sont d'ailleurs soupçonnés d'être les auteurs d'un audacieux vol de lingots d'or d'une valeur de $164 000, perpétré le 11 juin précédent en banlieue de Kirkland Lake, en Ontario. Des informations transmises à la Brigade des stupéfiants ont laissé entendre que Rivard ne serait pas étranger à l'organisation de ce vol et d'un autre ayant rapporté à leurs auteurs un butin de $125 000 en cigarettes.

Sébastien Boucher habite avec sa femme Jackie l'appartement no 2 du 5210 de la rue Saint-Hubert à Montréal. Depuis qu'il a été repéré, une table d'écoute a été installée à son domicile, ce qui a permis de confirmer que Cadieux est constamment en contact avec lui et qu'il lui rend même visite deux fois par semaine. Les policiers sont persuadés que Cadieux est le trait d'union avec Rivard et que ce dernier a quitté les Laurentides depuis les meurtres de Paquette et de sa compagne. Un autre individu, Richard Tinsley, dit Wire, est en relation avec Boucher. On le soupçonne d'avoir remplacé Vincent Blais depuis que celui-ci a repéré la surveillance de la G.R.C. La table d'écoute a aussi révélé que Boucher a fait les arrangements nécessaires pour l'obtention du cautionnement accordé à Eddy Lechasseur qui était détenu depuis la mi-mars. Au cours d'une conversation avec Jackie, Lechasseur a même demandé des nouvelles du «petit bébé», Rivard.

Devant toutes ces informations, les limiers fédéraux et municipaux croient opportun d'aviser leurs confrères de la Police provinciale afin que le «task force» mis sur pied après l'évasion, mais qui s'était par la suite passablement disloqué, soit repris. Le 8 juillet, une nouvelle rencontre regroupe cette fois les représentants des trois corps policiers. Les enquêteurs provinciaux font alors savoir qu'eux aussi ont appris l'assassinat du couple Paquette et que, selon leur source d'information, le mobile du crime serait un magot de $34 000. Durocher aurait eu un complice, Conrad Brunelle, un autre voleur qui, l'année précédente, avait été accusé avec sa femme de vol dans une lingerie de Québec et que Paquette avait aidé à obtenir un cautionnement. Fred Cadieux avait alors servi d'intermédiaire.

Au cours de cette réunion du 8 juillet, tous les arrangements sont faits pour mettre en commun les informations et planifier les recherches et les surveillances à effectuer, surtout celle de Boucher. Pour ce faire, la G.R.C. détache l'équipe spéciale de surveillance qu'elle a constituée. Les spécialistes qui la composent, les meilleurs dans ce domaine, sont identifiés sous le nom de code « Cannon ». Dès le lendemain, ils ont la tâche de surveiller jour et nuit les déplacements de Cadieux, Boucher et Mimi Beauchamp, qui entre-temps a été retracée.

Les postes d'observation permanents sont installés autour du domicile de Boucher le lundi 12 juillet. Le même jour, la table d'écoute de la Police municipale révèle que Mimi Beauchamp ne soupçonne pas qu'elle est suivie, et qu'elle se propose de prendre une journée de congé au cours de la semaine, probablement le jeudi suivant. Fred Cadieux, dont on n'avait pas de nouvelle depuis le début de l'opération, téléphone également à Jackie Boucher. Il lui dit que son compagnon va bien et demande des nouvelles de Murielle. Il ajoute qu'il n'est pas sûr que la jeune femme n'est pas suivie et il dit qu'il rencontrera «Sébastien» à Montréal, «jeudi».

Durant les deux jours qui suivent, le groupe Cannon ne perd pas de vue Boucher, malgré l'extrême prudence de ce dernier dans ses nombreux déplacements à travers la ville. On note particulièrement ses rencontres avec le dénommé Richard Tinsley, Bill Lamy et un autre personnage qui arrive tout juste d'un séjour à Paris.

Le lendemain matin, jeudi, à 9h50, Fred Cadieux arrive chez Boucher. Une demi-heure plus tard, il quitte les lieux au volant d'une Jeep bleue station-wagon. Dix-sept limiers du groupe Cannon se chargent aussitôt de le suivre discrètement. Le truand leur facilite beaucoup la tâche en circulant lentement et en arrêtant à quelques reprises pour faire des courses. A 11h20, il stoppe son véhicule sur l'avenue Earnscliffe, à l'intersection du Chemin de la Reine-Marie, et se rend dans un magasin de la Régie des Alcools où il achète une caisse de spiritueux. Il reprend ensuite la route, traverse le pont Mercier et emprunte la route 3 en direction de Châteauguay. Arrivé dans cette petite municipalité, il arrête au centre commercial Towers et va faire des provisions dans une épicerie. Les agents remarquent que Cadieux achète plus qu'il n'en faut à un seul homme. A midi vingt, le truand repart sur la route 3 en direction ouest. Une demi-heure plus tard, arrivé dans les limites de la municipalité de Woodlands, il s'arrête enfin sur le terrain d'un élégant chalet d'été situé à moins d'un demi-mille des bords du lac Saint-Louis. A cause de l'emplacement des lieux, le groupe Cannon ne peut cependant maintenir sur place une surveillance discrète. Toutes les mesures sont néanmoins prises pour que personne ne puisse quitter les lieux sans être vu.

Sans délai, les responsables de la Brigade des stupéfiants convoquent leurs homologues municipaux et provinciaux. A 15 heures, tous se retrouvent dans le bureau du surintendant J. Raoul Carrière, le patron des enquêtes criminelles de la G.R.C. au Québec. L'analyse de la situation amène à conclure que Rivard est probablement dans le chalet de Woodlands, mais qu'il est préférable de ne pas brusquer les choses et d'attendre des nouvelles du groupe Cannon. Toutefois, en prévision d'un éventuel raid, les limiers fédéraux ont chargé un de leur pilote d'aller prendre des photos aériennes des lieux. La journée du 15 juillet s'achève sans que personne ne quitte le chalet.

Le lendemain matin, vers neuf heures, Cadieux sort et monte à bord de sa Jeep. Il se rend ensuite à Châteauguay où il achète d'autres provisions à l'épicerie. Il revient au chalet vers 10h30. A cette heure-là, au quartier général de la G.R.C. à Montréal, les représentants des trois corps policiers sont à nouveau réunis au bureau du surintendant Carrière. Le moment est maintenant venu d'agir et l'opération est confiée au sergent Sehl de la Brigade des stupéfiants. Le plan adopté consiste à envahir en douce le terrain et à encercler le plus rapidement possible le chalet, en bloquant toutes les voies d'accès possibles. Cinquante-trois hommes, dont 26 de la G.R.C., sont mobilisés et toute l'aide technique nécessaire — des gaz lacrymogènes, des chiens, un avion et trois hors-bords — est mise à leur disposition. L'opération doit débuter à 16h55 et à 17h05 le chalet doit être fouillé.

A 15h20, tandis qu'au quartier général de la G.R.C., le sergent Sehl donne ses dernières instructions aux participants de l'opération, les spécialistes du groupe Cannon voient Fred Cadieux quitter une fois de plus le chalet en direction de Châteauguay. Une vingtaine de minutes plus tard, Cannon avise l'opérateur radio que Cadieux retourne à Woodlands en compagnie de Sébastien Boucher.

A 17 heures, les 53 agents de la G.R.C., de la P.P. et de la Sûreté de Montréal sont en place autour du chalet. Leur arrivée et leur déploiement se sont effectués sans la moindre anicroche. Trois minutes plus tard, le sergent Sehl donne le signal du raid en se précipitant lui-même le premier à l'intérieur, arme au poing. La surprise est grande! Cadieux et Boucher, vêtus de maillots de bain, sont assis dans le salon. Rivard est là, debout, lui aussi en maillot de bain. Les trois hommes s'apprêtent à aller se baigner et aucun

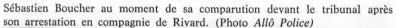

Sébastien Boucher au moment de sa comparution devant le tribunal après son arrestation en compagnie de Rivard. (Photo *Allô Police)*

Le chalet de Woodlands où Rivard avait trouvé refuge (en haut) et Fred Cadieux, son second compagnon de fugue (en bas). (Photos *Allô Police*)

d'eux n'est armé! Quand ils reprennent leur contenance, un instant après, il est trop tard … on leur a déjà passé les menottes! La gigantesque chasse à l'homme prend fin. Rivard a tenu le pays en haleine pendant 136 jours.

La fouille de la villa louée quelques jours auparavant par Cadieux permet la saisie d'une somme de $16 515. Cet argent provient du butin dérobé lors du fameux vol du camion postal, en mai 1964.

L'enquête révélera que dès le lendemain de leur évasion, Rivard et Durocher étaient allés rejoindre Paquette dans le chalet de Piedmont où il avait trouvé refuge. Paquette avait chargé l'un de ses hommes, Vincent Blais, d'y amener Durocher et Rivard, lequel pour la circonstance s'était déguisé en femme.

Paquette, Rivard et Durocher vécurent ensemble pendant six semaines jusqu'à ce que ce dernier profite de l'absence de ses compagnons pour violer Alice Rioux, la compagne de son hôte. Quand Rivard apprit l'incident, il chassa le coupable avant le retour de Paquette. Durocher alla alors rejoindre Conrad Brunelle et avec lui et deux autres truands, il organisa une série de hold-up à travers la province. Ce sont eux notamment qui attaquèrent un autre camion postal à Richmond, le 11 mai. Le forfait ne leur rapporta toutefois que $6 000.

De con côté, Rivard se retira dans un autre chalet des Laurentides, à Saint-Hippolyte. Le 21 mai, il organisa une soirée à son chalet à laquelle participèrent Mimi Beauchamp, André Paquette et Alice Rioux, Sébastien Boucher et sa femme Jackie, ainsi que Freddy Cadieux. C'est à la suite de cette soirée que Paquette et sa compagne furent assassinés. En arrivant à leur chalet, ils surprirent Durocher et Brunelle qui avaient profité de leur absence pour prendre le reste du magot du camion postal. Durocher abattit froidement le couple et enterra les corps non loin du chalet. Quand Rivard apprit le crime, il décida de changer de refuge. (12)

Après la fouille du chalet de Woodlands, Rivard et ses acolytes sont conduits à Montréal. Le soir même, six représentants du Service des enquêtes de la Douane américaine arrivent dans la métro-

---

12. Au cours des mois qui suivent, Durocher parcourt la province pour témoigner contre ses anciens complices. En mars 1966, Conrad Brunelle se suicide en laissant un écrit pour dénoncer Durocher et nier sa participation aux meurtres de Paquette et Rioux. Trois mois plus tard, Durocher s'enlève la vie à son tour après avoir indiqué où il avait inhumé les cadavres.

Lucien Rivard est conduit au Palais de Justice de Montréal, le lendemain de sa capture. (Photos *Allô Police*)

pole. A la surprise générale, Rivard comparaît dès le lendemain matin devant le juge T.A. Fontaine de la Cour des sessions de la paix. Le procureur du ministère provincial de la Justice déclare qu'il consent à retirer les accusations d'évasion et de vol à main armée retenues contre le fugitif, afin que l'ordre d'extradition soit exécuté le plus rapidement possible. (13) Libre pour la Justice canadienne, le caïd est remis entre les mains de la G.R.C. jusqu'à ce que le nouveau ministre fédéral de la Justice, Me Lucien Cardin, ait personnellement signé le document d'extradition. Représentant toujours le gouvernement américain, Me Pierre Lamontagne assiste à la comparution.

---

13. Fred Cadieux et Sébastien Boucher sont accusés de complicité après le fait. Le 11 mars 1966, Cadieux se voit infliger une peine de deux ans de réclusion à servir concurremment avec un total de 10 ans imposé en décembre 1965 pour diverses accusations de fraude. Le 24 novembre 1966, Boucher est condamné à un mois de prison et à $1 000 d'amende.

Pendant cinq jours, Rivard est longuement interrogé par les agents fédéraux et provinciaux, mais il refuse de parler. Dans la soirée du 21 juillet, le ministre Cardin signe donc l'ordre d'extradition. Il est environ 14h30, le sixième jour, lorsque le no 1 de la drogue au Canada est escorté à l'aéroport de Dorval, où un appareil Beechcraft de la Gendarmerie royale le conduit à Plattsburg, dans l'Etat de New York. Pris en charge par les agents de la Douane américaine, il arrive le lendemain midi à Houston où l'attendent déjà ses complices Charles-Emile Groleau, Raymond Jones et Julien Gagnon, extradés depuis le mois de mai. L'après-midi même, il comparaît devant le juge fédéral Ben C. Connally qui fixe son cautionnement à $500 000 et la date du procès au 13 septembre.

Deux jours avant que ne débute le procès, à Montréal et à Toronto, la Brigade des stupéfiants arrête Bill Lamy et Dominique Baccari, dit Nick the Greek ainsi qu'une trentaine de revendeurs de la rue, qu'ils approvisionnaient.

Le coup de filet est l'aboutissement d'un laborieux travail d'infiltration entrepris au début de l'année par deux jeunes agents secrets de la section torontoise. Pendant cinq mois, ceux-ci ont d'abord recueilli une quantité suffisante de preuves contre une trentaine de petits distributeurs et revendeurs torontois de marijuana, de haschisch et d'héroïne. A la fin de mai, ils sont venus s'installer à Montréal, où, grâce à leurs amis de Toronto, ils ont facilement pénétré dans le milieu des drogués. Un mois plus tard, à la suite de rencontres avec toute une série de revendeurs, la plupart voleurs à l'étalage ou prostituées, ils sont entrés en contact avec Dominique Baccari, distributeur qui ravitaille à la fois Montréal, Toronto et Vancouver.

Grâce à l'expérience et aux relations acquises précédemment, les deux agents peuvent émailler leurs propos de détails véridiques et Baccari accepte toutes leurs allégations sans discussion. Ils en viennent à débattre familièrement avec lui de l'état du marché de la drogue dans les grandes villes du pays. A leur première demande d'héroïne, le trafiquant répond qu'il doit pour cela se rendre à New York et, au retour, il leur en fournit 30 capsules. Deux semaines plus tard, il leur dévoile l'existence, dans un compartiment secret de sa voiture, d'un lot de 350 capsules qu'il doit aller livrer à Vancouver. Il consent à leur en vendre 25 pour $125.

L'enquête sur Baccari terminée, les deux limiers se mettent sur la trace de Bill Lamy, l'un des proches collaborateurs de Rivard. Grâce à une amie commune, une narcomane, l'un des agents fait la connaissance du trafiquant, mais il lui faudra six semaines pour assembler toutes les preuves nécessaires à son arrestation. Presque chaque jour durant cette période, Lamy prend rendez-vous avec l'agent secret puis annule. Il ne communique avec lui que par téléphone, en recourant aux cabines téléphoniques publiques pour qu'on ne puisse retracer son adresse. Lamy se sentait constamment filé mais, en réalité, il ne l'était pas. Le policier finit par le retrouver à son appartement, le 24 août, et à cette occasion, l'autre se plaignit du triste état du marché:

« Les trafiquants européens qui nous ravitaillaient habituellement refusent de bouger depuis qu'on leur a saisi leur dernier envoi et que Lucien a été arrêté. (14) Mon homme de confiance est en prison en ce moment et lui seul sait exactement où se trouve le dépôt de la drogue. J'ai essayé d'obtenir un passeport pour la France, mais on me l'a refusé. J'ai des contacts là-bas, mais ces gens-là refusent de venir ici parce qu'ils se sentent surveillés de trop près. Il y a même des policiers déguisés en débardeurs qui les guettent sur les quais.»

---

14. La dernière saisie dont fait état Bill Lamy est probablement celle de 28 kilos d'héroïne pure réalisée le 24 mars 1965 à Montréal. A cette occasion, la Brigade des stupéfiants assistée du Bureau des narcotiques a arrêté cinq Français, dont quatre étaient des employés de la compagnie Air France. A la mi-janvier, le B.A.N. avait avisé la G.R.C. de la possibilité qu'un commissaire de bord d'Air France, Roger Loiseleur, soit mêlé au trafic des stupéfiants et relié à des représentants de la Mafia new-yorkaise. Les agents américains savaient que le 3 août 1964, Loiseleur avait déjà livré 15 kilos (33 livres) à un représentant de Joseph Russo, alias Joe Fats, et que le 12 janvier 1965, il avait livré 17 kilos (37 livres) additionnels à un autre courrier de la Mafia. De nouveaux renseignements avaient indiqué que le 23 mars, un autre agent de Russo devait venir prendre livraison d'un nouveau stock à Montréal. Le 22 mars, la Brigade des stupéfiants localisa l'individu et entreprit une surveillance constante de ses déplacements et de ceux de Loiseleur. Ainsi, dans la soirée du 24 mars, Loiseleur fut arrêté au moment où il se rendait livrer 4 kilos dans une chambre du *Reine-Elizabeth*. Le matin, il avait déjà remis 6 kilos au représentant de Russi mais les agents fédéraux avaient profité d'une brève absence de celui-ci pour saisir la marchandise. En accord avec le B.A.N. et la G.R.C., on n'arrêta pas l'individu, Carmine Paladino, pour ne pas mettre en danger certaines sources de renseignements. Gardé à vue, il sera arrêté plus tard, en mars 1966. Par ailleurs, la surveillance de Loiseleur permit de repérer quatre autres complices. Ils furent arrêtés le lendemain, le 25 mars 1965, après que, dans la voiture de deux d'entre eux, on eût trouvé 18 kilos (39 livres). L'enquête se poursuit et aboutit à la fin de 1965 à de nouvelles arrestations à New York et Paris, en particulier celle de Henri La Porterie, le responsable de ce réseau et proche associé de Paul Mondolini.

Bill Lamy

Si Lamy ne pouvait fournir d'héroïne à l'agent secret pour le moment, par contre, il disposait de codéine: sa part d'un stock de 8 kilos (17 livres) qui avaient été volés l'hiver précédent à l'aéroport de Dorval en même temps que des lingots d'or. On avait gardé la codéine longtemps cachée pour ne pas éveiller l'attention de la police, mais maintenant que le marché était à sec, on consentait à l'écouler. Lamy réclama $5 000 pour un kilo (2,2 livres) de codéine qu'il alla chercher le lendemain dans un immeuble de la rue Cherrier et qu'il remit au policier dans le hall de l'immeuble. La Brigade estima cependant que, pour renforcer sa preuve, un autre achat était nécessaire et ce furent deux autres semaines de cache-cache entre Lamy et l'agent secret. La transaction se conclut enfin le 11 septembre dans la soirée et, immédiatement après, les arrestations eurent lieu.

Au Texas, le procès de Lucien Rivard et de ses trois hommes de main débute à la date prévue. Il dure sept jours. Le 21 septembre, après avoir délibéré trois heures sur les témoignages de Michel Caron et Roger Beauchemin, les 12 jurés de Laredo rendent leur verdict: coupables. Le juge Connally prononce ses sentences le 12 novembre suivant. Lucien Rivard est condamné à 20 ans d'emprisonnement et à une amende de $20 000; Julien Gagnon et Raymond Jones, ses courriers, se voient infliger des peines de 15 ans de réclusion et des amendes de $5 000; Charles-Emile Groleau, l'intermédiaire, récolte 12 ans de pénitencier et une amende de $5 000. A Montréal, trois jours plus tôt, Dominique Baccari a plaidé coupable et a été condamné à sept ans de détention.

Un an plus tard, le 15 septembre 1966, Bill Lamy est condamné à trois ans de prison et à $5 000 d'amende. Finalement, à Hartford au Connecticut, James Coppola, le coiffeur de Milford, est condamné à 12 ans de pénitencier, le 26 septembre 1966. (15)

Le dernier acte de l'affaire Rivard se joue le 9 janvier 1967, au moment où les enquêteurs de l'Office central des stupéfiants arrêtent à Paris Paul Mondolini le « roi mexicain des narcotiques ». Au début de 1965, peu avant l'évasion de Rivard, le Bureau des narcotiques avait arrêté à Columbus, en Georgie, un individu chargé de recevoir un réfrigérateur rapatrié de France avec les meubles d'un major de l'armée américaine. Dans les doubles parois étaient dissimulées 19 livres d'héroïne destinées à la Mafia de Miami. L'enquête a, par la suite, amené l'arrestation de plusieurs Français, dont le propre neveu du grand caïd marseillais Joseph Orsini, l'ancien associé d'Antoine d'Agostino. En échange de peines réduites, quelques-uns des accusés dénoncèrent Paul Mondolini comme l'un des grands responsables du réseau, en compagnie de deux autres caïds corses dont on a déjà parlé lors de l'enquête du *Saint-Malo* en 1955, Marcel Francisci et Achille Cecchini.

Au moment de son arrestation à l'aéroport d'Orly, Mondolini arrivait de Marseille. On le recherchait depuis l'arrestation de Michel Caron. Il était accusé d'avoir fait entrer aux Etats-Unis, au cours des cinq précédentes années, 10 tonnes d'héroïne, le tout évalué sur le marché de la rue à $9 milliards.

---

15. Coppola portera cependant sa cause en appel et, après quelques autres procès, il sera finalement acquitté.

Chapitre X

Avant et après l'Expo 67

L'arrestation et la condamnation de Lucien Rivard et de plusieurs de ses comparses provoquent à Montréal un net ralentissement des activités des truands locaux dans le trafic de l'héroïne, tant à l'échelle internationale qu'au niveau national. Certes, la peur de subir le même sort que leurs amis incite plusieurs trafiquants à ne pas se montrer trop empressés d'assurer la succession; mais la principale raison du ralentissement est surtout la perte des contacts indispensables auprès des fournisseurs français. Ceux-ci sont méfiants et peu de Montréalais peuvent se vanter d'avoir leur confiance. Pour rétablir la liaison, il faudra sans aucun doute compter sur une aide de Rivard lui-même ou de Pep Cotroni. Eux seuls peuvent vraiment aider à renouer avec le Milieu français.

Au mois de septembre 1966, la Brigade des stupéfiants de la G.R.C. est avisée d'une reprise du trafic de l'héroïne blanche (l'héroïne française) entre Montréal et Toronto. Grâce à leurs nombreux contacts dans le Milieu, les limiers fédéraux réussissent en quelques jours à identifier les responsables du trafic: il s'agit d'abord d'un individu de 38 ans, Albert Teitlebaum, de Montréal. Il s'occupe de distribuer des capsules d'héroïne à plusieurs usagers torontois. Selon les renseignements accumulés, il travaille pour le compte d'un personnage bien connu, Peter Stepanoff, dit The Russian, l'ancien bras droit de Pep Cotroni. Condamné en 1960 à huit ans de pénitencier pour recel d'obligations volées, Stepanoff a été libéré le 18 juin 1965 et depuis, on sait peu de choses de ses activités. On sait toutefois que, dans le trafic de l'héroïne, il est maintenant associé avec Paul Duval, 51 ans, ami de longue date d'Emile Hogue, dit Lépine, et ancien compagnon de Maurice Cloutier qui a été abattu en octobre

1962. On se rappelle que ce dernier approvisionnait en 1961 et 1962 certains grossistes torontois tout en distribuant de l'héroïne sur le marché montréalais. Il était lui-même alimenté par Jean Paul Tremblay, Roger Laviolette et quelques acolytes de Rivard.

Le 28 octobre 1966, Teitlebaum arrive à Toronto pour effectuer une nouvelle livraison d'héroïne. Les limiers de la section locale de la Brigade des stupéfiants sont avisés et le gardent à l'oeil. Le trafiquant s'inscrit dans un motel puis se rend en ville pour rencontrer un client. Les agents fédéraux profitent de son absence pour procéder à une fouille discrète de sa chambre, ce qui leur permet de trouver dans ses bagages 90 capsules d'héroïne prêtes à être vendues. Habilement, ils prennent quelques échantillons de la poudre blanche et retournent à leur poste d'observation. Teitlebaum revient peu après et quitte le motel en emportant avec lui la marchandise. La preuve est faite qu'il manipule de l'héroïne. Il est cependant préférable de surveiller quelques autres livraisons pour être sûr que l'accusation ne pourra être réfutée et, surtout, pour ne pas alerter Stepanoff et Duval immédiatement.

Teitlebaum effectue de nouvelles livraisons à Toronto les 4, 5 et 9 novembre suivants et, à chaque fois, les enquêteurs de la G.R.C. réussissent à prendre des échantillons sans se faire repérer. Au cours du dernier voyage, les agents, ne pouvant maintenir plus longtemps leur surveillance, saisissent même 77 des 84 capsules que le trafiquant a apportées avec lui. Quand celui-ci se rend compte de la disparition de l'héroïne qu'il n'a pas encore vendue, il retourne précipitamment à Montréal, ne sachant pas très bien à quoi s'en tenir. La Brigade des stupéfiants est alors convaincue que Stepanoff et Duval suspecteront leur courrier de les avoir doublés.

Aussi, le 21 novembre, on n'est pas surpris d'apprendre en fin d'après-midi l'arrivée à Toronto de Stepanoff et de Duval eux-mêmes. Les deux hommes passent la soirée en ville sans rencontrer personne et vers minuit, ils vont s'installer au *Holiday Inn,* sur la route 27. Le lendemain après-midi, un toxicomane rencontre Stepanoff et lui propose de lui présenter un ami qui est intéressé à effectuer d'importants achats d'héroïne. Le drogué ignore que son ami est en réalité un agent secret de la Brigade des stupéfiants. Stepanoff accepte l'offre et les arrangements sont faits pour une première rencontre le soir même à l'hôtel *Lord Simcoe.*

Vers 21h30, le caporal Jim Porter est ainsi présenté à Stepanoff. Après quelques minutes de discussion, l'ancien acolyte de Pep Cotroni se dit prêt à vendre sur-le-champ 100 capsules pour $750.

L'agent secret demande alors au trafiquant de venir avec lui à l'hôtel *New Toronto,* boulevard Lakeshore, pour chercher son argent. Stepanoff accepte et, sur place, Porter lui remet les $750 exigés. Les deux hommes retournent ensuite ensemble au *Holiday Inn* où l'agent secret est prié d'attendre au bar.

Pendant ce temps, Stepanoff va à sa chambre retrouver Duval qui n'a pas bougé. De leur poste d'observation, les agents fédéraux peuvent les voir, quelques minutes plus tard, sortir de leur chambre et à l'aide d'un tabouret retirer une grosse enveloppe blanche d'une trappe située dans le plafond du corridor. Peu après, Stepanoff rejoint le caporal Porter avec lequel il retourne à l'hôtel *New Toronto,* où la livraison s'effectue dans les toilettes de l'établissement.

Une quinzaine de minutes plus tard, vers minuit, Stepanoff revient seul au *Holiday Inn* et au moment où il entre dans l'établissement, deux policiers l'accostent et l'arrêtent. Quelques instants après, Duval est à son tour arrêté et, dans l'une des poches de son pantalon, on trouve les $750 marqués que Porter a remis à Stepanoff. La fouille de la trappe du corridor permet ensuite de saisir 249 autres capsules d'héroïne, tandis que dans l'automobile de Duval, on découvre une quantité importante de petites capsules de plastique vides. A Montréal, Albert Teitlebaum est arrêté au cours de la nuit et, dès le lendemain, il est conduit à Toronto où il comparaît en Cour criminelle avec ses deux patrons. Ils seront tous trois condamnés à des peines de 5 à 7 ans de prison, en septembre 1967 et au début de 1968.

Leur réseau n'était pas encore bien imposant, mais il prenait de l'ampleur. Dans l'appartement de Stepanoff à Montréal, une feuille de papier révèle que le trafiquant songeait sérieusement à renouer avec d'anciennes relations de Pep Cotroni: Jean-Baptiste Croce en France et Angelo Sonessa au New Jersey. Cependant, au moment des arrestations, les contacts n'avaient pas encore été faits et, selon les informations recueillies dans le Milieu, l'héroïne saisie venait plutôt d'un autre ami de Rivard à qui celui-ci aurait confié récemment la concession de ses affaires.

Quoi qu'il en soit, ce qu'il faut savoir, c'est comment, par qui et sur quelle échelle l'héroïne française est à nouveau acheminée à Montréal.

Telles sont les nouvelles énigmes qui se posent à la Brigade des stupéfiants.

Malheureusement, pour les autorités de la Police fédérale, l'heure n'est plus aux énigmes, mais à la sécurité. L'Exposition universelle de 1967 commence et les effectifs doivent être affectés en priorité à la protection des nombreux dignitaires étrangers. Pour répondre à ces nouvelles exigences, la direction de la G.R.C. est contrainte de dégarnir ses services spécialisés, y compris la Brigade des stupéfiants. De 30 hommes, celle-ci passe d'un seul coup à 8. Au printemps 1967, les officiers d'expérience se retrouvent du jour au lendemain en tuniques rouges sur le site de Terre des Hommes! Pendant six mois, la Brigade des stupéfiants cesse d'opérer.

Pour les trafiquants, c'est une occasion inespérée. Jusqu'à quel point en profitent-ils? Il est difficile de répondre. Mais si l'on en croit deux saisies effectuées peu après l'Expo et les découvertes faites par la suite jusqu'en 1971, on peut affirmer que pendant ces mois de festivités, Montréal est l'une des principales, sinon la principale, portes d'entrée de l'héroïne sur le continent.

Le 26 octobre 1967, Michel Bernard et sa femme Yvonne, les propriétaires d'un bar du boulevard Voltaire à Paris, arrivent à l'aéroport international de Dorval pour visiter Montréal. L'agent Réginald Pruneau, de la Brigade des stupéfiants, et l'agent Fred Cornetta, de la Douane américaine, qui sont sur les lieux pour vérifier les arrivées internationales, remarquent que le couple semble particulièrement nerveux. La femme ne cesse de faire des gestes étranges à son mari. Intrigués par ce comportement, les deux agents demandent aux douaniers de vérifier soigneusement les bagages de ces Parisiens. On procède donc à un examen minutieux de leurs valises pour découvrir rapidement que chacune d'elles renferme un double fond, solidement collé aux parois, dissimulant 16 petits sacs de plastique contenant chacun une livre de poudre blanche. Au total, $8 millions d'héroïne pure. (1)

---

1. Michel Bernard en était à son deuxième transport d'héroïne. Le 30 juillet précédent, il était venu à Montréal en compagnie d'un vieil ami, Jacques Vermeulen, un truand réputé du Milieu lyonnais. Après s'être enregistrés à l'*Hôtel LaSalle,* les deux amis avaient loué une automobile et étaient partis à New York pour rencontrer un autre truand français, Jacques Baudin, mieux connu sous le nom de Pierre Andrieux. Tous trois étaient en possession de valises bourrées d'héroïne que leur avaient remises deux caïds corses, Paul Pasqualini et François Marazzani, propriétaires du bar *Versailles,* à Madrid. Leader du trio, Baudin avait ensuite contacté un autre représentant des Corses, Claude-André Pastou qui s'était chargé de remettre l'héroïne à l'acheteur newyorkais Peter Alicea. Le réseau mis sur pied par Pasqualini et Marazzini achemina ainsi plusieurs centaines de kilos d'héroïne avant d'être démantelé à la fin de 1971. Au total, une soixantaine de personnes et six pays différents furent impliqués dans cette conspiration.

Le 12 décembre 1967, encore une fois sur la recommandation de la G.R.C. et de la Douane américaine, les douaniers de Dorval interceptent un Italo-Argentin, Vincenzo Caputo, qui se rend à New York en provenance de Paris. Dans sa valise, un double fond dissimule 6 kilos (14 livres) d'héroïne pure. Le lendemain, ignorant cette arrestation, quatre autres Italo-Argentins se présentent aux douaniers de Dorval avec des valises identiques. Comme Caputo, ils arrivent de Paris et se dirigent vers New York. On a tôt fait de découvrir les 26 kilos (57 livres) d'héroïne qu'ils transportent. Peu après, un complice qui a réussi à déjouer les douaniers est appréhendé au *Reine-Elizabeth* en possession de 4 autres kilos (8,5 livres) d'héroïne. (2) Au cours de la semaine qui suit, neuf autres personnes sont arrêtées à New York, à Boston et à la frontière canado-américaine. Toutes arrivaient d'Europe via Montréal et transportaient au total une quarantaine de kilos d'héroïne.

Après l'Expo, devant l'importance de ces saisies, la Brigade des stupéfiants se rend compte qu'à coup sûr, les trafiquants internationaux ont largement profité de la situation et que, sans aucun doute, les trafiquants montréalais ont fait de même pour remettre sur pied de nouvelles filières. Il est donc urgent de se remettre à l'oeuvre et de redoubler d'efforts afin d'évaluer au plus tôt la situation. Munis des quelques informations accumulées par les agents restés en poste, la Brigade reprend la chasse, plus résolue que jamais. Cependant, un événement vient bientôt stopper son élan et jeter la consternation dans ses rangs.

---

2. Carmine Russo est celui qui a été arrêté au *Reine-Elizabeth*. L'enquête démontrera que c'est son frère Michel, un caïd de Buenos Aires, en Argentine, qui avait organisé l'envoi de tous ces courriers. Napolitain d'origine, Michel est l'un des partenaires du grand patron de la filière sud-américaine, Auguste Joseph Ricord, un Corse qui traite avec Joseph Orsini, de Marseille. Il sera arrêté en Argentine en 1972 au moment de la préparation d'une livraison de 100 kilos (220 livres) d'héroïne aux Etats-Unis. L'enquête établira également que Vincent Caputo et ses compagnons étaient associés à Ciro Casoria et à Antonio Vista, d'Italie, eux-mêmes en en relation étroite avec un personnage de la pègre newyorkaise, Giovanni Coppola, propriétaire de la firme *Italseda Import-Export Corporation* de la 14e Rue. En 1968, Coppola sera arrêté à New York pour possession d'une somme de $50 000 en faux billets américains. Son nom sera alors associé à celui d'un caïd de Naples, Antonio Spavone, dirigeant d'une firme de textiles.

Au cours du mois de février 1968, un jeune policier de 25 ans, Orest Kwasowsky, qui n'est dans la G.R.C. que depuis cinq ans, se présente au responsable des opérations de la Brigade et lui raconte comment, en compagnie d'un confrère de l'escouade, il s'est laissé aller à collaborer avec des trafiquants de drogue de New York.

L'affaire a débuté le 28 mai 1967 à l'occasion de l'arrestation d'un couple de Marseillais qui arrivaient de Paris, porteurs de 6 kilos (14 livres) d'héroïne dissimulés sur eux à l'aide de bandages. En plus des deux Français, Marius Frontieri et Joséphine Koutouderas, la G.R.C., qui secondait dans cette affaire le Bureau des narcotiques, avait appréhendé une cabaretière de New York, Viviane Nagelberg, connue comme une importante distributrice de drogues. Celle-ci s'était rendue à l'aéroport de Dorval pour recevoir l'héroïne. (3)

Comme on ne disposait pas de suffisamment de preuves pour inculper la New-Yorkaise et l'homme qui l'accompagnait, Lucky Esposito, deux jeunes enquêteurs de la Brigade des stupéfiants, Orest Kwasowsky et Roger Mourant, furent chargés de les accompagner à la frontière américaine. Spécialiste de la séduction (elle compromettra une quarantaine de policiers fédéraux et municipaux de New York), Viviane Nagelberg réussit alors à convaincre les deux agents fédéraux de lui faire visiter l'Exposition universelle avant de la conduire à la frontière. Cette visite donna lieu à un copieux repas à la faveur duquel l'habile Américaine invita les deux policiers à venir la voir à New York où, en plus de passer un bon moment, on pourrait discuter plus à l'aise des avantages offerts par le commerce des narcotiques.

Quelques semaines plus tard, les deux policiers se rendirent donc dans la métropole américaine. Kwasowsky avait eu l'idée d'apporter avec lui un peu moins d'une once d'héroïne, le reste d'un échantillon d'analyse. Satisfaite de la tournure des événements, Viviane Nagelberg leur remit $500 pour cette heureuse initiative. Excités par ce gain rapide, les deux jeunes agents se laissèrent vite persuader qu'ils pourraient gagner beaucoup plus d'argent en s'engageant dans le trafic des stupéfiants qu'en travaillant à le combattre! De retour à Montréal, ils guettèrent donc l'occasion de conclure une transaction

---

3. Le 18 juin 1967, l'un des responsables marseillais, Lucien Amabile, a été appréhendé à l'aéroport de Marseille, Marignane, en France, alors qu'il s'apprêtait à partir pour Montréal avec $11 000. Trois de ses complices, Dimitrio Porcino, Baptiste Pourcel et Joséphine Ballestra, tous de Marseille, ont réussi à prendre la fuite.

rémunératrice. En décembre, à la suite des importantes saisies effectuées à l'aéroport, ils formèrent le projet de voler une partie de la drogue confisquée.

Ils entreprirent finalement de mettre ce projet à exécution un soir de février 1968. Le lendemain, l'agent Mourant devait accompagner un autre confrère à Ottawa pour y transporter un stock de 6 kilos (14 livres) d'héroïne destinés à être détruits. Mourant obtint qu'on lui confie la drogue pour quelques heures et il en profita pour voler deux kilos et demi (6 livres) et les remplacer par de la farine. Son complice décida de ne pas aller plus loin. Mourant se chargea donc seul de l'opération et se rendit à New York où Viviane Nagelberg et son mari lui achetèrent le tout pour $27 000 comptant.

A Ottawa, les 6 kilos devaient normalement être détruits sans délai, mais à la suite des aveux du compagnon de Mourant, il n'en fut rien. On procéda plutôt à une nouvelle analyse qui révéla que la drogue, pure dans une proportion de 98% lors de la saisie, ne contenait plus que 38 à 50% d'héroïne. Confronté aux faits, Mourant avoua et accepta de témoigner contre le couple Nagelberg. Malgré cela, en juin 1969, la Cour d'appel renversa la sentence de deux ans de prison que lui avait imposée un tribunal inférieur et lui infligea une peine de 10 ans de détention. La Cour d'appel infligea également huit ans de pénitencier au lieu de trois à Kwasowsky. Pour leur part, les Nagelberg furent condamnés à New York à 15 ans de prison et à $15 000 d'amende, le 18 juin 1970.

Naturellement, l'affaire sema la consternation dans les rangs des membres de la G.R.C., dont la réputation d'intégrité est un motif de fierté pour tous. A la Brigade des stupéfiants, la colère se mêla à la honte. Depuis quelques semaines, on avait réussi à infiltrer avec succès deux importantes bandes de trafiquants d'héroïne, l'une opérant à l'échelle nationale et l'autre, à l'échelle internationale. Déjà, on escomptait des résultats intéressants, mais afin d'assurer l'entière sécurité de ses agents secrets, les autorités de la Brigade décidèrent d'abandonner complètement ces opérations.

Il fallut donc attendre quelques mois avant que de nouvelles pistes intéressantes permettent d'espérer des actions décisives.

Chapitre XI

La Mafia reprend sa place

Le 27 août 1968, comme cela se fait presque tous les matins, l'officier de liaison du Bureau des narcotiques et des drogues dangereuses (B.N.D.D.), à Montréal, communique avec la Brigade des stupéfiants pour lui réclamer son aide. (1) Il désire vérifier certaines informations recueillies par ses agents de Brooklyn qui enquêtent depuis quelques mois sur les activités de deux bandits notoires, Ronnie Carr et Joseph Bartelomio Dalli, soupçonnés de s'intéresser de près au commerce de l'héroïne. En vérifiant leurs allées et venues, on a découvert qu'ils côtoient régulièrement un important receleur, Carmen De Angelis, particulièrement connu pour son association avec l'un des plus actifs trafiquants de drogue de la région new-yorkaise, Angelo Tuminaro, dit Little Angie, qui était, on le sait, un ancien client de Pep Cotroni, du Français Jean Jehan, et le mystérieux « oncle Harry » de la *French Connection*.

Pour en savoir plus long sur les relations de Dalli et Carr, les agents du B.N.D.D. ont effectué des relevés de leurs appels télépho-

---

1. Le 8 avril 1968, afin de rassurer certaines couches de la population apeurées par l'usage grandissant des drogues de toutes sortes, le gouvernement américain a étendu la compétence du Bureau des narcotiques pour qu'il puisse mettre un terme au trafic des amphétamines, des dérivés du cannabis, des barbituriques, de la benzédrine et de bien d'autres substances. L'administration de l'organisme a alors changé de main et est passé sous l'autorité du département de la Justice qui a également pris en main le Bureau de contrôle sur les abus des drogues du département de la Santé, de l'Education et du Bien-être social.

niques. Ils ont ainsi découvert que le premier téléphone fréquemment à un même numéro de Montréal, le 672-7444. On demande à la Brigade des stupéfiants d'identifier l'interlocuteur montréalais, ce qu'elle ne tarde pas à faire. On constate du même coup que sa tâche ne s'arrêtera pas là: le numéro de téléphone en question est en effet celui d'une vieille connaissance, Thomas Pythel, 44 ans, ancien messager de Pep Cotroni et de Lucien Rivard; son dossier indique qu'il a déjà été en contact avec Carmen De Angelis, en février 1963.

Fils d'immigrants ukrainiens, Thomas Pythel a gravi progressivement les échelons de la pègre pour en arriver à une association avec quelques-uns des plus grands noms du Milieu. Au début de 1961, il a été condamné pour possession d'obligations provenant du fameux vol de $3 750 000 de la *Brockville Trust & Saving,* commis en mai 1958. Ce vol était l'oeuvre des spécialistes de l'organisation Cotroni-Stepanoff. Pythel était d'ailleurs à l'époque un ami de René Robert, l'homme à tout faire de Pep Cotroni. En mai 1966, il a été acquitté,

Thomas Pythel

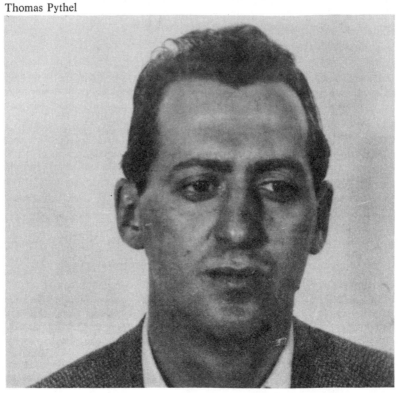

à l'issue de deux procès, d'une autre accusation de recel d'obligations provenant d'un vol de $80 000 commis, cette fois, en août 1964 dans une résidence privée d'une banlieue montréalaise.

Précédemment, en juillet 1960, il avait été arrêté à Vancouver pour une affaire de drogue, mais, faute de preuves, il avait été relâché. A cette occasion, la G.R.C. avait arrêté un trafiquant local, Michael Fulton, en possession de 23 onces d'héroïne et de 517 faux billets de banque de $20. Quelques heures avant son arrestation, Fulton avait été vu en compagnie de Pythel et c'est pourquoi celui-ci avait été arrêté. L'enquête avait révélé que Pythel effectuait de fréquents voyages à Vancouver où il rencontrait quelques-uns des plus grands trafiquants de drogue. A Montréal, il était en contact constant avec Lucien Rivard et plusieurs de ses comparses, en particulier Bill Lamy. Des vérifications auprès des compagnies aériennes avaient également permis d'apprendre que, quelques jours à peine avant l'arrestation de Fulton, les 23 juin et 14 juillet, Pythel avait expédié à Montréal deux paquets d'une livre chacun. Contenant soi-disant des marchandises d'imprimerie, ces paquets étaient adressés à l'associé de Pythel, Lawrence Zolton Buckszar, propriétaire de deux petites imprimeries, *Lomar Printing* et *Aldo's Printing*. Roumain d'origine, Buckszar est connu de la G.R.C. et du B.N.D.D. depuis 1958, époque où il voyageait beaucoup, surtout à Cuba, en compagnie de Lucien Rivard. En 1961, il était l'un des directeurs de la firme *Certes Holding Ltd.*, dont le président était le millionnaire de la viande William Obront, identifié depuis comme le banquier de l'organisation Cotroni.

William Obront

Après l'arrestation de Fulton qui travaillait pour le compte d'un trafiquant notoire, Alexander-Robert MacDonald, Pythel avait commencé à l'automne 1960 à transiger avec d'autres truands de Vancouver, en particulier Gordon Kravenia et Stanley Lowe, considérés comme les plus actifs distributeurs d'héroïne de la Côte Ouest canadienne. Sa condamnation au début de 1961 avait cependant mis fin à cette association. En janvier 1963, moins d'un mois après sa libération du pénitencier Saint-Vincent-de-Paul, il avait tenté de renouer avec Kravenia, mais l'arrestation de ce dernier qui avait été trouvé en possession de 156 capsules d'héroïne, et sa condamnation à cinq ans de prison, le 29 mars suivant, l'avaient dissuadé de donner suite à ses projets à Vancouver.

Au moment de la demande d'assistance du B.N.D.D., en août 1968, la G.R.C. soupçonne Pythel d'être impliqué dans la contrefaçon de chèques de voyage du Canadien Pacifique dont plusieurs spécimens ont fait leur apparition sur le marché newyorkais. Les agents fédéraux se demandent d'ailleurs si les appels entre le Montréalais et les associés de De Angelis n'auraient pas un lien avec ce racket. Mais, comme le B.N.D.D. a acquis la certitude qu'une transaction de drogue imminente se prépare et, surtout, qu'une rencontre doit avoir lieu le jour même entre Pythel et ses associés newyorkais, le sergent d'état-major Jacques Plante, nouveau commandant de la Brigade des stupéfiants, mobilise sans délai les spécialistes de la section de surveillance. Pythel et ses plus proches acolytes sont rapidement repérés et gardés à vue jusqu'en fin d'après-midi, alors que le B.N.D.D. fait savoir qu'un contretemps empêchera les trafiquants newyorkais de venir à Montréal. Selon les renseignements obtenus, la rencontre a été reportée de quelques jours.

Le 9 septembre, le B.N.D.D. avise à nouveau la Brigade des stupéfiants que Jos Dalli doit venir à Montréal le lendemain ou dans les jours qui suivent, afin de rencontrer un certain Don. (2) Pour les

---

2. Cinq jours plus tôt, le 4 septembre, les douaniers de l'aéroport de Dorval guidés par le sergent Paul Sauvé de la Brigade des stupéfiants ont arrêté un boulanger marseillais, Paul Antonorsi, 29 ans, qui arrivait d'Amsterdam, porteur de six kilos (13 livres) d'héroïne dissimulés dans deux valises à double fond. L'affaire avait débuté en France où le B.N.D.D. avait réussi à introduire l'un de ses agents dans une bande de trafiquants corses. L'agent secret avait convaincu le patron d'Antonorsi qu'il avait un cousin à Montréal qui était en mesure de vendre aux Américains. Un échange de lettres avait même été organisé avec la Brigade des stupéfiants afin de convaincre l'importateur français du sérieux des intentions de l'agent secret. Le tout s'est soldé par l'envoi des six kilos et l'arrestation d'Antonorsi.

Dominique Séville, dit l'Avocat

agents montréalais, il ne fait aucun doute qu'il s'agit de Dominique Séville, dit l'Avocat, 44 ans, membre actif de la Mafia locale et étroitement lié au puissant Luigi Greco. Spécialiste des obligations volées, Don Séville est propriétaire d'un commerce de voitures d'occasion. Durant l'Expo, il a été i'un des gérants du *Béret Bleu* (l'ancien *Café Roméo*), l'une des principales boîtes de nuit du clan Cotroni administrée par Jimmy Soccio, Roméo Bucci et le bookie Moe Yacknin.

Le sachant très lié à Pythel, l'équipe de surveillance de la G.R.C. entreprend de vérifier ses allées et venues. Le lendemain matin, vers 10h30, on apprend que Dalli a quitté New York depuis une heure en compagnie d'un inconnu et qu'il se dirige vers la frontière canadienne. Sans perdre de temps, les limiers fédéraux se mettent à la recherche de Pythel. Ils le localisent vers 13h30, sur la route pour Plattsburg, dans l'Etat de New York. A son arrivée, Pythel se rend au restaurant *Howard Johnson*, où il ne reste que quelques minutes. Puis, après s'être assuré — du moins le croit-il — qu'il n'est pas suivi, il revient au Québec. Il se rend au motel *Bocage*, boulevard Taschereau, sur la rive sud de Montréal, et y rencontre un inconnu. Moins d'une demi-heure plus tard, il retourne à Plattsburg, d'abord au restaurant *Howard Johnson*, puis au *Holiday Inn* où se sont installés Dalli et son compagnon. Peu après, les policiers de la G.R.C. et leurs

291

confrères du B.N.D.D., de la Douane américaine et de la police de l'Etat de New York constatent l'arrivée de l'inconnu du motel *Bocage*.

La rencontre à quatre dure environ une heure. Vers 20h20, Pythel et l'inconnu du motel quittent le *Holiday Inn* et repartent à la file indienne vers Montréal, suivis discrètement par les limiers de la G.R.C. qui choisissent de les intercepter finalement au poste frontière de Champlain. Dans le véhicule de Pythel, les douaniers américains trouvent $70 000 et dans celui de l'inconnu, identifié comme étant Claude Bourdeau, 31 ans, un repris de justice libéré sur parole peu de temps auparavant, on saisit $3 630.

De leur côté, les agents américains ont perdu la piste de Dalli et de son compagnon. Alertée, la Police de la route réussit heureusement à intercepter leur Cadillac près de Schroon Lake, à une centaine de milles de Plattsburgh. Dans le coffre arrière de la voiture, on trouve cinq kilos (11 livres) d'héroïne pure dissimulés dans la roue de secours. Le compagnon de Dalli est identifié comme étant Stanley Simmons, un ami de Ronnie Carr.

Incarcérés à la prison du comté de Clinton, dans l'Etat de New York, les quatre trafiquants sont référés dès le lendemain devant un tribunal de Plattsburg qui fixe leur caution à $300 000, au total. Les deux Américains peuvent reprendre immédiatement leur liberté moyennant des dépôts de $50 000 chacun tandis que Pythel doit attendre deux semaines avant que son cautionnement de $100 000 soit réduit à $50 000. Bourdeau est libéré un peu plus tard sous un cautionnement de $25 000, mais dès son retour au Canada, il est arrêté et incarcéré pour bris de parole.

A la fin d'octobre, Pythel reprend ses activités. Au même moment, le B.N.D.D. apprend que le groupe De Angelis-Dalli doit recevoir sous peu, de Montréal, une autre livraison d'héroïne. Il s'agirait cette fois d'une cargaison de 100 kilos! Le 7 novembre, la Brigade des stupéfiants est à l'aéroport de Dorval quand Jos Dalli arrive à Montréal. Après un bref entretien avec Don Séville qui est venu l'accueillir, le New-Yorkais se rend au restaurant *Ruby Foo's* où il est vu en compagnie de Pythel. Il ne reste cependant à Montréal que quelques heures et, l'après-midi même, retourne à New York. Dans les mois qui suivent, plusieurs autres entretiens ont lieu entre Dalli, Pythel et l'un de ses représentants, un camionneur de Montréal, qui a accepté de livrer la marchandise à New York. A la mi-janvier et à la mi-février, certaines indications laissent croire à des transactions imminentes. A Québec, où Pythel a un très bon ami, on fait le nécessaire pour repérer un éventuel courrier européen. Mais rien ne se produit. Les négociations n'aboutissent pas et, le 13 juin 1969, Pythel et Dalli sont tous deux condamnés à 20 ans de réclusion. (3)

Au moment des condamnations, l'enquête de la G.R.C. et du B.N.D.D. a néanmoins progressé considérablement. Au cours de l'automne, on a établi que Pythel approvisionnait à nouveau la Côte Ouest par l'entremise d'un ami de longue date, Joseph Horvath, dit Little Joe, 39 ans. Fiché à la Brigade des stupéfiants, ce dernier est

Little Joe Horvath

en étroite relation, depuis le début de 1968, avec une importante bande de trafiquants de Vancouver dirigée par Edward Ponak et regroupant des personnages comme Eugene Sherban, Frank Ferron et Conrad William Gunn.

Cadet d'une famille d'immigrants hongrois, Horvath a vécu sa jeunesse au milieu des prostituées et des truands du *Red Light*. Dès son adolescence, il a côtoyé les plus grands noms du Milieu dont les frères Cotroni, Luigi Greco et plusieurs autres. Sa première confrontation majeure avec la justice est survenue en 1949 à la suite d'un vol avec violence. Surnommé à l'époque Joe Valentine, il avait fait parler de lui en s'évadant peu avant le procès. Finalement capturé, il avait été envoyé en prison pour cinq ans. Spécialiste des vols par effraction, il avait été interrogé en avril 1967 en rapport avec la

---

3. Détenu au pénitencier de Saint-Vincent-de-Paul, Claude Bourdeau ignore toujours s'il sera un jour ou l'autre extradé aux Etats-Unis pour y subir son procès pour trafic d'héroïne. Pour sa part, Stanley Simmons a été condamné en 1972, ayant préféré profiter de son cautionnement pour fuir en mai 1969.

célèbre affaire du tunnel de la rue Trans-Island pour laquelle le cadet des frères Cotroni, Frank, et plusieurs de ses hommes ont été inculpés. (4) Lors du procès de Pep Cotroni pour recel d'obligations volées, en 1960, son frère Alexander (avec lequel il déclare travailler comme briqueleur), a témoigné en défense, mais sa version n'a pas été retenue.

Dès que le nom de Horvath est mentionné à la suite de l'arrestation de Pythel, la Brigade des stupéfiants vérifie les registres de ses appels interurbains et découvre que quelques jours à peine avant la transaction Pythel-Dalli, il a téléphoné à plusieurs reprises au 266-9278 à Paris, et qu'il a également téléphoné à Vancouver, à « Eugene », l'un des hommes d'Edward Ponak. Par la suite, à la fin du mois de novembre et à la mi-décembre, il a communiqué à plusieurs endroits à New York et une nouvelle fois à Vancouver, chez le frère d'Edward Ponak. Toutes les dates de ces appels ainsi que les numéros demandés aux téléphonistes de l'interurbain ont été transmis au B.N.D.D. et à l'Office central des stupéfiants, pour enquête.

Tandis que les vérifications sont en cours, un développement important se produit. Le 29 janvier 1969, un ex-débardeur français est arrêté à l'aéroport de Dorval en possession de cinq kilos (11 livres) d'héroïne placés dans des sacs de plastique et dissimulés dans deux valises à double fond. L'attention des douaniers a été attirée par des bosses suspectes sur les parois des valises. Gardien au port de Marseille, Michel Papagallo arrive de Paris pour soi-disant se trouver un emploi dans le port de Québec. On lui fait remarquer que le port de la Vieille Capitale est fermé pour la saison d'hiver et que, de toute façon, celui de Montréal est beaucoup plus grand et plus intéressant. Aux enquêteurs de la G.R.C., il donne toutefois une autre explication: c'est à l'aéroport de Québec qu'il devait se rendre pour livrer ses valises à quelqu'un qui les attendait et avec lequel il devait entrer

---

4. Frank Cotroni et ses hommes ont été accusés d'avoir conspiré pendant plusieurs mois pour creuser un tunnel sous la rue Trans-Island, dans le secteur nord-ouest de Montréal, qui devait aboutir à la chambre forte d'une succursale de la Banque d'Epargne du District et de la Cité de Montréal. La police municipale a mis au jour l'affaire avant qu'elle n'aboutisse. On estime que si le coup avait réussi, il aurait pu rapporter entre $5 et $6 millions. En août 1971, Cotroni fut acquitté de l'accusation, mais plusieurs de ses hommes furent trouvés coupables.

en contact en utilisant un exemplaire du magazine *Paris-Match*. (5) Ses valises étaient censées contenir des devises françaises qu'un certain Jeannot, rencontré à la piste de course de Marseille, voulait faire entrer en douce au Canada. La Brigade des stupéfiants se souvient alors que quatre jours à peine avant son arrestation et la saisie des cinq premiers kilos d'héroïne, Thomas Pythel a séjourné deux jours à Québec sous un nom d'emprunt. Les registres de l'hôtel *Congress Inn* indiquent qu'il a fait près d'une trentaine d'appels téléphoniques mais, malheureusement, il fut impossible de localiser leurs destinataires.

Au moment où ils furent avisés de l'arrestation de Papagallo, l'Office central des stupéfiants et le B.N.D.D. suivaient la piste d'une bande de trafiquants devant conduire au partenaire de Pythel, Joe Horvath. Le 27 juin 1968, un représentant de Paul Mondolini, Jacques Bousquet, un riche entrepreneur de Paris, avait été arrêté en France après avoir expédié à New York une Citroën DS décapotable contenant 112 kilos (246 livres) d'héroïne pure. (6)

On avait alors remarqué que la drogue était contenue dans un nouveau type de sac de plastique en forme de tube longiforme. Les recherches sur l'origine de ces nouveaux empaquetages aboutirent au début du mois de février 1969, à la compagnie *Electromagnétic*,

---

5. Papagallo accepta l'après-midi même de son arrestation de se rendre à Québec avec des enquêteurs de la Brigade des stupéfiants et de contacter l'individu qui l'attendait. Malheureusement, pressé d'annoncer la saisie, un douanier avait téléphoné à une station radiophonique qui s'était empressée de diffuser la nouvelle. Le projet de livraison contrôlée dut être abandonné.

6. Bousquet a reconnu que la Citroën avait fait sept traversées de l'Atlantique en trois ans et avait transporté 730 kilos (1 600 livres) d'héroïne, soit suffisamment pour alimenter le marché noir aux Etats-Unis pendant une période de quatre à six mois! On se rappelle qu'à la fin du chapitre IX, il a été question d'une saisie à Columbus. Dans cette affaire, les trois Français qui ont été arrêtés, Jean Nebbia, Louis Douheret et Nonce Luccaroti, le neveu du grand Joseph Orsini, ont fini par parler en échange de peines réduites. Ils ont dénoncé comme responsables du trafic: Jacques Bousquet, Achille Cecchini, Paul Mondolini, Marcel Francisci et Michel-Victor Mertz, un agent double des Services secrets français. Ce dernier a débuté dans le trafic des stupéfiants en compagnie du beau-père de sa femme, Charles Martel, un proxénète influent de Marseille et de Paris et un associé de Paul Carbone et François Spirito, les premiers grands caïds de la drogue que nous avons vus à l'oeuvre précédemment.

de Pantin, en France: deux récidivistes, Roger Gabeloux et Dominique Giordano, venaient d'acheter une machine à sceller le nouveau type de sac de plastique. Ayant appris que les truands devaient se rendre à Nice avec la machine, les enquêteurs avisèrent la Gendarmerie locale qui, le 20 février, intercepta le véhicule des deux hommes et procéda à une fouille et à une vérification d'identité, à la suite de quoi les truands jugèrent sans doute préférable de se défaire de la machine. En effet, le 10 mars, Gabeloux se rendit une nouvelle fois à Pantin pour acheter un autre appareil ainsi que 200 mètres (600 pieds) de sacs de polythène et une machine à faire le vide. Embusqués à proximité de la firme *Electromagnétic* afin de découvrir à qui serait remise la marchandise, les limiers français durent malheureusement abandonner leur filature parce que leur véhicule entra en collision avec une autre automobile.

Après avoir perdu la trace de Gabeloux, les enquêteurs se tournèrent vers le fichier central de la Police judiciaire, ce qui leur permit d'apprendre que, quelques années auparavant, le truand avait été mêlé à une affaire de contrefaçon en compagnie de deux autres récidivistes parisiens, Alain Vavasseur et Lucien Tridard. Selon le fichier, ce dernier occupait toujours son appartement au 13 de la rue Roger-Salengo, à Montmartre en banlieue de Paris.

Ne disposant pas d'autres pistes, les policiers s'intéressèrent donc à cet appartement, heureusement, car c'est là qu'ils retrouvèrent la trace de Gabeloux. Une dizaine de jours plus tard, soit le 21 mars, on apprit que Vavasseur préparait un voyage à Nice ou à Marseille en vue de prendre livraison d'un important stock d'héroïne. Une surveillance ininterrompue fut alors organisée autour du logis de Tridard à la fois par le B.N.D.D., l'O.C.S., la Douane française et la Brigade mondaine de la P.J. parisienne.

En matinée, le 25 mars, la surveillance fut renforcée. Vavasseur était revenu et on avait appris que les trois acolytes étaient sur le point de partir. Vers midi et quart, Gabeloux et Tridard étaient ensemble à l'intérieur depuis un bon moment, quand une Peugeot 204, conduite par Vavasseur, s'engagea dans la rue Salengo. Arrivé à proximité de l'appartement de Tridard, Vavasseur croisa une voiture de surveillance dans laquelle avaient pris place trois agents. Intrigué par l'allure des occupants, Vavasseur fit mine de ralentir, puis quitta les lieux en trombe. Quelques minutes plus tard, Gabeloux sortit et alla le retrouver dans un débit de tabac voisin. Après un bref entretien, les deux hommes regagnèrent l'appartement et c'est alors que les responsables de l'opération décidèrent d'intervenir. L'arrivée précipitée d'une vingtaine de policiers provoqua la panique dans l'immeuble. Gabeloux et Vavasseur en profitèrent pour tenter de s'échapper, mais, peine perdue: ils furent vite arrêtés. De son côté, Tridard, encore en pyjama, essaya en vain de faire disparaître la drogue dans les toilettes et la baignoire, mais il ne réussit qu'à encombrer les conduites d'eau et à répandre un peu partout l'héroïne qu'il n'avait pas encore dissimulée dans les quatre valises Samsonite Special trouvées dans la cuisine.

Gabeloux, Vavasseur, Tridard et un quatrième Parisien, René Quintin de Kercadio, arrêté un mois après à cause des écrits compromettants trouvés dans l'appartement de la rue Salengo, s'apprêtaient à expédier, les 27 et 28 mars, 25 kilos (55 livres) d'héroïne pure à Montréal, à Joe Horvath. Grâce aux documents trouvés en possession des trafiquants, en particulier la moitié d'un billet de banque canadien, aux aveux des inculpés, aux vérifications effectuées par la suite et aux relevés des appels téléphoniques faits à Montréal, puis en Europe, on réussit non seulement à établir avec certitude la responsabilité de Horvath mais également l'importance de la filière en cause.

Après leur sortie de prison (ils avaient été condamnés pour leur participation à l'affaire de contrefaçon), Tridard, Gabeloux et Vavasseur avaient été engagés par Dominique Giordano et deux autres Corses, Antoine Perfetti et Charles Nicolai, qui avaient mis sur pied une florissante filière en collaboration avec Joseph Boldrini à Marseille, un ancien membre du réseau Croce-Mondolini. (7) Pendant plusieurs mois, en compagnie de De Kercadio, ils avaient travaillé comme intermédiaires et courriers pour le compte des Corses, puis ils s'étaient dissociés d'eux et avaient formé leur propre équipe, alimentée elle aussi par Boldrini. Apprenant qu'ils pouvaient lui fournir la meilleure came fabriquée à Marseille, Horvath s'était laissé convaincre de transiger également avec eux. Il pouvait ainsi compter sur un approvisionnement plus considérable et régulier.

Les relevés des appels téléphoniques de Horvath ont révélé que, lorsqu'il a communiqué à Paris, les 20 et 23 août 1968, ainsi que les 14 janvier et 26 février 1969, c'était chez l'amie de Charles Nicolai. (8) Il a également téléphoné les 10 et 14 janvier, les 14 et 26

---

7. Joseph Boldrini était un des coconspirateurs dans la cause du Libanais Samil Khoury, pour laquelle Pep Cotroni fut inculpé à Paris en mars 1957. (Voir chapitre V.)

8. Dans les dossiers de l'Office central des stupéfiants, le nom de Charles Nicolai est aussi associé à celui de Marcel Francisci, un partenaire de Paul Mondolini, et des frères Dominique et Jean Venturi.

février et le 11 mars chez un certain Monsieur Dumont, de la rue Chaudrat, à Paris, qui fut plus tard identifié comme étant un autre associé de Nicolai, Giordano et Perfetti. Le 4 mars, enfin, il a téléphoné à Montrouge, chez Tridard, chez qui s'est effectuée la saisie des 25 kilos.

Les trafiquants français ont eux aussi téléphoné à Montréal à quelques reprises: le 24 février et le 2 mars, Tridard a téléphoné au *motel Diplomate;* les 7 et 8 mars, Gabeloux et de Kercadio ont téléphoné à *l'hôtel Séville,* au *motel Diplomate* et à *l'hôtel International* et, finalement, le 17 mars, de Kercadio a téléphoné à trois reprises de l'aéroport de Bruxelles à *l'hôtel International* de Dorval. Tous ces appels ont précédé et suivi les voyages à Montréal de Tridard et Gabeloux qui, entre les 6 et 15 mars, ont livré à Horvath une quantité indéterminée d'héroïne pure.

Après l'arrestation de Tridard et de ses acolytes, et la découverte de leurs relations avec les trafiquants corses de Marseille et Paris, l'O.C.S., le B.N.D.D. et la G.R.C. se mirent d'accord pour ne pas enquêter trop ouvertement dans l'immédiat sur les activités de Horvath à Montréal et sur celles de Boldrini à Marseille, afin de ne pas effrayer les trafiquants qui étaient déjà sur le qui-vive à la suite des dernières saisies et arrestations. L'objectif restait de démanteler le plus tôt possible le groupe Nicolai toujours en opération.

Les premiers résultats de cette nouvelle phase de l'enquête arrivèrent le 26 avril suivant. A la suite d'une surveillance minutieuse, les limiers de l'O.C.S. et du B.N.D.D. interceptèrent à l'aéroport d'Orly un envoyé du groupe corse, Joseph-Antoine Ettori, qui s'apprêtait à prendre l'avion pour Montréal avec 5 autres kilos (11 livres) d'héroïne dissimulés dans les parois et le double fond d'une valise Samsonite. Au cours des perquisitions qui suivirent au domicile du trafiquant, une autre valise Samsonite fut saisie. Elle dissimulait 10 billets de $100 canadiens, ce qui prouvait que la méthode utilisée par Horvath consistait à expédier en France des valises Samsonite renfermant ses premiers versements. Ses fournisseurs français bourraient les valises d'héroïne puis les renvoyaient à Montréal où, finalement, on les réexpédiait à Paris avec les derniers paiements et l'argent de la livraison suivante.

Cette nouvelle saisie amena les policiers à s'intéresser à l'appartement de ce mystérieux Monsieur Dumont de la rue Chaudrat auquel Horvath avait téléphoné à plusieurs reprises et auquel il téléphona une fois de plus le 1er mai. Comme pour l'appartement de Tridard, la surveillance des lieux révéla bientôt qu'un nouvel envoi d'héroïne était en préparation. Finalement, en fin d'après-midi, le 13 mai, l'Office central perquisitionna à cet endroit et surprit en flagrant délit Nicolai et Perfetti en train de dissimuler cinq autres kilos d'héroïne pure dans de grandes valises. Les trafiquants avaient en leur possession tout l'équipement nécessaire à cette délicate opération. Quelques minutes plus tard, ignorant l'arrestation de ses complices, Monsieur Dumont faisait son entrée dans l'appartement. Ses papiers d'identité indiquèrent qu'il s'agissait en réalité de Joseph Sbragia, de Marseille, le frère d'un proche collaborateur du vieux Joseph Orsini. On découvrit après que c'est à lui que les courriers

Joseph Sbragia   Charles Nicolai

remettaient la drogue à Montréal et que c'est lui qui la livrait aux représentants de Horvath. Son dernier voyage à Montréal remontait au 18 mars, une semaine après un appel du Montréalais. (9)

---

9. Dominique Giordano ne fut pas inculpé pour cette affaire, mais en août 1970, il fut arrêté pour sa participation à un autre réseau opérant à partir de Nice. Parmi les individus qui furent inculpés avec lui, notons les noms de Serge Constant, un jeune agent d'assurance qui avait transporté aux Etats-Unis deux cargaisons de drogue, Jean et Dominique Audesio, Marcel Galvani, un des chefs niçois du Service d'action civique (S.A.C.), le service d'ordre gaulliste (sorte de Police parallèle spécialisée dans la lutte contre le terrorisme), et Homère Filippi. Tous furent impliqués dans la grande filière mise sur pied par les gangsters corses de Madrid, Paul Pasqualini et François Marazzani, et pour laquelle travaillait le cabaretier parisien Michel Bernard, arrêté à Montréal en octobre 1967. Quelques semaines après l'arrestation de Bernard et de sa femme, Giordano vint à Montréal en compagnie de Claude-André Pastou, Jacques Baudin (Pierre Andrieux), Alexandre Pietrini et Joseph Cartier.

Au cours des semaines qui suivirent ces nouveaux succès en France, la Gendarmerie royale et le B.N.D.D. firent des découvertes importantes sur la composition et les ramifications de la filière de Joe Horvath au Canada et aux Etats-Unis. Au mois de juin, au moment de la condamnation de Thomas Pythel, on établit avec certitude que Horvath s'était associé au clan Cotroni par l'entremise de Nicola Di Iorio, Angelo Lanzo et Frank Dasti et qu'avec eux, il transigeait directement avec des membres influents et des associés de la puissante famille Gambino de New York.

Agé de 47 ans, Nicola Di Iorio, dit Cola, est considéré comme le plus brillant lieutenant de Vic Cotroni. Né à Montréal, il a fait ses premières armes au service de Jimmy Soccio, Diodato Mastracchio et Giuseppe Cocolocchio avant de passer sous l'autorité directe du parrain, au même titre que Luigi Greco. Doué d'une intelligence supérieure et d'un sens inné de l'organisation et des relations publiques, il est vite devenu un conseiller indispensable pour l'aîné des Cotroni. Leurs intimes le surnomment « The Egg » et « The Little Egg ». Propriétaire du *Café Métropole*, rue Sainte-Catherine ouest, il supervise les intérêts de la famille dans les cabarets, la prostitution, les maisons de jeu, le bookmaking, le prêt usuraire et plusieurs autres rackets. Ses appuis dans les milieux politiques et policiers sont considérables. En outre, il est en très bons termes avec les amis de Lucien Rivard. En 1958, il était copropriétaire avec Blackie Bisson d'un « blind pig » de la rue Saint-Laurent. (10)

Depuis quelques années, son principal lieutenant est Angelo Lanzo, 41 ans. Homme de main redoutable, celui-ci a débuté comme portier de cabaret au service de Jimmy Orlando, pour ensuite devenir gérant de maisons de jeu et collecteur de dettes pour le compte de Giuseppe Cocolicchio. En 1952, son nom faisait la manchette du quotidien *Le Devoir* à cause de sa condamnation à deux mois de prison pour avoir géré pour Cocolicchio le plus important cercle de jeu de l'organisation Cotroni, *le Ramsay Club,* du 1410 de la rue de Bullion. En 1966, son importance s'est considérablement accrue dans le Milieu lorsqu'on lui a confié la gérance du cabaret *Chez*

---

10. Cette année-là, l'établissement a été fermé par la Police de Montréal à la suite d'une série d'articles du journal *Le Devoir*. Les enquêteurs de la Brigade des stupéfiants étaient venus rencontrer le directeur du journal de l'époque, M. Gérard Filion, pour lui faire part de l'impossibilité d'obtenir la collaboration de l'Escouade de la moralité de la Police municipale et de la Police des liqueurs du gouvernement provincial. La corruption dans ces services était alors généralisée.

Nicola Di Iorio (en haut, à gauche) et ses lieutenants, Angelo Lanzo (en haut, à droite) et Frank Dasti (en bas). (Photos Michel Auger)

Paree, puis celle de plusieurs autres boîtes de nuit, la *Casa del Sol,* le *Little Club* et le *Café Métropole.* On a alors constaté plus fréquemment sa présence dans l'entourage de Vincent Cotroni.

Agé de 55 ans, Frank Dasti pour sa part est l'un des truands les plus respectés du Milieu et l'un des plus vieux membres de l'organisation des frères Cotroni. Il a fait ses débuts avec eux aux côtés des Soccio, Mastracchio, Bizanti, Orlando et cie. De 1951 à 1958, il a été l'un des actionnaires du *Béret Bleu (Café Roméo)* en compagnie de Roméo Bucci, Peter Adamo et William Obront. En 1955, il figurait sur la liste de la Brigade des stupéfiants et du Bureau des narcotiques à titre de proche collaborateur de Pep Cotroni et Lucien Rivard. On le considérait alors comme l'un des responsables du trafic local. Depuis le début des années 60, il gère le *Victoria Sporting Club,* la plus importante maison de jeu de l'organisation pour laquelle travaillent, entre autres, les frères Mastracchio, «Butch» Munroe, l'un des vieux compagnons de Lucien Rivard, et Joe Horvath.

C'est en cherchant le nom du locataire d'une chambre de l'hôtel *Americana,* de New York, où Horvath a téléphoné les 12 et 13 mars qu'on a relié pour la première fois le nom de Dasti à la nouvelle filière d'héroïne. Le mafioso occupait la chambre 4821 avec sa femme, tandis que l'épouse de Horvath était installée dans la chambre 722. Le 9 mai, la Brigade des stupéfiants a appris que Dasti était à nouveau à New York, cette fois à l'hôtel *Park Sheraton.* Convaincus qu'il était dans la métropole américaine pour négocier avec les acheteurs, étant donné que Horvath était interdit de séjour aux Etats-Unis, les limiers de la G.R.C. alertèrent leurs confrères du B.N.D.D. qui organisèrent aussitôt une surveillance discrète. On fut alors témoin le soir même d'une rencontre d'une heure entre le mafioso montréalais et un nommé George Prince, maintenant identifié comme étant Guido Penosi, dit The Bull, un trafiquant réputé de l'organisation Gambino. En 1964, la Commission sénatoriale américaine McClellan, chargée d'enquêter sur le crime organisé et le trafic illicite des stupéfiants, l'avait cité comme l'un des associés de son beau-frère Anthony Castaldi, un dirigeant de la pègre de East Harlem de Manhattan et un collaborateur de Big John Ormento, un des vieux clients de l'organisation Cotroni.

Dasti demeura trois autres jours à New York et il revint à Montréal le 12 mai, la veille de l'arrestation de Nicolai, Perfetti et Sbragia, à Paris. Depuis le début de 1969, c'était son troisième voyage à New York. Le deuxième avait eu lieu entre les 12 et 16 avril précé-

Paul Oddo   Guido Penosi

dents, 10 jours avant l'arrestation de Joseph-Antoine Ettori à l'aéroport d'Orly.

Les relevés des appels interurbains de Dasti ont d'autre part révélé qu'il est en communication régulière avec Penosi ainsi qu'avec
deux autres mafiosi newyorkais, Paul Oddo et Stephan Panepinto.
Les archives du B.N.D.D. donnent Oddo comme un acolyte de Guido
Penosi et un ancien courrier de Robert Angele Guippone, lui aussi
dénoncé par la Commission McClellan comme un associé d'Anthony
Castaldi et d'autres personnages connus. (11)

Quant à Panepinto, alias Steve Murray, il s'agit d'un vieux truand
de 60 ans dont le nom a été mentionné à plusieurs reprises dans le
passé au cours des enquêtes de la G.R.C. et du Bureau des narcotiques, en particulier dans la cause de Diodato Mastracchio et dans
celle de Pep Cotroni. Vieil associé de Carmine Locascio, un des plus
importants trafiquants de drogue des Etats-Unis, il a été condamné à
15 ans de pénitencier en 1964. Panepinto est aussi un employé de
la compagnie *Jard Products Inc.,* de New York, propriété de Dominic
Dioguardi, fils de John Dioguardi, alias Johnny Dio, un des membres

---

11. Comme Joseph Valachi et Rocco Sancinella, un ancien client de Pep
Cotroni.

les plus influents de la famille Lucchese-Tramunti et un délégué au sommet d'Apalachin. (12)

A ces nombreux appels de Dasti à Penosi, Oddo et Panepinto au cours des mois de février, mars et avril, il faut ajouter une communication téléphonique de Horvath à Miami, le 14 janvier, avec un autre mafioso d'envergure, Salvatore Di Pietro, un membre de la famille Genovese et un associé des hommes de Carlo Gambino. (13)

Le jour même de cet appel à Di Pietro, Horvath a téléphoné deux fois à Paris chez l'amie de Charles Nicolai et chez Joseph Sbragia. Coïncidence? De plus, le 14 mai, le lendemain de l'arrestation de Nicolai, Perfetti et Sbragia, Horvath s'est rendu au *Café La Source*, rue Guy, pour une réunion d'affaires. (14) Rien ne prouve toutefois que cette réunion avait à son ordre du jour le trafic des stupéfiants, mais des doutes sont permis . . .

Tous ces indices ont une grande valeur. Pour la Brigade des stupéfiants et l'Unité de renseignements criminels de la Gendarmerie royale, ils sont le baromètre de la vitalité de la pègre montréalaise à l'aube des années 70 et de l'utilisation notable des communications téléphoniques par les truands et les caïds locaux. A la mi-juin 1969, après une analyse exhaustive de la situation, les policiers fédéraux mettent sur pied un imposant projet d'écoute électronique dans le but de recueillir le maximum d'informations sur les activités de

---

12. La saisie à Columbus, en Georgie, en 1965, des 90 kilos d'héroïne dissimulés dans le réfrigérateur d'un major de l'armée américaine avait conduit à l'inculpation et à la condamnation de Frank Dioguardi, le frère de Johnny Dio. En compagnie d'Anthony Sutera, Frankie Dioguardi, un résident de Miami, avait rencontré les émissaires de Jacques Bousquet et Paul Mondolini à l'Hôtel *Americana* de Manhattan. Installés dans une chambre adjacente, les agents du Bureau des narcotiques avaient enregistré l'entretien des trafiquants et, une semaine plus tard, ils réussissaient le coup de filet de Columbus. Notons que Johnny Dio est l'un des principaux alliés du puissant leader syndical James Hoffa qui disparaîtra de la circulation à la fin de l'été 1975.

13. Salvatore Di Pietro est fiché comme un associé d'Ernesto Barese, un ancien émissaire de Lucky Luciano faisant affaire avec la Mafia de Toronto. Il est aussi acoquiné avec Alfred Guido et Joseph Tedeshe, des distributeurs d'héroïne importants du Lower East Side de New York et des clients du groupe d'Angelo Tuminaro, dit Little Angie.

14. En compagnie de Nicola Di Iorio, Angelo Lanzo, Michel Pozza, le bras droit de Luigi Greco, Sonny Applebaum et Thomas Solarik, dit The Moose, un ami de Thomas Pythel.

l'organisation Cotroni-Di Iorio dans le trafic des stupéfiants. Une expérience récente vient d'ailleurs de prouver la rentabilité d'un tel projet.

A la fin d'avril, quelques détectives municipaux décident de s'attaquer au groupe Di Iorio qui contrôle l'industrie du cabaret. En un mois, plusieurs raids ont été effectués dans quelques-unes des plus grosses boîtes de nuit du centre-ville, comme le *Pal's Café,* propriété du bookie Moe Yacknin, *Le Béret Bleu* appartenant à Roméo Bucci et Jimmy Soccio et *La Casa del Sol* d'Irving Goldstein et Angelo Lanzo. (15) Les infractions et les crimes relevés au cours de ces descentes ont amené, au début de juin, les policiers de la Sûreté montréalaise à installer cinq tables d'écoute sur les lignes téléphoniques du *Café Métropole,* le quartier général de Di Iorio. Les résultats ne se sont pas fait attendre car, en moins d'une semaine, des renseignements d'une exceptionnelle importance étaient entre les mains des policiers.

C'est à cause de ces résultats probants que la G.R.C. ébauche un vaste projet de surveillance spéciale comprenant l'écoute électronique d'un bon nombre d'endroits stratégiques ainsi que la filature et l'observation intensive des allées et venues des principaux personnages clés. Baptisé *Opération Vegas,* le projet est mis en branle avec la collaboration spéciale des services techniques de la Sûreté du Québec, laquelle administre une nouvelle banque d'informations

---

15. Au cours des trois ans qui suivront, des centaines de descentes seront ainsi effectuées dans les bars de Montréal et de la province. Des milliers d'infractions concernant les lois de l'impôt provincial et fédéral, l'assurance-chômage, le régime de rente, la taxe de vente, la taxe d'amusement, l'hygiène et la santé publique, la sécurité dans les lieux publics, la loi des alcools, le code criminel et les règlements municipaux seront dénombrées. Plus de 400 établissements seront fermés, dont quelque 250 appartenaient directement ou indirectement à des pègriots. De plus, l'analyse comptable des documents bancaires saisis à l'occasion des premières descentes amènera la mise sur pied d'une gigantesque enquête sur les transferts de fonds entre les membres du Milieu montréalais. En deux ans, on découvrira ainsi des transferts de fonds totalisant plus de $125 millions dont plus de $89 millions apparaîtront dans les comptes du magnat de la viande William Obront, ce qui incitera plusieurs à identifier ce dernier comme le banquier de l'organisation Cotroni.

policières, le Bureau de recherches du Québec sur le crime organisé. (16)

La Brigade des stupéfiants met très vite à profit les renseignements ainsi obtenus et cela lui permet de percer les nouveaux secrets du groupe Dasti-Horvath dont la prudence et la méfiance se sont considérablement accrues depuis les récentes arrestations et saisies. Au début de l'été 1969, on apprend d'abord que les deux trafiquants sont à l'oeuvre pour réorganiser l'approvisionnement en héroïne en provenance d'Europe et sa distribution à New York et sur la Côte Ouest canadienne. A cause des arrestations de ses fournisseurs à Paris, Horvath se rend en Europe le 19 juillet et il rencontre diverses personnes à Londres, Barcelone, Rome et surtout Munich. Il est de retour à Montréal le 5 août et, le 14, il rencontre Vincent Cotroni lui-même. Le tête-à-tête semble important, car il se déroule entièrement dans l'automobile du puissant personnage. Les policiers ont remarqué que le patron de la Mafia montréalaise affectionne ce genre de rencontre qui rend très difficile toute tentative d'espionnage électronique.

De son côté, Dasti se rend à New York le 13 août où il rencontre dans la soirée un homme que les agents du B.N.D.D. identifient comme Paolo Gambino, le frère et l'un des lieutenants du tsar de la Mafia américaine. Postés à proximité des deux mafiosi, dans le vestibule de l'hôtel *Park Sheraton,* un des agents réussit même à capter des bribes de conversation portant sur la cause de Thomas Pythel et sur les frais encourus dans cette affaire. En quittant Gambino, Dasti lui remet d'ailleurs une importante somme d'argent en billets américains.

Le lendemain, Dasti rencontre d'abord son vieil ami Steve Panepinto puis, comme la veille, dans le vestibule de son hôtel, Guido Penosi avec lequel il discute encore du sort de Pythel et des conséquences financières des récentes saisies pour chaque groupe. Il est également question de futures transactions et Dasti dit, entre autres, à son interlocuteur qu'il peut lui fournir des quantités illimitées de marchandises. Il lui parle aussi de son « gars » qui est allé en Allemagne et de la cargaison qui n'est pas encore arrivée, faisant sans doute allusion au voyage de Horvath en Europe.

Le 15 août, Dasti a une nouvelle rencontre avec Panepinto, toujours dans le vestibule du *Park Sheraton.* Une fois encore, un agent

---

16. De 1973 à 1975, les écoutes électroniques de la Sûreté du Québec, dans le cadre de l'Opération Vegas, feront éclater une série de scandales publics ayant trait à la corruption de politiciens, de policiers et de fonctionnaires, notamment par le groupe de Nicola Di Iorio.

Le tsar de la Mafia américaine, Don Carlo Gambino.

du B.N.D.D. réussit à se placer à proximité et à entendre Panepinto dire: « J'ai parlé au gars, mais comme tout n'est pas réglé, je n'ai rien fait. »

Dasti est de retour à Montréal le 17 août.

Au cours de l'automne 1969, ce dossier en reste au même point. Il faut attendre le 1er décembre suivant pour que de nouveaux développements surviennent. Au cours de la matinée, ce jour-là, la G.R.C. apprend qu'un acolyte de Penosi est en route pour Montréal et qu'il doit rencontrer Dasti. Vers 11 heures, une équipe de surveillance de la Police fédérale suit Dasti jusqu'au motel *La Parisienne,* boulevard Taschereau. A leur arrivée, les policiers repèrent l'automobile de Horvath stationnée dans le terrain du motel. Dasti ne reste que cinq minutes et se rend ensuite au *Victoria Sporting Club* où viennent le rejoindre peu après Horvath et un homme identifié comme étant Paul Oddo, du Bronx.

Vers 14 heures, Horvath et Oddo retournent au motel. Une demi-heure plus tard, l'associé de Dasti quitte les lieux, suivi peu de temps après par Oddo et un inconnu qui se rendent dans le centre-ville. La filature perd la trace des New-Yorkais jusque vers 18 heures alors qu'ils sont repérés au bar *La Parisienne*. Entre-temps, dans l'après-midi, Dasti a été vu avec Nicola Di Iorio au salon de barbier Pierre, rue Sainte-Catherine est, lieu de rendez-vous des membres du clan Cotroni. Finalement, vers 19 heures, Oddo et son compagnon retournent à New York à bord d'un avion d'Air Canada.

Subséquemment, on apprend que les discussions entre Dasti, Horvath et Oddo ont porté sur la question des prix. Le groupe Penosi a fait valoir qu'il peut obtenir à New York même de l'héroïne, au prix demandé par les Montréalais, alors que ceux-ci exigent que les New-Yorkais se chargent eux-mêmes du transport aux Etats-Unis. Après ces pourparlers avec Oddo, on découvre que Dasti et Horvath sont en étroite communication avec Frank Cotroni, un des lieutenants de son frère aîné Vic, et avec Salvatore Di Pietro, à Miami. Après ces échanges, dans les premiers jours de janvier 1970, Di Iorio, Lanzo et Dasti font un voyage à Miami, ce qui donne lieu à plusieurs rencontres avec Guido Penosi.

Parallèlement à ces contacts avec la Mafia américaine, Horvath entreprend une série de consultations avec un vieil ami de Vancouver, Raymond Shephard, qui vient d'être libéré du pénitencier de Wilkinson Road et qui est en bons termes avec la bande d'Edward Ponak. Durant tout le printemps 1970, Horvath multiplie ses contacts avec ses amis de Vancouver, mais aucun renseignement ne permet à la Gendarmerie royale de passer à l'action. Il faudra attendre plus tard pour agir . . .

Chapitre XII

Les amis de Lucien prennent la relève

La Brigade des stupéfiants découvre une nouvelle filière d'héroïne au début de 1969, époque où Thomas Pythel négocie avec Barney Dalli de nouveaux arrangements et où Joseph Horvath et Frank Dasti multiplient les communications avec leurs associés de Paris, de New York et de Miami. Le 29 janvier, les agents fédéraux sont à l'aéroport de Dorval pour l'arrivée de William Faulder Robertson, dit Fats, un chef de gang de Vancouver qui s'est lancé depuis quelque temps dans le trafic des stupéfiants. A court d'approvisionnement à cause de la saisie de son dernier stock d'héroïne, il vient à Montréal rencontrer de nouveaux fournisseurs. Dès sa descente d'avion, il se rend à Duvernay, dans la banlieue de Montréal, à la résidence de deux vieux amis de Lucien Rivard, Jean-Louis « Blackie » Bisson et Robert « Bob » Tremblay. Condamné à 20 ans de réclusion à Vancouver à l'automne 1955, ce dernier est depuis peu de retour à Montréal. Libéré le 28 décembre, il s'est installé chez son ancien associé où il a retrouvé sa femme et sa fille.

Robertson reste à Montréal une semaine, pendant laquelle il est constamment sous surveillance policière. Il est rejoint, deux jours après son arrivée, par un de ses associés de Vancouver, Rolland Trudel, et ils passent la majeure partie de leur temps en compagnie de Tremblay et Bisson, soit à leur résidence, soit rue Ontario est, au restaurant *Les Amusements Maisonneuve* qui constitue la façade légitime de Bisson. A plusieurs reprises au cours de son séjour à Montréal, il rencontre chez Bisson et Tremblay, un vieil ami de Thomas Pythel et de Joe Horvath, Tony Lazarov dont les récents contacts avec Dante Gabriel Gasbarrini et Johnny Papalia, de Hamilton, deux personnages importants de la Mafia ontarienne, intéressent au plus haut point la G.R.C. et le B.N.D.D. Les policiers se rappellent qu'en 1963 Papalia a été condamné à 10 ans de pénitencier à New York pour sa participation à une filière internationale d'héroïne qu'il avait mise sur pied avec Alberto Agueci et les dirigeants de la Mafia de Salemi, en Sicile, de New York et de Buffalo. Gasbarrini, de son côté, a été condamné à 7 ans de prison, à Vancouver, en octobre 1949 pour avoir distribué de l'héroïne pour le compte de son beau-père, Antonio « Tony » Sylvestro, et du frère de celui-ci, Frank. Tous deux étaient alors les dirigeants de la Mafia de Hamilton avec Anthony Papalia, le père de Johnny. (1)

Dans la soirée du 2 février, alors que Robertson est chez Bisson et Tremblay avec Trudel, l'équipe de garde près de la maison remarque la présence d'une automobile suspecte. Une vérification au Bureau des véhicules automobiles révèle qu'elle est enregistrée au nom de Nicola Di Iorio, lequel, on l'a déjà vu, a été associé, 10 ans plus tôt, avec Bisson dans un « blind pig » de la rue Saint-Laurent. Au mois de mai, lorsque les liens entre Di Iorio, Dasti et Horvath seront évidents, on s'interrogera sérieusement sur la signification de la présence de l'automobile de l'homme de confiance de Vic Cotroni, ce soir du 2 février.

Robertson est de retour à Vancouver le 3 février. Le 20 janvier, 9 jours avant son départ, il avait été arrêté et interrogé en rapport avec le meurtre de l'un de ses collaborateurs, Lucien Mayer, survenu la veille. L'homme avait eu la tête fracassée à coups de barre de fer et la gorge tranchée quelques heures à peine après avoir rencontré Robertson et deux autres membres de la bande, Bunta Singh et William Victor Hansen. En juin 1955, Mayer avait été arrêté avec Bob Tremblay lorsque celui-ci avait tenté de prendre le contrôle du marché de l'héroïne à Vancouver pour le compte de Lucien Rivard. Comme lui, il avait été condamné à 20 ans de pénitencier. (2) Dans le Milieu, la rumeur voulait que Mayer soit devenu indicateur de police.

Au cours des semaines qui suivent, les limiers fédéraux et municipaux de Vancouver notent une recrudescence importante des activités de Robertson et ses acolytes. Plusieurs rencontres réunissent les

---

1. Gasbarrini a été condamné en 1949 en compagnie de Carmen Chiovitti, John et Frank Smokler, Jake Golohar, Irving Hess, Mike Cushman, Benny Ugar, Nick Augustino et Steve Bohack.

2. Voir chapitre IV.

Les trois Montréalais, Blackie Bisson (en haut, à gauche), Bob Tremblay (en haut, à droite) et Tony Lazarov (en bas), et leurs amis de Vancouver, William Faulder Robertson (au milieu, à gauche) et Rolland Trudel (au milieu, à droite).

membres de la bande dans différents repaires de truands. Le 5 mars, Robertson s'envole à nouveau pour Montréal où il est accueilli par Bob Tremblay qui le conduit directement chez Bisson. Le lendemain, les trois hommes passent une grande partie de la journée ensemble et une nouvelle rencontre a lieu entre Bisson et Lazarov. Dans l'après-midi du 7 mars, après avoir quitté Bisson, Tremblay et Robertson se rendent en douce au *Café du Nord*. Ils y rencontrent un autre vieil associé de Lucien Rivard, Bill Lamy, qui a été libéré de prison le 2 octobre 1968. Deux autres individus, qui ne peuvent être identifiés, participent à la discussion. Une fois la réunion terminée, Tremblay et Robertson se rendent chez Tony Lazarov avec lequel ils vont poursuivre la discussion au bar de l'*Hôtel Mont-Royal*. L'opération de surveillance se termine le lendemain après-midi et Tremblay accompagne Robertson à l'aéroport d'où il retourne à Vancouver.

De retour chez lui, Robertson rencontre à nouveau ses principaux acolytes, Trudel, son associé, Philip Michael Smith et Bernie Lewis. Le 14 mars, dans l'après-midi, grâce à une surveillance spéciale menée à Vancouver, la Brigade des stupéfiants de Montréal apprend que Robertson est au téléphone avec Bob Tremblay et un certain Charlie. A l'aide du numéro que leur ont transmis leurs confrères de la Côte Ouest, les limiers montréalais localisent rapidement Tremblay au café *Time Square*, rue Bleury. A leur arrivée sur les lieux, il est encore au téléphone avec Robertson et, près de lui, se trouvent Bill Lamy et Charlie, qui sera plus tard identifié. La conversation téléphonique terminée, une filature serrée s'engage. Elle permet de garder à vue Tremblay et Charlie jusqu'à leur départ pour Vancouver une semaine plus tard. Là, malheureusement, les choses se compliquent.

A son arrivée à l'aéroport, le 21 mars, Tremblay est accueilli par Robertson. Ensemble, les deux compères se rendent à l'hôtel *Georgian Tower* où ils retrouvent Charlie qui a voyagé avec deux valises Samsonite de couleur grise. Quelques minutes plus tard, les trois hommes quittent l'hôtel à bord du véhicule de Robertson qui réussit alors à déjouer habilement la filature. Incapables de retracer les suspects, les policiers décident de localiser et de surveiller les autres membres de la bande. L'opération se poursuit durant deux jours et permet finalement, le 25 mars, de voir un important grossiste local, Nelson Burney Woods, venir prendre livraison d'un stock de 60 capsules d'héroïne dissimulées dans une cache de la East Third Avenue. Le trafiquant sera arrêté plus tard à la fin de l'enquête. De leur côté, Tremblay et Charlie retournent à Montréal, respectivement les 23 et 25 mars, et peu après, Robertson et Trudel s'envolent vers la Jamaïque.

Durant le mois d'avril, l'escouade des stupéfiants de la Police municipale de Vancouver réussit à localiser d'autres caches d'héroïne de l'organisation Robertson. Ces découvertes s'ajoutent aux éléments que la G.R.C. continue d'accumuler contre les représentants, les grossistes et les revendeurs de la bande. Le 2 mai, Robertson revient au Canada et rencontre, à Montréal, Tremblay et Bisson, et Kenneth Moore, un trafiquant de Burlington, en Ontario, reconnu à Toronto et à Vancouver. Le lendemain, les hommes de la G.R.C. notent d'abord à l'*Hôtel Seaway* une longue rencontre entre Tremblay et Moore à laquelle se joint à la fin Charlie. Par la suite, Moore et Tremblay retrouvent Blackie Bisson dans le terrain de stationnement de l'hôtel.

Aucun renseignement supplémentaire ne peut être recueilli, mais trois jours plus tard, la Police de Vancouver découvre dans une unité du *Rainbow Auto Court* le cadavre criblé de balles de Wallace Jack Tadich, un autre membre de l'organisation Robertson. Au cours des semaines précédentes, il avait remplacé Trudel et des rumeurs circulaient au sujet d'une quelconque trahison. Le lendemain, des fouilles dans les bars de la ville où Philip Michael Smith a été aperçu le jour du meurtre conduisent à une nouvelle cachette renfermant, celle-là, 800 capsules d'héroïne. Après cette dernière découverte et le meurtre de Tadich, Robertson et Trudel disparaissent de la circulation.

On retrouve leur trace au cours de l'été, en Australie. Lorsqu'ils sont de retour à Vancouver à la fin de l'année, la G.R.C. a terminé une partie de son enquête. Le 2 janvier 1970, ils sont arrêtés et inculpés de conspiration pour trafic d'héroïne en complicité avec Philip Michael Smith, Berny Lewis, Nelson Woods et Bob Tremblay. Ce dernier est arrêté à Montréal et traduit en Cour criminelle à Vancouver. Dans cette affaire, tous les accusés sont toutefois libérés sur-le-champ sous cautionnement. Quelques mois plus tard, à cause de certaines exigences juridiques, Tremblay, Robertson et Trudel bénéficient d'un arrêt des procédures.

Si l'on en croit les renseignements et les indices recueillis par la G.R.C., le B.N.D.D. et l'Office central des stupéfiants, Tremblay et Bisson ne sont pas trop affectés par les inculpations de Vancouver. En effet, au début de septembre 1969, ils ont déjà commencé à transiger avec un autre groupe de la côte du Pacifique, dirigé, celui-là, par des amis d'Edward Ponak, les frères Douglas et Donald Palmer

Edward Ponak   William Conrad Gunn

et William Conrad Gunn. Les 16 et 17 septembre, la Brigade des stupéfiants note des rencontres à Montréal entre Douglas Palmer et le tandem Bisson-Tremblay. A la fin de l'hiver 1970, Robertson réorganise ses affaires avec l'aide d'un autre trafiquant de Vancouver, Jérôme Roman Trojan, et, à nouveau, il entre en contact avec Tremblay et Bisson.

Au début du mois de mars, l'Office central des stupéfiants avise la G.R.C. que Bill Lamy a séjourné dans la capitale française entre les 22 et 26 décembre précédents. Au cours d'une enquête de routine, on a relevé son passage au *Hilton* mais on ignore qui il a rencontré. Soupçonnant que ce voyage a servi à établir des contacts avec des fournisseurs français, la Brigade des stupéfiants décide de surveiller de plus près les allées et venues du vieil acolyte de Rivard. La décision est heureuse, car, dans la matinée du 11 mars, les agents fédéraux constatent, à Dorval, le départ de Lamy pour les Bahamas. Aussitôt alerté, le B.N.D.D. réussit à faire suivre discrètement le Montréalais, ce qui permet de noter plusieurs rencontres avec un jeune homme d'une trentaine d'années, de toute évidence d'origine corse. Dès le retour de Lamy à Montréal, des renseignements utiles à l'identification du correspondant corse sont transmis à l'Office central des stupéfiants.

Les recherches en France sont laborieuses mais, finalement, au début de juin, une réponse intéressante parvient à Montréal. L'individu que Lamy a rencontré aux Bahamas au mois de mars et peut-être aussi à Paris au mois de décembre est Louis Litoro, (3) né à Sainte-Lucie de Tallano, en Corse, en janvier 1941. Neveu du grand caïd des cercles de jeu français, Jean-Baptiste Andréani, il est fiché à la Brigade anti-gangs comme un homme de confiance de Paul Mondolini et d'Henri La Porterie, tous deux reconnus comme des anciens fournisseurs de Lucien Rivard. En janvier 1969, il a terminé une peine de cinq ans de prison pour vol et, depuis, il fréquente, avec son frère Joseph, le milieu des trafiquants de drogue. C'est également l'ami de Roger Loiseleur, un ex-commissaire de bord de la compagnie Air France, arrêté à Montréal en 1965 à l'occasion d'une saisie de 28 kilos (61 livres) d'héroïne. Cette enquête menée en France avait permis par la suite l'arrestation de La Porterie qui fut condamné à quatre ans de prison pour avoir mis sur pied ce réseau en collaboration avec Mondolini. On se rappelle qu'en transigeant avec un agent secret de la G.R.C., en août 1965, Lamy avait mentionné les conséquences de l'arrestation de Loiseleur et de ses complices à Montréal.

L'identité et les relations de Litoro font que la Brigade des stupéfiants incline à penser que Lucien Rivard ne serait peut-être pas étranger aux démarches de ses amis pour renouer avec les filières françaises. Quoi qu'il en soit cependant, il importe surtout de savoir le plus tôt possible si les discussions entamées avec Lamy ont abouti ou vont aboutir. Si tel est le cas, on peut s'attendre à des envois d'héroïne importants dans les mois suivants.

Entre-temps, à Vancouver, les choses ne vont pas trop bien pour Fats Robertson. Le 29 juin, la G.R.C. a arrêté quatre de ses gens, dont ses nouveaux représentants, Jérôme Roman Trojan et William Howard Wilson, et a saisi 3 kilos d'héroïne pure, 2 kilos de codéine ainsi que 10 000 capsules de gélatine prêtes à être utilisées. Le 5 juillet, Keith Anderson, son nouveau partenaire, vient à Montréal et rencontre Bob Tremblay et Blackie Bisson. Les limiers fédéraux pensent qu'Anderson est venu discuter d'approvisionnements futurs et des dernières saisies à Vancouver. Au cours de ses déplacements à Montréal, il contacte à quelques reprises un autre individu. Malheureusement, à cause de certaines difficultés techniques, les limiers fédéraux ne peuvent identifier ce suspect et le garder à vue.

Deux semaines plus tard, l'Office central des stupéfiants prévient la G.R.C. que Louis Litoro serait à Montréal depuis peu et qu'il aurait également séjourné dans la métropole pendant plusieurs semaines le printemps précédent. Sans perdre de temps, la Brigade des

---

3. Pseudonyme.

Keith Anderson

stupéfiants se met en chasse. Le 22 août, une filature de Bisson et Tremblay conduit les limiers fédéraux à l'hôtel *Alpine* de Sainte-Marguerite, dans les Laurentides, où les deux comparses de Rivard rencontrent un troisième homme, identifié grâce à des photos comme étant Louis Litoro. Deux femmes accompagnent le groupe. Elles sont identifiées comme étant les compagnes de Tremblay et du Corse. Après cette soirée, des surveillances spéciales sont organisées pour garder à vue les suspects. Une semaine plus tard, le même groupe se réunit, cette fois, dans un restaurant de la rive sud. Les agents fédéraux, après avoir perdu la trace du Corse durant quelques jours, sont au rendez-vous. Ils sont toujours là quand, le lendemain, Litoro rend visite à Bill Lamy à son chalet d'été, au Lac Bellevue, à Mont-Rolland, et quand, le 31 août, il prend l'avion pour Paris avec sa compagne.

Le 6 septembre, Rolland Trudel est à Montréal et rencontre Bob Tremblay. Les renseignements recueillis à Vancouver indiquent qu'il a repris ses activités à son propre compte et qu'il approvisionne des distributeurs de la Côte Ouest américaine, lesquels font affaire avec des grossistes noirs de Seattle et Los Angeles. Six jours plus tard, Robertson et Anderson sont à leur tour à Montréal et ont des entretiens avec Bisson. A cause de leurs déboires récents sans doute, ils sont visiblement méfiants et très prudents. Débordées de travail, les équipes de surveillance de la G.R.C. ne parviennent pas à recueillir suffisamment d'indices révélateurs.

Jusqu'en février 1971, à cause des développements de l'enquête sur la filière Dasti-Horvath et des bouleversements administratifs provoqués par la crise d'octobre — l'enlèvement d'un diplomate étranger et d'un ministre provincial — la Brigade des stupéfiants doit abandonner le groupe Bisson-Tremblay-Lamy. (4) Elle apprendra plus tard que deux saisies d'héroïne pure effectuées entre-temps par les douaniers de Dorval, les 29 et 30 novembre, affectent considérablement les amis de Rivard. Les deux courriers arrêtés, Joël Marcel Bédouin et Jacques Eisembarth, arrivaient de Paris chacun avec 4 kilos (8,8 livres) d'héroïne dissimulés dans deux valises à double fond. Les vérifications ultérieures de l'Office central des stupéfiants révèlent que Bisson s'est rendu à Marseille à la fin d'octobre et qu'il a séjourné en France environ deux semaines. Au cours de cette période, il a rencontré Litoro et Bédouin. Celui-ci était déjà venu deux fois à Montréal auparavant.

A la fin de janvier 1971, les indicateurs de la G.R.C. à Vancouver signalent une abondance d'héroïne sur la Côte Ouest et une activité fébrile au sein des groupes engagés dans l'approvisionnement et la distribution du marché local. Le 26 janvier, Thomas Duncan, un représentant des frères Palmer est arrêté à Vancouver à la suite d'une saisie de 3 kilos (6,6 livres) d'héroïne obtenus à Montréal quelques jours plus tôt. Intéressés à savoir ce que deviennent Bisson et ses associés, la Brigade des stupéfiants entreprend, au début de février, une surveillance spéciale des allées et venues des membres de ce groupe. Durant deux semaines, rien de particulier n'est recueilli, mais le 13 février, la patience des policiers est payée de retour et ils réussissent à suivre Bisson et sa femme jusqu'à l'aéroport de Dorval, d'où ils s'embarquent pour New York.

Rapidement alertés, les enquêteurs du B.N.D.D. accueillent comme il se doit le couple montréalais. La filature qui suit permet aux limiers américains de relever plusieurs entretiens entre Bisson et un

---

4. Le 5 octobre 1970, le haut fonctionnaire britannique du Commerce à Montréal, James Richard Cross, est enlevé par un groupe de terroristes du Front de Libération du Québec (F.L.Q.). Cinq jours plus tard, soit le 10 octobre 1970, une autre cellule du F.L.Q. enlève le ministre provincial du Travail et de l'Immigration, Pierre Laporte. Ce dernier est retrouvé sans vie, le 17 octobre, dans le coffre arrière d'une automobile, à l'aéroport de Saint-Hubert, sur la rive sud. James Cross a la vie sauve et est libéré le 3 décembre en échange d'un sauf-conduit pour ses ravisseurs.

gros trafiquant du Lower East Side, Salvatore Nuccio, dit Toto. Avec ses cinq frères et une vingtaine de truands notoires, dont les trois quarts sont fichés au B.N.D.D., Nuccio est membre du fameux gang de la rue Mulberry, aussi connu comme le gang des Nuccio. Son dossier indique qu'il est très lié à Charles Tuzzolino, un ancien client de Frank Tuminaro, le frère de Little Angie. Nuccio est aussi associé aux célèbres frères Di Palermo dont l'aîné, Joseph, est un autre ancien client de Pep Cotroni qui transigeait avec lui par l'entremise de Carmine Galente. Autre détail intéressant et peut-être le plus important, John Nuccio, l'aîné de Salvatore et de la famille, a été emprisonné longtemps avec Lucien Rivard à Atlanta.

Cette découverte importante amène la G.R.C. à s'intéresser encore de plus près aux activités de Bisson et compagnie. Le 21 mars, Bisson s'envole pour la France avec sa femme. A son retour à Montréal, 9 jours plus tard, la Police française fait savoir qu'il a rencontré à plusieurs reprises les représentants du groupe La Poterie-Mondolini. La surveillance qui reprend à Montréal permet de noter plusieurs contacts de Bob Tremblay avec le groupe des frères Palmer et avec un autre trafiquant montréalais, Walter Guay, fiché comme un ami de Lucien Rivard et de son groupe. Receleur de bijoux notoire, il est connu dans le Milieu comme un personnage indépendant, bien éduqué et raffiné. En décembre 1960, Guay a été condamné à quatre ans de prison pour trafic d'héroïne à Montréal.

Salvatore Nuccio   Walter Guay

En début de soirée, le 6 avril, une équipe de surveillance file séparément les déplacements de Walter Guay. Vers 19 heures, il quitte son domicile, rue Towers, et se rend au restaurant de Bisson où il rencontre Tremblay. L'entretien dure une vingtaine de minutes, après quoi les deux hommes partent chacun de leur côté et rentrent chez eux. Le lendemain matin, vers 10h50, Guay quitte son logis et se rend au restaurant *Green Garden,* rue Sainte-Catherine, un des endroits de prédilection des amis de Lucien Rivard. Il discute avec quelques types jusqu'au milieu de l'après-midi, après quoi il sort avec un inconnu et place un paquet dans le coffre de sa Cadillac. Toujours accompagné de l'inconnu, il se rend ensuite acheter du papier brun dans des pâtisseries et, après avoir accompagné son compagnon chez lui, rue Saint-Denis, il rentre à son appartement. Il ne sort pas de la soirée. Le 8 avril, Guay retourne en ville et rencontre un autre type avec lequel il revient chez lui en fin d'après-midi.

Le 9, la surveillance débute vers 7 heures du matin. A 9 heures, Guay se rend au *Green Garden,* puis dans une bijouterie avoisinante où il rencontre un premier inconnu. Après une discussion de quelques minutes, il retourne au *Green Garden* et rencontre deux autres individus. Un peu plus tard, quatre autres personnes, dont une femme, viennent le retrouver. Au début de l'après-midi, il rentre chez lui et ressort peu après avec un sac. Il se rend alors à la gare du Canadien National (CN) où il prend un casier, et va ensuite prendre un verre dans un restaurant bavarois. Vers 14h40, il revient à la gare, achète un billet pour Vancouver et dépose sa valise en consigne. Le départ n'étant pas immédiat, il quitte à nouveau la gare. Les agents fédéraux en profitent alors pour fouiller sa valise. Enveloppé dans du papier aluminium, un petit sac de plastique renferme environ 2 kilos (4,4 livres) d'héroïne pure.

Des échantillons sont immédiatement pris et le nécessaire est fait pour filer Guay jusqu'à Vancouver, à bord du même train. Tout se déroule ensuite sans anicroche jusqu'au 11 avril. Ce jour-là, les agents chargés de voyager avec le trafiquant constatent qu'il a disparu et qu'il n'est plus dans le train. Toutefois, comme sa valise y est toujours, les policiers continuent le voyage afin de ne pas perdre de vue la preuve indispensable à une éventuelle inculpation.

A Vancouver, la valise est déposée dans l'entrepôt des bagages non récupérés mais, par précaution, l'héroïne est remplacée par du lactose. A Montréal, Guay a été retracé. Le jour même, il prend l'avion pour Vancouver. Visiblement très nerveux à son arrivée, le 12 avril, il préfère ne pas essayer de récupérer sa valise et retourne à Montréal. Il revient cependant deux jours plus tard avec une valise identique à l'autre. Le lendemain, 15 avril, dès 8 heures, il se rend à la gare prendre sa première valise en exhibant la seconde pour prouver qu'elle est bien à lui.

Une fois la récupération faite, le trafiquant dépose la précieuse valise dans un casier de la gare et part en taxi. Pendant 20 minutes, il se fait promener à travers la ville sans s'arrêter puis il revient à la gare du CN. Sans doute satisfait de cette manoeuvre de diversion, Guay va alors reprendre sa valise et se fait conduire par le taxi au terminus d'autobus Pacific. Là, il dépose une nouvelle fois sa valise dans un casier de sécurité, le no 610, puis il regagne son hôtel.

Vers 21h30, ce soir-là, l'équipe de surveillance postée au terminus d'autobus voit un inconnu aux longs cheveux blonds prendre la valise. Au même moment, à l'extérieur, Walter Guay est repéré. Les agents qui surveillaient son hôtel ne l'ont pas vu partir. En possession de la valise, le jeune homme vient le rejoindre, mais une fois de plus, la malchance s'acharne sur les policiers qui perdent la trace de l'automobile des suspects dans la circulation.

Dès le lendemain, une surveillance spéciale est organisée autour des résidences et repaires des membres de la bande Palmer. Dans la nuit du 17 au 18 avril, les limiers aperçoivent Edward Eugene Stenson et sa femme qui, dans leur cuisine, remplissent des capsules de gélatine. Sachant que l'homme était à Montréal le jour où Guay a pris la livraison d'un paquet suspect au *Green Garden,* les agents fédéraux décident de perquisitionner et de saisir la marchandise. Mais, une déception les attend à l'intérieur: il n'y a qu'une livre de lactose sur les cinq qui ont été subtilisées et aucune trace de la valise de Guay.

Huit jours plus tard, un autre membre de la bande, John Albert Smith, est pris en filature. C'est lui qui est venu chercher la valise au terminus Pacific avec Guay. Pendant deux jours, il est vu en compagnie de son frère Andrew, également membre de la bande, de Stenson qui a été libéré sous cautionnement, de Thomas Duncan, déjà arrêté le 26 janvier, et de George William Turner, le nouveau partenaire des frères Palmer qui est venu plusieurs fois à Montréal depuis le début de l'année, notamment avec Stenson la dernière fois.

Aucune autre arrestation ou saisie n'a lieu par suite de cette livraison de Walter Guay, mais tous les éléments recueillis s'ajoutent à ceux qui ont été accumulés depuis le mois de février 1969. Ils formeront un an plus tard, en juin 1972, la base de l'accusation de conspiration pour trafic d'héroïne qui frappera les frères Douglas et

George William Turner

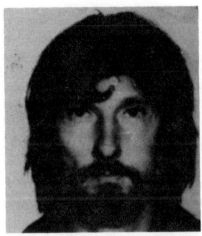

Donald Palmer, George William Turner, Edward Eugene Stenson, Thomas Duncan, John Albert Smith, Robert Allen Porter, Michael John Watson, Clifford Luttala et Walter Guay.

Au mois de mai 1971, après le retour de Guay à Montréal, la surveillance des activités de Bisson et Tremblay permet de noter une autre visite de Douglas Palmer. Il ne fait aucun doute qu'il vient se plaindre du lactose qu'on lui a livré. D'autre part, au même moment, une autre piste commence à être intéressante. On a appris que Tremblay est en contact fréquent avec un maître d'hôtel nommé Joseph-Marcel Perron et que celui-ci pourrait être envoyé en France prochainement pour prendre livraison d'une cargaison d'héroïne. Le 25 mai, une surveillance spéciale révèle que Perron a annulé les réservations qu'il aurait faites au début du mois pour s'embarquer le 28 mai à bord de l'*Empress of Canada* qui doit se rendre à Liverpool, en Angleterre. Il a cependant fait de nouvelles réservations pour le 16 juin.

Convaincue que ces réservations sont reliées au trafic international de l'héroïne, la G.R.C. est aux aguets. Le jour du départ, curieusement, Perron reste à Montréal et c'est Blackie Bisson et sa femme qui partent pour Paris et non pas en bateau mais en avion! L'Office central des stupéfiants est donc une fois de plus alerté et ses vérifications permettent de relever de nouveaux entretiens avec le groupe La Porterie-Mondolini.

De retour à Montréal la semaine suivante, Bisson et Tremblay ont de nouveaux contacts avec Perron qui fait ensuite d'autres réservations sur l'*Empress of Canada* pour le 15 juillet.

Cette fois le voyage de Perron a bel et bien lieu et un membre de la Brigade, le caporal Léonard Massé, est chargé de garder celui-ci à vue. Une fois à bord, le policier constate cependant que deux autres Montréalais accompagnent le présumé courrier. Le registre de bord indique qu'il s'agit de Stanley Los, un marchand d'articles de sport âgé de 30 ans, et de Roger Martel, un chauffeur de taxi âgé de 36 ans. Tout comme Perron, ils voyagent chacun avec une valise et une malle.

L'*Empress of Canada* accoste au quai de Liverpool le 21 juillet. Tandis que Perron et ses deux compagnons vont s'inscrire à *l'hôtel Adelphi,* le caporal Massé va retrouver son patron, le sergent d'état-major Gilles Poissant, qui depuis deux jours prépare son arrivée en compagnie d'homologues de l'Office central des stupéfiants et de la section des narcotiques de Scotland Yard. Le dispositif de filature mis en place fonctionne à merveille et les trois Montréalais sont suivis jusqu'à Paris où ils arrivent le 26 juillet. Après avoir déposé leurs malles à *l'Hôtel de la Gare du Nord,* ils descendent dans deux hôtels différents, probablement pour attendre que l'on prenne contact avec eux. Deux jours plus tard, ils récupèrent leurs malles et les transfèrent à la gare Saint-Lazare. Le 1er août, Perron loue une automobile et le lendemain, après y avoir entreposé les malles, il la confie quelques heures à un Français qui vient le rencontrer au *Celtic* où il est descendu. Quand il reprend possession du véhicule, les malles ont disparu. Malheureusement, on les a perdues de vue.

Du 2 au 13 août, Perron, Los et Martel visitent la Belgique, la Hollande, la Suisse, l'Allemagne et l'Italie. Leur retour dans la capitale française coïncide avec un autre voyage en France de Blackie Bisson. Le 14 août, Perron rencontre son contact français à qui, comme la première fois, il confie son automobile. Quelques heures plus tard, le véhicule et les trois malles lui sont rendus. Le lendemain, Martel et Los se rendent à la gare du Nord pour faire enregistrer les malles en vue de leur transport à Londres. Mis au courant, les douaniers procèdent à une fouille minutieuse qui conduit à la découverte de doubles fonds dissimulant un stock total de 18 kilos (40 livres d'héroïne pure) d'une valeur marchande d'une vingtaine de millions de dollars! Les deux voyageurs québécois sont alors placés sous arrêt tout comme Perron qui les attendait à son hôtel. Quant à Bisson, n'ayant pas été vu en leur compagnie, il peut repartir librement deux jours plus tard.

Au cours des interrogatoires, Perron refuse d'identifier les responsables de la transaction, mais il reconnaît avoir déjà fait un premier voyage à Paris à la fin de décembre 1970 et avoir, pour $5 000, ramené deux valises qui contenaient plusieurs kilos d'héroïne.

Des vérifications documentaires indiquent qu'il était parti de Montréal le 21 décembre et qu'il était revenu, via Londres et Halifax, le 9 janvier suivant. Perron admet de plus avoir lui-même recruté, à Montréal, Los et Martel, moyennant une rétribution de $5 000 chacun. Le 28 mars 1972, un tribunal parisien le condamne à 13 ans de pénitencier et à 5 ans d'interdiction de séjour en France. De leur côté, Los et Martel écopent de 10 ans de détention et d'un interdit de séjour similaire.

Après ce coup dur, les activités de Bisson et de Tremblay semblent ralentir. Seules quelques communications avec Joe Horvath retiennent l'attention de la Brigade des stupéfiants. A la mi-septembre cependant, le B.N.D.D. signale la présence au Canada de deux trafiquants recherchés aux Etats-Unis. L'un d'eux, John Machebroda, un Ontarien, était emprisonné à Lewisburg avec Lucien Rivard et l'on croit qu'il pourrait tenter de prendre contact avec des amis de ce dernier à Montréal. (5) Aucune trace des deux fugitifs n'est découverte, mais, le 27 septembre, alors qu'ils filent par routine Bob Tremblay, les agents fédéraux repèrent un New-Yorkais connu du B.N.D.D., **Salvatore Ruggerio, dit Sally.** Tremblay le rencontre

Sally Ruggerio

5. John Machebroda, alias John Mansfield, a été arrêté le 24 août 1970, à Alburg, dans le Vermont, dans une automobile conduite par deux spécialistes montréalais des vols à main armée, Ronald Bernard et William McAllister.

dans un grand centre commercial de la banlieue nord, après quoi l'Américain se rend à Dorval d'où il s'embarque pour New York. On n'entendra plus parler de lui à Montréal. Pendant les mois qui suivent, rien ne transpire des activités de Bisson, Tremblay et Lamy. Le 14 janvier 1972, la section de Vancouver de la Brigade des stupéfiants avise les limiers montréalais qu'un acolyte de Rolland Trudel, George Charles Cresswell, est dans la métropole pour effectuer un achat d'héroïne. Enregistré au *Hilton* de Dorval sous un nom d'emprunt, le trafiquant est repéré en fin de soirée, au moment où il se rend à la gare du CN avec un paquet sous le bras. Il prend alors le train jusqu'à Toronto, puis l'avion jusqu'à Vancouver où il est arrêté en possession d'un kilo et demi d'héroïne, ce qui lui vaudra une peine de 20 ans de pénitencier.

Le 26 janvier suivant, c'est au tour de la Brigade des stupéfiants de Winnipeg d'entrer en action. Grâce à certaines informations privilégiées, les enquêteurs manitobains suivent Peter Lahosky, l'un des vieux clients de l'organisation Rivard, jusqu'à la gare de Saint-Boniface où il accueille Georgette Grenier, la femme d'Emile Hogue, qui vient lui livrer une demi-livre d'héroïne (250 grammes). La commissionnaire et le vieux caïd sont arrêtés ensemble. La première sera condamnée plus tard à 20 ans de réclusion, tandis que le trafiquant récoltera l'emprisonnement à vie. Quant à Hogue, qui depuis 1969 a été aperçu à plusieurs reprises en compagnie de Bisson et Tremblay, il cessera par la suite de faire parler de lui. (6)

A cette nouvelle saisie qui affecte les amis de Rivard, s'en ajoute une autre, cette fois de 14 kilos (30 livres), qui a lieu à Vancouver le 9 mars 1972. Huit jours plus tôt, un émissaire de Keith Anderson, Dale Clifford Larson, avait rencontré Blackie Bisson au *Motel Diplomate*, à Montréal. Tremblay accompagnait son partenaire, mais attendait à l'extérieur dans l'automobile. Deux jours plus tard, les limiers fédéraux qui ont concentré leur surveillance sur Larson, voyaient vers 22 heures un inconnu arriver à pied au motel avec une grande valise. Peu après, Larson sortait de la chambre avec la valise suspecte et se rendait au terminus d'autobus Voyageur, d'où il s'embarquait pour Ottawa. Quatre agents de la Brigade des stupéfiants effectuèrent le voyage avec lui, ce qui les conduisit d'abord

---

6. Déjà en 1969, les arrestations en Colombie-Britannique de Clovis Chapdelaine, l'ancien émissaire de Jean-Paul Tremblay, et de Marcel Servant, un grossiste montréalais, avaient passablement apeuré Emile Hogue. Servant, en particulier, était fiché à la G.R.C. comme le principal pourvoyeur d'héroïne des drogués montréalais au milieu des années 60. On le savait très lié avec Hogue.

Emile Hogue, dit Pit Lépine   Peter Lahosky

dans la capitale fédérale, puis à Winnipeg, Calgary et Vancouver. Le trafiquant fut arrêté dans la soirée du 9, après avoir livré la marchandise à deux autres comparses d'Anderson. Celui-ci s'en tire d'ailleurs de justesse puisque, le lendemain, il devait rencontrer ses hommes. Quelques jours plus tard, il fut localisé à Montréal en compagnie de Bisson.

Après ce coup de filet, très peu de renseignements s'ajoutent au dossier dans les mois qui suivent. Le seul qui mérite d'être retenu: à la suite d'un différend d'origine inconnue, la fin de l'association Bisson-Tremblay. Après cette rupture, la Brigade des stupéfiants constate que les deux compères s'engagent dans des voies différentes. Bisson met pratiquement fin à toute fréquentation avec ses anciens complices, tandis que Tremblay continue de frayer avec des trafiquants notoires, comme Walter Guay, quelques autres anciens compagnons d'armes de Lucien Rivard et quelques figures nouvelles comme Eddy Chiquette, impliqué en septembre 1973 dans l'importation d'une tonne de haschisch. Bill Lamy, qui faisait quelquefois des affaires pour son propre compte, meurt à l'hôpital, le 13 juin 1972, des suites d'une opération nécessitée par une cirrhose du foie. Il était alcoolique depuis fort longtemps.

Chapitre XIII
A l'écoute des trafiquants

Depuis longtemps, la Gendarmerie royale soupçonne Frank Cotroni, le cadet des quatre frères, de s'intéresser activement au trafic des stupéfiants. A plusieurs reprises, son nom a été associé à celui de son frère Giuseppe dans les enquêtes de la Brigade des stupéfiants et des services américains. En juillet 1955, on s'en souviendra, Paul Mondolini a trouvé refuge à Montréal et a été localisé alors qu'il se rendait chez Pep Cotroni en compagnie de Frank Cotroni. Agé alors de 25 ans, Frank était tout dévoué à Pep à qui il rendait de nombreux services. A plusieurs reprises, il fut aperçu en compagnie de Lucien Rivard et d'autres trafiquants internationaux associés à son frère. En décembre 1956, lors du premier voyage de Pep à Paris, deux réservations ont préalablement été faites, dont l'une pour Frank. A la dernière minute cependant, c'est Lucien Ignaro, un des Corses du groupe Mondolini, qui prit sa place. Après l'arrestation de Pep en 1959, un représentant de Frank a approché la Brigade des stupéfiants pour offrir la cache d'héroïne du caïd en échange de la clémence du tribunal. Un paquet d'héroïne a même été déposé sous un balcon pour prouver le sérieux de la proposition. En 1961, des hommes de main de Frank ont tenté d'intimider Lucien Rivard pour qu'il mette ses relations françaises au service de la Mafia. Pendant un certain temps, des gardes armés ont dû protéger les abords du Domaine Idéal. Après la condamnation du caïd canadien-français, son nom est revenu à plusieurs reprises en rapport avec le trafic international des stupéfiants. Au début de 1968, une enquête faite à Toronto sur la présence d'un éminent mafioso sicilien, Tomasso Buscetta, recherché en Italie pour un double meurtre et en Colombie pour trafic de 14 kilos (30 livres) d'héroïne, l'a relié une fois de plus au racket de la drogue. (1) On a alors appris que depuis 1966 environ, il était en relation avec un grand ami de Buscetta, Giuseppe Catania, dit Pino, un autre Sicilien résidant au Mexique et engagé lui aussi dans le trafic des stupéfiants.

Aussi, en décembre 1969, quand Frank Dasti et Joe Horvath commencent à fréquenter plus régulièrement Frank Cotroni, les agents fédéraux y voient aussitôt un lien avec le trafic des stupéfiants. Cette hypothèse devient une certitude trois mois plus tard, le 25 mars 1970, grâce à une conversation téléphonique entre Horvath et Dasti en vacances à Miami. L'appel est logé du *Victoria Sporting Club* et se déroule ainsi:

« Qu'est-ce qui se passe? demande Little Joe. Tu t'amuses tellement que tu nous a oubliés. T'as pas eu le message hier? J't'ai appelé.

— C'était toé!... Pourquoi t'as pas laissé ton nom? réplique Dasti.

— T'aurais dû figurer que c'tait moé, étant donné que c'tait un longue distance.

— Comment je pouvais savoir que c'tait toé? Longue distance, longue distance, l'aut' gars aurait pu m'appeler longue distance.

— En tout cas, j'ai réussi à rejoindre le Gros, t'sais. Ben c'est comme qui dit les parts à New York, les parts non listées, y valent 11, tu comprends... J'y ai parlé. J'y ai dit pour 9... Finalement, c'était certain. J'étais supposé avoir une réponse aujourd'hui. J'en ai eu une... Mais c'est pas certain que le gars veut vendre, tu comprends. Maintenant y arrivera rien avant la semaine prochaine. J'te dis que je l'ai organisé ce trou-de-cul-là. J'y ai dis en face de l'autre gars: « T'es un bullshitter, un trou-de-cul, tu ris du monde. »

— Lequel que tu parles? Le même chien que la dernière fois? J't'ai dit, parle pus à ce gars-là.

— Je l'sais, apparemment son gars est icitte... J'y ai dit... J'vas les acheter à 9 piastres la part. Crisse, c'est des parts non

---

1. Tomasso Buscetta a été, au début des années 60, l'un des plus efficaces exécuteurs du clan des frères La Barbera, de Palerme, qui avait la main haute sur le trafic des stupéfiants et des cigarettes et qui partageait le contrôle des rackets de la capitale sicilienne avec la bande de Salvatore Greco. Les meurtres dans lesquels il a été impliqué se sont produits à l'occasion d'un affrontement armé entre ces deux gangs rivaux. La paix relative qui subsistait entre les deux clans fut rompue quand des hommes de Greco empiétèrent sur les plates-bandes des La Barbera dans les stupéfiants.

listées. T'sais, si j'peux faire deux piastres sur ces maudites parts . . .
Y va me donner une réponse car ç'a l'air bon. De la manière que
le Gros parle.

— Pourquoi que ça y prend tant de temps à appeler?

— J'sais pas, l'autre gars est pas revenu . . .

— Y revient-tu?

— J'pense ben.

— Où c'est que t'es? A barbotte?

— Certain! Où c'est que tu penses que j'suis . . . »

Evidemment, ce langage est codé et plein de sous-entendus. Mais
depuis près d'un an maintenant que les écoute du projet Vegas
sont en opération, il est devenu familier aux enquêteurs de la Brigade
des stupéfiants qui ont appris à connaître et à déchiffrer les propos
des trafiquants. Les filatures et les enquêtes ont permis, au cours des
mois, de vérifier la valeur des interprétations. Cette fois, le message
est clair: Horvath informe Dasti du déroulement des pourparlers
avec Frank Cotroni, *le Gros,* au sujet de l'achat d'un stock de narcotiques: *les parts non listées.* Little Joe est prêt à payer $9 000 le kilo
et espère faire un profit de $2 000 le kilo après la vente à New York.

A court d'approvisionnement depuis l'arrestation de leurs fournisseurs à Paris, au printemps 1969, Horvath et Dasti se sont rappro-
chés de Frank Cotroni qui serait en mesure d'obtenir des quantités
indéterminées de drogue. La conversation indique qu'il agirait par
l'entremise d'un intermédiaire. Cependant, les deux interlocuteurs
semblent s'en méfier et Horvath lui a reproché devant Cotroni de
n'être qu'un « bullshitter », un menteur, un gars qui promet, mais
qui ne donne rien. Les policiers savent qu'il s'agit de Guido Orsini,
l'un des hommes de confiance de Cotroni, notamment parce que
quelques minutes avant d'appeler Dasti à Miami, Horvath a tenté
en vain à plusieurs reprises de le rejoindre au *Sorrento Bar,* l'un des
repaires de la bande.

Arrivé au Canada en 1958, à l'âge de 24 ans, Guido Orsini a fait
parler de lui pour la première fois en 1964 à l'occasion d'une affaire
de contrefaçon de billets de banque canadiens dans laquelle était
impliqué l'un des propriétaires de pizzeria de Montréal les plus
réputés. Par la suite, son nom a été mentionné dans une enquête
sur une filière d'héroïne entre Montréal et Toronto. Protégé de
Palmina Puliafito, une des soeurs Cotroni, il a obtenu en juillet 1966
l'incorporation du *Café Rugantino,* rue Hutchison, qui est devenu peu

après la *Villa de Cesare*. (2) Se présentant comme imprésario, il a ouvert en 1969, au 6823 de la rue Saint-Laurent, le *Club Circolo (Italian Canadian Amusement Inc.)* qui est officiellement la propriété de l'un de ses meilleurs amis, Santo Mendolia, qui, lui aussi, agit sous l'autorité de Frank Cotroni.

Les derniers renseignements concernant Orsini portent sur sa participation à une combine d'entrée illégale d'immigrants italiens, organisée par Tomasso Buscetta et Frank Cotroni. Ce racket vise à fournir de nouvelles recrues à la Mafia newyorkaise qui souffre de l'américanisation des fils de la Petite Italie. Détachés des valeurs ancestrales et ignorant la pauvreté des ghettos, ces enfants d'immigrants n'ont plus le respect des chefs et l'ambition de leurs aînés. La cohésion et la vitalité des familles criminelles italo-américaines en sont sérieusement affectées. Dans cette opération de retour aux sources, les hommes du clan Cotroni ont la responsabilité d'accueillir les immigrants siciliens, calabrais et autres, qui sont dirigés à Mont-

Guido Orsini   Santo Mendolia

---

2. Lors de l'ouverture, le 24 octobre 1966, une grande réception patronnée par les Cotroni a réuni une pléiade de personnalités publiques et juridiques et de truands. Le vestiaire de la boîte, tout comme celui de plusieurs autres cabarets de l'organisation, était accordé à la compagnie *Marilard Entreprise*, propriété de la maîtresse de Vic Cotroni, et Michel Cotroni, le moins connu de la famille, avait charge de la caisse du bar.

réal et à Toronto par les amis de Buscetta, et de leur faciliter le passage de la frontière américaine en leur fournissant les faux papiers et l'aide technique nécessaires. Selon les estimations officielles, des centaines d'immigrants ont déjà été ainsi acheminés aux Etats-Unis.

Le 9 décembre 1969, les douaniers américains de Champlain ont intercepté Tomasso Buscetta et deux mafiosi newyorkais, Giuseppe Tramontana, de Brooklyn, et Anthony Settimo, du Queens. Tous trois voyageaient à bord de l'automobile du Montréalais Matteo Scanzano, dans laquelle on a découvert des billets de loterie, des films pornographiques et une facture de *Playboy* au nom de Frank Cotroni. Au cours de l'interrogatoire, Buscetta, qui avait en sa possession quatre passeports canadiens et voyageait sous le nom de Roberto Cavallaro, a réussi à fuir et à revenir au Canada. L'enquête a révélé que depuis le mois de novembre, Tramontana, le propriétaire de la *Pizzeria Tony,* à Hackettstown au New Jersey, un des centres du racket des immigrants, avait loué trois chambres dans un hôtel de Montréal où Frank Cotroni possède une suite en permanence. Le lendemain de l'interception des douaniers américains, Guido Orsini, accompagné d'un jeune truand, Antonio Di Genova, est venu récupérer les bagages de Tramontana et compagnie et a payé la note. (3) Le 14 janvier, en filant Tramontana, la police newyorkaise a intercepté l'un des fils de Buscetta, Antonio, et a découvert qu'il vivait avec sa mère et ses deux soeurs chez Rosario Gambino, un jeune cousin du puissant patron de la Mafia américaine.

Après la conversation du 25 mars 1970, la préoccupation de la Brigade des stupéfiants est d'établir la nature de la source d'approvisionnement en héroïne de Cotroni et Orsini. A priori, l'hypothèse est qu'il doit y avoir un lien entre le racket des immigrants et le trafic des stupéfiants et que Cotroni a sans doute profité des relations de Buscetta pour se lancer à fond de train dans la drogue.

Le lendemain de la conversation Horvath-Dasti, les douaniers de

---

3. Antonio Di Genova fut assassiné dans un bar du quartier italien de Montréal, le 14 septembre 1973. Sa mort fut reliée à celle d'un autre jeune trafiquant d'origine italienne, Angelo Facchino, abattu en pleine rue, le 2 septembre 1973, par deux hommes de l'organisation Cotroni, Gallo Moreno et Antonio Carmine Vanelli. Associé de Vanelli, Di Genova fut victime des amis de Facchino, lequel de son côté aurait trempé dans le meurtre de deux amis de Di Genova, Mario Cambrone et Salvatore Sergi, abattus en juillet 1973. En août 1975, interrogé à l'occasion d'une poursuite qu'il a intentée contre deux policiers de la Sûreté du Québec, Vic Cotroni a nié avoir avisé son bras droit, Paolo Violi, du fait que Cambrone et Sergi étaient des assistants de Di Genova. Il a également nié avoir jamais donné l'ordre de rechercher les coupables de ces meurtres.

Giuseppe Tramontana   Tomasso Buscetta

Champlain signalent l'entrée aux Etats-Unis de Giuseppe Tramontana qui déclare venir de Montréal. Il est probable que c'est de lui que Horvath parle lorsqu'il dit: « (. . .) apparemment son gars (à Guido) est icitte (. . .). » De plus, depuis le début du mois de mars, le B.N.D.D. enquête sur les activités d'un important Napolitain de New York, Carlo Zippo, dit le Baron, qui serait la tête dirigeante d'une nouvelle filière d'héroïne. Or, en décembre, lorsqu'il a été intercepté à la frontière canado-américaine avec Tramontana et Settimo, Buscetta avait en sa possession un papier portant le nom de Zippo.

On a également noté qu'à la fin de février et au début de mars, Frank Cotroni a accompagné à Acapulco son frère aîné Vic, Irving Ellis, le conseiller financier de l'Organisation, Paolo Violi, le numéro 2 de la famille, le dauphin du clan, Jimmy Orlando et Me Raymond Daoust. (4) Ce séjour a été l'occasion de pourparlers au sommet avec

---

4. Le 5 mars 1970, le journaliste Michel Auger, du quotidien *La Presse*, a révélé la tenue du sommet d'Acapulco et a fait état de la présence de Me Raymond Daoust. Ce dernier a confirmé sa présence à Acapulco au même moment, mais a vigoureusement nié toute participation à cette réunion. Il a admis cependant avoir rencontré quelques-uns des personnages identifiés par la police par hasard sur la place ou dans la rue. Menacée de poursuites en diffamation et en dommages et intérêts, *La Presse* a choisi de se rétracter, le 28 mars 1970, et de présenter ses excuses au célèbre criminaliste. En novembre 1974, le député socialiste Morton Shulman, de Toronto, relance l'affaire à l'Assemblée législative ontarienne en affirmant que Me Daoust avait participé à la réunion d'Acapulco, parce qu'il était l'intermédiaire entre les caïds montréalais et les politiciens susceptibles de se montrer favorables à l'établissement de casinos au Québec.

Vic Cotroni (au centre), entouré de deux de ses proches lieutenants, Paolo Violi (immédiatement à sa droite) et son frère cadet Frank (immédiatement à sa gauche) ainsi que quelques amis de ce dernier, André Lufty (à l'extrême gauche de la photo), Claude Faber, Jos Toddaro et Carlo Arena (à droite de la photo).

Meyer Lansky au sujet de la légalisation éventuelle des casinos au Québec. Ce qui a surtout retenu l'attention de la Brigade des stupéfiants, ce sont les nombreuses rencontres de Frank Cotroni avec le grand ami de Buscetta, Pino Catania, qui s'est d'ailleurs chargé de la location de la villa dans laquelle Frank a habité. Catania est en relation constante depuis fort longtemps avec le principal importateur d'héroïne et de cocaïne du Mexique, Jorge Asaf y Bala. Il s'est même associé avec lui dans une fabrique de chemises, la firme *Le Duc Shirts,* de Mexico. On se rappelle qu'au début des années 50, Bala, connu comme le Al Capone mexicain, était l'un des principaux associés du groupe d'Antoine d'Agostino. Catania est aussi en contact étroit avec un autre Montréalais influent, Nicholas Rizzuto, qui de son côté a reçu plusieurs appels téléphoniques de la firme *Brasitalia Import-Export Company,* de la 46e Rue à New York, qui sert de façade légitime à Carlo Zippo.

Le 28 avril, une deuxième conversation importante a lieu. Guido Penosi téléphone à Dasti au *Victoria Sporting Club* et ce dernier lui demande:

« Où es-tu?

— En ville, répond le New-Yorkais.

— Vas-tu être là longtemps?

— Oui.

— J'vas y aller le 11. »

Le 6 mai, vers 15 heures, Dasti téléphone chez lui et dit à sa femme:

« (. . .) Les gars sont en ville. J'pense ben pouvoir finir le deal aujourd'hui. C'tait pas le montant que j'avais pensé au début. Ils avaient pas l'argent exact. On va prendre ce qui va avoir icitte. J'pense en faire deux (5) mais j'aurais voulu tout faire. J'en aurais fait cinq si l'autre chargement était venu mais y viendra pas avant l'été (. . .). »

Aussitôt enregistrée, cette dernière conversation est communiquée à la Brigade des stupéfiants qui, sans perdre un instant, mobilise une équipe de surveillance pour repérer Dasti et le filer. La tâche n'est pas facile et le trafiquant n'est retrouvé que vers 20h30, alors qu'il est en route pour rentrer chez lui. Les espoirs d'assister à des rencontres intéressantes s'estompent. Ils disparaissent complètement le lendemain matin quand le mafioso va à sa banque déposer une grosse somme d'argent. La transaction est terminée et il ne reste plus qu'à attendre les prochains développements.

Ceux-ci ne tardent pas à venir car le jour même, Frank Cotroni, Guido Orsini, Santo Mendolia et trois autres Montréalais se rendent à Toronto. (6) Durant trois jours, ils vont prendre contact avec plusieurs mafiosi ontariens, dont Nicolas D'Elia et Ilvero Aniello Santella, deux trafiquants notoires. Le dossier de Santella indique qu'il

Ilvero Aniello Santella   Giuseppe Indelicato

5. Deux mille dollars.

6. Ces trois autres Montréalais sont identifiés par les policiers comme étant Giovanni Mollo, Giacomo Cirelli et Claude Dubois.

est en relation étroite avec un autre trafiquant ontarien, Giuseppe Indelicato, qui, en 1958, a été déporté au Canada après avoir purgé deux ans de prison à New York pour contrebande d'un kilo et demi (3 livres) d'héroïne. De son côté, D'Elia est fiché comme le bras droit de Rocco Zito, l'un des patrons de la Mafia de Toronto. (7) Aussitôt de retour à Montréal, comme prévu, Dasti repart pour New York, cette fois, où il rencontre Penosi et ses associés.

Le 22 mai, au cours d'une conversation téléphonique, Dasti annonce à Penosi qu'il recevra prochainement « quelque chose qui va l'intéresser ».

« Cette fois, déclare-t-il, ils m'ont dit que c'était garanti. Quand? Je l'sais pas. Dans une couple de jours, peut-être la semaine prochaine ... En fin de semaine, j'te donnerai un numéro où tu pourras m'appeler. »

Le 31 mai, Dasti indique à Penosi qu'il a rencontré « le gars » la veille et qu'on lui a assuré que « cela » devrait arriver dans le courant de la semaine. Le 6 juin, Dasti explique à son client que « c'est pas rentré encore » mais que « le gars arriverait cette semaine » et qu'il lui donnerait une réponse le samedi. Une semaine plus tard, le Montréalais demande à Penosi de le rappeler le lendemain soir à l'endroit convenu. La Brigade des stupéfiants sait qu'il s'agit d'un hôtel mais ignore lequel. La filature qui est organisée n'arrive pas à repérer l'endroit à temps.

Le 25 juin, une patrouille frontalière américaine intercepte près de Roses Point, dans l'Etat de New York, une vieille Chevrolet suspecte immatriculée au Québec. Le conducteur, Nicola Maturo, 24 ans, détenteur d'un dossier judiciaire, est arrêté, questionné et détenu pour déportation. Dans l'automobile enregistrée au nom de Giovanni Di Blasio, le beau-frère de Guido Orsini, on trouve quelques capsules de cocaïne, une contravention de la municipalité de New

---

7. Rocco Zito et Giuseppe Indelicato sont très liés l'un à l'autre et ont tous deux d'importants contacts avec des personnages de premier plan à New York et à Montréal. Le 4 mai 1970, ils ont rencontré ensemble au *Holiday Inn* de Toronto, Paolo Gambino, le frère du grand patron de la Mafia américaine, qui arrivait d'un voyage à Montréal. Quelques années plus tôt, le 10 septembre 1964, en compagnie de son frère aîné Vic et de Paolo Violi, Frank Cotroni avait rencontré à Montréal un vieux mafioso sicilien, Antonio Manno, le beau-frère de Nick Rizzuto. Les policiers qui épiaient les allées et venues du visiteur ont remarqué qu'il était en compagnie d'un groupe d'individus qui circulaient dans une automobile enregistrée au nom de Giuseppe Indelicato. L'année précédente, le 25 août 1963, Paolo Violi avait assisté à Hamilton à une importante réunion regroupant une trentaine de personnes parmi lesquelles Rocco Zito et Nicolas D'Elia.

York au nom de Matteo Scanzano, un certificat d'immigration au nom de Giuseppe Romano, l'associé de Tramontana dans la *Pizzeria Tony,* de Hackettstown, et un certificat de naturalisation au nom de Guido Orsini.

Le 7 juillet, peu avant midi, Frank Cotroni téléphone à Dasti au *Victoria Sporting Club.*

« Salut! dit Cotroni, pourquoi t'es pas parti à 11 heures et quart?

— J'ai pas pu. Inquiète-toé pas. J'vas la vendre la maison. J'suis supposé de l'voir avant deux heures.

— O.K., j'vas te rappeler dans cinq minutes. »

Cinq minutes plus tard:

« J'viens d'téléphoner au « notaire » au sujet de la maison, dit Cotroni. Y est parti. On saura pas avant quatre heures si ça va être demain ou après-demain.

— Faut absolument que j'aie une réponse avant de faire les arrangements.

— Le notaire va faire de son mieux pour être là.

— Faudrait qu'on se voit aujourd'hui.

— Bon ben, viens à six heures. (8)

— O.K., en tout cas j'vas faire un arrangement avec lui pour 11 heures du matin. »

Un peu plus tard, au début de l'après-midi, Guido Penosi téléphone de New York à Dasti, toujours au *Victoria Sporting Club.*

« As-tu du nouveau? demande Penosi.

— Tout va être arrangé à soir, répond Dasti. Rappelle-moé demain à 11 heures, au numéro que tu connais. »

Le lendemain matin, une équipe de surveillance est sur la trace de Dasti quand il se rend vers 11 heures dans le vestibule du *Bonaventure* où il reçoit un appel dans un des quatre appareils téléphoniques qui s'y trouvent. Les agents fédéraux ne sont pas en mesure d'enregistrer cette conversation, mais, plus tard dans la journée, un des appareils électroniques du projet Vegas réussit à capter l'essentiel d'un entretien entre Dasti, Angelo Lanzo et un autre personnage influent de l'organisation. On apprend alors que les trois mafiosi vont conclure prochainement une transaction de 12 kilos (26,5 livres) d'héroïne pour laquelle ils envisagent d'encaisser une somme totale de $144 000. Afin de prévenir tout incident au sujet du paiement de la marchandise, Dasti songe à se rendre lui-même à New York pour

_____

8. 18 heures.

superviser la transaction. La livraison aurait lieu en trois tranches et après chacune d'elles, Dasti, assisté d'un encaisseur-garde du corps, déposerait l'argent dans le coffre-fort de son hôtel.

Le 9 juillet, Dasti téléphone au *Circolo* de Santo Mendolia. Orsini lui répond et lui explique qu'il y aura encore un délai:

« Il faut que t'attendes mon téléphone ... J'veux te parler. Y a rien de grave, c'est seulement des questions de détail, comprends-tu? J'vas t'expliquer pourquoi. Quand j't'expliquerai, tu vas dire que c'est quelque chose qui peut arriver ... C'est pas que j'tienne à attendre une semaine ou deux, c'est que j'veux attendre un jour ou deux, tu comprends-tu là ... Parce qu'ils ont besoin de moi pour une affaire. Anyway, Frank, faut que j'te voie pour t'expliquer parce qu'y a un autre qui arrive ce soir. »

Le lendemain, Penosi téléphone.

« J'ai pas encore pu avoir la « merde » mais les avocats travaillent sur ça, lui annonce Dasti.

— Maudit, j'commence à en avoir assez de tous ces retards! Ça fait un an que j'attends après et que tu passes ton temps à me remettre.

— Je l'sais mais c'est pas de ma faute. J'ai promis que je t'arrangerais ça. Rappelles-moé lundi prochain (le 13 juillet) à sept heures du soir au même numéro. »

A la suite de cette conversation, Dasti rencontre le jour même Orsini au *Circolo* puis, à son tour, ce dernier rencontre Frank Cotroni au même endroit.

Le 13 juillet, dans la matinée, Orsini quitte son domicile et se dirige en automobile vers la frontière américaine en compagnie d'un autre membre de l'organisation, Dominico Cordileone, et d'un individu non identifié. Alertés par la G.R.C., les agents des services de la Douane et de l'Immigration américaines interceptent le trio peu après qu'il ait franchi la frontière sans inspection en empruntant une petite route secondaire. Considérés comme indésirables, Orsini et Cordileone sont incarcérés pour entrée illégale aux Etats-Unis et condamnés au cours de la semaine à trois mois de prison. Ayant décidé d'en appeler de ces sentences, ils recouvrent cependant leur liberté moyennant des cautionnements de $1 500. Pour sa part, leur compagnon Giuseppe Romano, l'associé de Tramontana, est libéré, peu après son arrestation, à titre de citoyen américain. Au cours de la détention d'Orsini, Cotroni téléphone à Dasti pour lui demander s'il sait ce qui est arrivé au gars qui devait aller voir le « notaire ». Dasti répond que oui et une rencontre a lieu entre les deux hommes.

Cet incident retarde la transaction prévue car, de part et d'autre, on ne veut pas courir de risques. A son retour à Montréal, Orsini a un entretien avec Dasti qui ne cache pas son mécontentement et rejette sur lui tout le blâme. Orsini se défend en disant que l'affaire lui a coûté $9 000 en frais d'avocats et en cautionnements pour lui et les deux autres. Dasti doit cependant se rendre à New York le 22 juillet pour expliquer ce nouveau délai à Penosi. Le B.N.D.D. note que les entretiens sont tendus et que Penosi est très contrarié par la tournure des événements. Récemment inculpé par le fisc américain à Miami, le New-Yorkais a de sérieux problèmes financiers. Sans doute espère-t-il renflouer ses finances avec la transaction de drogue.

Le 10 août, Giuseppe Tramontana est à Montréal. En fin d'après-midi, après une rencontre avec Frank Cotroni, il prend l'avion pour Rome en compagnie de Guido Orsini. La police italienne et le B.N.D.D. avisent la G.R.C. qu'à leur arrivée ils se sont inscrits au *Claridge* et qu'ils ont été contactés peu après par trois individus dont deux Montréalais, Carlo Arena et Giacomo Ciccirello, lesquels sont fichés comme des hommes de main de Frank Cotroni. Orsini et Tramontana reviennent en Amérique au début de septembre. A ce moment-là, certains développement se sont produits.

A la mi-août, le B.N.D.D. a appris que Guido Penosi et Paul Oddo se sont querellés et qu'ils ont mis fin à leur association. On ne croit pas cependant que leurs relations avec Dasti en seront affectées.

Frank Cotroni et Carlo Arena

Le 30 août, d'autre part, la police newyorkaise et le F.B.I. ont arrêté Tomasso Buscetta et son fils Benedetto, 22 ans, alors qu'ils venaient de rencontrer le Napolitain Carlo Zippo et qu'ils circulaient dans son automobile. Inculpé pour entrée illégale aux Etats-Unis, Tomasso est toujours confiné aux cellules en attendant que le gouvernement italien donne suite à la requête en extradition. (9) Entre-temps, Zippo a disparu de la circulation.

Le 5 octobre suivant, un inconnu téléphone à Dasti au *Victoria Sporting Club* et l'avise qu'il est au *Motel Oscar,* non loin du cercle de jeu, sur le boulevard Taschereau. Dasti répond qu'il va s'y rendre sur-le-champ. Peu après, l'inconnu rappelle à la maison de jeu et demande à Horvath de dire à Dasti de le rappeler. Au courant de ces appels, la Brigade des stupéfiants organise une surveillance du *Motel Oscar.* Le jour même, il n'y a aucun résultat, mais le lendemain matin, vers 9h30, Dasti est suivi lorsqu'il entre dans le restaurant du motel et rencontre Paul Oddo et un inconnu.

Mine de rien, le caporal Gary Lagimodière, du Service de renseignements criminels de la G.R.C., et l'agent Kevin Gallagher, du B.N.D.D., pénètrent eux aussi dans le restaurant et entendent Dasti dire à l'inconnu:

« J'suis dans cette business depuis longtemps. Laisse-les faire ce qu'ils ont à faire et nous ferons ce que nous avons à faire. »

La réponse de l'inconnu est inaudible mais, agitant ses doigts devant lui, Dasti réplique sur un ton fort:

« Cinq! Je te dis cinq. »

A ce moment, Oddo se penche vers le Montréalais et lui dit quelques mots à voix basse. Dasti se rapproche ensuite de ses compagnons et poursuit la conversation plus discrètement. Pendant ce

---

9. L'immigration américaine espère déporter le plus tôt possible Buscetta qui a déjà été condamné in absentia à Palerme à une longue peine d'emprisonnement. Mais l'Italie néglige de donner suite à sa requête originale. Après plusieurs mois de détention préventive, Buscetta sera libéré sous cautionnement et déporté au Mexique. De là, il se rendra à Sao Paulo au Brésil où, tout en devenant propriétaire d'une flotte de taxis et d'une chaîne de restaurants, il se joindra aux hommes du Corse Joseph-Auguste Ricord. En 1972, après les aveux du trafiquant français Claude-André Pastou, il sera finalement arrêté avec son fils Benedetto, deux de ses hommes, Guglielmo Casalini et Paolo Gigante, des amis de Carlo Zippo et plusieurs Français, dont Christian David, le bras droit de Ricord et un collaborateur des Services secrets français. Déporté à New York, il sera ensuite extradé en Italie.

temps, à l'extérieur, les autres membres de l'équipe de surveillance repèrent un second inconnu qui semble faire le guet autour du motel.

A 11h20, la rencontre est terminée. Dasti quitte seul le motel et le second inconnu rejoint Oddo et son compagnon. Quinze minutes plus tard, les trois visiteurs reprennent la route des Etats-Unis. A la frontière, les douaniers relèvent l'identité des deux inconnus. Le premier, avec lequel Dasti a conversé, se nomme Anthony Vanacora. Né en 1923 et résident de la 105e Rue à New York, il est fiché au B.N.D.D. pour avoir été condamné à 10 ans de pénitencier pour trafic d'héroïne en 1954. Il est connu comme un associé des trafiquants Anthony Verrzino et Anthony Baratta, père et fils, ces deux derniers condamnés à 15 ans pour trafic de drogue. Le second inconnu est identifié comme étant Vincent James Altamura, 38 ans, de Long Island à New York. Outre des inculpations pour des crimes de violence, son dossier au B.N.D.D. indique qu'il s'est acoquiné avec un distributeur de stupéfiants nommé George Stuart et à un autre trafiquant du nom de John Campopiano, alias Johnny Echoes.

De toute évidence, Oddo est venu à Montréal présenter ses nouveaux associés à Dasti. Le problème pour ce dernier est cependant de trouver rapidement de la marchandise. Les démarches d'Orsini n'ont pas encore porté fruit et il est obligé de faire patienter tous ceux qui s'adressent à lui et qui ne cessent de le harceler, comme Horvath par exemple. Le 3 novembre, il retourne à New York où il rencontre pendant les quatre jours qu'il y reste, Steve Panepinto, William Castaldi (le fils d'Antonio, et le beau-frère de Penosi) et Penosi lui-même. La veille de son retour à Montréal, il téléphone à Orsini au *Circolo* pour avoir des nouvelles:

« Ton gars est-il prêt? demande Orsini.

— Oui, pas de problème! assure Dasti.

— Combien de tomates veut-il?

— Autant qu'y en a!

— Même si y en a 30?

— Trente, cinquante.

— Parfait, parfait!

— Là, j't'avertis, si tu me fourres encore là, y a la tête de quelqu'un qui va y passer. En tout cas, j'vas voir mon gars encore.

— T'inquiète pas, Frank. C'est tellement proche que ça pourrait être demain. »

Revenu à Montréal, Dasti communique à plusieurs reprises avec Orsini. De ces entretiens, la Brigade des stupéfiants conclut qu'Orsini n'a pas encore réussi à obtenir ses « tomates ». Dasti est de plus en plus impatient. Horvath aussi. Pour eux, l'homme de confiance de Frank Cotroni n'est qu'un fourbe.

Le 10 novembre, une rencontre a lieu entre Frank Cotroni, Orsini et Horvath. Dasti ne peut y assister, mais par la suite Orsini lui téléphone et lui déclare que tout se présente bien et qu'il faut être patient. « Joe va tout t'expliquer », dit-il. Cette conversation terminée, Dasti téléphone à Frank Callachi — un associé de Penosi et des Castaldi — à l'hôpital Pelham Bay General, de New York, où ce dernier est traité et lui demande de dire au « gars » qu'un autre retard est prévu. Le lendemain, grâce à un agent hospitalisé dans la même chambre que Callachi, le B.N.D.D. est au courant d'une visite de William Castaldi à Callachi. Trois jours plus tard, Castaldi téléphone à Dasti pour s'enquérir de la situation:

« Soyez pas choqué, dit Dasti, on a un petit problème.

— Personne est choqué, rétorque Castaldi. On est prêt et on va attendre.

— Jusqu'ici tout va bien. Y a juste un petit problème qu'on va régler bientôt. »

William Castaldi

En réalité, Dasti n'a plus trop confiance en Orsini. Le 17 novembre, il éclate de rire quand ce dernier lui déclare:

« M'as te faire avoir une crise cardiaque quand ça va partir. J'dois faire mes affaires. T'sais, y m'appelle à tous les soirs. Pis y a toujours des petits problèmes qui arrivent. Là, j'commence une autre affaire, tu peux pas t'imaginer d'où ça vient. »

La Brigade des stupéfiants, contrairement à Dasti, prend ces propos au sérieux. Le 1er décembre, il téléphone à Rome à Christian Dewalden, le propriétaire d'une compagnie de cosmétiques et du luxueux *Piper Club,* pour l'avertir qu'il arrivera en Italie dans deux jours et que $1 000 000 sont déjà à sa disposition dans une succursale d'une banque montréalaise à Milan. Déjà, le 28 novembre, Santo Mendolia a téléphoné en Suisse et a avisé un important trafiquant international, Salvatore Catalano, que son ami ira le rejoindre en Italie bientôt. Dénoncé en 1963 par les autorités italiennes comme un dangereux membre de la Mafia, Catalano, un résident de Brooklyn, est fiché au B.N.D.D. comme un associé de Tomasso Buscetta, Pino Catania, Anthony Settimo, Carlo Zippo, Giuseppe Tramontana et plusieurs autres caïds américains et italiens. Depuis son arrivée en Europe, il est d'ailleurs sous surveillance policière.

Guido Orsini quitte Montréal avec sa femme le 2 décembre. Officiellement, il va en Italie recruter des artistes pour le spectacle de nouvel an qu'organise Palmina Puliafito, sa bonne fée au sein du clan Cotroni. A Rome, il est accueilli par le cabaretier Dewalden et par Franco Ferruzzi, un acolyte de Catalano. Celui-ci, de son côté, rencontre le même jour une importante délégation de la Mafia italienne. (10)

Le lendemain, suivis par la police italienne et le B.N.D.D., Cata-

---

10. Parmi lesquels on retrouve Gaetano Badalamenti, Alfredo Bono, Michel et Giusto Sciarabba, Angelo Consentino et Pietro Sorci. Deux noms surtout retiennent l'attention: Gaetano Badalamenti et Pietro Sorci. Ce dernier est fiché au B.N.D.D. comme un associé de Cristoforo Rubino et des frères Ugo et Salvatore Caneba, des associés de Lucky Luciano dont on a parlé à plusieurs reprises; il était également en étroite relation avec Giovanni Maugeri, de Milan, un associé des Corses Dominique Albertini et Antoine Galliano qui ont été mêlés à l'affaire du *Saint-Malo.* On se rappelle (voir chapitre V) que le 10 janvier 1957, Maugeri a été arrêté à New York en compagnie de Charles Campo. Le 4 juin 1958, une opération d'infiltration avait conduit à l'arrestation pour trafic d'héroïne de Vito Badalamenti et de son cousin Caesar. Originaires de Cinisi, en Sicile, les Badalamenti sont aussi connus des services policiers pour leur participation à la contrebande de cigarettes et pour leur présence en force

lano et Orsini quittent Rome et se rendent à Milan. Durant quelques jours, ils s'affairent à contacter des concessionnaires automobiles afin de trouver les véhicules qui serviront sans doute au transport de l'héroïne. Le 6 décembre, Catalano téléphone chez un ami de Milan, Nicola Greco, dont le cousin Vincenzo, un ami d'Orsini et des Cotroni, est installé à Montréal et travaille à la *Pizzeria Dante,* située en face du *Circolo.* Un nommé Frateluzza se trouve alors chez Nick Greco et Catalano lui dit:

« Appelle Pino Catania à Mexico. Dis-lui de fonder une compagnie parce qu'on a besoin de sardines, de tomates et de pâtes. On lui enverra 100 kilos de macaroni chaque mois.

— Salvatore, dit Frateluzza, je comprends pas ce que tu veux dire.

— Ça fait rien. Dis ça à Pino, il comprendra, lui. »

Le lendemain de cette conversation, la police italienne décide d'intervenir. Depuis quelque temps, elle soupçonne Catalano d'être un des responsables d'une affaire de contrebande de cigarettes. Aussi décide-t-elle de l'arrêter et de le placer en résidence surveillée. Cela ne semble pas trop affecter Orsini qui continue ses démarches avec l'aide de Ferruzzi. Le 18 décembre, il téléphone à Santo Mendolia au *Circolo* et lui déclare:

« J'ai regardé pour les autos et j'pense que je vais acheter une Ferrari ... Si Eligio pouvait venir en Italie et ramener l'auto, ça serait parfait. Essaie donc de le convaincre et dis-lui que s'il a besoin d'argent, on pourrait l'aider. Il faut absolument qu'il accepte parce que le char est bon. Il l'a fait avant. C'est pas comme s'il le faisait pour la première fois ... Quand on aura fini de l'auto, on pourra la vendre ... De toute façon « compare », t'inquiète pas et dis à l'autre « compare » que je l'ai déjà. J'ai acheté toutes les cravates. J'y en ai acheté 30. J'espère que tu vas être content. Y en a 10 pour toé, 10 pour lui et 10 pour les gars.

— Oui mais, Guido, si le gars de la Ferrari, Eligio, il ne veut pas y aller, comment les cravates vont venir?

Suite de la note 10, p. 342.

dans le marché des fruits et légumes des régions de Palerme et de Trapani. Après sa sortie de prison, Caesar, le cousin de Gaetano, s'est installé à Detroit où il est devenu le propriétaire d'une agence immobilière et où il est en très bons termes avec Giuseppe Indelicato. D'après les dossiers de la G.R.C., à la mi-juin 1970, un des hommes influents de la Mafia à Montréal, Nicholas Rizzuto — en contact avec Pino Catania et Carlo Zippo — a téléphoné chez Caesar Badalamenti. Comme on peut le constater, dans la Mafia, les ramifications sont complexes, mais se recoupent toujours.

— Inquiète-toé pas pour rien. Si ça arrive, à ce moment-là on y pensera ... En tout cas, si ça arrive, ça sera pas trop bon car j'ai pas de place pour les ramener avec moé en avion.

— Comment tu vas faire pour les apporter si t'as pas d'auto?

— Inquiète-toé pas. »

Immédiatement après cette conversation, la Brigade des stupéfiants avise la police italienne et le B.N.D.D. Ceux-ci enquêtent chez les concessionnaires Ferrari afin de savoir qui achètera l'automobile suspecte. On découvre ainsi qu'une jeune femme a acheté une Ferrari à Rome et qu'elle a fait des arrangements pour que l'automobile soit livrée à Milan à un nommé André Cuvillier. Or, cet individu est un client assidu du *Piper Club* de Christian Dewalden et un comparse de trafiquants français réputés. (11) La filature de la Ferrari de Cuvillier ne donne malheureusement pas les résultats escomptés et on perd la trace du véhicule dans la région de Turin. De son côté, la G.R.C. réussit à établir l'identité exacte du nommé Eligio. Il s'agit d'Eligio Siconolfi, un propriétaire de garage de la rue Sainte-Catherine ouest, qu'on voit souvent en compagnie des gens du clan Cotroni au *Circolo*.

Pendant ce temps, Orsini maintient ses contacts avec ses associés à Montréal. Le 10 décembre, il téléphone à Carlo Arena qui l'a déjà accompagné en Italie lors du voyage avec Tramontana. A lui aussi, il parle de ses 30 cravates qu'il se prépare à expédier à Montréal et il déclare que tout va bien. Deux jours plus tard, il téléphone à nouveau à Mendolia.

« J'suis ben content du voyage, lui dit-il.

— Ecoute Guido, j'suis pas trop sûr d'Eligio.

— Bon, ben, parles-en à Santo (12) et dis-lui de trouver quelqu'un d'autre pour venir en Italie et ramener la Ferrari. Dis-lui d'en parler à Carlo. »

A Montréal, Mendolia ne reste pas inactif. Le 14 décembre, il téléphone à Toronto, à Aniello Santella, et lui dit que Guido lui a donné carte blanche pour traiter certaines affaires. Il ajoute que Guido doit lui téléphoner le lendemain après-midi et qu'à ce moment-

---

11. Comme, par exemple, Ange Simonpieri, l'un des gros bonnets du Milieu corse, qui sera arrêté l'automne suivant, Maurice Rosen et Jacques Baudin, alias Robert Andrieux, un acolyte de Dominique Giordano, l'un des anciens fournisseurs de Joe Horvath.

12. Frank Cotroni.

là, l'autre gars sera avec lui. Effectivement, Orsini téléphone le lendemain chez Mendolia. Après avoir discuté quelques minutes avec lui, il parle à Frank Cotroni, alors présent.

« Tout va bien, dit Guido. J'vas même pouvoir prendre des vacances. Mais t'en fais pas, le deal va être complété avant. J'vas pouvoir revenir sans problème.

— As-tu toute fini? demande Cotroni.

— J'ai tout fait, j'ai rien oublié. La seule chose qui reste à faire, c'est contacter quelqu'un demain pour décider qui va apporter les choses, étant donné qu'il les a déjà avec lui. J'ai acheté toutes les bouteilles de vin et j'les ai avec moi. Pour les envoyer, j'vas demander l'aide de quelqu'un de la Régie des alcools. T'sais le gars de l'autre bord, y m'a tout laissé entre les mains. C'est moé qui a la responsabilité de tout maintenant. Demain j'vas contacter une compagnie à Milan et s'ils peuvent m'aider, ça pourrait partir durant la semaine et tout serait correct. Je pourrais être revenu pour Noël. Mais s'ils ne peuvent pas m'aider, y va falloir s'arranger tout seul et trouver quelqu'un pour ramener l'auto. T'sais, c'est pas une ou deux bouteilles là, mais 30.

— Ouais. En tout cas, j'ai déjà vu le notaire pour le vin. (13)

— T'en fais pas, tout va bien.

— Ecoute, j'vas partir pour Mexico vendredi (14) et j'pense ben d'être revenu vers le 8. (15)

— Moé, j'vas être revenu avant ça.

— En tout cas, si tu veux m'appeler là-bas, tu demanderas à Santo, (16) j'vas lui laisser le numéro de téléphone.

— Y a une chose, Frank. J'vas avoir besoin d'argent pour acheter l'auto et continuer le voyage. D'autant plus qu'y va peut-être falloir que j'm'occupe d'expédier l'auto et de trouver quelqu'un. Je veux juste donner un premier versement sur l'auto, le reste ça peut être payé dans les 40 jours. J'connais les gars du garage, j'pense ben que ça va se faire comme ça. T'sais, la compagnie de cosmétiques connaît très bien la Ferrari et peut-être que ça va être elle qui va m'aider. »

Le lendemain de cet appel d'Orsini, Paul Oddo et Anthony Vanacora téléphonent à Dasti au *Victoria Sporting Club*.

---

13. Dans ce cas, le notaire dont parle Cotroni est Frank Dasti.
14. Le 18 décembre.
15. Le 8 janvier.
16. Mendolia.

« Comment vont les choses? demande Vanacora après qu'Oddo ait conversé quelques minutes avec Dasti.

— Très bien. J'y ai parlé, y a trois jours, et y m'a dit que tout allait bien.

— T'sais, les gens en bas y attendent les nouvelles avec impatience. Ça te ferait-tu de quoi si j't'appelais à tous les deux, trois jours pour savoir ce qui se passe?

— Non, non, ça me fait rien. »

Le 18 décembre, deux autres conversations importantes sont captées par les écoutes Vegas de la Sûreté du Québec. D'abord, Mendolia et Arena téléphonent à Orsini.

« Salut Guido, dit Arena. Ça va bien?

— Oui, oui.

— Catocchi va partir pour Rome dans la soirée du 22. Y va aller te porter $700. Dans ça, y en a $500 à Frank.

— Bon. Mais t'sais ici, y (17) me laissent pas tranquille une minute.

— Ouais, est-ce qu'y t'ont vu avec l'autre gars qui doit partir?

— Jamais, jamais.

— En tout cas, fais attention. J'te passe Santo. »

Mendolia met d'abord Orsini au courant de certains problèmes financiers, puis il lui parle de quelques articles de journaux publiés au cours des derniers jours sur le racket des immigrants.

« Dans les journaux italiens et américains, y ont sorti des articles sur l'opération des immigrants. Y savent tout. Y a beaucoup de noms, celui de Frank, le tien et d'autres aussi.

— J'comprends maintenant pourquoi la police est venue me voir et m'a gardé une heure, lance Orsini.

— Tu devrais revenir aussitôt que possible avant qui t'arrive quelque chose.

— J'ai trop de cravates là. Y faut que j'finisse ce que j'ai commencé avant.

— Fais attention à toé! »

La même journée, Horvath et Dasti discutent du voyage d'Orsini.

« J'ai pas confiance en lui, dit Dasti. Y passe son temps à promettre, à promettre, mais y a rien qui se fait.

— J'sais. Mais j y ai parlé et y m'a dit que cette fois-ci ça marcherait. »

---

17. Il s'agit des policiers.

Par suite de ces conversations, d'autres renseignements importants parviennent à la Brigade des stupéfiants. Un ami de Luigi Greco (18) a avisé Matteo Scanzano qu'Orsini est sous surveillance constante en Italie, tout comme les gens qu'il fréquente là-bas. Aussi, il pense que si celui-ci a entrepris des démarches et s'il a l'intention de revenir avec quelque chose, il ferait mieux d'abandonner. Aussitôt après, Scanzano contacte Carlo Arena et Santo Mendolia et leur transmet le message. Ceux-ci ne perdent pas de temps et annulent les réservations qu'ils avaient faites quelques jours plus tôt pour aller retrouver Orsini à Rome. En Italie, le B.N.D.D. a appris que Franco Ferruzzi, l'associé de Catalano, est lui aussi avisé du danger qu'il court à Rome.

Le 20 décembre, Mendolia téléphone à nouveau à Orsini qui se trouve alors à Porto Dascoli.

« Touche pas à rien, lui dit-il, sois prudent, la police sait tout. J'te l'ai dit, dans les articles y ont parlé de toé et des autres. »

Matteo Scanzano qui est avec Mendolia exhorte lui aussi Orsini à la prudence.

« Qui t'a dit ça? lui demande celui-ci.

— C'est Greco. Y a appris ça de l'officiel. » (19)

Orsini demande à ses amis d'essayer d'en savoir plus. Si la police et les journalistes sont au courant de l'opération des immigrants, ça ne veut pas nécessairement dire qu'ils connaissent les vraies raisons de son séjour en Italie. Il attribue l'intérêt que lui porte la police italienne aux articles et à ses contacts avec Catalano qui a été arrêté au début du mois.

Le 23 décembre, l'imprésario montréalais Tony Catocchi (pseudonyme), un grand ami de la famille Cotroni, arrive à Rome et est accueilli à l'aéroport par Orsini. Il apporte avec lui l'argent que Frank Cotroni et Mendolia envoient à Guido. Rien n'indique toutefois qu'il sache à quoi doit servir cet argent. Le même jour, deux autres Montréalais arrivent à Rome: le sergent d'état-major Gilles Poissant et le sergent Paul Sauvé, de la Brigade des stupéfiants, viennent prêter main-forte à leurs collègues de la police italienne et du B.N.D.D.

Le 28 décembre, Orsini téléphone une fois de plus à Mendolia et Arena.

---

18. Sans lien de parenté avec les cousins Nicola et Vincenzo Greco.

19. La police.

« Quand vas-tu revenir? demande d'abord Mendolia.

— Ecoute donc, c'est quoi qui t'intéresse? Le paquet de nourriture ou moé ? réplique Orsini.

— Les paquets de nourriture!

— Le Bon Dieu m'les a donnés et j'les abandonnerai pas. J'partirai pas avant qu'y partent. »

Arena, pour sa part, informe Orsini que Frank Cotroni doit revenir à Montréal plus tôt que prévu pour assister aux funérailles de l'un de ses beaux-frères. Cependant, il retournera au Mexique immédiatement après et il reviendra à la date prévue.

Un nouvel entretien outre-mer a lieu deux jours plus tard. Guido explique alors à Mendolia que la livraison a été retardée et qu'elle n'aura pas lieu avant la fin de janvier. Il ignore encore si la marchandise sera livrée directement au Canada, par Halifax, ou si elle passera par un autre pays, c'est-à-dire le Mexique. Dans ce cas cependant, les profits seront moins grands à cause du pourcentage qu'il faudra céder à Pino Catania. Mendolia recommande encore une fois la prudence en précisant que c'est par l'entremise du « cuisinier », Vincenzo Greco, de la *Pizzeria Dante,* qu'ils ont appris que la police est sur l'affaire. Son cousin Nicola, en Italie, est constamment surveillé et l'a averti.

Le 4 janvier, une autre conversation est interceptée. En bref, Mendolia avise Orsini qu'il a vu Cotroni et que celui-ci est très content mais qu'il conseille lui aussi la prudence. Guido indique qu'il a tout fait « de A à Z et qu'il a fini l'affaire ». Il ne sait pas encore cependant quand il va revenir. La veille, Eligio Siconolfi est arrivé à Rome avec un assortiment de plaques d'immatriculation québécoises. Immédiatement repéré par les policiers, il se rend à Milan le lendemain et achète, pour $5 360, une Ferrari qu'il ramène ensuite à Rome. Malheureusement, en cours de route, on perd sa trace; il n'est retrouvé que le 11 janvier au *Reggina Carlton.*

Entre-temps, le 19 janvier, Orsini revient à Montréal avec sa femme et, dès son arrivée, se rend à la *Pizzeria Dante* où il rencontre Frank Cotroni. Celui-ci l'informe alors des derniers développements. Lors de son séjour au Mexique, il a rencontré Catania qui lui a offert un stock de cocaïne. Pino est même venu à Montréal discuter le coup et Dasti est actuellement à New York pour négocier la vente avec Oddo et Vanacora. La Brigade des stupéfiants et le B.N.D.D. sont au courant de certains détails de l'affaire, encore une fois surtout à cause des écoutes du projet *Vegas.* Depuis le 30 décembre, une

quinzaine de conversations révélatrices impliquant Frank Dasti, Frank Cotroni, Joe Horvath, Paul Oddo, Anthony Vanacora et Frank Callachi ont été interceptées par les techniciens de la S.Q. comme celle du 30 décembre entre Dasti et Oddo:

« T'sais ce que je t'ai déjà donné, demande Dasti. Peux-tu utiliser l'autre? Tu m'comprends.

— Tu veux dire les marchandises dommageables?

— Non, non, non, l'autre.

— Oh! j'sais ce que tu veux dire.

— Ça commence par un Ca.

— Oui, j'sais ... On pourrait toujours s'arranger. Tu connais pas les prix? Si tu pouvais m'donner une idée, j'pourrais m'informer autour.

— Les prix, les prix, c't'à peu près les mêmes.

— Ç't'a peu près la même chose? Ouan, moé j'pense pas. C'est pas mal plus bas icitte. (20)

---

20. En bon vendeur, Oddo tente d'obtenir le meilleur prix possible. Règle générale, la cocaïne est plus coûteuse et moins facile à obtenir que l'héroïne. En Amérique du Nord, on la considère comme une drogue de luxe.

Paul Oddo

— En tout cas, informe-toé.

— O.K., y a rien de neuf avec l'autre?

— . . . J'viens de me faire fourrer dans une autre affaire. (21)

— Ah, merde !

— Y a quelque chose qui marche pas. J'sais pas où . . . Ça va être arrangé en tout cas.

— O.K., m'as m'informer à propos de l'affaire là.

— Oui. Y m'ont fait une faveur. Y m'ont mis ça dans les mains. (22)

— Ah! j'sais ce que tu veux dire.

— Ah? tu comprends là!

— J'vas faire de mon mieux.

— Laisse-moé le savoir parce que le gars va être là à New York dans une couple de jours. Dans cinq, six jours. »

Le lendemain, Oddo rappelle pour savoir combien « d'habits » sont disponibles. « Je peux en avoir quelques douzaines », lui dit Dasti. Par la suite, Callachi téléphone et Dasti lui demande de le

---

21. Dasti songe probablement au voyage d'Orsini en Italie, qui ne donne finalement aucun résultat.

22. Dasti veut dire par là que Cotroni l'a choisi comme intermédiaire, pour compenser le voyage avorté d'Orsini en Italie.

rappeler le samedi 2 janvier. La veille, Oddo avait indiqué qu'il était prêt à tout acheter, selon le prix, et Dasti lui avait répondu de venir à Montréal pour discuter, en lui disant qu'entre-temps il essaierait de s'arranger avec son gars. Après, Cotroni avait appelé Dasti qui lui avait confirmé que son « gars » était prêt.

Le 2 janvier, Vanacora téléphone à son tour à Dasti et lui demande s'il est prêt à baisser son prix advenant le cas où, au lieu d'en prendre seulement 5 kilos, quelqu'un prenait tout le lot. Il explique qu'à New York, en ce moment, il y a beaucoup de cocaïne et, qu'en conséquence, le prix devrait être moins élevé. Dasti lui répète que ses amis lui ont proposé cette affaire pour qu'il se reprenne un peu et que si cette transaction pouvait être conclue, il pourrait enfin donner suite aux autres projets envisagés. Il demande à son client de voir ce qu'il peut faire et il convient avec lui d'une rencontre à Montréal pour le lundi suivant.

La rencontre a bel et bien lieu, mais, deux jours plus tard que prévu, soit le mercredi 6 janvier. Elle se déroule au restaurant *Osteria Del Panzoni,* rue Metcalfe, sous la surveillance de la Brigade des stupéfiants. Par la suite, Dasti avise sa femme qu'il ira prochainement à New York pour récupérer le second versement de $20 000, le premier de $10 000 venant d'être remis à « l'autre gars ».

Le lendemain de cette rencontre, Pino Catania arrive à Montréal et, dans la soirée du 8 janvier, il rencontre Frank Cotroni et Dasti au *Pescatore,* rue Stanley. Là encore, la réunion donne lieu à une surveillance spéciale de la G.R.C. A cette occasion, tout comme lors de la rencontre avec les New-Yorkais, Dasti téléphone à sa femme, cette fois pour lui dire de préparer les valises pour le voyage à New York.

Quand Orsini rencontre Cotroni à la *Pizzeria Dante,* Dasti est à New York sur le point de rencontrer Oddo et Vanacora. En fait, la rencontre a lieu en fin d'après midi, en face de l'*Hôtel Drake.* Les agents du B.N.D.D. qui n'ont pas perdu de vue le Montréalais depuis son arrivée observent alors avec intérêt Vanacora qui remet à Dasti un petit paquet que celui-ci place aussitôt dans son manteau. Vraisemblablement, il s'agit du paiement de la marchandise.

Le lendemain, le 10 janvier, Dasti passe tout l'après-midi seul dans le vestibule de son hôtel. Très nerveux, il semble attendre quelqu'un. A 18h30, personne ne l'ayant contacté, il va souper avec sa femme et une heure plus tard, il quitte l'hôtel, seul, en taxi. A ce moment, la circulation est dense et malheureusement la filature du B.N.D.D. avorte. On perd le trafiquant de vue. Les agents américains fulminent surtout que peu après 19h30, Dasti téléphone à sa femme pour lui dire qu'il doit rencontrer des gens et qu'il va être occupé pour un moment. Il ne fait alors aucun doute qu'il livre la drogue à ses clients. En vain, des patrouilles tentent de le retracer ou de retrouver Oddo ou Vanacora. Il revient tranquillement à son hôtel, toujours seul, vers 22 heures, et va se coucher.

Le lendemain matin, vers 10 heures, Dasti se rend dans le Bronx à la *Cafétéria Jerome* où, durant une heure, il s'entretient avec Vanacora et son fils Dominique. Il revient ensuite à son hôtel et le B.N.D.D. n'enregistre rien d'anormal le reste de la journée. La G.R.C., de son côté, note que Dasti, de retour à son hôtel, tente sans succès de communiquer avec Cotroni. Il réussit cependant à le joindre chez lui tôt le matin suivant. Leur conversation établit qu'encore une fois les trafiquants ont réussi à s'en tirer. Dasti déclare en effet que « l'affaire est finie » et que le gars (sans doute le courrier) a pris une partie de l'argent et est reparti. Quant au dernier paiement, il semble que ce sera les New-Yorkais qui viendront le livrer à Montréal, au cours de la semaine, Dasti indiquant qu'il ne veut pas courir le risque d'être fouillé avec autant d'argent. La conversation confirme de plus les intérêts qu'a dans l'affaire Joe Horvath qui, la veille, après s'être entretenu avec Cotroni, a téléphoné à Dasti.

Ce dernier est de retour à Montréal le lendemain midi. Il rencontre d'abord Cotroni puis se rend au *Victoria Sporting Club* d'où il téléphone à sa femme, puis à Steve Panepinto. La Brigade des stupéfiants apprend ainsi que Vanacora et Paul Oddo sont attendus en début de soirée à Montréal et que Dasti se propose de retourner à New York dans quelques jours afin de discuter d'une autre affaire avec Panepinto. Au cours de la soirée, une équipe de la G.R.C. repère Frank Dasti et Frank Cotroni au *Laurentien*. Les deux mafiosi paraissent de mauvaise humeur. Cotroni fait plusieurs appels téléphoniques et engueule ses interlocuteurs en italien. Vers 21 heures, Dasti le quitte et se rend à l'aéroport où il attend en vain l'arrivée des New-Yorkais.

D'autre part, dans cette journée du 13 janvier, il se produit des développements intéressants en ce qui concerne le voyage d'Orsini en Italie. Celui-ci reçoit un premier appel d'Eligio Siconolfi qui lui demande:

« Qu'est-ce que tu m'as fait. J'ai été suivi par cinq personnes et ils m'ont accusé de t'avoir volé 20 kilos.

— Ça doit être des policiers. »

Il a raison! A bord de puissantes voitures américaines, des agents du B.N.D.D. ont suivi tous les déplacements de Siconolfi à Rome. Celui-ci s'en est rendu compte et croyant avoir affaire à des ennemis d'Orsini, il s'est rendu à la préfecture de police pour porter plainte. Les agents américains ont été « arrêtés », mais lui aussi et, durant sa détention, on lui a fait croire que Guido, Santo et Matteo l'attendaient avec une certaine impatience à Montréal.

Après l'appel de Siconolfi, Orsini téléphone à Franco Ferruzzi en Italie et lui dit que « le voyage s'est très bien passé à l'exception du fait que la police a suivi notre ami ». Il ajoute ensuite:

« Te rappelles-tu ce que j't'ai déjà dit à propos des choses que j'étais supposé d'envoyer?

— Oui, répond Ferruzi.

— Eh bien, tout a été arrêté. (23) Aussi, sois pas surpris si tu reçois de la visite et s'y t'interrogent à mon sujet.

— T'en fais pas, ç'a pas d'importance. »

Le retour de Dasti à Montréal est suivi du départ de Cotroni pour le Mexique. Puis, le 15 janvier, Oddo téléphone pour se plaindre de la qualité de la marchandise livrée à New York.

« Tu sais quoi? dit-il à Dasti. Très avarié . . . Ils vont être obligés d'en jeter . . . Ils perdent sur chacun . . .

— Attends une minute!

— J'te dis qu'ils sont en mauvais état, Frank, j'les ai vus . . . »

Le lendemain matin, Oddo revient à la charge et précise:

« (. . .) C'est gommeux. J'sais pas l'diable c'que c'est. C'est comme gommeux . . . J'les ai vus de mes propres yeux. J'sais que c'est avarié. Faut qu'y s'en débarrassent d'une partie, t'sais. Faut qu'y en coupent une partie . . .

— Dans ce cas-là, laisse donc faire, m'as m'arranger pour que quelqu'un aille le chercher. J'ai payé pour ce stuff-là. Y a pas de problème. Ramène-moé-le.

— C'est pas à moé à décider, mais c'est une perte. Avec les « figures », y voulaient 18; c'est monté à 19, pis c'est monté à 20. Pis ça c'est final. Là, c't'à toé à décider, Frank, c'que tu veux faire . . . C'est pas à moé à décider, Frank, tu sais c'que j'veux dire.

— De toute façon, tu sais quoi faire! dit Dasti.

— Pourquoi? Parce que j'l'ai bien caché? Mais la place est risquée. La personne là, a m'achale. Y faut que j'le sorte de d'là, tu

_____

23. Ce qui veut dire que le voyage en Italie n'aura pas de suite.

comprends. Maintenant c't'à toé à décider c'que tu veux faire. J'le sais pas.

— Oui, tu comprends, j'peux pas prendre une décision comme ça si vite que ça.

— J'comprends. C'est pour ça que moé aussi j'peux pas prendre ma décision, tu comprends.

— Mon gars va m'appeler aujourd'hui. A quelle heure qu'y va m'appeler, j'l'sais pas.

— Ben écoute là, dis-y que j'ai vu à ça moi-même.

— Peux-tu attendre jusqu'à demain?

— J'peux le laisser là jusqu'à demain. »

Après ce second entretien, Dasti téléphone à Cotroni à Mexico pour lui expliquer la situation.

« Y faut que j'sache quoi faire lui dit-il. Les gars sont pris là-bas, pis y veulent rien faire avec ça ... Parce que de quoi c'est qui arrive, c'est que ça prend les deux pour en faire un ... Y faut que j'signe un contrat pour deux ans. Ça fait 14 000.

— C'est 7 000 par année. Pis pour deux ans, ça fait 14 000, répète Cotroni. (24)

— C'est ça, poursuit Dasti. Parce que ça prend absolument ça pour arranger l'affaire ... Parce que c'est trop fini, le gars y peut pas rien faire avec, pis à part de ça, y veut pas perdre son temps. Tu sais comment que c'est, y sont nerveux.

— Moé, j'sais pas quoi y dire à lui, réplique Cotroni. (25) Ça me fait rien, j'ai rien qu'à peine d'y donner ça, mais c'est parce qu'après, p'têt ben qu'y voudra pus ... (26)

— (...) Ben, écoute, chose, moé j'peux pas prendre la chance avec ces gars-là. J'veux pas les brûler. Pis, y sont mal pris. J'peux pas les garder par la gorge, hein! Ecoute, c'est pas des menteurs ces gars-là.

— Qu'est-ce que t'en penses toé?

---

24. Cotroni se rend compte que le prix est diminué de moitié par rapport à ce qui avait été entendu au départ, soit $7 000 le kilo au lieu de $14 000.

25. Cotroni parle sans doute de Catania.

26. (transiger avec nous.)

— C'est pas des menteurs, c'est toute ce que j'te dis, moé. En tout cas, m'as voir à ça quoi c'est qu'y peut faire avec. Y est supposé m'appeler à une heure et demie. C est pour ça que j'voulais avoir une réponse.

— O.K., arrange ça à ton goût . . . » conclut Cotroni.

A 13h30, comme convenu, Oddo rappelle Dasti au *Victoria Sporting Club*. Ce dernier ne lui laisse pas le temps de parler:

« Ecoute, t'as pas besoin de parler, tout ce que tu m'as dit, c'est correct . . .

— Tout ce que je t'ai dit c'est correct?

— Oui, laisse-la partir pour ça cette fois-ci. (27)

— O.K., on va descendre demain pour aller te porter ça . . . »

Oddo tient parole. Le lendemain après-midi, il arrive à Montréal en compagnie de Vanacora et Altamura. La Brigade des stupéfiants sait qu ils sont en ville, mais préfère ne pas organiser de surveillance cette fois-ci afin de ne pas risquer d'être repérée inutilement, ce qui pourrait amener les trafiquants à annuler ou à retarder leur prochaine transaction. La décision est sage et ne tarde pas à porter fruit. Le 19 janvier, Oddo téléphone à nouveau à Dasti pour lui demander quand il sera en mesure de lui donner des nouvelles au sujet des « autres affaires ». Le Montréalais ne peut lui donner une réponse immédiatement mais promet qu'aussitôt qu'il aura du nouveau, il l'avisera.

Peu après cet entretien, Orsini communique avec Dasti pour lui dire d'appeler immédiatement Cotroni à Mexico. Soldat fidèle, Dasti s exécute sur-le-champ:

« J'rencontre le gars demain t'sais, lui dit Cotroni. (28) J'veux rien que le voir pour le bail là.

— Ouan ben, le bail est fini.

— As-tu reçu l'affaire?

— Oui.

— Bon, j'te rappellerai. J'te dirai quoi faire. J'm'en vas le voir demain, m'as voir qu'est-ce qu'y veut. S'y veut l'avoir, j'te rappellerai, pis on l'enverra porter.

---

27. Dasti préfère perdre un peu d'argent que des bons clients.

28. Cotroni parle de Catania.

— Demandes-y qu'est-ce qu'y veut faire avec les autres affaires là ... Parce qu'y attendent après ... Il faut absolument que tu signes un contrat comme tu veux payer rien que tant ... Il faut qu'y bâtisse, pis ça y coûte cinq, ça y coûte six, ça y coûte sept, tu sais ... Y faut absolument qu'on ait le contrat comme ça, autrement c'est pas bon.

— Ouais, j'comprends. C'est correct.

— Moé, j'm'arrangerai avec le reste.

— Correct ... Rappelle donc le gars, t'sais, celui qui vient de t'appeler là ... Dis-y à lui, parce que lui y est supposé de venir me rejoindre vendredi ... Demandes-y si y a la chance de venir demain à place. C'est plus convenable pour moé ... Dis-y rien que ça.

— O.K. Salut. »

Naturellement, Dasti fait ce que Cotroni lui a demandé et il communique avec Orsini. Le lendemain, celui-ci téléphone à Cotroni pour lui dire qu'il sera là le 22 avec l'argent que l'autre va lui remettre. Le 21, il communique avec Dasti qui lui dit de venir le rencontrer le lendemain matin à la pharmacie Berke's, rue Sainte-Catherine ouest; il lui remettra alors $14 000 en petites coupures.

A 10 heures, le 22 janvier, le sergent Paul Sauvé, de la Brigade des stupéfiants, et l'agent spécial Kevin Gallagher, du B.N.D.D., assistent à la rencontre avec toute une équipe de surveillance spéciale de la Gendarmerie royale. Dasti est arrivé depuis 10 minutes quand le rejoignent Orsini et un autre membre du clan, Pasquale Di Pilla, 34 ans. (29) Le trio cause quelques minutes, puis Dasti part seul et se rend à la succursale bancaire située à côté de la pharmacie. Il revient 10 minutes plus tard avec une petite boîte recouverte d'un sac de papier qu'il remet à Orsini. A ce moment, l'agent Gallagher entre nonchalamment dans le magasin avec une mallette dans laquelle est dissimulé un appareil photographique de grande précision. Il actionne aussitôt le déclencheur inséré dans la poignée et prend une bonne douzaine de photos saisissantes de vérité de Dasti remettant le colis à Orsini. Cinq minutes plus tard, les truands quittent les lieux.

Orsini prend l'avion pour Mexico le soir même et va rencontrer Cotroni et Pino Catania à l'*Hôtel Presidente*. Il est de retour dans la métropole trois jours plus tard après une escale à Toronto où il a

---

29. Ce dernier sera arrêté au mois de juillet suivant, à Toronto, pour possession de deux kilos d'héroïne.

rencontré à l'aéroport Aniello Santella et l'un de ses associés, Fortunato Bartuccio. Depuis le mois de décembre, par l'entremise de Mendolia, Santella est en communication constante avec le clan Cotroni et Giuseppe Tramontana, surtout au sujet de l'opération des immigrants et de l'investissement qu'il a fait dans le voyage d Orsini en Italie. (30) Avant de partir pour Mexico, Orsini a d'ailleurs discuté avec lui au téléphone au sujet d'une certaine somme d'argent qui devait être envoyée à Ferruzi en Italie. A cette occasion, Santella en avait profité pour lui faire part d'une nouvelle proposition de Tramontana, engagé comme représentant pour un autre groupe d'Américains. Ceux-ci ont une quarantaine de livres à écouler, mais ils exigent d'être payés comptant. En difficulté financière, Santella a pensé à son ami de Montréal pour réussir à décrocher le contrat. Orsini a alors téléphoné à Tramontana et lui a dit qu'il prendra toutes les « cravates » qu'il aura. Puis, il a chargé Mendolia de s'occuper de l'affaire jusqu'à son retour à Montréal. Santo a donc communiqué avec Santella pour organiser la rencontre à l'aéroport de Toronto et il s'est rendu ensuite à New York où il a rencontré Tramontana et ses deux nouveaux partenaires.

Le lendemain de son retour à Montréal, Orsini multiplie les démarches avec Tramontana, Santella et Dasti pour tenter d'organiser une nouvelle transaction au plus bas prix et, si possible, sans avoir à débourser quoi que ce soit. Il demande ainsi à Tramontana de réduire ses exigences et d'accepter que la transaction se fasse en deux tranches, le temps de permettre de vendre le premier stock et d'obtenir l'argent nécessaire pour payer le reste. Santella est disposé à prendre immédiatement 5 kilos à $13 000 chacun, qu'il compte vendre ensuite à $15 000, mais Orsini ne veut pas s'engager à payer si cher à moins que la marchandise ne soit livrée à New York directement. Dasti est bien prêt à faire les approches nécessaires auprès de ses clients habituels, mais il ne pense pas pouvoir obtenir plus que $10 500 le kilo. Tramontana ajoute que son prix serait moins élevé pour Montréal que pour Toronto. Toutefois, ses amis ont un autre client en vue à cet endroit et il n'est pas en mesure de garantir qu'on ne lui cédera pas le contrat, d'autant plus que ses amis ne veulent pas vendre moins de $12 000. Tout ce qu'il peut faire, c'est d'attendre une journée pour permettre à Orsini de rencontrer ses amis.

---

30. Le jour même du retour d'Orsini à Montréal, la Ferrari de Siconolfi arrive à New York où elle est fouillée de fond en comble. La manoeuvre s'avère vaine car les trafiquants ont annulé la transaction. L'automobile sera ramenée via Détroit à Montréal et elle sera alors saisie par la G.R.C. pour ne pas avoir été déclarée.

Photographies de l'échange d'argent entre Frank Dasti et Guido Orsini à la pharmacie Berke's, à Montréal.

Cette rencontre a lieu effectivement dans la matinée du 27 janvier, dans le vestibule du *Laurentien*. Pendant une demi-heure, sous les regards attentifs d'une équipe de surveillance de la Brigade des stupéfiants, Orsini, Mendolia et Dasti discutent âprement des offres qui leur sont faites. Auparavant, Orsini s'est entretenu avec Santella qui lui a expliqué que les vendeurs dans cette affaire-là sont tous originaires du même patelin en Italie et qu'avant d'aider les autres, ils vont s'aider entre eux, comme c'est la coutume chez les Italiens. Orsini n'a pas caché sa colère contre ces Américains et il a promis que la prochaine fois, son patron veillerait à ce qu'ils fassent affaire avec lui avant. Il se promet bien d'arriver à connaître l'identité de cet acheteur mystérieux de Toronto. Toutefois, pour le moment, tout ce qu'il peut faire c'est d'espérer que Tramontana le rappelle, comme cela a été convenu; il pourra alors aller à Toronto rencontrer ses amis.

Au cours de l'après-midi, après l'entretien du *Laurentien,* Orsini téléphone à Pino Catania à Mexico:

« T'sais, ton ami le docteur, l'autre bord là, penses-tu qu'y va accepter . . . J'lui ai déjà écrit . . .

— T'en fais pas . . . J'pense ben que ça va aller.

— En tout cas, là, les autres, le notaire (31) et scs amis y voulaient rien savoir . . .

— Oui, mais y voulaient pas perdre d'argent.

— Ouan, j'espère qu'avec le docteur ça va aller mieux.

— J'pense ben oui . . . Rappelle-moi mercredi prochain. J'aurai peut-être des bonnes nouvelles.

— O.K. »

Au même moment, la police italienne a réussi à intercepter la lettre qu'Orsini a adressée le 11 janvier à l'ami de Catania. Elle se lit comme suit:

> (...) En ce qui concerne les artistes qui étaient attendus au Canada, c'est moi qui a cancellé les arrangements. J'ai pensé que ça serait la meilleure solution. En ce qui concerne les choses que nous avons discutées ensemble au sujet de Montesilvano, tout se présente très bien. Les prospectus que j'ai vus et l'information que j'ai eue m'ont semblé très très intéressants. Vous recevrez bientôt un mot à ce sujet. En ce moment, un groupe d'amis sont à San Remo et aussitôt que possible ils entreront en contact avec vous ou iront vous voir personnellement. A ce sujet, ne soyez pas inquiet.
>
> (...) Ça sera la base d'une étroite et active collaboration.

En attendant, Orsini met tous ses espoirs dans Catania, à tel point d'ailleurs que sans même savoir à quoi s'en tenir, il avise Dasti qu'il pourrait recevoir un peu de stuff. Toujours soucieux d'impressionner, il déclare que la marchandise serait moins coûteuse que celle proposée par Tramontana et ses amis qui, de leur côté, se sont entendus avec leur client de Toronto. A ce sujet, la section locale de la Brigade des stupéfiants a fait du bon travail et, même si elle n'a pas réussi à empêcher des transactions, elle a néanmoins identifié les partenaires de Tramontana et, possiblement, leur acheteur.

---

31. Il s'agit ici de Tramontana.

En effet, le 26 janvier, les agents fédéraux ont noté l'arrivée à Toronto de deux New-Yorkais, Pietro Misuraca, 44 ans, et Anthony Castiglione, 30 ans. Ce dernier est particulièrement connu du B.N.D.D., surtout à cause de ses relations étroites avec deux Grands de Palerme: Pasquale Fretto et Giuseppe Gaglia, considérés comme d'importants trafiquants par la Police italienne. Tandis que son compagnon fait la navette entre Toronto, Montréal et New York, inscrit au *Motel Orchard,* Misuraca a été vu à plusieurs reprises pendant son séjour dans la capitale ontarienne en compagnie d'un certain Antonio Sciortino, 37 ans, d'Islington. Inconnu jusqu'alors de la Brigade des stupéfiants, le nom de cet individu a cependant été relevé parce que son automobile a été repérée dans l'entourage de personnages douteux. (32)

Antonio Sciortino (en bas, à gauche) et les deux New-Yorkais avec lesquels il a été aperçu, Pietro Misuraca (en haut, à droite) et Anthony Castiglione (en bas, à droite).

32. Ces personnages sont des individus acoquinés avec Benedetto Zizzo, ancien associé des frères Agueci, arrêtés en 1961, et frère du patron de la Mafia de Salemi, en Sicile. Voir note 2, page 176, chapitre VII.

Benedetto Zizzo

Depuis quelque temps, certains renseignements parvenus à la G.R.C. laissent entendre que Benedetto Zizzo a remonté une filière d'héroïne entre l'Italie et les Etats-Unis. La présence de Sciortino avec Misuraca ajoute un indice au dossier. Une nouvelle enquête a donc été entreprise à Toronto sur les activités de ce nouveau venu et, dans les mois qui suivent, des ramifications importantes seront mises à jour.

Entre-temps, le 1er février, un événement inattendu vient bouleverser les projets de la Mafia montréalaise. A la suite de la plainte portée par un bijoutier d'Acapulco concernant des bijoux, d'une valeur totale de $2 080, achetés à l'aide d'une carte de crédit présumément volée, Frank Cotroni est arrêté par la police mexicaine et emprisonné. En réalité, il s'agit d'une méprise. Les bijoux ont été achetés par un autre Montréalais, un vendeur d'encyclopédies Larousse, qui a prêté sa Cadillac décapotable à un ami qui l'a amenée jusqu'au Mexique et l'a prêtée un soir à un de ses amis, Frank Cotroni. La femme du bijoutier a cru reconnaître l'acheteur des bijoux quand les policiers ont retracé le trafiquant en possession de la Cadillac. Cotroni doit attendre 12 jours avant que l'affaire ne soit éclaircie, mais alors une autre plainte est portée contre lui. La compagnie *American Express* l'accuse d'avoir utilisé des cartes de crédit volées lors de son séjour à Acapulco au cours de l'hiver 1970. Cette fois, la police mexicaine décide de couper court et, le 15 février, Cotroni est déporté au Canada. Trois jours plus tard, dans une suite luxueuse du *Holiday Inn,* le caïd explique à une centaine de journa-

Quand Monsieur Cotroni convoque les journalistes...

Accompagné de son procureur, Monsieur Frank (Santo) Cotroni (photo du haut) a expliqué hier à la presse les péripéties de son aventure mexicaine. Un "représentant éducationnel", M. Robert Corbeil (photo du bas) a aussi parlé de sa carte de crédit. Comme on en jugera par l'assistance, ce fut l'une des conférences de presse les plus imposantes jamais convoquées par un homme d'affaires montréalais. (Voir nouvelle page 2). (Photo MM - André Hébert) listes et de photographes, sous les feux des projecteurs de quatre stations de télévision, les péripéties de son aventure mexicaine.

Il en sort avec les honneurs de la guerre, mais cela n'est pas suffisant pour rassurer Pino Catania qui a fait les premières démarches pour le faire libérer. Celui-ci craint d'avoir attiré sur lui et son associé Asaf y Bala la curiosité des policiers et c'est pourquoi, le 23 février, il annonce à Orsini son intention de différer les projets en cours.

Pendant les deux mois qui suivent, les activités des trafiquants montréalais reliés au clan Cotroni sont singulièrement réduites. Tous demeurent en communication avec leurs clients et différents contacts, mais rien de spécial ne parvient aux oreilles de la Brigade des stupéfiants. Au plan policier, l'attention est surtout concentrée sur les maisons de jeu et les cabarets du groupe de Nicola Di Iorio. A la mi-mars, alors que se poursuivent les raids dans les boîtes de nuit, la Sûreté du Québec réussit à fermer définitivement les deux plus gros cercles de jeu de l'Organisation, le *Victoria Sporting Club* de Dasti et le *Blue Stripe Mountain Riders* de Roméo Bucci.

Il faut attendre au 6 mai suivant avant qu'une nouvelle piste ne ranime l'ardeur des limiers fédéraux. Ce jour-là, une nouvelle interception téléphonique révèle que Dasti a communiqué avec Paul Oddo pour lui demander de venir le rencontrer à Montréal avec « l'autre ». Le New-Yorkais a promis de venir le lendemain et d'apporter avec lui une série de numéros de téléphone de boîtes publiques afin de mettre au point un nouveau code de communication pour déjouer la curiosité policière.

Une filature de Dasti est donc organisée et une équipe de surveillance est postée aux abords du *Laurentien* où la rencontre doit avoir lieu. La journée prévue, ni Oddo, ni Vanacora ne se montrent le nez à Montréal. En fait, le seul élément intéressant est un bref entretien Dasti-Horvath dans le terrain de stationnement d'un centre commercial de la banlieue ouest. Mais, le lendemain, le 8 mai, à 11h30, le B.N.D.D. apprend que Paul Oddo a quitté New York en avion. Il arrive 10 minutes plus tard à Dorval où il est accueilli par Dasti. Durant une heure, les deux compères bavardent dans le parking de l'aéroport puis ils se dirigent en automobile vers le centre-ville. On les perd alors de vue dans la circulation. En fin d'après-midi, le B.N.D.D. signale le retour d'Oddo à New York et quelques rencontres avec Vanacora et d'autres trafiquants connus.

A Montréal, ignorant la teneur des derniers pourparlers, la Brigade des stupéfiants décide d'organiser une surveillance plus régulière des allées et venues de Dasti. C'est ainsi que le 20 mai, vers 12h40, le mafioso est repéré dans la cabine téléphonique publique de la taverne *Red Cap*, boulevard Saint-Laurent. Quand il quitte les lieux, le constable Réginald Beers note le numéro de téléphone — 279-0192 — et aussitôt on vérifie si un appel interurbain a été fait de cet appareil. Quelques minutes plus tard, la réponse arrive: un seul appel interurbain a été fait au cours de la dernière heure dans le secteur de l'échange 279. A 12h33, du numéro 279-0132, situé au restaurant *Steve's*, rue Sainte-Catherine, un appel a été fait à New York au numéro 364-2481. Le B.N.D.D. à son tour se met à l'oeuvre et peu après on apprend que l'abonné concerné est inconnu des services policiers, mais que son adresse correspond à celle de Paul Oddo . . .

Au cours de l'après-midi, la Brigade des stupéfiants est avisée que Dasti attend avec impatience un important appel des Etats-Unis. Au début de la soirée, d'autres informations indiquent que Horvath a communiqué avec Dasti et que celui-ci l'a engueulé parce que sa ligne téléphonique est toujours occupée. Horvath lui a dit qu'il était avec l'« avocat », Dominique Séville, et que celui-ci attendrait de ses nouvelles. Les enquêteurs se rappellent qu'au début du mois, Horvath et Séville ont contacté Blackie Bisson pour lui offrir une trentaine de livres d'héroïne qu'ils auraient obtenus de Toronto. A cause de la mauvaise qualité de la marchandise, l'acolyte de Lucien Rivard a refusé l'offre.

Un peu plus tard au cours de la soirée, Frank Cotroni téléphone à Dasti et lui demande s'il a des nouvelles de son neveu au sujet de l'estimation de son automobile. L'ancien gérant du *Victoria Sporting Club* répond qu'il aura des nouvelles vers 21 heures ou 21h30. Les limiers fédéraux savent que le neveu de Dasti, René Di Fruscia, est propriétaire d'un garage sur le boulevard Saint-Laurent, le *Monte Carlo Auto Body*, et que, depuis la fermeture de sa maison de jeu, Dasti y passe une grande partie de son temps. Toutefois, l'hypothèse est que l'appel de Cotroni s'est fait en langage codé et que cela a probablement un rapport avec les démarches de Horvath et Séville.

L'hypothèse se confirme encore plus au cours de l'heure qui suit, car Horvath et Cotroni téléphonent à nouveau à Dasti pour savoir s'il a des nouvelles. Celui-ci répond qu'il attend toujours.

Finalement, en fin de soirée, Dasti reçoit un appel d'Anthony Vanacora:

« J'ai compté, dit le New-Yorkais, j'ai tout.

— Bon, O.K., donnes-y et laisse-le partir.

— Y va partir dans environ une heure mais j'perds 10 000. Dans chaque, y en manquait. J'les ai pesés moé-même avec le gars. Comme y est correct, j'vas assumer la perte, mais tu diras à ton gars que c'est stupide d'essayer ça.

— Ouan, t'es sûr?

— Ecoute, dans chaque, y devait en avoir 34, mais y en avait seulement 32.

— J'vas faire attention à ça, mais laisse-le partir... Rappelle-moé demain matin... J'veux aller me coucher, y ont pas arrêté de m'achaler icitte.

— J'espère que tu vas pouvoir arranger ça.

— Oui, oui, inquiète-toé pas... Salut. »

Pour la Brigade des stupéfiants, ces paroles confirment qu'elle vient d'essuyer un nouvel échec. Une fois de plus, les trafiquants ont réussi leur coup. Ceux-ci en sont d'ailleurs très fiers. Peu après l'appel de Vanacora, Horvath téléphone une troisième fois à Dasti qui l'avise du dénouement de l'affaire.

« Oh Francesco! Je t'embrasserais », s'exclame alors Little Joe.

Mais les affaires sont sérieuses et, après lui avoir demandé d'avertir les autres, Dasti blâme Horvath d'avoir menti et d'avoir gonflé le poids de la marchandise. Comme le disait Vanacora, chaque paquet qui devait contenir 34 onces n'en contenait que 32, ce qui a permis à Horvath de réaliser un bénéfice intéressant. Dasti le sait et n'aime pas ce genre de trafic, nuisible à sa bonne réputation:

« Si un homme pèse 150 livres, déclare-t-il, tu ne devrais pas dire qu'il pèse 180 livres. »

Mais puisque Dasti se contente de le semoncer sans lui réclamer de dédommagement, Horvath encaisse le reproche, et une rencontre a lieu le lendemain entre les deux complices.

Après chaque transaction, Dasti a l'habitude de se rendre à New York pour rencontrer ses clients et se payer un peu de bon temps avec sa femme, qui est américaine et aime beaucoup retourner dans son pays. Aussi, le 6 juin, la G.R.C. n'est pas surprise de le voir partir pour la métropole américaine en compagnie de sa femme. Là-bas, pendant trois jours, sous l'oeil vigilant du B.N.D.D., il rencontre à tour de rôle Paul Oddo et Anthony Vanacora, Steve Panepinto, et William Castaldi, l'un des hommes de Guido Penosi. (33)

33. Au moment de ce voyage à New York, Guido Penosi attend les résultats d'un appel qu'il a logé à l'encontre d'une condamnation à 45 mois de prison qui a été prononcée contre lui en décembre 1971, pour évasion fiscale. Finalement, il perdra cet appel et sera incarcéré en 1972.

Ce voyage à New York est suivi, une semaine et demie plus tard, d'une brève visite de Paul Oddo à Montréal, au cours de laquelle Dasti lui présente Frank Cotroni et Guido Orsini. Cette dernière rencontre est importante pour la Brigade des stupéfiants; elle indique peut-être une reprise de l'approvisionnement par l'entremise de Cotroni et Orsini. Depuis l'hiver, ceux-ci n'ont pas trop fait parler d'eux.

La chose se confirme un peu plus tard au cours de l'été: le 20 août, on apprend que Dasti et Santo Mendolia font des démarches pour récupérer un camion réfrigéré qui appartient à un de leurs amis, Mauro Zanetti, et qui a été saisi par un huissier. Selon les indications obtenues, le véhicule doit servir très prochainement à un transport de drogue à New York. Les agents fédéraux savent déjà que depuis la mi-juillet, Oddo a téléphoné à plusieurs reprises à Dasti pour lui rappeler que ses gars l'attendent.

Dans l'espoir d'en savoir plus, le sergent Sauvé et le constable Beers entreprennent donc une surveillance des abords de la station-service où est garé le camion suspect. Toute la journée du 21 août, ils attendent en vain que les trafiquants viennent chercher le véhicule. Ils constatent le lendemain matin qu'ils ont perdu leur temps et que les trafiquants ont encore réussi à les déjouer. Mais Oddo téléphone à Dasti pour lui dire que son « gars » est arrivé dans la nuit et que ses clients sont en train de vérifier un par un les 32 paquets (d'une livre chacun). Le New-Yorkais espère cette fois-ci que la marchandise sera conforme à l'entente et il croit que le courrier pourra repartir pour Montréal avant midi. Il assure le Montréalais que tout semble correct même si l'empaquetage n'a pas été fait de la bonne façon. Enfin, il promet de venir à Montréal dans la soirée ou le jour suivant.

Grâce à d'autres conversations téléphoniques, interceptées avant et après celle-là, la G.R.C. réussit à établir que le courrier est Lucien Madère, dit le Chat, un ancien employé du *Victoria Sporting Club,* que Mendolia s'est occupé de son voyage et que la marchandise a été fournie à Dasti par Horvath et Séville.

Oddo arrive ensuite à Montréal, le 23 août, vers 8 heures du matin et, après une brève rencontre avec Dasti au cours de laquelle il lui remet un petit paquet, il repart pour New York. Dasti lui rend la politesse deux jours plus tard et, le 9 septembre, le New-Yorkais revient à Montréal, de toute évidence pour discuter de la manipulation de la marchandise qui s'est produite une fois encore. A ce propos, Dasti met en garde Horvath contre les procédés de Séville, et Little Joe promet d'y voir.

Le 19 septembre, Dasti retourne à New York. Le B.N.D.D. remarque sa présence et celle de Panepinto aux funérailles d'un important membre de la Mafia newyorkaise, James Plumeri, alias Jimmy Doyle, un capitaine dans la famille de Carmine Tramunti (le successeur de Gaetano Lucchese). Le caïd a été assassiné trois jours auparavant à cause d'un conflit avec Carlo Gambino au sujet du contrôle de l'industrie du vêtement. Les patrons de Panepinto, les Dioguardi, sont les neveux du défunt.

Le 1er octobre, un autre entretien téléphonique a lieu entre Oddo et Dasti.

« J'vas avoir pour toé une autre cargaison de fruits très prochainement, annonce le Montréalais. Ça sera pas emballé comme l'autre fois. J'te le promets ... J'ai parlé à mes gens et j'peux t'expliquer ce qui est arrivé la dernière fois. »

Neuf jours plus tard, Oddo téléphone pour savoir comment se présentent les choses et Dasti lui répond:

« Les affaires sont bonnes. J'devrais avoir des nouvelles dans une couple de jours. J'saurai alors à quoi m'en tenir, mais tout est correct. »

Mais le 15 octobre, l'humeur de Dasti a changé:

« J'attends, j'attends et tout devrait être prêt. J'attends après ces trous-de-cul. Ils sont supposés de ramener l'auto et ces trous-de cul ne se sont pas montrés. C'est supposé d'être trois ou quatre autos. »

L'approvisionnement pour cette nouvelle affaire doit venir d'Italie via Toronto par l'entremise de Cotroni, Orsini et Mendolia. Au mois de septembre, ceux-ci sont entrés en contact avec Vito Adamo, Salvatore Reggio et Baldassare Accardo, trois acolytes de Benedetto Zizzo et d'Antonio Sciortino, et ils ont fait des arrangements pour acheter une partie d'une cargaison d'héroïne que les Torontois ont envoyé chercher. Celui qui doit ramener la marchandise est Antonio Aguano. Selon l'enquête en cours à Toronto, il s'agit peut-être, aussi curieux que cela puisse paraître, du membre le plus influent de la bande. Au cours de l'été, Zizzo et Reggio ont eu de nombreuses discussions acerbes pour savoir quelle méthode serait utilisée pour importer la came et finalement les deux mafiosi s'en sont remis à Don Toto, c'est-à-dire Aguano, pour la décision finale. Celui-ci a décidé d'aller chercher lui-même la marchandise avec une Ford de l'année et il devait revenir le 16 septembre par Halifax avec la marchandise dissimulée dans un compartiment secret, installé dans le réservoir d'essence de son automobile.

Deux jours après le dernier entretien de Dasti avec Oddo, le 17 octobre, Cotroni, Orsini et Mendolia rencontrent à Montréal, à la *Casa d'Italia*, Vito Adamo et Salvatore Reggio. Les informations recueillies préalablement par la section torontoise de la Brigade des stupéfiants permettent de croire que la discussion a porté sur le prix trop élevé exigé par les Torontois et sur le retard dans la livraison de la marchandise. Quoi qu'il en soit, la rencontre se révèle bientôt inutile. Aguano revient au début de novembre, mais les mains vides. En Italie, un incident impliquant son automobile l'a mis sur les nerfs et par la suite quelqu'un l'a prévenu que son auto serait fouillée et passée au peigne fin. Ne voulant pas risquer une seconde saisie (une première a déjà affecté la bande au mois d'août à New York), il a préféré annuler la transaction.

L'absence d'héroïne n'empêche cependant pas la G.R.C. de passer à l'action. Le 11 novembre, Aguano, Adamo, Accardo et Reggio sont arrêtés dans une ferme de la banlieue torontoise et accusés de conspiration pour trafic d'héroïne. Deux d'entre eux seront condamnés. Pour sa part, Adamo, dit le Philosophe, relâché faute de preuves, sera assassiné à Naples le 24 janvier 1973, parce qu'on le soupçonne d'être un indicateur de la G.R.C. Cette enquête entreprise lors du passage d'Anthony Castiglione et de Pietro Misuraca à Toronto, au début de 1971, se poursuit et conduit, le 27 janvier 1973, à l'arrestation de Benedetto Zizzo, Antonio Sciortino, Antonio Codispoti, Vito et Francesco Cutrona, Nicola et Gaetano Asaro et Francesco Bellitti. (34)

L'échec de la transaction torontoise désappointe considérablement le groupe Cotroni. Le 17 novembre 1971, Mendolia communique avec Castiglione pour savoir comment contacter « le Blond », Giuseppe Tramontana. Plus tard, il téléphone à Pietro Misuraca en Louisiane:

« J'ai du travail pour nous deux, lui dit-il.

— C'est bon. J'ai décidé que mes parts et les tiennes seront de 10 chacune... Rappelle-toé, c'est toé qui a commencé ça... La seconde fois que j'ai été à Montréal, j'étais d'accord pour payer $10 500. C'est pas correct parce que j'avais promis aux gens de vendre la marchandise et le prix devait être de $11 500... Si j'avais pas promis le stuff aux autres...

---

34. Tous seront condamnés à de lourdes peines, à l'exception de Sciortino qui sera acquitté.

Les Torontois Vito Adamo (en haut, à gauche), Antonio Aguano (en haut, à droite), Baldassare Accardo (en bas, à gauche) et Salvatore Reggio (en bas, à droite).

— Si j'pouvais, j'serais content de te donner $14 000. Rappelle-toé Pietro, quand t'as quitté Montréal, tu m'as dit d'essayer d'obtenir 10 000 chaque.

— C'était vrai mais les choses ont changé. »

Mendolia demande ensuite à son interlocuteur de lui donner une adresse où il pourra lui écrire. Et, le lendemain, ce dernier lui téléphone et lui dit:

« J'ai rien de neuf, mais c'est possible que je vienne d'ici la fin de l'année.

— On va t'attendre. Seras-tu prêt?

— Demande-moé pas quand nous autres on va être prêts. La première chance qu'on a, c't'à toé.

— J'vas te rappeler demain. »

Le lendemain, Mendolia ne réussit pas à le joindre, ni les jours suivants. A la mi-décembre, il finit cependant par contacter Tramontana qu'il va d'ailleurs rencontrer à New York. Son voyage est précédé et suivi d'entretiens avec Dasti et Orsini. Toutefois, ces démarches n'aboutissent pas non plus. Du moins, rien en ce sens ne parvient aux oreilles de la G.R.C. Au début de 1972, la Brigade des stupéfiants apprend qu'Aniello Santella, qui a été déporté en Italie, s'apprête à venir rencontrer ses amis à Montréal pour préparer une nouvelle affaire. Au mois d'octobre, Orsini s'est rendu une autre fois en Italie et il l'a rencontré. Santella arrive à New York le 24 février, mais il n'a pas la chance de se rendre à Montréal. Immédiatement arrêté par l'Immigration américaine, il n'est relâché qu'après avoir accepté d'être déporté volontairement en Italie.

Au moment de ces derniers développements, plusieurs enquêtes conjointes des limiers canadiens, américains et français ont abouti ou sont sur le point d'aboutir. Certaines auront des retentissements importants pour le clan Cotroni.

Chapitre XIV
Les artistes en scène

Au début du mois d'avril 1971, le Service des enquêtes de la Douane américaine demande à la Brigade des stupéfiants de la G.R.C. de retracer un musicien nommé Henri Tailler qui, à la fin de l'hiver 1969, serait venu à Montréal avec la troupe du chanteur français Johnny Halliday et qui aurait participé à un transport d'héroïne.

Le 22 avril 1969, les douaniers de l'aéroport Logan, de Boston, ont arrêté par hasard un immigrant français qui transportait 6 kilos (13 livres) d'héroïne pure. En échange de la clémence des tribunaux, l'individu, Emile Alonzo, a raconté sa participation à une importante filière française. Au cours du mois de septembre 1968, il a retrouvé à New York son demi-frère Armando Gagliani qui lui a présenté deux autres Français, Jean-Claude Kella et Guido Rendel, avec lesquels il était engagé dans le trafic de l'héroïne. A la mi-mars 1969, il a rencontré un autre membre de la bande, Laurent Fiocconi, dit Charlot, qui arrivait d'Europe pour organiser le transport d'une cargaison de drogue de Montréal à New York. Il y eut alors un contretemps: celui qui devait originellement se charger d'aller récupérer la marchandise à Montréal, un nommé Tailler, ne pouvait le faire. Fiocconi a alors confié la tâche à Rendel et a demandé à Alonzo de l'accompagner. Ce dernier a accepté et est venu à Montréal. Il n'a pas vu Tailler, car c'est Rendel qui était chargé de prendre contact avec lui. Mais, une fois cela fait, il s'est rendu à l'*Hôtel La Salle* pour prendre livraison de deux amplificateurs de guitare appartenant à la troupe de Johnny Halliday; 23 kilos (50 livres) d'héroïne pure y avaient été dissimulés. Pour le transport à New York, Rendel et lui les ont retirés des appareils pour les cacher derrière et sous le siège arrière de leur automobile. Tout s'est déroulé sans problème et Alonzo s'est ensuite rendu à Paris où Fiocconi et Rendel lui ont remis les six kilos pour lesquels il a été arrêté.

On se doute bien que les aveux d'Alonzo ne se sont pas faits d'un seul coup. Il a commencé par identifier les principaux acteurs avec des pseudonymes et il a omis plusieurs détails intéressants, notamment l'identification du dénommé Henri Tailler et le fait que la drogue avait été dissimulée dans des amplificateurs transportés avec ceux de la troupe de Johnny Halliday. Il a fallu des mois à la Douane américaine pour établir l'identité exacte des trafiquants. Les premiers renseignements transmis à la G.R.C. parlaient d'un certain « Taillefer » et de différents noms aux sonorités voisines.

Il y a un détail toutefois sur lequel Alonzo s'est vite mis à table; il s'agit de l'origine de l'héroïne trafiquée. Il a déclaré qu'elle avait été fournie par un « chimiste » réputé du Milieu français, Georges Albert Veran, qui a été arrêté un mois avant lui à Marseille, après la découverte d'un laboratoire clandestin et la saisie de 135 kilos (290 livres) de morphine-base et de 20 kilos (44 livres) d'héroïne pure. En octobre 1964, Veran avait été arrêté une première fois dans un labo de transformation de morphine-base en héroïne en compagnie du maître des lieux, Joseph Cesari, le demi-frère de Dominique Albertini, le premier grand « chimiste » du Milieu. Cesari fabriquait la meilleure héroïne sur le marché et approvisionnait, entre autres, les réseaux de Paul Mondolini. Il fut condamné à sept ans de prison et à une amende considérable, tandis que Veran s'en tira avec trois ans de réclusion.

Selon Alonzo, Veran, connu à Marseille comme le Vieux, était un bon ami de son demi-frère Gagliani et il était censé avoir un très bon contact au Canada. C'est lui qui avait fourni l'héroïne reçue par le musicien Tailler et plusieurs autres cargaisons acheminées en Amérique via le Canada. En juillet 1969, la G.R.C. avait cherché en vain des traces d'un séjour qu'il aurait fait à Montréal.

Ce n'est qu'en avril 1971 que les aveux complets et détaillés d'Alonzo sont parvenus à la Brigade des stupéfiants. L'enquête s'oriente aussitôt vers les producteurs montréalais de la tournée de Johnny Halliday. Aucun ne connaît de musicien du nom de Tailler, mais il y a cependant un fantaisiste marseillais nommé Edmond Taillet, qui est l'ami d'un des membres de la troupe de Halliday. Celui-ci aurait d'ailleurs provoqué un petit incident: ses amplificateurs sont arrivés avec ceux de Halliday et par erreur ils ont été expédiés avec les autres à Sherbrooke, première ville de la tournée. Taillet a fait des pieds et des mains pour qu'on les ramène immédiatement à son hôtel. Depuis 1969, il est venu plusieurs fois à Montréal sans jamais présenter de spectacle. A ce moment-là, il est d'ailleurs à New York. Il est arrivé à Montréal le 5 avril et il en est reparti le lendemain.

Ces renseignements incitent les agents fédéraux à croire que cet Edmond Taillet pourrait bien être le trafiquant recherché. Le nécessaire est donc fait pour suivre ses déplacements lorsqu'il reviendra à Montréal. Le 24 avril, on apprend qu'il a fait une réservation pour cinq jours à l'*Hôtel La Salle* et qu'au cours du mois, il a reçu un télégramme qui se lit comme suit: « L'écureuil attend les noix. »

Taillet arrive à Dorval vers 20h35, le 25 avril. Après avoir passé avec succès la fouille douanière, il se rend à son hôtel où une jeune femme vient le retrouver. Le lendemain matin, il téléphone à Marseille. Installés dans la chambre adjacente, les limiers fédéraux l'entendent demander à un nommé Etienne « si la personne a été malade et si elle a vomi ». Il dit à son interlocuteur qu'il attend pour continuer le voyage et il lui demande de lui dire si tout va bien. Il téléphone ensuite à Paris.

En fin d'après-midi, un individu, peut-être un Parisien, vient le retrouver dans sa chambre. Les propos qu'échangent les deux hommes ne laissent pas de doute sur la nature de leurs activités. Taillet parle de son prochain voyage à New York et à propos de la « fille » qu'il rencontrera le 30 avril, il demande si elle est arrivée. Ils discutent d'une importante somme d'argent américain qui sera envoyée à Marseille dans des valises et de la façon de passer la douane française sans être fouillé. A un moment donné, il est question de l'avantage qu'il y a d'utiliser des automobiles pour certaines opérations. Pendant que l'inconnu est dans sa chambre, Taillet reçoit un appel téléphonique et il déclare à son correspondant qu'il sera heureux d'entrer en contact avec « Michel » parce qu'il a un message pour lui de Marseille. Il précise à son interlocuteur que « Michel » vit maintenant avec l'actrice Danielle Ouimet. Le Parisien quitte Taillet en début de soirée et le reste de la journée est calme.

Le 27 avril, Taillet se rend *Chez Clairette,* propriété d'une amie marseillaise, puis il revient à son hôtel. Il reçoit alors la visite d'un couple d'inconnus qui repartent en fin d'après-midi à bord d'une luxueuse Corvette décapotable. Les enregistrements d'immatriculation indiquent que le véhicule appartient à un certain Michel Mastantuano, 28 ans, du 2055 de la rue Saint-Mathieu à Montréal. Pris en filature, l'homme et la femme se rendent à Habitat 67, le riche complexe domiciliaire érigé lors de l'Exposition universelle. L'appartement où ils vont est loué au nom de Danielle Ouimet. Il devient évident que le compagnon de la jeune femme est le Michel à qui Taillet doit remettre un message de Marseille. Peu après son arrivée à Habitat 67, le conducteur de la Corvette effectue seul un aller-retour rapide à l'*Hôtel La Salle.*

Le 28 avril, Taillet quitte son hôtel avec une mallette, un sac de voyage et un étui à boisson et se rend à Dorval où il s'embarque pour New York. Alertés par la G.R.C., les limiers de la Douane américaine le prennent en charge dès son arrivée et procèdent à son arrestation dès le lendemain, l'accusant d'avoir livré 23 kilos (50 livres) d'héroïne à Guido Rendel et Emile Alonzo. Refusant de parler au début à cause de représailles possibles contre sa famille, Taillet finit — lui aussi — par accepter de collaborer avec les enquêteurs. Ses aveux jettent un éclairage important sur l'organisation de l'une des plus complexes et des plus gigantesques filières d'héroïne qui aient jamais été mises sur pied par les trafiquants français.

Edmond Taillet a débuté dans le monde des trafiquants de drogue en septembre 1968, lorsqu'une connaissance rencontrée à quelques reprises dans les cabarets de Marseille lui proposa de devenir riche très rapidement en transportant à Montréal des quantités d'héroïne dissimulées dans ses bagages ou ses instruments. Cette connaissance, Joseph Marro, un truand corse, il l'avait rencontrée pour la première fois quelques années auparavant dans un cabaret de Marseille, *Le Versailles,* alors qu'il se trouvait assis avec lui à la table du patron de la boîte, Antoine Guérini, l'un des parrains de la pègre corse. (1) Attiré par l'appât du gain facile, Taillet accepta la proposition de Marro.

Suivant les instructions reçues, il acheta d'abord un amplificateur et une guitare qu'il remit à Marro. Quelques jours plus tard, il récupéra l'amplificateur bourré d'héroïne ainsi qu'une valise à double fond, elle aussi pleine de drogue, et il effectua une première livraison à Montréal à un individu qui lui avait été préalablement présenté à Marseille. Il apprit plus tard qu'il s'agissait d'Edouard Rimbauld, un auteur de romans policiers connu sous le nom de plume de Louis Salinas. De retour en France, il reçut $1 125 pour ses efforts.

Vers le mois de février 1969, Marro lui ayant demandé de trouver un truc pour une expédition dans des bagages de musiciens, il

---

1. Voir note 14, page 53 , chapitre II. Aîné et chef de famille, Antoine Guérini fut la figure de proue de la pègre marseillaise et corse jusqu'à son assassinat, le 23 juin 1967. Peu avant sa mort, il avait eu, dit-on, une grave altercation à propos d'une affaire d'héroïne dans un cercle de jeu parisien.

conçut le projet de faire passer deux amplificateurs bourrés d'héroïne avec les instruments de l'orchestre de Johnny Halliday. L'idée plut au Marseillais et le projet fut mis au point. Taillet recruta pour la circonstance un vieil ami, Jacques Bec, un producteur de spectacles en difficultés financières. Avec lui, il organisa l'envoi de ses instruments ajoutés à ceux d'Halliday. Edouard Rimbaud devait être cette fois encore le réceptionnaire de la marchandise, mais à la dernière minute, il y eut un empêchement. C'est Guido Rendel, alias Ricard, qui se chargea de la mission et, en échange des 23 kilos, il remit à Taillet $138 000. L'argent fut ramené en France et remis à Marseille à Marro et à ses deux patrons, Joseph Mari, dit le Frisé, et Jean-Baptiste Croce, dit Bati, des associés de longue date de Paul Mondolini, Ansan Bistoni et Pep Cotroni. Parce qu'il n'avait pas voulu aller lui-même livrer la marchandise à Boston, Taillet ne reçut que $8 000 des $12 000 auxquels il avait droit.

A la fin d'avril ou au début de mai 1969, Croce se rendit à Paris et organisa une nouvelle mission pour Taillet. On lui confia la responsabilité d'aller encaisser à New York un paiement de l'acheteur américain. Il s'exécuta et revint avec une somme de $150 000 que lui remit un Porto-Ricain nommé Antonio Flores. Marro et Croce lui demandèrent ensuite d'aller à Montréal et de s'organiser pour faire la connaissance d'une femme célibataire, ayant une voiture. Il devait l'inviter à faire, avec son automobile, un voyage d'agrément en France. Il lui ferait alors visiter le Sud du pays et il suffirait que la voiture puisse être confiée pendant une nuit à Marro. La fille pourrait repartir pour Montréal avec sa voiture à bord d'un bateau.

Taillet revint donc à Montréal au mois de juin 1969. *Chez Clairette,* il fit la connaissance d'un autre Marseillais, Michel Mastantuano, qui travaillait là comme garçon de table et il renoua avec un musicien, Jean Cardon, accordéonniste *Chez Babette.* Ce dernier lui présenta des filles et il jeta son dévolu sur Noëlla, barmaid dans une boîte du Vieux-Montréal. Comme prévu, il lui fit la cour et elle devint sa maîtresse. En moins de six jours, la jeune femme, divorcée et mère de deux enfants, était prête à aller en France. Son voyage fut vite organisé aux frais de Marro et Croce. A Paris, Jacques Bec accepta à nouveau de participer à l'opération et il accompagna Taillet et Noëlla à Marseille.

Le travail de Marro et de ses hommes terminé, le trio revint à Paris et les arrangements furent faits pour expédier la voiture et les 27 kilos d'héroïne qu'elle contenait. De retour à Montréal au début de juillet, Taillet, accompagné de Bec, contacta Mastantuano et Cardon pour aller récupérer l'automobile dans le port. C'est finalement

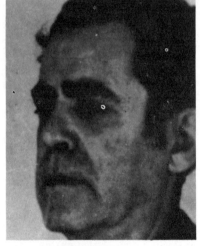

Edmond Taillet (en haut, à gauche,
Jacques Bec (en haut, à droite) et
Joseph Mari, dit le Frisé (en bas).

l'accordéonniste qui se chargea de la besogne et qui entreposa la voiture chez lui jusqu'à ce que Taillet et Bec soient prêts à partir pour New York. La livraison se fit sans problème: Taillet prit l'avion, et Bec et Noëlla conduisirent l'auto. La drogue fut remise à Antonio Flores et à son frère Tony qui, en échange, donnèrent un premier versement de $200 000. Taillet revint à Montréal pour payer Cardon et avant de repartir pour Paris, il s'arrangea avec Mastantuano pour plaquer Noëlla, ce qui fut assez facile: elle était tombée dans un piège qu'on lui avait tendu et qui fut invoqué pour justifier son « renvoi ». La jeune femme était effondrée mais les affaires sont les affaires. Taillet reçut $20 000 et paya sur sa part les honoraires de Bec et Cardon qu'il avait engagés sans en parler à Marro et Croce.

Après cette troisième mission, Marro demanda à Taillet de retourner à Montréal pour y rencontrer un nommé Jean-Pierre Buffa qui attendait ses ordres avant d'aller à New York. Il accepta et s'occupa avec le courrier de la livraison de la voiture à un nommé Anthony Segura. Au cours de l'opération, Buffa lui laissa entendre qu'il y avait une trentaine de kilos et que c'était Ricard (Guido Rendel) qui l'avait recruté à Lyon.

De retour à Paris avec l'argent, Taillet obtint de Marro l'accord pour une autre opération-séduction. A Montréal, il avait rencontré une autre jeune femme, Ginette, et il se proposait de lui acheter une auto et de la faire venir elle aussi en France, suivant le scénario déjà connu. Familier avec l'affaire, Bec fut une fois de plus recruté et, à Montréal, il rencontra, par l'entremise de Ginette, une certaine Rose-Marie. L'opération allait donc rapporter deux fois plus. Les deux compères n'eurent aucune difficulté à acheter les automobiles mais, n'ayant pas prévenu Marro et Croce des changements, ils n'en expédièrent d'abord qu'une seule. En France, tout se déroula comme prévu, exception faite d'une urgence qui rappela Rose-Marie à Montréal au milieu du voyage. La livraison à New York s'effectua au milieu d'octobre. Ginette qui croyait qu'elle allait récupérer une valise d'argent conduisit l'automobile, tandis que Taillet et Bec voyagèrent en avion. Les 50 kilos engagés dans cette affaire furent remis par Taillet à Segura en échange de deux paiements totalisant environ $270 000.

Une dizaine de jours après avoir ramené l'argent en France, Marro et Croce expliquèrent à Taillet qu'ils avaient des amis qui n'avaient pas d'acheteur et qu'ils s'étaient entendus avec eux pour envoyer quelqu'un à New York leur présenter Segura. Une voiture et un courrier attendaient déjà sur place. Il alla les rejoindre et fit l'échange avec un représentant de l'acheteur. Au début de janvier, il retourna à New York pour récupérer un autre paiement de Segura. Durant tout ce temps, le projet de la seconde automobile, celle de Rose-Marie, avait été mis en veilleuse par Croce et son lieutenant. A la fin de janvier 1970, Taillet et Bec tentèrent de le relancer en faisant venir l'automobile et la fille, mais Marro déclara que c'était trop tôt. Rose-Marie fut renvoyée à Montréal et on attendit un peu. En mars, les Corses annulèrent définitivement le projet. Taillet vendit la voiture, ce qui déclencha la colère de Bec qui décida de rompre ses relations avec lui et de s'associer avec une autre bande de trafiquants.

Taillet cessa par la suite ses activités, mais les reprit en février 1971, date à laquelle Marro le recontacta. Il le rencontra à Marseille, en compagnie de Croce et Mari, et ils lui proposèrent un voyage très intéressant où il n'aurait rien à transporter lui-même. Il devait rencontrer un autre Français, Etienne Mosca, qui lui donnerait une enveloppe qu'il remettrait ensuite à Segura. Il y trouverait le ticket du parking où serait stationnée une Citroën contenant 93 kilos et demi (205 livres) d'héroïne, représentant une valeur marchande d'environ $100 000 000. Après, le New-Yorkais lui remettrait une seconde enveloppe renfermant la clé de l'auto ainsi que l'argent, le tout à échanger avec Mosca contre $8 000 à toucher à Paris au retour. Il accepta et, le 5 avril, se rendit à New York, via Montréal. Quand il revint dans la métropole, le 25, il devait rencontrer encore une fois Segura qui avait déjà reçu la marchandise. Au cours de son séjour à Montréal, il rencontra Michel Mastantuano qui était bien au fait de ses activités et qui lui confia qu'il s'était lui-même lancé dans la drogue. Taillet devina qu'il s'était associé avec Jacques Bec. Quant au Parisien qui était venu le voir dans sa chambre d'hôtel, il s'agissait de l'accordéonniste Jean Cardon.

La confession de Taillet est loin d'être complète lorsque le 15 juin 1971, l'Office central des stupéfiants demande à la G.R.C de vérifier soigneusement l'automobile d'un truand parisien en route vers Montréal à bord de l'*Alexandre-Pouchkine*. Une vérification routinière des listes de passagers quittant Le Havre révèle qu'un certain Edouard Batkoun, 40 ans, domicilié à Paris et se disant importateur de café, voyage avec sa vieille mère de 72 ans et transporte avec lui sa Fiat. L'individu d'origine algérienne est fiché à la P.J. comme proxénète. En 1965, il était propriétaire à Calais, d'un café, véritable repère de bandits et de prostituées. On ne lui connaît pas d'autres moyens de subsistance que ses activités de souteneur et le jeu.

L'*Alexandre-Pouchkine* arrive à Montréal le 21 juin et dès qu'il est amarré, le sergent Paul Sauvé et le constable Réginald Beers, de la Brigade des stupéfiants, montent à bord avec un chien spécialement entraîné et entreprennent la fouille de la Fiat suspecte. L'animal ne semble pas flairer quoi que ce soit, mais l'un des enquêteurs remarque, après avoir enlevé le siège arrière, un boulon mal ajusté sous l'aile gauche. On enlève le panneau, et on découvre alors quelques sacs de plastique renfermant la précieuse poudre blanche. Le

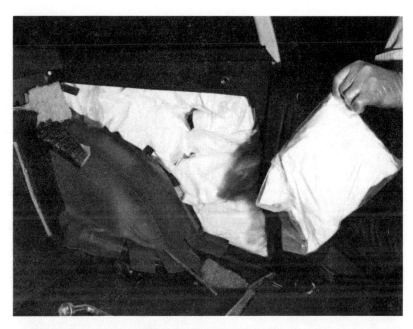

La Fiat bourrée d'héroïne d'Edouard Batkoun.

panneau droit est démonté ainsi que les portes du véhicule. Un total de 25 sacs est ainsi découvert: un butin de 50 kilos (110 livres) d'héroïne valant plus de $50 millions. Il s'agit de la deuxième saisie en importance d'héroïne qui ait été effectuée au Canada, le record ayant été, en 1962, la saisie de 62 kilos cachés dans les valises des diplomates Juan Aritzi et Salvador Pardo-Bolland.

Batkoun est arrêté lorsqu'après avoir accompagné sa mère chez sa soeur qui habite Montréal, il revient au port prendre possession de sa voiture. Référé en Cour criminelle, il jure qu'il ignorait le contenu de sa voiture.

Au mois d'octobre, il fut acquitté grâce au doute raisonnable créé par la défense qui souligne que l'accusé n'avait pas eu le contrôle de son véhicule durant les huit jours qu'avait duré la traversée. N'importe qui aurait pu placer l'héroïne à bord de sa voiture à son insu. Après le procès, il retourna en France avec sa Fiat, malheureusement pour lui, car, avisée par la G.R.C., les douaniers français passèrent l'automobile au peigne fin et relevèrent quelques traces d'héroïne, moins d'un centième de gramme. Il fut alors accusé d'exportation de drogue et le tribunal parisien conclut qu'il connaissait la nature de la cargaison dissimulée dans sa voiture. L'enquête menée à Paris et à Marseille établit qu'il agissait pour le compte de deux Corses, Maurice Castellani et Albert Francesconi. (2)

Par ailleurs, deux jours après la saisie des 50 kilos, l'Office central des stupéfiants avise la G.R.C. qu'un autre trafiquant corse, Paul François Graziani, un ami de Francesconi, est présentement à Montréal, à l'hôtel *Bonaventure,* et qu'il doit être contacté par un certain Janvier. L'information est vérifiée discrètement et on apprend qu'effectivement Graziani est au *Bonaventure* depuis le 14 juin. Il est arrivé à Montréal le 12 et a habité deux jours au *Laurentien.* Il passe ses journées dans sa chambre ou sur le bord de la piscine et il a averti les employés de l'hôtel qu'il attend un appel téléphonique très important. Une fouille discrète de ses bagages ne révèle rien de particulier, mais donne lieu à un incident. En effet, Graziani revient à sa chambre avant que les policiers aient eu le temps de la quitter. Ceux-ci tentent bien de se faire passer pour des ouvriers vérifiant la climatisation, mais la méfiance du Français est éveillée. Le 27 juin, il quitte donc le *Bonaventure* et va s'inscrire à l'hôtel *Berkeley,* rue Sherbrooke ouest. Le lendemain, il est suivi jusqu'à la station de métro Maisonneuve où il rencontre un inconnu. Les limiers perdent

---

2. Ce dernier est connu comme associé de Louis Litoro et d'Henri La Porterie, les fournisseurs de Blackie Bisson et Bob Tremblay.

sa trace dans le métro. Il revient un peu plus tard à son hôtel avec un sac de jouets mécaniques. Le 29 juin, il rencontre dans la matinée le même individu que la veille, rue Sainte-Catherine, puis, dans l'après-midi, se rend à Dorval et prend l'avion pour Paris. On apprendra plus tard que l'inconnu qu'il a rencontré est André Arioli, gérant de *Chez Clairette* et complice de Michel Mastantuano.

Cependant, le jour même, l'O.C.S. informe la Brigade des stupéfiants qu'à son retour en France, Graziani a été prévenu que l'un de ses associés, Félix Rosso, a été fouillé minutieusement à son arrivée à Paris trois jours plus tôt. Rosso serait le nommé Janvier que Graziani devait contacter à Montréal. La G.R.C. ne trouve aucune trace de son passage dans la métropole, mais se souvient que le jour de l'arrestation de Batkoun, les douaniers américains de Champlain ont signalé l'entrée aux Etats-Unis d'un certain Félix Rosso et d'un nommé Robert Gauthier, de Montréal, à bord d'une Renault 1970. Les deux hommes avaient en leur possession une grosse somme d'argent en devises américaines et se sont rendus à Plattsburg puis à New York. Précisément, le 17 juin, le Bureau de la douane américaine de l'aéroport de Dorval avait avisé le B.N.D.D. que Rosso avait quitté Montréal pour New York et Miami.

Le 15 juillet, la police française communique avec le sergent d'état-major Gilles Poissant, de la Brigade des stupéfiants, pour l'informer que Michel Mastantuano est à Paris avec Danielle Ouimet depuis au moins cinq jours et que, la veille, Graziani lui a téléphoné à son hôtel. Ils ont eu la conversation suivante:

« Les gens pensent que c'est beaucoup trop pour tout de suite, tu comprends? dit Graziani.

— Oui. Qu'est-ce qu'on va faire maintenant?

— Ne t'inquiètes pas. Je leur ai parlé et ils vont s'occuper pour tout prendre.

— Splendide! Qu'est-ce qui va arriver après?

— Ne t'inquiètes pas. On va faire la dernière phase bientôt. Je t'en reparlerai . . . »

L'Office central des stupéfiants a également appris au cours de son enquête que le tandem Graziani-Rosso est associé au patron du bar *Le Consul* à Paris, Joseph Signoli, dit Jo le Boxeur, un Marseillais ami du vieux Joseph Orsini et membre d'une association dont nous avons déjà parlé, le Service d'action civique (S.A.C.), organisation gaulliste d'extrême-droite qui recrute une bonne partie de ses troupes de choc dans la pègre. Sous sa direction, Graziani et Rosso songent à organiser un envoi de 200 kilos (440 livres) d'héroïne aux Etats-Unis en utilisant un bateau privé. A peu près au même moment, grâce aux rubriques des potineurs artistiques montréalais, la G.R.C. apprend que Michel Mastantuano et Danielle Ouimet se proposent de faire un voyage en voilier dans les Caraïbes à la fin de l'été et que, pour ce faire, le fiancé de l'actrice a entrepris la construction d'un navire de 36 pieds avec son ami Robert Gauthier. Les agents fédéraux pensent qu'il s'agit là du Gauthier qui a accompagné Rosso à New York, d'autant plus qu'interrogé sur le couple Mastantuano-Ouimet, Edmond Taillet a déclaré que le jeune Marseillais connaît des trafiquants et qu'il est possible qu'il soit engagé dans le trafic des stupéfiants.

Au cours du mois d'août, des vérifications périodiques des allées et venues de Gauthier indiquent que l'individu passe beaucoup de temps à son chantier naval. Le 10, Mastantuano et Danielle Ouimet sont de retour à Montréal. Afin d'épier plus attentivement leurs faits et gestes, le caporal Ernest Bacqué, de la Brigade des stupéfiants, fait des démarches discrètes pour louer un appartement à Habitat 67. Cependant le coût élevé de la location et surtout les disponibilités retardent la mise en place du projet. Le 20 septembre, le B.N.D.D. signale à la G.R.C. l'arrivée à Montréal d'un acolyte de Joseph Signoli, Richard Berdin. Au milieu de l'été, les limiers français ont appris qu'il serait l'un des représentants du réseau à New York et au début de septembre, un indicateur leur a fait savoir qu'il projetait un autre voyage dans la métropole américaine et qu'au moins six cargaisons d'héroïne étaient prêtes à être expédiées.

Berdin arrive à Dorval à 18h35 en provenance de Bruxelles et se rend en taxi au *Ritz Carlton* où il s'inscrit sous le nom de Gilbert Kemmoun. Il passe la soirée et la nuit dans sa chambre sous la surveillance constante de trois agents de la Brigade des stupéfiants et du B.N.D.D. Le lendemain midi, il retourne à Dorval et s'embarque pour New York où il s'inscrit à l'*Abbey Victoria*. Les enquêteurs de la Douane américaine savent à ce moment que deux paquebots français, le *France* et le *Raffaello*, doivent arriver à New York le 22 septembre. Pour la circonstance, deux équipes spéciales de la Douane américaine sont mobilisées pour une fouille des deux navires et ainsi, tandis que Berdin rencontre un inconnu en face de l'immeuble de la compagnie Air France, 82 kilos (180 livres) d'héroïne sont découverts dans une Ford Galaxie 1970. Le véhicule appartient à un Sicilien du Queens, Giuseppe Giacomazzo, qui arrive avec sa petite amie d'un voyage en Italie qui l'a conduit à Naples, Rome, Gênes et Turin. Mis au pied du mur, il accepte de collaborer avec les policiers et d'aller livrer la marchandise tel que prévu à Frank

Rappa, le copropriétaire d'une petite pizzeria de Hope Lawn, au New Jersey, et associé de quelques membres du clan Gambino. Les 25 et 26 septembre, la Douane arrête Rappa, Lorenzo D'Aloisio, le beau-frère de Giacomazzo, et Berdin.

Le B.N.D.D. et l'Office central des stupéfiants sont cependant loin d'être satisfaits. Ils auraient voulu que les enquêteurs de la douane soient plus patients, car ce n'est pas cette cargaison qui était attendue mais sept autres qui étaient destinées à un acheteur beaucoup plus important que Frank Rappa. (3) Néanmoins, les résultats espérés sont obtenus dans les mois qui suivent, grâce, entre autres, aux aveux que fait assez rapidement Richard Berdin, aveux qui permettent de compléter les renseignements accumulés au sujet du rôle de Mastantuano.

Son aventure dans la drogue a débuté en mars 1970 lorsqu'il a accepté la proposition d'un ami du Milieu, Francis Scapula, de travailler comme lui pour Joseph Signoli et son associé Alexandre Salles qui avaient décidé de s'associer à l'équipe déjà aguerrie de Laurent Fiocconi et Jean-Claude Kella. Sa tâche devait consister à recruter des passeurs qui accepteraient d'amener de l'héroïne de France aux Etats-Unis moyennant une rétribution de $1 000 par kilo livré à New York. Il s'adjoignit alors André Labay, un industriel aventurier mi-escroc, mi-agent secret qui accepta la responsabilité des transports d'héroïne aux Etats-Unis à bord d'automobiles qu'il était en mesure de fournir.

La première opération débuta vers la fin d'avril. Berdin reçut d'abord de Scapula une trentaine de kilos qu'il remit à Labay, lequel lui demanda de se rendre à l'hôtel *Fontainebleau*, de Miami. Il lui téléphonerait là pour lui dire comment prendre livraison de la marchandise. Avant de partir, Berdin rencontra à Paris Scapula, Signoli et Salles, qui étaient accompagnés de Fiocconi et d'un nommé Pierre Simeoni, dit Gros Pierrot, un spécialiste des vols à main armée et des affaires de muscles. On lui présenta l'individu à qui il devait

---

3. Au cours des années, une rivalité s'est installée entre le B.N.D.D. et le Service de la douane américaine, à un point tel qu'à plusieurs reprises la répression du trafic international de drogue a été gravement compromise. Les jalousies bureaucratiques des deux organismes ont permis à de nombreux trafiquants de passer entre les mailles du filet, soit que des informations d'une grande importance n'aient pas été transmises, soit que des arrestations hâtives aient prématurément « brûlé » une affaire. Pris entre les deux, les services étrangers, et particulièrement la Brigade des stupéfiants de la G.R.C., ont dû multiplier les efforts de diplomatie pour ne pas froisser les susceptibilités des uns et des autres.

remettre la marchandise à New York. Il s'agissait de Jean Dumerain, dit Petit Jeannot, un ancien compagnon de détention. Après, tout se passa comme prévu et les 37 kilos (81 livres) furent remis par Dumerain à Jean-Claude Kella, le partenaire de Fiocconi qui avait le précieux contact avec l'acheteur newyorkais et qui vivait aux Etats-Unis sous un faux nom depuis un an. Berdin reçut $37 000 dont $27 000 allèrent à Labay. Ce n'était pas lui qui avait transporté l'automobile, une Bentley, aux Etats-Unis mais un de ses amis, Raymond Moulin. Quelques années auparavant, celui-ci avait été son garde du corps quand il était chef des Services secrets du président Tschombé, du Congo-Kinshasa.

Après cette livraison qui eut lieu vers la fin de mai, Berdin resta trois mois aux Etats-Unis, tel que convenu préalablement, afin de recevoir toute l'héroïne que lui enverrait Labay. Le second chargement, cette fois de 70 kilos (154 livres), arriva vers la fin de juin ou début de juillet 1970 et la livraison se déroula sensiblement de la même façon, sauf que Signoli lui-même reçut des mains de Berdin la drogue en compagnie d'un nommé Guy, identifié comme étant Guido Rendel, dit Ricard, le remplaçant de Kella arrêté entre-temps en Italie avec Fiocconi. Vers le début d'août, Signoli, retourné à Paris, revint à New York en compagnie d'un autre Corse, André Andréani, dit le Grand Dédé, qui devait remplacer Rendel après l'envoi attendu: une Mercédès bourrée de 72 kilos (158 livres) que Labay et Moulin envoyaient par l'entremise d'un certain Jean-Claude Demeester. Pendant que ses complices recevaient la came, Berdin se rendait à Port-Arthur, au Texas, où un matelot devait lui remettre un stock de 25 kilos (55 livres). Il n'osa pas prendre possession de la drogue, car il avait préalablement été fouillé par les douaniers à sa descente d'avion. Ce travail terminé, il rapatria en France une partie des fonds de la dernière vente, soit $200 000.

Quelques jours après son retour à Paris, Berdin se rendit à Marseille avec Scapula pour rencontrer Salles et quelques types et régler certains différends. Après quoi, il se paya quelques semaines de vacances au cours desquelles il eut un sérieux accident d'automobile qui nécessita un séjour à l'hôpital et une convalescence prolongée. Continuellement en contact avec ses amis, il fut contacté à nouveau au début de décembre et se rendit encore une fois aux Etats-Unis pour recevoir un envoi de Labay. Cette mission lui fut confiée par Salles et Signoli et un de leurs acolytes, Francis Vanverbergh, dit Francis le Belge, un représentant du tandem Fiocconi-Kella. Il se rendit donc à New York et retrouva Salles et Signoli; puis en compagnie d'André Andréani et d'un autre Corse, Félix Rosso, il alla

Alexandre Salles (en haut, à gauche)
et Joseph Signoli (en haut, à droite)
et leur client newyorkais Louis Cirillo (en bas).

prendre livraison à Fort Lauderdale, en Floride, de la marchandise
transportée par deux marins. De retour dans la métropole américaine, l'héroïne fut livrée à l'acheteur prénommé Louis que le B.N.
D.D. identifia comme étant Louis Cirillo, un prétendu boulanger du
Bronx, associé des grands patrons Carlo Gambino et Thomas Eboli.
Ensuite, pendant que Salles, Signoli, Andréani et Rosso retournaient
en France, Berdin alla remettre $100 000 aux deux marins à Miami.

Peu de temps après son retour à New York, il retrouva Andréani revenu préparer l'arrivée d'une autre cargaison expédiée par Labay et Moulin. Il apprit alors que les opérations étaient dirigées de Marseille par le vieux Joseph Orsini, lequel avait fait des démarches pour leur trouver un acheteur aux Etats-Unis. (4) L'intérêt des deux Parisiens était d'avoir leur propre client afin de ne plus dépendre de celui de Fiocconi et Kella à qui ils devaient remettre une importante part des bénéfices. Cette fois encore, ce fut Jean-Claude Demeester qui transporta la marchandise, 102 kilos (224 livres) dissimulés dans une vieille Cadillac 1949 introduite en Amérique via le Canada. Lors de son passage à Montréal, la voiture fut d'ailleurs fouillée sans succès par la G.R.C. (5) Affolé par cet incident, Demeester abandonna l'automobile à Boston et retourna à Paris, mais on l'obligea cependant à retourner la chercher pour la livrer à Berdin, Andréani et Moulin. Lors du déchargement de l'héroïne, Andréani fut surpris car il s'attendait à trouver 167 kilos et non 102. Berdin apprit plus tard que les 65 manquants furent retrouvés après certaines vérifications par un autre membre du réseau, Maurice Castellani, dont on a parlé à l'occasion de l'arrestation d'Edouard Batkoun à Montréal. Andréani fut chargé de livrer la cargaison aux gens de la Mafia et Berdin se retrouva seul à New York.

Au début de février, Signoli vint le retrouver avec un faux passeport et ensemble ils rencontrèrent Jacques Bec, l'impresario du groupe fantaisiste Les Charlots et l'ancien partenaire d'Edmond Taillet dans le réseau de Jean-Baptiste Croce. Bec leur annonça l'arrivée prochaine d'une voiture qu'il avait expédiée en France avec un de ses amis, Michel Mastantuano. Au retour, il y avait eu des délais parce que le bateau transportant l'automobile avait été pris dans les glaces du Saint-Laurent. La cargaison arriva finalement à New York à la mi-février. En compagnie de Bec, Berdin retrouva Mastantuano à proximité du *Holiday Inn,* dans la 57e Rue. Ce dernier entra à l'hôtel pour en ressortir quelques instants plus tard accompagné d'un individu qui disparut aussitôt après. Berdin fut alors chargé de la voiture, une Ford stationnée en face de l'hôtel, et, avec Bec et Mas-

---

4. Orsini avait présenté à Signoli un individu qui était en mesure de trouver un acheteur américain. Sans le savoir, Orsini avait introduit un agent secret du B.N.D.D., mais les trafiquants découvrirent à temps le pot aux roses.

5. La drogue était cachée dans des compartiments secrets, habilement soudés au châssis du véhicule. Pour les découvrir, il aurait pratiquement fallu mettre la voiture en pièces.

tantuano, il alla rencontrer Signoli qui attendait avec un représentant de Cirillo près de la 50e Rue. Puis, le groupe se rendit en cortège dans une petite villa de banlieue où eut lieu l'échange. Le soir même ou le lendemain, Signoli remit à Berdin $100 000 qu'il donna à son tour à Bec et Mastantuano. Une jeune femme qu'il aperçut brièvement ramena en France la part de Bec.

De retour en France, Berdin rencontra une autre connaissance du Milieu, Dominique Mariani, un jeune proxénète qui était parfaitement au courant de ses activités et qui lui avait même offert des passeurs. Vers septembre ou octobre 1970, il lui avait donné rendez-vous pour le présenter à un de ses propres passeurs. La rencontre devait avoir lieu dans un restaurant des Champs Elysées, *Le Fouquet's*, propriété du grand caïd Marcel Francisci, l'associé de Paul Mondolini et des frères Venturi. Berdin se rendit au rendez-vous et remarqua l'individu décrit par Mariani, mais comme ce dernier ne se présenta pas, il se contenta de l'observer sans se faire connaître. Quand il revit Mariani, au printemps 1971, celui-ci lui annonça que le passeur qu'il devait rencontrer au *Fouquet's* venait d'être arrêté aux Etats-Unis avec une camionnette Volkswagen contenant une quarantaine de kilos d'héroïne. (6)

Après cette rencontre avec Dominique Mariani, Berdin demeura inactif jusqu'en juillet 1971, époque où il alla à Marseille récupérer 15 kilos (33 livres) que lui devait l'équipe Salles-Signoli pour sa participation dans l'achat de certaines cargaisons antérieures. Après la dernière opération à New York, il s'était dissocié de ce groupe et s'était acoquiné avec une autre bande de Paris, celle du bar *Picpus* dont les habitués, Jean Dumerain, dit Petit Jeannot, Pierre Simeoni, dit Gros Pierrot, Antoine Grisoni et André Lajoux, avaient décidé

---

6. Il s'agissait de Roger Delouette, ex-agent du Service de documentation extérieure et de contre-espionnage (S.D.E.C.E.), la C.I.A. française, arrêté le 5 avril 1971 à Port-Elizabeth, au New Jersey, alors qu'il venait récupérer sa camionnette renfermant 44,5 kilos (97 livres) d'héroïne pure. Après son arrestation, Delouette accusa son ancien patron dans les Services secrets, le colonel Paul Fournier, qui, avec Mariani, aurait organisé ce transport de drogue. La volonté des autorités américaines d'obtenir l'extradition du colonel Fournier provoqua une querelle entre les gouvernements de Washington et Paris. En 1973, Claude Pastou, un membre de la bande de Joseph-Auguste Ricord en Amérique du Sud, avoua que c'est à lui que Delouette devait remettre la drogue et déclara que le colonel Fournier n'avait rien à voir dans l'affaire, le fournisseur étant le trafiquant Jean-Baptiste de Bono.

de mettre sur pied leur propre réseau. (7) A Marseille, c'est un contact d'Alexandre Salles, Robert Di Russo, dit Robert le Noir, qui lui remit la drogue qu'on lui devait et, de retour à Paris, il la confia à son nouvel associé, Petit Jeannot. (8)

Il n'entreprit rien d'autre avant le 18 septembre. Il se rendit alors à Lyon avec Grisoni et Lajoux. Ce voyage faisait suite à des tractations établies quelques jours auparavant entre l'équipe du *Picpus* et une bande lyonnaise qui lui proposait de prendre en charge et de vendre à ses clients habituels le chargement d'une voiture déjà en route vers les Etats-Unis, la première d'une série de huit convoyées par des Italo-Américains venant passer des vacances en Italie ou en France. A Lyon, Berdin fut présenté à un individu qui devait lui remettre la voiture à New York. Un rendez-vous fut organisé pour le 22 septembre, en fin de matinée, devant l'édifice d'Air France de la métropole américaine. Avant de partir par Bruxelles, Berdin rencontra à Paris la personne à qui il devait remettre l'argent appartenant au groupe de Lyon. C'était un pilote de ligne qui faisait plusieurs voyages par mois aux Etats-Unis.

Le reste qui s'est déroulé à Montréal et à New York est connu, si ce n'est le fait que le représentant des Lyonnais l'avisa à New York que l'opération de prise en charge ne pouvait pas se faire. Il avait remarqué que la police tournait autour de la voiture du courrier Giacomazzo. Berdin fut arrêté parce qu'au lieu de tout laisser tomber comme son correspondant, il décida d'aller récupérer ses affaires à son hôtel avant de partir.

---

7. En juillet 1969, André Lajoux a été mêlé à un envoi d'héroïne venu à la connaissance de la G.R.C. Un couple de Parisiens voyageant à bord du paquebot *Cristoforo Colombo* transportait sans le savoir un stock d'héroïne. Au cours de la traversée, l'homme découvrit par hasard la drogue dans ses valises et fit une colère épouvantable qui obligea les autorités du bord à l'enfermer. La compagnie maritime avisa le B.N.D.D. de l'incident et le navire qui devait se rendre directement à New York fit escale à Halifax. Deux membres de la Brigade des stupéfiants de Montréal montèrent à bord du bateau et réussirent à convaincre le couple de collaborer avec eux et de se rendre à New York comme si rien ne s'était passé. Les deux Parisiens descendirent au *Sheraton* et à un moment donné, pendant qu'ils étaient absents de leur chambre, un type se présenta pour récupérer les valises. L'individu fut accueilli par des agents du B.N.D.D. qui tentèrent tant bien que mal de dissimuler leur identité. L'étranger s'excusa et déclara s'être trompé de chambre. Plus tard, on l'identifia comme étant André Lajoux.

8. Robert Di Russo fut assassiné, ainsi que deux complices, à Marseille, le 5 septembre 1972. Il aurait doublé ses complices de la pègre en leur livrant du sable au lieu d'un stock de morphine-base comme il devait le faire.

André Labay ne participait pas à l'affaire de Lyon, mais le 19 septembre, de retour d'Haïti où il jouissait de sérieux appuis, il avait rencontré Berdin pour lui dire qu'il avait la possibilité de faire « passer » des quantités de 100 à 400 kilos (220 à 880 livres) d'héroïne aux Etats-Unis, grâce à la complicité de douaniers américains en poste à New York. Après en avoir parlé à Grisoni, Berdin organisa une rencontre avec un vieil ami, Roger Preiss, dit Eric, qui l'avait présenté à Francis Scapula en 1968. Preiss connaissait l'acheteur newyorkais parce qu'il avait déjà travaillé avec Jo Signoli. Labay et Preiss s'entendirent pour rester en étroit contact et pour étudier toute possibilité d'éventuelles livraisons organisées et financées par l'équipe du *Picpus*. Berdin apprit au cours de son travail dans le réseau que la Fiat d'Edouard Batkoun était attendue par Antoine Grisoni, à Montréal à ce moment-là, et par André Lajoux qui se trouvait aux Etats-Unis. (9)

A la fin de septembre 1971, les aveux de Berdin sont déjà entre les mains de l'Office central des stupéfiants qui organise sans délai la surveillance de plusieurs trafiquants dénoncés, en particulier André Labay et Roger Preiss qui seraient sur le point de préparer d'autres transports. Le 6 octobre, Labay est suivi dans le quartier des Champs-Elysées. Il monte dans une Volkswagen louée, garée près de l'avenue Montaigne. Trois autres sont dans les parages et surveillent le départ: André Lajoux, Antoine Grisoni et Georges Burait. La voiture prend la direction de l'autoroute de l'Ouest; Labay rentre chez lui à la résidence des Grandes Terres, à Marly-le-Roi. Sur le parking, une meute de policiers l'entoure et il se laisse arrêter sans résistance.

Dans le coffre de la petite auto, cinq valises de luxe achetées quelques heures plus tôt sont bourrées de sachets d'héroïne: au total 106 kilos (soit 233 livres). Le lendemain, Burait, Grisoni et Lajoux sont arrêtés à Paris, tandis que Preiss, qui a remis à Labay les clés de la Volks, est coincé à New York dès son arrivée.

Lui aussi se met rapidement à table. Le 19 octobre, à l'instar de son ami Berdin, il comparaît devant un Grand Jury du district Sud de New York et témoigne sur sa participation au réseau Signoli. Il raconte qu'au début d'août, sur la recommandation de Berdin, Signoli l'amena avec lui à Montréal pour s'occuper de la dernière phase du transport de l'héroïne. On lui présenta alors un individu qu'il identifie comme étant Michel Mastantuano. Le 13 août, il quitte Montréal pour Miami où vient le rejoindre Signoli. Durant la

---

9. A la fin de 1974, Berdin publia le récit détaillé de ses mésaventures dans le monde des trafiquants internationaux: *Nom de code, Richard*, Paris, Gallimard, 1975.

semaine qu'il passe en Floride, le Corse lui présente son client, Louis Cirillo, et l'adjoint de ce dernier, John Anthony Astuto. Il les rencontre à plusieurs reprises tant à Miami qu'à New York où il arrive avec Signoli le 21 août.

Deux jours plus tard, il accompagne Signoli à un rendez-vous avec Astuto, en face de leur hôtel, puis le mafioso les conduit dans une villa de banlieue. Durant le trajet, il remarque qu'une automobile conduite par Mastantuano les suit. Arrivé à la villa, ce dernier entre son véhicule dans le garage et, durant cinq heures, on en retire les 80 kilos (175 livres) d'héroïne qui y étaient dissimulés. Plus tard dans la journée, Cirillo vint lui-même remettre à Signoli une valise contenant $300 000. De retour en France, il rencontra Berdin qui lui présenta Labay avec lequel il organisa ensuite l'envoi des 106 kilos saisis à Marly-le-Roi et fournis par la bande du *Picpus*.

Par suite des témoignages de Preiss et Berdin, la Chambre des mises en accusation du district Sud de New York inculpe formellement Michel Mastantuano d'avoir exporté aux Etats-Unis 100 kilos d'héroïne, le 17 février 1971, et 80 kilos le 23 août suivant. Aussitôt, la G.R.C. entreprend une surveillance du trafiquant. Le 26 octobre, le consul des Etats-Unis à Montréal, Leonard F. Willems, comparaît devant le juge Kenneth C. Mackay de la Cour supérieure pour déposer une dénonciation écrite contre Mastantuano et réclamer son extradition aux Etats-Unis. Un mandat d'amener est émis et, deux jours plus tard, la Brigade des stupéfiants fait irruption chez l'actrice Danielle Ouimet et y arrête la jeune vedette et son fiancé-impresario.

Après un long interrogatoire, la jeune femme est libérée. Tandis que son fiancé est incarcéré, elle se rend immédiatement à l'hôtel *Bonaventure* pour rencontrer son avocat, Me Raymond Daoust. Celui-ci se trouve alors en compagnie de Frank Cotroni. La défense s'organise rapidement et à la comparution le lendemain, Mastantuano proclame son innocence et son désir de combattre avec acharnement la requête en extradition. Les procédures judiciaires durent neuf mois. Au début, le Marseillais reçoit de l'aide de Frank Cotroni en échange de sa promesse de mettre à la disposition de celui-ci ses relations en France pour lui permettre d'obtenir d'importantes quantités d'héroïne. Jusqu'en mars 1972, presque chaque fois que Mastantuano se présente devant le tribunal, les limiers fédéraux sont témoins des rencontres entre Cotroni ou Horvath et l'ami de Mastantuano, André Arioli, lui aussi impliqué dans l'affaire mais encore en liberté. Au cours de ces entretiens, on tente de soutirer de l'argent à Mastantuano en faisant miroiter des possibilités d'interventions politiques influentes. Les démarches cessent quand Cotroni et Horvath constatent qu'ils ne pourront pas obtenir ce qu'ils espèrent.

Au mois de mai 1972, Mastantuano est vaincu. Ruiné, il change d'avocats et s'adjoint Me Nikita Tomesco à qui il donne en gage la Citroën DS 21 de sa fiancée, qui a déjà servi à un transport d'héroïne. Auparavant, l'un de ses avocats a tenté d'organiser le vol de la voiture, mais le plan a échoué parce qu'une patrouille policière a failli arrêter le voleur qui n'arrivait pas à la faire démarrer. Le 9 juin, il renonce finalement à toutes ses procédures judiciaires et accepte d'être extradé. Le 17 août 1972, il fait une longue déclaration à l'officier Anthony S. Pohl, du B.N.D.D., qui agit à titre de commissaire spécial pour l'exécution d'une commission rogatoire internationale instituée à Paris en novembre 1971. En présence de représentants de l'Office central des stupéfiants, de la Douane américaine et du B.N.D.D., il dénonce ses complices et explique en détail sa participation au sein de cette gigantesque filière internationale.

C'est au mois de mai 1970 qu'il entre dans le trafic de l'héroïne. Auparavant, il avait côtoyé Edmond Taillet, mais n'avait pas participé directement aux opérations. Il fait ses débuts lorsque Jacques Bec, qui s'est dissocié du groupe de Jean-Baptiste Croce et qui est passé au service des amis de Joseph Orsini, lui propose de venir le rejoindre à Paris pour discuter d'une affaire importante. En France, Bec lui explique ce qu'il attend de lui. Il s'agit d'acheter une Citroën DS 21, de la charger d'héroïne, de l'envoyer au Canada puis de la convoyer jusqu'à New York. L'affaire doit rapporter $1 000 le kilo et il y en a une quarantaine à livrer, ce qui fait $40 000 à se partager à deux, avec des risques, tout compte fait, minimes. Mastantuano accepte l'offre et se met immédiatement à l'oeuvre.

Il se rend chez *Citroën* et commande une DS 21 qu'il met, pour plus de facilité au nom de sa nouvelle conquête, Danielle Ouimet, une jeune actrice qu'il a rencontrée *Chez Clairette*. A ce moment-là, celle-ci est avec lui en Europe pour négocier un contrat de film. Il retourne ensuite à Montréal pour obtenir le chèque certifié exigé pour le paiement de l'automobile. Comme les 5 000 francs ($1 200 environ) que lui avait donnés Bec n'étaient pas suffisants, il décide de solliciter l'aide de son ami André Arioli qui travaillait avec lui *Chez Clairette*. Alléché par le profit facile, celui-ci n'hésite pas à lui prêter les $3 000 nécessaires. L'argent est déposé dans le compte de banque de Mlle Ouimet et le chèque certifié, émis.

Revenu à Paris, Mastantuano met au point les derniers détails de l'opération avec Bec et attend la livraison de la Citroën, ce qui a lieu le 30 juin. Les patrons de Bec n'étant alors pas prêts, il va retrouver sa fiancée à Bruxelles qui y tourne *Le rouge aux lèvres*. Bec lui téléphone deux semaines plus tard pour l'avertir qu'il allait conduire immédiatement la voiture à Biarritz afin que le mécanicien de l'organisation y dissimule l'héroïne. Mastantuano se charge de la ramener à Paris et de l'expédier à Montréal où elle arrive au début de septembre. A sa demande, Mlle Ouimet accepte d'aller la récupérer au port, ce qui donne lieu à un incident lorsque l'actrice, outrée de découvrir des égratignures sur la carrosserie, le fait savoir en termes vifs. La voiture est remisée dans le garage de l'immeuble où Mastantuano habite, rue Saint-Mathieu, puis, le 27 septembre, elle est conduite par la jeune actrice à New York. Mastantuano et Bec la prennent alors en charge avec André Andréani, dit le Grand Dédé, et les 40 kilos d'héroïne sont livrés dans la villa d'une petite ville du New Jersey à un important mafioso de la famille Gambino, Anthony Stassi. (10) La drogue est dissimulée dans le châssis, sous le plancher et sous les sièges de l'auto.

Le partage des $40 000 remis par Andréani est à peine terminé que Bec et Mastantuano préparent une autre opération. Cette fois, on demande à Arioli d'acheter une voiture neuve au Québec et de l'expédier en France, ce qui est fait via Amsterdam. A Paris, Arioli reçoit instruction de laisser l'automobile, une Ford Galaxie 500, dans un certain terrain de stationnement et d'attendre qu'on lui dise d'aller la récupérer à la gare de Bayonne. Assuré que tout se déroulerait sans anicroche, Mastantuano, toujours accompagné de Danielle Ouimet qui avait d'ailleurs accepté de rapatrier l'argent de Bec, rentre à Montréal. Vers le 20 décembre, Bec lui téléphone de Paris. Il est furieux: depuis deux jours la Ford bourrée d'héroïne attend à la gare et Arioli est introuvable. Mastantuano répond qu'il s'en occupe et, trois jours plus tard, il retourne à Paris avec Arioli revenu entretemps à Montréal. La voiture est récupérée et confiée à une firme d'affrètement, après quoi Mastantuano retourne à Montréal pour la Noël. Il revient la semaine suivante avec sa fiancée afin de passer le nouvel an chez ses parents, à Marseille. C'est alors qu'il reçoit la visite d'Arioli qui lui annonce que la voiture est en panne. Il faut

---

10. Anthony Stassi, 61 ans en 1970, est le frère cadet de Joseph «Joe» Stassi arrêté à la suite de la saisie de 10 kilos (22 livres) à Houston, au Texas, le 7 novembre 1962. On a fait état de cette saisie dans le chapitre de l'affaire Rivard. L'héroïne avait été fournie par Paul Mondolini et ses associés, alors installés au Mexique. Joe Stassi était considéré comme un personnage aussi important que Salvatore Giglio dans le trafic de l'héroïne en Amérique du Nord. En avril 1975, ils furent inculpés pour leurs activités de 1970. Furent également inculpés les Français Claude Otvos, compagnon de cellule de Joe Stassi, et Jean Guidicilli, dit l'Oncle.

donc faire d'autres démarches pour amener l'expéditeur à la faire réparer.

A la mi-janvier, tout le groupe est de retour à Montréal pour attendre l'arrivée de la Ford quand un autre imprévu survient: le navire russe qui transporte la voiture se prend dans les glaces du Saint-Laurent. Bec doit aller à New York rassurer ses patrons et leurs clients. Finalement, le 10 février, Arioli prend possession de la Ford et se prépare à la livrer à New York où Mastantuano lui donne rendez-vous au *Holiday Inn* de la 57e Rue. Il s'y rend le 16 en compagnie d'une amie, une autre comédienne montréalaise, qui ignorait probablement les véritables raisons du voyage. Sur place, Mastantuano retrouve Bec qui lui présente pour la première fois son patron, Jo Signoli, et un autre membre du réseau, Richard Berdin. Tous quatre se chargent ensemble de la livraison des 80 kilos à Anthony Astuto, le représentant de Louis Cirillo. De retour à Montréal, on se partage les $80 000; Bec prend $52 000, tandis que le reste revient à Mastantuano qui en donne $10 000 à Arioli et $1 000 à un autre ami, Robert Gauthier, qui l'avait accompagné en auto à New York. Pour ramener son magot en France, Bec n'hésite pas à redemander les bons services de Danielle Ouimet.

Devant le succès de ses nouvelles activités, les trouvant rentables, Mastantuano décide ensuite de monter lui-même une nouvelle affaire. Vers la fin d'avril 1971, il se rend à Paris pour expliquer son projet à Bec. L'entente conclue, il revient à Montréal pour trouver l'automobile et le passeur. Il approche alors le chanteur Daniel Guérard qui accepte sans trop se poser de questions, pour $7 000 et les frais d'achat d'une voiture, d'expédier celle-ci en France et de la ramener plus tard à Montréal. Mastantuano a décidé de ne pas faire la navette Montréal-Paris, mais il doit se résigner à retourner en France à la demande pressante de Bec. Signoli a besoin de lui pour une mission spéciale. Une Fiat 124 bourrée d'héroïne est en souffrance à Montréal, son conducteur italien ne pouvant obtenir de visa pour entrer aux Etats-Unis. Il faut le remplacer et livrer la voiture à New York, avec la collaboration de deux autres membres du réseau, Félix Rosso, qui attend déjà sur place, et Paul Graziani qui s'apprête à le rejoindre. Une récompense de $40 000 attend Mastantuano pour ce travail.

Conformément aux instructions reçues, il revient donc à Montréal et entreprend des démarches pour trouver et acheter une Fiat identique afin de pouvoir effectuer sans danger un échange de plaques d'immatriculation. Mais, bientôt, il se rend compte de l'im-

Michel Mastuantuano (en haut, à gauche), André Arioli (en haut, à droite) et Felix Rosso (en bas).

possibilité d'obtenir rapidement la voiture désirée. Il s'adresse alors à un autre ami, l'accordéoniste Jean Cardon qui avait déjà travaillé avec Taillet. Pour $6 000, celui-ci accepte de prêter son garage et sa voiture et même de la conduire jusqu'à New York. Pendant que l'on procède, à l'abri des regards indiscrets, au transfert de la drogue de la Fiat à la familiale de Cardon, Danielle Ouimet accepte un autre travail. Cette fois pour le compte de Félix Rosso, elle se rend à Miami où elle remet une lettre et une photo à un individu qui s'identifie sous le nom de « Monsieur Félix ». (11) Elle reçoit $200 pour ce voyage.

Le lendemain de son retour, le 21 juin, le transport des 70 kilos a lieu. Cardon voyage seul à New York, tandis que Mastantuano s'y rend avec la jeune actrice. Rosso se fait conduire avec Robert Gauthier et c'est en passant la frontière que les douaniers de Champlain notent leur entrée qui, on se rappelle, fut signalée à la G.R.C. Quant à Graziani, il préfère demeurer à Montréal, un de ses cousins ayant déjà été impliqué dans une affaire de drogue aux Etats-Unis. (12) A New York, Mastantuano se charge de la livraison avec Rosso et un autre Corse, Jean Guidicilli, l'Oncle, qui remplace Signoli interpellé à Paris pour possession de faux passeport. L'argent, près de $1 million en liquide, est ramené à Montréal par Cardon, Rosso, Mastantuano et Mlle Ouimet. Le partage a lieu mais Graziani qui, on le sait, avait repéré la surveillance de la G.R.C., préfère confier ses $100 000 à Mastantuano et à sa fiancée qui se rendent en France au début de juillet.

A Paris, Mastantuano assiste à une rencontre orageuse entre Graziani, Signoli et un certain Jo qui semble le patron. Les deux derniers reprochent à Graziani d'avoir laissé leur argent à Montréal et, en terminant, Signoli lui lance: « Rendez-vous comme d'habitude au quartier général, au *Fouquet's*, » propriété, on l'a dit, de Marcel Francisci. Après cet incident, Mastantuano se rend à Marseille où il rencontre deux associés de Graziani, des habitués du bar *Les Catalans*. Le lendemain de son arrivée, Graziani vient le retrouver et d'autres rencontres ont lieu avec Signoli et des membres de la bande.

---

11. « Monsieur Félix » sera plus tard identifié comme Louis Santoni, ancien policier corse devenu trafiquant de drogue. Il sera arrêté à la suite de la saisie à Marseille, le 29 février 1972, de 423 kilos (930 livres) d'héroïne pure dissimulés à bord d'un bateau de pêche à la crevette, le *Caprice des temps*. Cette saisie, la plus importante du genre jamais réalisée dans le monde, amènera l'inculpation du capitaine du navire, Marcel Boucan, d'Alexandre Orsatelli, un vieux caïd corse, de sa maîtresse Marcelle Agavanian, de son garde du corps, Toussaint Astolfi, de Mathieu Péraldi, un acolyte de Santoni, et de Laurent Fiocconi, l'associé de l'équipe Signoli. Le nom du chimiste Jos Cesari, le demi-frère de Dominique Albertini, sera mentionné comme le ou l'un des fabricants de l'héroïne saisie. Vendues dans la rue à New York, ces 930 livres auraient rapporté près d'un demi-milliard de dollars!

12. Ce cousin serait Gabriel Graziani, l'un des hommes de Dominique Venturi, qui, vers 1958, était en compagnie d'Antranik Paroutian, le fournisseur de Pep Cotroni et de Peter Stepanoff. Voir chapitre V et fin du chapitre VI.

Tout le reste du mois de juillet, Mastantuano prend des vacances avec sa fiancée et les parents de celle-ci. Avant de partir, il a cependant avisé Daniel Guérard, qui attend toujours à Paris, qu'il peut aller récupérer sa Barracuda à la gare de Bayonne et la renvoyer à Montréal. Vers la fin du mois, il retrouve Bec à Marseille. Comme leurs relations se sont détériorées, celui-ci, pour lui prouver sa bonne foi et la responsabilité de Signoli, organise une rencontre avec un personnage important du Milieu corse, Marcel Rossi, dit le Politicien. Dirigeant du S.A.C. marseillais, Rossi déclare qu'il est associé à Marcel Francisci et Dominique Mariani, l'ami de Roger Delouette, et que ceux-ci devaient prendre le contrôle de l'héroïne en France. Au cours de la conversation, il est particulièrement question de la construction du voilier le *Jisan*, que Mastantuano avait entreprise trois mois plus tôt avec son ami Robert Gauthier. Au départ, le projet avait été conçu pour la réalisation d'une série de documentaires pour la télévision, mais on avait également prévu d'aménager la quille de telle sorte que d'importantes quantités d'héroïne pourraient y être dissimulées. Signoli avait financé une partie de la construction du navire.

Peu après cette rencontre, Mastantuano retourne à Montréal où l'attendent Signoli et un autre individu, Roger Preiss, qui lui a été présenté sous le pseudonyme de Patrick. Quelques rencontres ont lieu entre les trois hommes dans l'appartement de Danielle Ouimet en attendant l'arrivée de la Barracuda. Cette fois, il n'y a pas de retard et la voiture arrive à la date prévue, soit le 19 août. Deux jours plus tard, Daniel Guérard l'amène à New York où Mastantuano, accompagné encore une fois de sa fiancée, la prend en charge. La livraison se fait de la façon déjà indiquée par Preiss en la présence d'un autre Corse, Marius Lastrayoli, dit le Petit, un ami de Signoli. C'est la dernière opération de Mastantuano avant son arrestation. Il rencontre au cours du mois de septembre Jacques Bec mais rien de concret n'est élaboré pour l'immédiat.

Le 8 septembre 1972, par suite des aveux de Mastantuano, André Arioli est arrêté à Montréal et une requête en extradition est présentée contre lui. Contrairement à Mastantuano, il renonce à la combattre et est conduit à New York le 23 octobre. Il refuse cependant de collaborer avec les autorités américaines. Toutefois, cela n'a pas grande importance; les dépositions d'Emile Alonzo, Edmond Taillet, Richard Berdin, Roger Preiss, Michel Mastantuano et de plusieurs autres arrêtés à leur tour en France et aux Etats-Unis suffisent amplement. Grâce à elles, une soixantaine de trafiquants internationaux parmi les plus importants et les plus actifs sont inculpés et/ou dénoncés. Les filières françaises qui, on l'a vu, se recoupent à plusieurs niveaux, sont les plus affectées. Entre 1972 et 1975, la plupart des trafiquants identifiés dans ce chapitre sont condamnés en France ou aux Etats-Unis à des peines variant de cinq ans comme dans le cas de Mastantuano, à 25 ans comme dans le cas de Fiocconi et Kella. Les têtes d'affiches Jean-Baptiste Croce, Jo Signoli, Alexandre Salles, Félix Rosso, Paul Graziani, Antoine Grisoni, André Lajoux, Jean Guidicilli, Louis Cirillo, Anthony Astuto, Anthony Segura, Joe et Anthony Stassi et beaucoup d'autres sont au nombre des condamnés. Joseph Bernard Mari, dit le Frisé, échappe à la condamnation, étant terrassé par un cancer le 6 août 1973. C'est également le cas d'Etienne Mosca qui se suicide le 6 mai 1974. Albert Bistoni, le vieux compagnon d'armes de Croce, est abattu dans un bar de Marseille le 31 mars 1973, quelques heures après l'incarcération de son associé, et Joseph Orsini, l'âme dirigeante de l'un des grands réseaux, meurt de sa belle mort en 1972.

Chapitre XV

Un certain goût du risque

Le 9 novembre 1971, l'agent spécial Kevin Gallagher, du bureau de liaison du B.N.D.D. à Montréal, réclame de l'aide à la Brigade des stupéfiants pour transiger avec un agent double. L'individu ne parle pas anglais et se trouve en mission spéciale dans la métropole. Déjà au courant de certains détails de l'affaire, le sergent d'état-major Gilles Poissant, le responsable des opérations de la Brigade, vient donc aider son collègue américain et rencontrer l'agent double: il renoue d'ailleurs avec une vieille connaissance, car celui-ci, Roger Gabeloux, est un des anciens fournisseurs de Joe Horvath. Arrêté à Paris en mars 1969, au moment où il s'apprêtait à expédier à Montréal 25 kilos d'héroïne pure, le trafiquant a été libéré de la prison de Fresnes le 29 septembre précédent après avoir purgé 30 mois de détention.

Dès sa sortie, il a offert ses services aux agents du B N.D.D. en poste à Paris. Deux raisons fondamentales ont justifié ce choix, expliquera-t-il plus tard dans un livre: sa prise de conscience des ravages causés par l'héroïne et surtout la perspective de vivre une nouvelle aventure lui permettant de satisfaire sa véritable passion: le jeu. (1) Sa première démarche a été de contacter un de ses anciens complices, René Quintin de Kercadio, dit le Boiteux, un aventurier de même calibre, avec lequel, en prison, il a échafaudé plusieurs projets d'avenir. (2) Ensemble ils ont d'abord décidé de renouer

---

1. *Le Jockey* par Philippe B., Paris, Editions Olivier Orban, 1974. Ce livre est le récit de ses aventures au service du B.N.D.D. et de la G.R.C. Officiellement, jamais ces deux services n'ont admis que Roger Gabeloux, alias Philippe B., ait été un de leurs agents doubles.

2. Dans son livre, Gabeloux raconte qu'à son insu son associé de Kercadio était lui aussi un agent double au service de la Brigade des stupéfiants et du B.N.D.D. Si les événements qui se sont déroulés tendent à confirmer le fait, il reste que, comme dans le cas de Gabeloux, ni les agents américains ni les agents canadiens n'ont confirmé la chose. Et jamais l'intéressé lui-même n'a fait quelque aveu en ce sens. Quant à son surnom, le Boiteux, il lui vient d'une blessure au genou, séquelle d'un accident d'avion en Algérie.

au plus vite avec Joe Horvath en lui offrant une première livraison qu'ils financeraient grâce à l'appui d'une bande de proxénètes dirigée par un certain Daniel Marquet. Pour l'approvisionnement en héroïne, ils ont l'avantage d'être en relation directe avec deux gros fournisseurs marseillais, Théodore Marininchi, une nouvelle connaissance de Gabeloux, et Joseph Boldrini, leur ancien fournisseur dont il a déjà été question à plusieurs reprises. (3)

Voilà quel était le projet initial; mais, très vite, les possibilités se sont élargies. Grâce à des amis du Milieu, ils ont été en contact avec un Grec, Jean Glaros, qui depuis un mois était à la recherche de 10 kilos d'héroïne pour des acheteurs montréalais. A la fin de l'été, un ami de Montréal, Jean-Marc Guillet, jeune homme dans la vingtaine, leur a fait savoir qu'il connaissait des gens intéressés à décrocher un fournisseur sérieux pour les approvisionner régulièrement en héroïne, au prix de $10 000 le kilo. En vacances à Paris, Guillet a présenté à Glaros un émissaire de ces Montréalais, Rolland Pannunzio, chargé de conclure les ententes nécessaires. Par l'entremise d'un cabaretier parisien, Jos Biggi, il aurait obtenu un premier lot de trois kilos, mais c'était insuffisant, sans compter qu'ils étaient de mauvaise qualité. Anxieux de satisfaire pleinement son client qui lui avait promis une ristourne de $500 par kilo, Glaros a été ravi de rencontrer Gabeloux et de Kercadio et il les a vite présentés au Québécois. Les deux compères ont accepté de mettre sur pied une filière d'approvisionnement régulière, à condition qu'on leur pré-

Joseph Boldrini

Jean Glaros

---

3. Voir chapitres V et XI.

sente le responsable de Montréal. Pannunzio leur a répondu qu'à défaut de rencontrer le grand patron, qu'il a identifié par les lettres L.G., il les mettrait en contact avec le responsable des opérations d'héroïne, Conrad Bouchard. Les deux Français ont été d'accord.

A Montréal, Pannunzio et Bouchard sont fichés comme associés du clan Cotroni. Leur protecteur commun est le puissant Luigi Greco, le no 2 de la Mafia locale et l'ancien partenaire de Carmine Galente et Giuseppe Cotroni. De toute évidence, c'est lui L.G. le grand patron, celui qui finance toute l'affaire.

Des deux truands, Bouchard est certes le plus connu. Personnage redoutable, sans foi ni loi, haï même de certains éléments du Milieu, il doit une grande partie de sa réussite aux relations étroites qu'il a su établir avec les grands patrons de la Mafia locale. Il a d'abord commencé par les séduire en chantant dans leurs cabarets tous les airs d'opéra italien, puis il s'est illustré aux côtés de Peter Stepanoff et Pep Cotroni, aussi bien dans les vols et recels d'obligations que dans le trafic des stupéfiants. En 1959, lors de l'arrestation de Pep Cotroni, son nom a été mentionné à plusieurs reprises et il a été cité comme coconspirateur dans cette affaire, tout comme Greco, par un Grand Jury newyorkais. (4)

En 1966, il a été impliqué dans deux gigantesques fraudes, l'une de $110 000, en septembre 1963, dans une succursale de la Banque provinciale à Québec, et l'autre, au printemps 1965, au montant de $269 000, aux dépens de la *Canadian Acceptance Corporation* à Montréal. Simultanément, il a aussi été inculpé pour un hold-up de $723 000 dans une autre succursale de la Banque provinciale à Ville de Laval, et pour le recel d'une partie du butin d'un autre vol de banque. Curieusement, pour tous ces crimes, il n'a écopé que de 30 mois de pénitencier, ce qui a toujours intrigué les observateurs de la scène juridique. Sorti de prison, il a été à nouveau arrêté, en juin 1969, pour complot dans la fabrication et la distribution de centaines de milliers de faux timbres de 6 cents. Libéré sous cautionnement, il a été impliqué, un an plus tard, dans une fraude de $1 million contre une banque et deux maisons de courtage. (5) Fina-

---

4. Voir chapitre VI, page 169.

5. Frank Cotroni a joué un rôle important quoique d'arrière-scène dans cette affaire, en jetant dans les pattes de Bouchard, Theodore Aboud, un truand de seconde zone aux prises avec des prêteurs usuriers. En avril 1973, comparaissant devant la Commission d'enquête sur le crime organisé, Aboud déclara que l'avocat de Bouchard, Me Raymond Daoust, l'avait conseillé en 1970 en lui suggérant le nom de pays étrangers où il pourrait se réfugier après la fraude. Le célèbre avocat a cependant nié ces affirmations.

Conrad Bouchard (en haut), Rolland Pannunzio (en bas, à gauche) et Luigi Greco (en bas, à droite).

Frank Cotroni (à gauche), Conrad Bouchard (au centre) et Me Raymond Daoust (à droite) au cours d'une soirée au Mexique.

lement, le 27 juillet 1971, il a été accusé d'avoir utilisé cinq faux chèques de l'*American Express* et une carte de crédit volée. Son arrestation et celle de deux Américains associés à la Mafia a donné lieu à une perquisition au domicile de son voisin, Luigi Greco.

Homme de main et exécutant docile, Pannunzio a été propriétaire jusqu'en janvier 1971 d'un bar du secteur nord de Montréal, le *Café Boul' Mich*, sur le boulevard Saint-Michel. L'établissement a été fermé dans le cadre de l'opération des cabarets menée par la Police municipale et la Sûreté du Québec. A sa sortie de prison en 1968, Bouchard s'est mis à fréquenter cet endroit et s'est lié avec Pannunzio, avec lequel il s'est lancé dans différentes affaires.

A l'occasion de leur première rencontre avec Pannunzio, Gabeloux et de Karcadio ont appris la combine d'expédition mise au point par Bouchard. L'envoi se fait tout bonnement par colis de l'aéroport du Bourget. Au déchargement du fret à Dorval, tous les colis restent un certain temps à quai. C'est à ce moment-là qu'un employé d'une compagnie aérienne, complice de la bande, se charge de récupérer le colis attendu grâce au numéro de la facture remise en France par la compagnie expéditrice. Cette méthode a plu à Joseph Boldrini et, lorsque de Kercadio est allé le rencontrer, il a accepté de fournir les 10 premiers kilos à 13 000 francs le kilo (environ $12 000 la livre). Il s'est également dit prêt à avancer à crédit 10 kilos (22 livres) supplémentaires. Rencontré séparément pour l'opération Horvath, Marininchi, de son côté, a dit être en mesure de fournir à crédit un premier stock de 30 à 50 kilos (66 à 110 livres).

Ravis de leurs démarches à Marseille, Gabeloux et de Kercadio ont cependant dû faire face à un imprévu. En rentrant à Paris, Glaros leur a annoncé que Pannunzio a perdu au jeu l'argent qui lui avait été confié pour l'achat des 10 kilos. Le Grec a dû demander l'aide d'un autre ami pour le dépanner et lui permettre de retourner à Montréal. La nuit de son départ, il a parlé pour la première fois à Bouchard au téléphone d'un bar de Boulogne, en banlieue de Paris, où il avait l'habitude de rencontrer Pannunzio. Cette boîte, le *O-K-Bec*, très fréquentée par les Québécois de passage dans la Ville Lumière, est la propriété d'un ami de Bouchard, Roger Mollet, l'ancien associé de Marius Martin et Jean Jehan dans le café *La Cave* à Montréal. (6) Bouchard a déclaré à Glaros qu'il était furieux contre Pannunzio et qu'il rembourserait son ami à la prochaine expédition. Satisfait malgré tout de l'entente conclue, il a ajouté qu'il réunissait de nouveaux fonds et qu'il déléguerait un nouvel émissaire prochainement. Il devait rappeler dans quelques jours.

Gabeloux et de Kercadio ont tiré profit de cet incident pour faire un premier contact avec Bouchard en lui annonçant leur participation à l'envoi de cinq kilos additionnels. Quand il a rappelé au bar *O-K-Bec,* le Boiteux attendait son appel. L'accord a été conclu: un deuxième émissaire, Jean-Marc Guillet, devait être à Paris à la fin d'octobre avec l'argent nécessaire et il se réjouissait de la participation de ses nouveaux fournisseurs. Il y a eu ensuite un nouveau retard sans gravité et, le 7 novembre, Guillet est arrivé à Paris avec ce qu'il fallait pour payer 10 kilos. Aussitôt en possession des fonds avancés par le groupe des proxénètes de Daniel Marquet, de Kercadio a passé la commande de 15 kilos à Boldrini et des plans ont été élaborés pour que Glaros et Jean-Marc expédient le colis le 10 novembre, le lendemain du départ de Gabeloux pour Montréal.

Le 9 novembre, dans le bureau du B.N.D.D., le responsable des opérations de la Brigade des stupéfiants donne son accord à la collaboration de Gabeloux. Selon le témoignage de celui-ci, la G.R.C. s'engage alors à assurer sa protection et à lui faciliter la tâche, à condition qu'il rende compte régulièrement de tout ce qu'il fait, afin de faciliter le travail des équipes de surveillance des limiers fédéraux et de

6. Voir chapitre VII, *p. 182.*

permettre un contrôle rigoureux de l'opération. Au sujet des 15 kilos, il a déjà été convenu que les 5 kilos financés par l'agent double et ses acolytes pourront être vendus à Bouchard. Ils ne seront pas inclus avec les 10 autres, car la G.R.C. et le B.N.D.D. tenteront de suivre leur cheminement jusqu'au bout, afin de pouvoir identifier les clients américains de Bouchard. Quant au colis de 10 kilos payés par les Montréalais, la Brigade des stupéfiants empêchera son retrait de Dorval, mais sans inquiéter personne, afin de ne pas compromettre la grosse expédition qui doit suivre.

En attendant l'arrivée de De Kercadio avec lequel il doit contacter Bouchard, Gabeloux doit renouer avec Joe Horvath. Dans la matinée du 10 novembre, il se rend donc chez lui à son domicile de Pierrefonds, en banlieue nord-ouest. Il a un excellent prétexte car Little Joe lui doit encore $8 000 sur l'une des transactions effectuées au début de 1969. L'accueil est chaleureux et la conversation s'engage promptement sur le sujet d'intérêt commun. Vaniteux et suffisant, le caïd explique qu'il s'est lancé dans une nouvelle affaire: le trafic du haschisch, presque aussi payant que l'héroïne, quand on sait comment s'y prendre. Depuis des mois, il en importe des centaines de kilos suivant une formule semblable à celle de Bouchard. Selon lui, sa combine est aussi sûre que celle qu'il avait mise au point pour l'héroïne quelques années auparavant. A cette époque, raconte-t-il à Gabeloux, le responsable français lui téléphonait, selon un code convenu, le nom et le jour de l'arrivée du passeur des valises Samsonite chargées d'héroïne. A peine débarqué à l'aéroport de Dorval, ce dernier avait pour consigne de se rendre en taxi jusqu'à un motel, *Le Diplomate,* où il devait louer une chambre et attendre patiemment les événements. Ce courrier ignorait qu'il était surveillé depuis sa sortie de l'aéroport par deux hommes de Horvath qui avaient pour

Joe Horvath

mission de contrôler l'opération jusqu'à la phase finale. Chacun dans une voiture, l'un ouvrant la route, l'autre fermant la marche derrière le taxi, ils vérifiaient si une filature de police était mise en place. Si tout paraissait normal, alors seulement, ils téléphonaient au convoyeur, peu après son arrivée au motel, afin de s'informer du numéro de sa chambre. Une demi-heure plus tard, sans passer par la réception, l'un des superviseurs allait rejoindre le courrier dans sa chambre. Il en ressortait presque aussitôt avec les deux valises Samsonite vidées de leur contenu, mais dont chacun des flancs abritait de 2 kilos et demi à 3 kilos d'héroïne. Puis, sans plus attendre, les deux représentants de Horvath remontaient dans leur voiture et l'une protégeant l'autre, ils venaient le retrouver dans une villa de l'est de Montréal. Là, dans un petit garage souterrain, il y avait un mini-laboratoire dissimulé par un faux mur coulissant. Après l'expertise qui consacrait la bonne qualité de la marchandise, Horvath remettait l'argent du contrat ainsi que deux nouvelles Samsonite neuves à l'un de ses hommes chargé de les ramener au passeur français. Pour le caïd, c'était vraiment un jeu d'enfant. (7)

Cette description confirme les soupçons des policiers français et montréalais lors de l'enquête en 1969. Elle apporte toutefois des précisions intéressantes qu'on ignorait alors.

Quant à sa combine de haschisch, Horvath la croit naturellement à toute épreuve. Il jubile en pensant que, depuis un an, les policiers tournent en rond sans trouver la solution et qu'ils enragent de constater que de nombreux bars et cafés de Montréal empestent le haschisch. Même si le trafiquant est particulièrement rusé et habile, la Brigade des stupéfiants a néanmoins percé son secret et, depuis près de 5 mois, une dizaine d'enquêteurs travaillent d'arrache-pied pour accumuler les preuves nécessaires à son arrestation et à celle de ses complices, une bande de jeunes voyous associés à un groupe de motards redoutés, les Satan's Choice. Le haschisch est expédié de l'Afghanistan par un Montréalais qui y est installé et qui correspond avec Horvath et les autres grâce à un ingénieux système de télégrammes codés.

Horvath n'a plus de fournisseur d'héroïne depuis un certain temps déjà. Il compte donc sur Gabeloux pour le relancer sur le marché. Pas particulièrement généreux, il n'offre au départ que $7 000 le kilo, mais, finalement, il accepte de payer $8 000, ce qui est encore bien inférieur au prix de Conrad Bouchard.

---

7. *Le Jockey*, o.c.

De Kercadio arrive à Montréal le 13 novembre. Comme il se doit, Gabeloux est là pour accueillir son associé sous les regards discrets des agents de la Brigade des stupéfiants et du B.N.D.D. De Kecardio porte une valise et un sac de voyage dans lequel se trouvent les 5 premiers kilos. Les deux acolytes se font conduire en taxi au *Château Champlain*. Au même moment à Dorval, Jean Glaros arrive à son tour. Il est accueilli par Rolland Pannunzio qui, en hôte reconnaissant, lui fait visiter un peu la ville et l'emmène chez lui, boulevard Gouin, avant de l'accompagner au *Holiday Inn*.

Les équipes de surveillance ne relèvent rien de spécial dans la soirée mais, dès 8 heures le lendemain matin, les trois Parisiens se retrouvent à l'hôtel *Laurentien*. Une heure et demie plus tard, ils rencontrent Jean-Marc Guillet, à l'angle des rues Dorchester et Peel, et avec lui se rendent dans un restaurant du quartier italien, rue Jean-Talon. A 10h30, un inconnu à bord d'une Renault vient les chercher et les conduire à un autre restaurant de la rue Jean-Talon où ils passent une autre heure, après quoi ils se rendent en taxi au domicile de Guillet. Durant l'après-midi, personne ne quitte l'appartement à l'exception de Guillet qui, à trois reprises, va téléphoner dans des restaurants avoisinants. Entre sa deuxième et troisième sortie, vers 15 heures, une automobile, une Chevelle 1971, est aperçue circulant de façon suspecte autour du logis. Comprenant que le conducteur tente de repérer leur surveillance, s'il n'a pas déjà réussi à le faire, les agents fédéraux croient préférable de s'éloigner. Lorsqu'ils reviennent un peu plus tard, la Chevelle est stationnée non loin de là et son conducteur a disparu. Vers 17h50 les agents postés à l'arrière du domicile de Guillet voient Gabeloux, de Kercadio, Glaros et le conducteur de la Chevelle, qu'ils identifient alors comme étant Conrad Bouchard, sortir de l'appartement, traverser la cour arrière et enjamber la clôture qui entoure la propriété. De toute évidence, ils veulent quitter les lieux sans être vus. Leurs efforts sont cependant bien inutiles. Les Français regagnent leurs hôtels respectifs et Bouchard s'éloigne sans être suivi.

Grâce à Gabeloux, la Brigade des stupéfiants sait que le groupe doit à nouveau se réunir dans la soirée au restaurant *Napoli,* rue Jean-Talon. Mais auparavant, Bouchard doit envoyer quelqu'un chercher les 5 kilos que de Kercadio a laissés dans une chambre du *Laurentien.* Trois enquêteurs sont donc chargés de faire le guet non loin de la chambre en question. A 19h30, un inconnu y pénètre avec un sac de papier brun. Quelques instants plus tard, il ressort avec le même sac. Sans doute a-t-il changé son contenu. Quoi qu'il en soit, les agents postés dans le vestibule sont rapidement avisés et une description sommaire de l'homme leur est communiquée. A sa sortie de l'ascenseur, l'inconnu est repéré, mais, presque aussitôt, il se perd dans la foule. Les agents tentent de le retrouver, mais il a déjà disparu.

L'incident n'est toutefois pas aussi tragique que les agents le croient sur le coup. Au *Napoli,* au cours du souper, Bouchard annonce qu'il ne paiera les 5 kilos que lorsqu'il recevra le colis. Celui qui doit passer la drogue à New York préfère n'effectuer qu'un seul voyage. Mais, dans 8 jours, si les 10 kilos ne sont pas arrivés, il règlera la première livraison afin de ne pas indisposer le fournisseur de Gabeloux qui doit lui avancer à crédit une quantité importante. Dans un cas comme dans l'autre, il est donc encore possible de pouvoir identifier les acheteurs américains.

Quelques jours passent. Le 19 novembre, un second souper réunit toute la bande au *Château Champlain* et, comme chaque fois que Bouchard est présent, c'est un festin arrosé de champagne. On attend toujours l'arrivée des 10 kilos et on commence à s'impatienter. Le lendemain, samedi, la G.R.C. et les trafiquants apprennent que le retard du colis expédié par Glaros et Guillet est dû à une grève du zèle entreprise à Rome par les employés de la compagnie Alitalia. Rassuré, Bouchard accepte de payer les 5 kilos pour la fin de la semaine suivante. Ce nouveau délai permet à Gabeloux de présenter Horvath à de Kercadio dans le nouvel appartement que ce dernier a loué dans le centre-ville. Cette rencontre a lieu à l'insu de Bouchard qui a gardé une vieille rancune à l'endroit de Little Joe qui l'aurait déjà doublé. Le 27, Bouchard rencontre Gabeloux et de Kercadio et leur annonce le passage des 5 kilos aux Etats-Unis. Il leur donne rendez-vous pour le lendemain soir au *Hilton* de Dorval pour le paiement de la marchandise qui sera apportée par un émissaire de New York.

Avisée, la Brigade des stupéfiants se promet bien d'être au rendez-vous. Depuis trois semaines, elle n'a d'ailleurs pas perdu son temps. Grâce à des filatures, elle a réussi à localiser et à identifier l'individu qui est venu récupérer les 5 kilos dans la chambre du *Laurentien.* Il s'agit d'un dénommé Louis Henri, jusqu'alors surtout connu pour ses activités dans la contrefaçon aux côtés de Bouchard. On dit de lui qu'il est rusé, intelligent et plus réfléchi que son patron. Le 22 novembre, 5 jours avant que Bouchard annonce que l'héroïne a été livrée à ses clients, il s'est rendu à New York où le B.N.D.D. l'a aperçu en compagnie de deux trafiquants notoires, Robert Perrette du clan de Natale Evola et James Episcopia, alias Jimmy Legs,

Louis Henri   James Episcopia

de la famille de Joseph Colombo. (8)   En juin 1956, Episcopia a été condamné à trois ans de prison pour trafic de drogue, tandis que Perrette est fiché comme un associé de Benny Marchese, du Connecticut, lui-même un acolyte d'Anthony Castaldi, le beau-frère de Guido Penosi. (9)

Dans la matinée du 28, plusieurs heures avant la réunion au *Hilton,* des agents de la G.R.C. surveillent les arrivées et les départs de New York dans l'espoir de repérer celui ou ceux qui ramèneront l'argent à Bouchard. Vers 13 heures, ils aperçoivent Louis Henri qui s'envole vers New York. Quarante-cinq minutes plus tard, il est accueilli par Perrette et Episcopia qui le conduisent dans un luxueux appartement du Lower Manhattan. Les trois hommes y demeurent une vingtaine de minutes, après quoi, ils reprennent la route et se dirigent dans Brooklyn. Dans le secteur de King Highway et de la 12e Rue, les agents du B.N.D D. remarquent que les suspects semblent tout à coup conduire de façon soupçonneuse. Ne voulant pas être repérés, ils abandonnent la filature. Henri revient à Montréal en fin d'après-midi sans rien apporter et il rencontre aussitôt Bouchard.

8. Au début des années 60, Joseph Bonnanno s'est querellé avec des chefs de la Mafia et a été dépossédé de sa famille. D'autres caïds ont pris sa succession, dont Natale Evola, un des amis de Vito Genovese. Joseph Colombo a remplacé Joseph Profaci, décédé en 1962.

9. Benny Marchese a été condamné à 7 ans de prison en septembre 1958 pour avoir approvisionné en héroïne son neveu Michel, de Los Angeles.

A 16h40, la femme de ce dernier, Lorraine Brunet, et un ami, Richard Goulet, propriétaire de garage et ami de Frank Cotroni, prennent à leur tour l'avion pour New York où ils rencontrent eux aussi Episcopia et Perrette. Ils sont de retour à Dorval peu après 20 heures et rejoignent aussitôt Bouchard qui les attend au bar *La Crémerie* du *Hilton*, en compagnie de Gabeloux et de de Kercadio. Goulet remet à son ami une sacoche de cuir en précisant, selon Gabeloux, que le compte y est. L'argent est remis aux Français qui vont faire le partage dans les toilettes, après quoi Gabeloux prend congé du groupe et va à l'aéroport prendre l'avion pour Paris via New York. Ce détour à New York est nécessaire car l'agent double s'est entendu avec de Kercadio pour expédier un télégramme à Daniel Marquet dans lequel il veut lui faire croire que les kilos ont été saisis et qu'on ne peut le rembourser. Avant de s'embarquer, Gabeloux avise le sergent d'état-major Poissant qu'il doit se rendre à Marseille passer une commande à Théo Marininchi. Aussitôt la marchandise prête, de Kercadio viendra le rejoindre avec les $100 000 que Bouchard et ses amis ont décidé d'investir dans l'opération. Une commande sera également passée à Joseph Boldrini, le tout pour constituer une cargaison d'une soixantaine de kilos (132 livres environ), un butin d'au-delà $60 millions.

Pendant qu'en France, Gabeloux met à exécution son plan et qu'il réussit, grâce à ses extraordinaires talents de beau parleur, à obtenir un crédit de 25 kilos (55 livres) de Marininchi, de Kercadio et Bouchard se rendent à Acapulco où ils rencontrent les New-Yorkais Perrette et Episcopia. Averti par Glaros de l'endroit où se prélasse son associé, Gabeloux communique avec lui et apprend que Boldrini a déjà été contacté et qu'il n'est pas hostile à l'idée d'avancer une certaine quantité à crédit. Les deux compères s'entendent donc pour se retrouver à Paris vers le 15 décembre alors que les 25 kilos de Marininchi auront déjà été livrés. Entre-temps, un seul point noir: le colis de 10 kilos n'est pas encore arrivé. En fait, les deux Parisiens ignorent que le colis adressé à un dénommé « Marc Tillet, professeur », et contenant, selon le connaissement, des livres et des effets personnels, est à Dorval depuis le 26 novembre, sous surveillance constante de la Brigade des stupéfiants.

De Kercadio et Bouchard sont de retour à Montréal le 4 décembre. Le lendemain matin, une rencontre a lieu entre Bouchard, sa femme, Guillet, Henri et de Kercadio. Vers 13 heures, à Dorval, à l'entrepôt d'Air Canada, le caporal Favreau (devenu inspecteur depuis) note l'arrivée d'un chauffeur de taxi qui vient récupérer le colis suspect. L'individu présente un billet signé par un certain « professeur Marc

Tillet » et se fait remettre le paquet. Il se rend ensuite au bureau de la douane et remplit les documents d'usage. Au même moment, au *Skyline*, le sergent Paul Sauvé et le caporal Réginald Beers louent la chambre 905 et demandent au commis de la réception de leur rendre le petit service suivant: si un Français boiteux se présente pour louer une chambre, qu'il lui donne la chambre voisine. Vers 14h15, de Kercadio fait son entrée dans le vestibule de l'hôtel et se présente à la réception pour louer une chambre. On lui donne la 903. Quinze minutes plus tard, le chauffeur de taxi chargé de récupérer le colis arrive à l'hôtel et rencontre le Boiteux. Les deux hommes s'engouffrent dans l'ascenseur avec le colis et cinq minutes après, le chauffeur de taxi revient seul au rez-de-chaussée les mains vides. Aussitôt qu'il a quitté l'hôtel, les deux limiers fédéraux se rendent à la chambre qu'ils ont louée. Vers 16 heures, ayant constaté le départ du Français, le sergent Sauvé obtient un double de la clé de sa chambre et en compagnie d'un confrère, le sergent Léonard Massé, il va y faire une inspection.

La pièce et les meubles sont fouillés. Un journal traîne sur une des tables et, dans la garde-robe, se trouve une valise de couleur brune. On la place sur le lit et on l'ouvre. Elle est divisée en deux compartiments, celui de gauche contient le papier d'emballage du colis et 20 sacs de poudre blanche pesant une livre chacun; le second compartiment contient les débris de la boîte de carton. Le tout est soigneusement replacé dans la valise, laquelle est retournée dans le placard. Les deux agents quittent ensuite la chambre en prenant soin de la refermer à clé. Une heure plus tard, ils y reviennent et le sergent Massé prend quelques échantillons de la poudre blanche. Mêlée à l'acide « Marquis », la poudre devient mauve; le test est concluant, il s'agit bien d'héroïne. De retour dans leur chambre, les policiers avertissent à l'aide de signaux lumineux leurs confrères postés à l'extérieur de l'hôtel que leur mission est accomplie.

Vers 18 heures, un des agents de l'équipe de surveillance note l'arrivée de de Kercadio dans le bar de l'hôtel. Le trafiquant paraît nerveux; il se lève souvent, se rend à la fenêtre, écarte les rideaux et regarde à l'extérieur. Après 15 minutes d'attente, Bouchard fait son apparition. Il repère le Français et avant d'aller le rejoindre, il va à l'extérieur faire signe à Louis Henri qui est arrivé avec lui et qui attend dans sa Cadillac. La conversation entre Bouchard et le Boiteux durent environ 45 minutes. Au cours de l'entretien, de Kercadio dépose une clé sur la table. Bouchard la ramasse, quitte aussitôt le bar et va la remettre à Louis Henri. Il revient cinq minutes plus tard et, peu après, quitte les lieux avec de Kercadio. Assis à proximité, un agent entend le Français dire à Bouchard « . . . alors, tu m'appeleras aussitôt que tu peux ».

Dans le vestibule, les deux trafiquants se séparent et Bouchard sort. Au même moment, au neuvième étage, un agent observe Louis Henri qui quitte la chambre de de Kercadio avec la valise brune. Il descend d'ailleurs avec lui dans l'ascenseur. Au rez-de-chaussée, Henri demande un taxi à la réception et sort pour l'attendre. Bouchard, qui entre-temps a stationné la Cadillac dans le parking en face de l'hôtel, descend de sa voiture et se dirige à pied vers l'entrée. Il entre et, en passant près de Henri, lui fait un clin d'oeil, puis va retrouver de Kercadio au bar et converse avec lui encore cinq minutes avant de repartir. Durant ce temps, le taxi de Henri arrive; le truand dépose sa valise sur la banquette arrière et monte à l'avant avec le chauffeur. Le véhicule démarre, prend le chemin de la Côte-de-Liesse, direction est, puis emprunte le boulevard Lajeunesse et se rend au *Motel Maxime,* propriété de Gerry Turenne, l'ancien associé de Lucien Rivard.

Arrivé sur les lieux, Henri descend d'abord sans apporter la valise, va à l'intérieur quelques instants, revient prendre la valise et retourne aussitôt dans l'établissement. Dix minutes plus tard, à 19h15, Bouchard arrive à son tour en compagnie de son amie et de son beau-frère, Claude Racicot. Tous trois entrent dans le bar du motel. A 19h20, Bouchard ressort seul, monte dans sa voiture et va faire un tour sur le boulevard Lajeunesse. Trois minutes plus tard, il est de retour et pénètre à nouveau dans le bar. A 19h50, Louis Henri sort du bar et va prendre une petite valise bleue dans le coffre arrière de la Cadillac de Bouchard. Il retourne à l'intérieur du motel. Quelques instants après, un taxi arrive. Henri sort avec la valise bleue et s'engouffre dans le véhicule qui prend la direction nord, suivi immédiatement par Bouchard seul dans sa Cadillac. Rendu à l'intersection du boulevard Henri-Bourassa et de la rue Papineau, le taxi s'arrête. Henri en descend avec la valise bleue et rejoint Bouchard dans sa voiture. Les deux comparses continuent à circuler ensemble dans le secteur, puis à l'angle des boulevards Lajeunesse et Crémazie, Henri descend et prend un taxi. Bouchard revient au motel, où arrive, quelques instants après, Henri qui n'a plus sa valise bleue. Toutes ces manoeuvres sont évidemment un exercice pour s'assurer que les agents fédéraux ne sont pas dans les parages.

Le taxi attend devant le bar où sont entrés les deux trafiquants. Moins de 5 minutes après, Bouchard ressort, monte dans sa voiture, met le moteur en marche et attend. Dix minutes plus tard, Henri revient vers le taxi de l'arrière de l'établissement avec en main, cette fois, la valise brune. Il monte, et le taxi prend la direction nord, suivi par Bouchard. A cause de l'emplacement du motel, une seule voiture de surveillance de la G.R.C. suit au départ les deux automobiles. Rue Fleury, les voitures suspectes tournent à gauche en direction ouest jusqu'à la rue Berri, sur laquelle elles s'engagent ensuite en direction sud. A l'intersection de la rue Sauriol, Bouchard tourne à droite en direction est, tandis que le taxi poursuit son chemin sur le rue Berri. A ce moment, d'autres véhicules policiers se sont joints à la filature et, tandis que le premier s'accroche à Bouchard qui retourne au motel, puis chez lui, les autres suivent Henri.

A 20h30, le taxi s'immobilise au coin des rues Berri et Jarry. Henri descend avec la valise brune et se dirige à pied vers la station de métro. En vitesse, trois limiers fédéraux le suivent et montent dans la même rame que lui. A la station Jean-Talon, la suivante, le truand sort du métro et prend l'autobus. Un des agents l'imite. Henri descend à l'angle des rues Durocher et Jean-Talon et continue sa route à pied. Le policier descend lui aussi, mais n'ose pas poursuivre la filature à pied de peur d'être repéré. Il réussit cependant à voir le suspect monter quelques instants plus tard à bord d'un autre taxi. En hâte, il communique sa position à l'aide du radio-transmetteur qu'il a avec lui. Ses compagnons, qui ont dû regagner leurs véhicules, convergent vers le secteur, mais aucun d'eux ne réussit à retracer le taxi. Dépités, les policiers n'ont d'autre choix que d'abandonner la partie, pour le moment...

Le lendemain matin, le 6 décembre, très tôt la surveillance de Bouchard reprend en face de son domicile. Vers 10 heures, le trafiquant quitte les lieux avec sa femme et se rend à une banque où il entre seul. Afin de ne pas risquer inutilement d'être repérée, maintenant que la preuve de la transaction est malgré tout suffisamment forte, la filature est provisoirement interrompue. Elle est reprise 3 jours plus tard, ce qui permet, le 10 décembre, d'assister au départ de Bouchard et de Kercadio pour Acapulco en compagnie de deux jeunes femmes. La surveillance du B.N.D.D. signale ensuite des rencontres avec Richard Goulet qui est aussi à Acapulco. Dans la nuit du 13 au 14, Gabeloux, qui attend à Paris, reçoit d'abord un appel de Marininchi qui lui annonce l'arrivée prochaine des 25 kilos qu'il a commandés. Quelques heures plus tard, c'est au tour de de Kercadio de téléphoner à son associé. Après lui avait fait part du faste incroyable de Bouchard, il lui annonce qu'il sera à Paris dans la matinée du 16 avec les $100 000 que remettront au Montréalais les acheteurs américains.

Dans la matinée du 15, Goulet quitte le Mexique en avion en direction de New York. Il arrive à l'aéroport Kennedy dans le milieu de l'après-midi et il rencontre aussitôt Episcopia et son fils de 20 ans, Joseph. A 17 heures, tous trois s'embarquent pour Acapulco et retrouvent Bouchard. De Kercadio arrive comme prévu à Paris le lendemain. Il est accueilli par Glaros et ensemble ils vont retrouver Gabeloux qui a reçu la veille les 25 kilos des émissaires de Marininchi. L'étape suivante consiste en un bref séjour d'une douzaine d'heures du Boiteux à Marseille, ce qui permet d'obtenir l'accord de Boldrini qui accepte de fournir 45 kilos, dont 10 à crédit. L'entente veut que Gabeloux aille chercher la marchandise à Marseille le 22, après avoir rencontré auparavant, à l'aéroport d'Orly, le partenaire de Boldrini, Etienne Matteuci, à qui il doit remettre l'argent. Ensuite, il préparera l'expédition de 60 des 70 kilos avec Glaros. Dix kilos seront gardés en réserve en cas de coup dur et pourront être offerts éventuellement à Joe Horvath.

Tout se passe comme prévu. Pendant ce temps, le 21 décembre, de Kercadio, qui adore lui aussi la vie de grand luxe, se hâte d'aller retrouver Bouchard à Acapulco. Une fois la marchandise en main, Gabeloux contacte le bureau du B.N.D.D. à Paris et organise avec les agents américains la saisie en douce des 60 kilos. La veille de Noël, dans la matinée, il se rend avec Glaros à la gare du fret de l'aéroport du Bourget et dépose au hangar de transit de la compagnie Iberia trois grosses valises Samsonite achetées par Bouchard et destinées à « M. Garcia Faustino Morales, International Airport Dorval, Montréal, P.Q., Bureau restant, Dorval Airport ». Une fois l'enregistrement des colis complété, l'agent double et son compagnon quittent l'aéroport et regagnent Paris. En chemin, ils s'arrêtent dans un bureau de poste d'où Gabeloux téléphone à de Kercadio à Acapulco pour lui donner le numéro du manifeste nécessaire pour la récupération à Dorval par le complice qui travaille pour la compagnie aérienne. Les deux associés comptent se retrouver à Montréal pour la fin de l'année.

Au même moment, au Bourget, les hommes de l'Office central des stupéfiants et du B.N.D.D. procèdent à la récupération des 60 kilos. La nouvelle est annoncée dans *France-Soir* le 26 décembre et, tel que convenu, on attribue la saisie au flair des douaniers dont l'attention a été attirée par la singularité de l'emploi de valises Samsonite pour un transport de vieux livres. Tout est le fait du hasard, dit-on, et l'enquête se poursuit.

Pour Gabeloux, le plus dur reste à faire. Après avoir avisé Glaros, il téléphone à de Kercadio et Bouchard à Acapulco. Consternés, ceux-ci décident de venir le rejoindre en France. Ils lui disent qu'ils seront là dans 2 ou 3 jours et qu'ils se chargeront eux-mêmes d'annoncer la mauvaise nouvelle à Boldrini, à Marseille. Entre-temps, Gabeloux doit aller rendre compte du fiasco à Marininchi qui ignore que ses 25 kilos font partie du lot des 60 kilos saisis. Le 28 décembre, il arrive à la gare d'Avignon où l'attend Marininchi. Celui-ci lui fait signe de le suivre et les deux hommes montent à bord d'une DS 22. Quelques instants plus tard, un inconnu d'environ 30 ans les rejoint. Le Marseillais le présente comme étant Michel, un de ses partenaires dans l'affaire. En fait, il s'agit de Paul Diaz, un caïd qui a des intérêts importants dans un laboratoire clandestin. (10)

Dans son livre, Gabeloux rapporte que l'entretien qui eut lieu sur le bord d'une petite route de campagne fut délicat. Les fournisseurs étaient mécontents; non seulement ignoraient-ils que les deux Parisiens traitaient également avec un autre pourvoyeur, mais en plus, l'expédition ne s'était pas faite exactement selon les termes de l'accord. On avait utilisé des valises Samsonite au lieu d'une caisse en bois comme il avait été convenu. L'agent double expliqua qu'il n'avait pas eu le choix: de Kercadio avait promis à son ancien fournisseur de traiter une affaire avec lui et l'acheteur montréalais préférait les valises pour faciliter le travail de celui qui était chargé du retrait de la marchandise à Dorval. Pour prouver sa bonne foi, Gabeloux joua le tout pour le tout et indiqua qu'il lui restait encore 5 kilos et qu'il irait lui-même les livrer à Montréal. Le bénéfice de $50 000 servirait entièrement à dédommager Marininchi et son ami. Conscients des risques de cette opération, ceux-ci furent satisfaits et le prouvèrent en confiant à l'agent double qu'ils avaient accepté d'agir pour une autre équipe de Marseille comme intermédiaires pour vendre un stock de 96 kilos (211 livres) déjà entreposés à Porto Rico. L'individu qui devait présenter l'acheteur américain à leurs amis s'est fait arrêté dans une autre affaire et la liaison est

---

10. En novembre 1973, Paul Diaz sera arrêté et inculpé en rapport avec la mise au jour d'un laboratoire clandestin d'héroïne dans la région de Marseille, le 29 mars 1972. Le démantèlement du laboratoire amènera l'arrestation de deux trafiquants corses, Christian Simonpieri et Joseph Fabiano. Ce dernier sera également impliqué avec Diaz et deux autres Marseillais dans le meurtre d'un malfaiteur nommé Raymond Bortoli soupçonné d'être à l'origine du coup de filet de l'O.C.S. Finalement, trois semaines après lui, la femme de Diaz, avocate au Barreau de Marseille, sera accusée de recel d'objets acquis avec la revente de la drogue. Signalons que Christian Simonpieri est le neveu d'Ange Simonpieri, un des gros bonnets du Milieu corse dont le nom a été mentionné au chapitre XIII, à l'occasion du voyage de Guido Orsini en Italie, en décembre 1970.

interrompue. Aussi, si Gabeloux et son associé peuvent organiser cette vente avec leurs relations de Montréal, cela pourrait arranger les choses.

Pour le moment, les effets négatifs de la saisie sont donc neutralisés du côté de Marininchi. Reste Boldrini. Arrivés en France, de Kercadio et Bouchard ont d'abord une rencontre avec Gabeloux au cours de laquelle ils acceptent les propositions de Marininchi, puis ils se rendent à leur tour à Marseille, dans la soirée du 29 décembre. Les policiers de l'Office central des stupéfiants et du B.N.D.D. qui sont de garde à ce moment-là notent leur présence chez Boldrini en même temps que celle d'Etienne Matteuci. Leur séjour se prolonge quelques jours, après quoi ils reviennent à Paris où ils se rendent fréquemment au bar de Roger Mollet, le *O-K-Bec*. Le retour à Montréal pour la transaction des cinq kilos s'effectue le 13 janvier pour Bouchard et de Kercadio qui s'inscrivent tous deux au *Bonaventure*, et le lendemain pour Gabeloux qui descend au *Château Champlain* dans l'une des deux chambres réservées par la Brigade des stupéfiants. Cette fois, celle-ci compte bien pouvoir intervenir. Ayant appris que de Kercadio n'avait rien fait lors des derniers entretiens avec Boldrini pour excuser son associé, les agents fédéraux ont décidé de l'empêcher de conclure cette transaction avec lui. Pour ce faire, ils ont demandé aux officiers de l'Immigration de garder à vue le Boiteux dès le matin du 14 janvier, sous prétexte d'une vérification d'identité.

Quand Gabeloux arrive dans l'après-midi, il est avisé de cette mesure par les policiers et par Bouchard qui lui téléphone pour savoir si son voyage s'est bien passé et surtout s'il a la marchandise avec lui. Pour l'héroïne, aucun problème: il y en a 5 kilos. Il les a d'ailleurs lui-même apportés dans son sac de voyage, ce qui n'a pas particulièrement enchanté les agents fédéraux qui ignoraient comment l'agent double s'y prendrait pour expédier la drogue. Il aurait suffit d'un douanier perspicace pour compliquer drôlement la situation. Quant au reste, c'est-à-dire aux modalités de l'échange, Bouchard et Gabeloux conviennent d'attendre un peu pour savoir ce qui arrivera à de Kercadio. Ils sont fixés assez rapidement car le Boiteux est libéré à 17 heures, à la fermeture des bureaux de l'Immigration.

Peu après, il appelle Gabeloux et lui demande de venir rencontrer Bouchard au *Bonaventure*. L'entretien entre le trafiquants porte essentiellement sur la façon de procéder à la transaction. Selon les instructions de la G.R.C., Gabeloux insiste pour que l'opération se fasse au *Château Champlain*, mais le caïd montréalais considère que c'est beaucoup trop dangereux. Il préfère que Gabeloux se rende en taxi dans un certain bar où le patron lui remettrait une lettre contenant les dernières instructions à suivre. L'agent double ne veut pas de cette formule malgré les conseils de son associé qui lui a recommandé de faire ce que Bouchard veut. La rencontre prend fin en début de soirée sans qu'un accord soit intervenu. Chacun promet de réfléchir et pour rediscuter de la question, on convient d'une nouvelle rencontre vers minuit au restaurant *L'Escapade* du *Château Champlain.* Gabeloux revient à sa chambre et fait rapport aux responsables de la Brigade des stupéfiants. Dans la nuit, il retrouve, tel que convenu, Bouchard qui est en compagnie de Louis Henri et de l'un de ses acheteurs américains, James Episcopia. Celui-ci et son associé Perrette occupent depuis deux jours une suite au *Reine-Elizabeth* sous leurs vrais noms. De Kercadio ne participe pas à la rencontre. Rendu nerveux par sa détention par l'Immigration, il préfère même retourner à Acapulco dès 7 heures le matin, estimant que sa présence à Montréal peut être dangereuse pour le groupe. Toutefois, à quelques reprises, les agents fédéraux observent Henri qui va faire des appels téléphoniques dans une boîte publique. La réunion à *L'Escapade* se poursuit une partie de la nuit et, lorsqu'elle s'achève, les participants conviennent de procéder dès le matin à la transaction.

Il est environ 8h10 le samedi 15 janvier, quand Bouchard téléphone à Gabeloux pour lui demander de venir le retrouver immédiatement dans sa chambre du *Bonaventure.* A son arrivée, 20 minutes plus tard, Louis Henri est là aussi. Il s'absente cependant quelques instants lorsque Bouchard commence à expliquer comment va se faire la transaction. Le Parisien doit retourner immédiatement chercher le « stuff » à son hôtel et il doit se rendre ensuite à la chambre 1128 du *Reine-Elizabeth,* à deux pas du *Bonaventure* au même étage que les mafiosi newyorkais qui y occupent une suite. Après s'être assuré qu'il n'est pas suivi, Henri viendra le retrouver avec les $50 000 du contrat et on procèdera à l'échange.

D'accord avec ce plan, Gabeloux regagne rapidement sa chambre du *Champlain,* où il retrouve le chef enquêteur de la Brigade des stupéfiants. Les explications sont brèves et moins de 20 minutes plus tard, il entre dans le vestibule du *Reine-Elizabeth,* une valise à la main, et se rend à la chambre indiquée grâce à la clé que lui a remise Bouchard. Presque au même moment, trois agents fédéraux arrivent sur les lieux et repèrent Louis Henri, qui a les mains vides au moment où il prend l'ascenseur. A 9h40, il est de retour dans le vestibule et il quitte l'hôtel. Cinq minutes plus tard, il revient, prend de nouveau l'ascenseur et se rend au 11e étage. Un agent de la Brigade le suit, monte au 11e étage et attend dans le passage. Dans la chambre, on fait le compte des sachets d'héroïne et on procède à l'échange. Il est plus de 10 heures quand Henri sort de la chambre avec la grosse valise. Le policier qui le file prend le même ascenseur que lui et, au rez-de-chaussée, le laisse partir seul. Au moment où il hèle un taxi, le caporal Gilles Favreau et d'autres membres de la G.R.C. sortent de leurs cachettes et l'arrêtent. Dans la valise, ils trouvent les 5 kilos d'héroïne empaquetés dans 10 sacs de plastique et sur lui ils saisissent une facture de l'hôtel pour la chambre où vient d'avoir lieu la transaction.

Vers 10h20, le sergent Sauvé et deux autres membres de la Brigade postés au *Bonaventure* se rendent à la chambre de Bouchard et l'arrêtent. On a contre lui les preuves accumulées lors de la dernière transaction de 10 kilos. Lorsque les policiers font irruption dans la chambre, le trafiquant tente de dissimuler un calepin d'adresses dans la ceinture de son caleçon. Il ne réussit pas et le calepin tombe sur le plancher. Il met le pied dessus mais, trop tard, il est confisqué.

Au moment de son arrestation, Henri s'apprêtait à se rendre au Terminus Voyageur pour y déposer la valise dans un casier. Il serait ensuite revenu porter la clé à Bouchard qui l'aurait remise à un des deux Américains. La première fois, le 5 décembre, lorsque la filature l'avait perdu, Henri avait lui-même livré la valise d'héroïne aux deux New-Yorkais qui attendaient à l'*Hôtel Pont-Viau*. Cette fois, après les arrestations, ceux-ci se rendent vite compte que quelque chose d'anormal s'est produit et, sans demander leur reste, ils regagnent New York précipitamment. Quant à Gabeloux, il est revenu à sa chambre avec l'argent et, le soir même, il prend l'avion pour Paris.

Le lundi matin, 17 janvier, Bouchard et Henri comparaissent en Cour criminelle et sont accusés de conspiration pour importation d'héroïne, de trafic et possession de stupéfiants. Tout cautionnement leur est refusé. Pendant ce temps à Paris, Gabeloux retrouve Jean Glaros qui a été mis au courant des événements par de Kercadio qui lui a téléphoné d'Acapulco la nuit précédente. Mais ce qui intéresse surtout le Grec, c'est une nouvelle affaire dont il a déjà entretenu Gabeloux après la saisie des 60 kilos. Son ami, Jean-Marc Guillet, s'est disputé avec Bouchard et il s'est séparé de lui. Il a cependant déniché une nouvelle filière à Montréal et il agit maintenant comme représentant d'un groupe d'Italiens. Ceux-ci cherchent eux aussi un approvisionnement sérieux et régulier et ils sont disposés à payer $13 000 le kilo (plus de $6 000 la livre). Des contacts préliminaires ont déjà été faits avec Gabeloux et les nouveaux amis de Guillet sont prêts à acheter et même à payer d'avance les 5 kilos qui lui restent. L'expédition se ferait suivant la formule de Bouchard à la différence, cette fois, qu'il s'agirait d'un colis normal, expédié par une autre compagnie, d'Italie et non de France. Pendant la dernière transaction à Montréal, Guillet est arrivé à Paris et il a présenté à Glaros le représentant italien chargé de traiter l'affaire.

Maintenant il ne reste à Gabeloux qu'à rencontrer Guillet puis l'Italien. Le midi même, il retrouve le premier avec Glaros dans un restaurant grec et il convient avec lui de rencontrer l'Italien 2 jours plus tard au restaurant *Marignan* sur les Champs-Elysées. La rencontre a lieu comme prévu, en présence de Glaros et de son ami Antoine Diamentides, un vieux tailleur chez qui sont entreposés les 5 kilos et qui a déjà dépanné Pannunzio lors de ses déboires au cercle de jeu *L'Aviation*. (11) A la fin du repas, l'accord est conclu: Gabeloux et Glaros apporteront quelques jours plus tard les 5 kilos en voiture à Milan et les remettront à l'Italien en échange des $65 000 après l'envoi du colis à Montréal.

Cette affaire ne va cependant pas plus loin. En début de soirée le 21 janvier, les limiers de l'Office central des stupéfiants arrêtent Glaros et Diamentides et saisissent les 5 derniers kilos de Gabeloux. Ce coup de filet met fin provisoirement à la collaboration de l'agent double avec les services policiers. Ayant appris que de Kercadio a jeté sur lui les soupçons des fournisseurs marseillais, il décide de ne pas rembourser les $50 000 dus à Marininchi et de prendre plutôt des vacances prolongées.

En Amérique, la G.R.C. et le B.N.D.D. concentrent leurs efforts sur de Kercadio et Jean-Marc Guillet. Dans le cas du Boiteux, on le soupçonne de vouloir négocier pour son compte la vente des 96 kilos entreposés à Porto Rico. Maintenant qu'il a réussi à discréditer son associé auprès des Marseillais, il sera sans doute en mesure de négocier cette transaction. Les policiers savent d'ailleurs qu'il est toujours en contact avec Bouchard par l'entremise de sa femme et de l'un de ses acolytes, Jean Duval, un bon ami de Louis Henri. Au cours de la première quinzaine de février, à deux reprises, il rencontre Duval à New York et la seconde fois, le B.N.D.D. note la présence de Perrette et Episcopia.

11. *Le Jockey*, pages 217 à 227. La Brigade des stupéfiants n'a jamais été informée par Gabeloux de cette rencontre avec un Italien de Montréal à Paris. On pense qu'il pourrait s'agir de Guido Orsini. Les événements qui vont suivre tendent à confirmer cette hypothèse, d'autant plus que dans son livre, l'agent double l'identifie sous le prénom de Guido.

En ce qui concerne Guillet, il importe surtout d'identifier positivement le groupe d'Italiens de Montréal avec lequel il est maintenant lié. Ses démarches auprès de Gabeloux ayant échoué et son ami Glaros arrêté, il est possible aussi qu'il tente une approche auprès de De Kercadio. Une surveillance habile de ses allées et venues permet d'abord d'apprendre qu'il est en étroit contact avec Guido Orsini et Santo Mendolia. Fiancé à une Italienne de Montréal, Guillet passe plusieurs heures à l'agence de voyage d'Alfredo Gagliardi, où se rendent fréquemment les hommes de Frank Cotroni.

Le 20 février, la Brigade des stupéfiants est avisé de la présence de De Kercadio à Montréal, à l'hôtel *Ritz Carlton*. Une surveillance spéciale est aussitôt organisée et les enquêteurs réussissent à louer une des chambres voisines de celle du trafiquant français. Dans la journée du 21 février, Guillet se présente à la chambre du Boiteux en compagnie de Guido Orsini et Santo Mendolia. Les propos que les policiers peuvent saisir indiquent qu'il s'agit d'une rencontre préliminaire au cours de laquelle Guillet présente ses nouveaux amis à de Kercadio. On y discute certaines affaires, notamment la possibilité qu'un émissaire soit envoyé à Marseille pour rencontrer de Kercadio et lui remettre l'argent nécessaire à ses pourparlers avec Boldrini et Marininchi. Un stock d'une dizaine de kilos serait ensuite expédié à Montréal par le Boiteux et serait remis à Orsini après qu'il aurait payé la différence du prix de vente. Au cours des quatre jours qui suivent, d'autres entretiens ont lieu entre de Kercadio et les hommes de Frank Cotroni. Le 25 février, peu avant que le trafiquant français prenne l'avion pour Acapulco, une équipe de la Brigade des stupéfiants note qu'il a une dernière rencontre avec Orsini, Mendolia et Guillet.

Au Mexique, le B.N.D.D. ne remarque rien de significatif dans les déplacements du Boiteux. Le lendemain de son arrivée, il épouse une jeune Mexicaine de 18 ans et passe tout son temps avec elle. Sa lune de miel est cependant de courte durée car, le 29 février, il prend l'avion pour Paris via New York. A son arrivée en France, il est pris en filature par les limiers de l'Office central des stupéfiants assistés de représentants du B.N.D.D. et d'un officier de la G.R.C. Il ne reste à Paris que deux jours, après quoi il se rend à Marseille chez Joseph Boldrini. Au cours de la journée du 4 mars, les policiers remarquent avec intérêt l'arrivée de Théo Marininchi et de Paul Diaz. Leur présence chez Boldrini en même temps que celle du Boiteux infirme les rapports de Gabeloux qui voyait en Boldrini et Marininchi deux concurrents plutôt que deux associés.

Le 5 mars, vers 19 heures, de Kercadio quitte le domicile de Boldrini et se rend à l'*Hôtel de Noailles* où il rencontre un Italien qui sera identifié comme étant Alfredo Del Zoppo, un émissaire d'un mafioso de Merceville, au New Jersey, Albert Pantani. Selon l'enquête de la G.R.C. et du B.N.D.D., ce dernier est venu à Montréal le 26 février et il a rencontré au *Motel Diplomate* Guido Orsini et Santo Mendolia. Sans doute Del Zoppo est-il le courrier chargé de venir remettre à de Kercadio le premier versement nécessaire à l'achat d'un nouveau stock d'héroïne. L'hypothèse se confirme car, après une brève rencontre avec l'Italien, de Kercadio retourne immédiatement chez Boldrini.

Le lendemain, vers 13 heures, Paul Diaz arrive chez Boldrini. Une demi-heure plus tard, il quitte les lieux en compagnie de De Kercadio. Après avoir circulé un certain temps dans Marseille, Diaz stoppe son automobile place de la Rotonde; de Kercadio descend de voiture et reste sur place pendant que l'autre s'éloigne. A peine cinq minutes se sont-elles écoulées que Diaz revient prendre le Boiteux pour le conduire à la gare Saint-Charles. Lorsqu'il prend le train pour Paris, de Kercadio a en sa possession un sac de voyage qu'il n'avait pas en quittant le domicile de Boldrini. Les policiers sont convaincus que ce sac contient de l'héroïne mais, pour l'instant, ils préfèrent ne pas intervenir afin de pouvoir identifier d'autres membres de cette filière. Malheureusement, des problèmes de coordination entre les équipes de surveillance permettent à de Kercadio d'échapper à la filature peu après son arrivée dans la Ville Lumière. En vain, on tente de le retracer. En désespoir de cause, des surveillances spéciales sont organisées aux aéroports d'Orly et du Bourget ainsi que dans quelques autres aéroports européens fréquemment utilisés par les trafiquants internationaux.

A Montréal, la Brigade des stupéfiants qui a délégué un de ses hommes en France est avisée des derniers événements. En début de soirée le 7 mars, un appel de l'Office central des stupéfiants l'informe que de Kercadio est peut-être déjà dans la métropole. Aussitôt, des enquêteurs sont chargés de faire le tour des hôtels de la ville afin de tenter de découvrir des indices qui permettraient de trouver le Boiteux. D'autre part, des équipes de surveillance sont constituées en toute hâte pour entreprendre une filature de Guido Orsini et de Santo Mendolia. Les limiers fédéraux sont déjà au travail depuis une heure lorsqu'au *Ritz Carlton* le commis de la réception fait savoir qu'en fin d'après-midi, un Français boiteux est venu avec deux valises et a demandé les clés de deux chambres réservées aux noms de « Claude Rouchaud, 157, avenue de Neuilly, Paris, France » et de

« Pierre Roy, 270, boulevard Aristide-Briand, Paris ». L'employé de l'hôtel ne peut cependant préciser si cet individu est toujours dans l'établissement mais il ne l'a pas vu ressortir.

Ces renseignements sont immédiatement communiqués aux responsables de l'opération qui viennent d'apprendre d'une autre équipe d'enquêteurs que Orsini et Mendolia, accompagnés de Jean-Marc Guillet, sont arrivés à l'*Hôtel Berkeley* quelques minutes plus tôt et qu'ils se sont rendus dans une chambre occupée par un certain « C. Roy, de Trois-Rivières ». Au *Ritz Carlton*, les enquêteurs reçoivent alors instruction de vérifier si le Boiteux est dans l'une des deux chambres qu'il a réservées et, sinon, de perquisitionner les lieux discrètement. On appelle donc aux deux chambres et, comme personne ne répond, les policiers procèdent à la fouille des lieux. Dans la chambre 716, au nom de Claude Rouchaud, on trouve rapidement dans l'un des tiroirs du bureau une serviette brune contenant une dizaine de sacs de poudre blanche pesant chacun environ une livre. Dans la chambre 918 louée à Pierre Roy, une mallette noire est sur la tablette de la garde-robe: elle aussi contient une dizaine de sacs de poudre blanche de même poids. En somme, un stock total d'une vingtaine de livres d'héroïne. Pour s'en assurer, les policiers prennent quelques échantillons qu'ils soumettent au test « Marquis ». Le résultat est concluant. En conséquence une surveillance spéciale est organisée au *Ritz Carlton*.

Pendant ce temps, au *Berkeley*, Orsini, Mendolia et Guillet sont toujours dans la chambre louée au nom de Claude Roy. Ils quittent finalement les lieux au milieu de la soirée et ce n'est qu'après leur départ que le locataire de la chambre est positivement identifié lorsqu'il se rend au bar de l'hôtel. Comme on s'en doutait, il s'agit bien de de Kercadio. Vers minuit, celui-ci regagne sa chambre et il y est toujours le lendemain midi lorsque Orsini et Mendolia viennent le retrouver. L'entretien dure environ une heure, après quoi Orsini et Mendolia sortent ensemble et se rendent au *Monte Carlo Auto Body*, sur le boulevard Saint-Laurent, le nouveau quartier général de Frank Dasti.

En fin d'après-midi, vers 16 heures, un inconnu pénètre dans la chambre 716 du *Ritz Carlton*. Quelques instants plus tard, il quitte les lieux avec la serviette brune et se rend sans perdre de temps dans le garage de l'hôtel où il prend le volant d'une Buick 1967 immatriculée au Québec. Rapidement, sa filature s'organise mais l'inconnu est habile et visiblement méfiant. De plus, il est protégé par une Pontiac 1969 qui, depuis son départ, le suit constamment. Au volant, les policiers reconnaissent Guido Orsini et Santo Mendolia. Les

Frank Dasti (en haut), Guido Orsini et Santo Mendolia (en bas), en face du *Dante Pizzeria*. (Photos Michel Auger)

deux véhicules suspects filent en direction nord sur l'avenue du Parc. A l'intersection de la rue Saint-Viateur, une manoeuvre inattendue gêne les voitures de filature et la Buick 1967 est perdue de vue. Aussitôt, toutes les équipes de surveillance sont alertées et une description sommaire de l'inconnu et de son auto sont transmises. A 16h40, les agents embusqués à proximité du *Monte Carlo Auto Body* aperçoivent la Buick suspecte, conduite par le même inconnu, sortir du repaire de Dasti. En toute hâte, la filature reprend mais presque aussitôt, l'inconnu est à nouveau perdu de vue à cause de la densité de la circulation à cette heure de pointe. Pendant une bonne partie de la soirée, des patrouilles sillonnent la ville dans l'espoir de retracer la Buick, mais c'est peine perdue, la voiture et son conducteur demeurent introuvables.

Le lendemain matin, 9 mars, Orsini et Mendolia retournent au *Berkeley* et rencontrent à nouveau de Kercadio dans sa chambre. L'entretien est moins long que celui de la veille et ensuite, les deux mafiosi se rendent à l'*Hôtel Sonesta*. Pendant que l'homme de confiance de Frank Cotroni attend dans la voiture, Mendolia va retrouver un inconnu qu'on reconnaît comme étant Antonio Merola, de Toronto, un ancien messager d'Aniello Santella. Mendolia parti, le Torontois quitte le *Sonesta* dans son automobile, une Buick noire 1968 stationnée à proximité, et se rend au *Ritz Carlton*. Il gare sa voiture en face de l'hôtel et monte directement à la chambre 918. Il revient quelques minutes après avec la mallette noire qu'il dépose à ses côtés dans l'automobile. Il prend ensuite la direction nord et, conduisant de façon à déceler une filature possible, il se rend au Salon de coiffure Bélanger, où il entre avec la mallette. L'établissement est la propriété de Palmina Puliafito, l'une des deux soeurs Cotroni, et est géré par la femme de Guido Orsini.

A 13 heures, une heure et demie après l'arrivée de Merola, les policiers de garde notent qu'un inconnu sort de l'établissement avec une serviette et monte à bord d'une Buick 1972. Il se dirige en direction ouest sur la rue Bélanger et disparaît de la vue de ses poursuivants lorsqu'il emprunte le Chemin de la Côte-des-Neiges. Douze minutes plus tard Merola sort à son tour du Salon Bélanger, va dans son véhicule et déplace la banquette arrière. Il retourne ensuite à l'intérieur de la boutique. A 14h05, un autre individu quitte le Salon. Celui-là est identifié comme étant Fortunato Bartuccio, un des partenaires d'Aniello Santella, qu'Orsini a déjà rencontré en janvier 71. Il a dans les mains un gros sac de polythène noir qu'il dépose sous le siège arrière. Il replace ensuite la banquette et prend la route en direction nord jusqu'au boulevard Métropolitain sur

Antonio Merola

lequel il s'engage ensuite en direction de Toronto. La filature est interrompue à sa sortie de l'île de Montréal et la section ontarienne de la Brigade des stupéfiants est alertée.

Dix minutes à peine après son départ, Frank Dasti arrive au Salon Bélanger, où il reste jusqu'à 16 heures. Durant sa présence, plusieurs membres de l'organisation Cotroni font de brèves visites à l'établissement. La veille, au *Monte Carlo Auto Body,* le même scénario s'était produit.

Antonio Merola quitte le Salon Bélanger en début de soirée et se rend à Dorval où il prend l'avion pour Toronto. Au moment de son arrivée, les agents postés en face du domicile de Bartuccio voient ce dernier se rendre à son automobile, en retirer le sac de polythène noir pris au Salon Bélanger, le déposer dans son garage et quitter les lieux. Après son départ, les policiers vont dans le garage et découvrent dans le sac de polythène deux petits sacs de papier renfermant chacun une livre d'héroïne. Le tout est remis à sa place et la surveillance est maintenue. A 23 heures, Bartuccio revient chez lui avec Merola et va au garage prendre possession de l'un des sacs de papier. Cela fait, les acolytes repartent en voiture, mais ils ne vont pas très loin car, ayant repéré la filature, ils s'engagent précipitamment dans un cul-de-sac. Pris au piège, ils tentent bien de s'en sauver en jetant le sac dans la rue mais il n'y a plus rien à faire, ils sont cuits. Quelques mois plus tard, Merola est condamné à 10 ans de pénitencier, tandis que Bartuccio, après s'être mis à table et avoir dénoncé son complice, profite d'un cautionnement pour fuir en Italie.

Des 10 kilos fournis par Boldrini et ses associés, un seul a donc pu être saisi. René Quintin de Kercadio retourne en France immédiatement après cette affaire et l'Office central des stupéfiants prend la relève.

Deux semaines plus tard, le 25 mars, la Sûreté du Québec apprend par l'une des tables d'écoute du projet *Vegas* que Paul Oddo doit venir à Montréal le lendemain rencontrer Frank Dasti et Guido Orsini. Les propos échangés laissent croire qu'une nouvelle transaction est imminente. Deux jours auparavant, dans la nuit du 23 au 24 mars, les douaniers américains de Champlain ont intercepté un ami de Dasti et d'Orsini, Mauro Zanetti. (12) L'interception et la fouille du camion de Zanetti n'ont donné aucun résultat mais il semble que cela n'ait pas plu à Dasti et Oddo. On croit d'ailleurs que, lors de leurs entretiens à Montréal, ceux-ci aborderont l'incident. D'autre part, en France, l'Office central des stupéfiants a noté que de Kercadio s'est encore rendu à Marseille chez Joseph Boldrini et, qu'à Paris, il a passé de longs moments en compagnie du cabaretier Roger Mollet.

Dès le matin du 26 mars, pendant que quelques agents sont envoyés à Dorval pour surveiller les arrivées de New York et d'Europe, des vérifications sont entreprises dans les hôtels de Montréal pour découvrir d'éventuelles traces de trafiquants étrangers. A l'*Hôtel Martinique,* on apprend qu'un nommé Roger Mollet a fait une réservation le 20 mars pour un certain « Claude Frontin, Paris, France » en laissant l'adresse et le numéro de téléphone: « 4202, Kindersley Avenue; 459-4499 ». Le 22 mars, quelqu'un est venu occuper la chambre 303 et le lendemain la note a été réglée. A l'*Hôtel La Salle,* depuis le 21 mars, un Parisien du nom de Roger Mollet occupe la chambre 544 et à l'*Hôtel Seaway,* la chambre 422 est occupée depuis le 22 mars par un nommé « C. Roy de la rue Williams à Trois-Rivières ». Cette chambre a été réservée le 20 mars par un inconnu qui a laissé comme référence le numéro de téléphone suivant: 459-4499.

Les recoupements qui existent entre ces différents renseignements n'échappent pas aux enquêteurs de la Brigade des stupéfiants qui

---

12. Zanetti est le propriétaire d'un petit magasin de fruits et légumes et c'est à lui qu'appartient le fameux camion réfrigéré qui a été surveillé en vain en août 1971 lors d'une précédente transaction avec Oddo et Anthony Vanacora.

se rappellent également que le nom de « C. Roy, de Trois-Rivières » a été utilisé au début du mois par de Kercadio à l'*Hôtel Berkeley*.

Les doutes que soulèvent ces concordances incitent les agents fédéraux à procéder à une fouille de ces deux chambres, toujours occupées. Dans la première, rien de spécial n'est trouvé mais, dans la deuxième, une petite valise contenant une dizaine de sacs de poudre blanche totalisant environ 5 kilos d'héroïne est découverte. Les policiers se demandent alors ce qu'ils auraient pu trouver dans la chambre du *Martinique* s'ils avaient pu la visiter quatre jours plus tôt. Malgré tout, satisfaits de leur travail, ils organisent rapidement une surveillance du *Seaway* et surtout de la chambre 422.

A 17h55, le jour même, un inconnu d'une trentaine d'années entre dans la chambre. Moins de deux minutes plus tard, il ressort sans rien emporter. Au rez-de-chaussée, des agents le voient se rendre au bar, converser quelques instants avec un jeune homme inconnu apparemment d'origine italienne et quitter l'hôtel. Dès son départ, le jeune Italien prend l'ascenseur et se rend à son tour à la chambre 422 qu'il ouvre grâce à une clé que lui a remis au bar le premier inconnu. Il sort de la chambre moins de 10 minutes après, la valise d'héroïne à la main et reprend l'ascenseur. En bas, les autres membres de la surveillance se tiennent prêts mais, tout à coup, ils aperçoivent dans le vestibule Guido Orsini et Santo Mendolia. De peur d'être repérés ou reconnus, ils s'éloignent un peu et poursuivent leur surveillance tant bien que mal. Une quinzaine de minutes s'écoulent et le jeune Italien n'est toujours pas redescendu. A ce moment, les deux mafiosi quittent les lieux. Peu après, les agents se retrouvent et constatent que le jeune messager leur a filé entre les pattes en descendant de l'ascenseur à la mezzanine et en sortant on ne 'sait pas trop où. Des patrouilles sont organisées, mais personne n'est retracé.

A 20h25, Paul Oddo arrive à Dorval à bord d'un avion d'Eastern Airlines. Il se rend directement au *Château Champlain* où il s'était enregistré lors de son dernier voyage le 10 mars. Au même moment, Mauro Zanetti quitte une fois de plus Montréal en direction de New York avec son camion réfrigéré. A la frontière, il n'est pas intercepté et à New York, il se rend directement au marché Hunt's Point. La surveillance du B.N.D.D. ne prend note d'aucune rencontre suspecte. Il en est de même à Montréal. Oddo ne rencontre Frank Dasti que dans la matinée du lendemain. L'entretien se déroule dans le vestibule de l'hôtel et se poursuit dans la chambre du New-Yorkais où se rendent aussi Orsini et Mendolia. Ces deux derniers ne restent pas longtemps et à midi et quart, ils quittent les lieux en compagnie de

Dasti. Au moment de leur départ, le caporal Claude Savoie, qui se trouve dans la chambre voisine en compagnie de ses confrères Ernest Bacqué et Réginald Beers de la Brigade et Kevin Gallagher du B.N D.D., entend Oddo déclarer: « . . . Park Sheraton. O.K. j'te reverrai. »

Au milieu de l'après-midi, Dasti revient au *Château Champlain* retrouver Oddo dans sa chambre et peu après les deux mafiosi descendent au bar où vient les rejoindre Orsini, seul cette fois. Les discussions se poursuivent encore pendant une trentaine de minutes, après quoi Oddo se rend à Dorval et retourne à New York; il rentre chez lui directement sans rencontrer aucun de ses comparses habituels.

Pour les enquêteurs, l'allusion au Park Sheraton est sans aucun doute importante; elle signifie probablement qu'une rencontre et peut-être même la transaction des 5 kilos perdus doit avoir lieu à l'*Hôtel Sheraton* de la 56e Rue. Aussi, dès 9 heures le 28 mars, une équipe de surveillance du B.N.D.D. est en poste. Une première vérification dans le registre révèle qu'un vieil employé de Frank Dasti, Lucien Madère, dit le Chat, s'est enregistré le matin même à 7h25. A 9h10, Oddo fait son entrée dans le vestibule, puis ressort quelques minutes plus tard, seul. Un agent monte alors au 25e étage où est située la chambre de Madère et, vers 9h45, voit ce dernier sortir de l'ascenseur de charge et entend un employé de l'hôtel lui conseiller d'utiliser l'ascenseur réservé à la clientèle. Madère prend donc l'autre ascenseur et se rend dans le vestibule où il reste quelques minutes, puis regagne sa chambre.

Lucien Madère, dit le Chat

Au moment même où se déroulent ces événements, le sergent Paul Sauvé, de la Brigade des stupéfiants, communique des renseignements importants au B.N.D D. Les techniciens de la Sûreté du Québec viennent d'écouter une douzaine de conversations enregistrées dans la soirée, au cours de la nuit et le matin même par les appareils du projet *Vegas*. Ces entretiens révèlent que Madère est bien à New York pour livrer un stock d'héroïne. Il a lui-même dissimulé la marchandise dans la roue de secours de son automobile selon les recommandations de Dasti et il doit conclure la transaction en début de matinée. Durant la nuit, à tour de rôle, Orsini et Mendolia ont communiqué avec Dasti pour savoir si tout allait bien. Une fois rassurés, ils ont discuté du voyage que Mendolia doit faire lui aussi à New York dans la matinée et d'une rencontre qu'il doit avoir avec Madère parce que celui-ci doit lui remettre un « message » pour Dasti. Les dernières conversations ont été enregistrées entre 9 heures et 9h45, grâce à la table d'écoute installée au *Monte Carlo Auto Body*.

Peu après 9 heures, Oddo appelle Dasti pour lui dire qu'il est arrivé à l'hôtel mais qu'il ne voit pas Madère. Le Montréalais lui assure qu'il est là et il lui donne le numéro de la chambre de son messager ainsi qu'une description sommaire. Oddo termine la conversation en indiquant qu'il croit avoir repéré des policiers et qu'il y a beaucoup de « chaleur ». Orsini téléphone ensuite à Dasti et ce dernier lui dit de ne pas s'inquiéter: son « gars » est déjà enregistré. Finalement, Dasti téléphone à la femme de Madère, laquelle lui apprend que « Lucien » l'a appelée à 9h30 pour lui dire qu'il est levé et qu'il attend « qu'il vienne ».

A 10 heures à New York, Oddo revient au *Sheraton*. Il se rend d'abord au restaurant, fait un appel téléphonique et prend ensuite l'ascenseur. Une équipe de surveillance attend dans le vestibule et une autre fait le guet dans le garage près de l'automobile du Montréalais. Vingt minutes plus tard Oddo et Madère sortent ensemble de l'ascenseur. A la réception, le messager de Dasti demande à un employé qu'on aille chercher sa voiture puis il sort à l'extérieur avec Oddo et attend. Cinq minutes plus tard, un employé du garage arrive avec l'auto. Oddo prend le volant pendant que Madère règle l'employé, puis prend ensuite place à côté de lui. Le véhicule s'apprête à partir quand, en moins de temps qu'il n'en faut pour le dire, une vingtaine d'agents du B.N.D.D. font irruption et arrêtent les deux hommes. Rapidement le coffre arrière est ouvert et la roue de secours est démontée. L'héroïne est bien là: 10 kilos (22 livres) de poudre blanche contenus dans 20 petits sacs de plastique, plus de $10 millions de drogue destructrice.

Un peu plus tard dans la journée, une nouvelle vérification du registre du *Sheraton* révèle la présence de Santo Mendolia. Mais comme il n'a pas été vu en compagnie des deux autres, il n'est pas arrêté. Autre découverte intéressante, l'automobile avec laquelle Oddo est venu au *Sheraton* appartient à l'épouse de Nicholas Pisanella, un important trafiquant newyorkais connu comme un acolyte de William Castaldi et de Frank Stassi, ce dernier étant comme ses frères Joseph et Anthony un associé du fameux Louis Cirillo, l'acheteur de Michel Mastantuano et compagnie.

Dans les heures qui suivent les arrestations, plusieurs autres conversations téléphoniques révélatrices sont interceptées, dont quatre sont des appels de Dasti et d'Orsini à la chambre de Madère. Les patrons s'inquiètent et veulent savoir ce qui est arrivé au courrier. Un policier du B.N.D.D. qui parle français se charge de répondre au téléphone. La situation est burlesque. Cherchant à savoir ce qui se passe et ne comprenant pas pourquoi un inconnu leur répond, les mafiosi demandent à leur interlocuteur où est « Lucien ». Après s'être fait passer pour un ami, un fils et même un gendarme de la « Police montée » et n'avoir reçu à chaque fois comme réponse que la réplique: « Lucien est parti faire un tour, il va revenir bientôt », Dasti et Orsini finissent par comprendre ce qui est arrivé. Par la suite, tout ce qui les préoccupe, c'est de savoir si « Lucien » parlera.

Mais il ne parlera pas. Le 18 mai 1972, le Chat est trouvé coupable ainsi qu'Oddo par une Cour fédérale de New York, ce qui leur vaut des peines respectives de 6 et 10 ans de pénitencier.

Ces arrestations inquiètent sérieusement Frank Cotroni et ses hommes mais ne ralentissent pas cependant leurs activités. A la fin d'avril, à deux reprises, Nick Visceglia, dit Nick the Noose, l'un des hommes de confiance d'Oddo, vient à Montréal rencontrer Frank Dasti. Rien ne transpire de leurs entretiens, mais la G.R.C. sait que Guido Orsini, qui est en contact quotidien avec Dasti, multiplie les démarches auprès de l'un de ses amis de Toronto, Vito Adamo, dit le Philosophe, pour négocier la vente de 13 kilos (28 livres) d'héroïne obtenus d'un fournisseur français. La Brigade des stupéfiants soupçonne René Quintin de Kercadio d'être mêlé à cette affaire car, avisé par l'Office central des stupéfiants, le B.N.D.D. l'a repéré peu de temps avant à New York. Malheureusement, la filature n'a pas réussi à le suivre constamment et, après deux jours de surveillance ininterrompue, il a été perdu de vue. Au moment des

Frank Dasti (à gauche) en compagnie de Nick Visceglia.

pourparlers avec Visceglia et Adamo, on ignore s'il est toujours aux Etats-Unis ou s'il a regagné la France.

Au début de mai, les limiers de la G.R.C. à Toronto apprennent qu'Adamo est à New York avec un gars de Détroit. Selon les renseignements obtenus, ce séjour dans la métropole américaine aurait pour but de négocier l'achat des 13 kilos que le fournisseur d'Orsini aurait déjà fait transporter à cet endroit. Le B.N.D.D. est avisé et des recherches sont entreprises pour repérer les suspects. A Montréal pendant ce temps, d'autres informations parviennent à la Brigade des stupéfiants. Selon celles-ci, Dasti a tenté en vain de négocier la vente avec les amis d'Oddo, mais le tout a échoué à cause des exigences inacceptables des New-Yorkais. Ils demandaient que l'émissaire de Dasti soit gardé en otage jusqu'à ce que la transaction ait été complétée et la marchandise mise en lieu sûr. D'autre part, Orsini serait maintenant en contact avec Anthony Castiglione, de New York, lui aussi un ami de Vito Adamo et, comme on l'a déjà vu, un partenaire de Pietro Misuraca et Giuseppe Tramontana.

Une fois de plus, les renseignements sont transmis au B.N.D.D. Une surveillance spéciale est organisée par les limiers américains et les résultats ne tardent pas à venir. Le 9 mai, Castiglione et un de ses associés, Camillio Rizzuto, sont arrêtés à leur sortie du *Sheraton Motor Inn* en possession des 13 kilos d'héroïne.

Deux jours plus tard, le 11 mai, la G.R.C. met au jour la combine de haschisch de Joe Horvath. Le caïd et cinq jeunes gens dans la vingtaine, Neil Faierman, Peter Gold, Harvey McLintock, Linda Kosow et Abdul Wahid sont arrêtés et accusés de conspiration pour importation de haschisch. Un septième individu, de Kaboul en Afghanistan, mais originaire de Montréal, Bob Roy est cité dans l'acte d'inculpation. Entreprise en juin 1971, l'enquête des limiers fédéraux a permis à la fin de janvier 1972 la saisie en douce dans les entrepôts de Dorval de deux stocks de haschisch de 106 à 109 kilos (respectivement 233 et 239 livres), représentant une valeur de plus de $2 millions. Ces saisies se sont soldées, le 19 février, par des perquisitions aux domiciles de plusieurs membres de la bande, dont celui de Joe Horvath, ce qui a permis de compléter la preuve documentaire accumulée depuis 8 mois. Traduits en Cour criminelle le jour même de leur arrestation, Horvath et ses complices recouvrent immédiatement leur liberté moyennant des cautionnements individuels de $5 000. Cette mesure permet principalement à Little Joe de reprendre immédiatement ses activités dans l'héroïne avec ses amis du clan Cotroni et avec la bande des frères Palmer, de Vancouver.

Cinq jours après l'inculpation de Joe Horvath, Guido Orsini se rend à Toronto avec trois autres membres de l'organisation: Antonio Di Genova et Dominic Cordileone, deux noms déjà connus, et Elpido Voverio, une jeune recrue. (13) Ils s'inscrivent en fin d'après-midi le 17 mai à l'*Hôtel Sutton Place* et, vers minuit, Antonio Merola, en niberté sous cautionnement lui aussi, vient les chercher pour les conduire à l'*Hôtel Beverley Hills* où les attend Vito Adamo qui les amène à la brasserie *Sam Marco,* avenue Saint-Clair. Là, une discussion à trois s'engage entre Orsini, Merola et Adamo, tandis que les autres, assis à proximité, en hommes de main respectueux, ne participent pas à la conversation. Selon les renseignements obtenus par les limiers torontois de la Brigade des stupéfiants, il est question principalement des arrestations de Castiglione, Merola et de leurs associés, et des conséquences qu'elles peuvent avoir sur l'approvisionnement en héroïne. Orsini croit que même si son fournisseur français peut être indisposé par les derniers événements, il continuera à transiger avec lui. Il espère pouvoir en donner la preuve bientôt.

---

13. Voir chapitre XII.

Chapitre XVI

On tourne à Québec: une production de la G.R.C.

A midi 55, le mercredi 28 juin 1972, un jeune Français de 27 ans, Jean-Pierre Buffa, de Lyon, débarque à l'aéroport de Dorval. Trois ans plus tôt, à peu près à la même époque, il arrivait à Montréal avec une automobile bourrée d'une soixantaine de livres d'héroïne qu'il livra ensuite à New York sous les directives du fantaisiste marseillais Edmond Taillet. Bon ami de Paul Diaz, l'associé de Théodore Marininchi et de René Quintin de Kercadio, il revient cette fois à Montréal conclure une transaction d'une dizaine de kilos.

Depuis quelques jours, le responsable des opérations de la Brigade des stupéfiants, le sergent d'état-major Gilles Poissant, attend son arrivée. Quand il se présente aux officiers de l'Immigration et de la Douane canadienne, une équipe de surveillance est là pour l'accueillir. Il répond aux questions d'usage avec assurance et déclare qu'il doit se rendre à Montréal puis à Québec avant d'aller en vacances aux Antilles. La valise beige qu'il transporte avec lui ne contenant rien d'incriminant, on lui souhaite simplement la bienvenue. Puis, il se rend à la succursale de la Banque royale de l'aéroport et après, il achète un journal à potins. Cela fait, il va téléphoner dans une cabine publique. Après s'être penché pour ramasser un objet, il sort de la cabine pour entrer immédiatement dans une autre d'où il ressort presque aussitôt pour se diriger vers les casiers métalliques. Sans hésitation et sans mettre une pièce de monnaie, il ouvre la case no 605 et y dépose sa valise beige. A ce moment, deux agents fédéraux sont près de lui et remarquent que le casier contient déjà un porte-documents noir. Buffa ne semble pas s'en étonner et il ferme la case à clé. Il va ensuite faire un tour du côté des boutiques.

Avisé de son intention de se rendre à Québec, le sergent Léonard Massé effectue une vérification auprès des compagnies Air Canada

Jean-Pierre Buffa

et Québecair. Il apprend que Buffa a une réservation sur le vol 520 d'Air Canada quittant Montréal à 17 heures et devant arriver à l'aéroport de l'Ancienne Lorette 40 minutes plus tard. Sans perdre de temps, une équipe spéciale est envoyée à Québec pour attendre l'arrivée du Lyonnais et le filer, tandis que le détachement de Québec de la Brigade vérifie hôtels et motels de la Vieille Capitale pour savoir si le trafiquant y a fait une réservation. Au bout d'une heure, on apprend que Buffa est attendu au motel *L'Habitation,* boulevard Laurier. Aussitôt on réserve la chambre adjacente.

Peu avant 16 heures, Buffa retourne à la case 605, et retire la valise beige et le porte-documents. Il se rend au comptoir des bagages où il laisse sa valise. Gardant avec lui le porte-documents, il va acheter son billet et attend l'heure du départ. Buffa arrive à Québec à l'heure prévue en compagnie d'un limier de la Brigade des stupéfiants qui ne l'a pas perdu de vue. Un taxi le conduit à l'*Habitation*. A 18h25, il pénètre dans l'unité 28, toujours en possession de son porte-documents. Une heure et demie plus tard, il quitte le motel en taxi, les mains vides, pour se rendre au *Clarendon*. Sur place, il utilise le téléphone du comptoir de la réception. Un agent réussit à s'approcher et l'entend dire: « Tu est bien au 5e toi . . . C'est bien, je vais monter. » L'appel terminé, il disparaît dans l'ascenseur. Personne ne le suit, mais toutes les sorties sont surveillées.

Cette absence sert le sergent Massé, arrivé à Québec pour superviser l'opération: Il en profite en effet pour faire une petite visite à la chambre de Buffa en compagnie de trois agents. Ils n'ont aucune difficulté à trouver le porte-documents placé sous le lit: Il contient

17 sachets de plastique remplis de poudre d'héroïne, c'est-à-dire environ 8 kilos et demi (près de 19 livres). Les échantillons nécessaires aux analyses chimiques sont prélevés et le tout replacé pour que rien ne paraisse.

Buffa quitte le *Clarendon* à 20h55 et se dirige vers un bar-salon, à deux pas de là. Une heure plus tard, il est de retour au motel. Grâce aux installations techniques en place dans la chambre adjacente, rien n'échappe aux agents fédéraux. Le trafiquant fait plusieurs appels téléphoniques avant de se coucher, mais aucun d'eux n'est important, si ce n'est qu'il est question de la valise beige qu'il n'a pas retrouvée à son arrivée à l'aéroport de l'Ancienne Lorette. Avant de s'endormir, il va à la réception où on lui remet sa valise. Les premiers appels intéressants ont lieu peu avant 7 heures le lendemain matin. Le premier est celui d'un inconnu qui le réveille en lui rappelant ce qu'il doit faire immédiatement après. Les appareils techniques ne captant que les bruits provenant de la chambre de Buffa, les agents doivent reconstituer les conversations avec ses seules répliques. Le second appel, c'est Buffa qui le fait à Montréal à un certain Santo pour lui dire où il est descendu. L'autre prend note du numéro de la chambre et annonce l'heure de son arrivée. Grâce au numéro obtenu de l'opératrice de l'interurbain, on l'identifie comme étant Santo Mendolia.

Après ces deux appels, Buffa quitte le motel en taxi et se rend en face du *Château Frontenac* où il téléphone encore une fois d'une cabine publique. Immédiatement après, il revient à *L'Habitation* et fait des démarches pour louer une automobile. Vers 9h30, il va à l'aéroport en taxi prendre possession de sa voiture de location. Il est de retour à sa chambret à 11 heures. Dix minutes plus tard, il dépose dans le coffre arrière de la voiture sa valise beige et le porte-documents bourré d'héroïne. A 11h55, un chauffeur de taxi vient lui porter un paquet et une lettre. A 13h45, Guido Orsini et Santo Mendolia se pointent à la chambre 28.

Grâce aux micros habilement dissimulés, rien n'échappe aux enquêteurs:

« Bonjour! Ça va? dit Buffa.

— Ça va, répond Orsini.

— Bon! Quelle heure il est maintenant? Au moins deux heures.

— Deux heures moins quart.

— Moins le quart, répète Mendolia qui n'intervient que rarement.

— On s'est fait attendre parce qu'il y a beaucoup de trafic.

— Bon ben, venons aux faits. Ça, c'est les bouteilles. (1) Vous êtes au courant? demande Buffa.

— Oui, oui.

— Bon, alors j'vais vous expliquer en deux mots ce qui se passe. J'ai eu Claude au téléphone, Claude ou Richard, enfin comme vous voulez. (2) Bon, alors j'ai à vous remettre ceci et puis vous, ben vous les avez, non?

— Les quoi? demande Orsini.

— Les deux colts. (3)

— Ah! c'est à toi qu'il faut les remettre?

— Bon, si vous les avez pas, ça fait rien.

— Alors . . .

— Quoi qu'il en soit, il sera là. Evidemment, il a eu un petit contretemps là, il a des difficultés en France . . . On a eu beaucoup de difficultés pour se procurer les affaires . . . On a eu des petits problèmes, des petits problèmes de production, des petits problèmes de passage. Il a été obligé de se rendre en Suisse. Bon, ben ça, c'est pas grave, c'est pas votre problème, c'est son problème à lui. Il essaie de s'arranger comme il peut et il arrive très bien . . . Bon alors, justement, on a été obligés de vous faire ça en deux étapes, c'est-à-dire en monter une partie ici et peut-être que Pierre va en monter une partie ici. Je pense que vous venez pas là pour acheter un kilo ou deux, alors là, il vous l'a certainement pas dit mais il est obligé de vous la vendre $9 000.

— Oui, il me l'a dit.

— Il vous l'a dit. Il vous a mis au courant. Bon alors écoutez-moi, vous m'envoyez un gars dans une demi-heure avec les capitaux. Je lui remets ça.

— Oh là là, oh là là! lance Orsini. Je viens de Montréal moi, Jean-Pierre. Je ne viens pas de Québec, moi.

— Je suis très court au point de vue temps. Je vous ai téléphoné avant hier. Vous avez été prévenu hier.

— Oui, oui, parfait, c'est ça que j'ai fait. Mais oublie pas que lui, avant, il m'a téléphoné la semaine passée et il m'a dit: — Mardi

---

1. La drogue.
2. Il s'agit de René Quintin de Kercadio. Dans son livre *Le Jockey,* son ancien associé Roger Gabeloux le prénomme justement Richard. A Montréal, dans l'affaire Bouchard, il vivait au *Richelieu Towers* sous le nom de Claude Hernandez.
3. L'argent.

j'arrive, moi, sans rien. Samedi ou dimanche, il va descendre, Jean-Pierre, avec le nécessaire — Moi j'lui ai dit: — Qu'est-ce qui arrive? Ça fait trois fois que j'fais venir la personne ici. Tu comprends — Alors j'lui ai dit: — J'attends qu'il arrive et après j'fais les démarches — Quand toi, hier, tu as appelé pour dire que t'étais arrivé, alors j'me suis mis en marche tout de suite. Mon ami à moi, à Montréal, il essaie de contacter la personne. Après, il faut qu'il vienne de l'extérieur, il n'est pas de Montréal. Alors, le temps qu'il descende ici, qu'il fasse ce qu'il doit faire ... Pour ce soir il faut que tu oublies, Jean-Pierre ... J'aimerais autant le faire maintenant si j'pouvais, mais pendant que j'suis ici pour parler avec toi, l'autre personne essaie de rejoindre mon type. Je l'ai fait descendre trois fois parce que Claude ou Richard, comme tu veux, il m'avait donné rendez-vous.

— Bon alors écoutez, dit Buffa, ce qu'il faut surtout, c'est que vous me donniez des détails qui soient précis. Vous me dites, telle heure, tel jour, si c'est pas avant dimanche, si c'est avant.

— J'voudrais que ça soit demain. Seulement, toi, tu dois me dire où j'peux te rejoindre ce soir ou demain pour te dire exactement à quelle heure la personne va venir, tu comprends? Il cogne à la porte, la même chose qu'on a fait l'autre jour. Il rentre ici, il te donne des sous; toi, tu seras pas ici avec le « mort »; moi, j'serai pas ici. Tu comptes ton argent et quand l'argent est compté, tu prends les clés, tu dis — Voici mon ami, vas-y les chercher.

— Oui, oui! d'accord, d'accord!

— Mais je veux que tu sois à ton aise. Deux grands, tu comprends. Pendant que l'un va les chercher, l'autre va rester ici deux minutes, cinq minutes ... Ce que j'veux, c'est que tu aies pas les bouteilles avec toi. Les bouteilles, elles restent derrière. Ça, c'est pour ta protection et pour la nôtre.

— Bon! tu me téléphones?

— J'appellerai pour toi.

— T'as un numéro de téléphone à nous donner, toi? demande alors Mendolia. Le numéro de Richard, est-ce que tu l'as?

— Ah, je l'ai pas encore, répond Buffa. Il doit me téléphoner aujourd'hui parce qu'il est en déplacement.

— En tous les cas, tu lui diras que j'y tiens beaucoup, à son téléphone, reprend Orsini. Tu lui diras que j'ai un très bon marché, à part de l'autre qui m'intéresse ici ... J'ai un ami très cher au Mexique. J'lui ai parlé, c'est un ami. On peut avoir confiance en lui, la même chose que si ça serait moi. Si vous avez un chemin au Mexique pour vendre des bouteilles, ça me ferait plaisir de servir mon ami.

— Bon, on verra ça avec Richard, hein!

— Pour notre affaire, j'veux que tu comprennes: j'essaie de faire le plus tôt possible. S'il y a un retard, c'est parce que j'ai fait venir trois fois la personne à l'*Hôtel des Gouverneurs*. Cette fois, je voulais pas avoir l'air bouffon. Elle vient de New York, cette personne.

— (. . .) Mais je vais m'emmerder aussi. Alors ce qu'il faut, c'est que ça soit fait assez rapidement.

— Jean-Pierre, ça dépend pas de moi, ça dépend du type qui faut qu'il arrive de New York. Si j'le rejoins, ça se peut qu'il décide qu'il va partir tout de suite. Ça veut dire que le jeune, il va venir demain matin.

— Ah, si c'est pas long, c'est très bien alors. Tu me rappelles ici . . .

— (. . .) Jean-Pierre, est-ce que j'peux te faire une demande indiscrète. Si tu peux répondre, tu réponds, autrement répond pas. On est entre amis . . .

— Oui, vas-y.

— Est-ce qu'ici à Montréal, toi tu es « legit », est-ce que tu es légal ici ou bien . . .

— Il y a pas de problème, répond Buffa.

— Alors, t'sais, j'vois pas pourquoi choisir Québec au lieu de Montréal. Pour Richard, j'comprends, c'est moi-même que j'avais dis: touche plus à Montréal, parce que lui, ici, c'est pas mal chaud. Mais toi, c'est pas pareil.

— Il préfère pour le moment.

— Anyway, fais comme tu veux. En tout cas, si tu te décides, je peux te suggérer quelques places . . .

— Bon, on arrête, tranche Buffa. Tu me téléphones à 10 heures. Si jamais je descends à Montréal, je t'appelle . . . Mais c'est pas sûr, c'est pas sûr du tout, ça dépendra de mes affaires sur Québec. Alors, si je vais à Montréal, je t'appelle avant 10 heures . . . De toute façon, vous vous débrouillez pour demain matin.

— Oui, oui.

— O.K., parfait, bonjour! »

Orsini et Mendolia quittent l'*Habitation* à 14h10. Mendolia apporte avec lui le paquet que le chauffeur de taxi est venu livrer plus tôt. Ils sont de retour à Montréal en fin d'après-midi et se rendent directement à la *Pizzeria Dante*. De son côté, peu après leur départ, le Français va chercher la valise et le porte-documents et les ramène dans sa chambre. Il reçoit ensuite un appel téléphonique, possiblement de Claude, son associé, car il lui résume la discussion. Ses répliques indiquent que l'autre n'est pas content des délais et qu'il n'est pas question que l'affaire se traite à Montréal. Il demande à Buffa, croit-on comprendre, de mettre Orsini au pied du mur lorsqu'il rappellera.

Effectivement, c'est ce que fait le Lyonnais en fin de soirée, lorsqu'il reçoit un appel de Montréal. Il explique à son interlocuteur qu'il doit repartir prochainement pour la France et qu'il lui est impossible d'attendre car il compte sur l'argent de cette transaction pour pouvoir en terminer une autre. Il lui dit que si Orsini n'est pas capable de s'organiser d'ici une journée ou deux, le tout devra être reporté au 12 juillet. De plus, il n'est pas question cette fois-ci de travailler à Montréal. Devant l'insistance du Français, l'autre promet de le rappeler le lendemain dans la matinée.

La journée du 29 juin se termine après que Buffa ait reçu d'autres appels de son associé et d'un ami de Montréal, Jean Duval, (l'ancien associé de Louis Henri et l'un des hommes de Conrad Bouchard). On sait que Duval est en étroit contact avec de Kercadio depuis l'arrestation de son patron et il est permis de croire qu'il a connu Buffa par l'entremise du Boiteux.

A 6h30, le vendredi 30 juin, un appel téléphonique réveille Buffa. Son interlocuteur lui annonce qu'il a convenu avec les Montréalais d'attendre jusqu'en fin d'après-midi, afin de leur donner une chance de trouver l'argent nécessaire. Il ne faut pas se montrer trop dur! Après le petit déjeuner, Buffa téléphone à Air France et à Air Canada et réserve une place pour la Guadeloupe, le dimanche 2 juillet. A 11h10, il reçoit l'appel tant attendu de Montréal. Ses répliques indiquent aux agents fédéraux qu'Orsini et Mendolia n'ont pas encore réussi à régler leurs problèmes. Ils ne peuvent acheter que 4 kilos et demandent que la transaction se fasse en deux temps, ce qui leur permettrait d'acheter tout le lot rapidement. Buffa se montre réceptif, mais indique néanmoins qu'il faudrait que tout se fasse avant le lendemain matin et que la première partie devrait être payée avant la fin de l'après-midi. Quoi qu'il en soit, il ne peut prendre la décision seul; il promet d'en parler à son associé et de donner une réponse à midi.

L'associé téléphone immédiatement après. Buffa lui raconte la conversation qu'il vient d'avoir et lui laisse la responsabilité de la décision. Celui-ci préfère que la transaction se fasse d'un seul bloc. Malgré cela, à midi, quelqu'un (Orsini ou Mendolia) téléphone de

Montréal, Buffa tente de lui donner une chance: il doit recevoir quelqu'un vers 16 heures et il devra lui remettre la marchandise, à moins que d'ici là un émissaire de Montréal arrive avant, auquel cas il serait possible de s'arranger. Le Lyonnais précise qu'il expliquerait alors à son associé qu'il n'a pu agir autrement parce que leur « gars » à eux était déjà en route quand ils ont rappelé. La proposition semble satisfaire l'interlocuteur montréalais, d'autant plus que Buffa l'assure que si ça ne peut pas s'arranger maintenant, il reste toujours la possibilité d'une transaction complète pour les 12 et 13 juillet. On convient de se rappeler vers 14 heures.

Plus les appels se multiplient, plus les enquêteurs constatent que chaque interlocuteur tente de tirer au maximum les ficelles de son côté. Ainsi, immédiatement après ce dernier entretien avec les Montréalais, Buffa reçoit un autre appel de son associé à qui il déclare avoir refusé les propositons d'Orsini et Mendolia. Il n'est pas facile pour les agents d'interpréter avec exactitude les répliques de Buffa lors de ses conversations téléphoniques. Néanmoins, ils réussissent assez bien à suivre le déroulement des négociations.

A 12h40, le trafiquant sort avec la valise beige et le porte-documents. Il les place dans le coffre arrière de sa voiture de location et retourne au motel pour dîner. Après le repas, il apporte la valise et le porte-documents dans sa chambre. Il réserve ensuite une chambre au *Motel Universel* pour les 12 et 13 juillet. Peu avant 14 heures, il reçoit un autre appel au cours duquel il informe son interlocuteur qu'il sera à Montréal dans la soirée et qu'il téléphonera à Santo pour lui dire où on pourra le rencontrer. Ce rendez-vous fixé, il fait des arrangements avec son associé pour aller mettre l'héroïne en lieu sûr jusqu'à son retour. Ainsi, tout l'après-midi, il fait la navette entre le motel et différents endroits où il peut déposer en sécurité le porte-documents bourré d'héroïne. Il revient à trois reprises au motel et se rend deux fois dans un restaurant, place Laurier, avant de se décider, vers 17 heures, à déposer son porte-documents dans le casier no 577 de la gare du Palais. Après cela, il retourne en taxi au *Bambou* de la place Laurier où il ne reste que quelques instants. A bord du même taxi, il regagne ensuite le motel puis il prend la route pour Montréal au volant de sa voiture de location, constamment suivi par plusieurs véhicules de surveillance.

Il arrive dans la métropole vers 20 heures et, après avoir stationné sa voiture rue Saint-Marc, à l'intersection de la rue Sainte-Catherine, il pénètre dans le restaurant *Alpenhaus*. Une heure plus tard, il quitte l'établissement seul et se perd dans la circulation nocturne. Sachant qu'il n'a pas l'héroïne avec lui, les agents fédéraux le laissent filer. Il est préférable d'ailleurs de ne pas risquer d'être repéré, ce qui pourrait amener Buffa à changer ses plans. C'est d'ailleurs pourquoi, à Québec, on n'avait pas tenté de le suivre dans l'hôtel *Clarendon* et dans le restaurant de la place Laurier. Le surlendemain, tel que prévu, Buffa quitte Montréal pour les Antilles.

A Québec, dès son départ de la gare du Palais, un des limiers de la Brigade montréalaise a réussi, avec la collaboration des employés, à récupérer le porte-documents et à le mettre en lieu sûr. Il reste en possession de la G.R.C. jusqu'au matin du 12 juillet alors qu'il est déposé à la consigne où Buffa doit normalement en reprendre possession. Ce dernier se présente vers 13h45, ce jour-là, et c'est un agent fédéral déguisé en préposé aux bagages qui lui remet le porte-documents en lui demandant s'il s'agit bien de sa valise. Sa réponse affirmative est notée avec soin.

Au *Motel Universel,* boulevard Sainte-Foy, où il se rend immédiatement, la Brigade des stupéfiants est déjà bien installée. Elle occupe deux chambres, l'une adjacente à celle du trafiquant et l'autre située juste en face, de façon à observer encore mieux tout mouvement. L'équipe de filature est dispersée aux alentours, prête à toute éventualité et les dispositifs d'écoute électronique sont en place. Ce qui n'est pas inutile, car dès son arrivée au motel, Buffa place plusieurs appels interurbains à Montréal pour rejoindre Orsini et Mendolia. Aucun d'eux n'est là mais le message est fait et finalement, à 15h16, l'un des Montréalais appelle. Un rendez-vous est fixé pour le début de la soirée.

Comme la première fois, Orsini et Mendolia arrivent de Montréal en automobile. Il est 18h40 lorsqu'ils pénètrent dans la chambre de Buffa, le no 239. Les salutations sont brèves et la conversation s'engage rapidement avec Orsini:

« Alors vous êtes prêts? demande le Français. Y a pas de problème, j'espère? Parce que là, ça m'emmerderait joliment, tu sais.

— Non, non. Y a plus aucun problème. L'acheteur est déjà ici. Il faut que tu m'laisses du temps un peu . . . Le gars de New York est parti. Une fois à Montréal, il prend son char et descend à Québec. Moi j'prends l'argent et j'te l'emmène. Toi, tu m'dis où il est, après ça les deux chars viennent le chercher. C'est tout.

— Bien. Débrouillez-vous comme vous voulez, il faut que demain soir tout soit liquidé parce que moi, demain, je suis obligé de monter à Paris. J'ai des rendez-vous. J'ai des rendez-vous avec Claude, il faut absolument que je le voie. Moi, je ne veux pas rester huit jours ici, hein!

— Mais non, mais non.

— Ça, il n'en est pas question! Ce soir, je dois aller à Montréal mais je suis obligé de revenir ici demain.

— A quelle heure veux-tu que je t'appelle demain et où? demande Orsini. Ici ou à Montréal?

— Bon ben, appelle-moi ici à 10 heures. »

A ce moment, le téléphone sonne. C'est Christian, un autre ami de Buffa. On croit qu'il veut savoir si le programme établi est toujours valable car Buffa lui demande d'attendre une minute et il interroge Orsini:

« Quoi qu'il en soit, demain ça sera fini? lui demande-t-il.

— Oui, oui, ça se fait demain. Seulement j'ai besoin de la journée.

— Quand est-ce que vous saurez exactement à quelle heure vous arriverez?

— Demain matin à 10 heures et peut-être même ce soir. Tu descends à Montréal ce soir, j'vas t'appeler à soir.

— Bon, parfait. »

Buffa retourne au téléphone et déclare à son interlocuteur:

« Allo! bon, eh bien alors, il y a pas de problème. Je pense qu'il n'y aura pas de problème pour demain. Je ne sais pas exactement quand. Je le saurai ce soir ou demain matin. Quoi qu'il en soit, c'est une affaire qui sera classée demain, l'heure exacte, je ne le sais pas . . . »

La conversation téléphonique terminée, l'entretien avec Orsini reprend:

« Bon, dit Buffa, je vous avais prévenus qu'il rappellerait. Il est allé en Suisse, il a vu Claude et il lui a dit qu'il y a rien de fait.

— Y a quelque chose qui m'énerve, Jean-Pierre, y a rien qu'une chose. C'est l'affaire d'aller vite, vite, vite. C'est la seule chose qui m'énerve. Le restant, y a aucun problème.

— Non, non, attention là, Guido, il faut être raisonnable! Je suis parti, je vous ai dit: je suis là le 12, vous avez huit jours . . .

— Parfait, moi j't'avais dit quand qu'il arrive, la personne serait prête . . . Moi, la seule chose que j'te promets, c'est ma parole d'honneur que demain ça va être fait. C'est tout. C'est demain. Donne-moi la chance pour le type de descendre ici avec la maudite argent.

— Ce que je vous demande c'est une heure précise. Si jamais vous ne me donnez pas une heure précise, je serai obligé d'être là toute la journée, d'être cloué ici. Et ça, ça m'emmerde.

— Tu cloueras pas ici, non.

— En plus de ça, moi je veux savoir exactement qu'il n'y a pas de problème. Il faut que je sache, ça marche, c'est huilé, c'est graissé, ça tourne rond, tu comprends?

— Pour demain, le type va être ici. Il part de Montréal pour venir jusqu'ici. Moi, il faut que je vienne de Montréal. Il faut quand même qu'il vienne ici, il faut quand même que moi j'arrive avant, il faut quand même que je donne l'argent avant, n'est-ce pas? C'est comme ça que ça se passe. Y a pas d'autre façon. Moi, j'emprunte l'argent des autres et j'viens ici, j'te le donne.

Quand je t'ai donné l'argent, tu me dis où il est. Moi je dirai à mon type, il est là. Le type prend la marchandise, il s'en va; moi je fiche le camp. C'est tout, Jean-Pierre. Mais simplement, donne-moi la journée de demain. J'te demande pas un siècle. Alors inquiète-toi pas pour moi. Mois j'suis prêt demain.

— Bon ben, vous avez demain toute la journée. Mais, il faut pas me faire le coup que demain soir vous disiez: ce soir on est obligé de repousser un jour.

— Inquiète-toi pas.

— Bon ça, d'accord. Maintenant pour les cinq autres. Vous en avez cinq à récupérer, vous allez les récupérer dans trois, quatre jours?

— Oui, alors?

— Ils sont là aussi, eh!

— A Québec?

— Oui, oui. Mais vous pouvez pas les prendre tout de suite parce que je suis obligé de passer par un intermédiaire.

— Je comprends ton point de vue, dit Orsini. T'as bien fait de le dire, comme ça demain j'ramasse mon argent moi!

— Dans trois, quatre jours, c'est ici, sur place. Avant, je suis obligé de rentrer en France. Je suis obligé de rapporter des capitaux. J'ai beaucoup d'affaires ... Je suis obligé de rentrer, mais je reviendrai pour vous. Quoi qu'il en soit, maintenant vous allez avoir affaire à une seule personne. Ce sera moi, pratiquement toujours moi.

— A partir d'aujourd'hui?

— A partir d'aujourd'hui, pratiquement toujours moi. Claude, vous ne le verrez certainement plus ou très peu.

— Dis-lui bonjour de ma part, lance Orsini.

— Il a un problème avec sa jambe, il paraît qu'ils ont opéré et tout et tout. (4) Pour l'instant, je pense qu'il va rester un certain temps sans qu'on le voit ici.

— J'le blâme pas. Il fait bien.

— Par contre moi, explique Buffa, je l'aurai toujours derrière le dos. C'est pas moi qui décide, c'est toujours ses affaires. Vous êtes ses clients. Moi, je lui ai donné un coup de main pour liquider sa marchandise. Vous comprenez. D'autre part, pour ce qui est de l'Italie . . .

— Oui, oui, l'Italie. T'sais, la même personne qui vient ici en prendre de 8 à 10. Lui, il a un frère en Italie qui est intéressé là-dedans. A part lui, j'en ai un autre en vue qui m'a téléphoné, à qui j'ai téléphoné et il est prêt tout de suite. Maintenant, si eux autres, ils nous demandent une date, nous autres on est toujours prêts. Est-ce qu'il y a une date que toi tu préfères?

— Ah non! je peux pas leur donner une date actuellement. Moi, j'étais pas en France. Je sais pas du tout où en sont mes affaires là-bas. Avec ce qui est arrivé, je sais pas comment ça s'est passé.

— Ecoute, Jean-Pierre, c'est parce que la première fois, j'aimerais être présent, tu comprends. Parce que j'connais les deux parties, tu comprends ce que j'veux dire.

— Ils peuvent travailler sur des grosses quantités?

— Oui toujours, assure le Montréalais. Et pour le Mexique, c'est d'accord?

— Non, ça c'est pas possible, on ne peut pas.

— Ça, c'est tant pis!

— A moins de passer par les îles.

— Pour moi c'est impossible. Pour rentrer à New York, y a tout le checking. Pour les dates, quand tu vas pouvoir? Il faut s'arranger parce que si la marchandise de Claude rentre ici et moi j'suis en Italie avec toi, on pourra rien faire ici.

— Voilà, vous avez 5 ou 6 kilos. Ceux-là, je dois les récupérer, d'accord. Je ne les récupère pas pour l'instant. Je ne peux pas aller les chercher. Dès que ceux-là sont partis, moi je rentre en France. Les autres, ils sont ici, je l'avoue. Je vous le dis, je vais faire mon travail, je reviens et je vous donne les 5 et après, je rentre encore en France. Mais ça change rien à vos 5. Ça va prendre deux jours quoi.

— Non mais Claude, y a d'autre marchandise qu'il va envoyer ou non?

---

4. Cette précision au sujet de la jambe de Claude ou Richard indique bien qu'il s'agit de René Quintin de Kercadio.

— Ah ben ça, je ne sais pas, répond Buffa. Est-ce qu'il vous a dit qu'il vous en enverrait? Maintenant si vous en voulez, moi je vous en fais cadeau. Mais si vous voulez en faire passer 10 ou 15 kilos, ce n'est rien. On peut pas vous en passer plus.

— De 10 à 15, j'suis prêt à sortir la chose toutes les deux semaines. Tous les 15 jours.

— Hein, disons pour la fin du mois. Vous pouvez pour la fin du mois?

— Ça, c'est une bonne idée. Pour la fin du mois, tu fais rentrer 10 à 15. Quand on aura passé les points de ça, on partira tout de suite pour l'Italie.

— Y aura pas de problème de mon côté, si quand on sera là, le type y a pas de problème. Tu sais, je suis obligé d'une certaine façon.

— J'suis content de faire ça comme ça. Tout le monde va être heureux.

— O.K. pour demain, moi je ne sais pas. Votre Américain, vous l'avez prévenu? Vous lui avez dit, mon Dieu?

— Oui, oui, inquiète-toi pas.

— Tu sais moi, j'aime être prévenu longtemps d'avance. J'ai un programme qui est établi huit jours à l'avance minimum. Vous avez toujours huit jours disponibles. La seule chose que je veux, c'est ne pas rester des jours et des jours ici. Vous êtes prévenus à l'avance. Vous le savez, ça arrive, vous me payez, c'est simple. Bon, lui, Claude vous téléphonait en disant: J'suis là — Mais moi, ça ne sera pas comme ça; je vous préviens, en disant: dans tant de jours je serai là.

— Idéal Jean-Pierre! Et quand tu m'dis « je suis arrivé », moi j'appelle à New York. Il arrive et on ne manque pas à la parole. C'est comme maintenant tu comprends, j'espère être prêt demain à deux heures, à trois heures, à quatre heures, mais je veux avoir toute la journée en cas qu'il m'appelle et qu'il me dise: je serai là vers 5 heures ... La seule chose que j'demande tout le temps, c'est deux jours quand vous arrivez, c'est tout. Parce que la seule difficulté que j'ai avec ce monde-là, c'est que je sais jamais si ça prend une journée, une journée et demie, une demi-journée. J'le sais jamais avec eux autres. Et j'peux pas les blâmer. Oublie pas qu'on est en Amérique, Jean-Pierre. J'ai besoin d'un jour ou deux. Je dépasserai jamais les deux jours.

— Mais quoi qu'il en soit, il y a une chose qui est certaine, si jamais y a quoi que ce soit, un problème ou n'importe quoi, n'allez pas me raconter un roman. Dites-le moi carrément. Comme demain, s'il y a quelque chose, dites-le moi.

— Pour demain, pas de problème!

— Bon, alors vous allez m'appeler?

— Quand on arrive à Montréal.

— D'accord! ça marche, portez-vous bien. Au revoir. »

Orsini et Mendolia quittent le *Motel Universel* à 19h25. Ils retournent à Montréal. Trois quarts d'heure plus tard, Buffa sort à son tour et monte dans son automobile de location. Comme il l'a annoncé, il prend la route pour Montréal. On le file jusqu'à la sortie 161 de la route trans-canadienne où un ordre recommande aux limiers spéciaux de laisser aller le Lyonnais. Au motel, le caporal Ernest Bacqué vient de découvrir le porte-documents et l'héroïne cachés sous le poêle; il est inutile de risquer d'être repéré.

Buffa revient au *Motel Universel* le lendemain matin. A 9h40, il est dans sa chambre. Jusqu'en fin d'après-midi, ses activités se réduisent à quelques appels téléphoniques qui indiquent que les choses sont en cours. A 18h10, il va déposer le porte-documents dans le coffre arrière de sa voiture. Ce faisant, il ouvre la mallette et les agents qui l'épient avec des jumelles croient voir qu'elle est vide. Il regagne sa chambre après avoir déplacé son automobile.

Trente-cinq minutes plus tard, Orsini et Mendolia arrivent dans une Buick. Au même moment, une Fiat immatriculée en Ontario, à bord de laquelle se trouvent deux inconnus, est repérée dans le terrain de stationnement. Pendant que les Montréalais gagnent la chambre de Buffa, les deux inconnus sortent de leur voiture et attendent. Aussitôt, Mendolia quitte le motel et va chercher dans le coffre arrière de la Buick un autre porte-documents, noir et plus petit que le premier. Il retourne ensuite à l'intérieur. Quelques secondes plus tard, Orsini sort à son tour récupérer le porte-documents de Buffa et revient lui aussi à l'intérieur. Alors, un des deux occupants de la Fiat, le plus jeune, va dans la chambre de Buffa et en ressort une minute après avec le plus petit des porte-documents qu'il place dans le coffre arrière de sa voiture, pour ensuite quitter les lieux avec son compagnon. Tandis qu'ils s'engagent boulevard Sainte-Foy, Orsini et Mendolia viennent les rejoindre dans leur voiture Tous les quatre se rendent à la file indienne à l'*Hôtel des Gouverneurs*.

Vers 19h30, Orsini revient seul au *Motel Universel*. Depuis le début de cette opération, ses agissements et ceux des autres sont attentivement épiés. Lorsqu'il arrive à proximité de la chambre de Buffa, les agents voient un troisième inconnu sortir de la chambre

239 avec le gros porte-documents et monter dans une Rambler. Orsini sort du terrain le premier, suivi par l'inconnu qui s'arrête bientôt dans un garage pour faire le plein. Trois minutes plus tard, Orsini abandonne la Rambler et va rejoindre Mendolia qui l'attend à l'*Hôtel des Gouverneurs* avec les occupants de la Fiat.

Cinq minutes plus tard, les quatre trafiquants sont en route pour Montréal. La température est maussade. Il pleut à verse mais la Buick et la Fiat se suivent de près à vive allure et même au plus fort de l'orage, elles ne se séparent pas. D'une certaine façon, cela facilite la tâche de la filature qui ne les perd pas de vue, pas plus d'ailleurs qu'elle ne perd de vue la Rambler. Pendant une grande partie du voyage, un avion participe à la filature. A l'arrivée dans la métropole, la Buick précède toutjours la Fiat. Après le pont-tunnel Hippolyte-Lafontaine, les suspects empruntent différentes rues du secteur est pour aboutir au coin des rues de Repentigny et Chauvin. A cet endroit, la Buick et la Fiat s'arrêtent et Mendolia sort pour laisser descendre un passager, une sixième personne non identifiée pour le moment et qu'on n'a jamais vu jusque-là. On note cependant que cette halte se fait à proximité de la résidence du patron d'Orsini et Mendolia, Frank Cotroni. Plus tard, on identifiera le mystérieux passager comme étant Carlo Arena, une jeune recrue de la bande. Le cortège repart et emprunte le boulevard Métropolitain. A la sortie Saint-Michel, les deux véhicules quittent la voie élevée et s'engagent sur la 11e Avenue. La Fiat s'arrête au garage Esso situé à l'angle du boulevard Crémazie et la Buick se rend jusqu'à la rue Jarry puis s'arrête. Il est environ 22h10 et le sergent d'état-major Poissant juge que le moment est venu d'intervenir. C'est également l'avis du commandant de la Brigade des stupéfiants, l'inspecteur Roger Perrier, qui, exceptionnellement, a tenu à participer à l'opération. L'ordre est donc donné. Rapidement, les agents fédéraux entourent les trafiquants et les arrêtent. Dans la Fiat, on trouve le petit porte-documents qui contient 7 des 17 sachets d'héroïne vendus par Buffa. Les deux occupants sont identifiés: le plus jeune est un Ontarien de Windsor, Vincenzo Balsoma, et l'autre, son patron, est John Fecarotta, de Détroit.

A 22h30, la Rambler s'engage à son tour dans le pont-tunnel Hippolyte-Lafontaine. Les agents de la Brigade des stupéfiants l'attendent à la sortie. L'interception se fait sans heurt et les 5 autres kilos d'héroïne sont saisis. L'individu se nomme Tibor Korponay, et, à 33 ans, occupe officiellemment un emploi d'homme à tout faire au restaurant *Au Vieux-Montréal,* propriété de Thomas Solarick, dit the Moose, un ami de Horvath et de Thomas Pythel.

Le trafic de drogues: la lutte s'intensifie

par Jean-Pierre Charbonneau

Si le marché de l'héroïne et des drogues dites légères a pris une ampleur grandissante depuis quelques années à Montréal, la lutte contre le trafiquants s'est aussi intensifiée. Si bien que Montréal est en voie de ... dans les ...

mettant d'inculper des membres actifs u Syndicat du crime de Montréal, dont quelques-un... plus importants dans le commer... et international des drogues.

La pr... ... s'est termin... tation ... "mil...

Vingt livres d'héroïne : $5 millions

La Brigade des stupéfiants de la Ge... darmerie royale du Canada a de nouveau frappé un dur coup contre les trafiquant d'héroïne en procédant, jeudi soir à l'arrestation de six individus (dont trois Montréalais très bien connus du Bureau de recherche sur le crime orga- nisé) et en saisissant 20 livres d'hé- roïne d'une valeur marchande de près de $5 millions.

Deux agents de la Brigade des stupéfiants de la GRC examinent le contenu de deux valises saisies, dans lesquelles se trouvaient 20 livres d'héroïne pure évaluées sur le marché noir à $5 millions.

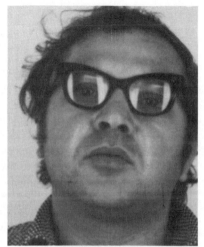

Les trois présumés clients d'Orsini, John Fecarotta (en haut, à droite), Vincenzo Balsamo (en haut, à gauche) et Tibor Korponay (en bas).

A Québec, Jean-Pierre Buffa est déjà sous arrêts. Après le départ d'Orsini et de Korponay, il a quitté le motel, un paquet dans les mains. Suivi par le sergent Massé qui avait instruction d'établir s'il rencontrerait quelqu'un et, si oui, de procéder à son arrestation et à celle de son complice, le Lyonnais est allé en voiture dans le centre-ville. Perdu dans la circulation, il a été repéré puis arrêté un peu plus tard au moment où il sortait seul, au pas de course, du *Château Frontenac*. Sa voiture de location a été retrouvée peu après dans une rue avoisinante. La porte avant du côté du passager n'était pas verrouillée et la serrure du coffre à gants entrouvert était par terre.

Aucune trace du paquet qu'il transportait. On apprendra plus tard qu'il contenait le paiement de l'héroïne, soit une somme de $76 000.

En Cour criminelle, cinq jours plus tard, le juge Guy Guérin refuse tout cautionnement aux accusés sauf à Fecarotta qui doit cependant demeurer au Québec. Sa décision suit le visionnement du film pris au *Motel Universel* en cette fin d'après-midi du 13 juillet. En fait, toutes les allées et venues des trafiquants au *Motel L'Habitation* et au *Motel Universel* ont été filmées sur magnétoscope depuis le début par la Brigade des stupéfiants qui n'a rien négligé pour mettre enfin la main au collet à Orsini et Mendolia. On espérait aussi pouvoir inculper Frank Dasti car on avait appris que c'est à lui qu'Orsini faisait référence lorsque, le 28 juin, il déclarait à Buffa que « son ami de Montréal » tentait de contacter l'acheteur newyorkais. Malheureusement, au dernier moment, la chance a encore tourné à son avantage. Néanmoins, la G.R.C. espère que ce n'est que partie remise car l'acheteur newyorkais est identifié et on sait que Dasti est toujours en contact avec lui. (5)

Depuis l'arrestation de son messager Lucien Madère et de son client Paul Oddo, l'ancien propriétaire du *Victoria Sporting Club* a installé ses pénates dans un restaurant du secteur ouest, la *Pizzeria Tower*, boulevard Décarie. Le nouvel administrateur de l'endroit est un ami de la bande, Vincenzo Greco, l'ancien cuisinier de la *Pizzeria Dante*. Il est associé avec Michel Cotroni, le moins connu des quatre frères qui, de son côté, gère le *Décarie Pub*, situé au-dessus de la pizzeria. Le 12 juillet, quand Buffa a tenté de rejoindre Orsini et Mendolia, il a téléphoné à plusieurs endroits, en particulier à la *Pizzeria Tower*. Après les arrestations, une perquisition au domicile de Mendolia a permis de trouver des documents intéressants, notamment une note où étaient inscrits le nom du motel *L'Habitation* avec le numéro de la chambre de Buffa, ainsi que le nom et le numéro de téléphone de la *Pizzeria Tower*.

Devenu un centre d'intérêt pour les services policiers intéressés aux activités de la Mafia montréalaise, le nouveau quartier général

---

5. Pendant le séjour de Buffa en Guadeloupe, Dasti et Orsini ont contacté plusieurs personnes pour leur offrir les 8½ kilos. La Brigade des stupéfiants a noté avec grand intérêt une rencontre à l'*Hôtel April*, rue Sherbrooke est, entre Dasti et Roger Denizet, dit le Français, dont le nom a été mentionné à plusieurs reprises depuis 1948, notamment comme collaborateur d'Antoine d'Agostino, Jean-Claude Laprès, Marius Martin, Jean Jehan, Roger Laviolette, Anatole Ethier et de Lucien Rivard. On se rappelle qu'il avait été arrêté en 1948 à Vancouver avec 1 kilo d'héroïne pure.

de Dasti est l'objet d'une surveillance spéciale tant physique que technique. Cela permet à la Brigade des stupéfiants de repérer au début de juin une nouvelle figure dans l'entourage du trafiquant montréalais: Joseph Santini, un visiteur américain installé en permanence dans une suite de l'*hôtel Décarie Plaza* situé à côté de la *Pizzeria Tower*. (6) Entre le 4 juin et le 11 juillet, cet individu a utilisé à plusieurs reprises le téléphone public de la pizzeria pour placer des appels à trois endroits différents à Fort Lee, au New Jersey, et à New York, à un nommé Patsy. Les vérifications du B.N.D.D. ont révélé que ce Patsy est en réalité Pasquale Falcone, un mafioso de l'organisation de Gerardo Catena et Thomas Eboli, les successeurs de Vito Genovese.

Propriétaire du bar-salon *Aquarius,* Avenue Hammersly dans le Bronx, et impresario de plusieurs artistes de renom des *Disques Columbia,* Patsy Falcone est bien connu pour ses accointances avec des racketteurs notoires du East Harlem, du Bronx, du New Jersey et de la Pennsylvanie. (7) Il est en relation constante avec une importante bande de trafiquants d'héroïne dirigée par Louis Boyce et son beau-frère Gaetano Licata. En 1970, Falcone était en difficultés financières et l'une de ses employées de l'*Aquarius,* Anna Licata-Boyce, lui a présenté son mari. Gros trafiquant de narcotiques et propriétaire de deux firmes de construction à Mount Ephram et à Lawnside dans le New Jersey, Louis Boyce a permis à Falcone de se refaire avec la vente de 3 kilos de cocaïne. En décembre 1971, les enquêteurs de la Douane américaine ont arrêté Boyce pour conspiration dans un trafic de stupéfiants. Immédiatement après, le frère de sa femme, Gaetano Licata, un redoutable mafioso, a pris la succession. Installé au *J.C. Bar* de Philadelphie, un repaire de truands, Licata a commencé par obliger l'associé de son beau-frère, Guy Di-

---

6. On apprendra plus tard que Joseph Santini n'est autre que le réputé mafioso américain, Joseph Averso, particulièrement important dans les réseaux d'importation d'héroïne en provenance d'Amérique Latine. Originaire de Cliffside dans le New Jersey, Averso est recherché depuis juillet 1971 à la suite de l'arrestation du fils de l'ambassadeur de Panama à Taïwan.

7. En février 1973, les relations de Falcone avec le directeur artistique et vice-président des *Disques Columbia,* David Wynsaw, amèneront le Federal Strike Force against Organized Crime, de Newark, à ouvrir une enquête sur l'infiltration possible de la Mafia dans l'industrie du disque. Cette enquête conduira au limogeage de Wynsaw et du président des *Disques Columbia,* Clive Davis, par les patrons de la *Columbia Broadcasting System (CBS),* ce qui provoquera un scandale national sur la corruption et la prévarication dans la lucrative industrie américaine du disque.

viaio, à se retirer puis il a réorganisé l'approvisionnement de la clientèle de Boyce. Selon les renseignements obtenus par le B.N.D.D., Licata est capable d'écouler une quarantaine de livres d'héroïne par mois. Au cours des mois de mai et juin 1972, il a reçu pas moins d'une douzaine d'appels interurbains du domicile de Falcone à Fort Lee, au New Jersey. Plusieurs de ces appels ont suivi et précédé ceux de Joseph Santini à Falcone.

A propos de ces derniers, la Brigade des stupéfiants a communiqué au B.N.D.D. les renseignements suivants: le 4 juin, Santini a téléphoné à Falcone pour lui parler du voyage qu'il devrait faire au Canada pour venir ramasser le « paquet ». Le 13 juin, Santini a appelé Falcone pour l'entretenir d'un voyage qu'il devrait faire au Canada pour prendre livraison de la « taie d'oreiller ». Santini a ajouté qu'il ne voulait voir personne à moins qu'«ils» n'aient l'argent et ne soient prêts à faire une transaction. Le 15 juin, Santini a parlé à Patsy pour savoir quand « le gars dans le Sud » sortirait de prison. A son avis, il faudrait se méfier du type car il est curieux qu'il n'ait eu que six mois de prison, et il faudrait être prudent avant de l'emmener au Canada. Le 10 juillet, Santini a téléphoné au *3rd Rail Pub* et a demandé à un certain Mario si Patsy était encore à la maison et s'il lui avait donné l'argent. A la suite de la réponse, Santini a dit à ce Mario de donner l'argent à Patsy. Le 11 juillet, la veille du retour de Buffa à Québec, Santini a parlé à Falcone pour savoir quand il viendrait au Canada. Il lui a dit qu'il voulait le voir le soir même ou le lendemain au plus tard. Il lui a recommandé d'aller voir le « gars » et de lui demander l'argent, puis de l'apporter ensuite. Il lui a conseillé de dire à l'autre « gars » qu'on avait quelque chose pour lui. A ce sujet, Santini a terminé en disant à Patsy: « Je ne peux pas te parler de ça au téléphone, je t'en parlerai quand je te verrai. »

Mais Falcone est arrivé trop tard et la marchandise a été vendue aux autres, avec cependant les conséquences que l'on sait.

Le 28 juillet, l'agent spécial Michael James Campbell, du B.N.D.D. de Newark, présente au juge en chef James A. Coolahan du district judiciaire du New Jersey une requête officielle pour obtenir l'autorisation d'installer une table d'écoute sur l'appareil téléphonique du domicile de Pasquale Falcone, à Fort Lee. Grâce aux informations transmises par la G.R.C., la requête est accordée sur-le-champ. Une semaine plus tard, non seulement les relations du *3rd Rail Pub* avec Gaetano Licata, Joseph Santini et Mario se précisent encore, mais on découvre que Falcone est en contact régulier avec une autre bande de trafiquants de drogue, celle des frères

Salerno, de East Harlem. Ils sont cinq frères et trois d'entre eux sont devant les tribunaux pour trafic d'héroïne et de cocaïne.

A la fin du mois d'août, pendant que la table d'écoute du B.N.D.D. continue de fonctionner, la Brigade des stupéfiants apprend à Montréal que Frank Dasti a pris contact avec le trafiquant français René Quintin de Kercadio par l'entremise de Jean-Marc Guillet. Celui-ci est justement en Tunisie pour le rencontrer. (8) Le 30 août, le sergent Paul Sauvé, de la G.R.C., et l'agent spécial Kevin Gallagher, du bureau du B.N.D.D., à Montréal, sont à l'aéroport de Dorval pour attendre l'arrivée de Guillet. Celui-ci n'est pas dans l'avion, mais quelqu'un d'autre y est cependant, Claude Dewachter, un membre de la bande de proxénètes de Daniel Marquet qui, on se le rappelle, a financé de Kercadio et Roger Gabeloux lors de leur sortie de prison, à l'automne 1971. Les limiers canadiens et américains connaissent l'individu et savent qu'il a renoué avec de Kercadio. L'agent double Gabeloux est revenu à Paris au mois de juin et a rencontré son ancien partenaire; il a ainsi appris que de Kercadio a finalement remboursé Marquet et ses associés et qu'il est à nouveau leur parte-

Claude Dewachter   Daniel Marquet

8. La G.R.C. et d'autres services policiers montréalais ont noté au cours du printemps et de l'été 1972 que Jean-Marc Guillet fréquente assidûment une entreprise d'investissements immobiliers, les *Immeubles Tempo Ltée*, qui est en réalité la couverture légale des nouvelles activités de Jimmy Soccio et Giuseppe « Pep » Cotroni, libéré de prison en avril 1971. Deux des nombreux projets mis de l'avant par la firme *Tempo* sont la construction d'un complexe domiciliaire et l'établissement d'un casino en Tunisie.

naire dans l'héroïne. Autre renseignement important: alors que de Kercadio était installé à l'*Hôtel Berkeley* à Montréal au début de mars, Dewachter retournait en France après un séjour au Québec. A la mi-mai, après l'arrestation des New-Yorkais Castiglione et Rizzuto, Dewachter et Marquet ont accompagné de Kercadio à Montréal.

Cette fois, Dewachter vient seul à Montréal. La fouille régulière des douaniers étant négative, il se rend en taxi jusqu'au *Bonaventure* et s'y inscrit sous son vrai nom. Le sergent Sauvé et l'agent Gallagher ne le perdent pas de vue. Peu après avoir loué sa chambre, il quitte l'hôtel et se rend à la *Pizzeria Tower*. Les deux policiers remarquent que sa tenue vestimentaire est la même à l'exception d'un détail supplémentaire: une cravate rouge vif. Peut-être est-ce là un signe de reconnaissance? A 19 heures, 15 minutes après son arrivée, Frank Dasti l'approche et un dialogue animé s'engage rapidement entre les deux hommes. Pendant une dizaine de minutes, les deux limiers maintiennent leur surveillance tant bien que mal, mais ensuite, comme il leur est difficile de continuer sans être repérés, ils abandonnent la filature. Le lendemain matin, des vérifications indiquent que le trafiquant français a quitté l'hôtel sans même utiliser sa chambre et qu'il est reparti pour Paris.

Deux jours passent et, tôt le matin du 2 septembre, Frank Dasti téléphone chez Falcone. Celui-ci n'est pas là et c'est un jeune comparse, Anthony Del Vecchio, qui répond. Usager de l'héroïne, le jeune homme est depuis le mois de juillet indicateur pour le B.N.D.D. Il conseille au Montréalais de rappeler un peu plus tard, vers 9 heures, puis effectue plusieurs appels pour rejoindre son patron. A 8h50, Patsy l'appelle et lui dit de demander à Dasti de lui donner un numéro de téléphone où il pourra l'appeler à 10 heures. C'est ce qu'il fait et Dasti lui donne le numéro de téléphone du vestibule de l'*Hôtel Décarie Plaza* où il se trouve et où l'observent deux officiers de la G.R.C. et du B.N.D.D. Dasti termine en disant: « O.K., mais dis à Patsy d'appeler, c'est important. »

Le 6 septembre, Gaetano Licata appelle Falcone et tous deux discutent de l'emprisonnement de Louis Boyce. Au cours de l'entretien, Patsy indique qu'il attend un appel « de l'autre bord » le vendredi 8. Il reçoit l'appel dans la soirée du 7. Encore une fois, Falcone n'est pas à la maison et c'est Del Vecchio qui prend le message de Dasti. Celui-ci attend avec impatience l'appel de Patsy car il a avec lui des gens qui attendent des réponses. A 20h30, après deux tentatives infructueuses pour joindre Falcone, Del Vecchio rappelle Dasti pour lui demander de patienter et l'autre lui dit qu'il veut que Patsy téléphone le plus tôt possible. Peu après, Falcone appelle chez lui et Del Vecchio lui fait le message. Il répond qu'il va lui téléphoner de sa résidence du Bronx.

Le samedi 9 septembre, Falcone communique avec Dasti à la *Pizzeria Tower* et lui demande un délai pour l'affaire en cours parce qu'il ne peut pas avoir les fonds immédiatement. Dasti accepte à contrecoeur et dit qu'il va rappeler le lendemain. Après cet appel, Patsy téléphone à Francine Berger, une réceptionniste de la compagnie *Columbia* et, selon Del Vecchio, une de ses complices avec sa soeur Wally. A la mi-juillet, Falcone et Wally Berger sont venus à Montréal rencontrer Dasti. Del Vecchio les a accompagnés et il a été question de transports d'héroïne qui seraient effectués dans le futur par les soeurs Berger. La méthode adoptée par Dasti est la suivante: Falcone et une fille viendraient à Montréal en automobile et, une fois l'héroïne vendue, Del Vecchio les rejoindrait en avion et ramènerait la marchandise en automobile avec la fille pendant que Patsy retournerait à New York en avion. Au cours de sa conversation avec Francine, Patsy déclare que « la personne là-bas veut faire l'affaire d'un seul coup ». La jeune femme répond qu'elle ne peut pas faire ça comme ça. A son avis, quelqu'un devrait aller en chercher une partie et, le jour suivant, une autre personne irait chercher le reste. Falcone dit que ça ne pourra pas se faire comme ça parce que « les gars veulent que quelqu'un aille là-bas attendre avec jusqu'à ce que la chose soit arrivée et alors laisser aller l'argent ».

Le 10 septembre, Dasti appelle Falcone et celui-ci lui dit qu'il a rencontré les gens la nuit précédente et qu'ils ne pourront pas venir avec l'argent. Dasti suggère d'essayer de trouver le « gars » car peut-être que lui pourrait faire quelque chose. Mais Patsy a essayé de le joindre et il est introuvable. A la fin, le Montréalais dit qu'il rappellera le lendemain matin. Dans la matinée du 11, un nouvel entretien téléphonique a lieu entre les deux truands et Falcone dit qu'il a rejoint le « gars » et que ce dernier doit le rappeler. Dasti demande qu'on le tienne au courant d'une façon ou d'une autre. Peu après, Licata téléphone à Patsy et demande s'il y a du neuf. L'autre répond que le gars de « l'autre bord » l'a appelé et qu'il a « cinq affaires » au prix de $75 000. Licata déclare qu'il a l'homme et le pain et que tout ce dont il a besoin, c'est le mot. Les choses sont là, il s'agit d'aller les chercher, précise Falcone, ce à quoi Licata répond que c'est « correct » en ce qui le concerne. La conversation se termine quand Patsy assure que les arrangements ont été faits par

Joe (Santini), à ce moment-là en Europe, pour assister aux funérailles de sa mère. (9) Licata ne connaît pas ces gens au Canada mais Falcone indique qu'il fera tous les arrangements. On convient en terminant d'une nouvelle conversation le lendemain.

Le mardi 12 septembre, à neuf heures du matin, Patsy avise Dasti qu'il n'a rien eu du « gars » et qu'il va être obligé « de laisser passer celle-là ». Dasti est renversé: il a fait tous les arrangements avec Joe et maintenant il n'est pas là. Quoi qu'il en soit, il s'attend à recevoir autre chose d'ici une quinzaine de jours et il suggère à Falcone de commencer immédiatement à ramasser son argent.

Cette transaction de cinq kilos n'a donc pas lieu. Selon Del Vecchio, Falcone a cherché en vain à obtenir les fonds nécessaires pour financer l'opération et, pour ce faire, il a contacté plusieurs racketteurs de la région de New York. Les échanges téléphoniques avec Dasti reprennent le 25 septembre. Auparavant, à quelques reprises, Licata et Santini, toujours en Italie, sont entrés en contact avec Falcone pour savoir comment se présentent les choses et pour indiquer qu'ils attendent avec impatience des résultats. Licata en particulier a pressé Patsy d'agir vite et de lui obtenir n'importe quoi. Santini, de son côté, lui a demandé s'il était toujours en contact avec Dasti. La réponse a été affirmative.

Le 22 septembre, en début de matinée, Falcone téléphone à la *Pizzeria Tower* mais Dasti n'est pas là; il laisse le message. Trois jours plus tard, le lundi 25, Dasti rappelle:

« Tu m'as appelé? demande-t-il.

— Oui, répond Patsy. J'voulais savoir si l'orchestre est encore en ville.

— Le quoi?

— L'orchestre. J'voulais savoir si tu les avais encore là.

— Non, on a eu ce qu'on voulait. J'peux pas te parler comme ça.

— J'ai eu des nouvelles de notre ami. (10) Y va me rappeler cette semaine. J'pense qu'il revient bientôt.

— Où est-il?

— Quelque part en Italie, j'sais pas exactement où. Il rentrera chez moi la semaine prochaine... J'voulais te parler de toute

---

9. Joseph Averso, alias Santini, a pu se rendre en Italie grâce à un faux passeport obtenu à Montréal par les bons soins de Frank Dasti.

10. Il s'agit de Santini.

façon: j'voulais savoir si tu pouvais t'arranger pour que le groupe soit tout ensemble.

— Oui, oui, répond Dasti, qui comprend que l'autre lui demande s'il est prêt pour une autre transaction.

— On va être obligés de faire des arrangements.

— Quelqu'un va être obligé là-bas de parler. Inutile de parler plus que ça sur le téléphone.

— Prenons arrangement dès maintenant, peut-être que j'pourrai aller chez vous. De toute façon, j'vas te rappeler avant jeudi. »

Le lendemain, 26 septembre, Patsy reçoit un appel d'un individu non identifié qui lui demande « qu'est-ce qui se passe? » Il lui répond qu'il pense pouvoir arranger ça pour le vendredi suivant et que, de toute façon, il pourra lui donner une réponse jeudi. « Je lui ai parlé hier, lui dit-il, et je vais le savoir définitivement jeudi. Je te rappellerai chez vous si c est pour vendredi. » A propos d'une autre affaire en cours entre les deux hommes, Falcone indique que « tout est correct sur le front ouest ». Le 27, Licata appelle à son tour et demande s'il a entendu parler du gars. Patsy répond que « tout est bon » et qu'ils pourront avoir encore 5 affaires.

Le jeudi 28, à 17h30, Falcone téléphone à Dasti à la *Pizzeria Tower:*

« Est-ce que tout est correct? demande-t-il.

— Si c'est correct pour toi, c'est correct pour moi, répond le Montréalais qui s'engage à rappeler le lendemain matin quand il aura les autres détails pour organiser le voyage à Montréal.

— (...) C'est tout le groupe, hein, un groupe de 5 morceaux?

— Oui, oui! »

Cet entretien terminé, Falcone reçoit un appel, cette fois de Spiro Venduras, un trafiquant de Los Angeles, en Californie. Il lui indique qu'il vient à peine de parler à son gars et que celui-ci doit le rappeler le lendemain; il saura alors à quoi s'en tenir. Venduras lui demande s'il a des nouvelles de Santini et Patsy lui répond qu'il attend un appel pour bientôt. Entre-temps, il doit lui faire parvenir un peu de « pain ».

Le 30 septembre, à 9h40, Dasti téléphone chez Falcone et parle à Del Vecchio. Il veut savoir pourquoi il n a pas pu joindre Patsy la veille. Le jeune homme répond que son patron était occupé et qu'il sera là demain. Dasti insiste pour qu'il le rappelle si possible en fin d'après-midi. Vers 13 heures, Falcone appelle chez lui et Del Vecchio lui dit que Dasti et Venduras ont appelé. Il demande ensuite à Patsy s'il a l'intention de partir ou de faire les arrangements bientôt car dans la soirée il doit aller à une réception. Le mafioso lui dit:

« Oh, inquiète-toi pas au sujet de ce qui va arriver là, il est probable qu'on y aille pas avant la semaine prochaine ... Même si ça arrive cette semaine, on pourra pas l'apporter tout de suite; faut que ça reste là un bout de temps ... Tu peux pas apporter ça de même, t'sais ... Tu dois le laisser là un bout de temps et en apporter un petit peu à la fois en quelque part ailleurs, tu comprends ... »

Dasti rejoint Falcone le 7 octobre et lui annonce qu'il a « 10 filles » de disponibles. Patsy se montre très intéressé mais finalement il ne peut pas venir à Montréal. Selon Del Vecchio, Falcone est incapable pour le moment d'obtenir des appuis financiers de l'extérieur et ses propres fonds sont engagés ailleurs. Il croit qu'une transaction pourra avoir lieu dès que Patsy aura réussi à régler ses problèmes. Entre-temps cependant, le Montréalais cherche ailleurs. Il contacte son vieil ami Steve Panepinto. Au cours d'une conversation téléphonique, au début d'octobre, celui-ci déclare à Dasti que son ami va l'appeler bientôt. « Tant mieux, répond l'autre, j'ai quelque chose de bien bon pour lui. »

Le 10 octobre, dans la matinée, Dasti dit à sa femme au téléphone que « son gars » doit arriver d'Europe dans l'après-midi. Aussitôt, une équipe de surveillance de la Brigade des stupéfiants est dépêchée à Dorval. Vers 16 heures, Claude Dewachter arrive à Montréal, venant de Francfort en Allemagne. Sans perdre de temps, il saute dans un taxi et se rend immédiatement à la *Pizzeria Tower* où l'attend Dasti. De leur poste d'observation, les policiers constatent que le mafioso passe son temps à vérifier s'il est surveillé. Afin de ne pas alerter les trafiquants, la surveillance est suspendue.

Le lendemain soir, vers minuit et demi, un inconnu — vraisemblablement un Américain — téléphone à Dasti et lui demande comment se rendre à la *Pizzeria Tower*. Il lui dit qu'il est arrivé et qu'il est installé dans un motel de la rive sud. Dasti lui explique le trajet à suivre et l'inconnu lui répond qu'il sera là environ 2 heures plus tard. En hâte, le sergent Sauvé et le caporal Claude Savoie se rendent près de la pizzeria. Ils se doutent que quelque chose va se passer parce que, contrairement à son habitude, Dasti veille tard et n'est pas encore rentré chez lui. Une Cadillac noire, immatriculée dans l'Etat de New York, arrive et se gare dans la rue transversale située à côté du restaurant. Un inconnu en sort et entre dans la pizzeria. Dasti est là qui l'attend. Pendant que les deux hommes engagent la conversation, l'agent de liaison du B.N.D.D. à Montréal, Jack

Frank Dasti (à droite) en compagnie de Steve Panepinto à New York.

McCarthy, est contacté pour connaître le nom du propriétaire de la Cadillac. La réponse ne tarde pas à venir: le luxueux véhicule appartient à un mafioso du Queens, à New York, Sebato Falgiano, alias Sammy Feet, âgé de 59 ans. (11) Pendant la nuit, des patrouilles discrètes notent que la Cadillac a été conduite dans le parking de l'*Hôtel Décarie Plaza,* situé à côté de la pizzeria, et qu'elle ne bouge pas de là.

11. Membre de la vieille famille Genovese, le truand est copropriétaire du restaurant *Savoie,* à New York, et sa fiche indique qu'il est associé aux frères Anthony et Joseph Russo, deux trafiquants réputés. On se rappellera qu'en mars 1965, les employés d'Air France, arrêtés à Montréal, approvisionnaient Joseph Russo alias Joe Fats (voir note page 276). En 1955, associé à Settimo Accardo, alias Sam Accardi, et Frank DiGregerio, Joseph Russo avait été arrêté à la suite d'une opération d'infiltration du B.A.N. Les trois compères avaient été condamnés à quatre ans de réclusion.

Vers 11h30, dans la matinée du 12 octobre, après plusieurs tentatives infructueuses qui l'irritent particulièrement, Dasti rejoint le
jeune Carlo Arena au téléphone. Il lui dit que son gars est arrivé
au cours de la nuit et qu'il est désireux de compléter la transaction.
Arena promet de faire de son mieux. Après cet appel, Dasti téléphone
à Frank Cotroni pour l'aviser à son tour. Il en profite pour se
plaindre du fait qu'il n'a pu joindre Arena de la nuit, ce qui a rendu
son client très nerveux. A 13h30, Dasti appelle à la chambre 1004 de
l'*Hôtel Décarie* Plaza et une voix féminine l'avise que « Sammy est
parti en bas pour quelques minutes ». Au cours de l'après-midi,
Arena appelle Dasti à plusieurs reprises et lui promet que « les
contrats » seront livrés à l'hôtel pour 16 heures. Les limiers fédéraux
ne perdent pas de vue la Cadillac noire.

Vers 18 heures, Dasti et Falgiano sont aperçus conversant ensemble sur le trottoir devant la pizzeria. Au même moment, une femme
monte à bord de la Cadillac et va devant le restaurant prendre les
deux mafiosi. Peu après, la Cadillac prend la route en direction de
la rive sud. Dans la circulation, on perd momentanément de vue la
voiture mais on la retrouve sur le pont Champlain. Il ne semble y
avoir à bord qu'une seule personne. Le véhicule s'engage sur la route
15 en direction de Plattsburg. A une vingtaine de milles de Montréal,
la Cadillac quitte la voie rapide et tourne à gauche en direction du
petit village de Saint-Philippe. Arrivé à cet endroit, la Cadillac fait
demi-tour, revient et reprend la route 15 mais cette fois en direction
de Montréal. A la hauteur de Laprairie, la voiture suspecte tourne
sur le boulevard Marie-Victorin et va faire un grand tour avant de
revenir sur la route 15. Avant de reprendre la voie rapide, un arrêt
obligatoire permet aux voitures de surveillance de constater que la
Cadillac est toujours conduite par la femme et que Falgiano est assis
en arrière et semble très affairé. Revenus sur la route 15, Falgiano et
sa compagne reprennent la direction des Etats Unis mais, à la hauteur
de Saint-Philippe, la Cadillac quitte encore une fois la voie rapide
pour aller faire un deuxième aller-retour au village avant de partir
pour de bon vers Plattsburg.

La voiture arrive à la frontière à 20h05 et la traverse sans ennui.
Peu après, elle s'arrête dans un garage où Falgiano va téléphoner.
La filature du B.N.D.D. a pris la relève et suit la Cadillac jusqu'à
Tarreytown, à une douzaine de milles de New York et l'interception
a lieu. Dans les accoudoirs arrière, on trouve 10 kilos (22 livres)
d'héroïne.

Le 19 janvier 1973, Falgiano est condamné à 10 ans de pénitencier et à trois ans de probation spéciale.

Par suite de ce nouveau coup de filet, deux mois passent sans qu'il se produise grand chose. Dasti, en particulier, est anxieux et très méfiant; de plus en plus, il sent l'étau se resserrer. Le 13 décembre, le B.N.D.D. avise la Brigade des stupéfiants que Pasquale Falcone semble disposé à reprendre ses pourparlers avec Dasti et qu'il s'est entendu pour aller le lendemain à Montréal en compagnie de Gaetano Licata. La veille, Daniel Marquet est arrivé à Montréal avec, pense-t-on, un stock d'héroïne et s'est installé à l'*Hôtel Mont-Royal*. L'Office central des stupéfiants, dont l'enquête progresse rapidement, en a informé la G.R.C. tout en lui demandant, si possible, de ne pas arrêter le trafiquant afin de ne pas compromettre les chances, alors excellentes, de démanteler toute la bande du proxénète en France. Les limiers montréalais acquiescent à cette demande car, de leur côté, ils soupçonnent, avec le B.N.D.D., la possibilité d'une conspiration canado-américaine qui impliquerait Dasti et, pour cela, il faut leur laisser faire la livraison.

A 18 heures, le 14 décembre, une équipe de surveillance de la G.R.C. est à l'aéroport de Dorval quand arrivent ensemble Falcone et Licata. L'un d'eux a un porte-documents. Ils prennent un taxi et se rendent au bar du restaurant *Dupont et Smith,* en face de l'*Hôtel Mont-Royal;* Dasti les y attend. La rencontre se poursuit jusqu'à 20h45, heure à laquelle les trois trafiquants quittent le bar et montent dans la voiture de Dasti. Le Montréalais conduit ses clients à l'aéroport, d'où ils repartent pour New York, puis rentre chez lui.

Quelques heures avant cette rencontre, un incident a failli tout jeter par terre. Au cours de l'après-midi, les détectives de la police de la Communauté urbaine de Montréal (CUM) ont intercepté une conversation téléphonique de Frank Dasti dans une taverne de la rue Ontario. Le mafioso a parlé à un inconnu pour lui demander de se rendre à la chambre d'un Français à l'*Hôtel Mont-Royal* et d'y prendre un paquet pour lui. Les policiers municipaux qui ont immédiatement reconnu la voix du lieutenant de Nicola Di Iorio se sont empressés de se rendre à l'hôtel dans l'intention de fouiller la chambre et, si possible, de saisir le mystérieux paquet. Heureusement, un contact de la Brigade des stupéfiants était sur place et connaissait l'intérêt des limiers fédéraux pour Daniel Marquet. Le sergent Paul Sauvé est arrivé à temps pour convaincre ses confrères de la ville de ne pas donner suite à leur projet, et grâce à cela, la filature se poursuivra avec succès.

A midi, le 16 décembre, le B.N.D.D. alerte la Brigade des stupéfiants: Gaetano Licata est en route pour Montréal à bord d'une

Thunderbird et une femme et un enfant voyagent avec lui. Vers 16 heures, lorsqu'il arrive à proximité de la métropole, les limiers fédéraux le repèrent et le prennent en filature. Mais la tâche est compliquée; depuis le matin, il neige sans arrêt et la visibilité est considérablement réduite. Arrivé dans le voisinage du *Bonaventure,* le trafiquant est perdu de vue et on tente en vain de retracer sa voiture. Tous les parkings du secteur sont visités sans succès. En désespoir de cause, on entreprend une vérification téléphonique des hôtels. Après quatre ou cinq appels, on apprend qu'un certain L. Fresca, un Américain, a loué la chambre 4090 du *Sheraton Mont-Royal.* Il s'agit de Licata: deux jours plus tôt, lorsqu'il est venu rencontrer Dasti avec Falcone, il a utilisé ce même nom d'emprunt.

Au cours de la soirée, le sergent Sauvé réussit à louer la chambre voisine et s'y installe. Toute la nuit, il attend en vain que Licata se montre le nez. Il ignore alors que le mafioso a loué une autre chambre en utilisant le nom de sa compagne qui n'est pas connu. Le lendemain matin, des équipes de surveillance entreprennent une filature serrée de Dasti, ce qui les conduit rapidement dans le vestibule du *Sheraton Mont-Royal* puis dans un de ses bars où Licata est enfin retracé. Cette rencontre est suivie d'autres au cours de la journée, toujours à l'hôtel. N'ayant toujours pas retrouvé la Thunderbird de Licata, les limiers fédéraux concentrent leurs efforts sur le *Sheraton* et les déplacements de Dasti.

Lundi matin, 18 décembre, la première tâche des équipes de la filature est de vérifier les endroits fréquentés par Dasti. A midi, sa voiture est à l'angle des rues Sainte-Catherine et Saint-Dominique. A 14h05, la Thunderbird est aperçue devant la porte ouest du *Sheraton Mont-Royal.* Licata est là en compagnie de sa compagne et de l'enfant, une petite fille de cinq ans. Il aide le portier à placer les bagages, deux valises de voyage, dans le coffre arrière. Quelques instants plus tard, le trafiquant, la femme et l'enfant quittent l'hôtel. L'auto se dirige vers le nord de la ville et emprunte la voie élevée vers l'est, puis l'autoroute 40 en direction de Trois-Rivières. Les agents se demandent où elle va mais, au deuxième péage, ils comprennent, en le voyant étudier une carte routière, que le mafioso s'est trompé de route: il demande des renseignements puis va dans le poste de la Police des autoroutes. Par la suite, il fait demi-tour et va prendre, sur la rive sud, l'autoroute des Cantons de l'Est en direction de Sherbrooke. A 17 heures, il quitte la voie rapide et va à Granby. A cet endroit, il s'arrête d'abord dans un garage pour demander des renseignements puis, toujours avec la femme et l'enfant, il s'arrête pour souper dans une pizzeria de la rue Principale. Durant le repas, il ne semble pas s'apercevoir de la présence des policiers qui le suivent depuis Montréal.

Le souper terminé, le couple et la fillette reprennent la route pour s'arrêter quelques minutes plus tard au *Motel Kiko Bar*. Licata sort les valises du coffre arrière et ils entrent dans l'établissement. Il est 18h42. A 20h50, le trio quitte le motel avec les valises et reprend la route en direction de Sherbrooke. Vingt minutes plus tard, au kiosque de perception de l'autoroute, Licata s'informe du trajet à suivre pour se rendre au Vermont. On lui répond qu'il doit quitter la voie rapide à Eastman et emprunter la route 39, ce qu'il fait. A 23h30, après une deuxième halte d'une demi-heure dans un restaurant, la Thunderbird et les voitures de surveillance arrivent à la barrière frontalière de Highwater. Aussitôt, Licata et sa compagne sont arrêtés et dans l'une des valises, on trouve les 10 kilos d'héroïne pure recherchés. Conduits à Montréal, les deux adultes sont soumis à l'interrogatoire d'usage, ce qui amène vite la libération de la jeune femme qui ignorait tout des activités de Licata. Traduit en Cour criminelle, ce dernier reconnaît sa culpabilité en mai 1973 et est condamné à 25 ans de pénitencier.

Entre-temps, quelques heures à peine après sa comparution à Montréal, dans l'après-midi du 19 décembre, Frank Dasti et sa femme prennent la route pour New York. Dasti ne tient guère à ce voyage, mais il n'a pas le choix. Sa femme désire absolument passer la Noël avec ses parents et des deux, c'est toujours elle qui a le dernier mot . . .

Pressés d'agir immédiatement par la G.R.C. qui croit que le moment est venu, les agents du B.N.D.D. se présentent à l'*Hôtel Park Lane* le lendemain matin et repèrent le trafiquant dans le vestibule vers 11 heures. Après avoir téléphoné, Dasti regagne sa chambre et redescend 20 minutes plus tard, cette fois en compagnie de sa femme. Il hèle un taxi et c'est l'agent spécial Michael Pavlick du B.N.D.D. qui le prend en charge. Le couple monte dans la voiture et, après quelques minutes, Madame Dasti quitte son mari pour aller faire des courses. Immédiatement après son départ, le mafioso dit au chauffeur qu'il sait qu'il est un des gardiens spéciaux de l'hôtel. Le policier ne le contredit pas et engage plutôt la conversation. Les deux hommes passent tout l'après-midi ensemble à discuter des activités et des relations de Dasti qui se prétend joueur professionnel et preneur aux livres.

Vers 17 heures, Pavlick accompagne le trafiquant à l'hôtel et ils conviennent de se revoir plus tard. Ce qu'ils feront très bientôt . . . car moins d une heure plus tard, le policier téléphone à Dasti — qui ne se doute de rien — et lui demande de venir le rencontrer dans le vestibule, prétextant une chose intéressante à lui proposer. Dasti s'amène et Pavlick en compagnie d'agents fédéraux l'arrêtent en vertu d'un mandat qui vient d'être délivré à Newark, au New Jersey. L'accusation est provisoire et rédigée uniquement pour justifier l'incarcération du caïd jusqu'à l'enquête du Grand Jury. On lui reproche d'avoir utilisé, entre le 1er janvier et le 20 décembre 1972, toutes les facilités du commerce entre Etats, dont le téléphone et la poste, pour promouvoir l'établissement d'un acte illégal, à savoir une affaire de stupéfiants. Dasti ne comprend rien . . . Son cautionnement est fixé à $250 000.

Le 6 février 1973, il est toujours en prison lorsqu'un Grand Jury de Newark ordonne son inculpation et celle de Pasquale Falcone, Joseph Averso, alias Santini, Anthony Del Vecchio, Francine et Wally Berger, Spiro Venduras et Mattew Terrigno, un truand de Fort Lee, en rapport avec un total de 26 chefs d'accusation précis.

En France, c'est au tour de l'Office central des stupéfiants de frapper un grand coup. Le 30 décembre 1972, à la suite d'une filature faite en collaboration avec le B.N.D.D., laquelle a conduit les policiers jusqu'à Marseille, Daniel Marquet, Claude Dewachter, Roger Alboreo, dit le Kik, et Pierre Tomassi sont arrêtés au moment où ils préparent l'expédition de 15 autres kilos d'héroïne à Montréal.

Chapitre XVII

Le gros Peroff
fait des siennes

Le 22 janvier 1973, le commandant de la Brigade de la contre-façon de la G.R.C. à Montréal, le sergent d'état-major Guy Houde, un ancien de la Brigade des stupéfiants, reçoit une demande d'information du U.S. Secret Service au sujet d'un truand montréalais surnommé The Moose. La veille, un indicateur nommé Frank Peroff a communiqué avec Frank Leyva, le patron du bureau de liaison du Secret Service à Paris et lui a dit être en possession de $500 000 en faux billets de banque américains et pouvoir en obtenir $2 millions de plus. Ce butin lui aurait été remis par The Moose.

Peroff est installé à Rome depuis environ six mois, par suite d'une opération d'agent double dans le milieu des faussaires internationaux. Un jour de janvier 1973, alors qu'il déambule près de l'*Hôtel Excelsior,* il rencontre par hasard une relation de Montréal, Louis Côté, un associé de son ami Conrad Bouchard. (1) C'est en

---

1. Louis Côté est l'un des plus fidèles compagnons d'arme de Conrad Bouchard. Il a participé avec lui à une série de crimes au début des années 60, en particulier à deux gigantesques fraudes de $110 000 et $269 000 et à un vol de banque de $723 000. En novembre 1962, il a été libéré, faute de preuves, du meurtre du trafiquant de drogue Maurice Cloutier. En juin 1972, la Commission de contrôle des permis d'alcool du Québec a fermé un cabaret, le Café Jean-Lou, rue Saint-Laurent, parce que l'établissement avait été pris en charge par Côté. Un an plus tôt, le propriétaire et son organiste avaient été abattus pour avoir refusé de payer la « protection » à un groupe d'extorqueurs. L'ancien associé de Lucien Rivard, Gerry Turenne, avait ensuite pris le contrôle de l'établissement et « suggéré » à la veuve du patron d'engager Louis Côté comme gérant. On se souvient que c'est au motel Maxime, propriété de Turenne, que Bouchard et Louis Henri s'étaient rendus avec un stock d'héroïne.

1970 que Peroff a fait la connaissance de Bouchard, aux Bahamas. Il s'est lié d'amitié avec lui et est devenu l'un de ses partenaires dans différentes entreprises de fausse monnaie, de recel d'obligations volées et de fraudes. L'arrestation subite de Bouchard, en janvier 1972, a mis fin à leur collaboration.

Lors de cette rencontre fortuite devant l'*Hôtel Excelsior,* Côté apprend à Peroff que Bouchard est en liberté sous caution depuis le début de juin et qu il est impatient de renouer avec lui. (2) Immédiatement, Côté le conduit à une cabine téléphonique et ensemble ils appellent Bouchard. Ce dernier est ravi de parler à son ancien collègue des Bahamas et au cours des jours qui suivent, les deux compères se téléphonent à plusieurs reprises. Au cours de ces conversations téléphoniques, Bouchard a parlé d'un de ses amis à Peroff. Cet ami, The Moose, est alors à Amsterdam et il est ensuite venu à Rome en compagnie d'un certain Mike.

Au cours d'une rencontre avec Peroff, The Moose et Mike lui ont dit qu'ils avaient un stock d'un demi-million de dollars en faux billets de $100 et de $50 et qu'ils comptaient sur lui pour les convertir en vraies devises. Les deux truands ont ajouté qu'ils n'agissaient pas pour le compte de Bouchard, même s ils avaient déjà travaillé avec lui dans le passé. Lors d'une récente entreprise, une opération de stupéfiants, Bouchard a fait une erreur qui leur a coûté la jolie somme de $40 000. C'est pour essayer de réparer cette gaffe qu'il les a mis en contact avec lui. Il leur a laissé à bon prix les faux billets, sachant que son ami Peroff pourrait les écouler. Pour prouver que ce qu'ils disent est vrai, The Moose et Mike ont avec eux $28 000 en faux billets. Peroff accepte la proposition et, après cette première rencontre, les deux compères lui confient le reste du butin: $408 750.

En temps normal, Peroff n'aurait eu aucun scrupule à rendre ce service aux amis de Bouchard, mais à cette époque, il y avait un problème. A cause de ses activités louches à Rome, il se sentait suivi et épié. Craignant d'être arrêté et trouvé en possession de ces faux billets, il juge plus sage de contacter l'agent Frank Leyva avec

---

2. Le cautionnement accordé à Bouchard pour l'accusation de trafic d'héroïne est le quatrième qu'il réussit à décrocher depuis 1969. Octroyés par des magistrats, sans que l'intérêt du public ait été pris en considération, ces cautionnements étaient presque des autorisations à continuer à profiter des rackets. A ces cautionnements se sont ajoutés, au cours des années, pas moins d'une cinquantaine de remises, un record probablement sans précédent dans les annales judiciaires canadiennes. Cette situation fut d'ailleurs dénoncée avec force dans certains journaux à la fin de 1973.

qui il avait déjà travaillé au printemps 72. Il lui raconte son histoire et, en échange d'une bonne couverture, lui propose de collaborer à nouveau avec le Secret Service. Le policier accepte son offre et le met alors en contact avec l'agent Mario Cozzi du bureau de liaison de la Douane américaine à l'ambassade de Rome. C'est à lui qu'il devra remettre les faux billets.

Les activités de Conrad Bouchard dans la contrefaçon sont bien connues du sergent d'état-major Houde et de ses hommes. Depuis sa libération sous cautionnement, il est soupçonné d'avoir choisi le commerce de la fausse monnaie pour se remettre à flot. (3) Ces faux billets de $100 et de $50 ont fait leur apparition à Montréal à la fin d'octobre et au début de novembre 1972. Grâce à l'arrestation de deux passeurs et à la saisie d'un stock de $400 000 en faux $50 américains, le 3 janvier 1973, la G.R.C. sait que Bouchard est l'âme dirigeante de toute l'affaire. (4)

Quant à ses amis, The Moose et Mike, il ne fait aucun doute qu'il s'agit de Thomas Solarick et de Nicolas Silverman, dit Mike, deux Roumains bien cotés dans le Milieu montréalais. Solarick est un dur, connu comme fraudeur, receleur, contrebandier et trafiquant d'envergure. Vieil ami de Thomas Pythel et Joe Horvath, il est aussi en bons termes avec les patrons du clan Cotroni. Silverman, de son côté, est connu pour ses fréquentations dans l'entourage de Horvath. Il est propriétaire de quelques commerces, dont la Galerie d'art Fisher, à Greenfield Park sur la rive sud. On sait déjà que Solarick est propriétaire du restaurant *Au Vieux Montréal* où travaillait Tibor Korponay, l'un des accusés dans l'affaire Orsini.

Ces renseignements intéressent au plus haut point le Secret Service et, en retour, les propos de Peroff ne manquent pas d'intérêt

---

3. Dans ce domaine, quand on a les contacts nécessaires, il est possible d'amasser rapidement une petite fortune en courant des risques moindres que dans le trafic de la drogue. Mettre sur le marché un demi-million de dollars en faux billets de $100 ou de $50 donne au financier de l'opération des profits de l'ordre de $20 000. Après avoir fait fabriquer en trois jours pour $5 000, il vend le lot à 5% de sa valeur. Quelques distributeurs revendent les billets à 15% de leur valeur; d'autres à 30%. Certains les revendent sur le marché financier à leur pleine valeur, réalisant ainsi des profits astronomiques.

4. L'un des passeurs arrêtés est un jeune Américain de 25 ans, Antonio Zuccaro. C'est lui qui a fabriqué les faux $100 grâce aux fonds avancés par Bouchard. Le 16 février 1973, les agents du Secret Service mettent au jour l'imprimerie clandestine à Passaic, au New Jersey.

Thomas Solarick, dit The Moose

pour la G.R.C., surtout pour la Brigade des stupéfiants. La transaction de drogue à laquelle fait allusion l'indicateur américain est connue des limiers montréalais car les déboires de Solarick — The Moose — dans cette affaire sont l'oeuvre de l'agent double Roger Gabeloux.

A la mi-septembre 1972, Gabeloux a repris contact avec le milieu des trafiquants et a renoué avec un caïd corse de Paris, Jos Biggi. Bien qu'au courant des rumeurs qui circulent sur le compte de Gabeloux, Biggi a accepté de l'aider à financer l'achat de 10 kilos (22 livres) d'héroïne.

Trois semaines plus tard, Gabeloux se présente au bar *O-K-Bec* et retrouve le patron, Roger Mollet, qui, à sa grande surprise, l'accueille à bras ouverts. Devant son attitude réceptive, il tente sa chance et lui demande de téléphoner à Bouchard, à Montréal, pour lui dire qu'il veut lui parler. Le contact est fait et, le 20 octobre, Gabeloux revient à Montréal rencontrer Bouchard. Il lui explique alors qu'il a une nouvelle affaire de drogue en cours et qu'il compte voir si Horvath est intéressé. Considérant Little Joe comme un ennemi personnel à cause d'un vieux différend, Bouchard dit à Gabeloux de le laisser tomber et de transiger plutôt avec celui qui a pris sa succession. Le gars, dit-il, est dans le circuit depuis 10 ans et il reprend le service après une interruption de quatre ans. Il paie le prix fort, $12 000 le kilo (plus de $5 400 la livre).

Cet ami, c'est Solarick. Il est d'accord pour travailler avec Gabeloux mais il ne veut pas le voir à Montréal. Il préfère le rencontrer à Paris car il a déjà organisé un voyage en France pour acheter

5 kilos au cours de Marseille qu'il compte expédier lui-même au Québec grâce à un passage par la Belgique. Dans la matinée du 13 novembre, Solarick est à Amsterdam et téléphone à Gabeloux pour lui fixer un rendez-vous pour le lendemain à Lille. Les deux hommes se retrouvent en présence d'un ami du Montréalais, un certain Tony, et ils mettent au point les détails de leur première affaire. La transaction se fera à Marseille et s'ils le désirent, Solarick et son ami pourront y assister à distance. Le prix des 5 kilos payés d'avance selon le cours avantageux de Marseille est de \$22 000, soit \$4 400 l'unité et \$2 200 la livre. Les 10 autres kilos que finance pour la moitié Jos Biggi se détaillent au même prix à Marseille mais doivent être livrés à Montréal par Gabeloux et vendus à \$12 000 le kilo. Solarick doit remettre sa part à Gabeloux, à Marseille, juste avant la transaction.

A ce moment, la Brigade des stupéfiants et le B.N.D.D. n'ont pas encore été informés. Ils apprendront ces faits plus tard car, dans cette affaire, Gabeloux n'agit pas comme agent double. A l'insu de tous, il a décidé de faire un coup d'argent rapide en doublant tout le monde. Il ne prévoyait mettre les policiers dans le coup que s'il réussissait à obtenir réellement la marchandise, ce dont il doutait.

Dans les jours qui suivent son retour à Paris après la rencontre avec Bouchard, il prend contact avec un vieux trafiquant parisien, surnommé Pépère, qui a les relations nécessaires à Marseille et qui accepte de lui fournir les 15 kilos désirés. (5) Mais ce vieux truand s'est acoquiné avec Biggi pour le rouler. Gabeloux le sait et se prépare à les prendre de vitesse.

Le 14 novembre, l'accord intervenu à Lille, Gabeloux rentre immédiatement à Paris avec Solarick et Tony qu'il a présentés le soir même à Jos Biggi au *Café de la Paix*. Les truands se sont bien entendus et plus rien ne s'oppose au marché. Le lendemain après-midi, après une dernière rencontre, Solarick et Tony prennent la route pour Marseille. La nuit suivante, Gabeloux, emportant les \$22 000 de Biggi, prend le train avec Pépère et deux autres truands chargés d'agir comme intermédiaires. Vers midi, le 16 novembre, Pépère descend dans un hôtel près de la gare Saint-Charles et attend l'appel de Gabeloux qui doit lui dire quand son client montréalais

---

5. L'identité exacte de Pépère n'a jamais été communiquée à la G.R.C. mais plusieurs pensent qu'il pourrait s'agir de Roger Coudert, le vieux trafiquant qui a fait parler de lui à plusieurs reprises, et dont le nom a déjà souvent été mentionné dans cet ouvrage.

arrivera avec l'argent. L'échange doit se faire par la suite dans un bar. Le plan de Gabeloux est cependant différent.

Un de ses amis, étranger au trafic des stupéfiants, l'attend déjà à la gare avec une valise contenant 15 kilos de talc. Cette camelote doit être remise à Solarick en échange de ses $22 000! . . .

A midi et demi, Gabeloux retrouve Solarick et Tony tel que convenu au buffet de la gare Saint-Charles. Les acheteurs sont nerveux et anxieux. Ils se sentent mal à l'aise à Marseille. A bien y penser, ils préfèrent rentrer immédiatement à Lille sans attendre la marchandise. Mais comme il n'est pas dans leur intention d'annuler la transaction, ils proposent à Gabeloux de ramener lui-même la came par train, ce qui est plus sûr qu'en voiture. L'aventurier accepte avec empressement; c'est au-delà de ses espérances et, avant de partir, les deux truands lui remettent l'argent. L'arnaque a réussi! Avec en poche $44 000, Gabeloux tire sa révérence et disparaît de la circulation. (6)

Le 25 janvier 1973, trois jours après la demande de renseignements du Secret Service, Frank Peroff remet un total de $436 750 en faux billets à l'agent Cozzi de la Douane américaine. Solarick et Silverman, qui sont encore à Rome, retournent à Paris, puis à Montréal, tout en demeurant en contact avec l'agent double. Le 2 février, Peroff est à Paris et rencontre d'autres représentants du service des enquêtes de la Douane américaine et des agents du B.N.D.D. Il leur révèle que Solarick et Silverman ne sont pas intéressés uniquement à la fausse monnaie et qu'ils sont en Europe pour conclure une transaction d'héroïne. Les faux billets doivent servir à payer les fournisseurs français. Le 27 janvier, avant leur départ, ils lui ont confié que leur

---

6. Cette mésaventure de Solarick est suivie, par hasard, quatre jours plus tard à Montréal, de l'arrestation de Bouchard et de d'autres personnages bien en vue du Milieu comme Jimmy Soccio, John Lia, l'un des anciens gérants du *Victoria Sporting Club* de Frank Dasti, et Sébastien Boucher, l'un des complices de l'évasion de Lucien Rivard. Tous ont été arrêtés, à l'occasion d'une descente de l'escouade de la moralité de la Police de la Communauté urbaine de Montréal et de la Commission d'enquête sur le crime organisé, dans les locaux de la compagnie *Les Immeubles Tempo ltée*. Cette entreprise, on l'a déjà dit, est une couverture légale pour Giuseppe «Pep» Cotroni depuis sa libération de prison en 1971. Quelques minutes à peine avant le raid policier, il était d'ailleurs lui-même sur les lieux. La descente a interrompu une partie de cartes truquées au cours de laquelle les truands tentaient de dépouiller deux hommes d'affaires insouciants qui venaient de réussir un coup d'argent intéressant. Tels des vautours, Bouchard et les autres avaient décidé de s'emparer de leur magot.

affaire d'héroïne se présentait bien et qu'ils retournaient à Montréal chercher l'argent nécessaire.

Face à ces faits nouveaux, les agents du B.N.D.D. et de la Douane convainquent Peroff de travailler pour eux. Le jour même, de leur bureau à l'ambassade américaine à Paris, celui-ci téléphone à Solarick à Montréal. Ce dernier lui conseille de rester sur place car il rentre en France le lendemain. A Montréal, la G.R.C., qui file Bouchard, est témoin d'une brève rencontre avec Solarick. Le 3 février, Peroff contacte Solarick au modeste *Hôtel de Rome,* rue de Constantinople, près de la gare Saint-Lazare, puis le rencontre dans un restaurant chinois. Deux autres Montréalais sont présents, Julia Kovacz Szige, une chanteuse hongroise, et Kalev Amon, un immigrant turc. La première est l'amie de Silverman qui doit arriver bientôt; Amon est fiché à la Brigade des stupéfiants comme un acolyte d'un trafiquant juif de haschisch, Isaac Eskanasi. (7)

Le 4 février, Solarick confie à Peroff qu'un autre de ses associés, Le Kraut, doit arriver de Montréal avec le reste de l'argent nécessaire à l'achat d'héroïne. Deux jours plus tard, Solarick confirme que l'héroïne doit être expédiée à Montréal dans des toiles qui seront achetées à Paris. De plus, le Kraut est arrivé; il s'agit de Werner Patek, un acolyte de Joe Horvath et de son ami Raymond Shephard. Le mercredi 7 février, les limiers de l'O.C.S. et les représentants du B.N.D.D. et de la Douane américaine prennent en filature Solaric, Silverman et Patek. Les trafiquants circulent dans une Peugeot 204 louée une semaine plus tôt par Kalev Amon. Toute la journée, les Montréalais parcourent les galeries d'art de la Ville Lumière.

Le lendemain, dans la matinée, Solarick et Silverman achètent une trentaine de toiles sans grande valeur dans une galerie de peintures située à proximité de l'*Hôtel de Rome.* Ils les rapportent aussitôt à leur chambre. Une demi-heure après, Patek se rend à pied dans un parking avoisinant où est stationnée la Peugeot. Il sort du coffre arrière une valise de cuir brun et gagne directement la chambre de Solarick où se trouve aussi Silverman. Les responsables de l'Office central choisissent ce moment pour intervenir. Une vingtaine de poli-

---

7. Isaac Eskanasi, de son vrai nom Itzhak Eliyahu Ashkenazi, a été interrogé par la G.R.C. en rapport avec plusieurs chargements de haschisch et de cocaïne qu'il a fait entrer à Montréal par des femmes, dont l'ancienne ambassadrice de Panama. Le fils de cette dernière était, à son insu, en cheville avec le trafiquant et il utilisait les valises diplomatiques de sa mère pour faire entrer la drogue. Après l'interrogatoire de la G.R.C., Eskanasi a cru préférable de quitter le Canada et de retourner en Israël.

ciers font irruption dans la chambre et appréhendent les trois trafiquants qui s'affairent à sortir de la valise 20 sachets d'héroïne d'un demi-kilo chacun. Après la saisie, la compagne de Silverman est aussi arrêtée.

Avisée du coup de filet, la Brigade des stupéfiants effectue une perquisition au domicile de Kalev Amon. Quelques traces d'héroïne sont découvertes: elles suffisent pour inculper le trafiquant. Mais un peu plus tard, la quantité d'héroïne découverte étant insignifiante, les accusations sont abandonnées. Toutefois, en France, Amon est inculpé au même titre que les autres et, le 23 octobre 1974, il est condamné in abstentia à la même peine que Solarick, Patek et Silverman, soit 10 ans de pénitencier. (8)

Après les arrestations de Paris, Peroff retourne à Rome où sont installés sa femme et ses cinq enfants. Mais, à peine une semaine plus tard, il repart pour une autre mission, à la demande pressante des agents de la Douane et du B.N.D.D. Il arrive à Montréal le 15 février et il est chargé de contacter Conrad Bouchard afin de savoir si les 10 kilos saisis au moment de l'arrestation de Solarick constituent la totalité ou une portion seulement de l'héroïne achetée en France par les Montréalais. Durant les 12 jours qu'il passe dans la métropole, l'agent double n'obtient pas de réponse précise à cette question, mais Bouchard songe sérieusement à l'envoyer à Marseille prendre livraison d'un important stock d'héroïne provenant directement d'un laboratoire clandestin. Le trafiquant avance cette idée, quand Peroff lui fait croire qu'il est détenteur d'un permis de pilote et qu'il possède un avion privé. (9)

De retour à Rome le 27 février, Peroff fait rapport de ses activités aux représentants de la Douane et du B.N.D.D. et réussit à les convaincre d'organiser son prochain voyage à Montréal à bord d'un jet privé, ce qui impressionnerait sûrement Bouchard et ses amis et

---

8. Amon retourne en Europe et est arrêté en Espagne. Au moment où ce livre est écrit, il devait être extradé en France.

9. Frank Peroff est considéré par les policiers canadiens et américains comme un « con man », un bluffeur hors pair et aussi, il faut bien le dire, un menteur de premier plan. Bouchard est du même acabit. Cela va poser un tas de problèmes aux enquêteurs qui ne cesseront de se demander quelle est la part de vérité dans ce que leur rapporte Peroff. Au sujet d'un important stock d'héroïne directement acheté d'un laboratoire clandestin, les policiers doutent de la véracité du projet, qu'il soit l'oeuvre de Bouchard ou de Peroff, car ils savent qu'en ce moment, à Marseille, il y a pénurie de drogue et qu'il est difficile, même pour les trafiquants français, d'obtenir de la came.

les convaincrait de ses possibilités d'effectuer de gros transports d'héroïne. Le 16 mars, l'agent double et sa famille reviennent à New York aux frais des agents américains qui ignorent toutefois qu'ils laissent derrière eux $10 000 de factures non payées. Le train de vie extravagant de Peroff sera une source d'ennuis pour la police dans les semaines qui suivront. Durant trois jours, Peroff a plusieurs entretiens téléphoniques avec Bouchard et, le 20 mars, il arrive à Dorval à bord d'un réacté Lear piloté par deux agents de la Douane américaine. La Brigade des stupéfiants a réservé des chambres au *Martinique* et le soir même, Bouchard et l'un de ses associés, Claude Lemoyne, le propriétaire d'un petit garage de la rue Hochelaga, *Longue Pointe Auto Body,* viennent y retrouver l'agent double. Après une heure ou deux d'entretien, Peroff les conduit à l'aéroport où il leur fait visiter l'intérieur du jet. Bouchard est très impressionné par cette visite, surtout quand l'agent double lui montre les différentes cachettes possibles pour transporter l'héroïne. A la fin, le trafiquant donne rendez-vous à Peroff le lendemain midi au restaurant *Moishe's Steak House,* rue Saint-Laurent. L'endroit, qui appartient à l'un des anciens associés de Carmine Galente et de Luigi Greco au *Bonfire,* est un des lieux de prédilection des caïds de la pègre montréalaise.

Le 21 mars, à l'heure convenue, Peroff retrouve Bouchard et Lemoyne qui le présentent alors à un personnage important, Giuseppe «Pep» Cotroni. Ce dernier est accompagné de son chauffeur et homme à tout faire, Dominic Torrente. Les présentations faites, la discussion s'engage en italien entre Cotroni et Peroff. Le mafioso soumet d'abord l'agent double à un interrogatoire serré au sujet de ses relations dans le Milieu international puis il le fait parler des possibilités du jet Lear, de ses méthodes de contrebande et de la façon dont il songe à faire entrer l'héroïne en Amérique. Conformément aux instructions reçues, Peroff insiste sur le fait qu'il entend transporter directement la marchandise aux Etats-Unis. De son côté, Cotroni est d'avis qu'une quinzaine de jours seront nécessaires, le moment venu, pour amasser suffisamment d'héroïne pour que le voyage soit profitable. Entre-temps, il a une affaire en cours avec des Américains et il demande à Peroff de se tenir à sa disposition pour aller à Windsor. L'agent double acquiesce, ne sachant trop que dire. Le repas terminé et avant de partir, Pep prend l'agent double à part et lui confie qu'il l'aime bien. Les belles paroles de Peroff ont porté fruit.

Plus tard dans l'après-midi, Bouchard a une conversation avec un restaurateur de Québec, laquelle se termine par une âpre discussion. Il décide alors d'aller à Québec et demande à Peroff de l'y conduire

Conrad Bouchard (en haut, à gauche) et ses amis, Louis Côté (en haut, à droite) et Claude Lemoyne (en bas).

en avion. L'agent double qui ne tient pas à lui déplaire ne peut qu'accepter. En fin d'après-midi, le Lear, piloté par des agents secrets de la Douane américaine, quitte Dorval avec à son bord Bouchard, Lemoyne et Peroff. A Québec, la rencontre avec le restaurateur, Roger Dulude, ne dure qu'une heure et le groupe rentre à Montréal vers 22 heures. Avant de quitter l'aéroport, Bouchard téléphone à Pep Cotroni lequel lui ordonne de livrer à Détroit un stock d'héroïne. Bouchard n'y tient pas plus que ça, mais ne peut se dérober. L'agent double est d'accord pour l'amener en avion.

Le lendemain après-midi, Bouchard arrive à Dorval avec une valise de cuir brun, en compagnie de Lemoyne et de son vieil ami

Louis Côté. Une fois installé dans l'avion, il demande à Peroff de mettre le cap sur Windsor plutôt que sur Détroit. A 16h35, le Lear se pose à l'aéroport de Windsor. Le pilote et le copilote restent à bord tandis que les quatre passagers se font conduire à la *Pizzeria Colosseo*, rue Ottawa. A 17 heures, Bouchard, seul, quitte les lieux avec la valise et marche jusqu'au domicile d'une jeune Italienne, rue Gladstone, tout près de là. La surveillance sait déjà que cette jeune femme est la cousine de l'Américain John Fecarotta, arrêté et libéré sous cautionnement dans l'affaire Orsini. Le 17 janvier, à Montréal, la police de la C.U.M. l'avait interceptée pour vérification d'identité alors qu'elle était avec le vieux Jimmy Soccio, l'homme de confiance de Pep Cotroni. En face de la maison de la rue Gladstone, l'Oldsmobile de Fecarotta est stationnée.

Pep Cotroni et son vieux compagnon, Jimmy Soccio.

Le Montréalais reste dans la maison un peu plus d'une heure et demie. Vers 18h55, il quitte les lieux, toujours avec sa valise, et retrouve Peroff et ses acolytes à la pizzeria. Ils partent aussitôt pour l'aéroport. A 19h30, le jet Lear est en route pour Montréal. Pendant ce temps, les policiers restés en surveillance rue Gladstone voient Fecarotta sortir, monter dans son Oldsmobile et se rendre dans un magasin de meubles. Quand il quitte cet endroit en fin de soirée, une auto-patrouille de la Police municipale l'intercepte, l'identifie et lui colle une contravention pour excès de vitesse. A ce moment, l'agent double et ses compagnons sont déjà rentrés à Montréal. Très nerveux, Bouchard circule deux heures dans la ville avant de rentrer chez lui, dans l'intention de détecter une surveillance éventuelle. Peroff croit qu'il a vendu 5 kilos à Fecarotta pour $30 000. Les policiers, eux, pensent qu'il n'y a pas encore eu de transaction et qu'il ne s'agit que d'une rencontre préliminaire.

Le lendemain, l'agent double retourne à New York. Avant de partir, il indique que Bouchard attend la visite prochaine d'un Français pour mettre au point les détails d'une expédition de 100 kilos (220 livres) d'héroïne. Cette marchandise serait destinée à Fecarotta qui aurait à sa disposition des fonds totalisant $200 000. Par la suite, l'héroïne serait vendue à différents clients de Détroit, Chicago et New York. Une fois les arrangements faits, l'entente prévoit que l'agent double se rende en France à bord de « son jet », en compagnie de Côté et Lemoyne, pour prendre livraison de la marchandise et la ramener en Amérique. Les détails et les modalités de retour sont laissés aux bons soins de Peroff.

Au cours des semaines qui suivent, Peroff téléphone souvent à Bouchard pour maintenir le contact. Les rapports de l'agent double indiquent que le Montréalais discute surtout de son procès qui continue d'être retardé, des prochaines transactions d'héroïne et des moyens de se procurer l'argent nécessaire pour financer la grosse affaire des 100 kilos. Un des moyens envisagés est le recel d'obligations volées. Bouchard propose à Peroff de négocier l'écoulement d'un stock de « debentures » de la compagnie *Simpson-Sears*. Suivant les instructions des policiers, Peroff refuse de se lancer dans le racket des valeurs volées.

Pendant que se poursuivent ces conversations téléphoniques, les relations de Peroff et des agents américains continuent à se détériorer. L'agent double est de plus en plus exigeant et les goûts de luxe de sa famille indisposent au plus haut point les policiers qui commencent à douter de la réussite du projet. Pour eux, Peroff est un gros bébé gâté qui ne pense qu'à mener la grande vie.

Malgré ces problèmes, Peroff est de retour à Montréal le 25 avril. Il n'y reste que trois jours pendant lesquels il rencontre Bouchard et ses amis et téléphone à Raymond Shephard, associé de Joe Horvath et ami de Solarick et des deux autres arrêtés avec lui à Paris. C'est d'ailleurs sur ces arrestations que porte la conversation téléphonique car Shephard se demande si l'Américain n'est pas un indicateur. Shephard, qu'il connaît sous le surnom de « John le Docteur », dit avoir acheté le dossier de la Police française dans la cause

Solarick. Le trafiquant affirme qu'il a vu le nom, l'adresse et le numéro de téléphone de Peroff dans le dossier et qu'il ne comprend pas pourquoi ce dernier n'a jamais été arrêté ou interrogé. Mais Bouchard a confiance en Peroff et, finalement, Shephard est satisfait des réponses données. Il demande même s'il n'y aurait pas possibilité d'utiliser le jet Lear pour ramener de France 40 kilos (188 livres) d'héroïne provenant du stock original acheté par Solarick. Au cours des nouvelles rencontres avec Peroff entre les 25 et 28 avril, Claude Lemoyne lui demande de faire des démarches pour trouver un « chimiste » qui pourrait diriger au Québec un laboratoire clandestin de transformation de morphine-base. Ce projet permettrait aux Montréalais de ne plus être à la merci des Marseillais et des Corses.

Nombreux sont les trafiquants en Amérique qui rêvent de ne plus être obligés de s'approvisionner outre-mer, mais la Brigade des stupéfiants doute des intentions véritables de Bouchard et de ses acolytes. On commence à penser que tous ces beaux projets que font miroiter les truands n'ont d'autre but que de maintenir la liaison avec Peroff dans l'espoir de l'utiliser efficacement le moment venu. Ses possibilités de transport aérien sont un atout majeur et Bouchard a déjà laissé entendre qu'il pourrait fuir le pays s'il perdait la bataille juridique qu'il a engagée. (10) Pour les trafiquants, le jet Lear est donc un atout précieux. Les agents fédéraux, tant canadiens qu'américains, sont aussi sceptiques au sujet des pourparlers entrepris avec Bouchard au sujet d'une importante importation de haschisch.

Les discussions à ce sujet ont commencé au cours d'une rencontre entre Bouchard et Peroff à la fin d'avril et se sont poursuivies plus sérieusement au cours du voyage suivant à la mi-mai. Bouchard

---

10. A ce moment, Bouchard, que les scrupules n'étouffent pas, a entrepris de se disculper des accusations portées contre lui en tentant d'impliquer avec la complicité de certains journalistes et chroniqueurs judiciaires le chef enquêteur de la Brigade des stupéfiants, Gilles Poissant, ainsi que ses collaborateurs, le sergent d'état-major Paul Sauvé et Me Réjean Paul, procureur au dossier, dans le trafic de l'héroïne. Convaincu que de Kercadio est un agent double, Bouchard veut démontrer que la Brigade des stupéfiants a agi avec le Boiteux pour le prendre au piège et monter de toutes pièces une cause contre lui. Avec l'aide de soi-disant enquêteurs privés qui ne sont que des criminels professionnels et des amis de gens du Milieu, Bouchard accuse la G.R.C. d'utiliser les deniers publics pour acheter et importer des narcotiques et laisse entendre que Gilles Poissant a bénéficié personnellement de la vente des stupéfiants. Les amis du trafiquant obtiendront la tenue d'une préenquête criminelle dans cette affaire, mais elle se soldera par le rejet des accusations portées à faux contre la Brigade des stupéfiants.

a proposé à l'agent double de se rendre au Maroc avec son avion pour prendre livraison d'une tonne et demie de haschisch et pour transporter le tout en Floride. Les agents américains ne voulant pas entendre parler de voyage au Maroc parce qu'ils ne peuvent pas travailler dans ce pays, Peroff amène Bouchard à faire une autre proposition. Cette fois, le trafiquant, qui se dit associé dans cette affaire avec plusieurs autres pègriots, propose le Pakistan. Mais ce choix est inacceptable. Le Pakistan est en guerre et ni les agents canadiens ni les agents américains ne croient possible une mission contrôlée avec la collaboration des autorités de ce pays. La G R.C. commence à penser qu'il serait préférable de mettre fin aux activités de l'agent double et de le renvoyer aux Etats-Unis.

Peroff retourne néanmoins voir Bouchard. A l'occasion d'une rencontre chez lui, le 16 mai, l'agent double lui laisse entendre qu'il a l'intention de laisser tomber le projet de haschisch. Il est juif et cela ne lui sourit pas d'effectuer un voyage en pays mulsuman. De plus, il ne peut envisager aucun voyage de drogue sans une avance de $30 000 car il doit faire certains aménagements à son avion. Bouchard prend très mal la chose. Il s'élève particulièrement contre la demande d'argent qui en réalité est une exigence policière, et menace Peroff en déclarant que les Italiens ne le laisseront pas se retirer de l'affaire comme ça. Puis la tension diminue et, afin de ne pas couper les ponts, le caïd affirme qu'il serait possible de songer à une avance de $10 000. Il est aussi prêt à envisager un voyage en Israël plutôt qu'au Pakistan et il laisse entendre que l'affaire de haschisch n'est qu'un test car le véritable objectif de son groupe est l'importation de morphine-base. Depuis des mois, il travaille sur ce projet, prétend-il.

Deux jours plus tard, Bouchard, Lemoyne et Côté viennent chercher l'Américain à sa chambre du *Seaway* et le conduisent dans une taverne pour le confronter avec le neveu de Thomas Solarick. L'individu accuse Peroff d'être responsable de l'arrestation de son oncle. Encore une fois, l'agent double réussit à tirer son épingle du jeu et à convaincre les truands qu'il n'a rien d'un mouchard. Néanmoins, les policiers ne veulent pas courir de risque inutile et ordonnent à Peroff de retourner à New York sous le prétexte qu'il doit faire sans délai réparer son avion. Cependant, pour ne pas fermer la porte et pour rassurer les truands sur son départ précipité, Peroff téléphone à Bouchard dès son arrivée dans la métropole américaine. Celui-ci est de bonne humeur et indique qu'ils ont abandonné le projet de haschisch. Ses amis et lui songent plutôt à réactiver l'opération d'héroïne et l'endroit où il faudrait aller chercher la marchandise est déjà familier à Peroff, dit-il. On pense qu'il s'agit de Rome. Les 22 et 23 mai, l'agent double a d'autres entretiens téléphoniques avec Bouchard. Ce dernier songe maintenant à une opération de 200 kilos (440 livres) d'héroïne et dit que l'expédition pourrait avoir lieu d'ici les deux prochaines semaines. Dans cette optique, le trafiquant suggère que Peroff se mette en rapport avec un de ses clients de New York, James Episcopia, dit Jimmy Legs, afin de voir les possibilités de financement de son côté. Episcopia est aussi impliqué dans le racket des obligations volées ou contrefaites et Bouchard pourrait avoir recours à cela pour se procurer les fonds nécessaires au financement de ses achats d'héroïne.

A la fin de mai, Peroff va rejoindre sa famille à Porto Rico où elle est installée aux frais de la Douane américaine et pendant tout le mois de juin il continue à contacter régulièrement Bouchard et à dépenser sans compter! Le 24 juin, le trafiquant montréalais réussit à obtenir un nouvel ajournement de 3 mois pour sa cause de trafic d'héroïne et il entend bien profiter de ce délai pour faire un gros coup d'argent avec une expédition de 150 kilos (330 livres) qui partirait de Rome.

Le 1er juillet, un changement majeur intervient aux Etats-Unis dans la lutte au trafic des stupéfiants, changement qui affecte considérablement l'action d'infiltration de Peroff dans l'entourage de Conrad Bouchard. Rivaux acharnés depuis toujours, la Section des enquêtes sur les stupéfiants du Service de la douane du département du Trésor et le Bureau des narcotiques et des drogues dangereuses (B.N.D.D.) du département de la Justice fusionnent pour ne former qu'une seule agence fédérale, le Drug Enforcement Administration (D.E.A.). La nouvelle structure placée sous l'autorité du ministre de la Justice absorbe aussi les services de l'Office of Drugs Abuse Law Enforcement et de l'Office of National Narcotics Intelligence. Pour Peroff, la conséquence immédiate de cette fusion est le changement d'autorité qui intervient dans le dossier Bouchard. L'agent Richard Dos Santos de la Douane qui était chargé de superviser son action a un nouveau patron, un ancien officier du B.N.D.D., John J. O'Neil, et très tôt, ce dernier intervient dans l'action de l'agent double.

Le 6 juillet, Peroff téléphone à Bouchard du domicile de son voisin, car il ne peut pas utiliser son appareil, le D.E.A. ayant fait suspendre le service provisoirement. Par précaution, il se munit d'une enregistreuse. Les propos du Montréalais sont explosifs: il déclare que le financier Robert Vesco va avancer des fonds pour financer la grosse opération d'héroïne que lui et ses amis préparent. Il explique que le bras droit de Vesco, l'homme d'affaires montréalais Norman Le Blanc, déjà impliqué dans une gigantesque fraude de $110 millions, est en très bons termes avec un de ses associés et que ce dernier est « comme un père pour Le Blanc ». Bouchard explique qu'il y a une rencontre importante le lendemain et que, par la suite, il est probable que les services de Peroff seront requis pour aller chercher l'argent de Vesco à Costa Rica.

L'agent double n'en croit pas ses oreilles. Il sait, comme tout le monde, que Vesco a été inculpé au mois de mai par un Grand Jury fédéral de New York de complicité avec l'ancien procureur général, John Mitchell, et l'ancien secrétaire au Commerce, Maurice Stans, pour avoir tenté d'influencer la Commission des valeurs mobilières et des échanges (Securities and Exchange Commission) en échange d'une contribution de $250 000 à la campagne de ré-élection du président Richard Nixon. En novembre 1972, Vesco et Le Blanc ont été accusés par la Commission des valeurs mobilières et des échanges d'être les instigateurs d'une escroquerie de $224 millions aux dépens du fonds mutuel international, *Investors Overseas Service* (IOS). Ensemble, les deux associés contrôlent un grand nombre d'entreprises dans plusieurs pays des Caraïbes dont la puissante *Bahamas Commonwealth Bank* de Nassau. Dans des conversations antérieures avec les agents de la Douane et du Detroit Organized Crime Strike Force au sujet de ce qu'il connaît des activités criminelles aux Bahamas, Peroff a déjà parlé de Vesco comme d'un personnage influent et puissant, avec des relations dans le « crime organisé ».

Au cours des jours suivants, stimulé par la tournure inattendue des événements, Peroff a d'autres entretiens téléphoniques avec Bouchard, qui confirme le projet et lui annonce que prochainement, il devra aller avec son avion à Costa Rica chercher $300 000 que lui remettra Norman Le Blanc. Quant au « gangster-pour-qui-le-bras-droit-de-Vesco-est-un-fils », Bouchard affirme qu'il s'agit de nul autre que de Pep Cotroni. Au cours d'un entretien enregistré par Peroff, le trafiquant indique qu'il devra probablement se rendre lui-même en Europe et il cherche des moyens d'obtenir un faux passeport.

Avisés dès le début de la teneur des derniers propos de Bouchard, les agents du D.E.A. ne savent que penser. Pour la Brigade des stupéfiants, qui est consultée, il n'y a rien de vrai dans ce que raconte Bouchard. Tout cela n'est que du bluff pour éveiller l'intérêt de Peroff et le garder disponible, de plus en plus disponible même, au cas où il prendrait la décision de fuir précipitamment. (11) La plupart des agents américains sont de cette opinion sans trop savoir cependant ce qu'il faut faire. La question est délicate, très délicate, et les implications politiques peuvent être considérables. Personne ne tient à être mêlé de près ou de loin à l'affaire du Watergate, ni à être accusé éventuellement d'avoir entravé une enquête criminelle, mais personne ne veut non plus mettre ses efforts ni surtout risquer des fonds dans une affaire farfelue.

Mais Peroff, lui, est convaincu que Bouchard dit vrai. Au moins, c'est ce qu'il prétend. Il exige d'ailleurs qu'un avion privé soit mis à sa disposition et que ses rétributions financières soient réévaluées. Il ne veut pas que le gouvernement des Bahamas soit avisé de sa mission car il est convaincu que Vesco finirait alors par tout savoir et cela le mettrait en danger, lui et sa famille. Même si Peroff croit à la véracité des propos du trafiquant, ce dont les agents du D.E.A. doutent, le développement inattendu et délicat de l'enquête lui fournit l'occasion de négocier avec la nouvelle agence des arrangements financiers comme ceux qu'il avait négociés auparavant avec la Douane. Responsable du dossier, John O'Neil est d'accord pour permettre à l'agent double de se rendre à Costa Rica à bord d'un avion commercial. Il n'est pas question du coûteux Lear. Quant aux responsables de la Brigade des stupéfiants, ils font savoir qu'ils ne tiennent pas à ce que Peroff revienne à Montréal pour le moment.

Le 17 juillet, Peroff quitte San Juan et revient à New York avec sa famille. A l'aéroport, les deux agents qui l'accueillent lui reprochent d'avoir amené les siens aux frais du service sans en avoir parlé. La dispute éclate et, finalement, les policiers s'en vont et laissent Peroff se débrouiller seul. Insulté, celui-ci se rend immédiatement dans une cabine publique et appelle au bureau du procureur spécial du Watergate, Me Archibald Cox. Le célèbre avocat n'est pas là. L'agent double installe sa famille au *Hilton* de l'aéroport John F. Kennedy et tente en vain une deuxième fois de rejoindre Cox. Il appelle aussi sans succès aux bureaux du commissaire et du commissaire adjoint du Service de la douane dans l'intention de se plaindre de l'attitude des agents du D.E.A. dans l'affaire Bouchard. Après de multiples démarches, il réussit finalement le lendemain à

---

11. Le 4 juin 1974, Bouchard avoue au sergent d'état-major Sauvé et au caporal Savoie de la G.R.C. que toute l'affaire Vesco n'était qu'un stratagème pour faire patienter Peroff. Le soir où celui-ci a téléphoné, il venait juste de lire un article de journal sur les manipulations financières de Vesco et Le Blanc. Il a utilisé ces nouvelles pour l'impressionner et l'embarquer.

parler à Me John R. Wing, l'un des procureurs au dossier de la cause Mitchell-Stans. Il lui raconte en détail son rôle d'agent double en mettant l'emphase sur une prétendue perte d'intérêt des agents du D.E.A. depuis que Bouchard a mentionné le nom de Robert Vesco. Ne négligeant rien, il téléphone ensuite à la Maison Blanche et demande à parler à J. Fred Buzhardt, conseiller spécial du président Nixon dans l'affaire Watergate. On le réfère à Peter Grant, un agent du Secret Service assigné à la protection du président et des officiels de la Maison Blanche. Il lui raconte son histoire. Finalement, le 20 juillet, il communique avec la Brigade des stupéfiants à Montréal et raconte qu'il a communiqué avec Bouchard et que la transaction est imminente. Il dit même avoir parlé au type qui doit lui remettre l'argent à Costa Rica et affirme que tous les arrangements sont faits pour la rencontre.

Ces appels éveillent des échos. Certains se souviennent alors que, depuis le 7 avril 1972, Peroff est recherché en Floride pour deux chèques sans provision. (12) Le 22 juillet, la police newyorkaise arrête l'impétueux agent double à sa chambre du *Hilton* et le conduit à la maison de détention du comté de Queens. Il est libéré sous cautionnement trois jours plus tard, grâce aux démarches du D.E.A. et, dès le lendemain, la nouvelle agence le reconnaît officiellement pour la première fois; son nouveau nom de code est SC1-3-0419. Le 27 juillet, il est à nouveau envoyé à Montréal pour renouer avec Bouchard. Ses instructions sont alors précises: il doit absolument exiger une avance de $30 000 en prétextant des réparations à faire à son avion. Une fois pour toutes, il faut établir la véracité des propos de Bouchard et le sérieux de ses intentions. On veut également ment savoir si le trafiquant songe à quitter le Canada et quelles sont ses intentions immédiates. A la demande de la Brigade des stupéfiants, le D.E.A. fournit à Peroff la description d'un Lear en disponibilité à Atlanta, afin de savoir plus facilement quels sont les projets d'avenir de Bouchard.

Vers 10h30, dans la matinée du 28 juillet, Bouchard et Louis Côté se présentent à la chambre de l'agent double à l'hôtel *Martinique*. L'entretien dure cinq heures. Le caïd est mécontent de la présence de son « ami » à Montréal et il lui dit qu'il craint que cela ne compromette toute l'affaire. Peroff affirme que sans aide financière, il n'est pas question qu'il se rende à Costa Rica en avion. Son appareil a besoin de réparations et on ne peut songer à un voyage si elles ne sont pas faites. Bouchard affirme qu'il peut peut-être se procurer

---

12. Il sera établi plus tard que ces mandats d'amener ne sont pas valides car ils concernent un litige civil et non une infraction criminelle.

$10 000. Il prétend avoir déniché un contact pour acheter 7 kilos d'héroïne au prix de $10 000 l'unité; s'il peut faire l'achat durant le week-end, puis vendre la marchandise, il aurait l'argent nécessaire pour financer les réparations du jet. (13) Le trafiquant affirme qu'il ne veut pas demander d'argent à Cotroni pour ne pas compromettre le projet avec Vesco et Le Blanc mais, pour prouver sa bonne foi, il fait plusieurs appels à différents financiers éventuels. Personne ne voulant avancer la somme, il ne reste qu'une solution: les prêteurs usuriers. Bouchard promet de s'en occuper immédiatement. Effectivement, quelque temps après son départ, un individu téléphone à Peroff pour lui demander la description de son avion.

Le lendemain, dimanche, Peroff contacte Bouchard par téléphone et l'autre lui dit qu'il a des difficultés à trouver les $10 000, mais ajoute que lundi à midi, il sera en mesure d'apporter $5 000 ou tout au moins $3 000. Une nouvelle rencontre est prévue, mais elle n'a pas lieu. La Brigade des stupéfiants considère que cela a assez duré et qu'il est temps de mettre fin à cette comédie inutilement coûteuse.

Les limiers fédéraux ont précédemment avisé l'agent double qu'ils n'entendaient pas le laisser éterniser son séjour à Montréal dans l'unique but de bénéficier le plus longtemps possible de grasses rétributions. A 10 heures, le 30 juillet, après un appel infructueux chez Bouchard, Peroff est prié de faire ses bagages et de quitter Montréal sur-le-champ. A New York, le lendemain, en présence d'un agent du D.E.A., Peroff réussit à joindre Bouchard. Il s'excuse de son départ précipité et le justifie en disant qu'à cause de ses difficultés financières, son jet Lear a été repris par la compagnie d'aviation. Bouchard semble furieux; il dit à Peroff que s'il était à Montréal, il le ferait « descendre ». Cette conversation met un point final à l'enquête Bouchard dans les stupéfiants.

Durant le mois d'août, Peroff effectue un travail d'infiltration pour le compte du bureau des procureurs du comté de Queens à New York. Il avait promis ce service en échange de sa libération rapide du mois précédent. Exploitant la situation, comme toujours, il en profite pour faire part aux autorités judiciaires de ses prétendues connaissances sur le sabotage de l'enquête Bouchard. Il plaide

---

13. Selon la G.R.C., cette affirmation de Bouchard est peut-être un piège pour savoir si Peroff est un informateur. Avisés de l'arrivée imminente du courrier, les contrôles douaniers et policiers seraient renforcés à Dorval et du même coup, cela établirait l'identité véritable de Peroff.

si bien sa cause qu'à la fin de septembre, le procureur en chef Paul J. Curran du District judiciaire sud de New York ordonne une enquête pour savoir si le dossier Bouchard-Vesco peut être réexaminé et si les accusations au sujet d'un « cover-up » délibéré des agents fédéraux sont fondées. L'adjoint de Curran, Me Arthur Viviani, est chargé de l'affaire. Son enquête dure jusqu'au 13 novembre. Entretemps, le 4 octobre, insatisfait du délai, Peroff s'adresse au souscomité permanent d'enquête du comité sur les opérations gouvernementales du Sénat. Sous la présidence du sénateur Henry M. Jackson, celui-ci s'intéresse également à l'affaire.

A la fin d'octobre, Peroff contacte la GRC pour lui signaler que Bouchard lui a parlé dernièrement de possibilités éventuelles dans une affaire de fausse monnaie. A ce moment-là, la Brigade de la contrefaçon a noté l'apparition sur le marché montréalais d'une nouvelle série de faux billets et elle est convaincue que Bouchard est le cerveau de l'affaire. Habitués à transiger avec l'agent double, deux agents de la Brigade des stupéfiants se rendent donc à New York et proposent à celui-ci de contacter à nouveau Bouchard. Bon prince, l'agent double reprend le chemin de Montréal.

Le 2 novembre, on lui présente deux policiers du U.S. Secret Service. Son travail consistera à présenter à Bouchard un des deux policiers. Ce dernier fera le reste. Une rencontre a lieu le lendemain. L'agent Dominic Germano, qui se fait passer pour un agent de prêts de la Chase Manhattan Bank, et Bouchard s'entendent bien et ce dernier dit pouvoir disposer de $500 000 en fausse monnaie. Il est vrai qu'il est en sérieuses difficultés et que ses procédures judiciaires lui coûtent très cher.

Une deuxième rencontre a lieu le 4 novembre et un accord est conclu. Dans la soirée, un chauffeur de taxi livrera 820 billets de $100 canadiens en monnaie contrefaite en échange de $2 500 en billets authentiques. A 19 heures, tel qu'annoncé, un messager se présente avec la marchandise à la chambre qu'occupe Germano au *Vermont*. La livraison faite, un agent de la Brigade de la contrefaçon intervient et arrête l'individu. La preuve est complète et les limiers fédéraux vont arrêter Bouchard chez lui. (14)

L'enquête pour le cautionnement, quelques jours plus tard, amène l'agent Germano du Secret Service à dévoiler l'identité véritable

---

14. A la mi-juillet 1975, Rolland Pannunzio est accusé par la Brigade de la contrefaçon de la G.R.C. de possession d'instruments servant à la fabrication de faux billets de banque. On relève ses empreintes digitales sur des plaques ayant servi à fabriquer des faux $100 et $50 canadiens.

de Peroff, qui est déjà retourné aux Etats-Unis. Une photo prise à l'aéroport de Windsor lors du voyage chez John Fecarotta établit que l'accusé n'a pas respecté les conditions du précédent cautionnement. On commence alors dans différents milieux à s'intéresser de plus près aux activités de l'agent double. Le 25 novembre, l'affaire Vesco éclate au grand jour et le *New York Times* révèle la teneur de l'enquête que conduit depuis plus d'un mois le sous-comité permanent d'enquête du Sénat américain. Douze jours plus tôt, le procureur Viviani a conclu à l'impossibilité de rouvrir l'enquête au sujet de l'héroïne pour essayer d'y déceler l'implication possible du financier Vesco. Quant aux accusations de « cover-up » lancées contre les agents du D.E.A., elles ont été jugées non fondées. Le 13 décembre, un comité conjoint spécial de la Douane et du D.E.A. arrive aux mêmes conclusions à la suite d'une enquête interne. Il rejette même sur Peroff et ses extravagances la responsabilité de l'échec de l'enquête Bouchard.

En mars 1975, le sous-comité sénatorial, après une enquête publique au printemps 1974, se prononce à son tour. L'allégation de « cover up » gouvernemental est renvoyée et on constate qu'il n'y a aucune preuve permettant d'affirmer que Vesco et Le Blanc ont tenté de financer une transaction d'héroïne. Toutefois, le rapport conclut que Peroff avait raison de dire que la conduite des agents fédéraux américains affectés à la répression du trafic des stupéfiants est l'une des causes principales de l'échec de l'enquête Bouchard. Le sous-comité conclut également que Peroff avait raison de prétendre que les agents fédéraux américains n'ont pas exploité de façon adéquate le filon Vesco-Le Blanc.

Le sénateur Jackson et ses collègues n'ont naturellement pas étendu leur enquête à la conduite de la Gendarmerie royale du Canada et aucun membre de la Brigade des stupéfiants n'a été invité à fournir des explications. Toutefois, dans leur rapport, les sénateurs s'interrogent sur les conséquences de la révélation devant le tribunal montréalais du rôle d'agent double et d'informateur de Frank Peroff. « Aussi justifiée que cette décision ait pu être aux yeux des autorités canadiennes, lit-on dans le rapport, identifier Peroff comme un informateur mettait sa vie et celle de sa famille en danger. » De plus, le rapport diffère d'avis avec l'administrateur du D.E.A., John R. Bartels jr., lorsque celui-ci endosse sans réserve les aveux faits par Bouchard sur l'affaire Vesco lors d'une entrevue avec des membres de la Brigade des stupéfiants, le 4 juin 1974. Le sous-comité ne dit pas que les aveux sont faux, mais soutient qu'ils ont été trop facilement acceptés comme vrais par les autorités du D.E.A.

The Montreal Sta

U.S. agent in hiding

Montreal men, Vesco linked in drug plot

By MORTON MINTZ
© The Washington Post

WASHINGTON — An undercover narcotics worker says he was forced into hiding to protect his life after telling the White House of a scheme for smuggling 100 kilograms of heroin with the alleged financial backing of financier Robert Vesco.

The undercover man, Frank Peroff, has told his story to investigators for the Senate permanent investigations subcommittee and to a federal grand jury in New York City, informed sources said.

It was learned that Peroff backed up his story with tape recordings of phone conversations between he and Conrad Bouchard of Montreal.

In one of the tapes which have been subpoenaed by the office of U.S. attorney Paul Curran in Manhattan, Bouchard reportedly told Peroff on July 3 that an unspecified sum of money to pay for the heroin was coming from Vesco since an associate in Costa...

Another conversation between ...nation between ...ported, Bouchard ...on July 15 w...ciate would be ...Drug Enforce...this sum, $250,000...(DEA) agent...Rico.

In this conver...

Vincent Cotroni 'heads underworld'

A provincial police corporal told the Quebec inquiry into organized crime today that he and members of his squad will produce evidence which will prove "beyond the shadow of a doubt" that Vincent Cotroni is the head of the local underworld.

Col. Bernard Couture, who has headed a special squad assigned to follow underground suspects and wire-tap their conversations, said the Montreal underworld was divided into four separate organizations.

The Montreal St

Drug prober doubts Vesco involvement

By SUSANNA McBEE
© The Washington Post

WASHINGTON — A top government drug investigator said yesterday has no evidence indicating that financier Robert L. Vesco planned to [back] a $300,000 scheme to smuggle [k]ilograms of heroin into the [United] States.

[Ge]orge Brosan, acting [direc]tor of the U.S. Drug Enforcement Administration (DEA), said in [inter]view that he is convinced by [tal]ks with agents working on the [case t]hat Vesco had nothing to do [wit]h a scheme.

[Mr.] Brosan said he wants to see [the] reports on the investigation, [he] said: "I can't find anything

indicating this guy is involved in junk."

The charge, which Vesco has called "a foul and sneaking lie," was made last summer by an informant named Frank Peroff to customs bureau agents and later to DEA agents in New York. (As of July 1, the 500-member narcotics unit of customs was merged into the newly formed DEA.)

Because the charge was not pursued, the Senate permanent sub-committee on investigations has sought to learn why. Peroff has said he also told his story to the White House.

Vesco, who employs President Nixon's nephew, Donald A. Nixon, was

See PROBER, Page A-2

THE NEW YORK TIMES
SUNDAY, NOVEMBER 25

VESCO MENTIONED BY DRUG INFORMER

Senate Unit Studies Reports Heroin Inquiry Was Halted

By WALLACE TURNER
Special to The New York Times

WASHINGTON, Nov. 24 — For more than a month Senate investigators have been studying allegations that Federal agents suddenly ended a narcotics investigation after an undercover worker brought Robert L. Vesco's name up as the reputed financial backer of the smuggling of 100 kilograms of heroin.

The staff of the Senate Permanent Subcommittee on Investigations has gotten in touch with employes of the Bureau of

Le 16 avril 1975, les limiers de la Brigade des stupéfiants font parvenir aux autorités supérieures de la G.R.C. un rapport expliquant les circonstances ayant entouré la divulgation de l'identité de Peroff. Celui-ci, expliquent les enquêteurs, avait déjà donné son accord pour témoigner contre Bouchard si cela devait être nécessaire. Convaincu que Peroff était d'accord pour que son rôle soit dévoilé, le procureur du ministre fédéral de la Justice dans cette affaire, Me Réjan Paul, a interrogé en ce sens l'agent secret du Secret Service afin de convaincre le tribunal du danger d'accorder un autre cautionnement à Conrad Bouchard. (15) La démonstration fut concluante.

---

15. Depuis le début de 1975, Me Réjean Paul assume les fonctions de procureur en chef de la commission d'enquête sur le Crime organisé au Québec, présidée par le juge Jean-L. Dutil.

Chapitre XVIII

Le Sicilien se met à table

Le 1er juin 1973, le juge James A. Coolahan, du tribunal fédéral de Newark au New Jersey, se rend aux demandes du Montréalais Frank Dasti et réduit son cautionnement de $250 000 à $100 000. Le même jour, la femme du mafioso et son neveu René Di Fruscia déposent la somme exigée. Depuis l'arrestation du trafiquant, le 20 décembre 1972, ceux-ci ont fait des pieds et des mains, avec Joe Horvath, pour amasser les fonds nécessaires et convaincre ses amis et ses associés du Milieu de lui venir en aide. La tâche n'a pas été facile car les patrons de Dasti sont mécontents de lui. Plusieurs rencontres ont eu lieu entre Vincent Cotroni et ses proches lieutenants, son frère Frank, Nicola Di Iorio et Angelo Lanzo et les informations obtenues par la Gendarmerie royale, la Sûreté du Québec et la police de la C.U.M. indiquent que ces personnages étaient très hésitants quant à l'attitude à adopter. Le plus traumatisé est Frank Cotroni qui s'était lancé à fond dans les stupéfiants avec Dasti. Il sait qu'il est fini si jamais ce dernier se met à table. Mais Dasti est un vieux membre de l'Organisation et il a toujours été fidèle. Il est sans doute moins dangereux en liberté que dans sa cellule du Centre fédéral de détention de New York.

Le 17 juin, le procès de Dasti, de son coaccusé, Pasquale Falcone et celui des autres, est reporté au prochain terme des assises criminelles à l'automne. La publicité énorme entourant le scandale des *Disques Columbia* et l'impossibilité de trouver un magistrat disponible pour entendre la cause expliquent la décision du juge Coolahan. Frank Dasti profite de ce délai pour rentrer à Montréal. Son intention est bien arrêtée: il veut tenter l'impossible pour ne pas retourner aux Etats-Unis. Pour cela, il est même prêt à comparaître devant la nouvelle Commission d'enquête sur le crime organisé au Québec (C.E.C.O.) et à tout faire pour être condamné pour outrage au tribunal.

Frank Dasti

Ses plus grands espoirs sont du côté de ses relations politiques. Vieux travailleur d'élection, comme la plupart des caïds du Milieu, Dasti s'adresse à deux personnages du Parti gouvernemental, Jean-Jacques Côté, tavernier et organisateur politique, qui a collaboré à sa libération sous cautionnement, et René Gagnon, le chef de cabinet du ministre provincial de l'Immigration. Ses relations avec eux remontent à l'automne 1969 alors qu'ils étaient à l'époque les responsables de la campagne au leadership de Pierre Laporte, l'un des aspirants à la direction du Parti libéral du Québec. Ils ont alors fait appel aux services de Dasti et à ceux de son patron, Nicola Di Iorio, pour leur venir en aide, car ils étaient en sérieuses difficultés financières.

En avril 1970, à l'occasion des élections générales québécoises, Côté et Gagnon (lequel était au nombre des candidats libéraux à la députation) ont à nouveau sollicité l'aide de Dasti et de Di Iorio. Une rencontre a même eu lieu entre les mafiosi et Pierre Laporte qui, bien que battu au leadership, demeurait l'un des piliers du Parti. On a dit plus tard que le politicien ignorait que les caïds seraient présents et que l'entretien fut bref. (1) Les membres du clan

---

1. Pierre Laporte a été tué en octobre 1970, une semaine après avoir été enlevé par un commando terroriste du Front de libération du Québec (F.L.Q.). Quelques heures avant la découverte de son corps, ses amis René Gagnon et Jean-Jacques Côté ont rencontré Frank Dasti qui leur a offert l'aide de la Mafia pour retrouver l'otage. Le clan Cotroni se sentait particulièrement visé par l'action du F.L.Q. Dans leur manifeste diffusé sur les ondes de Radio-Canada, on parlait « des faiseurs d'élection Simard & Cotroni ». René Gagnon a dit plus tard que Nicola Di Iorio lui aurait confié avoir personnellement été menacé par les felquistes. Ceux-ci connaissaient, comme beaucoup de gens, l'aide apportée aux libéraux lors des élections d'avril 1970 par les hommes de Di Iorio et ils ne leur pardonnaient pas.

Cotroni considéraient que les politiciens avaient une dette envers eux et ils n'ont pas tardé à leur en réclamer le paiement. Leur première requête fut de demander la nomination d'un homme qui leur serait favorable à la tête de l'Escouade de la moralité de la Sûreté du Québec. Aux prises avec l'acharnement d'un petit groupe de policiers municipaux et provinciaux, Di Iorio voulait que cessent les descentes de police dans les cabarets et les maisons de jeu de l'Organisation. En 1971, après la fermeture du *Victoria Sporting Club,* Dasti réclame des interventions rapides et énergiques pour mettre fin aux procédures judiciaires entreprises par les limiers provinciaux contre lui et ses gérants.

Chaque fois, René Gagnon et surtout Jean-Jacques Côté multipliaient les démarches pour venir en aide à leurs « bienfaiteurs ». Organisateurs politiques, députés, juges, policiers furent approchés, mais sans que toutefois ces démarches obtiennent les résultats escomptés. Les truands et leurs amis l'ignorent encore en juin 1973, mais la raison de leur échec est attribuable en grande partie au fameux projet Vegas de la Brigade des stupéfiants et de la Sûreté du Québec. Les écoutes clandestines installées à l'origine pour recueillir des informations sur la contrebande d'héroïne et l'exploitation des cercles de jeu illicites ont éveillé, dès l'automne 1969, l'intérêt des policiers pour Jean-Jacques Côté et René Gagnon. En mai 1970, les nouveaux dirigeants de la province, le Premier ministre Robert Bourassa et le ministre de la Justice Jérôme Choquette, sont saisis de la teneur des renseignements obtenus jusqu'alors. Tout en décidant de ne pas écarter leurs collaborateurs compromettants afin de ne pas provoquer de scandale et de ne pas mettre en danger l'image de « respectabilité » du Parti, les dirigeants gouvernementaux laissent la S.Q. poursuivre son travail. (2) Le ministre de la Justice en particulier appuie l'action policière et fait en sorte que les jeux de coulisse de Côté et Gagnon soient contrés « délicatement ».

Le 5 juillet 1973, une équipe de surveillance de la Sûreté du Québec prend note d'une rencontre entre Dasti, Gagnon et Côté, qui a lieu à la taverne de ce dernier, Chemin de la Côte-des-Neiges. L'entretien se termine peu avant midi; le mafioso et le chef de

---

2. MM. Bourassa et Choquette diront plus tard que la décision de ne pas écarter énergiquement Côté et Gagnon a été prise après les recommandations du responsable des renseignements spéciaux de la S.Q., M. Hervé Patenaude, aujourd'hui directeur adjoint de la S.Q., qui aurait cru que cela mettrait en péril l'avenir du projet Vegas et des enquêtes de la Brigade des stupéfiants. Plusieurs croient cependant qu'il aurait été possible, si on l'avait voulu, d'écarter Jean-Jacques Côté et René Gagnon sans nuire aux projets policiers.

cabinet du ministre de l'Immigration quittent séparément les lieux. Grâce aux témoignages, devant la C.E.C.O., de deux des participants, on apprend plus tard qu'il a été question des moyens à envisager pour empêcher que le trafiquant ne retourne aux Etats-Unis.

Dès son retour à Montréal, Dasti a demandé à Côté si, par l'intermédiaire de Gagnon, il n'y aurait pas moyen d'empêcher sa comparution outre-frontière. Le tavernier s'est informé auprès de son ami lequel lui a dit qu'il ne pouvait rien faire et que seule l'Immigration fédérale pouvait intervenir. Anxieux, Dasti voulait parler lui-même à Gagnon et c'est pour cela que la réunion à la taverne a été organisée. Le haut fonctionnaire lui a répété de vive voix qu'il ferait mieux de consulter des avocats, mais, pour ne pas trop lui déplaire, il lui a aussi promis de voir ce qu'il était possible de faire.

Les événements ne lui laissent cependant pas la chance d'agir et viennent réduire à néant les chances de Dasti. En effet, au moment même de la rencontre à la taverne, une bombe éclate à l'Assemblée nationale! Le leader parlementaire du Parti québécois, le député Robert Burns, révèle l'existence des liens entre la Mafia et le Parti libéral et parle de la fameuse réunion du 16 avril 1970 à laquelle assistait l'ex-ministre du Travail et de l'Immigration, Pierre Laporte. Ces révélations suivent celles du quotidien *Le Devoir* sur l'existence du projet Vegas et des découvertes qu'il a permises en avril et mai 1971 concernant la collusion entre les membres du clan Cotroni et le nouveau chef de la police de Montréal, Jean-Jacques Saulnier, le poulain du maire Jean Drapeau. A l'hiver 1972, la Commission de police du Québec avait ouvert une enquête sur la conduite du directeur Saulnier par suite d'une première série d'articles du *Devoir,* mais les enregistrements du projet Vegas, bien que pertinents, n'avaient pas été déposés en preuve. On demande maintenant des explications au gouvernement.

Tout le reste de l'été, les suites des affaires Laporte et Saulnier et une série d'autres révélations sur les problèmes internes au sein de la police de la métropole et de la Commission d'enquête sur le crime organisé retiennent l'attention. Le climat politique est survolté et les amis de la Mafia n'osent pas bouger. Jean-Jacques Côté déclare bien à Dasti le 8 août qu'il a rencontré Gagnon et que « les choses se tassent pour son affaire aux Etats-Unis », mais cela n'est en fait que du bluff. L'organisateur libéral veut éviter que le mafioso ne mette à exécution sa menace de raconter tout ce qu'il sait sur la politique et la corruption si on ne lui vient pas en aide. Pour le trafiquant, la situation est désespérée et lui qui, comme tous les

■ la météo

Ensoleillé. Chaud. Risques d'orages. Ensoleillé et chaud.

Office férial

LE DEVOIR

Fais ce que dois

VOL. LXIV - NO 155   Montréal, vendredi 6 juillet 1973   15 CENTS

otroni épond à l'Ecuyer

par Jean-V. Dufresne

GRANBY. — M. Vincent Cotroni a choisi de ne pas donner suite aux facettes du nouveau directeur général de l'USECO que M. Paul-Emile L'Ecuyer est devenu le chef de police du Québec...

L'affaire des écoutes débouche sur des liens de Laporte avec la mafia

par Gérald LeBlanc et Pierre O'Neil

L'Assemblée nationale a été le théâtre, hier, d'importants développements spectaculaires dans l'affaire des bandes sonores du feu Saulnier.

La GRC aurait en 70 prévenu M. Bourassa

QUEBEC. — Le député Robert Burns a laissé entendre, hier à l'Assemblée nationale que la Gendarmerie royale du Canada aurait informé, dès 1970, le premier ministre, M. Robert Bourassa...

Des 'liens précis' entre Laporte et des 'caïds'?

QUEBEC. — L'ancien ministre libéral, M. Pierre Laporte, un organisateur politique, M. Jean-Jacques Côté et le candidat libéral défait dans Saint-Jacques, M. René Gagnon, auraient eu des "liens précis" avec des grands de la...

Saulnier, un mauvais choix, dit Choquette

QUEBEC. — La reprise du débat Choquette-Burns hier à l'Assemblée nationale a conduit à de nouvelles révélations concernant particulièrement le feu Saulnier. Il en ressort notamment...

Gromyko dit frontières quand Sharp dit humain

HELSINKI (d'après AP, Reuter et l'AFP). — Alors que les pays occidentaux mettaient hier sur le devant de la scène les droits des libertés humaines et d'accessibilité...

Cox: il est prématuré d'inculper les 'grands'

WASHINGTON (d'après l'AFP, AP et Reuter). — Le procureur spécial chargé de l'affaire Watergate, M. Archibald Cox, a affirmé qu'il est prématuré de parler d'inculper certains hauts personnages reliés au scandale pour le moment du moins.

Pas d'enquête publique sur l'affaire de la caisse électorale des libéraux

OTTAWA (d'après la CP). — Les conservateurs et le libéraux ont vivement pris à partie le gouvernement hier à la suite d'articles publiés dans des journaux de Toronto affirmant que deux membres du Parti libéral...

Le rapport "top secret" de la police sur le rendez-vous de Laporte avec la pègre

par Jean-Pierre Charbonneau

Le rapport "top secret" du du de recherches de la GRC, dont l'existence...

■ la météo

Généralement ensoleillé. Maximum 85. Aperçu pour mardi: ensoleillé et chaud.

Transfiguration du Seigneur

LE DEVOIR

Fais ce que dois

VOL. LXIV - NO 180   Montréal, lundi 6 août 1973

Selon des rapports de la GRC

La pègre a recherché les faveurs de Pierre Laporte

La police a enregistré et même filmé un récent entretien entre Gagnon, Côté, Di Iorio et D'Asti

par Jean-Pierre Charbonneau

caïds, préfèrent l'ombre et la discrétion, est même obligé d'accorder des entrevues à des journalistes et de se justifier publiquement.

Le 28 août, une ultime tentative est faite. Harcelé sans cesse par Dasti, Jean-Jacques Côté a accepté d'organiser une nouvelle réunion avec René Gagnon. Cette nuit-là, chez le tavernier, le chef de cabinet du ministre de l'Immigration rencontre une dernière fois le trafiquant et son patron Di Iorio. Les limiers de la S.Q. affectés à la Commission d'enquête sur le crime organisé sont sur les lieux et filment discrètement la réunion qui se déroule en partie à l'extérieur de la maison. Côté affirmera quatre mois plus tard devant la C.E.C.O. qu'il voulait que Dasti se rende compte une fois pour toutes que Gagnon et lui ne pouvaient rien faire pour l'aider. « Je voulais mettre fin au bluff », dira-t-il. Au cours de la discussion, Dasti expose son cas en détail et manifeste la ferme conviction que Gagnon peut lui venir en aide. Mais ce dernier, après lui avoir expliqué les différences entre les services provinciaux et fédéraux de l'Immigration, lui dit clairement qu'il ne peut rien. Ce à quoi Di Iorio réplique en s'adressant à Dasti: « Ça fait longtemps que je lui dis qu'il y a rien à faire et de prendre un avocat. » (3) A la fin, Dasti est passablement découragé. A 58 ans, il ne veut pas aller en prison et il craint de ne pas revoir sa femme qui est malade. Il réaffirme qu'il fera toutes sortes de déclarations contre le Parti libéral s'il est contraint de retourner aux Etats-Unis.

Mais les événements sont décidément contre lui. Le 15 septembre, *Le Devoir* raconte en détail la rencontre du 28 août et fait état publiquement, pour la première fois, des démarches de Dasti pour ne pas retourner aux Etats-Unis subir son procès. La nouvelle indispose le gouvernement Bourassa et le ministre de l'Immigration, Jean Bienvenue, se voit contraint de suspendre enfin son chef de cabinet. Auparavant, la seule mesure gouvernementale avait été de demander à la C.E.C.O. d'étudier en priorité l'affaire Laporte. Placé une nouvelle fois sous le feu des projecteurs de l'actualité, Dasti est paniqué; il ne lui reste que deux semaines pour agir. Le vendredi 28 septembre, en désespoir de cause, il téléphone au député Robert Burns. Promettant des renseignements « chauds » sur le Parti libéral, le mafioso demande au leader parlementaire du parti indépendantiste de réclamer sa comparution immédiate devant l'enquête sur le crime organisé. Pour le convaincre, il lui donne rendez-vous pour le lendemain matin. Flairant le danger, le député demande conseil à des amis et finalement décline cette offre.

---

3. Témoignage de Jean-Jacques Côté devant la C.E.C.O., le 19 décembre 1973.

■ la météo
Le ciel se couvrira
Risques d'orages cet
après-midi et ce soir.
Humide. Moins chaud.
Max.: 90.

Saint Irénée

LE DEVOIR

Fais ce que dois

Montréal, jeudi 28 juin 1973

VOL. LXIV — NO 149

15 CENTS

Choquette confirme la révélation
du Devoir et justifie son attitude

par Gérald LeBlanc

QUÉBEC — Le ministre de la Justice, M. Jérôme
Choquette, était au courant des enregistrements de conversations téléphoniques entre des dirigeants de la pègre, de l'ex-
agent Rolland Lamothe et du chef Saulnier mais il a cru
préférable de ne pas en saisir la Commission de police.

La Cour d'appel ayant rendu son jugement, M. Choquette a mis fin hier au silence qu'il s'était imposé depuis
le début de cette affaire en alléguant que la cause du chef
Saulnier était pendante devant les tribunaux.

Dans les longues explications fournies en réponse aux
questions de l'opposition, hier à l'Assemblée nationale,
M. Choquette a d'ailleurs confirmé les révélations faites
au sujet des bandes sonores par LE DEVOIR, le jeudi
14 juin.

Ces enregistrements téléphoniques ont été obtenus au
cours d'une vaste opération policière contre le trafic international de la drogue qui avait donné lieu, entre autres, à
l'installation d'une vingtaine de tables d'écoute électronique
dans la région de Montréal.

M. Choquette a ensuite admis que des transcriptions de
ces conversations téléphoniques avaient été portées à sa

connaissance "à la veille ou au moment" où il demandait à
la Commission de police de faire enquête sur la conduite du
chef de police de Montréal, M. Jean-Jacques Saulnier.

Après avoir consulté ses collaborateurs du ministère
de la Justice, particulièrement son sous-ministre M. Robert
Normand, et certains policiers, notamment l'inspecteur Her-
mas Patenaude de la Sûreté du Québec, M. Choquette en est venu
à la conclusion qu'il valait mieux ne pas divulguer le contenu de ces bandes sonores.

— Premièrement, a-t-il expliqué, parce que ça mettait
en péril une enquête policière d'une très grande importance à nos yeux, et, en second lieu, parce que la valeur pro-
bante de tout cela demeurait discutable, d'autant plus qu'on
rappelera qu'à cette époque il était beaucoup moins question
d'écoute électronique que l'enquête policière, M.
Choquette a précisé que les policiers l'avaient fortement
dissuadé d'utiliser ou de permettre que soient utilisées ces
bandes.

Pour justifier le deuxième motif invoqué, M. Choquette

Voir page 6 : Choquette

La Cour d'appel déboute Saulnier

par Guy Deshaies

La Cour d'appel du Québec,
par trois voix contre deux, a
cassé, hier, le jugement du juge
Christophe Paré de la Cour supé-

À la recherche des bandes sonores

L'affaire Saulnier provoque
un débat orageux à l'Assemblé

par Gérald LeBlanc

le Devoir 27/6/72

L'affaire Saulnier: des bandes
sonores n'ont pas été déposées

par Jean-Pierre Charbonneau

La responsabilité de
M. Jérôme Choquette

Claude RYAN

■ la météo

LE DEVOIR

Fais ce que dois

VOL. LXIV — NO 138   Montréal, jeudi 14 juin 1973   15 CENTS

LE DEVOIR

Fais ce que dois

VOL. LXIX — NO 177   Montréal, jeudi 2 août 1973

Les Affaires culturelles sauvent
la vie des Grands Ballets Canadiens
— page 3

En primeur, le contenu des bandes sonores

Saulnier avait confié à Lamothe qu'il ferait
certains changements favorables à la pègre

par Jean-Pierre Charbonneau

Dasti a perdu. Le lundi 1er octobre, il est à Newark pour y subir son procès en compagnie de Pasquale Falcone, Spiro Venduras et les soeurs Francine et Wally Berger. Le jeune Anthony Del Vecchio est le principal témoin à charge. Sa déposition confirme les nombreuses conversations téléphoniques enregistrées légalement par le B.N.D.D. (devenu le D.E.A.). Le 11 octobre, la cause est entendue et les jurés déclarent les accusés coupables, sauf Francine Berger qui est acquittée. Vingt jours plus tard, le 31 octobre, le juge Frederick Lacey qui a qualifié les accusés de « déchets de la terre », condamne Dasti à trois peines d'emprisonnement totalisant 20 ans de pénitencier. Une amende de $20 000 s'ajoute à cela ainsi qu'une ordonnance spéciale advenant une éventuelle libération conditionnelle dans une douzaine d'années. Falcone est condamné à 10 ans de détention et à une amende de $10 000. Quant aux autres, ils bénéficient de la clémence du tribunal: Spiro Venduras s'en tire avec deux ans de réclusion; Wally Berger est condamnée à cinq ans et Anthony Del Vecchio obtient une sentence suspendue de cinq ans.

A Montréal, la condamnation de Dasti inquiète ses acolytes qui se demandent si le vieux trafiquant, qui considère qu'il a été abandonné, va les trahir. Dans la soirée du 8 novembre, une nouvelle rencontre regroupe au *Moishe's Steak House* Vic et Frank Cotroni, Nicola Di Iorio et Angelo Lanzo. (4) L'avocat montréalais de Dasti, Léo-René Maranda, assiste à l'entretien. Le repas terminé, ils s'apprêtent tous à quitter les lieux quand soudain une dizaine d'agents de la Brigade des stupéfiants font irruption dans le restaurant et procèdent à l'arrestation de Frank Cotroni. Au même moment, une autre équipe de limiers fédéraux se présentent au domicile de Guido Orsini et arrête le mafioso, en liberté sous cautionnement depuis un an. Quelques heures plus tôt, le juge James K. Hugessen de la Cour supérieure a autorisé l'arrestation des deux caïds en vertu d'une requête officielle du gouvernement américain qui réclame leur extradition pour la transaction de cocaïne conclue en décembre 1970 et janvier 1971. A New York, un Grand Jury fédéral vient d'inculper formellement Cotroni et Orsini, ainsi que Dasti, Paul Oddo, Jorge Asaf Y Bala, et Claudio Martinez, le courrier, grâce au témoignage

---

4. Une thrombose coronarienne terrasse Angelo Lanzo le 19 mai 1974 dans un appartement où il s'était réfugié pour échapper à un ordre de comparaître devant la C.E.C.O. Nicola Di Iorio tente lui aussi d'échapper à la C.E.C.O. mais il sera arrêté au Nouveau-Brunswick et condamné à un an de prison pour refus de témoigner. Vic Cotroni se verra infliger une peine identique en juin 1974. En ce moment, ils sont toujours en liberté sous caution en attendant les résultats de leur appel devant la Cour suprême.

The Egg, Vincent Cotroni, (au centre) et the Little Egg, Nicola Di Iorio, (à gauche).

d'un personnage clé dans cette affaire, le Sicilien Giuseppe « Pino» Catania. (5)

Expulsé du Mexique pour avoir passé en fraude les bijoux de sa femme, ce dernier a été arrêté, le 20 août 1973, à Houston au Texas, par des agents du D.E.A. qui l'attendaient de pied ferme ayant organisé, avec les policiers mexicains, une escale spéciale en terre américaine. Le trafiquant était en route vers son pays d'origine, l'Italie, à bord d'un appareil d'Air France. En échange de la clémence de la Justice américaine, il s'est mis à table et a raconté en détail sa participation à six transactions internationales de stupéfiants impliquant 330 kilos (726 livres) d'héroïne pure et 9 kilos de cocaïne, le tout valant un demi-milliard de dollars. Dans l'affaire concernant le groupe Cotroni, il a apporté les éléments de preuve qui manquaient aux policiers, surtout, on s'en souvient, à cause d'une filature avortée de Dasti à New York, le 10 janvier 1971. (6) Voici l'essentiel de la déclaration de Catania à l'agent spécial Ronald E. Provencher du D.E.A. de Brooklyn:

> « Je me nomme Giuseppe Catania; je suis né à Palerme le 12 décembre 1933. En 1950, j'ai quitté l'Italie et je me suis embarqué clandestinement à bord d'un bateau en partance pour l'Argentine. Arrivé à Buenos Aires, j'ai travaillé dans un garage, puis dans le plastique. En 1953, j'ai fait la connaissance de deux Napolitains, Carlo Zippo et Michel Russo (7). En 1959, j'ai quitté Buenos Aires et je suis allé vivre quelques mois à Santiago, au Chili. Puis, je me suis installé à Mexico et je suis devenu vendeur de tissus. Entre le mois d'octobre 1964 et le mois de mars 1966, j'ai vécu à Toronto où j'ai continué dans la vente de tissus et de vêtements. Le 7 mars 1966, via Montréal, je suis retourné en Italie. Je suis revenu au Canada quatre mois plus tard en passant par New York et, en novembre 1966, je suis retourné au Mexique.
>
> « En 1963 ou 1964, à Mexico, j'ai été présenté à Tomasso Buscetta par un compatriote, qui était lui aussi dans le vêtement. Quand je suis arrivé au Canada, Buscetta m'a amené à Montréal et j'ai été présenté à Frank Cotroni, Frank Dasti et Guido Orsini. La rencontre a eu lieu au restaurant *Casanova* (8). Lors d'un voyage à

---

5. Un septième individu sera inculpé en rapport avec cette affaire. Il s'agit d'Anthony Vanacora à qui Paul Oddo a vendu la cocaïne.

6. Voir chapitre XIII.

7. Le nom de Michel Russo a été mentionné déjà à quelques reprises. Associé avec les hommes du Corse Joseph Auguste Ricord, il est le frère de Carmine Russo, un des six Italo-Argentins arrêtés à Montréal en décembre 1967.

8. Devenu la *Villa Di Cesare*.

New York, en 1966, j'ai présenté à mon tour Buscetta à Carlo Zippo. A mon retour à Mexico, à la fin de 1966, j'ai fait la connaissance de Jorge Asaf Y Bala et de son frère Alfredo, par l'entremise d'un industriel mexicain intéressé dans le vêtement. Mes relations avec Asaf Y Bala ont débuté par un prêt de $1 600 qu'il m'a fait. C'est à l'occasion de mes fréquentations avec lui que j'ai appris qu'il était impliqué dans le trafic des stupéfiants avec notamment un nommé Jorge Moreno Chauvet (9).

« Le 18 mars 1967, je me suis rendu à Laredo, au Texas, pour rencontrer Buscetta. Il m'avait contacté auparavant pour me demander de l'aider à venir à Mexico pour se faire faire une chirurgie plastique. Je l'ai donc aidé et il a subi deux interventions chirurgicales le 23 mars et au mois de juin. Il est ensuite retourné aux Etats-Unis. Au cours du mois de janvier 1968, je me suis associé avec Asaf Y Bala dans une manufacture de chemises appelée *Camiseria Le Duc,* située sur la rue Hamburgo, à Mexico. Un peu plus d'un an plus tard, vers le 1er mars 1969, Asaf m'a demandé de l'aider à résoudre certains problèmes financiers en contactant Buscetta pour savoir s'il serait prêt à acheter 25 kilos d'héroïne. Je me suis rendu à New York et j'ai fait les arrangements avec Tomasso devenu commerçant de pizza. Quand je suis revenu à Mexico vers le 14 mars, j'ai dit à Asaf que mon ami enverrait prochainement quelqu'un pour finaliser l'entente et rencontrer celui qui ferait la livraison.

« Quelques jours après mon retour à Mexico, Buscetta m'a téléphoné pour m'aviser que Giuseppe Tramontana était sur le point de venir me rencontrer. J'ai dit ça à Asaf qui m'a alors présenté à Felipe Deguer, comme lui d'origine arabe. Le 21 mars, Tramontana est arrivé à Mexico et je l'ai présenté à Deguer dans un petit restaurant, situé à proximité de ma compagnie. L'associé de Buscetta n'est resté qu'une journée et, le lendemain, il est retourné aux Etats-Unis après avoir fait les arrangements pour que Deguer livre la marchandise en Pennsylvanie. Le 25 mars, Tomasso m'a appelé pour me dire que tout était terminé et que cela s'était bien passé. Un mois après, je suis retourné à New York pour recevoir le paiement, mais Buscetta a refusé en me disant qu'il n'avait pu vendre la marchandise parce qu'elle n'était pas bonne. Je l'ai rencontré à nouveau au mois de juin, mais il n'avait pas changé d'idée. De New York, je me suis alors rendu à Montréal où j'ai rencontré Guido Orsini. Il m'a demandé si j'avais un contact pour obtenir de l'héroïne ou de la cocaïne. Je lui ai parlé de mes problèmes avec Buscetta et il m'a dit qu'il essaierait de trouver un acheteur pour les 25 kilos. Je suis retourné à New York où j'ai parlé à Buscetta de l'offre d'Orsini. Quelques jours plus tard, celui-ci m'a appelé pour me dire qu'il n'avait pu trouver d'acheteur. Je suis retourné à Mexico.

---

9. Jorge Moreno Chauvet, on se le rappelle, était en 1964, l'associé de Paul Mondolini à Mexico et l'un des fournisseurs de Lucien Rivard. Il a été au nombre des coconspirateurs dans l'affaire Rivard. Quant à Asaf Y Bala, on sait déjà qu'il a été un partenaire de l'ancien patron de Mondolini, Antoine d'Agostino.

« Au cours du mois de juillet, Asaf m'a présenté à un Cubain, Alcibiades Garcia Vasquez, qui était prêt à vendre de la marchandise pour lui à New York. J'ai rencontré Buscetta et une rencontre a été organisée à San Antonio, au Texas, avec Tramontana. Finalement Vasquez s'est rendu à New York et à la fin du mois je suis retourné à San Antonio pour recevoir un versement de $14 000 des mains du fils de Buscetta, Antonio. Durant tout l'été, je suis resté en contact avec Tomasso surtout pour essayer de me faire payer les 25 kilos. A la fin d'août, il m'a déclaré qu'il avait vendu un demi-kilo à Orsini. et que celui-ci avait $4 000 pour moi. Au mois de septembre, je me rendu à Montréal et Orsini m'a remis l'argent. Avant de revenir à Mexico, au mois d'octobre, j'ai été en Europe, en Italie puis en Allemagne où j'ai retrouvé Buscetta. Quand j'ai remis les $4 000 à Asaf, je lui ai dit que la marchandise était de mauvaise qualité et que les gars n'étaient pas capables de la vendre.

« Au mois de février 1970, Buscetta est venu me rencontrer à Mexico. Il arrivait d'Espagne et il m'a dit qu'il avait obtenu de l'héroïne en Europe et qu'elle devait bientôt arriver à Mexico. Il m'a demandé de voir si Asaf pourrait pas la vendre pour lui. J'ai fait les contacts et Asaf était d'accord. La marchandise est arrivée une quinzaine de jours plus tard et je me suis chargé de la réceptionner avec Buscetta, Asaf et son frère Alfredo. Il y en avait 89 kilos. Je sais que c'est un Français qui a vendu la came à Tomasso parce que je l'ai entendu parler en français à plusieurs reprises. J'ai même vu le type une fois. Un mois plus tard, comme Asaf n'avait pas réussi à trouver un acheteur, une partie des 89 kilos ont été livrés à New York pour Buscetta par Felipe Deguer.

« A la fin de mars, Tomasso est retourné à New York et quelques jours plus tard Carlo Zippo est venu me rencontrer à Mexico. Il voulait voir celui qui viendrait lui livrer la marchandise. Je l'ai rencontré avec Asaf et on l'a présenté à Alphonso Saucedo. La livraison a eu lieu vers le 8 avril. Environ deux semaines plus tard, Asaf m'a dit que Claudio Martinez qui avait déjà rencontré Buscetta et Zippo irait livrer le reste du chargement de 89 kilos. Claudio est parti quelques jours plus tard, mais à cause de problèmes mécaniques à sa voiture, j'ai dû me rendre à New York pour lui venir en aide. Finalement, la marchandise a été livrée et Buscetta m'a remis $7 000 que j'ai donné à Asaf. En plus de ça, Tomasso lui avait laissé 9 kilos en dédommagement des 25 premiers kilos non payés. Pour ma part, Asaf m'a donné une Mercedes 1961 que j'ai vendue avec un peu de profit. Depuis l'affaire des 25 kilos, c'était mon premier paiement.

« Au cours du mois de décembre 1970, Asaf m'a dit qu'il avait un peu de cocaïne à vendre et il m'a demandé si je pouvais lui trouver un client. Son prix était de $11 000 le kilo. A ce moment, je savais que Frank Cotroni était à l'*Hôtel Presidente* et j'ai dit à Asaf que j'essaierais de ce côté-là. J'ai donc rencontré Cotroni et je lui ai proposé la cocaïne. Il s'est montré intéressé, mais, avant de me donner une réponse, il m'a dit qu'il devait en parler à un de ses amis. Deux ou trois jours après, je l'ai rencontré à nouveau et il m'a dit que lui et son ami étaient intéressés à condition que le prix soit acceptable et que le stuff soit livré à New York. Je lui ai dit le prix et je l'ai assuré qu'on livrerait la marchandise. Il m'a alors dit qu'il me laisserait savoir bientôt si les conditions lui convenaient. Au début de janvier, je l'ai rencontré une nouvelle fois à Mexico et il m'a dit qu'il était d'accord. On s'est entendus pour que je le contacte à Montréal quand je serais prêt à livrer la cocaïne à New York. J'ai ensuite rencontré Asaf pour lui faire part de l'entente et il m'a dit que Martinez s'occuperait d'amener le stuff en automobile à New York. J'ai fait les arrangements avec Martinez pour qu'on se retrouve à l'*Hôtel Ramada* le 9 janvier.

« Vers le 7, je me suis rendu à Montréal et je me suis enregistré au *Holiday Inn* de la rue Sherbrooke. Le lendemain soir, j'ai rencontré Cotroni et Frank Dasti au restaurant *Pescatore*. Cotroni m'a dit que je devrais rencontrer son ami à New York et lui livrer la marchandise. Je me suis entendu avec Dasti pour le rencontrer le 10 janvier, en face du restaurant *Buitoni* sur Broadway. Après la rencontre, je suis rentré à mon hôtel et le lendemain j'ai pris l'avion pour Dallas. A cause des délais de transport, je suis arrivé que le matin suivant. Je me suis rendu immédiatement à l'hôtel *Ramada* où m'attendait Martinez avec les neuf kilos de cocaïne qu'il avait transportés en automobile. Ensemble nous avons ensuite pris l'avion pour New York où nous sommes descendus au *Taft* où nous avons loué une chambre.

En début de soirée, en compagnie de Martinez, j'ai retrouvé Dasti à l'endroit convenu. Il faisait froid ce jour-là et nous sommes allés discuter dans un des restaurants de l'hôtel *Taft*. J'ai dit à Dasti qu'on était prêts pour la transaction mais il m'a dit que c'est à un autre type que la marchandise devait être remise. Il s'est levé et est allé faire un téléphone. A son retour, il m'a dit qu'il me montrerait dans quelques minutes celui à qui il faudrait remettre la cocaïne. Un peu moins d'une demi-heure plus tard, nous avons quitté le restaurant pour nous rendre dans le vestibule de l'hôtel. Là, Dasti m'a indiqué l'homme; je sais maintenant qu'il s'agit de Paul Oddo. Il est allé lui parler puis il est venu me dire d'aller lui livrer le stuff à l'hôtel *Riverside Plaza* dans une heure. Avant de partir, Dasti m'a remis l'adresse de l'hôtel. Aussitôt, je suis monté avec Martinez dans notre chambre, j'ai pris le sac de voyage contenant la drogue et je me suis rendu seul en taxi au *Riverside*. A l'entrée, Dasti m'attendait: il m'a donné le numéro de la chambre, le 718, et je suis monté. Oddo m'a ouvert la porte et je lui ai remis rapidement le sac. Je suis descendu aussitôt et j'ai retrouvé Dasti dans le vestibule. Il m'a dit qu'il me contacterait le lendemain.

Tôt dans la matinée, le 11 janvier, Dasti m'a téléphoné pour me dire de venir le retrouver dans le vestibule. Je suis descendu et il m'a dit de me rendre au même endroit que la veille pour recevoir le paiement. Avant de partir, j'ai avisé Dasti que Martinez et moi quittions le *Taft* et qu'il pourrait nous contacter un peu plus tard à l'hôtel *Waldorf-Astoria*. Peu après, avec Martinez, je me suis rendu au *Riverside*: je suis monté seul à la chambre 718 et Oddo m'a remis une boîte de souliers contenant $43 000. Un peu plus tard, dans l'après-midi, Dasti m'a appelé pour me dire que si je voulais le reste de l'argent, je devais attendre à New York quelques jours. Je savais à ce moment que Cotroni devait revenir au Mexique prochainement et j'ai dit à Dasti de lui remettre l'argent pour qu'il me l'apporte. Il était d'accord. Je suis parti pour Mexico le lendemain et le jour même, j'ai remis l'argent à Asaf Y Bala. Martinez, lui, a pris l'avion pour Dallas afin de récupérer son automobile.

« Trois jours plus tard, le 15 janvier, Cotroni est arrivé à Mexico et est venu me rencontrer à ma manufacture. Il m'a remis $7 000 en disant que les New-Yorkais s'étaient plaints de la qualité. Il m'a promis de faire de son mieux pour obtenir le reste de l'argent le plus tôt possible, puis il est parti pour Acapulco. J'ai remis les $7 000 à Asaf Y Balla. Environ une semaine plus tard, Orsini est arrivé à son tour à Mexico et Cotroni est venu le rejoindre. Je les ai rencontrés dans une chambre du *Presidente*. Cotroni m'a remis $14 000 additionnels et on a discuté d'arrangements possibles dans l'héroïne. Je leur ai dit qu'avant de penser à un autre marché, il faudrait qu'ils me paient les $35 000 qui manquaient encore. Je leur ai dit que j'en avais de besoin pour acheter de l'héroïne en Europe. Ils étaient d'accord quand on s'est quittés, mais au cours des mois qui ont suivi, malgré plusieurs demandes répétées, je n'ai jamais été payé. En fait, tout ce que j'ai reçu, cela a été $500 d'Orsini lors d'un voyage à Montréal en mai 1972.

Au cours du mois de juillet 1971, Carlo Zippo et Tomasso Buscetta sont arrêtés me voir à Mexico. Ils arrivaient de New York et étaient en route pour Rio de Janeiro. Buscetta m'a donné $10 000 en gage d'amitié puis il m'a dit qu'il pouvait m'envoyer de la marchandise si on était capables de la vendre à Mexico. J'en ai parlé à Asaf et il m'a répondu qu'il avait un bon client qui pouvait prendre n'importe quelle quantité d'héroïne. J'ai donné notre accord à Buscetta et Zippo et je leur ai dit que j'avais un bon contact à l'aéroport pour faire entrer du stuff en contrebande. On a convenu qu'ils me rappelleraient lorsque tout serait prêt. A la mi-août, à leur demande, je suis allé les rencontrer à Rio. Tomasso avait son fils Benedetto avec lui. Ils m'ont demandé de me rendre à Naples via Rome et de rencontrer un type, Michel Nicoli, un Corse. (10) Je suis arrivé à Naples le 21 août et en début de soirée, vers 19h30, j'ai rencontré Nicoli dans le vestibule de l'hôtel *Orient*. Au cours de l'entretien qui a suivi, il m'a présenté à un Français. C'est avec ce dernier que j'ai préparé l'envoi de 50 kilos d'héroïne dissimulés dans deux malles de matériel achetées pour ma manufacture. La marchandise était adressée à Alphonso Saucedo et devait être récupérée par mon contact à l'aéroport au début de septembre. Je suis retourné à Mexico via Londres et Montréal, mais, le 8 septembre, Zippo qui était à Mexico lui aussi, est venu me voir pour me dire qu'il y avait des problèmes d'expédition en Italie. Je suis donc retourné là-bas pour régler ça avec Nicoli et le Français et je suis revenu vers le 30 septembre. La marchandise est arrivée environ une semaine plus tard et elle a été récupérée par Saucedo. J'ai ensuite rencontré Asaf avec

---

10. Recherché aux Etats-Unis depuis 1968, date à laquelle il a profité d'un cautionnement de $50 000 pour fuir une accusation de trafic de stupéfiants, Nicoli est l'un des hommes clés de Joseph Auguste Ricord. Depuis l'incarcération de ce dernier, en mars 1971, il a réorganisé la filière sud-américaine avec Buscetta et les autres membres des réseaux de Ricord.

Zippo et il nous a remis $450 000. Une partie de l'argent a été donnée à Nicoli qui est venu à Mexico quelques jours plus tard et Zippo s'est chargé de faire parvenir à Buscetta sa part par un transfert bancaire.

« Après cette opération, Zippo a préparé une nouvelle livraison. Vers le mois de novembre 1971, un nommé Felice Bonetti, un acolyte de Buscetta en Amérique du Sud, est venu rencontrer Zippo à Mexico pour finaliser l'envoi de 120 kilos. Quelques jours plus tard, Lucien Sarti, un Corse, est arrivé à son tour à Mexico pour effectuer la transaction. Je l'ai d'abord rencontré à son hôtel, le *Maria Isabel*, en compagnie de Zippo et Nicoli puis je suis allé voir Asaf pour savoir comment il voulait que s'effectue la livraison. Le matin du 30 novembre, suivant les instructions reçues, Alfredo, le frère d'Asaf, est allé stationner une Ford Falcon sur la rue Hamburgo, près de Lancaster, puis il est venu me donner les clés. Peu après, un homme de Sarti, un nommé Renzo Rogaï, est venu me rencontrer à mon bureau. Carlo Zippo était alors avec moi. On est partis tous trois ensemble vers la rue Hamburgo et j'ai remis les clés à Rogaï. Il est parti avec la voiture.

« A la fin de l'après-midi, tel que convenu, Rogaï est venu nous retrouver, moi et Zippo, dans un casse-croûte. On a alors vu Sarti et un autre type, Jean-Paul Angeletti, arriver avec la Ford, stationner le véhicule et partir en laissant les clés sur le tableau de bord. (11) Rogaï nous a quittés à ce moment là, pas longtemps après, Alfredo est venu récupérer la Ford. Zippo et moi sommes ensuite allés rencontrer Sarti à son hôtel puis, seul, j'ai été voir Asaf qui m'a dit que la marchandise était en route pour sa destination. Après ça, environ une semaine plus tard, Asaf a commencé à effectuer les paiements. Il y en a eu quatre ou cinq. Au total, Nicoli, Zippo et moi avons remis à Sarti $800 000. Le dernier paiement de $40 000 a été remis à Rogaï après le départ de Sarti.

« Au mois de décembre, ce dernier nous a téléphoné, moi et Zippo de Rio. Il était prêt à nous envoyer deux paquets par avion. Je lui ai alors donné le nom de Saucedo et j'ai contacté mon ami de *Trans Cargo International*, Antonio Hernandez, pour qu'il s'occupe de réceptionner la marchandise. Le stuff est arrivé au début de janvier et Saucedo est allé en prendre livraison. Les deux paquets ont été transportés chez Alfredo et, avec Zippo, j'ai été vérifier la marchandise. Il y en avait 46 kilos. Asaf nous a payés au total $332 000 et nous avons remis $275 000 à Rogaï, selon l'entente intervenue avec Sarti. Dans cette transaction et celle des 120 kilos, Buscetta, Zippo, Jorge Asaf Y Bala et moi nous nous sommes partagé à part égale $500 000. Par la suite, je n'ai participé à aucune autre transaction. Sarti et Angeletti ont eu des problèmes avec les polices brésiliennes et boliviennes et ils sont venus se réfugier à Mexico. Sarti nous a proposé une autre affaire de 300 kilos, mais la livraison n'a jamais

---

11. Jean-Paul Angeletti était l'un des deux principaux lieutenants de Joseph Auguste Ricord. L'autre était François Chiappe, dit François les grosses lèvres, un grand ami d'Antoine Guérini de Marseille.

eu lieu. (12) En juillet 1972, un autre trafiquant, Julio Juventino Lujan, est venu me proposer de me vendre 50 kilos de cocaïne par mois.

Asaf était d'accord pour acheter le stuff, mais il n'a pas voulu avancer d'argent. La transaction ne s'est pas faite. » (13)

A Montréal, Frank Cotroni et Guido Orsini comparaissent, dès le lendemain de leur arrestation, devant le juge Ruston B. Lamb de la Cour supérieure. Siégeant à titre de commissaire à l'extradition, le magistrat statue qu'en cette matière le fardeau de la preuve est inversé et que les prévenus doivent établir à la satisfaction du tribunal les raisons pour lesquelles ils pourraient être libérés sous cautionnement. En désaccord avec cette décision, les avocats des mafiosi ont recours à une requête d'habeas corpus pour obtenir gain de cause mais, le 21 novembre, le juge James Hugessen rejette cette demande. Entre-temps, le juge Lamb accueille sous réserve l'affidavit de dénonciation signé par Catania et entend les avocats et les procureurs. Sa décision intervint le 11 décembre 1973: considérant que les procureurs représentant les autorités américaines ont prouvé qu'à première vue, les accusés ont commis les crimes reprochés, le juge Lamb ordonne l'extradition de Cotroni et Orsini.

Mais la loi prévoit un délai d'appel de deux semaines et naturellement les avocats de Cotroni ne tardent pas à en profiter. Le 17 décembre, la Cour fédérale, division des appels, est saisie du dos-

---

12. En Bolivie et au Brésil, les agents américains ont manqué de peu Angeletti et Sarti. Cependant, grâce à certains renseignements confidentiels, ils finirent par apprendre, au début d'avril 1972, la présence des deux Corses à Mexico. Dans la soirée du 27 avril, les agents de la P.J. mexicaine cernèrent le refuge de Sarti dans un secteur résidentiel de Mexico. Quand le trafiquant sortit de la maison, les policiers l'interpellèrent, mais il refusa de se laisser capturer. Une fusillade s'ensuivit et le Corse fut abattu. Le même soir, Angeletti fut lui aussi arrêté. Peu après, Helena Ferreira, l'amie de Sarti qui était détenue au Brésil, se mit à table et révéla des détails importants qui conduisirent à la fin d'octobre 1972 à l'arrestation au Brésil de Michel Nicoli et de deux autres membres de son groupe, François Antoine Canazzi et Christian David. Truand bordelais et ancien collaborateur des services secrets français, ce dernier est soupçonné d'être l'un des auteurs de l'assassinat du leader marocain Ben Barka, perpétré en novembre 1965. C'est lui qui fut à l'origine de l'affaire Delouette (printemps 1971.)

13. Presque tous les trafiquants dénoncés par Giuseppe Catania seront formellement inculpés dans différents pays, en particulier aux Etats-Unis où un Grand Jury fédéral de Brooklyn prononcera deux séries de mises en accusation impliquant un total de 25 personnes.

■ la météo

Nuageux avec éclaircies. Plus froid · Maximum 15 à 20. Jeudi: ensoleillé et froid.

LE DEVOIR

Fais ce que dois

S. Jeanne de Chantal   VOL. LXIV - No 287   Montréal, mercredi 12 décembre 1973

La Cour supérieure rend son jugement

Cotroni doit être extradé

par Jean-Pierre Charbonneau

Si aucun jugement ne vient renverser la décision rendue hier par le juge Ruston Lamb, de la Cour supérieure du Québec, Frank Cotroni et Guido Orsini seront extradés aux États-Unis dans deux semaines pour répondre à des accusations de trafic de cocaïne.

En pratique toutefois, seul Frank Cotroni pourrait être prochainement envoyé aux États-Unis car Guido Orsini, pour sa part, est toujours devant les tribunaux montréalais pour répondre à des accusations de trafic d'héroïne. Si jamais il était condamné pour ces offenses, il devrait d'abord purger sa sentence au Canada avant d'être éventuellement envoyé aux États-Unis.

En rendant sa décision hier, le juge Lamb a ordonné que les deux prévenus ne soient pas extradés avant 15 jours afin de leur donner le temps de loger un appel en vertu d'une procédure d'habeas corpus.

Toutefois, l'habeas corpus ne peut être réclamé que pour s'enquérir si le juge Lamb avait la juridiction pour siéger en Cour d'extradition et si le mandat d'incarcération qu'il a émis est légal.

D'autre part, les prévenus pourraient également loger un appel en Cour fédérale (division des appels) en invoquant soit une erreur de droit manifeste, soit un déni de justice naturel ou un excès de juridiction.

Quels que soient les recours que choisiront les avocats de Cotroni et Orsini,

il est peu probable qu'ils obtiennent un cautionnement. Le procureur de la Gendarmerie royale, Me Réjean Paul, a expliqué que rien dans la loi ne prévoit l'octroi d'un cautionnement après un jugement ordonnant l'extradition de prévenus.

Interrogé au sujet de ses intentions, Me Sidney Leithman, qui représente les intérêts de Guido Orsini, âgé de 38 ans, a déclaré que son client ne songeait pas

Voir page 6: Frank Cotroni

sier. Orsini ne conteste pas le jugement Lamb étant donné que sa cause à Montréal a priorité et que s'il est condamné, comme cela ne fait aucun doute, il devra d'abord purger sa sentence au Canada. Le 25 janvier 1974, un banc de trois juges de la Cour fédérale se prononce à son tour et confirme la légalité de l'ordre d'extradition. Reste alors la Cour suprême à qui il faut d'abord demander la permission d'en appeler.

Pendant que les procédures nécessaires s'engagent, Cotroni soigne sa réputation. Quelques journalistes complaisants font écho aux largesses du caïd envers les pauvres et ses compagnons de cellule à l'occasion de Noël et du Nouvel An!

« On se souvient peut-être, écrit l'un d'eux, que Cotroni avait l'habitude chaque Noël de faire parvenir des paniers de victuailles à des familles pauvres. Même incarcéré au 1701 de la rue Parthenais depuis le 8 novembre dernier, il a quand même contribué à l'envoi de paniers encore cette année. De plus, Cotroni a voulu faire profiter de ses largesses ses propres compagnons de prison. A leur intention, il a acheté 50 paires de pantoufles, une douzaine de radios transistors ainsi que de nombreux bas de Noël renfermant divers articles destinés aux détenus, articles susceptibles d'agrémenter leurs Fêtes. Ce n'est pas la première fois que Cotroni se montre généreux à l'égard de compagnons d'infortune. Il y a quelques années, alors qu'il avait été arrêté à Acapulco, au Mexique, pour possession de fausses cartes de crédit et détenu pendant une quinzaine de jours, nous avions constaté qu'il avait payé pour faire opérer un détenu qui avait été blessé à une jambe par un policier et dont la jambe était menacée de gangrène. Cotroni avait également rendu le séjour de ses compagnons de prison plus agréable en obtenant un changement de nourriture et de divertissements. Trois autres Montréalais qui étaient aussi emprisonnés à Acapulco et que Cotroni ne connaissait pas auparavant avaient aussi joui de ses faveurs. »

Les compagnons d'armes et les amis du caïd, eux non plus, ne restent pas inactifs. Une collecte spéciale est organisée dans les bars et les restaurants fréquentés par les truands pour recueillir les dons de ceux qui veulent appuyer moralement et financièrement leur bon ami Frank. Certains ne sont pas enthousiastes, mais ils doivent se résigner à contribuer devant les avertissements que leur servent les collecteurs. A cette initiative s'ajoutent aussi plusieurs soupers-bénéfices tenus dans des bars de la ville. Dans la soirée du 3 avril, près d'une centaine d'individus fichés au Bureau de recherches du Québec sur le crime organisé se retrouvent ainsi pour un banquet à $100 le couvert à la *Casa Renaldo,* rue Hutchison, l'un des repaires du mafioso emprisonné. Malheureusement pour eux cependant, les policiers sont au courant de l'événement. Vers 22h30, une cinquantaine d'agents municipaux dirigés par les limiers de l'Escouade de la moralité font irruption dans l'établissement et arrêtent la majorité des participants. Au nombre de ceux qui doivent passer la nuit en cellule figurent Nicodemo Cotroni, le fils aîné de Frank, Michel Cotroni, son frère, Paul Emile et Pierre Désormiers, ses beaux-frères, Jean Di Iorio, le fils de Nicola, Carlo Arena, Claude Faber, Richard Goulet, Willy Johnston, Eugène Lefort, Jean-Claude Lelièvre, André Lufty, Julio Ciamarro, Richard De Massino, Irving Goldstein, Jos Toddaro, Salvatore et Nicodemo Macei, Georges Cherry, Réal Morency, Philippe Pandolfi, et plusieurs autres. La plupart sont libérés après interrogatoire.

Deux semaines avant cette soirée, des rumeurs ont commencé à circuler au sujet d'un contrat ouvert donné pour l'assassinat de Pino Catania. Depuis, une surveillance exceptionnelle a été organisée par les agents du D.E.A. et les marshals fédéraux américains.

Le 11 avril, à Montréal, le juge James Hugessen rejette une deuxième demande provisoire de Cotroni par habeas corpus. Dix-huit jours plus tard, le 29, à Ottawa, la Cour suprême accorde au trafiquant la permission d'en appeler de l'ordre d'extradition, mais uniquement sur un des deux chefs d'accusation, celui de conspiration. A différentes occasions, des juges siégeant à titre de commissaire à l'extradition ont statué que la conspiration est une offense tombant sous le coup du traité d'extradition canada-américain. Toutefois, jamais les différentes cours d'appel du pays ou la Cour suprême n'ont eu à se prononcer sur cette question. Le plus haut tribunal du pays décide donc de profiter de cette occasion pour se pencher plus à fond sur le sujet, étant donné que la question concerne plusieurs autres causes de trafiquants canadiens recherchés aux Etats-Unis. Cependant, concernant l'accusation de trafic de cocaïne, la Cour suprême refuse à Cotroni la permission d'en appeler. Aussi, quelle que soit la décision qu'on prendra sur la question de la conspiration, le caïd est assuré d'être extradé aux Etats-Unis et d'y subir un procès. Sa demi-victoire n'est qu'un sursis prolongé puisque la Cour suprême n'entendra l'affaire qu'à l'automne et que le dénouement final ne surviendra qu'au début de 1975.

Au moment où cette décision est rendue, le Milieu montréalais est en deuil. La veille, Joe Horvath, dit Little Joe, est décédé à l'hôpital Saint-Luc des suites d'un cancer de la gorge. Il était âgé de 45 ans. Par une ironie du sort, toutes ses affaires de drogues venaient d'être démantelées par la G.R.C. et le D.E.A. Le 1er mars, il avait été arrêté une deuxième fois par la Brigade des stupéfiants pour être extradé lui aussi aux Etats-Unis et y subir un procès pour trafic d'héroïne et de cocaïne. Le 26 février 1974, un Grand Jury fédéral de Milwaukee, dans le Wisconsin, l'avait formellement inculpé de conspiration pour trafic de narcotiques avec son associé Raymond Shephard, de Montréal, ses amis de Vancouver, George William Turner, les frères Douglas et Donald Palmer et quelques-uns de leurs acolytes et les deux acheteurs américains, Albert et Gurun Herrman. Horvath et Sheppard ont accompli les méfaits reprochés, entre le 10 octobre 1972 et le 1er février 1973 à Milwaukee et à Montréal. (14)   Hospitalisé après son arrestation, Little Joe n'avait pu satisfaire les exigences fixées pour sa libération sous cautionnement.

---

14. Le 31 mai 1974, le juge James Hugessen refuse l'extradiction du récidiviste Raymond Shephard en statuant que la preuve qui devait être présentée contre le prévenu n'est pas suffisante au Canada pour qu'un jury le reconnaisse coupable. Cette preuve est basée, en grande partie, sur les aveux du trafiquant américain Albert Herrman qui a accepté de collaborer avec le D.E.A. en échange d'un traitement de faveur. Aux Etats-Unis, les promesses de clémence sont fréquentes et acceptées par les tribunaux. Selon le juge Hugessen, ces pratiques ne doivent pas être tolérées au Canada. Cependant, ce livre démontre bien que ces pratiques sont une des armes les plus efficaces contre les trafiquants internationaux. Ainsi, arrêté à Milwaukee, George William Turner est trouvé coupable par un jury. (Il réussit cependant à fuir des Etats-Unis.) A Vancouver, afin d'éviter les problèmes d'extradition, la G.R.C. décide de porter de nouvelles accusations contre les frères Palmer et leurs acolytes et de venir faire témoigner le témoin à charge du D.E.A. au Canada.

Héroïne et cocaïne
La GRC arrête deux Montréalais pour les USA

par **Jean-Pierre Charbonneau**   Le Devoir 5/3/1974

Joe Horvath

Par suite du démantèlement d'un réseau de trafiquants d'héroïne et de cocaïne qui approvisionnait la côte ouest canadienne et certains Etats du mid-ouest américain, deux récidivistes montréalais, Joe Horvarth, 45 ans, et Raymond George Sheppard, 42 ans, ont été arrêtés en fin de semaine par la Brigade des stupéfiants de la GRC en vertu d'une demande d'extradition formulée par le gouvernement américain.

Outre Horvath et Sheppard, la police fédérale a procédé à l'arrestation à Vancouver de six présumés complices qui sont également recherchés aux Etats-Unis. Il s'agit des frères Donald et Douglas Pal-

mer, tous deux âgés de 33 ans, d'Andrew Smith, 32 ans, de Charles Maucor, 33 ans, de Ray Dorn et de Dale Campbell.

Lors de la comparution de Horvath et de Sheppard hier, à Montréal, le procureur de la Gendarmerie royale, Me Gérald Tremblay, a précisé que les deux Montréalais et leurs complices sont accusés à Milwaukee, dans le Wisconsin, d'avoir conspiré entre le 20 mai 1972 et le 3 mai 1973 pour obtenir illégalement de l'héroïne au Canada et pour avoir exporté et distribué illégalement cette drogue aux Etats-Unis.

De plus, Horvath et Sheppard sont accusés d'avoir conspiré entre le 10 octobre 1972 et le 15 février 1973 pour exporter de l'héroïne et de la cocaïne aux Etats-Unis.

R. G. Sheppard

Par ailleurs, une semaine avant son arrestation, la Cour des sessions de la paix de Montréal lui avait refusé une motion de non-lieu qui visait à le libérer des accusations de trafic international de haschisch portées contre lui en mai 1972 par la Brigade des stupéfiants. Déjà, trois de ses complices avaient été condamnés à des peines d'emprisonnement. Son procès devait reprendre le 10 avril, mais sa maladie oblige le tribunal à ajourner la cause. De leur côté, les limiers fédéraux venaient d'obtenir la confirmation qu'il avait remis sur pied sa filière de haschisch. Depuis le début de novembre 1973, il avait réussi à faire entrer à Montréal 11 cargaisons totalisant 850 kilos (1870 livres).

Le 22 février 1974, à l'occasion d'une vérification de routine dans l'entrepôt de la firme d'import-export *Emery Air Freight* à l'aéroport de Dorval, les hommes du sergent John Leduc de la Section haschisch international de la Brigade des stupéfiants ont saisi quatre caisses de carton contenant 148 kilos (325 livres) de ce dérivé du cannabis. Arrivées deux jours auparavant d'Amsterdam, les caisses étaient censées contenir des textiles destinés à la compagnie *Wilkinson Agency,* rue Bleury. Une vérification rapide révéla que cette entreprise n'existait pas. Pendant deux semaines, les policiers attendirent en vain que l'on vienne récupérer les quatre caisses. Par la suite, ils contactèrent la Sûreté hollandaise pour vérifier l'identité de l'expéditeur mentionné sur les documents de fret, un certain M.S. Felman, du 20 de la rue Bloemgracht, à Amsterdam. On apprit bientôt que cette adresse était fictive, mais que le nommé Felman avait néanmoins déjà expédié, depuis le début de novembre 1973, 10 cargaisons de semblables « textiles » destinées à différentes entreprises montréalaises. L'enquête de la G.R.C. révéla que toutes ces compagnies étaient fictives et qu'aucun dossier à leurs noms ou à celui de l'expéditeur Felman n'existait au Centre général de la Douane. On en déduisit donc qu'un employé de l'*Emery Air Freight* avait collaboré avec les trafiquants. Des informateurs avisèrent ensuite la Brigade des stupéfiants que Horvath était l'organisateur de ces envois. On se rappela alors que, lors de son procès de mai 1972, on avait prouvé que les stocks de haschisch étaient entrés eux aussi à Montréal via les services de l'*Emery Air Freight.*

Horvath a joué son rôle jusqu'à la fin. Sur son lit d'hôpital, il avait convoqué des enquêteurs de la Brigade des stupéfiants en leur disant qu'il était prêt maintenant à passer aux aveux. En fait, il ne voulait que prendre sur lui la responsabilité de l'inculpation à Milwaukee afin de disculper ses complices. Il mourut cependant sans avoir réussi.

Une semaine après sa mort, un nouvel événement imprévu survient dans le monde des trafiquants de drogue montréalais. A la surprise générale, Guido Orsini fait volte-face devant le juge Yves Mayrand et reconnaît sa culpabilité aux accusations de trafic d'héroïne portées contre lui en juillet 1972. En novembre 1972, le trafiquant français Jean-Pierre Buffa est le premier à passer aux aveux et il est condamné à 20 ans de pénitencier. Il tente bien par la suite d'obtenir la réouverture de son dossier en affirmant qu'il n'avait pas agi comme trafiquant de drogue, mais plutôt comme auxiliaire pour un agent double de la G.R.C., mais cela ne réussit pas. La Cour d'appel n'est pas dupe de ses prétentions. En réclamant la clémence du tribunal, Orsini tente une manoeuvre semblable; il n'aurait été, selon son avocat, que la victime impuissante de deux agents doubles, Buffa et le Boiteux, lesquels l'auraient incité au crime et fait succomber. A cela s'ajoute une maladie incurable, un cancer de la vessie qu'il soigne depuis 1970.

Le 3 juillet 1974, la sentence est rendue: 22 ans de bagne. Dans son jugement, le magistrat déclare: « (...) Il est évident que dans cette organisation, un informateur de police avait réussi à s'infiltrer antérieurement. Mais le fait qu'il y ait agent double ou non ne diminue en rien la responsabilité de l'accusé et son consentement à vouloir continuer et achever la transaction. Dans ce genre de causes, la Police doit manoeuvrer souvent avec des agents doubles (...) » Quatre mois plus tôt, le 1er mars, Conrad Bouchard qui lui aussi est tombé dans le filet d'un agent double a été condamné à l'emprisonnement à perpétuité. (15)

Quant aux autres accusés dans l'affaire Orsini, leur sort sera tranché plus tard. Le cas de Frank Cotroni est étudié le 7 octobre 1974 devant la Cour suprême, et, le 23 suivant, la décision est connue. A l'unanimité, les neuf juges les plus importants du pays statuent que la conspiration est une offense prévue par le traité d'extradition canado-américain et en conséquence rejettent la requête de l'appelant. Aussitôt la décision connue, le sergent d'état-major Paul Sauvé et le caporal Claude Savoie de la Brigade des stupéfiants et deux représentants du D.E.A. vont cueillir le mafioso au Centre de détention Parthenais pour l'amener discrètement à Dorval. A peine débarqué à New York, le prévenu est traduit devant le juge en chef Jacob Mishler de la Cour fédérale du district de Brooklyn qui fixe le début du procès à la mi-novembre et qui permet sa mise en liberté provisoire moyennant un dépôt comptant de $1 500 000. Bien entendu, Cotroni enregistre un plaidoyer de non culpabilité et comme sa caution n'est pas déposée, il est incarcéré.

---

15. En France, un mois et demi après la condamnation de Bouchard, l'Office central des stupéfiants et le D.E.A. ont réussi un coup de filet d'importance en arrêtant les Marseillais Joseph Boldrini, 63 ans, et Etienne Mateuci, 53 ans, à la suite d'une saisie de 20 kilos (44 livres) d'héroïne dans un casier de la consigne de la gare de l'Est, à Paris. On sait que ces deux Corses étaient les pourvoyeurs d'héroïne du Boiteux, René Quintin de Kercadio, et de l'agent double Roger Gabeloux. Dans cette affaire, un troisième trafiquant, Jacques Lacoste, 50 ans, de Paris, a été arrêté et deux autres, Jérôme Leca, le vieil acolyte de Boldrini dont il a déjà été question, et Roger Gosselin ont réussi à prendre la fuite. Les trois premiers sont condamnés le 18 juin 1975 à des peines de 12 et 17 ans de pénitencier, alors que les deux autres, qui sont toujours recherchés, récoltent 15 ans de bagne in abstentia.

Le 16 novembre, le juge Mishler entreprend les procédures préliminaires qui portent principalement sur l'admissibilité en preuve de 17 conversations téléphoniques enregistrées à Montréal par les techniciens de la Sûreté du Québec dans le cadre de l'opération Vegas. Les avocats de l'accusé parmi lesquels se trouve le célèbre Moses Polakoff, l'ancien avocat de Lucky Luciano, s'objectent avec véhémence à la production des documents sonores. La défense s'organise même pour porter des accusations criminelles contre les policiers de la S.Q. à Montréal pour réussir à obtenir que les enregistrements téléphoniques soient déposés en preuve d'abord au Canada, ce qui retarderait le début du procès à New York, fixé pour le 6 janvier. Cette tactique donnerait également à Cotroni sa libération provisoire grâce à une réduction du cautionnement qui deviendrait nécessaire en vertu de la Loi américaine. Celle-ci défend en effet de détenir un accusé si les procédures n'ont pas été engagées après un délai de deux mois. Mais cette manoeuvre échoue. Le magistrat montréalais saisi de l'affaire refuse de donner suite à la dénonciation signée par la femme de Frank Dasti, le coaccusé de Cotroni. A New York, le juge Mishler accepte la légalité des enregistrements du projet Vegas et le procès débute à la date prévue avec le témoignage accablant de Pino Catania. (16)

La défense tente par tous les moyens de discréditer le témoin à charge et de l'intimider. En vain! Grâce au travail d'un enquêteur privé de Montréal, Edwin Pearson, déjà mêlé aux tentatives de

---

16. Un autre trafiquant de drogue devenu informateur pour le D.E.A., George Stewart, témoigne également au procès de Cotroni. Arrêté pour trafic de stupéfiants en 1970, Stewart a accepté de collaborer avec le Bureau des narcotiques et, en janvier 1971, il a travaillé comme agent double dans le milieu des distributeurs et des grossistes de cocaïne et d'héroïne de New York. A cette occasion, il a participé à une transaction de cocaïne entre James Altamura, Joseph Cordovano et Alvin Lee Bynunm, un important grossiste. Après l'extradition de Frank Cotroni, au cours de la troisième semaine de novembre 1974, un policier du D.E.A. qui avait collaboré avec Stewart, a pris connaissance des enregistrements du projet Vegas. Il a alors découvert, en constatant qu'il était question de cocaïne de mauvaise qualité, que la marchandise vendue par Cordovano à Bynunm était en fait celle vendue préalablement par Cotroni et Dasti au tandem Oddo-Vanacora. Ces derniers avaient passé la drogue à leur ami Altamura, lequel l'a cédée à Cordovano. C'est d'ailleurs Altamura qui, le 14 janvier 1971, est venu à Montréal remettre les premiers $7 000 que Cotroni a remis à Pino Catania au Mexique. Grâce à Stewart et Catania, les policiers ont réussi à arrêter des trafiquants à toutes les étapes de la chaîne de contrebande, depuis le fournisseur mexicain, Jorge Asaf Y Bala, jusqu'au grossiste newyorkais, Alvin Lee Bynum.

L'enquêteur privé Edwin Pearson

Conrad Bouchard pour discréditer le responsable des opérations de la Brigade des stupéfiants, la défense produit en Cour des photographies et deux lettres que Catania a envoyées récemment à sa femme et à sa fille à Mexico mais qui ne sont jamais parvenues à destination. Les documents ayant de toute évidence été volés durant le trajet postal, le juge Mishler s'interroge en pleine salle d'audience sur le rôle d'Edwin Pearson et propose même de faire traduire immédiatement l'enquêteur devant un Grand Jury pour tirer l'affaire au clair. L'incident n'a cependant pas de suite car le Montréalais disparaît du palais de justice de Brooklyn. Le procès dure neuf jours à l'issue desquels, dans la soirée du 21 janvier, les 12 jurés prononcent un verdict de culpabilité contre Cotroni et Dasti.

Les sentences sont prononcées le 24 mars suivant. Agé de 44 ans, Frank Cotroni est condamné à 15 ans de détention et à une amende de $20 000. Pour sa part, Dasti récolte lui aussi de 15 ans mais cela ne change rien à sa situation puisqu'il purge déjà une peine de 20 ans pour trafic d'héroïne. En rendant sa décision, le juge en chef Mishler explique qu'il n'a pas tenu compte d'un rapport présentenciel décrivant Frank Cotroni comme un des plus importants personnages de la Mafia au Canada. Il a écarté de la même façon une quarantaine de lettres que lui ont adressées des hommes d'affaires québécois, des représentants d'organismes religieux et un journaliste pour décrire les dons faits par le caïd à diverses oeuvres de charité (17). Le juge déclare simplement qu'il s'en est tenu à la preuve faite devant lui, laquelle démontre que Cotroni était le chef

---

17. Durant les heures qui précèdent le prononcé de la sentence, plusieurs dévots de la colonie italienne de Montréal se réunissent pour implorer l'intervention divine en faveur du cadet des Cotroni.

de ce réseau de trafiquants de drogue. Le magistrat a également écarté une lettre qu'un membre du jury lui a fait parvenir six semaines après le procès. Ce juré, une femme, affirmait qu'elle ne croyait plus maintenant à la culpabilité des accusés après y avoir longuement réfléchi . . .

De son côté, avant le prononcé des sentences, Cotroni s'est adressé en ces termes au président du tribunal:

« Je ne suis pas un saint, mais je vous jure que je ne suis par un bum. Je n'ai jamais participé à un trafic de drogues. Je suis un bon père de famille et si je suis envoyé en prison, mon foyer risque d'être brisé. Je suis marié depuis 22 ans et je suis un bon père de famille. J'ai six enfants dont trois en bas âge. Les plus vieux, deux garçons et une fille, ont dû quitter l'école à cause de la mauvaise publicité faite autour de mon nom. Mon fils aîné va bientôt se marier et je voudrais être présent pour lui servir de père. (18) Cela fait 17 mois

Lucien Rivard, à sa libération, accueilli à Dorval par une meute de journalistes.

---

18. Nicodemo Cotroni, le fils aîné de Frank, épouse au cours de l'été 1975 la fille de Bob Tremblay, le bras droit de Lucien Rivard. Ce dernier, libéré de prison le 17 janvier 1975, est revenu à Montréal et a renoué immédiatement avec ses anciens amis, surtout Tremblay.

que je suis détenu et dans mon cas, c'est aussi dur que cinq ou six ans de prison. Si vous décidez de m'emprisonner, j'aimerais que vous ordonniez que je sois placé dans une prison près de la frontière canadienne afin que je sois plus près de ma famille. En terminant, si je n'ai pas témoigné à mon procès. c'est parce que je voulais éviter des problèmes avec les gars de l'impôt (. . .) »

Selon la Loi américaine, les détenus sont éligibles à la libération conditionnelle après avoir purgé le tiers de leur sentence. En pratique cependant la plupart des condamnés reliés au crime organisé ne peuvent bénéficier d'une libération avant d'avoir servi les deux tiers de leur peine. Ce qui veut dire que Frank Cotroni est incarcéré pour une période de 5 à 10 ans et qu'il ne reviendra pas au Québec avant 1980 et peut-être même pas avant 1985, à moins que la Cour d'appel ne revise le jugement Mishler, ce que demandent les avocats du mafioso.

Le 16 mars suivant, Anthony Vanacora est condamné à deux peines de 4 ans de réclusion chacune pour avoir acheté de la cocaïne de Paul Oddo et pour évasion fiscale. Oddo, déjà condamné comme Dasti, ne peut subir son procès à cause d'un cancer, tandis que Jorge Asaf Y Bala attend encore son extradition aux Etats-Unis dans une prison mexicaine. Pour sa part, Giuseppe «Pino» Catania, passible de 20 ans de prison, est condamné par le juge Mishler à une sentence suspendue de 5 ans de pénitencier.

Chapitre XIX
Un commerce plutôt violent

Comme on peut s'en douter, le démantèlement du réseau de Frank Cotroni n'est qu'une étape dans la répression du trafic international des drogues. Pour la Brigade des stupéfiants, ce n'est pas le point final, car il y a toujours des filières qui se reforment.

Le 1er octobre 1973, un mois avant l'inculpation formelle de Frank Cotroni, une opération d'infiltration dans le milieu des revendeurs montréalais d'héroïne et de cocaïne aboutit à l'arrestation de 20 individus, la majorité de race noire, parmi lesquels se retrouvent plusieurs proxénètes de renom comme Charlie Chase, un ancien champion de boxe canadien, George Desmond, Gordon Griffith et Howard Jones. Le 12 janvier 1974, un important caïd portoricain de New York, Ramon Ramirez, alias Ramon Ortiz, est arrêté près du poste frontière de Blackpool au moment où il regagne les Etats-Unis avec quatre kilos d'héroïne dissimulés dans le pneu de rechange de sa luxueuse Jaguar. Entré au Canada le matin même, il a été pris en filature par les hommes du sergent Léonard Massé. Ceux-ci avaient été prévenus de son arrivée par le D.E.A. Il s'est d'abord rendu dans un motel de la rive sud puis de là il serait allé rencontrer son fournisseur montréalais. Ce dernier n'a pu être arrêté parce que pendant que le Portoricain faisait ses achats, les limiers fédéraux surveillaient les abords du motel croyant que leur homme s'y trouvait toujours, son automobile n'ayant pas quitté le stationnement. Ils se sont rendus compte de leur erreur quelques heures plus tard lorsqu'ils ont aperçu Ramirez revenant au motel en taxi, avec un paquet. Dans les jours qui suivirent l'arrestation et la saisie, l'enquête sur la requête en cautionnement révèle que le New-Yorkais est fiché comme

Gordon Griffith (en haut, à gauche), Howard Jones (en haut, à droite), Charlie Chase (en bas, à gauche) et George Desmond (en bas, à droite).

un bon ami de Walter Guay, l'un des acolytes de Bob Tremblay, lui-même bras droit de Lucien Rivard. On le connaît à la G.R.C. depuis juin 1972.

Le 22 avril 1974, trois mois et demi après la capture de Ramirez, deux jeunes Montréalais, Michel Angell et Jean-Claude Renaud sont arrêtés après avoir pris livraison de deux livres d'héroïne expédiées de Thaïlande dans deux paires de ski. A la Brigade des stupéfiants, on savait que la drogue était destinée à deux dirigeants des Satan's Choice (1) et à un membre de l'organisation Cotroni qu'on arrête quelques mois plus tard à l'occasion du démantèlement d'une combine de haschisch.

Depuis l'inculpation des gros bonnets, les importations d'héroïne française ont diminué considérablement au Canada. Non seulement les contacts indispensables avec le Milieu français sont-ils interrompus, mais les réseaux européens ont à faire face à de graves problèmes. En plus des nombreuses arrestations qui ont affecté considérablement les filières françaises, il y a une pénurie de matières premières causée par les restrictions de la production de pavot décrétée par la Turquie à la suite des pressions répétées des autorités américaines qui estimaient que 80% des 10 à 13 tonnes (de 22 à 28 000 livres) d'héroïne consommées chaque année aux Etats-Unis étaient fabriquées à Marseille et venaient des champs de pavots turcs. (2) A Montréal et ailleurs en Amérique et en Europe, sont apparues sur le marché clandestin des quantités considérables d'héroïne provenant du Sud-Est asiatique, en particulier du fameux triangle d'or: la région frontalière de la Birmanie, du Laos et de la Thaïlande.

Après la saisie du kilo d'héroïne dissimulé dans les deux paires de ski, la G.R.C. en collaboration avec les sections antidrogue de la Police thaïlandaise, arrête à Bangkok, le 21 juin 1974, un narcomane montréalais devenu revendeur, puis trafiquant international, Jonal Ricky Nicols, sa compagne Holly Linn Hislot et un truand thaï, Sam Viriyanet. A cette occasion, on saisit six onces d'héroïne blanche

---

1. Les Satan's Choice sont de redoutables motards solidement implantés dans le trafic des stupéfiants de tout genre et qui étaient acoquinés avec Joe Horvath.

2. Le 29 juin 1971, date à laquelle le gouvernement turc publie chaque année la liste des provinces autorisées à planter du pavot, une surprise attendait les paysans. Le gouvernement, tout en donnant des autorisations pour quatre provinces seulement au lieu de sept comme l'année précédente, décréta que la récolte de 1972 serait la dernière en Turquie et qu'à partir de l'automne 1972, il serait interdit de cultiver le pavot et de produire l'opium.

no 4. (3) Lié avec de jeunes recrues du clan Cotroni, Nicols en était à son cinquième voyage en Thaïlande pour acheter de l'héroïne. Comme plusieurs, il s'était laissé tenter par les prix d'achat incroyablement bas des pays producteurs. (4)

Ce coup de filet donne lieu à d'autres développements. Le 30 janvier 1975, on arrête quatre jeunes Italo-Québécois, dont Ernesto Nitolo, leur présumé leader. C'est en se faisant passer pour un trafiquant torontois qu'un agent secret de la G.R.C. réussit quatre achats d'héroïne thaïlandaise no 4 valant autour d'un demi-million.

A la fin d'avril 1975, après la condamnation à 10 ans de pénitenlier imposée à Nicols à Bangkok, quatre de ses acolytes sont arrêtés à Montréal pour l'avoir aidé en janvier 1974 à vendre de l'héroïne et de la cocaïne à un autre agent secret de la G.R.C. Les inculpés sont Janet Murray, l'amie de Nicols, Kenny Terreskowiz, un ami des frères Wayne et Ronald Turner, arrêtés avec le gang des proxénètes noirs en octobre 1973, Mickael O'Connor et Steve Roseberg, lequel, sans le savoir, aurait introduit le policier auprès des autres après avoir fait connaissance avec lui à Toronto. Un comparse de ce dernier, Hamid Reza Manousheri, a été arrêté le 29 mars 1974 en possession d'une livre d'héroïne importée d'Iran quelques semaines plus tôt.

Le 4 juin 1975, un autre narcomane montréalais, Wayne Martin, se rend à Bangkok où, depuis deux ans, il a effectué un dizaine de séjours plus ou moins prolongés. Associé comme Nicols avec les patrons des Satan's Choice et avec une bande d'Halifax, il achète dès son arrivée 4 onces d'héroïne blanche qu'il poste sans tarder pour le Québec. Surveillé par les enquêteurs de la Section des narcotiques de la Police municipale de Bangkok et par deux limiers de la G.R.C.,

---

3. Dans le Sud-Est asiatique, les laboratoires clandestins produisent deux variétés d'héroïne, de la blanche, la no 4, qui a un degré de pureté d'au moins 90%, et de la pourpre ou brunâtre, la no 3 (« rock heroin » ou « brun sugar »), beaucoup moins pure. Cette distinction n'existe que dans le Sud-Est asiatique, les laboratoires clandestins européens ne fabriquent que de l'héroïne blanche. Le Mexique produit aussi de l'héroïne brune dont le degré de pureté, à la source, n'est que de 60 à 70%.

4. En Thaïlande, une once d'héroïne no 4 se vend $100. Le trafiquant montréalais mélange une once d'héroïne avec du lactose pour obtenir cinq onces qu'il vendra environ $2 400 l'unité, soit un profit virtuel de $10 000. Coupée encore trois fois par les intermédiaires, l'once d'héroïne du début donno 224 grammes vendus à $120 l'unité ou 896 « spoons » au prix de $45. L'once d'héroïne payée à Bangkok $100 a une valeur marchande dans la rue à Montréal de plus de $40 000.

Ricky Nicols (en haut, à gauche),
Ernesto Nitolo (en haut, à droite)
et Wayne Martin (en bas).

il est arrêté le 18 juin après un deuxième achat de 3 onces réalisé
par l'entremise de deux Chinoises qui ont rapporté la marchandise
de la région de Chonburi (l'un des centres de prédilection des trafiquants thaïlandais, à cause de la présence des « riches » Américains).
A Montréal, 2 des quatre onces expédiées par la poste sont saisies et
s'ajoutent aux 3 onces confisquées à l'aéroport de Dorval le 19 mai à
la jeune femme de Halifax que Martin avait recrutée comme courrier
à Amsterdam.

En Europe, la capitale hollandaise a remplacé Marseille comme
plaque tournante du trafic international de l'héroïne et ce sont les

caïds du quartier chinois qui détiennent le haut du pavé avec les grands patrons de la pègre de Hong Kong. (5) La majorité des trafiquants chinois d'envergure sont membres de la secte des Tch'ao-Tcheou, une communauté du sud-est de la Chine, à la frontière des provinces de Canton et de Foukien. Leur système d'organisation rappelle celui des familles de la Mafia et des gangs corses; ils exercent une influence politique et économique comparable, sont unis par les liens de la culture et du dialecte et restent en rapport les uns avec les autres malgré leur dispersion dans les différentes colonies chinoises à travers le monde. Avec d'autres organisations chinoises, les Tch'ao-Tcheou dominent le réseau de collecte, de fabrication et de distribution des opiacés dans toute l'Asie du Sud-Est. Avant la deuxième guerre mondiale, une bonne partie du trafic de l'opium et de ses dérivés en Amérique du Nord était entre les mains des caïds chinois travaillant sur la côte du Pacifique et ravitaillés par des marins chinois qui transportaient la drogue sur des cargos océaniques. Après la guerre, le Sud-Est asiatique est devenu une source d'approvisionnement négligeable à cause de la concurrence de l'héroïne européenne et de la difficulté de coordonner l'approvisionnement, assuré par les Chinois, et la distribution, dirigée par des Blancs. Au cours des dernières années, les embarras causés aux fournisseurs européens, ajoutés à la baisse des approvisionnements en opiacés bon marché du Moyen-Orient, ont supprimé le premier obstacle tandis que la présence américaine dans le Sud-Est asiatique faisait disparaître le second.

Le 3 juillet 1975, un jeune Hollandais de 26 ans, Eric Jan Doorn, est arrêté à Dorval après que des agents de la Brigade des stupéfiants

---

5. Au cours des dernières années, les trafiquants de Hong Kong ont renoué avec des congénères de Vancouver, et une importante filière d'héroïne a été mise sur pied. Le 28 mars 1975, la section de Vancouver de la Brigade des stupéfiants procède à l'arrestation de deux individus, dont un Chinois de 42 ans, Fook Hing Clifford Jung, en rapport avec la saisie de 8 livres et demie d'héroïne dissimulées dans 36 piles expédiées de Hong Kong. Le 21 septembre 1975, un jeune Chinois de Hong Kong âgé de 21 ans, King Sing Tai, est arrêté à Vancouver porteur de 4 livres d'héroïne no 3. Dans les jours qui suivent, la Gendarmerie royale et la police de Vancouver arrêtent 6 autres individus, dont une femme. Ceux-ci sont inculpés de conspiration pour avoir importé de l'héroïne via Hong Kong. Selon les spécialistes de la Brigade des stupéfiants, la filière d'héroïne Hong Kong-Vancouver est, au moment où ce livre paraît, la filière la plus active au Canada.

aient découvert, dissimulées dans des paquets de cigarettes, deux onces et demie d'héroïne brune no 3 et une once d'héroïne no 4. Arrivé deux jours plus tôt d'Amsterdam, le prévenu a d'abord été arrêté par des officiers de l'Immigration qui ont jugé insuffisant, compte tenu du séjour qu'il voulait faire au Québec, les $90 qu'il avait en poche. C'est au cours de sa détention pour déportation qu'on a demandé aux limiers de la G.R.C. d'intervenir.

A ce jour, c'est le dernier coup de filet significatif de la G.R.C. de Montréal en ce qui concerne le trafic international de l'héroïne. Mais les limiers fédéraux ne se font pas d'illusion; on trouve encore de l'héroïne sur le marché de la consommation locale et la filière asiatique continue toujours d'alimenter les quelque 400 héroïnomanes locaux et les 15 000 autres répartis un peu partout à travers le Canada, surtout à Vancouver et à Toronto. D'autres petits trafiquants montréalais se rendent encore outre-mer pour effectuer de petits achats d'héroïne thaïlandaise; ils vont directement à Bangkok ou à Amsterdam.

De plus, et cela préoccupe au plus haut point la Brigade des stupéfiants ainsi que le D.E.A. et l'Office central des stupéfiants, plusieurs trafiquants montréalais d'envergure ont renoué depuis quelques mois avec des collègues français et italiens. A cause de la politique américaine dans la crise chypriote en 1974, le gouvernement turc a autorisé à nouveau la culture du pavot et il est certain que, comme dans le passé, une partie plus ou moins importante de la première récolte de l'été 1975 a été acheminée vers les laboratoires clandestins du Sud de la France, cela malgré les contrôles gouvernementaux ayant entouré la cueillette. C'est pourquoi on s'attend éventuellement à ce que les filières franco-québécoises reprennent leurs activités. Cependant, il est permis de croire que dorénavant elles seront beaucoup mieux structurées et donc plus difficiles à mettre au jour.

Entre-temps, le trafic des autres drogues se poursuit de plus belle. Le haschisch, par exemple, est toujours en demande. Depuis 10 ans, sa popularité n'a cessé de croître et, à l'instar de Joe Horvath, plusieurs caïds y ont investi beaucoup d'argent et d'énergie. En mars 1972, Luigi Greco, le no 2 de la Mafia locale, a perdu $200 000 à l'occasion d'une saisie de 3 395 livres (1 543 kilos) de haschisch effectuée par les douaniers britanniques du port de Manchester. (6) Cette saisie a été suivie d'une opération de la Brigade des stupéfiants qui a conduit, à Montréal et au Liban, à l'arrestation de 12 individus dont quelques personnages bien connus de l'entourage de Frank Cotroni, comme Albert Numi, alias Albert Di Carlo, et son beau-frère Frank Zaurini. (7)

Toute cette affaire a débuté le 6 mars 1972 par un appel téléphonique de l'officier Sam Charles de la Douane britannique qui annonçait qu'il avait découvert, trois jours plus tôt, en inspectant un container, 3 395 livres de haschisch. La drogue, d'une valeur marchande de plus de $15 millions était contenue dans 260 caisses de fruits en conserve qui se trouvaient à bord du cargo *SS Manchester Crusader* qui avait quitté Beyrouth le 25 janvier précédent. La cargaison était destinée à une firme montréalaise, *Oriental Food Importing,* de la rue Montcalm, et provenait d'une entreprise d'expédition libanaise, la *Beyrouth Trading Agency and Commission.* Les hommes du sergent Gilles Favreau, le responsable de la Section haschisch international de la Brigade des stupéfiants, ayant rapidement découvert que la compagnie *Oriental Food Importing* n'existait pas, on décida d'acheminer normalement la cargaison à Montréal, non sans avoir au préalable subtilisé presque toute la drogue dissimulée dans des boîtes de fruits en conserve. Seules, 35 livres de

---

6. Quelques mois après cette affaire, le 7 décembre 1972, Luigi Greco a trouvé la mort accidentellement au moment où il remplaçait le plancher de sa pizzeria en compagnie de quelques ouvriers. Comme le veut la tradition, ses funérailles ont été l'occasion d'un rassemblement impressionnant de caïds et de truands de premier plan. Son protégé, Conrad Bouchard, lui a rendu un hommage remarqué en chantant l'émouvant « Ave Maria » de Schubert durant la cérémonie religieuse.

7. Acquitté pour voie de fait grave en janvier 1953 et condamné comme tenancier de maison de jeu en février 1964, Frank Zaurini a surtout fait parler de lui à l'occasion d'incidents impliquant Frank Cotroni et ses hommes de main. En novembre 1967, un portier d'hôtel était assassiné et deux collaborateurs de Cotroni étaient cités à comparaître devant le coroner, soit Jacques Pocetti et Claude Faber. Leurs avocats présentèrent une preuve d'alibi à l'effet qu'au moment du meurtre ils participaient à une fête en l'honneur de l'un de leurs amis. Zaurini et Albert Numi assistaient à la réception. En juin 1970, une autre fête regroupant les amis de Frank Cotroni était interrompue par la police, et Zaurini était parmi les invités. Dans les deux cas, les festivités s'étaient tenues au restaurant *Renaldo,* rue Saint-Hubert, qui est la propriété d'un ami des Cotroni, Philippe Pandolfi.

hasch furent laissées intactes. Le cargo reprit sa route dans la nuit du 7 au 8 mars.

Pendant que le navire voguait vers la métropole, les limiers fédéraux allèrent à l'entreprise de courtage engagée pour le dédouanement de la cargaison et apprirent que les frais de douane avaient été payés 16 jours plus tôt par un certain Harry. Celui-ci avait laissé un numéro de téléphone, le 728-0582, afin qu'on puisse le joindre lors de l'arrivée de la marchandise. Ce numéro de téléphone correspondait à celui d'une discothèque mal famée, le *Flip Bar*, rue Papineau, propriété d'un neveu de Luigi Greco, Tony (Antonio) Carbone. (8) On apprit qu'après le dédouanement, la cargaison serait livrée à la compagnie *Alberjac* dont l'adresse, rue Masson, correspondait à l'entrée arrière d'une autre entreprise, la firme *Vincent Packing Inc.*, dans laquelle, découvrit-on plus tard, Frank Zaurini était partenaire invisible.

Le *Manchester Crusader* jeta l'ancre dans le port de Montréal le 18 mars 1972 et aussitôt une surveillance spéciale fut organisée. En début d'après-midi, deux jours plus tard, se faisant passer pour un représentant de la compagnie de transport, un policier téléphona au *Flip Bar* et demanda à parler à Harry. Au même moment, une secrétaire de la Brigade des stupéfiants, qui avait accepté de jouer l'agent secret, était attablée non loin de l'appareil et épia discrètement l'interlocuteur du policier, Tony Carbone. Ce dernier répondit que Harry n'était pas là mais il accepta néanmoins de recevoir le message: la livraison des boîtes de conserves se ferait l'après-midi même.

Le camionneur qui transporta la cargaison fut accompagné par un agent fédéral tandis que d'autres policiers étaient postés de façon à observer la livraison à l'arrière de la firme *Vincent Packing*. C'est à l'occasion de cette surveillance que Zaurini et Numi furent repérés pour la première fois. Pendant que le second, aidé de deux des propriétaires et de deux hommes de main s'occupait du déchargement des caisses, Zaurini patrouillait le secteur dans l'intention bien évidente de repérer une éventuelle surveillance policière. Après le départ du camion de livraison, une partie des caisses fut chargée

---

8. Tony Carbone est fiché comme un homme de main de Palo Violi, lui-même bras droit de Vic Cotroni et dauphin de l'organisation. Reconnu comme un repaire de trafiquants de drogue et un centre de distribution important, le *Flip Bar* a été fermé quelques mois plus tard par la Commission de contrôle des permis d'alcool du Québec qui a tenu une enquête publique sur cette affaire.

à bord de la camionnette de l'un des aides de Numi et transportée chez un autre de ses beaux-frères, Primo Salcito.

Peu après minuit, après que plusieurs des suspects se fussent réunis dans un restaurant pour fêter l'événement, la G.R.C. passa à l'action. Les 35 dernières livres de haschisch furent saisies dans les caisses entreposées chez Salcito et tous les présumés complices à l'exception de Carbone et Greco, furent arrêtés.

Dans les semaines et les mois qui suivirent, tous les accusés furent remis en liberté sous cautionnement, mais l'enquête se poursuivit afin d'identifier et d'inculper les fournisseurs libanais de la bande. Au mois d'octobre 1972, deux représentants de la Brigade des stupéfiants se rendirent à Beyrouth et transmirent à la police locale des renseignements permettant l'arrestation de quatre trafiquants réputés: Amine Halim Chaoubah, Gaby Suidan, Antoine Abon Zeid et Charalambos Roussakis.

On put alors reconstituer les détails de la conspiration. A la mi-novembre 1971, Zaurini était allé au Liban en compagnie d'un comparse du clan Cotroni, Irving Goldstein, et d'un ami d'origine libanaise, Hassib Mefrige, dit Hapse. (9) Expulsé en mai 1971 de la piste de course Blue Bonnets, Mefrige était connu de la G.R.C. pour ses relations avec un autre Libanais, Saghie Fouad, le frère d'un trafiquant arrêté à deux reprises à Halifax et partenaire du frère de Gaby Suidan. C'est Fouad qui s'était chargé de remettre environ $60 000 à Amine Halim Chaoubah pour l'achat du haschisch et sa participation à l'opération. Avec cet argent, ce dernier s'était rendu dans la vallée Baalbek, célèbre dans le monde entier pour ses plantations de cannabis, et il avait négocié avec un important caïd de l'endroit, Antoine Abon Zeib. A Beyrouth, Chaoubah s'était occupé de l'expédition avec Gaby Suidan, lequel avait organisé parallèlement pour son profit un envoi de 125 livres de haschisch qui étaient arrivées à Montréal, à l'insu de la police, en même temps que la cargaison de Zaurini. Quand la G.R.C. a procédé à l'arrestation des mafiosi, Chaoubah et Fouad étaient à Montréal; ils avaient quitté le pays rapidement en apprenant le coup de filet.

---

9. Ancien employé de Solomon Schnapps, dit Solly Silver, Goldstein a été plusieurs années gérant de cabaret pour Nicola Di Iorio et Angelo Lanzo et organisateur de junkets (voyages de jeu nolisés) pour Frank Cotroni. Le 29 mai 1972, les limiers des services de renseignements de la Sûreté du Québec ont épié au *Sirloin Barn,* près de la piste de course Blue Bonnets une importante réunion regroupant Vincent Cotroni, Paolo Violi, Nicola Di Iorio, Angelo Lanzo, William Obront et Irving Goldstein.

Frank Zaurini (en haut, à gauche), Albert Numi (en haut, à droite), Irving Goldstein (au centre, à gauche), Tony Carbone, (au centre, à droite) et Hassib Mefrige (en bas).

Le séjour au Liban des enquêteurs montréalais permit également de découvrir que précédemment à l'expédition de mars 1972, deux autres cargaisons avaient déjà été livrées à la compagnie fictive *Oriental Food Importing*. Quarante-huit caisses de fruits en gelée avaient été livrées le 21 juin 1971 et, le 16 septembre suivant, 126 caisses avaient été expédiées par la même bande.

L'affaire Zaurini est célèbre dans les annales policières canadiennes pour une autre raison, soit les frasques du personnage principal pendant sa libération sous cautionnement. Le 17 octobre 1972, des policiers de la métropole et de la Sûreté du Québec surprennent Zaurini en compagnie de Frank Cotroni, lors d'une descente à la discothèque *Speak Easy* de l'*Hôtel La Salle*. On note aussi à cette occasion la présence de quelques autres hommes de Cotroni, dont Gallo Moreno qui sera accusé plus tard du meurtre du petit trafiquant de drogue Angelo Facchino, et Hassib Mefrige. Par suite de cette descente, Zaurini est arrêté et accusé d'avoir contrevenu aux conditions de son cautionnement lui interdisant la fréquentation de criminels notoires. Il est aussi accusé de s'être rendu dans un chalet d'été, outrepassant les limites permises, où les policiers ont aperçu l'automobile du bras droit de Tony Carbone, Dominique Ricci. Malgré ces infractions, le trafiquant recouvre sa liberté et, le 14 mars suivant, son premier procès prend fin sur un désaccord du jury. (10)

Toujours en liberté provisoire en attendant un deuxième procès, Zaurini est arrêté une troisième fois, le 18 mai 1973, encore à la discothèque *Speak Easy,* alors qu'il est en compagnie de Jos Di Maulo, vieil ami de Frank Cotroni. (11) Libéré, le trafiquant est

10. A l'occasion de ce premier procès, la couronne fédérale, représentée par son procureur en chef, Me Louis-Philippe Landry, fait entendre un témoin surprise, le président de la *Vincent Packing*. L'individu, Jacques Cloutier, déclade que Zaurini lui avait demandé de lui prêter son entrepôt pour quelques heures à l'occasion du fastueux baptême du fils d'un ami. Parrain de l'enfant, Zaurini avait alors remis une enveloppe contenant $5 000 à Cloutier en lui disant: « Tu vois toutes ces personnes ici? Ce sont tes amis. Mais si tu fais quelque chose de louche, tous deviendront tes ennemis. »

11. A plusieurs reprises dans le passé, Jos Di Maulo a été mêlé à des incidents en compagnie de Frank Cotroni. En septembre 1960, il a été arrêté avec lui et deux autres individus, dont Michel Di Paolo, dit le Pingouin, pour possession d'armes dans un but dangereux. En 1967, lors de l'arrestation de Claude Faber et de Jacques Pacetti, il a été interrogé par le Coroner. En 1970, il a été arrêté avec Zaurini au *Renaldo*. Jamais cependant Jos Di Maulo n'a été impliqué dans une affaire de drogue. Tou-

ensuite arrêté une quatrième fois, le 16 août, en compagnie de deux autres truands. Après cette arrestation , on décide finalement de garder Zaurini en prison. Le 14 septembre, il plaide coupable et est condamné à 7 ans de réclusion. Albert Numi l'imite par la suite et s'en tire avec 3 ans de pénitencier. Quant aux autres, 2 bénéficient d'un abandon de procédures et 3 sont acquittés pour insuffisance de preuve.

Une autre affaire importante dans le trafic international de haschisch a été mise à jour par la G.R.C. trois jours avant la condamnation de Zaurini. Pour les observateurs attentifs, cette nouvelle cause a confirmé de façon éclatante l'envahissement du marché des drogues dites légères par les caïds de la grosse pègre.

Le 11 septembre 1973, les limiers de la Brigade des stupéfiants ont effectué une saisie de 1 705 livres (775 kilos) de haschisch et procédé à l'arrestation de trois truands bien connus du Milieu, Edouard Chiquette, dit Eddy, déjà condamné au joli total de 23 ans de prison à purger concurremment ou consécutivement et fiché comme une bonne relation de Bob Tremblay, Jacques Picard, un jeune récidiviste plein de fougue, et Robert de Courcy, ancien contremaître

Robert de Courcy   Eddy Chiquette

Suite de la note 11, p. 528

tefois, son frère Jimmy qui purge une peine d'emprisonnement à vie pour meurtre aurait été impliqué dans le trafic de l'héroïne. Devant la C.E. C.O., Théodore Aboud, un malfrat converti, a déclaré, le 13 avril 1974, qu'un jour, quelques années plus tôt, Jimmy Di Maulo lui avait demandé de faire les démarches nécessaires pour écouler rapidement deux kilos (4 livres et demie) d'héroïne qu'il avait en sa possession.

au port de Montréal. Au moment de leur arrestation, les trois hommes venaient d'entreposer l'importante cargaison de drogue dans un garage loué de la rue Lepailleur, dans le secteur est de la métropole. Quatre-vingt-dix minutes plus tôt, ils avaient été pris en filature alors qu'ils prenaient possession, à l'entrepôt d'Air France à Dorval, de 12 caisses de bois qui étaient censées contenir des ustensiles de cuisine.

Trois jours auparavant, le sergent John Leduc, nouveau responsable de la Section haschisch international avait découvert par hasard le contenu des caisses expédiées de Beyrouth via l'aéroport d'Orly, à Paris. L'attention du policier avait été attirée par un nom, « S. Daou », qui figurait sur les papiers d'expédition. Ce nom était celui d'un Libanais qui, au printemps 1971, avait transporté à l'aéroport de Beyrouth deux chargements de haschisch, volés par la suite à Dorval.

A la mi-mai 1971, un représentant de la compagnie Air France à Dorval avait demandé à la G.R.C. d'enquêter sur la disparition de deux valises pesant 58 et 97 kilos et arrivées à Montréal les 18 avril et 15 mai respectivement. Selon les documents d'exportation, les deux envois avaient été expédiés par la même personne, un certain Jalal Abdo, de Beyrouth. S. Daou était le nom qu'avait donné celui qui avait transporté la marchandise à l'aéroport libanais. Quant aux adresses des destinataires montréalais, elles étaient différentes et fictives toutes deux. La Brigade des stupéfiants avait transmis ces renseignements à la police libanaise et s'était mise à la recherche de l'auteur du vol. Elle avait vite appris d'un employé de la compagnie chargé de nettoyer l'entrepôt d'Air France qu'à deux reprises, après les heures de travail, un individu portant un uniforme avait pris des valises. L'homme avait été identifié comme étant un superviseur de la *General Aviation Service,* l'entreprise qui a charge de la manipulation des bagages à Dorval.

Par la suite, les limiers fédéraux s'étaient mis à suivre les déplacements du suspect, ce qui avait conduit à son arrestation le 13 juillet 1971, au moment où il tentait de dédouaner un autre envoi de 210 livres de haschisch en provenance de Beyrouth. Quelques jours plus tard, on avait surpris une conversation de Joe Horvath indiquant que cette livraison lui était destinée. Au moment de l'arrestation de Coghlan, la police libanaise avait aussi marqué des points. Le 22 juin 1971, elle avait arrêté l'expéditeur des deux premiers envois, Jalal Abdo, alors qu'il s'apprêtait à envoyer à Montréal 440 livres (200 kilos) de haschisch. L'identité du trafiquant n'était que le nom d'emprunt d'un ancien policier syrien acoquiné à une bande dirigée par un certain Georges Zattar.

Tous ces détails reviennent à la mémoire du sergent Leduc lorsqu'il aperçoit le nom de « S. Daou ». L'énorme cargaison de drogue maintenant découverte, des agents déguisés en employés de l'aéroport attendent qu'on vienne en faire une première livraison. Entre-temps, en début de soirée, le 11 septembre, le lieutenant Richard Séguin, le responsable de la Section des drogues de la Police de la Communauté urbaine de Montréal, avise son confrère de la G.R.C. que ses hommes ont entrepris la filature d'Eddy Chiquette et de ses amis et que certaines informations veulent qu'ils s'occupent bientôt d'une grosse cargaison de drogue. Mis au courant de l'opération en cours, les limiers municipaux décident d'abandonner leur surveillance pour ne pas « brûler » les chances de succès des agents fédéraux.

Un peu plus tard, le même soir, un individu, récidiviste employé par une firme de courtiers en douane, se présente à l'aéroport et remplit les documents nécessaires pour prendre possession de la cargaison. Il les remet ensuite à un individu qu'il prétendra par la suite ne pas connaître. Moins d'une heure plus tard, Jacques Picard se présente à l'entrepôt d'Air France avec un camion et il emporte les 12 caisses en bois. A proximité, Eddy Chiquette surveille l'opération de son automobile. Durant le trajet jusqu'au garage de la rue Lepailleur, où attend Robert de Courcy, il suit continuellement le camion de Picard.

Après les arrestations et la saisie, la G.R.C. apprend que Chiquette et ses deux complices n'étaient que des contractants engagés pour sortir la marchandise de Dorval. Selon les documents saisis, les 12 caisses « d'ustensiles de cuisine » étaient consignées pour la firme *Happy Life Distributors,* propriété d'un autre individu bien connu, Bella Klein, une relation de feu Luigi Greco. Au cours des semaines précédentes, Klein s'était rendu au Moyen-Orient en compagnie d'un autre ami de Greco et des Cotroni, Donald Côté, lequel a été aperçu à différentes occasions avec Chiquette et ses comparses. (12)

---

12. Le nom de Donald Côté a commencé à défrayer avec fracas la chronique judiciaire de la métropole canadienne au début des années 60 alors qu'il avait été accusé avec d'autres personnages du meurtre de Rocky Pearson, un des caïds de la rive sud. Libéré faute de preuve, il avait toutefois été victime d'une tentative de meurtre le 12 juillet 1963, en face de l'hôpital Maisonneuve. Plus tard, en 1968, son nom avait été mêlé à une affaire de trafic d'influence au sujet de l'octroi d'un permis d'alcool à une station de ski réputée des Laurentides. En mai 1969, on avait parlé de sa participation à une affaire d'extorsion à l'occasion des audiences publiques de la Commission municipale du Québec sur la municipalité d'Anjou, dans la banlieue nord-est. Un témoin avait affirmé que Donald Côté était

Le 11 novembre 1973, vers 2h30 du matin, quatre individus font irruption à la résidence d'été de Côté, à Sainte-Anne-des-Plaines, abattent la femme du caïd, un de ses enfants, un bambin de cinq ans, et un employé qui dormait sur le sofa du salon. Côté qui était la cible des tueurs échappe de justesse à la mort en se réfugiant rapidement sous le lit. Trois jours plus tard, dans la soirée du 14 novembre, quelques heures avant les funérailles des Côté, les policiers de Montréal découvrent dans le coffre arrière d'une automobile en flammes, les cadavres calcinés et affreusement mutilés d'Eddy Chiquette et de Robert de Courcy. Des mandats d'arrestations avaient été émis contre eux quelques heures plus tôt par la Sûreté du Québec en rapport avec la tuerie de Sainte-Anne-des-Plaines. Selon les conclusions des enquêteurs, ces meurtres étaient les conséquences du refus de ceux qui avaient financé les 1 705 livres de haschisch de venir en aide à Chiquette et à ses amis pour défrayer leurs frais d'avocats. Un mandat d'amener est également émis contre Jacques Picard, soupçonné aussi d'être l'un des auteurs du triple meurtre, mais le jeune bandit de 25 ans réussit à échapper momentanément à ses poursuivants. En juin 1974, il sera arrêté dans l'Etat de New York consécutivement à une série de vols à main armée et, en avril 1975, il sera condamné à 10 ans de pénitencier.

Ironiquement, l'assassinat de Chiquette et de De Courcy conduisent les jours suivants à deux autres importantes saisies de drogue. D'abord, à l'annonce de la mort des deux hommes, les limiers fédéraux et municipaux procèdent à la saisie sur le port de Montréal d'une autre cargaison de haschisch, celle-là de 750 livres. Pendant deux semaines, les policiers ont attendu en vain que Chiquette et son comparse viennent récupérer la marchandise, expédiée elle aussi du Moyen-Orient.

Puis dans la soirée du 27 février 1974, les agents municipaux récupèrent 1 000 livres de phénobarbital, un tranquillisant extrêmement dangereux. (13) Destinée à l'origine à une entreprise pharma-

---

Suite de la note 12, p. 531

présent lorsqu'il avait été forcé de vendre sa compagnie de taxi au chef de police de l'endroit en cheville avec la Mafia. Durant l'emprisonnement de Pep Cotroni, la fille de ce dernier aurait travaillé dans la bijouterie gérée par Côté. Fiché comme une étroite relation de Paolo Violi, Côté et deux amis ont été accusés le 22 octobre 1973 d'avoir recelé $1 million d'obligations volées.

13. A l'état pur, le phénobarbital est un véritable poison. Deux adolescents qui en ont consommé ont dû être hospitalisés pour des lésions graves au cerveau.

Deux cadavres mutilés et calcinés à Saint-Léonard

Par Pierre LEDUC

Deux cadavres criblés de balles, mutilés et calcinés ont été découverts, hier soir, à l'arrière du stationnement de la Banque Canadienne Nationale sise au 6020 est, du boulevard Métropolitain. C'est après avoir éteint le feu d'une auto que les sapeurs ont découvert les cadavres de deux hommes dans le coffre-arrière d'une Monte Carlo de récent modèle. Sur les lieux du drame, plusieurs amis ont émis l'hypothèse qu'un règlement de compte serait relié à l'affaire Donald Côté de samedi dernier.

Vers les 8 heures 20, les pompiers répondant à un appel anonyme signalant qu'une voiture brûlait à l'arrière du 6020 est Métropolitain. Quelques minutes plus tard, les flammes étaient maîtrisées mais le drame commençait à peine.

Un policier de St-Léonard a alors ouvert le coffre-arrière de la voiture et, à sa grande stupéfaction il y aperçut deux cadavres calcinés.

Revenu de sa stupéfaction, il prit soin de refermer le coffre et d'alerter les policiers de la métropole. Quelques minutes plus tard, le lieutenant détective Carlo Rossi, secondé par les détectives Jean-Jacques Arbour et Guidolplom arrivaient...

L'équipe technique de la police de Montréal arrivait...

de cinq ans, ainsi qu'un ami de la famille, Marcel Lévesque.

Mme Côté et son fils dormaient dans la chambre des maîtres pendant que Lévesque sommeillait dans le salon. Pour sa part, Donald Côté avait échappé à ce règlement de compte.

Tard hier soir, le lieutenant-détective Rossi ne pouvait affirmer si le double meurtre était relié à l'affaire Côté. "Chose certaine, devait-il ajouter, c'est un règlement de compte. Pour le reste, ce n'est que pure hypothèse de votre part".

sordide car il dormait au second étage avec deux autres de ses enfants.

Aujourd'hui, l'autopsie révélera l'identité des deux hommes trouvés mutilés, criblés de balles et calcinés dans le coffre arrière d'une voiture Monte Carlo.

...EMME, SON FILS ET UN AMI:
...UFFÉS
...E BALLES SOUS SES YEUX!

Texte Robert LEBEUF

Photos Jacques BOURDON

L'INVITÉ

Marcel Lévesque s'était jamais connaissance de ce qui lui était...

L'IDENTITÉ DES TUEURS: DONALD CÔTÉ SE TAIT...

ILS VENAIENT DE FÊTER SON 41e ANNIVERSAIRE

Interrogatoire

Anniversaire

LA MÈRE

LE FILS

LE FILS

Des limiers de la Section des narcotiques de la Police de la Communauté urbaine de Montréal examinent les 1 000 livres de phénobarbital qu'ils viennent de récupérer. (Photo *Le Devoir*)

ceutique, cette drogue faisait partie d'un stock de 2 090 livres volées en juin 1972 à l'occasion d'une grève dans le port de Montréal. A l'époque contremaître-vérificateur au port, de Courcy avait organisé le vol avec quelques autres complices. Une partie du butin avait été mis en circulation sur le marché clandestin et quelques saisies avaient permis d'en récupérer une partie. Le reste, de Courcy l'avait entreposé dans un hangar loué dont il payait le loyer mensuellement par l'entremise de chauffeurs de taxi. Après sa mort, les paiements cessèrent, ce qui amena le propriétaire du hangar à aviser les limiers municipaux qui firent ensuite l'heureuse découverte.

Quelques jours avant cette découverte du phénobarbital volé, la police libanaise avait avisé la G.R.C. qu'elle venait d'arrêter l'expéditeur des 1 705 livres de haschisch, un certain Jamil Nahra, de Beyrouth. L'individu avait agi en complicité avec quatre officiers de la Douane libanaise et un trafiquant notoire, Fouad Abi Zeid. Décédé deux mois avant le coup de filet, ce dernier aurait été un parent du Zeid qui avait été mêlé à l'affaire Zaurini.

A la mi-août, une autre saisie importante met en cause directement la filière canado-libanaise. Le 8 août, à la suite d'une information privilégiée, la G.R.C. intercepte à l'aéroport de Dorval un ressortissant d'Allemagne de l'Ouest, Rudolph Becker, parce qu'il est en possession d un faux passeport diplomatique australien et de deux valises contenant 74 livres (33 kilos) de haschisch liquide. (14) L'individu arrive de Damas, en Syrie, après avoir fait escale à Amsterdam et New York. Conscient du pétrin dans lequel il se trouve, Becker accepte de collaborer avec la Brigade des stupéfiants; il dénonce d'abord l'intermédiaire de l'expédition, Hamin Habdul Hamid, un Palestinien qui s'est dit membre de l'Organisation pour la libération de la Palestine (O.L.P.), qui voyageait sur le même avion que lui avec un faux passeport diplomatique du Yemen.

Ce dernier est retracé au moment où il contacte l'Allemand, devenu agent double, et il est gardé sous surveillance constante. Le 10 août, un Libanais d'Ottawa, Fares Bassile, entre en contact avec Hamid et le conduit ensuite dans la capitale fédérale où des entretiens ont lieu avec le présumé acheteur, Mike Saikelys, un commerçant de la colonie libanaise d'Ottawa. Le lendemain, Hamid et Bassile reviennent à Montréal et rencontrent Becker au *Holiday Inn;* ils sont arrêtés au cours de l'entretien, au moment où ils lui remettent une somme de $10 000. Saikelys est par la suite arrêté.

Cette opération est à peine terminée qu'au début de septembre 1974, utilisant pour la première fois des mandats d'écoute électronique (elle vient d'être légalement autorisée en vertu de la nouvelle loi fédérale), la Brigade des stupéfiants porte le coup de mort à une

---

14. Le haschisch liquide est 10 fois plus toxique que le haschisch solide et naturellement, il est plus coûteux. Sur le marché noir québécois, son prix est de $25 le gramme alors que le haschisch solide se détaille à $10 le gramme. Ainsi, les 74 livres de haschisch liquide dissimulées dans les valises de Becker ont une valeur marchande dans la rue d'environ $828 650.

Valentino Morielli   Thomas Martel

autre filière internationale de haschisch, en arrêtant le présumé leader de la bande, Valentino Morielli, ainsi que quatre suspects, Thomas Martel, Giachino Delladonne, Pietro Raschella et Eugène Saint-Jacques, par suite d'une saisie de 100 livres de drogue à l'aéroport international de Dorval. Les deux derniers accusés sont des porteurs de bagages de la *General Aviation Service* que les limiers fédéraux soupçonnent depuis des mois d'être en cheville avec des trafiquants internationaux.

Entreprise en mai 1973, par suite d'une information du Bureau des narcotiques et des drogues dangereuses (B.N.D.D.), l'enquête aboutit ce 3 septembre 1974. On arrête alors Eugène Saint-Jacques au moment où il prend possession de deux valises expédiées de Karachi, au Pakistan, après avoir changé les étiquettes d'exportation pour faire croire qu'il s'agit de colis relevant du transport domestique plutôt que du transport international et éviter ainsi le contrôle douanier.

Une dizaine de coups de filet réalisés depuis avril 1973 à Montréal, Paris, Frankfort, Londres et Karachi ont affecté directement ou indirectement ce réseau. Au total, 20 958 livres (9 527 kilos) de haschisch ont été saisies et une dizaine de personnes ont été arrêtées, dont un autre acolyte du clan Cotroni, Joseph Martellino. Condamné à sept ans de pénitencier, ce dernier a été démasqué grâce au travail de quelques enquêteurs de l'Escouade de la moralité de la Sûreté du Québec à Montréal.

En 1975, d'autres opérations d'envergure confirment l'importance du trafic international du haschisch qui passe par Montréal. Le 13 février, cinq résidents de la région métropolitaine, George Gordon

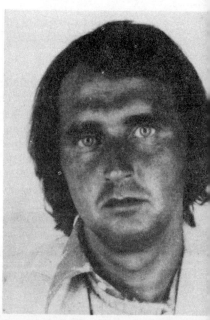

Joseph Martellino et la valise de haschisch saisie par les enquêteurs provinciaux qui a amené son arrestation.

Middleton, le présumé leader du groupe, John James Graham, James Filler, Moishe Shulman et David Greenberg, ainsi qu'un Britannique, Christopher Neil Richardson, sont arrêtés par les limiers fédéraux alors qu'ils transfèrent 500 kilos (1 100 livres) de haschisch d'un DC-7 à trois automobiles de luxe, à Dorval. L'avion a été spécialement nolisé pour la circonstance et a transporté la marchandise de Beyrouth où elle a été payée $15 000. Sur le marché montréalais, le butin a une valeur marchande de $750 000 à $900 000, soit entre $1 500 à $1 800 la livre. Dans la rue, le tout est évalué à $2 240 000, c'est-à-dire à $280 l'once.

Le 10 mars suivant, les hommes du sergent Leduc interviennent une fois de plus et saisissent trois caisses de carton contenant 165 livres de haschisch. Surtout, ils arrêtent le personnage clé des combines louches de l'aéroport de Dorval, Ronald Fewtrell et trois de ses complices, son neveu Pierre Temar, son associé et bailleur de fonds Jerry Rovam et un employé d'une firme de courtiers en douane, Philippe Aubert. (15) Au cours du mois de janvier, les limiers fédéraux ont appris qu'une dizaine de cargaisons de calculateurs portatifs ont été envoyées d'Amsterdam à la compagnie *J. Bourbonnais et Fils* de Montréal aux soins des courtiers de *David Kirsh Ltd.*, le tout à

Gordon Middleton   Ronald Fewtrell

---

15. Les noms des acolytes de Fewtrell ont été changés parce que les procédures judiciaires n'ont pas encore atteint le stade de l'enquête préliminaire et parce que, l'affaire étant traitée plus en détail que les autres, cela pourrait nuire à un procès juste et impartial.

deux adresses différentes et fictives. (16)   Ayant été sollicitée pour collaborer à l'enquête, la Police hollandaise avise la G.R.C. le 6 mars que trois boîtes de carton, qui sont censées contenir des calculateurs, viennent d'être expédiées à *J. Bourbonnais et Fils* de Montréal par l'entremise de *David Kirsh Ltd.* Dès leur arrivée à Dorval le jour même, les boîtes suspectes ont été transférées de l'entrepôt de K.L.M. à celui de *Kirsh Ltd.*, sous la surveillance constante et discrète des membres de la Brigade des stupéfiants.

Quatre jours plus tard, le 10 mars, Philippe Aubert, responsable de l'entrepôt où se trouvent les boîtes, rencontre Fewtrell qui, incidemment est un ancien policier municipal. Peu après, Pierre Temar vient récupérer la marchandise dans une automobile louée. Puis il va stationner le véhicule dans le parking de l'aréna Bonaventure, en face de l'hôtel *Skyline* et en taxi va retrouver Fewtrell à son quartier général, le restaurant *Satellite*. C'est à cet endroit que les employés de l'aéroport désireux de se faire des suppléments rencontrent le caïd pour lui proposer toutes sortes de combines.

Après que Temar ait retrouvé son oncle, Jerry Rovam, un entrepreneur de la rive sud, entre en scène. Il se rend au parking de l'aréna où après un guet prolongé, il se risque à ouvrir l'automobile de location et à prendre possession des trois boîtes. C'est à ce moment qu'il est arrêté ainsi que les autres. Des perquisitions chez Fewtrell et chez Temar permettent la découverte d'une série de calculateurs portatifs, identiques à ceux qu'importent en principe *J. Bourbonnais et Fils*. Ces calculateurs devaient être déposés dans les caisses de haschisch afin qu'elles puissent être retournées à l'entrepôt de *David Kirsh Ltd.*, dédouanées et finalement livrées à *Bourbonnais et Fils*, c'est-à-dire à Fewtrell. Celui-ci a en effet en sa possession, au moment de son arrestation, un numéro de téléphone, le même que les courtiers utilisent pour aviser *Bourbonnais et Fils* que leur marchandise est arrivée. Il s'agit du numéro d'un service de messages téléphoniques, dont les factures sont expédiées chez la compagne du trafiquant, à Lachine.

A Amsterdam, peu après le coup de filet de la G.R.C., la police arrête l'expéditeur du haschisch, un Montréalais de 25 ans, Andrew McCowan. Il travaillait pour Fewtrell.

Quelques mois plus tard, au début de l'été 1975, cette affaire connaît un rebondissement spectaculaire. Le quotidien torontois *The Globe and Mail* révèle que d'après un rapport secret de la

---

16. Précisons ici que la firme *Kirsh Ltd.* et ses dirigeants n 'ont   rien à
    voir avec le trafic des stupéfiants.

G.R.C., une soixantaine de travailleurs de l'aéroport de Dorval (douaniers, courtiers, porteurs et employés de compagnies aériennes) sont à la solde de trafiquants de drogue et qu'un ancien policier de Montréal est au coeur de ces combines. Le journal précise que cet ancien policier était associé avec un indicateur de la Brigade des stupéfiants, William Brown, assassiné à Montréal le 29 août 1974, au retour d'un voyage au Maroc et en Espagne. Il avait alors tenté de négocier l'achat d'importantes quantités de haschisch en compagnie de Fewtrell et d'un autre Canadien, Allan B., 23 ans, arrêté à Montréal dans la soirée du 9 juillet 1975 après qu'on ait saisi 340 grammes de marijuana chez lui. Quelques heures avant sa mort, Brown avait rencontré Fewtrell dans un bar. (17)

Le 21 mars 1975, les limiers fédéraux procèdent à l'arrestation de 6 individus de la région Ottawa-Hull et de Montréal. Ces arrestations font suite à la saisie d'une cargaison de 250 livres de haschisch liquide et solide, évaluée au détail à $1.4 million. Les enquêteurs de la section Ottawa-Hull de la Brigade des stupéfiants qui sont sur la piste de ce groupe depuis des années, ont appris une semaine auparavant qu'une nouvelle cargaison de drogue était arrivée du Liban ou de la Syrie le 12 février. Dans la matinée du 21 mars, avisés par leurs confrères que des membres de la bande étaient à Montréal pour récupérer la marchandise, les limiers montréalais se sont mis en chasse. Ils ont d'abord repéré les suspects près de la piste de course Blue Bonnets et ils les ont suivis jusqu'à l'entrepôt de dédouanement *Claire Terminal,* rue Pullman. Là, ils ont surveillé le chargement des caisses de marchandises à bord d'un camion présumément loué par un Libanais d'Ottawa, Souhil Baroud. C'est un Montréalais qui s'est chargé d'apporter la marchandise chez lui, rue Papineau. C'est là que la police l'a surpris au moment où, en compagnie d'un jeune complice de 23 ans, il entreprenait de dissimuler la drogue dans une serviette. Durant le transport jusqu'à son domicile, le Montréalais a été suivi par Souhil Baroud, son frère Zaki et un individu de Hull, Gérard E. Despard. Ce dernier a été arrêté à Montréal avec les deux suspects de la rue Papineau tandis que les frères Baroud ont été capturés à Ottawa.

---

17. Ce fait ayant été révélé par un policier de la Brigade des stupéfiants, Fewtrell a déclaré devant le tribunal qu'il ne pouvait être soupçonné du meurtre de Brown parce que celui-ci était l'un de ses meilleurs amis...

Le 13 mai suivant, deux autres Montréalais, Roger Dutrisac, 46 ans, et son frère Marcel, 37 ans, sont arrêtés dans une ferme, près de la frontière ontarienne au moment où ils s'affairent à retirer 415 livres de haschisch dissimulées dans 315 tables de bois et expédiées à Montréal de la Nouvelle-Delhi, en Inde. Deux présumés complices, Cyrille Morgan, 49 ans, et Nicole Lagacé, 27 ans, sont également arrêtés pour s'être occupés des formalités de l'expédition. Une semaine plus tard, deux autres individus, Nadie Meland et Kevin Murphy, sont arrêtés à leur tour par la Brigade des stupéfiants de Montréal pour avoir importé du même expéditeur indien 50 tables de bois renfermant chacune une livre de haschisch.

Le 16 mai, Harry Louis Yacknin, le frère du bookie Moe Yacknin, (l'un des collaborateurs de Bella Klein), est arrêté peu après avoir pris livraison avec sa Cadillac d'un stock de 300 livres de haschisch dans un motel de la rive sud. Les limiers fédéraux ont été mis sur la piste par une femme de chambre qui a découvert par hasard la marchandise. Une autre personne, un jeune homme, est toujours recherché en rapport avec cette affaire. En septembre 1974, les soupçons d'une autre femme de chambre d'un autre motel avaient permis aux enquêteurs de la Section des drogues de la Police de la Communauté urbaine de Montréal de récupérer 9 ballots contenant environ 400 livres (180 kilos) de marijuana.

Le 9 juillet 1975, une autre cargaison d'importance, 320 livres (145 kilos) de haschisch pouvant atteindre $1 440 000 sur le marché noir, est saisie à l'aéroport de Dorval par les douaniers et la Brigade des stupéfiants. Le coup de filet est réussi grâce à une fouille régulière des colis venant des pays reconnus comme grands producteurs de drogue. Dans ce cas, la marchandise avait été expédiée du Népal via Paris à une adresse fictive à Montréal. Les agents fédéraux ont attendu en vain quelques jours qu'on vienne récupérer les 4 caisses de bois censées contenir des livres et des pièces d'artisanat. Cette saisie est suivie d'une autre, un mois plus tard, sensiblement dans les mêmes circonstances. Dans ce dernier cas, les caisses de bois expédiées via Paris provenaient de Karachi, au Pakistan, et contenaient 220 livres de haschisch.

A la fin d'août, les policiers de Copenhague, au Danemark, démantèlent une autre bande de trafiquants qui introduisait au Canada 440 livres (200 kilos) de haschisch par mois, en provenance du Pakistan. Les messagers du réseau étaient recrutés dans des discothèques européennes et les responsables de la bande payaient le billet d'avion aller-retour au Pakistan ainsi qu'une somme d'environ $5 000 sur livraison de la marchandise dans la capitale danoise.

En fin de soirée le 16 septembre 1975, la Brigade des stupéfiants couronne une laborieuse enquête de 16 mois en procédant à une saisie de 1 400 livres de haschisch et en arrêtant 18 personnes, parmi lesquelles plusieurs jeunes hommes d'affaires sans antécédent judiciaire et un détective de la Sûreté du Québec. (18) Dissimulée dans d'ingénieuses cachettes aménagées à l'intérieur des réservoirs d'essence d'une roulotte motorisée et d'une camionnette tout terrain, la drogue provenait du Maroc et avait été expédiée par bateau via Le Havre, en France. A l'arrivée de la marchandise au port de Montréal trois jours plus tôt, les limiers fédéraux, préparés depuis longtemps, ont mis en branle une gigantesque opération de surveillance et d'intervention. Environ 130 policiers ont participé à cette opération, baptisée « Zapata », au cours de laquelle les prévenus ont été constamment suivis malgré les précautions exceptionnelles qu'ils avaient prises. Quand l'intervention finale a eu lieu, 3 des accusés s'affairaient joyeusement dans un entrepôt isolé de banlieue à retirer les tablettes de haschisch des réservoirs d'essence de l'un des deux véhicules. L'autre, la camionnette tout terrain, était resté sur le port pour être récupéré plus tard et un troisième véhicule, une autre roulotte motorisée, était déjà en Europe, en route vers le Maroc. (19)

---

18. Les accusés sont Michel Lachapelle, 28 ans, ancien pompier et aujourd'hui propriétaire de *Milac Auto*, boulevard Gouin ouest; sa femme Monique, 27 ans; son frère Luc, 25 ans; Paul Bergon, 28 ans, président de *Mirabel Alarm*, l'un des trois suspects surpris dans l'entrepôt; son frère Claude, 32 ans, directeur de l'école primaire Sainte-Rita, une institution privée huppée, également surpris dans l'entrepôt; Jean-Marie Caron, 30 ans, policier de la Sûreté du Québec; son frère Bernard, 31 ans; Pierre-Paul Gauthier, 42 ans, copropriétaire d'une station-service et conducteur de la roulotte motorisée; José Dias, 28 ans, conducteur de la camionnette tout terrain; Carol Ménard, copropriétaire d'une riche boutique de vêtements et patron de Dias; Léo Aubut, 50 ans, propriétaire de la firme *Carnival M. F. G. Cie* de Sainte-Thérèse; Slobodan Gravilovick, 30 ans, soudeur et troisième prévenu arrêté dans l'entrepôt; Charles Giroux, 28 ans, fonctionnaire provincial; Jean Brais, 28 ans; Gérald Bon, mécanicien; Jacques Beaudin, 36 ans; Sheila Cross, la petite amie de Claude Bergon et Gaétane Villeneuve, 22 ans, la compagne de Bernard Caron. Trois jours après leur arrestation, tous recouvraient leur liberté sous des cautionnements totalisant un demi-million de dollars. Aucun des prévenus n'a contesté les sommes élevées exigées par le ministère public, ce qui a accentué la conviction qu'on se trouvait devant un réseau fort bien structuré, aux ressources très abondantes. A lui seul, Michel Lachapelle, le présumé chef de la bande, a dû offrir des garanties de l'ordre de $150 000.

19. Quatre jours après le coup de filet de Montréal, par suite des informations transmises par la G.R.C., la police espagnole intercepte le troisième véhicule et ses deux occupants et récupère une somme de $34 000 qui avait été dissimulée dans l'un des réservoirs d'essence truqués. Cet

Moins de 24 heures après ce spectaculaire coup de filet, l'un des plus importants du genre dans les annales policières canadiennes, la Brigade des stupéfiants procède à l'arrestation, pour la seconde fois depuis le début de 1975, de Ronald Fewtrell, le personnage clé des combines louches à l'aéroport de Dorval. Cette fois, avec un super-viseur de fret de la compagnie BOAC, Robert McLone, il est inculpé de conspiration pour avoir importé au Canada une autre cargaison de 90 livres de haschisch saisie le 24 août précédent. A cette occa-sion, deux présumés complices, Anthony Guiol, 28 ans, et Gordon Thomas Albert, 35 ans, avaient d'abord été arrêtés par les limiers fédéraux. Leur comparution en Cour criminelle avait par la suite permis d'établir un lien très intéressant avec le présumé leader d'une autre bande de trafiquants internationaux, George Gordon Middle-ton, déjà arrêté le 13 février à Dorval. C'est en effet ce dernier qui a payé une partie de leur cautionnement; cela lui vaut d'ailleurs une nouvelle accusation pour avoir déclaré qu'il n'avait pas de cause pendante devant les tribunaux. Le 6 octobre suivant, Fewtrell décide de couper court à ses problèmes et plaide coupable. Deux jours après, il est condamné à dix ans de réclusion.

Entre le 1er janvier 1973 et le 1er août 1975, 5 674 livres (2 570 kilos) de haschisch et 4 736 livres (2 150 kilos) de marijuana ont été saisies au Québec par la G.R.C. et malgré cela le trafic continue avec toujours plus de vigueur. D'autres drogues sont aussi fort répandues et leur usage ne cesse de croître. La cocaïne, par exemple, connaît un regain de popularité depuis quelques années, à un point tel que la Brigade des stupéfiants a dû créer à Montréal en avril 1973, une section pour lutter contre elle, qu'elle a placée sous la direction de deux officiers d'expérience, le sergent Gilbert Bishop et le caporal Raymond Boisvert. Depuis, plusieurs coups de filet d'im-portance ont été réalisés.

Suite de la note 19, p. 542

argent devait servir à l'achat au Maroc d'une autre cargaison de haschisch qui devait être expédiée par la suite à Montréal de la même façon que celle saisie par la Brigade des stupéfiants. Selon les limiers fédéraux, il y avait assez d'argent pour acheter plus de 600 livres de haschisch dont la valeur marchande sur la rue à Montréal aurait été de $2 700 000. Avant le départ de ce dernier véhicule, deux enquêteurs avaient réussi à démonter les réservoirs truqués et à constater la présence de l'argent ainsi que celle d'une dizaine de sacs de sable pesant chacun une quaran-taine de livres. Ce sable devait servir à augmenter le poids de la rou-lotte de façon qu'au retour il n'y ait pas de différence marquée à cause de la cargaison de drogue.

Un membre de la Brigade des stupéfiants de la G.R.C. fait le compte des sachets de cocaïne dissimulés dans les valises de trois ressortissants boliviens.

Le 10 août 1973, un New-Yorkais d'origine sud-américaine, Gilberto Morales, était arrêté à Toronto avec 27 livres et demie (12 kilos environ) de cocaïne. Il était suivi depuis quelques jours par les limiers montréalais qui l'avait vu prendre livraison de la marchandise dans la métropole canadienne. La drogue avait été introduite à Montréal par deux Chiliens qui travaillaient pour le compte d'une importante bande de trafiquants de Santiago, dirigée par un certain Carlos Baeza. Ce dernier et plusieurs complices chiliens et américains ont été inculpés à New York en 1974 dans le cadre d'une vaste conspiration internationale.

Le 5 août 1974, trois ressortissants boliviens dont l'un était porteur d'un passeport diplomatique, sont arrêtés à Montréal. (20) Une

20. Alberto Sanchez Bello, à 32 ans, venait d'accéder au poste de secrétaire privé de l'un des hommes de confiance du chef d'Etat bolivien, Hugo Banzer. A La Paz, l'arrestation et le procès de Bello à Montréal a créé un scandale politique qui a conduit au limogeage de son patron.

opération d'infiltration menée par deux agents secrets de la G.R.C. et du Drug Enforcement Administration et l'arrestation préalable à Toronto de l'acheteur montréalais, Jade Beasley, un Noir, ont permis l'inculpation des Boliviens et la saisie de quatre kilos (8.8 livres) de cocaïne évalués à environ $6 millions au marché noir. (21)

Trois autres kilos ont été saisis peu après à Toronto en rapport avec cette affaire. C'est la femme de Beasly, arrêtée la première fois avec son mari puis libérée sur parole pour s'occuper de ses enfants, qui a vendu le reste du butin à d'autres agents secrets. En principe, la marchandise était destinée aux grossistes de Seattle et d'Hawaï.

Les 11 et 12 août 1974, les agents du D.E.A. ont arrêté à San Juan de Porto Rico, trois jeunes Montréalais de 25 ans, Johann Meyer, John Skelcher, David Murray, qui venaient de prendre possession de quatre kilos et demi (près de 10 livres) de cocaïne pure. Ce coup de filet faisait suite à des informations de la G.R.C. qui était sur la trace du trio depuis le début de juin 1973. Une laborieuse enquête avait établi qu'ils dirigeaient une combine internationale de cocaïne dont les ramifications s'étendaient à différents endroits d'Amérique du Sud, des Caraïbes, des Etats-Unis et du Canada. Le 1er octobre 1973, l'opération d'infiltration de la G.R.C. qui s'était soldée par l'arrestation de 20 individus, avait conduit à l'inculpation de quelques acolytes de Meyer qui transigeaient avec certains des proxénètes noirs impliqués. Un mois plus tard, le 9 novembre 1973, la Brigade des stupéfiants avait arrêté à Montréal un couple qui arrivait de Bogota, en Colombie, avec 6 valises contenant chacune un kilo de « coke », dissimulé dans un double fond. Arrivé cinq jours plus tôt, le couple avait rencontré avant son arrestation un autre comparse de Meyer ainsi qu'un représentant du fournisseur colombien, Herman Cortes, chargé de superviser cette

---

21. En juin 1975, un trafiquant montréalais pouvait acheter à Bogota, en Colombie, un kilo de cocaïne pure pour $8 000 et le revendre à Montréal entre $35 000 et $40 000. Mélangé avec deux kilos de dextrose ou de lidococaïne, ce kilo de cocaïne peut donner six livres et demie d'un degré de pureté variant entre 36 et 40% et se détaillant chacune de $17 000 à $20 000. Le grossiste qui achète une livre, la coupe une fois ou une fois et demie et la met en vente au prix de $1 700 l'once, $100 le gramme ou $50 la « spoon » (un quart de gramme). Si l'on considère qu'un kilo de cocaïne pure coupé plusieurs fois peut donner 29 568 « spoons », cela signifie que sa valeur marchande sur la rue est d'environ $1 478 000 le kilo.

livraison et une autre, pour laquelle il fut d'ailleurs arrêté deux jours plus tard à Vancouver, avec deux complices. (22)

Après l'arrestation de Meyer, à Porto Rico, la G.R.C. poursuit son enquête avec le D.E.A., ce qui conduit, le 27 avril 1975, à l'inculpation à Détroit de 13 trafiquants importants dont le leader, Robert Charles Wind, était l'un des principaux clients du jeune caïd montréalais.

Le trafic des amphétamines (« speed »), du L.S.D. et des autres drogues synthétiques est aussi très florissant au Québec et, en 1974 et 1975, il donne lieu à des rebondissements spectaculaires. Dans l'après-midi du 28 avril 1974, après cinq mois d'enquête, les sergents Gérard Gravel et Renaud Lacroix et le caporal Richard Laperrière de la Brigade des stupéfiants mettent au jour dans la région de Joliette, un laboratoire clandestin de speed, dirigé par des membres influents de la cellule montréalaise des Satan's Choice. (23) Cinq membres de la bande sont inculpés dans cette affaire: Joseph Lacombe, dit Sonny, le présumé leader, son frère Philippe, Michael Rowan, Kevin O'Brien et Kim Clow. Au moment du raid policier dans la maison abandonnée et isolée utilisée comme laboratoire, deux des prévenus s'affairaient à la fabrication de 200 livres de speed d'une valeur marchande de $1 200 000. (24) L'enquête révèle que 50% de la pro-

---

22. Le 6 novembre 1973, Herman Cortes est arrêté à l'aéroport de Vancouver avec son courrier, Fernando Garcia Hernandez, un Vénézuélien, et l'acheteur américain, John Vincent Liberto. Un kilo de cocaïne est trouvé dans la ceinture que porte Hernandez.

23. Un mois auparavant, la section torontoise de la Brigade des stupéfiants démantelait à St-Catharines, en Ontario, un premier laboratoire clandestin de speed dirigé par d'autres membres des Satan's Choice. 9 individus dont 2 Québécois ont été arrêtés à l'occasion de cette opération. Un autre laboratoire de speed est démantelé en Ontario le 21 septembre 1975. Installé dans une ferme abandonnée de Barry's Bay, le laboratoire pouvait produire des quantités considérables de méthamphétamines. Au cours du raid policier effectué par la G.R.C., la Sûreté provinciale ontarienne et la police de la Communauté urbaine de Toronto, on a découvert un arsenal imposant ainsi qu'un appareil radio servant à repérer les appels radio de la police et un système radar destiné à signaler l'approche de tout véhicule « non autorisé ».

24. Au Canada, le speed se détaille entre $2 500 et $3 500 la livre, alors qu'aux Etats-Unis, les trafiquants paient jusqu'à $5 000 la livre. Vendu à raison de $10 la « spoon » (environ ¾ gramme), le speed a une valeur marchande de $90 000 la livre.

L'extérieur et l'intérieur du laboratoire de speed des Satan's Choice.

duction est destinée au marché américain et que le reste doit servir à approvisionner les usagers de la métropole et de la province.

Un autre laboratoire clandestin de speed est démantelé par la G.R.C. et la police de la Communauté urbaine de Montréal au début de 1975. Après une enquête de deux mois menée par les limiers municipaux, 500 livres de métamphétamine sont saisies dans une ferme de Saint-Alexis-des-Monts et 3 individus, Guy Corriveau, Douglas Malony et Paul Granito, sont arrêtés. Ils n'ont cependant rien à voir avec les activités des Satan's Choice qui sont associés à une autre redoutable bande de motards, les Devil's Disciples, laquelle au cours des récentes années a régenté une bonne partie de la distribution de certaines drogues dans plusieurs secteurs clés de la métropole. Cependant, depuis le début de 1975, une querelle interne divise cette bande.

Pour les policiers, cette guerre, directement reliée au trafic des drogues, a débuté le 19 janvier 1975, lorsque le cadavre criblé de balles d'un jeune homme de 19 ans, Philippe Beereens, est découvert dans son appartement de la banlieue montréalaise. La victime était un acolyte de Gilles Forget, 28 ans, l'un des deux caïds des deux bandes rivales et le grand pourvoyeur d'ingrédients pour les laboratoires clandestins de speed. Quelques jours avant sa mort, Beereens avait été suivi par les limiers fédéraux alors qu'il effectuait pour Forget un transport d'ingrédients pour un nouveau laboratoire. Le 28 septembre 1973, Forget avait été arrêté une première fois par la G.R.C. à la suite d'une saisie de speed. Accusé de conspiration et de complot pour trafic de drogue, il avait profité comme beaucoup d'autres de sa libération sous cautionnement pour intensifier ses activités. Selon les renseignements accumulés par les policiers, le meurtre de Beereens faisait suite à des menaces de mort que le jeune truand avait proféré peu de temps auparavant à la *Brasserie Iberville*, à l'endroit de Claude Ellefsen, dit Johnny Halliday (25), 28 ans, ancien président des Devil's et rival de Forget. Dans le Milieu, Halliday est connu comme l'homme fort du Carré Saint-Louis, l'un des endroits de prédilection des drogués francophones de Montréal. (26) Très lié avec certains

---

25. Aucun rapport avec le chanteur français, si ce n'est que C. Ellefsen a pour celui-ci une véritable dévotion!

26. Les 24 et 25 février 1975, les limiers fédéraux effectuent une vaste rafle au Carré Saint-Louis (quartier situé dans le centre de Montréal) et arrêtent une quinzaine de jeunes revendeurs de drogues les plus diverses reliés aux Devil's Disciples. Ce coup de filet est le résultat d'un travail d'infiltration mené depuis plus d'un an par 3 agents secrets de la Brigade des stupéfiants.

dirigeants des Satan's Choice, il est aussi acoquiné avec quelques anciens compagnons d'armes de Lucien Rivard, à Laval. Après le démantèlement du laboratoire de speed de Joliette, Halliday, avec deux amis, se serait associé avec Forget pour la mise sur pied d'un nouveau laboratoire clandestin. Chacun devait investir $22 000 dans l'entreprise mais Halliday aurait négligé de rembourser Forget. La guerre a été déclenchée à cause de cela.

Comme il fallait s'y attendre, le meurtre de Beereens est suivi d'une riposte de Forget. Dans la soirée du 30 mars, Halliday, l'un de ses gardes du corps, Pierre McDuff, 32 ans, et une jeune femme, sont victimes d'un attentat à la bombe dans le chalet qu'ils habitent à Piedmont. Les trois victimes échappent de justesse à la mort et ne subissent que de légères blessures. La charge de nitroglycérine utilisée par les tueurs a été placée près de la porte d'entrée, à l'intérieur du garage situé sous le chalet. L'attentat aurait pu faire des ravages meurtriers si l'un des occupants s'était avisé de sauter dans la voiture de Halliday, garée près de là. Les tueurs avaient agi en professionnels et avaient relié le système de démarrage du véhicule à une autre bombe de nitroglycérine, dissimulée sous le capot.

Cet attentat raté est suivi le 23 avril d'un autre du même genre contre Gilles Auger, 27 ans, un ancien Devil's de l'entourage de Forget, pour lequel il était revendeur de drogues. L'engin meurtrier qui avait été placé sous la capot de sa luxueuse Cadillac détruit entièrement l'automobile, stationnée rue Boyce, dans l'est de la ville. Auger échappe lui aussi de justesse à la mort, mais il perd un oeil. Trois jours plus tard, le samedi 26 avril, on découvre le long d'une route de campagne, le cadavre criblé de balles d'un trafiquant de la bande de Halliday qui s'était rangé du côté de Forget à la suite d'un différend avec son patron. Claude Brabant, 38 ans, était le vendeur de speed des Devil's pour les clients américains, particulièrement ceux de Boston. Le 8 février précédent, il avait été arrêté à son chalet de Saint-Calixte, à l'occasion d'une opération d'infiltration menée conjointement par le D.E.A. et la G.R.C. A cette occasion, 11 livres de speed avaient été saisies. C'est après cela que les policiers constatent sa rupture avec Halliday.

Après l'assassinat de Brabant, c'est au tour de José Martindale, 33 ans, ancien président des Devil's et proche collaborateur de Halliday. Forget décide de s'attaquer à lui après que ses suppôts l'aient vu en compagnie du second garde du corps de son rival, Jean-Pierre Aspirot. Une première attaque vise d'abord ce dernier et des inconnus lui tirent dessus dans le terrain de stationnement d'un centre commercial. Au courant de ce nouvel attentat, Martindale prend ses précautions. Le 29 avril, des enfants découvrent par hasard une bombe de fabrication artisanale placée dans un des tuyaux d'égouts qui passent sous l'entrée de sa cour. L'engin est désamorcé avant qu'il n'explose.

Quelques jours plus tard, le 9 mai, le cadavre putréfié d'un autre membre des Devil's Disciples, Réal Girard, est repêché des eaux du Saint-Laurent. Toutefois, cet assassinat n'est pas relié à la guerre en cours. Puis, le 28 mai, dans la soirée, deux tueurs se présentent chez l'un des associés de Halliday, Guy Filion, 25 ans. Celui-ci arrive à son domicile de campagne avec sa petite amie, Ginette Pelletier, lorsque l'attentat a lieu. La jeune femme qui entre la première dans la maison est abattue de plusieurs balles mais Filion qui la suit, réussit à s'en tirer indemne en courant se cacher dans le fossé devant la maison. Dans le Milieu, on raconte que cet attentat ne concerne pas la rivalité entre Halliday et Forget. Il serait plutôt lié à une querelle opposant Filion avec une bande de vendeurs de cocaïne opérant dans un bar de la rue Lajeunesse, dans le nord de la métropole.

Dans la nuit du 11 au 12 juin suivants, des tueurs à gages réputés du Milieu coïncent Gilles Forget et son bras droit, Pierre Saint-Jean, dit Napo, 29 ans, à la *Brasserie Iberville* et les abattent tous deux froidement. Moins de 24 heures plus tard, les détectives de la Section des enquêtes criminelles de la police de la C.U.M. procèdent à l'arrestation de cinq récidivistes notoires et quelques jours plus tard quatre d'entre eux sont inculpés du double meurtre par mise en accusation privilégiée autorisée par le procureur général du Québec. Il s'agit de Jean-Paul Mathurin et Gilles Lavigne, deux garçons de table de la brasserie, de Raynald Proulx et de Michel Blass, dit Mike. Un cinquième individu, Armand Auger, dit Ti-Man, est aussi inculpé du double meurtre.

Le plus célèbre des accusés est Michel Blass. Le 24 janvier, son frère cadet Richard a été abattu par la police, trois jours après avoir assassiné, dit-on, 13 personnes au bar-salon *Le Gargantua*. Les victimes avaient été enfermées dans un petit réduit à bière et l'établissement avait été incendié. La nouvelle de ce massacre suscite l'horreur de la population et Mike est détenu plusieurs jours en rapport avec cette affaire.

Le 22 juillet, le juge Charles Phelan de la Cour supérieure libère sous cautionnement deux des accusés, Mathurin et Lavigne, les employés de la *Brasserie Iberville;* selon lui, on ne peut présumer qu'ils sont des dangers pour la société. Trois jours plus tard, à 8h25 du matin, 15 minutes après l'ouverture de la brasserie, 3 hommes armés font irruption dans l'établissement situé dans le secteur nord, et le font sauter à la dynamite après avoir enfermé dans les toilettes les 11 personnes qui se trouvent sur les lieux, dont 4 employés, y compris le gérant. Le carnage est évité de justesse, car les otages réussissent à défoncer à temps la porte qui les gardait prisonniers à l'intérieur. Selon les policiers, l'attentat est la réponse des amis de Forget à la libération sous cautionnement des présumés meurtriers employés de la brasserie. Le même jour, le juge Phelan étudie le cas de Michel Blass; cette fois, le magistrat se montre plus sévère et refuse la requête après qu'un policier eut relaté le dernier attentat. Toutefois, officiellement, le magistrat fait reposer sa décision sur le fait que Blass bénéficiait déjà d'un cautionnement pour une affaire de vol de bijoux lorsqu'il a été arrêté pour le double meurtre...

Par ailleurs, quelques jours avant la libération sous cautionnement des deux employés de la *Brasserie Iberville,* deux revendeurs de drogues acoquinés avec le groupe de Forget ont été assassinés. Joseph Minotti et Yvon Saint-Pierre, tous deux âgés de 20 ans, ont été tués à une semaine d'intervalle les 9 et 17 juillet. Presque immédiatement après, les détectives municipaux ont émis des mandats d'amener contre deux membres des Devil's Disciples, notamment un nommé Pierre Paré, 27 ans. Le 6 février 1975, ce dernier avait été intercepté par les limiers fédéraux alors qu'il était en compagnie de Gilles Forget. Suspectés d'être allé livrer une commande de speed, les deux motards avaient dû être relâchés parce que la drogue était dans une poubelle et non en leur possession directe. Une des hypothèses retenues pour expliquer les meurtres de Minotti et Saint-Pierre (qui partageaient le même appartement avec un troisième individu) est qu'ils auraient mal agi dans leurs transactions avec les amis de Forget. On dit même que Saint-Pierre aurait dénoncé à la police quelques trafiquants pour s'emparer de leurs combines de distribution après leur arrestation.

D'autre part, la destruction de la *Brasserie Iberville* n'a pas calmé la soif de vengeance des amis de Forget et, le jeudi 31 juillet, dans la matinée, le garde du corps de Halliday, Pierre McDuff qui avait déjà échappé à l'attentat à la bombe du chalet de Piedmont, est abattu d'une balle en plein visage. Le truand sortait sa Corvette de son garage, rue Chapleau, dans le secteur est, quand deux tueurs lui barrèrent la route avec leur automobile et l'un d'eux sortit du véhicule pour venir l'exécuter.

Un scénario semblable se reproduit en début de matinée le 22 août suivant. Jean-Guy Giguère, 34 ans, un partenaire de Ti-Man Auger et un des meilleurs amis de Halliday, est abattu d'une balle de fort

Quelques-uns des participants de la guerre des Devil's Disciples: Claude Ellefsen, alias Johnny Halliday (en haut, à gauche), son rival Gilles Forget (en haut, à droite), Guy Filion (au centre, à gauche), Pierre Saint-Jean, dit Napo, (au centre, à droite) et Pierre McDuff (en bas), (Photos *Allo Police)*

Jean-Guy Giguère (en haut), l'un des alliés de Johnny Halliday. En bas, la *Brasserie Iberville* après l'attentat à la bombe du 25 juillet 1975. (Photos *Allô Police*)

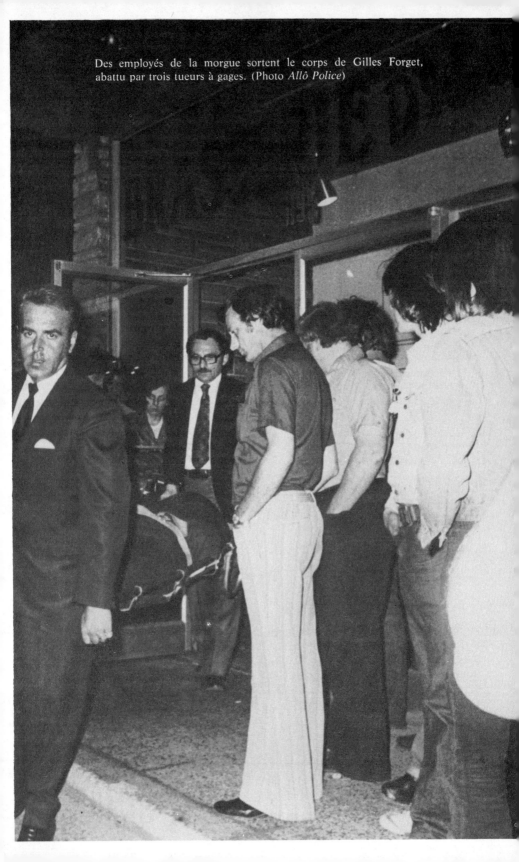

Des employés de la morgue sortent le corps de Gilles Forget, abattu par trois tueurs à gages. (Photo *Allô Police*)

calibre alors qu'il s'apprêtait à monter dans son automobile, station-née près de chez lui. Le 1er avril 1975, Giguère avait échappé de justesse à un attentat à la bombe perpétré pour le compte d'un gang, le Petit Ritz, une solide équipe de voleurs professionnels du secteur est avec laquelle la victime était auparavant associée. On raconte dans le Milieu qu'à la suite de cet attentat raté, Giguère et Ti-Man Auger ont reçu de Halliday $25 000 pour le débarrasser de Gilles Forget et de ses amis. En échange, l'ancien leader des Devil's se serait engagé à aider Giguère dans sa guerre contre le gang du Petit Ritz. Toutefois, curieusement, certains croient que l'assassinat de Giguère est l'oeuvre de Halliday. Peu après, un inconnu que l'on croit avoir reconnu a téléphoné à l'un des proches de la victime pour lui dire: « On a eu le chien à Jean-Guy et c'est toi qui vas y goûter maintenant. » Mais Giguère était aimé et respecté de plusieurs. Le lendemain de sa mort, un des siens a déclaré à un journaliste: « J'ai juré sur la tombe de Jean-Guy que les personnes qui l'ont tué allaient mourir à leur tour. »

Un nouvel incident relié à la guerre qui déchire les Devil's Disciples a lieu au milieu de l'après-midi, le dimanche 24 août. Jean-Pierre Aspirot, 22 ans, qui a déjà échappé à une tentative de meurtre, se présente à l'*Astro Bar-salon*, dans le nord de la métropole, en compagnie de deux acolytes. Dès leur arrivée, pour une raison incon-nue, les motards s'en prennent au gérant et, au cours de la bagarre qui suit, ce dernier ouvre le feu sur ses assaillants et blesse mortelle-ment Aspirot. Pour les policiers, l'*Astro Bar-salon* est un repaire notoire de revendeurs de drogue.

Deux jours après cet autre meurtre, des gens soupçonneux signa-lent à la police une camionnette suspecte stationnée en face du salon funéraire où le corps d'Aspirot est exposé. Deux jeunes gens sont placés à côté et semblent attendre on ne sait trop quoi. Des agents municipaux s'amènent sur les lieux et appréhendent les deux suspects. L'un d'eux est Daniel Lafortune, 21 ans, le compagnon de chambre de Joseph Minotti et Yvon Saint-Pierre; il a lui-même été blessé lors de la fusillade qui a coûté la vie à Minotti. Dans la camionnette, on découvre un fusil de chasse chargé à bloc. Certains croient que les proches d'Aspirot ont voulu prévoir l'éventualité d'un nouveau raid meurtrier. D'autres pensent plutôt que les ennemis du défunt voulaient maintenant s'en prendre à son frère Jean-Claude. Quoi qu'il en soit, les deux jeunes hommes nient pour leur part avoir occupé la camionnette et ils expliquent leur présence en disant qu'ils atten-daient l'ouverture du salon funéraire pour rendre un dernier homma-ge à leur ami Aspirot . . .

Finalement, vers 23 heures, le dimanche soir 29 septembre suivant, un locataire d'une maison de rapport de la 26e Avenue, dans le quartier Rosemont, avise la police qu'il vient d'entendre des coups de feu dans l'immeuble où il habite. Quelques minutes plus tard, à l'intérieur de l'un des appartements, les patrouilleurs municipaux découvrent le cadavre de Pierre Barrette, 24 ans, qui était devenu selon certains le nouveau garde du corps de Claude Ellefsen, alias Johnny Halliday. Le jeune homme avait reçu deux décharges de fusil de chasse à la tête et au thorax alors qu'il avait les mains « menottées » à l'arrière du dos.

Outre tous ces « incidents », d'autres meurtres sont directement reliés aux activités des Devil's Disciples dans le trafic des drogues.

Le 20 mai 1974, dans une maison mobile incendiée à Laval, on trouve les corps calcinés de Claude Chamberland, 39 ans, et de sa jeune compagne de 22 ans. Tous deux avaient été abattus à coups de revolver avant l'incendie. Fraudeur et preneur aux livres, Chamberland était acoquiné avec Halliday qui occupait une roulotte non loin de la sienne. La maison mobile de la victime appartenait d'ailleurs à Gilles Brochu, d'un des anciens compagnons d'armes de Lucien Rivard. Selon l'enquête policière, Chamberland aurait trempé dans une affaire de drogues avec les Devil's et il aurait été exécuté par Pierre McDuff, le bras droit de Halliday. Un mois avant sa mort, un de ses proches amis avait été assassiné à Stoke, dans les Cantons de l'Est.

Dans la nuit du 21 juillet 1974, deux tueurs entrent au restaurant *La Fontaine de Johannie,* rue Saint-Denis, à côté du Carré Saint-Louis, et abattent à bout portant Jean-Claude Arbour et Jacques Morin, tous deux âgés de 26 ans. Connus comme revendeurs de drogues par les agents de la Brigade des stupéfiants qui avaient même réussi à acheter à quelques reprises du haschisch, de la cocaïne et de l'héroïne de Arbour, les victimes ont été assassinées parce qu'elles avaient témérairement empiété sur le territoire des Devil's. Ce double meurtre a une conséquence tragique: la même nuit, fou de rage à l'annonce de la mort de son frère, Jean-Paul Morin abat un jeune fonctionnaire chez lequel il s'était présenté par erreur.

Le 10 octobre suivant, on découvre dans un champ, à la campagne, les restes d'une jeune femme de 20 ans, Ginette Caron, tuée d'une balle de calibre .38 qui l'avait frappée à la tête. Usagère de drogue, la victime fréquentait le Carré Saint-Louis et l'entourage des Devil's Disciples. Elle aurait été assassinée parce qu'elle en savait trop sur les revendeurs de drogues.

Le 28 novembre 1974, un résident de Laval, propriétaire d'une petite entreprise de maison mobiles, Jean Viau, 49 ans, disparaissait de la circulation. Il a quitté son domicile et on ne l'a plus jamais revu. Selon les recherches des policiers, sa disparition serait directement liée aux affaires louches qu'il était soupçonné traiter avec Johnny Halliday. Des indications précises laissent entendre que Viau, qui fréquentait lui aussi certains anciens complices de Lucien Rivard, aurait été empliqué dans le financement d'au moins 6 laboratoires clandestins de speed et de L.S.D., à Montréal, Toronto et Hull. Les agents fédéraux s'intéressaient beaucoup à ses relations avec certaines firmes de produits chimiques.

Ajoutée aux tueries de l'affaire Chiquette et au meurtre de l'indicateur William Brown, la guerre des Devil's Disciples illustre de façon dramatique la violence qui entoure les activités des trafiquants de drogue. Cette violence est particulièrement présente à Montréal dans les milieux de distribution. Au cours des dernières années, des dizaines de revendeurs et de petits trafiquants ont été assassinés ou violemment assaillis en rapport avec leurs activités clandestines. Le contrôle des centres névralgiques de distribution est constamment l'objet de la convoitise des trafiquants et de leurs querelles. En août 1974, deux factions rivales de la pègre du sud-ouest de la métropole sont entrées en conflit armé à propos du contrôle de la distribution des drogues et des prêts usuraires dans les bars et les tavernes du quartier de la Pointe Saint-Charles. Il en a résulté une autre série de tueries aussi meurtrières que celles des Devil's Disciples.

Les hostilités ont débuté le 5 août 1974 le jour où l'un des caïds de la région sud-ouest, Réal Lépine, 45 ans a été abattu par trois tueurs alors qu'il se reposait dans son quartier général, un club de nuit, *Le Caraquet*, rue Notre-Dame ouest. Ce meurtre ferait suite à une querelle survenue quelques jours plus tôt entre Lépine et un autre caïd du secteur, Roger Fontaine, dit Fonfon. Les deux hommes qui jusque-là dirigeaient leurs rackets avec la bénédiction du puissant gang de Saint-Henri, lequel impose depuis des années sa loi aux bas-fonds du sud-ouest, s'étaient querellés au sujet de la suprématie de certains rackets du quartier de la Pointe Saint-Charles, territoire accordé en « concession » par la bande principale.

Cette version des faits a été confirmée au début de septembre à l'occasion de la mort mystérieuse d'un ex-boxeur de 27 ans, Gérald Ratté, décédé le 29 août des suites de l'absorption d'une trop forte dose de drogue. Au moment de sa mort, il était soupçonné du meurtre de Lépine et un mandat du coroner ordonnant son arrestation

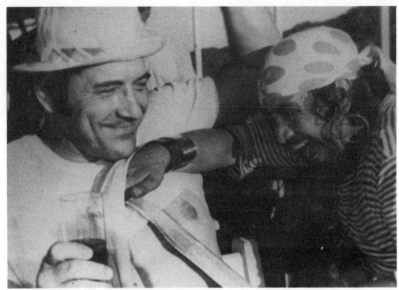

Réal Lépine (à gauche) fêtant joyeusement avec un ami. (Photo *Allô Police*)

venait d'être émis. Les policiers avaient vu juste car, avant de mourir, le boxeur déchu avait confessé son crime dans une lettre qu'il avait confiée à un ami, en lui demandant de la faire parvenir à un journal s'il lui arrivait quelque chose.

Dans cette lettre, datée du 21 août et publiée dans un quotidien du matin, Ratté reconnaissait être l'un des meurtriers de Lépine. Déclarant que le coup avait été préparé par le bras droit de Lépine, Jacques McSween, 35 ans, il accusait Roger Fontaine d'avoir été son compagnon lors de l'exécution du « contrat ». Il précisait également le mobile du crime en écrivant que « Réal avait dit à Roger qu'il ne vendrait plus de drogue et ne ferait plus de charlotte dans la Pointe Saint-Charles ». (27) Selon les détectives municipaux, la mort du jeune Ratté serait un accident; l'absorption de drogues était devenue pour lui une pratique régulière. Enervé par les événements, il aurait décuplé les effets de la drogue en buvant en même temps de l'alcool.

Après la mort de Lépine, McSween décida de prendre la succession de son ancien patron et même d'étendre son territoire dans toute la Pointe Saint-Charles, jusque-là le fief de Fontaine, selon l'entente

---

27. Dans l'argot du Milieu, le terme « charlotte » désigne le prêt usuraire. Il vient du mot anglais « shylock » qui veut dire usurier.

intervenue avec le clan suzerain. Les policiers eurent vent assez tôt de cette manoeuvre car ils reçurent une avalanche de plaintes des propriétaires de bars et de tavernes du secteur aux prises avec les nouvelles exigences de McSween et des hommes qui s'étaient ralliés à lui. Le climat de terreur qui s'emparait progressivement du quartier s'accentua à la fin de septembre lorsqu'un jeune homme à peu près inconnu des policiers fut blessé aux jambes par des coups de feu tirés par un des hommes de McSween. La victime avait négligé de payer les $25 qu'on lui réclamait.

Dans le Milieu, cet incident fut interprété comme un avertissement de la bande McSween. Dorénavant, il faudra compter avec eux. Pour Fontaine et ses amis, ce fut le début d'une guerre à finir. Déjà, deux semaines après l'assassinat de Lépine, Fonfon avait été coincé dans une taverne de Pointe Saint-Charles par McSween et ses hommes qui lui avaient administré une solide raclée pour lui signifier qu'il devait abandonner son territoire.

Le 30 septembre 1974, les membres du clan McSween étaient installés au *Victory Bar* (angle des rues Notre-Dame et Guy), lorsqu'un groupe d'inconnus armés jusqu'aux dents fit irruption sur les lieux. Informés juste à temps, McSween et ses hommes eurent le temps de se mettre à l'abri avant que la fusillade ne commence. L'échange de coups de feu qui suivit se prolongea de longues minutes et se transforma finalement en poursuite en automobile. La riposte ne se fit pas attendre et, le soir même, un ami de Roger Fontaine, Raymond Gagné, dit Chapeau, était abattu à la porte du bar-salon *Chez Jean-Pierre,* à Pointe Saint-Charles. Trois jours plus tard, une lettre anonyme parvenait à un quotidien du matin: le ou les auteurs dénonçaient Jacques McSween, ses frères Pierre et André, Marcel Paradis et Roger Létourneau, dit Moineau, comme les auteurs du meurtre de Gagné. Tous étaient présents lors de la raclée administrée à Fontaine après la mort de Lépine.

Quelques jours plus tard, des policiers arrêtaient Pierre McSween et un autre membre de la bande, Sam Orchard, alors qu'ils circulaient en ville en possession d'un revolver chargé.

Après tous ces incidents, la tension étant de plus en plus grande dans le Milieu, il arriva ce qui devait arriver. Le 5 octobre, aux petites heures du matin, Jacques McSween était abattu par des tueurs embusqués dans une camionnette stationnée en face de son domicile, à Longueuil, sur la rive sud. La femme qui l'accompagnait fut grièvement blessée. La mort du caïd calma pendant quelques jours les belligérants. André McSween en profita pour abandonner

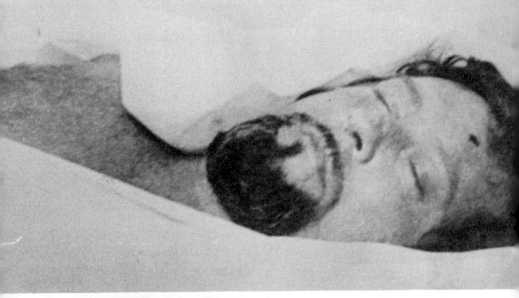

Le cadavre de Jacques McSween à la morgue.

la partie tandis que d'autres disparurent de la circulation. Cependant, l'accalmie fut de courte durée.

Le 15 octobre, deux individus soupçonnés d'être Roger Fontaine et Serge Champagne, dit Sardine, 23 ans, s'en prenaient à un ami des McSween et de Létourneau, Marcel Paradis, présent lui aussi lors de l'avertissement brutal de McSween et ses hommes. A l'angle des rues Paxton et Richmond, les trois truands échangèrent des coups de feu et, finalement, Paradis et Champagne récoltèrent quelques projectiles. Aucun d'eux ne fut blessé gravement et, quelques jours plus tard, les limiers municipaux inculpaient Sardine Champagne pour tentative de meurtre, et un premier mandat d'arrestation formel était émis contre Fontaine.

Le 20 octobre, la bande McSween-Létourneau riposta et abattit un ami de Raymond « Chapeau » Gagné, Pierre Brunette. Celui-ci avait eu la malchance de se trouver *Chez Jean-Pierre* quand on avait réglé le compte de Gagné. Le cadavre de Brunette fut découvert le lendemain matin: on lui avait tiré huit balles dans la tête. Après ce nouveau meurtre, un autre McSween, Pierre, abandonna la partie. Selon les policiers, celui-ci n'avait pas digéré la mort de son frère Jacques et il trouvait étrange que ceux qui devaient lui servir de gardes du corps, Gilles Roy et Paul-Emile Lapointe, ne se soient pas trouvés sur les lieux du crime. En fait, on croit que Jacques McSween a été éliminé par Moineau Létourneau qui voulait prendre le leadership de la bande.

La suite survient au cours du mois de décembre. Le 12 d'abord, trois tueurs se présentent à la *Brasserie Michael's,* rue Grand Trunk, toujours dans l'ouest, et abattent mortellement Sardine Champagne qui était assis avec 6 ou 7 amis. Un homme descend Champagne pendant qu'une autre tien la porte et que le troisième attend à l'extérieur, dans une automobile. Quelques jours plus tard, les policiers de la C.U.M. interceptent une automobile pleine d'armes à bord de laquelle se trouvent Moineau Létourneau, Paul-Emile Lapointe et Sam Orchard. Traduits en Cour criminelle, les trois hommes sont libérés sous cautionnement et tentent de reprendre en main leurs affaires dans la Pointe Saint-Charles.

Certains pensent alors que les hostilités sont terminées, mais ils se trompent. En fin de soirée le 13 février 1975, quelques minutes avant la Saint-Valentin, Moineau Létourneau et deux de ses comparses festoient sur la rive sud, à l'*Hôtel Lapinière* de Ville-Brossard. Vers 23h10, 4 hommes armés font irruption dans l'établissement où se trouvent réunies une soixantaine de personnes et ouvrent rapidement le feu sur la tablée des gangsters. Atteint de 12 projectiles, Létourneau s'affaisse sans vie tandis que Gilles Roy et Paul-Emile Lapointe sont grièvement blessés ainsi que la compagne de leur chef. Trois autres personnes sont tuées par les bandits tandis que deux autres sont sérieusement blessées. Certaines connaissaient les truands, mais aucune d'elles ne faisait partie de la bande.

A l'hôpital, Gilles Roy déclare à un journaliste de l'hebdomadaire *Allô-Police:* « Le soir du massacre, ils ont appelé chez nous et ont dit à mon frère: Je te souhaite une bonne Saint-Valentin. Ton frère est à la morgue. Ils ont appelé la femme de Moineau, son amie, et ils lui ont dit à peu près la même chose mais en ajoutant: Bonne Saint-Valentin de la part de Fonfon et de Cloclo. » Ce dernier surnom est celui d'un redoutable tueur à gages à l'emploi du puissant gang de Saint-Henri.

Malgré l'élimination de Moineau Létourneau, ce massacre qui rappelle la tuerie de la Saint-Valentin, à Chicago en 1924, ne met pas fin pour autant à la guerre des gangs. Le 2 avril, à peine sortis de l'hôpital, Roy et Lapointe sont appréhendés à l'intersection des rues Notre-Dame et Dominion alors qu'ils ont en leur possession un fusil mitrailleur M-1 et un revolver. Le cautionnement qui est accordé à Roy ne lui porte pas chance: dans la soirée du 19 juin, il est abattu à Montréal en pleine rue, de trois balles.

Ce meurtre est suivi dans la soirée du 26 juillet d'un autre attentat à Pointe Saint-Charles, contre Yvon Lamoureux, un ami de Moineau Létourneau et de Marcel Paradis qui a déjà été la cible de deux

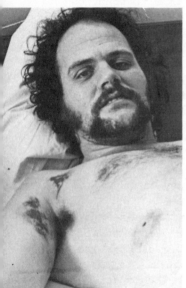

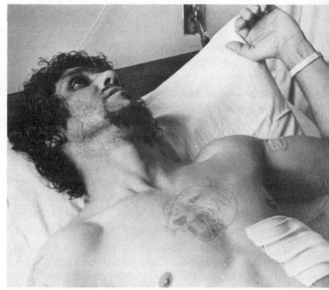

Moineau Létourneau (en bas) et ses deux lieutenants, Gilles Roy (au centre à gauche) et Paul-Emile Lapointe (au centre à droite). (Photos *Allô Police*)

tentatives d'assassinat depuis le début du conflit. Encore une fois, Lamoureux échappe aux balles de ses ennemis, mais l'un des deux hommes qui sont avec lui en automobile est moins chanceux: Jean-Guy Madore, un camionneur de 39 ans qui ne faisait pas partie de la bande, est tué d'une balle qui l'atteint à la tête. Le troisième homme, Jocelyn Poirier, un comparse de Lamoureux, est blessé légèrement par une balle qui lui effleure l'oreille gauche. Aux policiers, Yvon Lamoureux déclare avoir reconnu au moins l'un de ses agresseurs, Roger « Fonfon » Fontaine. Un second mandat d'amener est alors émis contre le caïd qui se rend finalement aux policiers avec son avocat, le 8 septembre. Le lendemain, il est libéré par le coroner faute de preuves suffisantes après une volte-face du témoin principal, mais il est malgré tout accusé de tentative de meurtre en rapport avec l'attentat contre Marcel Paradis survenu le 15 octobre 1974.

Dans le Milieu montréalais, l'élimination presque complète de la bande McSween-Létourneau a rehaussé considérablement le pres-

Roger Fontaine au moment de sa comparution devant le coroner. (Photo *Allô Police*)

tige et la renommée du puissant gang de Saint-Henri, d'autant plus que des rumeurs persistantes laissent entendre que les vaincus, en particulier Moineau Létourneau, avaient reçu l'appui de certains grands patrons de la Mafia locale, inquiets de l'ascension continue de ce clan de Canadiens français et intéressés au plus haut point à l'affaiblir. Confiné pendant des années dans le sud-ouest de la métropole, le gang de Saint-Henri, dirigé par plusieurs frères, est aujourd'hui le seul groupe de la pègre en mesure de rivaliser avec le clan italien. Au chapitre du trafic des drogues, son importance est telle qu'on peut dire qu'il contrôle virtuellement la plupart des principaux centres névralgiques de distribution de Montréal et que de nombreux autres sont passés sous sa juridiction dans certaines régions de la province. Grâce à ses méthodes terroristes, il a profité de la guerre au sein des Devil's Disciples et de l'affaiblissement de la Mafia pour accentuer son emprise dans les établissements intéressants de la place Jacques-Cartier, du Vieux Montréal, du Carré Saint-Louis et de la rue Saint-Denis, du Centre-Sud et du secteur huppé des rues Crescent et Stanley, dans l'Ouest. Actuellement, à quelques exceptions près, seuls les revendeurs autorisés par les caïds de Saint-Henri peuvent travailler dans ces secteurs et tous doivent leur payer un tribut hebdomadaire pour leur concession de vente, sans compter l'obligation de s'approvisionner auprès de leurs grossistes. Un des principaux maillons de leur réseau de distribution de la drogue est une agence artistique montréalaise qui alimente en danseuses à go-go et en drogue plusieurs boîtes de nuit du Québec.

Très liés avec certains personnages de l'entourage de Lucien Rivard, aucun des célèbres frères n'a cependant pu être inculpé jusqu'à ce jour en rapport avec le trafic des stupéfiants. Seules trois accusations ont été portées contre certains d'entre eux pour possession de haschisch et de marijuana, lors de perquisitions concernant d'autres activités criminelles. Dans aucun des cas, les quantités saisies n'étaient considérables. Selon les agents fédéraux, les leaders du gang de Saint-Henri ont su s'entourer d'un cercle fermé difficilement perméable et la manipulation des stupéfiants est laissée à des intermédiaires fidèles.

Dernièrement, un des membres les plus influents de la famille a été aperçu en compagnie d'un mafioso réputé et les policiers croient que les discussions ont porté sur la coexistence pacifique des deux puissants gangs. On espère que ces pourparlers ne sont pas le prélude à une nouvelle association dans le trafic des drogues car, si tel était le cas, il faudrait s'attendre à une aggravation de la situation et sans doute à une recrudescence du trafic au niveau international.

Conclusion

Il faut côtoyer pendant des mois les hommes de la Brigade des stupéfiants pour comprendre l'ampleur et le sens du travail qu'ils ont accompli et qu'ils continuent d'accomplir chaque jour. Le grand public ignore quelle patience, quel dévouement, quelle détermination, quels sacrifices il a fallu aux policiers qu'il paie, pour réussir à démanteler toutes les combines de drogue que ce livre a voulu lui révéler. Imbus de préjugés à leur endroit, on caricature souvent les policiers, les percevant comme des brutes sauvages, sans grande intelligence, beaucoup plus aptes à user de violence qu'à chercher à comprendre. Il y a certes encore de ces mercenaires primaires parmi les policiers, mais les agents de la paix qui, dans l'ombre, consacrent une grande partie de leur vie à pourchasser les caïds de la drogue ne font pas partie de cette catégorie. Il faut beaucoup d'intelligence, de finesse et de ruse pour percer les secrets des grandes filières de la drogue. A cet égard, les agents de la Gendarmerie royale du Canada, particulièrement ceux de Montréal, ont acquis au cours des années un degré de professionnalisme qui aujourd'hui, il faut le dire, fait l'envie des plus célèbres agences policières à travers le monde.

De tous ceux qui au Canada s'intéressent au monde clandestin de la pègre, les limiers de la Brigade des stupéfiants sont sans doute parmi les mieux renseignés et les plus sensibilisés aux problèmes qu'ils créent. Les centaines de mission d'infiltration qu'ils ont effectuées dans le Milieu et le réseau étonnant d'indicateurs et d'agents doubles qui collaborent avec eux, leur ont permis d'acquérir une connaissance exceptionnelle des bas-fonds du crime, de leur organisation, de leur hiérarchie et surtout de leur évolution. Il n'est donc pas étonnant de constater tant à Vancouver, à Toronto et à Montréal que c'est la Brigade des stupéfiants qui a porté, dans l'ensemble, les coups les plus durs aux barons de la pègre.

Si on analyse en détail la situation du trafic international des drogues, au Canada, aux Etats-Unis ou en France, on constate que la majorité de ceux qui ont trempé dans ce commerce un peu spécial, ont un jour ou l'autre été démasqués et envoyés en prison. Dans certains cas, il a fallu des années de patience et de travail, mais qu'importe! Peu d'activités criminelles comportent un taux de probabilité d'échec aussi élevé. Pourtant, malgré les efforts et les succès de la police, le trafic continue et plus que jamais les drogues abondent sur le marché de la consommation. Aujourd'hui et depuis quelques années déjà, les truands professionnels ne sont plus les seuls en scène. Des milliers de trafiquants à la petite semaine — touristes, étudiants, hippies, drogués, etc — ont envahi le marché. Leur présence complique la situation et assure à des milliers d'amis et de connaissances un approvisionnement constant en haschisch, en cocaïne, en speed, en héroïne. Plusieurs de ces amateurs n'ont jamais pris conscience des conséquences néfastes de leurs petites combines. Pourtant ils contribuent comme les plus puissants à l'exploitation de l'homme et leurs mobiles ne sont guère plus louables.

On l'a vu, les bénéfices réalisés par ceux qui font le trafic des drogues sont astronomiques et les fortunes s'édifient rapidement. Il n'est pas difficile de comprendre que, malgré les risques énormes que fait peser sur eux le travail acharné des policiers, il y a toujours et il y aura toujours des gens, caïds ou amateurs, pour assurer la relève et l'approvisionnement des millions d'usagers de la drogue. L'histoire démontre bien que chaque fois que des gros bonnets ont été arrêtés et emprisonnés, leurs hommes de main, leurs amis, leurs associés ont pris la succession plus ou moins rapidement. On serait alors tenté de dire que la répression du trafic est inutile et qu'il vaut mieux capituler devant l'inévitable.

Si, avec des contrôles rigoureux, cette solution peut paraître acceptable pour certaines drogues dites légères, reste qu'elle est impensable lorsque l'on songe au sort tragique des milliers d'usagers de l'héroïne, de la morphine, de la cocaïne, des amphétamines, etc. Peut-on sérieusement envisager de laisser à des trafiquants sans scrupule, à des exploiteurs qui ne sont soucieux que de remplir leurs goussets, le champ libre pour asservir à leur guise les jeunes et les moins jeunes qui croient naïvement trouver le bonheur dans les drogues? Les règles sauvages de ce « commerce » veulent non seulement qu'on satisfasse la demande, mais aussi qu'on la provoque, qu'on l'entretienne, qu'on la stimule. On peut imaginer sans peine les proportions qu'aurait prises l'usage des drogues, n'eût été de la lutte menée jusqu'à ce jour contre les trafiquants de tout acabit!

Bien sûr, le problème des drogues est loin d'être une question strictement policière, il faut l'envisager sous un angle autre que répressif. Les conditions psychologiques, sociologiques, culturelles et autres qui conduisent des millions d'individus à recourir à la drogue, ne seront pas changées par le travail des agents des escouades antidrogue. Il y a la poussière et il y a les causes de la poussière. On ne changera malheureusement pas en profondeur notre société en quelques jours et d'ici à ce que les luttes s'attaquant aux racines du mal portent leurs fruits, il faudra continuer de ramasser la poussière. Si on ne le faisait pas, la saleté envahirait vite toute la maison et il ne serait plus possible d'y vivre.

La lutte au trafic des drogues est un perpétuel recommencement comme la plupart des activités humaines. Ceux qui en ont la responsabilité le savent. Ils aimeraient cependant, et ils ont raison de le souhaiter, que le public les comprenne un peu mieux et surtout les appuie un peu plus. Les indicateurs, les délateurs, les promesses d'immunité, l'écoute électronique et les autres méthodes policières sont loin d'avoir la faveur des gens en général. Pourtant, comme l'a démontré ce livre, sans ces moyens, il est imposible d'envisager une lutte efficace contre ces exploiteurs de la misère humaine, contre ces financiers du suicide à long terme que sont les trafiquants de drogue, surtout l'héroïne. Il faut savoir quelles angoisses et quels drames vivent quotidiennement les usagers de l'héroïne et de certaines autres drogues dangereuses pour comprendre combien il est important de donner aux agents de la paix les moyens de contrer l'action toujours plus subtile des trafiquants de drogues.

Bibliographie

Bandits à Marseille, Eugène Saccomano, Paris, Editions Julliard, 1968.

Don Carlo: Boss of Bosses, Paul Meskil, Toronto, Popular Library Edition, 1973.

Dossier D ... comme drogue, Alain Jaubert, Paris, Editions Moreau, 1973.

French Connection, Robin Moore, Paris, Presses de la Cité, 1972. (édition originale Presses Pocket)

La lutte internationale contre le trafic des stupéfiants, Problèmes politiques et sociaux, Paris, La Documentation française, nos 222-223, 12-19 avril 1974.

La Mafia: les vrais parrains, en collaboration, Revue Historia, Hors Série no 28, Paris, Librairie Jules Tallandier, 1972.

La Mafia, Martin W. Duyzings, Paris, Petite Bibliothèque Payot, 1966.

Lansky, Hank Messik, New York, G. P. Putnam's Sons, 1971.

La Rage des goof-balls, Alain Stanké et Marie-José Beaudoin, Montréal, Editions de l'Homme, 1962.

Les Contrebandiers, Timothy Green, Paris, Librairie Arthème Fayard, 1974.

Les Grandes manoeuvres de l'opium, Catherine Lamour et Michel R. Lamberti, Paris, Editions du Seuil, 1972.

Le Jockey, Philippe B., Paris, Editions Olivier Orban, 1974.

L'Intouchable, Evert Clark et Nicholas Horrock, Collection Super Noire, Paris, Gallimard, 1975.

Lucky Luciano-Le Testament, Martin A. Gosh et Richard Hammer, Paris, Editions Stock, 1975.

Mafiosi et Mafia: les mémoires de Joseph Valachi, Peter Mass, Paris, Editions Stock, 1969.

Merchant of Heroin, Alvin Moscow, New York, The Dial Press Inc., 1968.

Nom de code: Richard, Richard Berdin, Paris, Editions Gallimard, 1975.

Organized Crime and Illicit Traffic in Narcotics, Hearings before the Permanent Subcommittee on Investigations of the Committee on Government Operations, United States Senate; Eighty-Eight Congress; Part 1 to Part 5 and Index to Hearings; Washington, U.S. Government Printing Office, 1963, 1964 and 1965.

Peroff: The Man who knew too much, Frank Peroff and L. H. Whittemore, New York, William Morrow Inc., 1975.

Rapport d'enquête sur la police de Montréal, Juge F. Caron, Montréal, Cour supérieure, Jugement no 3000, 1954.

Rapport du commissaire sur l'affaire Rivard, Juge F. Dorion, Ottawa, Imprimeur du gouvernement, 1965.

Rapport final de la Commission d'enquête sur l'usage des drogues à des fins non médicales au Canada, Ottawa, Information Canada, 1973.

Staff Study of the Frank Peroff Case, Permanent Subcommittee on Investigations of the Committee on Government Operations, United States Senate, Ninety-Forth Congress, Washington, U.S. Government Printing Office, march 1975.

The Corsican Contract, Evert Clark and Nicholas Horrock, New York, Bantham Book, 1974.

The Deadly Silence, Renée Buse, New York, Doubleday & Company Inc., 1965.

The Heroin Trail, The Ugly Odyssey from Blossom to Bloodstream, New York, The staff and editors of Newsday, 1974.

The Mafia is not an Equal Opportunity Employer, Nicholas Gage, New York, Dell Publishing Co. Inc., 1972.

The Murderers: The Story of Narcotic Gangs, Harry J. Anslinger and W. Oursler, New York, Farrar, Straus & Cudahy, 1961.

The Politics of Heroin in Southeast Asia, Alfred W. McCoy, New York, Harper Colophon Books, 1973.

The Protectors, Harry J. Anslinger, New York, Farrar, Straus & Cudahy, 1962.

The Trail of the Poppy: behind the Mask of the Mafia, C. Siragusa, New Jersey, Prentice Hall, Englewood Cliffs, 1966.

Un Prêtre et son péché, Alain Stanké, Montréal, Edition de l'Homme, 1961.

Vizzini: les missions secrètes d'un grand chasseur de trafiquants, Sal Vizzini, Oscar Fraley et Marshall Smith, Montréal, Editions de l'Homme, 1973.

World Drug Traffic and its Impact on U.S. Security, Hearings before the Subcommittee to investigate the Administration of the Internal Security Act and Other Internal Security Laws on the Committee on the Judiciary, United States Senate; Ninety-Second Congress; Part 1 to Part 7, Washington, U.S. Government Printing Office, 1972-1973.

N.B. Bibliographie non exhaustive. Aux ouvrages précédents s'ajoutent des centaines d'articles de journaux et de périodiques québécois, canadiens, américains et français.

Cartes et tableaux

FIGURE 1

CONVERSION DE L'OPIUM EN HÉROÏNE

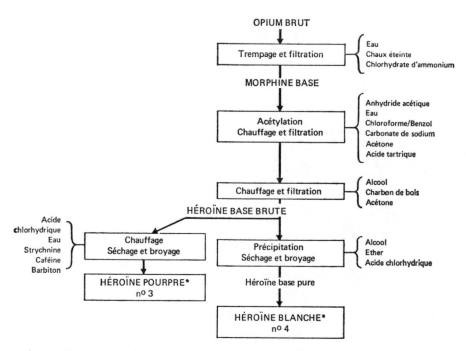

Source : États-Unis, Commission interministérielle du contrôle international des stupéfiants, *World Opium Survey 1972*, Washington, juillet 1972.

* Les laboratoires européens ne fabriquent que de l'héroïne blanche. L'appellation « n° 3 » ou « n° 4 » est réservée à l'Asie du Sud-Est où les laboratoires produisent les deux variétés : blanche et pourpre.

FIGURE 2

TRAFIC DES STUPÉFIANTS ENTRE LE MOYEN-ORIENT ET L'EUROPE

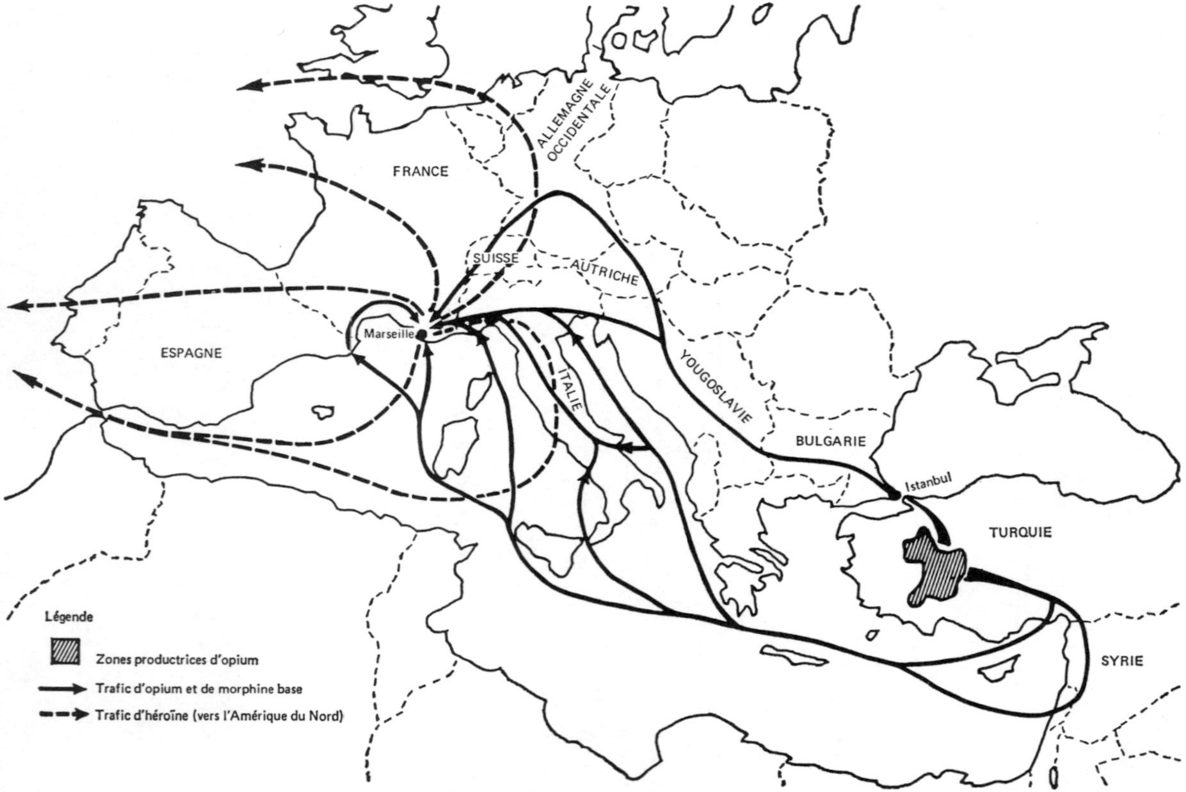

FIGURE 3

TRAFIC DES STUPÉFIANTS EN ASIE DU SUD-EST

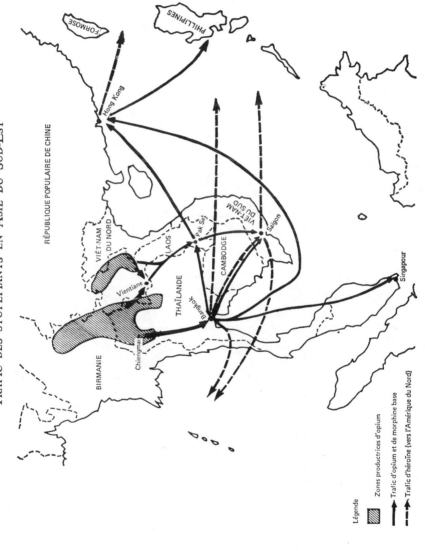

Légende

▨ Zones productrices d'opium

→ Trafic d'opium et de morphine base

⇢ Trafic d'héroïne (vers l'Amérique du Nord)

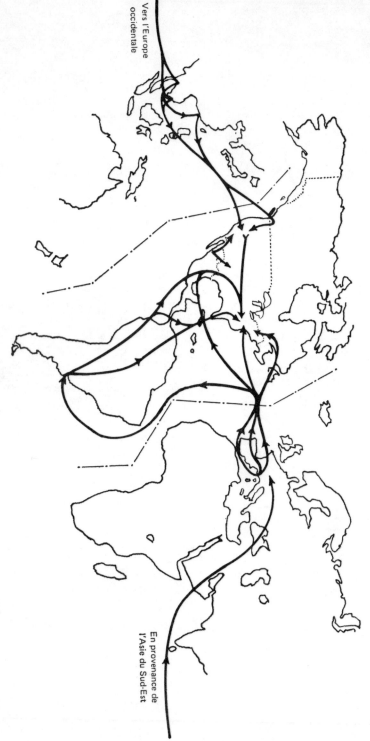

FIGURE 4

PRINCIPALES VOIES D'ACHEMINEMENT DE
L'HÉROÏNE VERS L'AMÉRIQUE DU NORD

Vers l'Europe
occidentale

En provenance de
l'Asie du Sud-Est

576

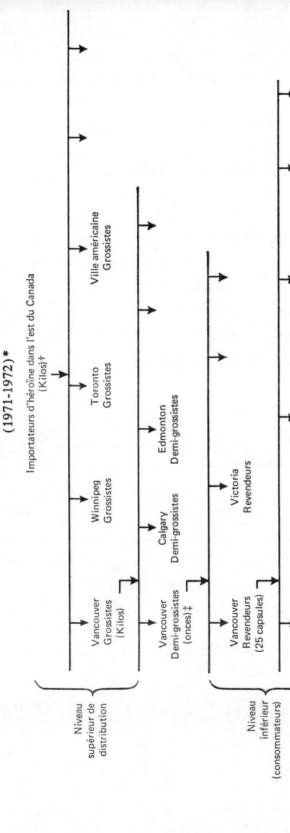

FIGURE 5

LA DISTRIBUTION D'HÉROÏNE AU CANADA
(1971-1972)*

Importateurs d'héroïne dans l'est du Canada
(Kilos)‡

Ville américaine
Grossistes

Toronto
Grossistes

Winnipeg
Grossistes

Edmonton
Demi-grossistes

Calgary
Demi-grossistes

Victoria
Revendeurs

4e Rue
Héroïnomanes et usagers

Granville et Davie
Héroïnomanes et usagers

Vancouver
Grossistes
(Kilos)

Vancouver
Demi-grossistes
(onces)‡

Vancouver
Revendeurs
(25 capsules)

Main et Hastings
Héroïnomanes et usagers
(capsules à l'unité)

Niveau
supérieur de
distribution

Niveau
inférieur
(consommateurs)

*Vancouver figure sur ce graphique comme principal centre de distribution, mais on
retrouve le même schéma dans plusieurs autres grandes villes canadiennes.

‡ L'unité d'achat est indiquée entre parenthèses.

‡ L'héroïne est vendue en paquet de 400 capsules, communément appelé «once capsulée».

577

FIGURE 6

ORGANIGRAMME D'UN RÉSEAU DE DISTRIBUTION DANS UNE VILLE CANADIENNE (1971-1972)

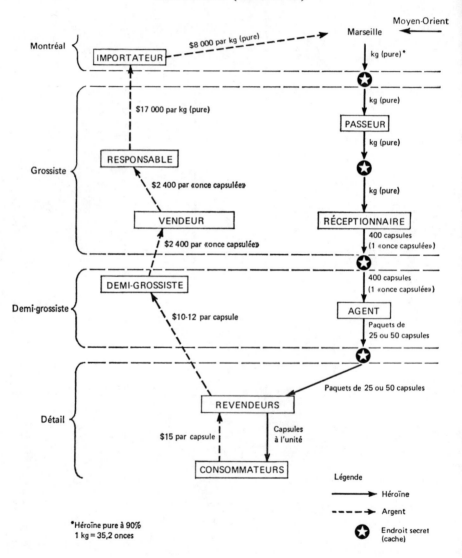

FIGURE 7

PRINCIPALES VOIES D'ACHEMINEMENT DE L'HÉROÏNE AU CANADA

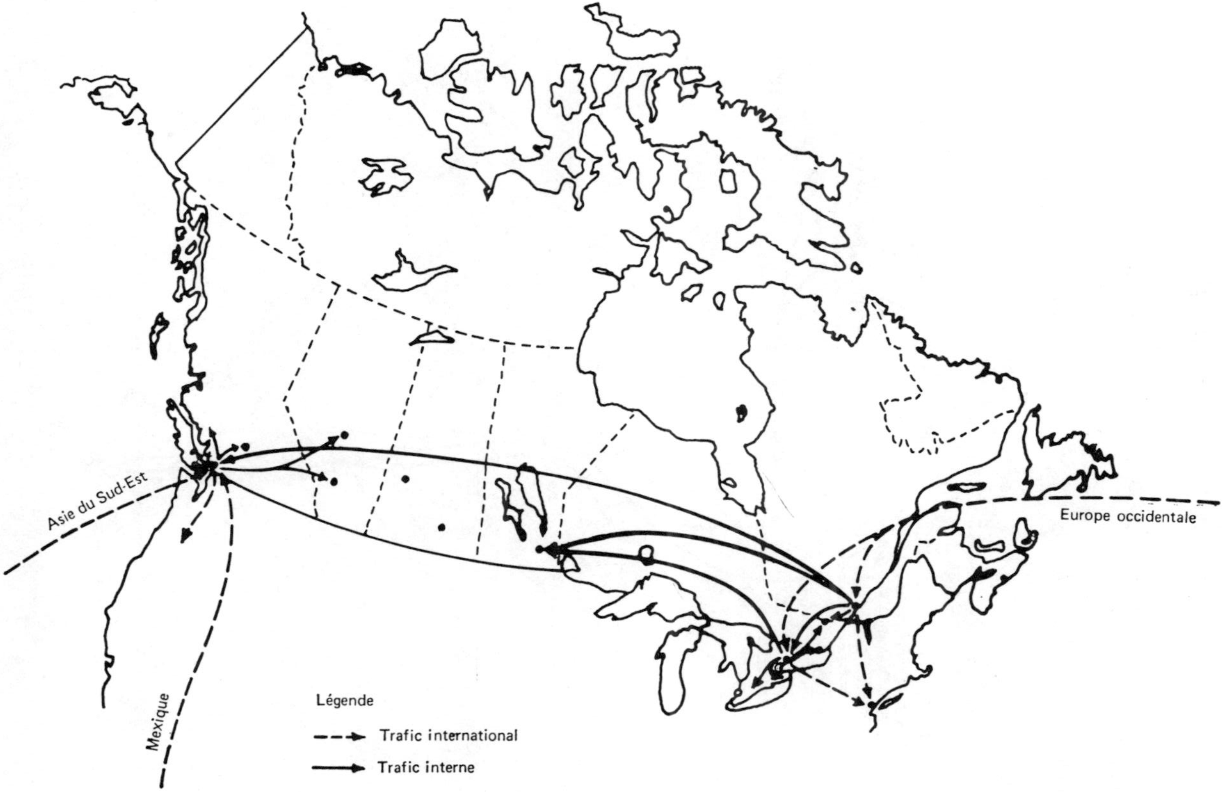

Légende

Trafic international

Trafic interne

Europe occidentale

Mexique

Asie du Sud-Est

FIGURE 8

Itinéraires de la cocaïne en Amérique du Sud

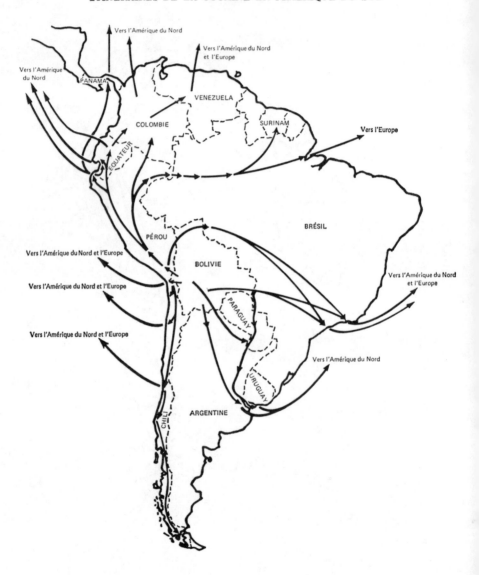

Index

Table des matières

Achevé d'imprimer sur les presses de
L'IMPRIMERIE ELECTRA *
pour
LES EDITIONS DE L'HOMME LTÉE

* Division du groupe Sogides Ltée

Ouvrages parus
chez les Éditeurs du groupe Sogides

Ouvrages parus aux
ÉDITIONS
DE L'HOMME

ART CULINAIRE

Art d'apprêter les restes (L'),
S. Lapointe, **4.00**
Art de vivre en bonne santé (L'),
Dr W. Leblond, **3.00**
Boîte à lunch (La), L. Lagacé, **4.00**
101 omelettes, M. Claude, **3.00**
Cocktails de Jacques Normand (Les),
J. Normand, **3.00**
Congélation (La), S. Lapointe, **4.00**
Conserves (Les), Soeur Berthe, **4.00**
Cuisine chinoise (La), L. Gervais, **4.00**
Cuisine de maman Lapointe (La),
S. Lapointe, **3.00**
Cuisine de Pol Martin (La), Pol Martin, **4.00**
Cuisine des 4 saisons (La),
Mme Hélène Durand-LaRoche, **4.00**
Cuisine en plein air, H. Doucet, **3.00**
Cuisine française pour Canadiens,
R. Montigny, **4.00**
Cuisine italienne (La), Di Tomasso, **3.00**
Diététique dans la vie quotidienne,
L. Lagacé, **4.00**
En cuisinant de 5 à 6, J. Huot, **3.00**
Fondues et flambées, S. Lapointe, **4.00**
Fruits (Les), J. Goode, **5.00**

Grande Cuisine au Pernod (La),
S. Lapointe, **3.00**
Hors-d'oeuvre, salades et buffets froids,
L. Dubois, **3.00**
Légumes (Les), J. Goode, **6.00**
Madame reçoit, H.D. LaRoche, **4.00**
Mangez bien et rajeunissez, R. Barbeau, **3.00**
Poissons et fruits de mer,
Soeur Berthe, **4.00**
Recettes à la bière des grandes cuisines
Molson, M.L. Beaulieu, **4.00**
Recettes au "blender", J. Huot, **4.00**
Recettes de gibier, S. Lapointe, **4.00**
Recettes de Juliette (Les), J. Huot, **4.00**
Recettes de maman Lapointe,
S. Lapointe, **3.00**
Régimes pour maigrir, M.J. Beaudoin, **4.00**
Tous les secrets de l'alimentation,
M.J. Beaudoin, **2.50**
Vin (Le), P. Petel, **3.00**
Vins, cocktails et spiritueux,
G. Cloutier, **3.00**
Vos vedettes et leurs recettes,
G. Dufour et G. Poirier, **3.00**
Y'a du soleil dans votre assiette,
Georget-Berval-Gignac, **3.00**

DOCUMENTS, BIOGRAPHIE

Architecture traditionnelle au Québec (L'),
Y. Laframboise, **10.00**
Art traditionnelle au Québec (L'),
Lessard et Marquis, **10.00**
Acadiens (Les), E. Leblanc, **2.00**
Bien-pensants (Les), P. Berton, **2.50**

Bolduc (La), R. Benoît, **1.50**
Bourassa-Québec, R. Bourassa, **1.00**
Camillien Houde, H. Larocque, **1.00**
Canadiens et nous (Les), J. de Roussan, **1.00**
Ce combat qui n'en finit plus,
A. Stanké,-J.L. Morgan, **3.00**
Charlebois, qui es-tu?, B. L'Herbier, **3.00**

Des hommes qui bâtissent le Québec, collaboration, **3.00**

Deux innocents en Chine rouge, P.E. Trudeau, J. Hébert, **2.00**

Drapeau canadien (Le), L.A. Biron, **1.00**

Drogues, J. Durocher, **3.00**

Egalité ou indépendance, D. Johnson, **2.00**

Epaves du Saint-Laurent (Les), J. Lafrance, **3.00**

Ermite (L'), L. Rampa, **4.00**

Exxoneration, R. Rohmer, **7.00**

Fabuleux Onassis (Le), C. Cafarakis, **4.00**

Félix Leclerc, J.P. Sylvain, **2.50**

Fête au village, P. Legendre, **2.00**

France des Canadiens (La), R. Hollier, **1.50**

Francois Mauriac, F. Seguin, **1.00**

Greffes du coeur (Les), collaboration, **2.00**

Han Suyin, F. Seguin, **1.00**

Hippies (Les), Time-coll., **3.00**

Imprévisible M. Houde (L'), C. Renaud, **2.00**

Insolences du Frère Untel, F. Untel, **2.00**

J'aime encore mieux le jus de betteraves, A. Stanké, **2.50**

Jean Rostand, F. Seguin, **1.00**

Juliette Béliveau, D. Martineau, **3.00**

Lamia, P.T. de Vosjoli, **5.00**

Louis Aragon, F. Seguin, **1.00**

Magadan, M. Solomon, **6.00**

Maison traditionnelle au Québec (La), M. Lessard, G. Vilandré, **10.00**

Maîtresse (La), James et Kedgley, **4.00**

Mammifères de mon pays, Duchesnay-Dumais, **3.00**

Masques et visages du spiritualisme contemporain, J. Evola, **5.00**

Michel Simon, F. Seguin, **1.00**

Michèle Richard raconte Michèle Richard, M. Richard, **2.50**

Mozart, raconté en 50 chefs-d'oeuvre, P. Roussel, **5.00**

Nationalisation de l'électricité (La), P. Sauriol, **1.00**

Napoléon vu par Guillemin, H. Guillemin, **2.50**

Objets familiers de nos ancêtres, L. Vermette, N. Genêt, L. Décarie-Audet, **6.00**

On veut savoir, (4 t.), L. Trépanier, **1.00** ch.

Option Québec, R. Lévesque, **2.00**

Pour entretenir la flamme, L. Rampa, **4.00**

Pour une radio civilisée, G. Proulx, **2.00**

Prague, l'été des tanks, collaboration, **3.00**

Premiers sur la lune, Armstrong-Aldrin-Collins, **6.00**

Prisonniers à l'Oflag 79, P. Vallée, **1.00**

Prostitution à Montréal (La), T. Limoges, **1.50**

Provencher, le dernier des coureurs des bois, P. Provencher, **6.00**

Québec 1800, W.H. Bartlett, **15.00**

Rage des goof-balls (La), A. Stanké, M.J. Beaudoin, **1.00**

Rescapée de l'enfer nazi, R. Charrier, **1.50**

Révolte contre le monde moderne, J. Evola, **6.00**

Riopelle, G. Robert, **3.50**

Struma (Le), M. Solomon, **7.00**

Terrorisme québécois (Le), Dr G. Morf, **3.00**

Ti-blanc, mouton noir, R. Laplante, **2.00**

Treizième chandelle (La), L. Rampa, **4.00**

Trois vies de Pearson (Les), Poliquin-Beal, **3.00**

Trudeau, le paradoxe, A. Westell, **5.00**

Ultimatum, R. Rohmer, **6.00**

Un peuple oui, une peuplade jamais! J. Lévesque, **3.00**

Un Yankee au Canada, A. Thério, **1.00**

Une culture appelée québécoise, G. Turi, **2.00**

Vizzini, S. Vizzini, **5.00**

Vrai visage de Duplessis (Le), P. Laporte, **2.00**

ENCYCLOPEDIES

Encyclopédie de la maison québécoise, Lessard et Marquis, **8.00**

Encyclopédie des antiquités du Québec, Lessard et Marquis, **7.00**

Encyclopédie des oiseaux du Québec, W. Earl Godfrey, **8.00**

Encyclopédie du jardinier horticulteur, W.H. Perron, **8.00**

Encyclopédie du Québec, Vol. I et Vol. II, L. Landry, **6.00 ch.**

ESTHETIQUE ET VIE MODERNE

Cellulite (La), Dr G.J. Léonard, **4.00**
Chirurgie plastique et esthétique (La),
Dr A. Genest, **2.00**
Embellissez votre corps, J. Ghedin, **2.00**
Embellissez votre visage, J. Ghedin, **1.50**
Etiquette du mariage, Fortin-Jacques,
Farley, **4.00**
Exercices pour rester jeune, T. Sekely, **3.00**
Exercices pour toi et moi,
J. Dussault-Corbeil, **5.00**
Face-lifting par l'exercice (Le),
S.M. Rungé, **4.00**
Femme après 30 ans, N. Germain, **3.00**

Femme émancipée (La), N. Germain et
L. Desjardins, **2.00**
Leçons de beauté, E. Serei, **2.50**
Médecine esthétique (La),
Dr G. Lanctôt, **5.00**
Savoir se maquiller, J. Ghedin, **1.50**
Savoir-vivre, N. Germain, **2.50**
Savoir-vivre d'aujourd'hui (Le),
M.F. Jacques, **3.00**
Sein (Le), collaboration, **2.50**
Soignez votre personnalité, messieurs,
E. Serei, **2.00**
Vos cheveux, J. Ghedin, **2.50**
Vos dents, Archambault-Déom, **2.00**

LINGUISTIQUE

Améliorez votre français, J. Laurin, **4.00**
Anglais par la méthode choc (L'),
J.L. Morgan, **3.00**
Dictionnaire en 5 langues, L. Stanké, **2.00**

Petit dictionnaire du joual au français,
A. Turenne, **3.00**
Savoir parler, R.S. Catta, **2.00**
Verbes (Les), J. Laurin, **4.00**

LITTERATURE

Amour, police et morgue, J.M. Laporte, **1.00**

Bigaouette, R. Lévesque, **2.00**

Bousille et les justes, G. Gélinas, **3.00**

Candy, Southern & Hoffenberg, **3.00**

Cent pas dans ma tête (Les), P. Dudan, **2.50**

Commettants de Caridad (Les),
Y. Thériault, **2.00**

Des bois, des champs, des bêtes,
J.C. Harvey, **2.00**

Ecrits de la Taverne Royal, collaboration, **1.00**

Hamlet, Prince du Québec, R. Gurik, **1.50**

Homme qui va (L'), J.C. Harvey, **2.00**

J'parle tout seul quand j'en narrache,
E. Coderre, **3.00**

Malheur a pas des bons yeux (Le),
R. Lévesque, **2.00**

Marche ou crève Carignan, R. Hollier, **2.00**

Mauvais bergers (Les), A.E. Caron, **1.00**

Mes anges sont des diables,
J. de Roussan, **1.00**

Mon 29e meurtre, Joey, **8.00**

Montréalités, A. Stanké, **1.50**

Mort attendra (La), A. Malavoy, **1.00**

Mort d'eau (La), Y. Thériault, **2.00**

Ni queue, ni tête, M.C. Brault, **1.00**

Pays voilés, existences, M.C. Blais, **1.50**

Pomme de pin, L.P. Dlamini, **2.00**

Printemps qui pleure (Le), A. Thério, **1.00**

Propos du timide (Les), A. Brie, **1.00**

Séjour à Moscou, Y. Thériault, **2.00**

Tit-Coq, G. Gélinas, **4.00**

Toges, bistouris, matraques et soutanes,
collaboration, **1.00**

Un simple soldat, M. Dubé, **4.00**

Valérie, Y. Thériault, **2.00**

Vertige du dégoût (Le), E.P. Morin, **1.00**

LIVRES PRATIQUES – LOISIRS

Aérobix, Dr P. Gravel, **3.00**
Alimentation pour futures mamans,
  T. Sekely et R. Gougeon, **3.00**
Apprenez la photographie avec Antoine
  Desilets, A. Desilets, **5.00**
Armes de chasse (Les), Y. Jarrettie, **3.00**
Bougies (Les), W. Schutz, **4.00**
Bricolage (Le), J.M. Doré, **4.00**
Bricolage au féminin (Le), J.-M. Doré, **3.00**
Bridge (Le), V. Beaulieu, **4.00**
Camping et caravaning, J. Vic et
  R. Savoie, **2.50**
Caractères par l'interprétation des visages,
  (Les), L. Stanké, **4.00**
Ciné-guide, A. Lafrance, **3.95**
Chaînes stéréophoniques (Les),
  G. Poirier, **6.00**
Cinquante et une chansons à répondre,
  P. Daigneault, **3.00**
Comment prévoir le temps, E. Neal, **1.00**
Comment tirer le maximum d'une mini-
  calculatrice, H. Mullish, **4.00**
Conseils à ceux qui veulent bâtir,
  A. Poulin, **2.00**
Conseils aux inventeurs, R.A. Robic, **3.00**
Couture et tricot, M.H. Berthouin, **2.00**
Dictionnaire des mots croisés,
  noms propres, collaboration, **6.00**
Dictionnaire des mots croisés,
  noms communs, P. Lasnier, **5.00**
Fins de partie aux dames,
  H. Tranquille, G. Lefebvre, **4.00**
Fléché (Le), L. Lavigne et F. Bourret, **4.00**
Fourrure (La), C. Labelle, **4.00**
Guide complet de la couture (Le),
  L. Chartier, **4.00**
Guide de l'astrologie (Le), J. Manolesco, **3.00**
Hatha-yoga pour tous, S. Piuze, **4.00**
8/Super 8/16, A. Lafrance, **5.00**
Hypnotisme (L'), J. Manolesco, **3.00**
Informations touristiques, la France,
  Deroche et Morgan, **2.50**
Informations touristiques, le Monde,
  Deroche, Colombani, Savoie, **2.50**

Interprétez vos rêves, L. Stanké, **4.00**
J'installe mon équipement stéréo, T. I et II,
  J.M. Doré, **3.00 ch.**
Jardinage (Le), P. Pouliot, **4.00**
Je décore avec des fleurs, M. Bassili, **4.00**
Je développe mes photos, A. Desilets, **6.00**
Je prends des photos, A. Desilets, **6.00**
Jeux de société, L. Stanké, **3.00**
Lignes de la main (Les), L. Stanké, **4.00**
Massage (Le), B. Scott, **4.00**
Météo (La), A. Ouellet, **3.00**
Nature et l'artisanat (La), P. Roy, **4.00**
Noeuds (Les), G.R. Shaw, **4.00**
Origami I, R. Harbin, **3.00**
Origami II, R. Harbin, **3.00**
Ouverture aux échecs (L'), C. Coudari, **4.00**
Photo-guide, A. Desilets, **3.95**
Plantes d'intérieur (Les), P. Pouliot, **6.00**
Poids et mesures, calcul rapide,
  L. Stanké, **3.00**
Poissons du Québec, Juchereau-
  Duchesnay, **2.00**
Pourquoi et comment cesser de fumer,
  A. Stanké, **1.00**
La retraite, D. Simard. **2.00**
Tapisserie (La), T.-M. Perrier,
  N.-B. Langlois, **5.00**
Taxidermie (La), J. Labrie, **4.00**
Technique de la photo, A. Desilets, **6.00**
Techniques du jardinage (Les),
  P. Pouliot, **6.00**
Tenir maison, F.G. Smet, **2.00**
Tricot (Le), F. Vandelac, **3.00**
Trucs de rangement no 1, J.M. Doré, **3.00**
Trucs de rangement no 2, J.M. Doré, **4.00**
Vive la compagnie, P. Daigneault, **3.00**
Vivre, c'est vendre, J.M. Chaput, **4.00**
Voir clair aux dames, H. Tranquille, **3.00**
Voir clair aux échecs, H. Tranquille, **4.00**
Votre avenir par les cartes, L. Stanké, **4.00**
Votre discothèque, P. Roussel, **4.00**
Votre pelouse, P. Pouliot, **5.00**

LE MONDE DES AFFAIRES ET LA LOI

ABC du marketing (L'), A. Dahamni, **3.00**
Bourse (La), A. Lambert, **3.00**
Budget (Le), collaboration, **4.00**
Ce qu'en pense le notaire, Me A. Senay, **2.00**
Connaissez-vous la loi? R. Millet, **3.00**
Dactylographie (La), W. Lebel, **2.00**
Dictionnaire de la loi (Le), R. Millet, **2.50**

Dictionnaire des affaires (Le), W. Lebel, **3.00**
Dictionnaire économique et financier,
  E. Lafond, **4.00**
Divorce (Le), M. Champagne et Léger, **3.00**
Guide de la finance (Le), B. Pharand, **2.50**
Loi et vos droits (La),
  Me P.A. Marchand, **5.00**
Secrétaire (Le/La) bilingue, W. Lebel, **2.50**

PATOF

Cuisinons avec Patof, J. Desrosiers, **1.29**
Patof raconte, J. Desrosiers, **0.89**

Patofun, J. Desrosiers, **0.89**

SANTE, PSYCHOLOGIE, EDUCATION

Activité émotionnelle (L'), P. Fletcher, 3.00
Apprenez à connaître vos médicaments,
  R. Poitevin, 3.00
Caractères et tempéraments,
  C.-G. Sarrazin, 3.00
Comment nourrir son enfant,
  L. Lambert-Lagacé, 4.00
Comment vaincre la gêne et la timidité,
  R.S. Catta, 3.00
Communication et épanouissement
  personnel, L. Auger, 4.00
Complexes et psychanalyse,
  P. Valinieff, 4.00
Contraception (La), Dr L. Gendron, 3.00
Cours de psychologie populaire,
  F. Cantin, 4.00
Dépression nerveuse (La), collaboration, 3.00
Développez votre personnalité,
  vous réussirez, S. Brind'Amour, 3.00
Douze premiers mois de mon enfant (Les),
  F. Caplan, 10.00
Dynamique des groupes,
  Aubry-Saint-Arnaud, 3.00
En attendant mon enfant,
  Y.P. Marchessault, 4.00
Femme enceinte (La), Dr R. Bradley, 4.00
Guérir sans risques, Dr E. Plisnier, 3.00
Guide des premiers soins, Dr J. Hartley, 4.00

Guide médical de mon médecin de famille,
  Dr M. Lauzon, 3.00
Langage de votre enfant (Le),
  C. Langevin, 3.00
Maladies psychosomatiques (Les),
  Dr R. Foisy, 3.00
Maman et son nouveau-né (La),
  T. Sekely, 3.00
Parents face à l'année scolaire (Les),
  collaboration, 2.00
Personne humaine (La),
  Y. Saint-Arnaud, 4.00
Pour vous future maman, T. Sekely, 3.00
15/20 ans, F. Tournier et P. Vincent, 4.00
Relaxation sensorielle (La), Dr P. Gravel, 3.00
S'aider soi-même, L. Auger, 4.00
Volonté (La), l'attention, la mémoire,
  R. Tocquet, 4.00
Vos mains, miroir de la personnalité,
  P. Maby, 3.00
Votre écriture, la mienne et celle des
  autres, F.X. Boudreault, 2.00
Votre personnalité, votre caractère,
  Y. Benoist-Morin, 3.00
Yoga, corps et pensée, B. Leclerq, 3.00
Yoga, santé totale pour tous,
  G. Lescouflar, 3.00

SEXOLOGIE

Adolescent veut savoir (L'),
  Dr L. Gendron, 3.00
Adolescente veut savoir (L'),
  Dr L. Gendron, 3.00
Amour après 50 ans (L'), Dr L. Gendron, 3.00
Couple sensuel (Le), Dr L. Gendron, 3.00
Déviations sexuelles (Les), Dr Y. Léger, 4.00
Femme et le sexe (La), Dr L. Gendron, 3.00
Helga, E. Bender, 6.00
Homme et l'art érotique (L'),
  Dr L. Gendron, 3.00
Madame est servie, Dr L. Gendron, 2.00
Maladies transmises par relations
  sexuelles, Dr L. Gendron, 2.00

Mariée veut savoir (La), Dr L. Gendron, 3.00
Ménopause (La), Dr L. Gendron, 3.00
Merveilleuse histoire de la naissance (La),
  Dr L. Gendron, 4.50
Qu'est-ce qu'un homme, Dr L. Gendron, 3.00
Qu'est-ce qu'une femme,
  Dr L. Gendron, 4.00
Quel est votre quotient psycho-sexuel?
  Dr L. Gendron, 3.00
Sexualité (La), Dr L. Gendron, 3.00
Teach-in sur la sexualité,
  Université de Montréal, 2.50
Yoga sexe, Dr L. Gendron et S. Piuze, 4.00

SPORTS (collection dirigée par Louis Arpin)

ABC du hockey (L'), H. Meeker, 3.00
Aïkido, au-delà de l'agressivité,
  M. Di Villadorata, 4.00
Baseball (Le), collaboration, 2.50
Bicyclette (La), J. Blish, 4.00
Comment se sortir du trou au golf,
  Brien et Barrette, 4.00
Course-Auto 70, J. Duval, 3.00
Courses de chevaux (Les), Y. Leclerc, 3.00

Devant le filet, J. Plante, 3.00
Entraînement par les poids et haltères,
  F. Ryan, 3.00
Expos, cinq ans après,
  D. Brodeur, J.-P. Sarrault, 3.00
Football (Le), collaboration, 2.50
Football professionnel, J. Séguin, 3.00
Guide de l'auto (Le) (1967), J. Duval, 2.00
  (1968-69-70-71), 3.00 chacun

Guide du judo, au sol (Le), L. Arpin, **4.00**
Guide du judo, debout (Le), L. Arpin, **4.00**
Guide du self-defense (Le), L. Arpin, **4.00**
Guide du trappeur,
  P. Provencher, **4.00**
Initiation à la plongée sous-marine,
  R. Goblot, **5.00**
J'apprends à nager, R. Lacoursière, **4.00**
Jocelyne Bourassa,
  J. Barrette et D. Brodeur, **3.00**
Karaté (Le), Y. Nanbu, **4.00**
Livre des règlements, LNH, **1.50**
Lutte olympique (La), M. Sauvé, **4.00**
Match du siècle: Canada-URSS,
  D. Brodeur, G. Terroux, **3.00**
Mon coup de patin, le secret du hockey,
  J. Wild, **3.00**
Moto (La), Duhamel et Balsam, **4.00**
Natation (La), M. Mann, **2.50**
Natation de compétition (La),
  R. Lacoursière, **3.00**
Parachutisme (Le), C. Bédard, **4.00**
Pêche au Québec (La), M. Chamberland, **5.00**
Petit guide des Jeux olympiques,
  J. About, M. Duplat, **2.00**

Puissance au centre, Jean Béliveau,
  H. Hood, **3.00**
Raquette (La), Osgood et Hurley, **4.00**
Ski (Le), W. Schaffler-E. Bowen, **3.00**
Ski de fond (Le), J. Caldwell, **4.00**
Soccer, G. Schwartz, **3.50**
Stratégie au hockey (La), J.W. Meagher, **3.00**
Surhommes du sport, M. Desjardins, **3.00**
Techniques du golf,
  L. Brien et J. Barrette, **4.00**
Techniques du tennis, Ellwanger, **4.00**
Tennis (Le), W.F. Talbert, **3.00**
Tous les secrets de la chasse,
  M. Chamberland, **3.00**
Tous les secrets de la pêche,
  M. Chamberland, **3.00**
36-24-36, A. Coutu, **3.00**
Troisième retrait (Le), C. Raymond,
  M. Gaudette, **3.00**
Vivre en forêt, P. Provencher, **4.00**
Vivre en plein air, P. Gingras, **4.00**
Voie du guerrier (La), M. di Villadorata, **4.00**
Voile (La), Nik Kebedgy, **5.00**

Ouvrages parus à
L'ACTUELLE JEUNESSE

Echec au réseau meurtrier, R. White, **1.00**
Engrenage (L'), C. Numainville, **1.00**
Feuilles de thym et fleurs d'amour,
  M. Jacob, **1.00**
Lady Sylvana, L. Morin, **1.00**
Moi ou la planète, C. Montpetit, **1.00**

Porte sur l'enfer, M. Vézina, **1.00**
Silences de la croix du Sud (Les),
  D. Pilon, **1.00**
Terreur bleue (La), L. Gingras, **1.00**
Trou (Le), S. Chapdelaine, **1.00**
Une chance sur trois, S. Beauchamp, **1.00**
22,222 milles à l'heure, G. Gagnon, **1.00**

Ouvrages parus à
L'ACTUELLE

Aaron, Y. Thériault, **3.00**
Agaguk, Y. Thériault, **4.00**
Allocutaire (L'), G. Langlois, **2.50**
Bois pourri (Le), A. Maillet, **2.50**
Carnivores (Les), F. Moreau, **2.50**
Carré Saint-Louis, J.J. Richard, **3.00**

Centre-ville, J.-J. Richard, **3.00**
Chez les termites,
  M. Ouellette-Michalska, **3.00**
Cul-de-sac, Y. Thériault, **3.00**
D'un mur à l'autre, P.A. Bibeau, **2.50**
Danka, M. Godin, **3.00**
Débarque (La), R. Plante, **3.00**

Demi-civilisés (Les), J.C. Harvey, 3.00
Dernier havre (Le), Y. Thériault, 2.50
Domaine de Cassaubon (Le),
  G. Langlois, 3.00
Dompteur d'ours (Le), Y. Thériault, 3.00
Doux Mal (Le), A. Maillet, 3.00
En hommage aux araignées, E. Rochon, 3.00
Et puis tout est silence, C. Jasmin, 3.00
Faites de beaux rêves, J. Poulin, 3.00
Fille laide (La), Y. Thériault, 4.00
Fréquences interdites, P.-A. Bibeau, 3.00
Fuite immobile (La), G. Archambault, 3.00
Jeu des saisons (Le),
  M. Ouellette-Michalska, 2.50
Marche des grands cocus (La),
  R. Fournier, 3.00

Monsieur Isaac, N. de Bellefeuille et
  G. Racette, 3.00
Mourir en automne, C. de Cotret, 2.50
N'Tsuk, Y. Thériault 3.00
Neuf jours de haine, J.J. Richard, 3.00
New Medea, M. Bosco, 3.00
Ossature (L'), R. Morency, 3.00
Outaragasipi (L'), C. Jasmin, 3.00
Petite fleur du Vietnam (La),
  C. Gaumont, 3.00
Pièges, J.J. Richard, 3.00
Porte Silence, P.A. Bibeau, 2.50
Requiem pour un père, F. Moreau, 2.50
Scouine (La), A. Laberge, 3.00
Tayaout, fils d'Agaguk, Y. Thériault, 3.00
Tours de Babylone (Les), M. Gagnon, 3.00
Vendeurs du Temple (Les), Y. Thériault, 3.00
Visages de l'enfance (Les), D. Blondeau, 3.00
Vogue (La), P. Jeancard, 3.00

Ouvrages parus aux
PRESSES
LIBRES

Amour (L'), collaboration 7.00
Amour humain (L'), R. Fournier, 2.00
Anik, Gilan, 3.00
Ariâme . . .Plage nue, P. Dudan, 3.00
Assimilation pourquoi pas? (L'),
  L. Landry, 2.00
Aventures sans retour, C.J. Gauvin, 3.00
Bateau ivre (Le), M. Metthé, 2.50
Cent Positions de l'amour (Les),
  H. Benson, 4.00
Comment devenir vedette, J. Beaulne, 3.00
Couple sensuel (Le), Dr L. Gendron, 3.00
Des Zéroquois aux Québécois,
  C. Falardeau, 2.00
Emmanuelle à Rome, 5.00
Exploits du Colonel Pipe (Les),
  R. Pradel, 3.00
Femme au Québec (La),
  M. Barthe et M. Dolment, 3.00
Franco-Fun Kébecwa, F. Letendre, 2.50
Guide des caresses, P. Valinieff, 4.00
Incommunicants (Les), L. Leblanc, 2.50
Initiation à Menke Katz, A. Amprimoz, 1.50
Joyeux Troubadours (Les), A. Rufiange, 2.00
Ma cage de verre, M. Metthé, 2.50
Maria de l'hospice, M. Grandbois, 2.00

Menues, dodues, Gilan, 3.00
Mes expériences autour du monde,
  R. Boisclair, 3.00
Mine de rien, G. Lefebvre, 3.00
Monde agricole (Le), J.C. Magnan, 3.50
Négresse blonde aux yeux bridés (La),
  C. Falardeau, 2.00
Niska, G. Mirabelle, 12.00
Paradis sexuel des aphrodisiaques (Le),
  M. Rouet, 4.00
Plaidoyer pour la grève et la contestation,
  A. Beaudet, 2.00
Positions +, J. Ray, 4.00
Pour une éducation de qualité au Québec,
  C.H. Rondeau, 2.00
Québec français ou Québec québécois,
  L. Landry, 3.00
Rêve séparatiste (Le), L. Rochette, 2.00
Séparatiste, non, 100 fois non!
  Comité Canada, 2.00
Terre a une taille de guêpe (La),
  P. Dudan, 3.00
Tocap, P. de Chevigny, 2.00
Virilité et puissance sexuelle, M. Rouet, 3.00
Voix de mes pensées (La), E. Limet, 2.50

Books published by HABITEX

Wine: A practical Guide for Canadians,
  P. Petel, **2.95**
Waiting for your child,
  Y.P. Marchessault, **2.95**
Visual Chess, H. Tranquille, **2.95**
Understanding Medications,
  R. Poitevin, **2.95**
A Guide to Self-Defense, L. Arpin, **3.95**
Techniques in Photography, A. Desilets, **4.95**
"Social" Diseases, L. Gendron, **2.50**
Fondues and Flambes, S. Lapointe, **2.50**
Cellulite, G. Léonard, **2.95**
Interpreting your Dreams, L. Stanké, **2.95**
Aikido, M. di Villadorata, **3.95**

8/Super 8/16, A. Lafrance, **4.95**
Taking Photographs, A. Desilets, **4.95**
Developing your photographs,
  A. Desilets, **4.95**
Gardening, P. Pouliot, **5.95**
Yoga and your Sexuality,
  S. Piuze, Dr L. Gendron, **3.95**
The Complete Woodsman,
  P. Provencher, **3.95**
Sansukai Karate, Y. Nanbu, **3.95**
Sailing, N. Kebedgy, **4.95**
The complete guide to judo, L. Arpin, **4.95**
Music in Quebec 1600-1800,
  B. Amtmann, **10.00**

Diffusion Europe

Belgique: 21, rue Defacqz — 1050 Bruxelles
France: 4, rue de Fleurus — 75006 Paris

CANADA	BELGIQUE	FRANCE
$ 2.00	100 FB	13 F
$ 2.50	125 FB	16,25 F
$ 3.00	150 FB	19,50 F
$ 3.50	175 FB	22,75 F
$ 4.00	200 FB	26 F
$ 5.00	250 FB	32,50 F
$ 6.00	300 FB	39 F
$ 7.00	350 FB	45,50 F
$ 8.00	400 FB	52 F
$ 9.00	450 FB	58,50 F
$10.00	500 FB	65 F